BAEDEKER

ITALIENISCHE RIVIERA

www.baedeker.com

Verlag Karl Baedeker

Top-Reiseziele

Sehens- und Erlebenswertes gibt es an der Italienischen Riviera in großer Zahl. Für einen Überblick haben wir Bekanntes und weniger Bekanntes zusammengestellt: besondere Landschaften und Orte, Naturschönheiten und große Kunstwerke.

❶ ✶✶ Genua
Lebhafte alte Hafenstadt mit pittoreskem Centro Storico, neuem Freizeitgelände am Porto Antico, prachtvollen Palästen aus Renaissance und Barock sowie einer reichen Kulturszene **Seite 203**

❷ ✶✶ Madonna della Guardia
Einen Steinwurf von Genua entfernt liegt die berühmteste Wallfahrtskirche Liguriens. Auch die großartige Aussicht auf Genua, das Polcevera-Tal und die Küste macht den Ausflug reizvoll. **Seite 389**

❸ ✶✶ Monte Beigua
Noch ein fantastischer Aussichtspunkt, 1287 m hoch und nur 2 km hinter der Küste gelegen. Auch für Naturfreunde lohnt der Ausflug (trotz der Antennenanlagen). **Seite 150, 295, 399**

❹ ✶✶ Noli
Ein besonders gut erhaltenes historisches Städtchen mit der bedeutendsten romanischen Kirche Liguriens. Auch für einen Strandurlaub sehr angenehm. **Seite 283**

❺ ✶✶ Finale Ligure
Historische Substanz, urbanes Leben und Strand verbinden sich hier aufs angenehmste. In der schönen Umgebung lassen sich interessante Touren unternehmen. **Seite 196**

❻ ✶✶ Albenga
Für Freunde mittelalterlicher Städte sicher der größte Schatz der Riviera di Ponente. Nicht auslassen darf man das frühchristliche Baptisterium. **Seite 136**

Top-Reiseziele • INHALT

❼ ✶✶ Cervo
An steilem Hang am Meer zieht sich das atmosphärereiche Städtchen zur Burg hinauf. **Seite 166**

❽ ✶✶ Taggia
Im Konvent S. Domenico lernt man die ligurisch-nizzardische Malerei des 15./16. Jh.s kennen, eindrucksvoll ist auch die große Altstadt. **Seite 352**

❾ ✶✶ Sanremo
Noch immer kündet dieser Name von den glanzvollen Zeiten des Riviera-Tourismus. Ein Spiel im Casino gehört zu den Highlights eines Besuchs … **Seite 318**

❿ ✶✶ Monte Bignone
… aber auch der Ausflug zum Sanremeser Aussichtsberg mit fantastischem Blick übers Meer und über die Seealpen. **Seite 326**

⓫ ✶✶ Baiardo
Mittelalterliches Dorf auf dem Schnittpunkt von vier Bergzügen, vor der Kulisse der Seealpen **Seite 328**

⓬ ✶✶ Triora
Nicht zufällig einer der bekanntesten Bergorte der Ponente: stupende Lage, pittoreske Gemäuer, schaurige Geschichte(n) **Seite 359**

⓭ ✶✶ Monte Saccarello
Höher geht's in Ligurien nicht hinauf – Ausblick fast ohne Grenzen. Eine unschwierige Tageswanderung. **Seite 363, 377**

⓮ ✶✶ Pigna
Außer dem mittelalterlichen Ortsbild sind in diesem Bergdorf wertvolle Kunstschätze und Sakralbauten zu bewundern. **Seite 299**

⓯ ✶✶ Apricale
⓰ ✶✶ Perinaldo
Der Südwesten Liguriens ist reich an spektakulär gelegenen alten Dörfern. Nordöstlich von Dolceacqua sind zwei der schönsten zu finden. **Seiten 194, 195**

⓱ ✶✶ Dolceacqua
Renommiert für seinen Rossese, den besten Rotwein Liguriens, und sein Olivenöl, zudem das Bilderbuchbeispiel einer alten ligurischen Stadt **Seite 191**

INHALT • **Top-Reiseziele**

㉑ ✶✶ Portofino
Sicher einer der schönsten und typischsten, auf jeden Fall aber der berühmteste ehemalige Fischerort der Riviera und einen Ausflug wert (allerdings weniger in der Hauptsaison) **Seite 302**

㉒ ✶✶ N. S. di Montallegro
Nicht nur für Pilger ein beliebtes Ziel bei Rapallo: Die Aussicht von hier – auch von der Terrasse des Ristorante-Albergo – ist einfach umwerfend. **Seite 317**

⑱ ✶✶ Monte Antola
Weite, einsame Berglandschaften kennzeichnen das Hinterland nordöstlich von Genua. Eines der lohnendsten Ausflugsziele, im Sommer und auch im Winter. **Seiten 291, 391, 393**

㉓ ✶✶ Basilica dei Fieschi
Der bedeutendste romanisch-gotische Sakralbau der Riviera di Levante, hinter Lavagna schön in Weinbergen gelegen **Seite 176**

⑲ ✶✶ Camogli
In einer Symphonie aus Rot, Ocker und Gelb drängen sich himmelhohe Häuser um die Kiesbuchten mit Burg, Kirche und Hafen. Legendär ist das Fischfest Anfang Mai. **Seite 161**

㉔ ✶✶ Sestri Levante
Zauberhaftes Städtchen in besonderer Lage: auf der schmalen Halbinsel zwischen »Märchenbucht« und »Bucht der Stille« **Seite 347**

⑳ ✶✶ Promontorio di Portofino
Wunderbares Wanderrevier zwischen Portofino und Camogli mit atemberaubender Felsküste und vielfältiger mediterraner Vegetation **Seite 305**

Top-Reiseziele • INHALT

㉘ ✶✶ Portovenere
Ein schöner Dreiklang: eine bunte Hafenfront, eine mächtige Festung hoch über der Stadt und auf der Felsklippe ein mittelalterliches Gotteshaus. **Seite 310**

㉙ ✶✶ Lerici
Traditionsreicher Urlaubsort am Golf von La Spezia (»Golfo dei Poeti«) mit genuesischer Burg und langem, bis San Terenzo reichenden Sandstrand. Nicht weit ist es nach La Spezia und nach Sarzana, der »Antiquitätenstadt«. **Seite 267**

㉕ ✶✶ Varese Ligure
Als Kontrastprogamm zur Riviera bietet sich die schöne Berglandschaft des oberen Vara-Tals an. Dieses Öko-Städtchen mit seinem interessanten Grundriss ist ein guter Standort …
Seite 400

㉖ ✶✶ Passo di Cento Croci
… u. a. für die Fahrt zum alten, heute wenig benützten Übergang – mit schaurigem Namen – zur Emilia-Romagna. Auch der Gang von dort auf den Monte Zuccone lohnt sich. **Seite 129, 401**

㉗ ✶✶ Cinque Terre
Eine in der Tat atemberaubende Landschaft – steile Weinberge an felsiger Küste – machten die kühn gelegenen »Fünf Dörfer« in aller Welt bekannt. Was leider auch bedeutet, dass man sie in der Hauptsaison meiden sollte.
Seite 178

INHALT • **Besondere Interessen**

Lust auf …

… intensive Naturerlebnisse, ungewöhnliche Museen oder historische Spektakel? Einige Anregungen für Ligurien-Entdeckungen ganz nach Ihren Vorlieben.

NATUR ZU FUSS
- **Landschaften im Finalese**
  Die Höhe von Perti, die Felswände von Finale und das Val Ponci sind reizvolle Ziele nahe Finale Ligure. **Seiten 201, 202**
- **Tiglieto und das Orba-Tal**
  Abgelegenes, ländliches Ligurien, wo noch Eisvögel jagen **Seite 295**
- **Promontorio di Portofino** ▶
  Die dramatische Felsenküste mit interessanter mediterraner Vegetation garantiert einen wunderbaren Wandertag. **Seite 308**
- **Monte Saccarello**
  Der höchste Berg Liguriens, eine attraktive Tagestour für Bergwanderer **Seite 363**

BESONDERE MUSEEN
- **Seefahrt in Genua**
  Der Schifffahrtstradition der Superba ist das Galata Museo del Mare am Porto Antico gewidmet. **Seite 216**
- ◀ **Archäologie in La Spezia**
  Im Castello S. Giorgio sind rätselhafte Stelen aus der Lunigiana zu bewundern, die um 1200 v. Chr. entstanden. **Seite 262**
- **Klöppelspitzen in Rapallo**
  Atemberaubende Kunstwerke schufen die Frauen von Rapallo, während ihre Männer viele Monate auf See waren. **Seite 315**
- **Ligurische Malerei in Taggia**
  Große ligurisch-nizzardische Malerei des 15./16. Jh.s ist im Konvent S. Domenico versammelt. **Seite 356**

STARKE PLÄTZE

- **Forti di Genova**
  Spektakulär gelegene Festungen auf den Höhen um Genua Seite 243
- **Boccadasse** ▶
  Am östlichen Stadtrand von Genua lässt der kleine Hafen noch etwas von alter Atmosphäre spüren.
  Seite 246
- **Pigna**
  Mittelalterliches Ortsbild, bedeutende Sakralbauten, großartige Kunstwerke Seite 299
- **N. S. di Montallegro bei Rapallo**
  Wallfahrtskirche und Albergo mit grandioser Aussicht Seite 317

HISTORISCHE SCHAUSPIELE

- ◀ **Regata dei Rioni in Noli**
  In farbenfrohen Kostümen liefern sich die Stadtviertel einen Ruderwettkampf. Seiten 87, 286
- **Festa della Barca in Baiardo**
  Eine tragische Geschichte um Liebe und grausame »Staatsraison«
  Seiten 92, 328
- **Torta dei Fieschi in Lavagna**
  Anlässlich der Hochzeit von Opizzo Fieschi im Jahr 1230 wird eine riesige Torte verspeist. Seiten 93, 175

SCHÖNE ALTE CAFÉS

- **Gran Caffè Defilla in Chiavari**
  In den 100 Jahren seines Bestehens hat das sehr plüschige Café viel Prominenz gesehen. Probieren Sie die vorzüglichen Dolci. Seite 173
- **Caffè Klainguti in Genua** ▶
  Konditoren aus St. Moritz wollten 1828 auswandern und blieben in Genua »hängen« – wie gut!
  Seiten 214, 221
- **Caffè Gemmi in Sarzana**
  Marmor, Spiegel, Spitzendeckchen: Ein Symbol der Stadt seit 1934
  Seite 335

INHALT • Inhaltsverzeichnis

HINTERGRUND

14 Mare e monti

16 Fakten
17 Natur und Umwelt
24 🛈 Infografik: Alpen und Apennin
29 Bevölkerung und Wirtschaft
30 🛈 Infografik: Ligurien auf einen Blick
32 🛈 Willkommen im Alltag

36 Geschichte

48 Kunst und Kultur
49 Kunstgeschichte
56 🛈 Special: Genueser Maler des Barocks

62 Berühmte Persönlichkeiten
68 🛈 Special: Der Principe von Genua

ERLEBEN & GENIESSEN

74 Essen und Trinken
75 Schlicht, herzhaft, raffiniert
78 🛈 Typische Gerichte
82 🛈 Special: Rare Gewächse mit Tradition
84 🛈 Infografik: Weinland Ligurien

86 Feiertage · Feste · Events
87 Tutti in festa!
91 🛈 Special: Alte Bräuche und Feste

94 Mit Kindern unterwegs
95 Land für kleine Entdecker

98 Shopping
99 Italien zum Mitnehmen

102 Übernachten
103 Ein Bett für jeden Geschmack
107 🛈 Special: Refugien in Stadt und Land

110 Urlaub aktiv
111 Abwechslung ist Trumpf

Dörfer im Bergland der Ponente: Aurigo im oberen Impero-Tal

Ferien in Monterosso, dem nördlichsten Ort der Cinque Terre

TOUREN

- 122 Übersicht
- 123 Unterwegs in Ligurien
- 124 Tour 1: Monte Beigua und das »ligurische Piemont«
- 126 Tour 2: Olivenhaine und Bergdörfer
- 127 Tour 3: Abgelegene Täler im Apennin
- 128 Tour 4: Ligurischer Osten: das Vara-Tal

REISEZIELE VON A BIS Z

- 132 Alassio
- 136 Albenga
- 146 Albisola Superiore · Albissola Marina
- 151 Arenzano
- 153 Bordighera
- 158 *Special: Blumen und Palmen*
- 161 Camogli
- 166 Cervo
- 169 Chiavari
- 178 Cinque Terre
- 184 *3 D: Nationalpark Cinque Terre*
- 188 Diano Marina
- 191 Dolceacqua
- 196 Finale Ligure
- 203 Genua
- 226 *3 D: Kathedrale San Lorenzo*
- 234 *Infografik: Via Nuova – Machtzentrum des 15. Jahrhunderts*
- 248 Imperia
- 258 *Special: Das flüssige Gold Liguriens*
- 261 La Spezia
- 267 Lerici
- 272 Levanto
- 275 Loano
- 280 Moneglia
- 283 Noli
- 287 Passo dei Giovi · Valle Scrivia
- 292 Passo del Turchino

INHALT • Inhaltsverzeichnis

296 Pietra Ligure
299 Pigna
302 Portofino
310 Portovenere
314 Rapallo
318 Sanremo
324 🚨 *Special: »Volare«, »Non ho l'età …«*
329 Santa Margherita Ligure
333 Sarzana
339 Savona
347 Sestri Levante
352 Taggia
359 Triora
363 Val d'Aveto
366 Val Fontanabuona
369 Valle Argentina
372 Valle Arroscia
379 Valle Roia
382 Valli Bormida
389 Val Polcevera
391 Val Trebbia
395 Varazze
398 🚨 *Special: Er bläst!*
400 Varese Ligure
403 Ventimiglia

Preiskategorien
Restaurants: Preis für ein dreigängiges Menü
€€€€ über 60 €
€€€   35–60 €
€€   25–35 €
€   bis 25 €
Hotels: Preis für ein Doppelzimmer mit Bad und Frühstück
€€€€ über 150 €
€€€   120–150 €
€€   80–120 €
€   bis 80 €

Telefonnummern
Gebührenpflichtige Servicenummern sind mit einem Stern gekennzeichnet: *0800 …

PRAKTISCHE INFORMATIONEN

412 Anreise · Reiseplanung
416 Auskunft
417 Elektrizität
417 Etikette
416 Geld
419 Gesundheit
420 Literaturempfehlungen
420 Medien
421 Notrufe
421 Post & Telekommunikation
422 Preise & Vergünstigungen
423 Reisezeit
424 Sprache
431 Verkehr
435 Zeit

436 Register
444 Bildnachweis
445 Verzeichnis der Karten und Grafiken
445 atmosfair
446 Impressum
447 Verlagsgeschichte
450 🚨 *Kurioses Ligurien*

nachdenken • klimabewusst reis
atmosfair

Ein Juwel der Riviera di Ponente:
Gasse in Cervo mit der Kirche
San Giovanni Battista

HINTERGRUND

Vom Land der Bauern und Fischer zu einer der
schönsten, abwechslungsreichsten Ferienregionen Italiens:
Ein kleines Porträt der Italienischen Riviera

Mare e monti

Ganz unterschiedliche Welten, Meer und Berge, treffen an der Riviera unvermittelt aufeinander. Traditionsreiche Badeorte und ein abgeschiedenes, bäuerlich geprägtes Land ergeben eine besondere Mischung, die zu entdecken sich lohnt.

Nachdem die Italienische Riviera ab der zweiten Hälfte des 19. Jahrhunderts und dann in den 1960er-Jahren ein beliebtes, renommiertes Reise- und Ferienziel war, ist sie heute in unseren Breiten etwas in den Hintergrund getreten, für Badeurlauber ebenso wie für die Freunde von Kunst und Kultur. Mit einer großen Ausnahme: den Cinque Terre, die seit den 1980er-Jahren zu einem Top-Reiseziel Italiens wie Venedig oder Florenz aufgestiegen sind und von Touristen aus aller Welt überschwemmt werden. Aber sonst? Einst klangvolle Namen wie Alassio, Sanremo oder Rapallo – Kurorte, in denen sich einst eine internationale Hautevolée traf –, haben ihren Glamour verloren. Und wer käme auf die Idee, übers Wochenende nach Genua zu fahren, anstatt nach Paris oder London? Die ausländischen Kenner und Freunde Liguriens hingegen gehen mit den vielen italienischen Urlaubern einig: Dieser schmale Streifen Land ist eine Reise wert. Auf kleinstem Raum weist er so viele Gesichter auf wie kaum eine andere Region in Italien oder Europa.

Dolce far niente am Strand, das Markenzeichen der Riviera

DIE KÜSTE ...

Am Anfang der Tourismus-Riviera stand das legendäre milde Klima, das in dieser Art erst wieder in Süditalien anzutreffen ist. Der Liebesroman eines Exil-Revolutionärs machte die Riviera um 1860 zum bevorzugten Winteraufenthaltsort betuchter Briten. Heute genießen im Hochsommer Menschen in Mengen das süße Nichtstun an der abwechslungsreichen Küste, mit Sonnenbaden und etwas Spaß am und im Wasser, mit Reden und Flirten, mit Shoppen und Disco. Die drangvolle Enge ist allerdings nicht nach jedermanns Geschmack. Ein Geheimtipp ist die Riviera als Winterziel, wenn Orte und Landschaft wieder den Einheimischen gehören, das Licht besonders klar und mild ist und der Fremde wieder zum Gast wird. Als großer Wermutstropfen ist zu vermerken, dass die Küste auf weite Strecken verbaut ist, sei es mit luxuriösen Villen, mit Zweitwohnungsghettos oder Vorstädten aus hässlichen Zweckbauten – nicht zufällig wird in Italien die Zerstörung wertvoller Landschaft mit planloser (und illegaler) Bebauung als »rapallizzazione« bezeichnet.

... DIE BERGE ...

Nur einen Steinwurf von der Küste taucht man in eine ganz andere Welt ein. Rasch steigen die waldreichen Hänge der Seealpen und des Apennins bis über 2000 m an, durchzogen von scharf eingeschnittenen Tälern mit Rebterrassen und Olivenhainen, akzentuiert von malerischen mittelalterlichen Dörfern, in denen man auch so manches herrliche Kunstwerk entdecken kann. Nicht nur eine schweißtreibende Wanderung – vielleicht auf einem Teilstück der über 400 km langen Alta Via dei Monti Liguri – findet mit einem Mahl in einer bodenständigen Trattoria oder einem feinen Restaurant ihren angemessenen Abschluss. Wie überhaupt die Palette der Urlaubsfreuden durch die hervorragende, interessante Küche des Landes vervollständigt wird, in der sich die so unterschiedlichen Seiten Liguriens wiederfinden.

Zum Beispiel Triora: Ruhe finden im abgelegenen Hinterland

... DIE STADT

»La Superba«, die große Stadt Genua mit ihrer bedeutenden Geschichte, gibt sich trotz tiefgreifender Erneuerung immer noch spröde, doch hinter der etwas rauen Schale verbirgt sich einer der faszinierendsten Plätze Italiens: eine pulsierende Hafenmetropole mit einer morbid wirkenden Altstadt – der zweitgrößten Europas –, prunkvollen Renaissance- und Barockpalästen und großartigen Kunstschätzen. Also: Ob man's eher lebhaft mag oder eher beschaulich, ob man Nobelhotels und elegantes Ambiente bevorzugt oder ländliche Schlichtheit, ob man am Strand brutzeln, sportlichen Aktivitäten frönen oder einsame, noch sehr ursprüngliche Natur genießen will – es dürfte für jeden Geschmack etwas dabei sein.

Fakten

Natur und Umwelt

Wie sieht Ligurien aus, wie kommt das legendäre milde Klima der Blumenriviera zustande? Wo findet man besonders interessante Landschaften und Schätze der Natur?

LANDSCHAFTEN

Die drittkleinste der zwanzig Regionen Italiens ist ein schmaler Landstreifen, der wie ein Regenbogen den Golf von Genua umfasst. Ihre Nordgrenze ist gerade einmal 7 bis 35 km von der Küste entfernt. Fast genau in der Mitte des Küstenbogens liegt die Hauptstadt der Region, Genua; bis zur französischen Grenze dehnt sich im Westen die **Riviera di Ponente** über ca. 130 km Länge aus, die **Riviera di Levante** im Osten bis zur Grenze zur Toskana ca. 100 km. Das Piemont und die Emilia-Romagna bilden im Nordwesten bzw. Nordosten die Grenzen. Während sich an der Küste Orte und Verkehrswege drängen, sind die Täler des Hinterlands sehr abgeschieden. Die Verbindung zur »Außenwelt« wird meist über den Küstenstreifen hergestellt; direkte Querverbindungen über Pässe gibt es kaum. Erst vor wenigen Jahrzehnten, mit der Zunahme des Tourismus, wurde das Hinterland durch gute Straßen erschlossen.

Regione Liguria

Nirgendwo sonst in Italien treffen Berge und Meer so unvermittelt aufeinander wie in Ligurien. Fast zwei Drittel der Fläche bestehen aus Bergen, ein Drittel aus Hügelland, Ebenen machen weniger als 1 % aus. Der höchste Gipfel der **Seealpen**, die von Westen nach Osten niedriger werden, ist der Monte Saccarello (2201 m) auf der Grenze zu Frankreich; im **Ligurischen Apennin** sind Monte Maggiorasca (1804 m), Monte Penna (1735 m) und Monte Aiona (1701 m) die wichtigsten Erhebungen. Traditionell gilt der Cadibona-Pass (Colle di Cadibona) hinter Savona als Grenze zwischen Alpen und Apennin. Auf dem Satellitenbild ist der Übergang zwischen Savona und Genua nicht zu erkennen; Geologen wollen aber eine scharfe Grenze gefunden haben, die sog. **Sestri-Voltaggio-Linie**: Zwischen dem Genueser Vorort Sestri Ponente und dem piemontesischen Dorf Voltaggio taucht grüner Ophiolith auf, meist in Gestalt von grünem Serpentin, der an der Naht zwischen zwei Platten der Erdkruste entstehen kann, die sich gegeneinander verschieben. Dieses metamorphe Gestein wird in Steinbrüchen nördlich von Genua als »marmo verde« (»grüner Marmor«) abgebaut.

Alpen und Apennin

Atmosphäre Liguriens: Piazza S. Giovanni Battista in Finale Ligure

Der Westtteil der Blumenriviera: Vor der Kette der Seealpen reicht

Pässe
: Die Pässe zur Po-Ebene sind nicht hoch und im Winter – mit Ausnahme der weniger bedeutenden Straßen (dort sind oft Schneeketten vorgeschrieben) – meist frei passierbar. Die wichtigsten sind Colle di Nava (947 m), Colle di Cadibona (436 m, Autobahn Savona – Turin), Colle del Giovo (516 m), Passo del Turchino (532 m, Autobahn Genua – Alessandria), Passo dei Giovi (472 m, Autobahn Genua – Mailand), Passo della Scoffera (674 m) und Passo di Cento Croci (1051 m, Grenze zur Emilia-Romagna).

Flusstäler
: Fast alle Flusstäler verlaufen senkrecht zum Gebirgskamm zur Küste. Wichtige Ausnahmen bilden im Osten die Täler Fontanabuona, Lavagna und Vara, die **parallel zur Küste** orientiert sind. Die wichtigsten Wasserläufe sind Roia (Gesamtlänge 52 km), Arroscia (36 km), Polcevera (30 km), Lavagna (30 km) und Vara (60 km). Die Flüsse sind sehr kurz und führen sehr unregelmäßig Wasser; während der heftigen Herbstregen sind Überschwemmungen nicht selten.

der Blick von Ventimiglia (ganz links) über Bordighera bis Ospedaletti.

An der Riviera di Ponente im Westen wechseln sich weite Buchten mit Ebenen und steile Vorgebirge ab. Schon 2–3 km hinter dem Strand erreichen die Berge der Seealpen eine Höhe von 500 m. Das Gestein ist meist Kalk, Mergel und Kalksandstein, zwischen Ventimiglia und Albenga von einer Flyschdecke überzogen. Die karstigen Kalkgebiete besitzen **zahlreiche Höhlen**, die in vorgeschichtlicher Zeit bewohnt waren. Bekannt sind besonders die Balzi Rossi, die Höhle bei Toirano und die Grotten Arene Candide und Arma delle Manie. Über den Cadibona-Pass hinaus erstrecken sich bis zur Sestri-Voltaggio-Linie die für die Alpen typischen Kristallingesteine.

Riviera di Ponente

Die Küste im Osten ist viel schroffer. Die Berge des Apennins brechen jäh zum Meer ab und lassen oft kaum Platz für Siedlungen, das berühmteste Beispiel dafür sind die **Cinque Terre** in der Provinz La Spezia. Das Gestein ist überwiegend von dunkler Farbe (Mergelkalk, Schiefer, Schiefertone), seine Faltung wird durch die Wellenerosion

Riviera di Levante

Ein typisches Bild in Ligurien: alte Terrassen, die einst Kartoffeln, Getreide oder Wein lieferten (hier bei Triora)

schön herausmodelliert. Zwei besondere Strukturen fallen an der Küste auf: das **Promontorio di Portofino** und die Bucht von La Spezia. Ersteres besteht überwiegend aus »Puddingstein«, einem harten Konglomerat aus dem Oligozän, das die Erosion zu malerischen Klippen geformt hat. Südöstlich des Promontorio di Portofino erstreckt sich die größte Ebene der Riviera, die **Pianura di Chiavari**. Die nach Südosten offene Bucht von La Spezia ist zwischen zwei parallelen Bergrücken aus mesozoischem Kalkstein eingeschlossen.

»Fasce« Die ligurische Landschaft ist weithin von terrassierten Hängen geprägt, Ergebnis jahrhundertelanger Anstrengungen der Bauern, das schwierige Gelände zu kultivieren. Meist werden die Terrassen für Oliven- bzw. Obstbäume oder Reben genützt. Aufgrund des Niedergangs der Landwirtschaft – das Hinterland ist von der Landflucht stark betroffen – werden diese »fasce« zunehmend aufgegeben.

KLIMA

Auch das Wetter wird durch Meer und Berge geprägt. Alpen und Apennin schirmen kalte Luft aus dem Norden ab, v. a. aus dem winterlichen Kaltluftsee der Po-Ebene. Zusammen mit dem großen Wärmevorrat des Meers bewirkt dies, dass an der Küste Frost und Schnee sehr selten sind. Andererseits fungieren die Berge als Regenfänger: Die häufig auflandigen Winde zwingen die feuchten Luftmassen zum Aufsteigen, Wolken bilden sich und regnen dann ab. Die Niederschläge nehmen von West nach Ost zu, weil die vorherrschenden Luftströmungen im westlichen Teil eher küstenparallel sind, während sie im östlichen Teil meist frontal auf die Küste treffen.

Berühmt wurde der schmale Küstenstreifen am Mittelmeer für sein wintermildes und sommerwarmes, sonniges Klima, das sich vom typischen mediterranen Klima durch die geringere Sommertrockenheit unterscheidet. Die durchschnittlichen **Wintertemperaturen** liegen an der Riviera dei Fiori über 10 °C; in Genua sinken sie auf 8 – 9 °C ab, was auf Kaltlufteinbrüche aus der Po-Ebene über die niedrigen Passhöhen zurückgeht. Frosttage sind sehr selten, in Sanremo einer im Jahr, in Genua vier. Oktober und November sind die niederschlagsreichsten Monate; dennoch ist auch dann die Sonnenscheindauer hoch (103 Std. im November als Jahrestiefstwert). In den **Sommermonaten** Juli und August liegt die durchschnittliche Tagestemperatur bei 24 – 25 °C, die durchschnittliche Höchsttemperatur bei 27 – 28 °C, wobei es nachts nur wenig abkühlt. Im Juli scheint die Sonne 302 Stunden und von Mai bis September stets über 200 Stunden pro Monat. Am wenigsten regnet es im Juli. Im Sommer macht sich die aufgrund des Meeres hohe Luftfeuchtigkeit unangenehm bemerkbar; besonders im Frühsommer ist es häufig schwül und dunstig, oft sind auch die Berge in Wolken gehüllt. Das Ende des Sommers kommt meist recht plötzlich gegen Ende Sept./Anfang Okt., wenn kräftige, manchmal sintflutartige Regenfälle einsetzen.

Küste

Wem es an der Küste zu warm und zu schwül ist, findet in den Bergen des Hinterlands angenehmere Bedingungen. Mit zunehmender Höhe und Entfernung von der Küste werden die Tagestemperaturen frischer, die Nächte kühler, die Temperaturschwankungen im Lauf des Tages und des Jahres größer. Auch die Niederschläge nehmen zu. So hat Genua 1146 mm Niederschlag im Jahr, im Hinterland steigen sie bis 2500 mm an. Jenseits der Wasserscheide zum Piemont ist das Wetter im Sommer häufig anders: mit frischem Wind, strahlender Sonne und klarem blauem Himmel. Oberhalb von 500 m ist im ganzen Winterhalbjahr mit Schneefall zu rechnen, und zu Ostern sind verschneite Berge hinter der grünenden Küste durchaus normal.

Gebirge und Hinterland

PFLANZEN UND TIERE

Aufgrund der geografischen Lage, der komplexen Oberflächengestalt und der klimatischen Besonderheiten gibt es in Ligurien eine vielfältige Flora mit über 3200 Arten. Der Grundtypus der Vegetation ist **mediterraner Art**; im Westen haben sich auch Arten aus der Provence und aus den Pyrenäen angesiedelt, in den Höhen sind alpine Pflanzengesellschaften anzutreffen, wobei viele lokale Besonderheiten (Endemismen) anzutreffen sind. Meist aber ist die Landschaft durch **Kulturpflanzen** geprägt, wie Ölbaum, Reben und Edelkastanie. In den Küstenebenen und im Hinterland auf Terrassen werden Zitrusbäume, überhaupt Obstbäume gezogen; selten sind die auf

Pflanzenwelt

HINTERGRUND • **Natur und Umwelt**

Aufforstung zurückzuführenden Nadelwälder. An den nur hier heimische Pflanzen sind v. a. die Eiszeiten »schuld«. Diese **»lebenden Fossilien«** der europäischen Flora sind wissenschaftlich außerordentlich bedeutend; am ergiebigsten zeigt sich der äußerste Westen Liguriens mit den Bergmassiven Toraggio und Pietravecchia.

Küstenstreifen 0–200 m ü. d. M.
Die ursprüngliche **Macchia** ist nur dort anzutreffen, wo eine landwirtschaftliche Nutzung nicht möglich ist. Bis in etwa 400 m Höhe wachsen Ginster, Aganven, Euphorbien (Baumwolfsmilch), Zistrosen, Rote Spornblume, Mastixbaum, Myrte, Erdbeerbaum, Steineiche, Kräuter wie Thymian, Lavendel und Rosmarin; typische Bäume sind Aleppokiefer und Steineiche. An den trockensten Standorten mit niedrigem, buschartigem Bewuchs sind die endemischen Glockenblumen *Campanula sabatia* und *Campanula isophylla* zu Hause.

Hügelstufe 200–800 m ü. d. M.
In der Hügelstufe dominieren die **Olivenbäume**, die silbergrün schimmernd einen Großteil der Region überziehen und im Westen bis in 800 m Höhe vorstoßen (▶ S. 258). Dort findet man Narzissen, den Schwarzen Lauch *(Allium nigrum)*, den Krummstab und zahlreiche Orchideen der Gattungen Orchis und Ophrys; Letztere sind für ihr Mimikry von Bienen, Hummeln usw. bekannt. Sonst sind hier vorwiegend Pinien, Flaumeichen, Steineichen und Stieleichen anzutreffen, zu denen sich da und dort Eberesche, Birke und Buche gesellen. Unter den Blumen sind Primel, Ligurischer Krokus *(Crocus ligusticus)*, Tyrrhenisches Leimkraut *(Silene tyrrhena)*, Alpenveilchen, Hundszahn und Pfingstrose zu nennen.

> **? BAEDEKER WISSEN**
>
> *Exotische Gäste*
>
> Mit dem Fremdenverkehrsboom im 19. Jh. kamen viele Pflanzen nach Ligurien, vorwiegend aus Asien wie die Magnolie oder aus Nordafrika wie die Palmen, die zum Symbol der Riviera wurden. Die häufigsten Palmenarten hier sind die **Kanarische Dattelpalme** mit dickem, gedrungenem Stamm und die **Echte Dattelpalme** mit hohem, schlankem Stamm.

Promontorio di Portofino
In der küstennahen Hügelstufe ist das Vorgebirge von Portofino aufgrund des gemeinsamen Vorkommens mediterraner und mitteleuropäischer Arten bedeutend. Seine Flora umfasst über 800 Arten, darunter Diß *(Ampelodesmos mauretanica)* und Löffelblättriger Steinbrech *(Saxifraga cochlearis)*, der auch bei Sanremo vorkommt.

Bergregion 800–2000 m ü. d. M.
Die Bergregion beginnt mit unendlichen dichten Wäldern von Esskastanien und Buchen, manchmal auch Eichen, und geht in den Bereich der Nadelbäume mit verschiedenen Kiefernarten über. Darüber dehnen sich Tannen- und Lärchenwälder, die schließlich von der Mattenzone abgelöst werden. Eine Besonderheit ist das Vorkommen mediterraner Arten in Gebirgslagen und nordischer Arten in niedri-

Agaven, Opuntien, Wolfsmilch und Rote Spornblumen: subtropische Szenerie an der Küste der Levante

geren Lagen. Überlebende der Eiszeit sind die Glockenblume *Phyteuma cordatum balbisii*, die als seltenste Pflanze Liguriens gilt, die kleine Nelke *Moehringia lebrunii*, die Soldanelle, das Schlangenmoos und verschiedene Seggenarten, die vorwiegend in der Riserva delle Agoraie bei Rezzoaglio zu finden sind.

Die mediterrane Liguriens weist ebenfalls interessante Arten auf, Endemismen, die sich in langer Zeit durch Isolation herausgebildet haben. Obwohl die Lebensbedingungen vom Menschen beeinträchtigt werden – Waldbrände, Umweltverschmutzung, Pflanzenschutzmittel, Jagd –, ist die Tierwelt Liguriens noch sehr vielfältig. Sie zeigt den Einfluss der Provence und der Toskana; andere Arten besitzen Verwandte in weit entfernten Gebieten wie Marokko, Sardinien oder Korsika. Einige Arten wurden wieder heimisch gemacht, jedoch mehr zu Jagdzwecken als aus Liebe zur Natur.

Tierwelt

Auf Bootsexkursionen zu beobachten sind verschiedene Arten Delfine und Wale (▶Baedeker Wissen S. 398); sehr selten geworden sind die Unechte Karettschildkröte und Haie. Unter den Seevögeln findet man Sturmtaucher und Tölpel und, an der Küste, Lach-, Silber- und Schwarzkopfmöwen sowie den Kormoran. Zu den Zeiten des Vogelzugs halten sich in Ligurien Seeschwalben und verschiedene Wasservögel auf. In den Sumpfgebieten an den Flussmündungen leben diverse Arten von Reihern, Stelz- und Watvögeln usw.

Tiere im und am Meer

Die Tierwelt der Hügelstufe ist in ganz Ligurien recht einheitlich; erwähnt seien unter den Säugetieren Fuchs, Steinmarder, Dachs, Siebenschläfer, Igel, Eichhörnchen, Hasen, Gartenschläfer und Wildschwein (letzteres ein beliebtes Jagdwild). Rehe und Damwild sind eingeführt worden.

Säugetiere

Seealpen und Apennin

Berge bestimmen das Bild der Region: im Westen die Ligurischen Alpen, im Osten der Ligurisch-Emilianische Apennin. Beide sind als junge Faltengebirge Produkt der »alpinen Gebirgsbildung«, verursacht durch das Aufeinanderstoßen der Afrikanischen und der Europäischen Platte. Von der hochalpinen Szenerie ganz im Westen nehmen die Alpen nach Osten rasch Mittelgebirgscharakter an, der dann den Apennin mit seinen weichen, leicht erodierbaren Ton-Mergel-Gesteinen ganz bestimmt.

▶ **Gestein**
Die Apenninen bestehen vorwiegend aus Kalkstein, Dolomit, Sandsteinen und Mergeln der Kreide- und Tertiärzeit, dazu kommen Mineralien wie Eisen- und Quecksilbererz. An der Ostgrenze Liguriens tritt in den Apuanischen Alpen reiner Kalkstein zutage, der berühmte Carrara-Marmor.

▶ **Entstehung der Alpen und Apenninen**

Vögel Bis hinauf auf die Berge sind Blaumerle, Schwarzköpfige Grasmücke, Bartgrasmücke, Buntspecht, Wendehals, Kuckuck und Steinrötel anzutreffen. Eulen und Greifvögel sind häufig; Zwergohreule, Steinkauz und Schleiereule leben in der Nähe des Menschen, scheu sind dagegen Waldkauz, Waldohreule und Uhu. Von den Greifvögeln leben in Ligurien Schlangenadler, Mäusebussard, Turmfalke, Schwarze Milan, Wespenbussard, Habicht und Sperber; an den Felswänden nisten einige wenige Steinadler. An der Felsküste der Levante sind Wanderfalken zu beobachten.

Reptilien und Amphibien Hervorzuheben sind Treppennatter, Äskulapnatter, Zornnatter, Schlingnatter und Aspisviper. Über 1800 m Höhe löst der schwarze Alpensalamander den Feuersalamander ab. Die lebendgebärende Bergeidechse ist in den höchsten Regionen der Alpen und des Apennins heimisch.

Besonderheiten der Riviera di Ponente In der äußersten Riviera di Ponente sind Endemismen anzutreffen, die eine alte Landverbindung in der Straße von Gibraltar belegen, so die Eidechsennatter, mit bis zu 2 m die längste europäische Schlange, die zwischen Imperia und Nizza verbreitet und gleichmäßig dunkel olivgrün-braun oder grau gefärbt ist, und die seltene Perleidechse, mit bis zu 65 cm Länge die größte Eidechse Europas. Weitere Besonderheiten im Hinterland von Ventimiglia sind das Steinhuhn und das Rothuhn. An den Hängen des Monte Toraggio leben Gemsen, die hier die Südgrenze ihres alpinen Verbreitungsgebiets erreichen. Am Monte Saccarello sind auch Murmeltiere anzutreffen.

Von Castelvecchio di Rocca Barbena geht der Blick nach Westen bis zum Monte Saccarello.

NATURSCHUTZGEBIETE

Die Region Ligurien hat die bedeutendsten Gebiete durch Gesetze geschützt (Area Protetta, Riserva Naturale, Parco Naturale; www.parks.it). Darüber hinaus sind weitere 60 Gebiete ausgewiesen, die weniger bekannt sind. Im Folgenden werden die wichtigsten Naturschutzbereiche von West nach Ost kurz charakterisiert.

Der Parco Naturale Alpi Liguri liegt zum großen Teil in der Provinz Imperia, mit dem Pennavaira-Tal z. T. in der Provinz Savona. Schwerpunkt ist das Kalkmassiv Toraggio/Pietravecchia. Die wichtigsten Ausgangspunkte sind Pigna, Triora und Pieve di Teco. Bedeutsam ist der Wechsel zwischen Felsen und dichtem Wald; das Gebiet ist von einem Netz ehemaliger Militärstraßen überzogen. **Ligurische Alpen**

Der berühmte Botanische Garten 9 km westlich von Ventimiglia wurde im Jahr 2000 unter den Schutz der Region gestellt. In dem herrlichen Park, der von der Universität Genua unterhalten wird, sind mediterrane und subtropische Pflanzen zu bewundern. **Giardini Botanici Hanbury**

Die nicht zugängliche kleine Insel Gallinara vor Alassio und Albenga besitzt eine reiche mediterrane Macchia mit über 200 Arten, außerdem eine Silbermöwenkolonie. Ebenso geartet ist die weiter nördlich liegende Insel Bergeggi. **Inseln Gallinara und Bergeggi**

Nördlich von Albenga, bei Ceriale, liegt die Riserva Naturale Rio Torsero mit ausgezeichnet erhaltenen Fossilien aus dem Pliozän. **Rio Torsero**

Der Parco Naturale del Finalese umfasst den Bereich zwischen Autobahn und Küste einerseits und zwischen den Kaps Caprazoppa und Noli andererseits sowie die Hochebene Mànie. Die Vegetation wird von mediterraner Macchia mit Pinien, Steineichen und Mischwäldern gebildet. Zugang von Finale Ligure, Noli und Borgio Verezzi. **Finale**

Westlich von Savona liegt der Parco Naturale Bric Tana, ein Karstgebiet mit Dolinen und anderen Erosionserscheinungen (selten in Ligurien). Das nahe Valle Tre Re ist ein Trockental mit einem unterirdisch verlaufenden Fluss. Zugang von Millesimo und Murialdo. **Bric Tana**

Im südlichen Piemont liegen die Langhe, die aus leicht erodierenden Tonmergeln bestehen. Im Parco Naturale Piana Crixia unmittelbar an der Provinzgrenze sind tiefe Schluchten und vielfältige andere Erosionserscheinungen zu beobachten. **Piana Crixia**

Das Gebiet um dem Bric del Tesoro umfasst von dichtem Mischwald überzogene Berge und sowie die Rocche dell'Adelasia, merkwürdig **Rocche dell' Adelasia** gestaltete Dolomitformationen. In diesem abgelegenen, noch recht ursprünglichen Bereich ist Rotwild häufig. Hauptzugangsorte sind Cairo Montenotte, Altare und Pontinvrea.

Monte Beigua
Der 18160 ha große Parco Naturale del Monte Beigua liegt zwischen Savona, Genua und dem Piemont. Abgesehen von der fantastischen Aussicht ist der Beigua für seine geologische Situation und Vegetation berühmt; Mineraliensammler kommen ebenso auf ihre Kosten wie Botaniker. Hervorzuheben sind auch das Torfmoor bei Lajone nördlich des Beigua und das Gargassa-Tal im Nordosten bei Rossiglione. Zugang von Varazze, Cogoleto, Arenzano und Masone.

Piani di Praglia
Die Piani di Praglia liegen nordwestlich von Genua und grenzen an den piemontesischen Naturpark Capanne di Marcarolo; beide teilen sich die Gorzente-Seen. Anzutreffen sind große Stieleichen-, Buchen- und Kiefernwälder. Die Feuchtgebiete am Rio Lischeo besitzen eine einzigartige Flora und Fauna. In Prato Rondanino haben die »Ligurischen Orchideenfreunde« einen botanischen Garten angelegt. Zugang von Campo Ligure und Campomorone.

Monte Antola
Der Monte Antola (1597 m) im nordöstlichen Hinterland von Genua hat dem Parco Naturale Antola seinen Namen gegeben, der mehrere Flusstäler umfasst (Vobbia, Trebbia; Brugneto-See). Kastanien- und Laubwälder werden in größeren Höhen von Buchenwäldern und Bergmatten abgelöst. Die Flora weist Kontakte zwischen mediterranen Arten und solchen der Po-Ebene auf. Zugang von Torriglia, Vobbia, Savignone und Rovegno.

Promontorio di Portofino
Der 4660 ha große Parco Naturale di Portofino umfasst das Vorgebirge zwischen dem Golfo di Paradiso und dem Golfo di Tigullio sowie den Berghang hinter Rapallo. Seine Vegetation ist durch die Koexistenz mediterraner und nordeuropäischer Arten sowie viele Endemismen ausgezeichnet. Das Vorgebirge liegt an der Wanderroute vieler Zugvögel und bietet einer interessanten Fauna Lebensraum. Zugang ist möglich von Camogli, Portofino, S. Margherita Ligure und Rapallo.

Aveto
Der Parco Naturale dell'Aveto im Hinterland von Chiavari umfasst das Massiv südlich der Flüsse Aveto und Gramizza mit den Bergen Monte Maggiorasca (1804 m), Penna (1735 m), Aiona (1701 m) und Zatta (1404 m). Naturgeschichtlich besonders bedeutend ist die Riserva delle Agoraie bei Rezzoaglio mit den eiszeitlichen Seen Lame, Abeti und Riane; Fauna und Flora sind für kühle Feuchtgebiete typisch. Der Monte Zatta wartet mit Resten einer Buchsbaumvegetation, reicher Flora und vielfältigen Mineralien auf. Zugang von S. Stefano d'Aveto, Rezzoaglio, Borzonasca, Carasco.

Zwischen Sestri Levante und Portovenere dehnt sich ein System von Schutzgebieten mit drei Hauptbereichen aus. Der nördlichste, Punta Manara – Punta Moneglia (zwischen Sestri, Bonassola und Passo di Bracco), besitzt eine reiche Macchia mit Stein- und Korkeichen und Seevogelfauna (Möwen, Sturmtaucher, Tölpel). Der zweite Bereich umfasst die Punta Mesco, das felsige Vorgebirge zwischen Bonassola und Monterosso mit Macchia, Steineichen und Aleppokiefern (von Levanto und Monterosso aus erreichbar). Der dritte Teil, südlich der Cinque Terre (s. u.), umfasst den Parco di Portovenere mit seinen vorgelagerten Karstinseln Palmaria, Tino und Tinetto und gehört seit 1999 zum UNESCO-Welterbe.

Parco dei Promontori e delle Isole del Levante

Der im Jahr 2000 eingerichtete Parco Nazionale Cinque Terre reicht von Monterosso bis Riomaggiore. Über Hunderte von Jahren hinweg haben Bauern hier eine einzigartige Kulturlandschaft geschaffen: Die bis 500 m hohen, teils fast senkrecht zum Meer abfallenden Hänge sind mit Tausende Kilometer langen Trockenmauern in Terrassen gestaltet, die Rebstöcke und Olivenbäume tragen.

Cinque Terre

Der Parco Naturale di Montemarcello Magra entstand aus den östlichsten Schutzgebieten Liguriens: das Küstengebirge zwischen Lerici und der Punta Bianca (die bunte Macchia wird hier von weißen Kalkfelsen unterbrochen), die Mündung des Magra, der mittlere und untere Teil des Vara unterhalb von Ponte Santa Margherita. Hervorragende Bedeutung besitzen die Bozzi di Saudino, ehemalige Kiesgruben bei Sarzana, als Rückzugsgebiet seltener Vögel. Zugang von Sarzana, S. Stefano di Magra und Sesta Godàno.

Montemarcello und Magra-Tal

Bevölkerung und Wirtschaft

Mit 299 Einwohnern pro km² ist Ligurien eine der am dichtesten bevölkerten Regionen Italiens (das gesamte Land verzeichnet 200 Einw./km²). An der Spitze liegt naturgemäß die Provinz Genua mit der Regionshauptstadt (463 Einw./km²).

Dieses Bild lohnt einen genaueren Blick: 37 % der 1,6 Mio. Einwohner der Region leben in der Metropole Genua, und wiederum fast 90 % konzentrieren sich an der Küste. Ligurien hält den italienischen Rekord im negativen Geburtensaldo (nur 6,4 ‰) sowie im Anteil der über 65-Jährigen (27 %). Junge Menschen wandern aus dem Hinterland in die Wirtschaftszentren ab, gleichzeitig ziehen ältere Menschen hierher, um den Lebensabend im milden Klima an der Küste zu verbringen.

Ligurien auf einen Blick

▶ Regione Liguria

44° 25' 00" nördliche Breite

8° 57' 00" östliche Länge

Lage:
Westliches Norditalien

Fläche: **5422 km²**
Im Vergleich:
Schleswig-Holstein 15 799 km²

Nord-Süd-Ausdehnung: **7–35 km**
West-Ost-Ausdehnung: **ca. 230 km**

Einwohner: **1,57 Mio.**
(Italien gesamt 59,9 Mio.)

Bevölkerungsdichte:
90 Einwohner/km²

▶ Verwaltung

Ligurien (Liguria) ist die drittkleinste der 20 Regionen Italiens mit 1,8 % der Landesfläche.

▶ Flagge und Wappen

Das Wappen zeigt eine stilisierte Karavelle und vier die Provinzen symbolisierende Sterne.

▶ Provinzen

Die italienische Riviera bzw. Ligurien unterteilt sich in vier Provinzen:

Imperia (IM): 1156 km²
Savona (SV): 1545 km²
Genua (GE): 1838 km²
La Spezia (SP): 882 km²

Einwohner
IM
214 300

SV
298 800

GE
851 300

SP
218 700

Wirtschaft

Hauptwirtschaftszweige:
Tourismus, Industrie
(Nahrungsmittel, Schiffsbau,
Maschinenbau, Elektronik,
Petrochemie), Transport
(Häfen), Landwirtschaft
(Blumen, Viehwirtschaft,
Gemüse)

Arbeitslose: 6,3 %
Italien gesamt: 12,5 %

Tourismus

8 Mio Gäste pro Jahr, davon
5 Mio aus dem Ausland

- Sonstige 43,5
- Deutschland 16
- Frankreich 14
- Schweiz 10
- USA 7,5
- Niederlande 5
- Russland 4

▶ Klimastation Sanremo

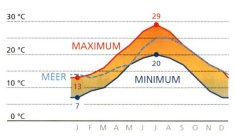

Niederschlag

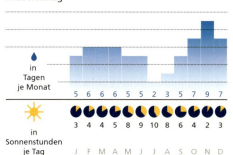

in Tagen je Monat: 5 6 6 6 5 5 2 3 5 7 9 7

in Sonnenstunden je Tag: 3 4 4 5 8 9 10 8 6 4 2 3
J F M A M J J A S O N D

Hafen Genua

Der um 1130 gegründete Hafen von Genua ist der größte Seehafen Italiens sowie bedeutender Fähr- und Kreuzfahrthafen.

Fläche gesamt: **5,6 km²**
Kommerzielle Fläche: 2,2 km²
Industriefläche: 2,15 km²

4274 Hafenarbeiter

55 Containerkräne

6619 ankommende Schiffe (2012)

1,947 Mio. Fährpassagiere

797 000 Kreuzfahrtpassagiere

49,5 Mio. NRT Warenumschlag

8 Fährverbindungen von Genua nach Arbatax, Barcelona, Bastia, Palermo, Porto Torres, Olbia, Tanger, Tunis

2012

Willkommen im Alltag

Erleben Sie Ligurien einmal abseits der üblichen Pfade, werfen Sie einen Blick hinter die Kulissen – lernen Sie »ganz normale« Leute und das italienische Alltagsleben kennen.

LANDSCHAFTSSCHUTZ IN DEN CINQUE TERRE

Nach den verheerenden Schlammlawinen im Herbst 2011 haben drei Frauen aus den USA die Organisation »SaveVernazza« gegründet, in der viele Freiwillige (»voluntourists«) halfen, Vernazza auszugraben und wiederherzustellen. Jetzt geht es darum, die Wege, Terrassen und Trockenmauern mit den Olivenbäumen und Weinstöcken instandzusetzen und für die Zukunft zu sichern. Unterkunft ist selbst zu bezahlen, dazu kommt pro Arbeitstag eine Spende von 30 € (umfasst auch ein Picknick).
Info unter www.savevernazza.com, Kontakt: workwithus@savevernazza.com

LIGURISCH KOCHEN

Essen und trinken hält nicht nur Leib und Seele, sondern auch die Menschen zusammen, das gilt in Italien in besonderem Maße. Noch mehr Spaß macht es, wenn man sich gemeinsam in der Herstellung der diversen Köstlichkeiten aus der ligurischen Küche übt. Ganz nebenbei kann man sich gegebenenfalls auch im Italienischen vervollkommen und das Land näher kennenlernen.
Anbieter von Kursen und kulinarischen Exkursionen werden im Kapitel »Urlaub aktiv« (S. 119) genannt.

ITALIENISCH LERNEN EINMAL ANDERS

Gerade in Italien ist das Angebot an Sprachkursen riesig groß. Eine besonders effektive Art, die neue Sprache zu erlernen und gleich praktisch einzusetzen, ist das Programm »Lernen im Haus des Lehrers«, das von einigen Sprachschulen angeboten wird. Schüler und Lehrer wohnen unter einem Dach, man verbringt auch einen Teil der Freizeit miteinander und erledigt gemeinsam alltägliche Dinge.
Links zu Sprachschulen sind im Kapitel »Urlaub aktiv« (S. 119) verzeichnet.

HELFENDE HÄNDE GEFRAGT

Neue Erfahrungen machen und körperlich arbeiten, und zwar mit Familienanschluss, das kann man in Ligurien in der Bio-Landwirtschaft: meist bei gemischten Betrieben mit Vieh, Olivenbäumen, Gemüseanbau etc. Diese und weitere Möglichkeiten vermittelt die Organisation »World-Wide Opportunities on Organic Farms« (WWOOF). Man spricht, außer Italienisch, oft auch Englisch und/oder Französisch. Als Vergütung wird Kost und schlichtes Logis gewährt, unbezahlbar ist jedoch das Erlebnis.
Informationen unter www.wwoof.it

Landwirtschaft

Die Landwirtschaft (inkl. Waldwirtschaft) spielt in Ligurien nur eine geringe Rolle; 2 % der Bevölkerung sind in dieser Branche beschäftigt, die zu 1,5 % zum Bruttoinlandsprodukt beiträgt. Die Topografie Liguriens ist für die landwirtschaftliche Nutzung wenig geeignet; früher hat man versucht, dem mit der Anlage von Terrassen zu begegnen. Zwischen 1990 und 2010 ist die landwirtschaftliche Produktionsfläche um 46 %, die Beschäftigtenzahl um 60 % zurückgegangen; dabei lässt die Statistik diejenigen aus, die nebenberuflich oder als Rentner ihre Felder oder Olvienbäume bewirtschaften. Die Produktion von Olivenöl – das zu den besten Italiens zählt (▶Baedeker Wissen S. 258) – schlägt statistisch kaum zu Buch. Bei weitem bedeutendster Sektor (ca. 75 % des Umsatzes) sind Gartenbau und Blumenzucht, letztere v. a. in der Provinz Imperia, der »Riviera dei Fiori« (▶Baedeker Wissen S. 158). Sie steht stark unter Druck, von 2000 bis 2010 nahm die Zahl der Betriebe um über 25 % ab. Die relativ hohen Kosten im Gartenbau versucht man durch den zunehmenden Einsatz von nichteuropäischen Einwanderern zu drücken.

Industrie

Die meisten Anlagen der Schwerindustrie sind in den Provinzen Genua (Stahl, Maschinenbau, Werften) und Savona (Chemie) konzentriert, aber sie sind seit Jahren auf dem absteigenden Ast. Bedeutende Lebensmittelindustrie (Olivenöl, Nudeln) ist in Imperia beheimatet. Die Arbeitslosenquote betrug 2012 ca. 6 % (Italien: ca. 11 %), unter den Jugendlichen (15 – 24 Jahre) 30 % (Italien: 35 %).

Häfen

Genua ist der wichtigste Hafen Italiens und einer der wichtigsten am Mittelmeer. Er dient überwiegend der Industrie der Po-Ebene, und noch in den 1970er-Jahren wetteiferte er mit Marseille um den Vorrang am Mittelmeer. Nach einer Krise wuchs der Containerumschlag – im Zeichen der Globalisierung – von 1993 bis 2000 um 350 %, gegenwärtig ist wieder ein starker Anstieg zu verzeichnen (2009–2012: 35 %). Bedeutend und stark wachsend ist auch der Hafen von Savona, v. a. für die piemontesische Industrie (FIAT) und den Schiffsbau. Der Hafen von La Spezia ist als Stammsitz der italienischen Marine der größte Militärhafen Italiens. Die einst für Ligurien lebenswichtige Fischerei wird nur noch in geringem Maß ausgeübt.

Tourismus

Schwerpunkt der ligurischen Wirtschaft ist der Dienstleistungssektor mit ca. 75 % der Beschäftigten. Hier ist der bedeutendste Erwerbszweig der Tourismus, in dem etwa die Hälfte der Bevölkerung an der Küste beschäftigt ist. Für die Herkunft der Gäste ▶S. 30/31. Während die Zahlen für EU-Gäste leicht sinken, kommen immer mehr aus Russland (2011/2012: +30 %), der Ukraine (+30 %) und China (+50 %). Russische Gäste sind besonders gern gesehen, da sie mit ca. 200 € pro Kopf und Tag am meisten ausgeben – und Einkäufe sind darin noch nicht einmal eingerechnet.

Bevölkerung und Wirtschaft • HINTERGRUND

Wirtschaftsmotor der Region ist gestern wie heute der Hafen von Genua. Hier der Alte Hafen mit Container-Verladeanlagen.

Trotz der schwierigen Topografie ist Ligurien durch ein Netz von Autobahnen, Staats- und Provinzstraßen sowie Eisenbahnlinien sehr gut erschlossen. Ein beeindruckendes Element der Landschaft bilden die kühnen Autobahnviadukte, insbesondere einige Auffahrten, die mit ihrem Fahrbahngewirr quasi in die Luft gebaut sind. Vervollständigt wird die Infrastruktur durch bedeutende Häfen – Genua, Savona-Vado und La Spezia – sowie den internationalen Flughafen von Genua (Cristoforo Colombo), der im Winter auch als Ausweichflughafen wichtig ist, wenn die Flugplätze in der Po-Ebene wegen Nebel gesperrt sind. Die Bahnlinie von Genua nach Ventimiglia bzw. La Spezia verläuft meist unmittelbar an der Küste; sie wird (leider) immer mehr in Tunnel verlegt, die letzte große Maßnahme war die 2001 eröffnete Trasse zwischen Cipressa und Bordighera mit einem Tunnelbahnhof in Sanremo. Von Genua führt eine 1929 eröffnete Schmalspurbahn auf schöner Strecke ins Hinterland nach Casella.

Verkehr

Geschichte

Adel, Revolutionäre, illustre Gäste

Trotz seiner Randlage hat Ligurien im Lauf der Jahrhunderte immer wieder eine bedeutende Rolle gespielt – Genua gehörte einmal zu den reichsten Städten Europas, Söhne der Region kämpften für die Einigung Italiens. Und im 19. Jahrhundert traf sich die Hautevolée Europas an der Riviera.

VOR- UND FRÜHGESCHICHTE

Die Riviera di Ponente gehört zu den für die Frühgeschichte des Menschen besonders interessanten Landschaften. Zahlreiche Höhlen waren über viele Jahrtausende Wohnplätze des **Homo erectus und des Homo sapiens** (Cro-Magnon-Mensch). Zu nennen sind v. a. die Balzi Rossi bei Ventimiglia und die Höhlen bei Toirano, Taggia, Finale, Casarza Ligure und Sanremo. Die Mittlere Steinzeit (8000 – 5000 v. Chr.) ist spärlich dokumentiert, u. a. bei Prati Piani (Triora) und am Monte Aiona (Rezzoaglio). Größere Siedlungen entdeckte man auch in den Höhlen des Pennavaira-Tals und bei Finale Ligure. In der Jungsteinzeit (5000 – 2800 v. Chr) waren die Menschen sesshaft geworden und lebten von Ackerbau, Viehzucht und Handel. Wichtige Fundorte sind das Umland von Finale, das Argentina-Tal (Triora), das Pennavaira-, Maremola- und Varatella-Tal, Bergeggi und Alpicella bei Varazze. Ein Merkmal dieser Kultur sind Keramikkrüge mit vierbogiger Öffnung (»vasa a bocca quadrilobata«), zu sehen in den Museen von Finalborgo und Genua-Pegli.

Steinzeit

In Kupfer- (2800 – 1800 v. Chr.) und Bronzezeit (1800 – 1000 v. Chr.) bildet sich im Nordwesten Oberitaliens und im östlichen Südfrankreich ein Kulturkreis heraus. Zu den bedeutendsten Funden gehören die **Stelen der Lunigiana** (Museen von La Spezia und Pontremoli). Etwas jünger sind die vielen tausend Ritzzeichnungen am Mont Bego im **Vallée des Merveilles** in Frankreich, die bis heute nicht sicher gedeutet werden konnten. Im Museo Bicknell in Bordighera sind Papierabdrücke von den Zeichnungen zu sehen. Einfache Felszeichnungen, die an die der Megalithkultur erinnern, haben sich u. a. am Monte Beigua und im oberen Bormida-Tal bei Millesimo erhalten.

Metallzeit

Der Ursprung der Ligurer, nach denen die Region benannt ist, ist unbekannt. Vermutlich wohnten sie im Gebiet zwischen Nordwest-

Ligurer

Garibaldi bricht in Quarto mit seinen »Tausend« nach Sizilien auf – Beginn der Kampagne zur Einigung Italiens (Girolamo Induno, 1860).

italien und Rhône; einige Quellen nennen Spanien oder das **keltische Großbritannien** als Herkunftsland (das Wort »Albium«, das in Ortsnamen auftaucht – Albenga, Albisola, Albintimilium/Ventimiglia –, wird mit »Albion« in Zusammenhang gebracht). Griechische und römische Quellen beschreiben die Ligurer als ein kleinwüchsiges, kriegerisches, zähes Volk. Durch die Expansion der Etrusker im 8. Jh., der Griechen (Gründung Marseilles um 600 v. Chr.) und Kelten (seit dem 6. Jh.) wurden die Ligurer in das Gebiet des heutigen Liguriens gedrängt. An wichtigen Stellen errichteten sie **einfache Festungen** (»castellari«), die Dörfer und Weideplätze umschlossen. Beispiele sind im Nervia-Tal (Cima d'Aurin), in den Bergen um Sanremo, bei Savona, Camogli, Uscio, Sestri Ponente, am Monte Dragone und in Pignone zu sehen.

ANTIKE UND FRÜHES MITTELALTER

241 v. Chr.	Beginn der römischen Kolonisation Liguriens
180 v. Chr.	Umsiedlung ligurischer Stämme nach Süditalien
409 n. Chr.	Einfall der Westgoten
4./5. Jh.	Entstehung der ersten Bischofssitze

Römisches Reich

Im Jahr 241 v. Chr. begann der Zensor Aurelius Cotta mit dem Bau der nach ihm benannten **Via Aurelia**, die von Rom an der Küste entlang nach Norden und später bis zum spanischen Cartagena führte. Die ersten Konflikte der Ligurer mit den Römern fanden in den Jahren 238–235 v. Chr. statt. Im Zweiten Punischen Krieg (218–201

Die Reste des römischen Theaters in Ventimigiia

v. Chr.) kämpften die ligurischen Stämme mit Ausnahme Genuas auf Seiten Karthagos; Genua wurde 205 v. Chr. von Mago, dem Bruder Hannibals, zerstört. Nach und nach wurden die ligurischen Stämme unterworfen, den Schlusspunkt setzte im Jahr 180 v. Chr. die Umsiedlung von 47 000 Menschen aus der Gegend von Luni nach Samnium in Süditalien. Weitere Straßen wurden angelegt, wie die **Via Julia Augusta** von Vado in die Provence. Die größten Städte waren Albintimilium (Ventimiglia), Albingaunum (Albenga), Vada Sabatia (Vado), Alba Docilia (Albissola), Genua, Segesta Tigulliorum (Sestri Levante) und der 177 v. Chr. gegründete **Hafen Lunae** (Luni). Größere römische Reste sind nur in Ventimiglia und Luni erhalten.

Völkerwanderung

Mit dem Einbruch der Hunnen in Europa um 375 begann die Völkerwanderung. 409 n. Chr. wurde Ligurien von den Westgoten Alarichs heimgesucht, später von den Herulern und den Goten. Dennoch entwickelten sich die Städte weiter unter Beibehaltung des römischen Munizipalrechts. Nach dem Sieg Theoderichs, d. h. des Oströmischen Reichs, über den Westgoten Odoaker im Jahre 493 wurde Ligurien aufgrund seiner wichtigen Häfen zur »Provincia Maritima Italorum« erhoben.

Christianisierung

Mit der Ausbreitung des Christentums entstanden im 4./5. Jh. die **ersten Bischofssitze**, v. a. in Luni, Genua (381) und Albenga (451), deren Inhaber teils auch die weltliche Herrschaft ausübten. Der Bischof von Luni wurde bereits 275 zum Papst Eutychianus gewählt.

Langobarden

Von 569 bis 774 existierte das Langobardenreich in Oberitalien (Lombardei, Hauptstadt Pavia). Unter König Rothari wurde Ligurien in den Jahren 641 – 643 erobert; die langobardische Oberhoheit blieb aber brüchig. **Karl der Große** eroberte 773/774 das Reich der Langobarden und vereinigte es mit dem Frankenreich (»Rex Francorum et Langobardorum«). Die Herzogtümer, mit Ausnahme des süditalienischen Benevent, wurden zu fränkischen Markgrafschaften.

Sarazenen

Von etwa 890 bis 975 war Ligurien wiederholten Einfällen der Sarazenen ausgesetzt, die mit **Fraxinetum** (La Garde-Freinet bei St-Tropez) einen großen Stützpunkt besaßen; 936 wurde Genua geplündert. Der Mittelmeerhandel brach zusammen, viele Küstenorte wurden aufgegeben. Erst ein Kriegszug des provenzalischen Königs Wilhelm von Arles zusammen mit den ligurischen Marken Albenga, Noli, Ventimiglia und Genua gegen die Sarazenen – mit ihrer Vertreibung aus Fraxinetum im Jahr 973 – hatte dauerhaften Erfolg.

Berengar und Otto

Ab 950 war Berengar II., der Markgraf von Ivrea, König über Italien. Ligurien war in drei Marken geteilt: die Obertinische Mark im Westen, die Aleramische Mark in der Mitte, die Arduinische Mark im

Osten. Im Jahr 951 rief **Adelheid von Burgund**, die junge Witwe des langobardischen Königs Lothar, den deutschen König Otto gegen Berengar zu Hilfe; Otto gewann ihre Hand sowie die Herrschaft in Oberitalien und wurde 962 in Rom zum Kaiser gekrönt.

MITTELALTER · DIE SEEREPUBLIKEN

ab 1096	Aufstieg Genuas zur See- und Handelsmacht
1284 / 1298	Genua bezwingt Pisa und Venedig in den Seeschlachten von Meloria bzw. Curzola.
1339	Einsetzung des ersten Dogen
1407	Gründung des Banco di San Giorgio

Deutsche Kaiser
Von 962 bis 1268 herrschten deutsche Kaiser in Oberitalien – das bedeutete ständige Konflikte mit Päpsten, einheimischen Mächtigen und Städten. Es bildeten sich zwei Parteien, die **Ghibellinen** (benannt nach der Stauferburg Waiblingen), Anhänger der deutschen Herrscher, und **Guelfen** (Welfen), die Anhänger der Päpste. Schon Otto I. suchte seine Macht zu stärken, indem er den Bischöfen die Lehenshoheit über Städte und ihre Territorien übertrug.

Freie Gemeinden
Nach der Jahrtausendwende nahmen die Städte durch den **Seehandel und die Teilnahme an Kreuzzügen** großen Aufschwung. Besonders Genua erschloss sich mit dem ersten Kreuzzug ab 1096 Handelsprivilegien im östlichen Mittelmeer. Die Städte Savona, Noli und Albenga befreiten sich als »comune« von weltlichen bzw. kirchlichen Feudalherren. Gewalttätige Rivalitäten zwischen den Adelsfamilien lähmten jedoch die Stadtregierungen. Dies führte ab 1250 in vielen Orten zur Einrichtung der **Signoria**: An die Stelle der republikanischen Verfassung trat der mit großen Befugnissen ausgestattete Signore (Stadtherr), meist adliger Herkunft und Anführer einer Partei, der sich mit Waffengewalt durchsetzte. Es entstanden große Territorialherrschaften, die teilweise zu erblichen Fürstenstaaten wurden.

Seerepubliken
Von etwa 1050 bis 1183 (Frieden von Konstanz) schwand die Macht des Kaisers gegenüber Städten und Papst. Die **Stadtstaaten Genua, Pisa und Venedig** wurden zu mächtigen Konkurrenten im Mittelmeerhandel. Genueser Kaufleute unterhielten Niederlassungen praktisch auf der ganzen damals bekannten Welt bis nach Afrika, Indien und China. In der Schlacht von Meloria 1284 besiegte Genua Pisa, und 1298 behielt es bei Curzola über Venedig die Oberhand. Im **Chioggia-Krieg** 1379–1381 unterlag Genua schließlich der Serenissima und verlor allmählich seine Stellung im Handel mit dem Nahen und dem Fernen Osten. Auch die Eroberung Konstantinopels durch die Osmanen im Jahr 1453 trug dazu bei.

Die mächtigste Stadt an der Riviera herrschte über das Gebiet zwischen Nizza und Portovenere, in ihrem Besitz waren außerdem Sardinien, Korsika und Elba. Einige Städte rebellierten im Lauf der Zeit gegen Genua; den hartnäckigsten Widerstand bot Savona, das von 1226 bis 1542 mit Genua Krieg führte. In der Stadt selbst befehdeten sich die **Adelsfamilien**, vordergründig in Kaiser- und Papsttreue geteilt (guelfische Fieschi und Grimaldi einerseits, ghibellinische Spinola und Doria andererseits). Zur Wiederherstellung des Friedens und zur Sicherung nach außen übertrug man das Regiment einem Außenstehenden, erst Heinrich VII. von Luxemburg und dann 1318 Robert von Anjou, dem König Neapels. Durch die **Einsetzung eines Dogen** im Jahr 1339 (Simone Boccanegra) gab Genua sich eine neue Ordnung, was jedoch den inneren Konflikten kein Ende setzte. Eine tragende Rolle im Inneren wie nach außen spielte der 1407 gegründete **Banco di S. Giorgio**, ein mächtiges Finanzinstitut, das die wirtschaftlichen Aktivitäten der Stadt verwaltete.

Genua und die Riviera

Die Grafen del Carretto waren lange die Herren von Finale: Wappen bei der Kirche San Biagio

Ligurien brachte im 14./15. Jh. eine ganze Reihe berühmter Seefahrer hervor: u. a. die Brüder Vivaldi, Antonio da Noli, Nicoloso da Recco, Lanzarotto Malocello, Leon Pancaldo, Giovanni Caboto und allen voran Christoph Kolumbus (▶Berühmte Persönlichkeiten), der am 12. Oktober 1492 Amerika entdeckte.

Seefahrer

ADELSREPUBLIK GENUA

1528	Andrea Doria paktiert mit Kaiser Karl V., der die Unabhängigkeit Genuas garantiert. Die Stadt entwickelt sich in der Folge zu einer der reichsten Europas.
1684	Beschießung Genuas durch die Flotte Ludwigs XIV.
1746	Besetzung durch österreichische Truppen. Volksaufstand des »Balilla«

In der ersten Hälfte des 16. Jh.s wurde für Ligurien der Kampf zwischen Frankreich und Habsburg – das ab 1496 mit Spanien dynastisch verbunden war – um die Vorherrschaft in Italien bedeutsam. Kaiser Karl V. führte gegen den französischen König Franz I. von

Zwischen Frankreich und Habsburg

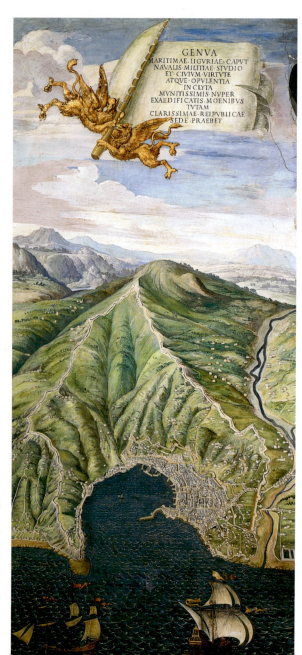

Genua im 16. Jahrhundert. Fresko von Ignazio Danti (1536–1586) in der Galleria delle Carte Geografiche im Vatikan.

Geschichte • HINTERGRUND

1521 bis 1525 Krieg; in der **Schlacht von Pavia** 1525 wurde Franz I. gefangengenommen und in der Badia di Cervara bei Portofino interniert. In diesem Streit gingen die italienischen Staaten wechselnde Bündnisse mit den Kontrahenten ein, so auch **Andrea Doria** (▶Baedeker Wissen S. 70), der sich 1528 auf die Seite Karls V. schlug, wobei er die Selbständigkeit Genuas zur Bedingung machte. Nun konnte sich die Stadt ganz auf den Ausbau der Wirtschaftstätigkeit konzentrieren, als **Bankiers der spanischen Könige** und anderer Fürsten erwarben die Adelsfamilien ungeheure Reichtümer. Genua wurde zu einer der wohlhabendsten Städte Europas, was die Via Garibaldi und die vielen Kunstschätze eindrucksvoll dokumentieren.

Andrea Doria war de facto Fürst (»principe«), auf dessen Veranlassung Genua sich 1528 und wieder 1552 eine oligarchisch-republikanische Verfassung gab, die bis 1797 fast unverändert bestand. »La Superba« (»die Stolze«) herrschte unumschränkt über die Riviera und ihr Hinterland, was auch Attacken von außen – 1673 durch Savoyen, 1684 durch Frankreich, 1746 durch Österreich – nicht ändern konnten. 1684 wurde Genua von der Flotte Ludwigs XIV. beschossen und zu großen Teilen zerstört; die Besetzung durch die Österreicher 1746 wurde durch einen Volksaufstand am 5. Dezember beendet. Dieser Aufstand wurde durch einen Stein ausgelöst, den der halbwüchsige **G. B. Perasso** »il Balilla« warf. Im eigenen Herrschaftsbereich regierte Genua mit harter Hand; der Aufstand Sanremos 1753 gegen die hohen Steuern wurde brutal niedergeschlagen. Nach dem Erhebung Korsikas verkaufte Genua es 1768 an Frankreich. Gegen die Beutezüge algerischer und türkischer Piraten im 16. Jh. wurden an der Küste viele Wachttürme und Festungen errichtet.

Republik Genua

Bordighera und sieben kleine Nachbargemeinden gründeten 1686 mit dem Segen Genuas die »Magnifica Comunità degli Otto Luoghi« (Glorreiche Republik der Acht Ortschaften) und gaben sich eine demokratische Verfassung. Die Republik bestand bis 1797.

Magnifica Comunità

VON NAPOLEON ZUM KÖNIGREICH ITALIEN

1797	Ligurische Republik unter französischer Herrschaft
1815	Ligurien Teil des Königreichs Sardinien-Piemont
1860	»Unternehmung der Tausend« unter Giuseppe Garibaldi
1861	Das geeinte Italien wird Königreich.

Die französische Revolutionsarmee nahm 1794 unter den Generälen Masséna und **Napoleon Bonaparte** die westlichen Alpenpässe ein und besetzte den Westen Liguriens. In den Bormida-Tälern schlugen die Truppen Napoleons im April 1796 das vereinigte piemontesisch-

Französische Herrschaft

österreichische Heer und öffneten sich damit den Weg ins Piemont. Die Adelsrepublik Genua, die nun völlig von Frankreich abhängig war, wurde 1797 in **»Ligurische Republik«** umbenannt. Napoleon krönte sich 1804 zum Kaiser und 1805 in Mailand zum König von Italien; Ligurien wurde – mit den Départements Montenotte (Hauptstadt Savona), Genua, Apennin (Hauptstadt Chiavari) – Teil Frankreichs. **Papst Pius VII.**, der sich geweigert hatte, Napoleon zum Kaiser zu krönen, wurde 1809 in Savona unter Hausarrest gestellt.

Restauration und Risorgimento

Nach dem Fall Napoleons schlug im Wiener Kongress 1815 der Versuch fehl, die Ligurische Republik neu zu errichten; als Herzogtum Genua kam Ligurien zum **Königreich Sardinien-Piemont**. Aufgrund der Nähe zum Piemont nahm der Hafen Savona einen neuen Aufschwung. Die Restauration der Feudalordnung wurde mit Waffengewalt durchgesetzt; verbündete österreichische Truppen unterdrückten zwischen 1820 und 1832 mehrere Aufstände. Träger der republikanischen Befreiungs- und Einigungsbestrebungen, die ihren Namen nach der ab 1847 in Turin erscheinenden Zeitung **»Il Risorgimento«** erhielt, waren der Geheimbund der »Carbonari« (»Köhler«) und die von Giuseppe Mazzini in Marseille gegründete Bewegung »Giovine Italia« (»Junges Italien«). Männer aus Ligurien waren am Risorgimento wesentlich beteiligt: Giuseppe Garibaldi, Giuseppe Mazzini, Goffredo Mameli (er schrieb 1847 die italienische Nationalhymne »Fratelli d'Italia«, »Brüder Italiens«), Nino Bixio, die Brüder Giovanni und Agostino Ruffini und andere. Von Genua-Quarto brach Garibaldi 1860 mit etwa tausend Anhängern (**»Unternehmung der Tausend«**) nach Sizilien auf, das zu ihm überging; in der Folge besiegte Garibaldi das bourbonische Königreich Neapel und besetzte den Kirchenstaat. 1861 nahm König Vittorio Emanuele II. von Savoyen auf Beschluss des ersten gewählten Parlaments den Titel »König von Italien« an; auch Ligurien war Teil des Königreichs.

GRÜNDERZEIT AN DER RIVIERA

ab 1855	Aufschwung des Fremdenverkehrs an der Riviera
1872 – 1874	Bau der Eisenbahn entlang der Küste
1895	In Genua wird die Sozialistische Partei gegründet.

Entwicklung des Tourismus

Nach 1855 wurde die westliche Riviera, ausgelöst durch den damals in Edinburgh erschienenen Roman **»Dottor Antonio« von Giovanni Ruffini**, zum Winteraufenthaltort wohlhabender britischer, dann auch deutscher und russischer Aristokraten und Bürger. Mit prächtigen historischen Villen – z. B. war der Architekt der Pariser Oper, Charles Garnier, hier ansässig und tätig – wurden Bordighera, Sanremo und Ospedaletti zu den ersten Zielen des Riviera-Fremden-

Genua um 1890, fotografiert von Alfred Noack. Noack, 1833 in Dresden geboren, lebte ab 1861 in Genua und hat Ligurien in vielen Bildern porträtiert.

verkehrs und damit Keimzelle für eine Entwicklung, die bis heute die ganze Region wirtschaftlich und kulturell prägt.

Die Jahrzehnte nach der Einigung Italiens standen im Zeichen der Industrialisierung, verbunden mit dem Ausbau der Verkehrswege und der Häfen. Zwischen 1872 und 1874 entstand die Bahnlinie entlang der Küste; der Hafen von Genua entwickelte sich zum größten Italiens, Savona profitierte ebenso von der Bahn wie von der Nähe zu Turin, und La Spezia bekam mit dem Arsenal der Kriegsmarine ein weiteres wirtschaftliches Standbein. Alle drei wurden zu den bedeutendsten Standorten der Schwerindustrie mit Stahlwerken, Werften und Maschinenbau. Ab 1875 entwickelte sich in der westlichen Riviera die Blumenzucht, die um 1900 die Produktion von Zitronen ablöste. 1882 wurde in Genua der »Partito Italiano dei Lavoratori« gegründet, ab 1895 **»Partito Socialista Italiano«**.

Industrialisierung

20. UND 21. JAHRHUNDERT

1922	Vertrag von Rapallo
1940	Eintritt Italiens in den Zweiten Weltkrieg
1946/1948	Italien wird parlamentarische Republik. Seitdem 65 Regierungen unter 27 Ministerpräsidenten.

Italien erklärte sich 1914 zunächst für neutral; nach Zusage territorialer Gewinne trat es jedoch auf Seiten der Entente in den Krieg ein. Am 23. Mai 1915 erklärte es Österreich-Ungarn den Krieg, am 28. August 1916 dem Deutschen Reich. Im **Vertrag von Rapallo** 1922 normalisierten Deutschland und Russland ihre Beziehungen.

Erster Weltkrieg

Faschismus und Zweiter Weltkrieg

Nach dem Ersten Weltkrieg förderten große wirtschaftliche und soziale Probleme sowie die Enttäuschung über unzureichende Gebietsgewinne den Aufstieg des Faschismus. Die von **Benito Mussolini** – der in Imperia Lehrer gewesen war – 1919 gegründete faschistische Bewegung kam mit dem »Marsch auf Rom« (1922) und der Berufung des »Duce« zum Ministerpräsidenten an die Macht. Hitler schuf mit Mussolini 1936 die Achse Berlin – Rom. Erst 1940, als sich die Niederlage Frankreichs abzeichnete, trat Italien auf der Seite Deutschlands in den Zweiten Weltkrieg ein und besetzte im Mai das französische Menton. Bei Angriffen aus der Luft und von der See wurden ligurische Städte, besonders die Industriezentren Genua, Savona und La Spezia, schwer beschädigt. Nach der Landung der Alliierten auf Sizilien wurde Mussolini gestürzt; im Juli 1943 schloss die neue italienische Regierung mit den Alliierten den Waffenstillstand, kurz darauf erklärte sie Deutschland den Krieg. Partisanen der **Resistenza** lieferten den deutschen Truppen in den Bergen Liguriens heftige, zähe Kämpfe. Am 28. April 1945 wurde Mussolini auf der Flucht von Partisanen gefangen und erschossen, einen Tag später kapitulierten in Caserta die deutschen Streitkräfte in Italien.

Tourismuswerbung von 1934

Erste Republik

Durch eine Volksabstimmung wurden 1946 die auf dem Papier noch bestehende Monarchie abgeschafft und Italien in eine **parlamentarische Republik** umgewandelt; die neue Verfassung trat 1948 in Kraft. 1947 musste das mittlere und obere Roia-Tal bis zum Tenda-Pass an Frankreich abgetreten werden. Mit Hilfe des Marshall-Plans wurde die Wirtschaft wieder angekurbelt, und Italien entwickelte sich zu einem erfolgreichen Industriestaat. Innenpolitisch ist Italien bis heute durch rasch wechselnden Regierungen gekennzeichnet. Seit Anfang der 1990er-Jahre spielt die **Lega Nord**, ein Zusammenschluss separatistischer norditalienischer Bewegungen, im rechten Parteienspektrum des Landes eine große Rolle. Am 12. Februar 1995 fand in Genua der erste Parteitag der von LN-Dissidenten gegründeten **Lega Italiana Federalista** (Italienische Föderalistische Liga) statt.

Zweite Republik

Im Jahr 1992 lösten die Ermittlungen in einer Mailänder Bestechungsaffäre eine Lawine aus. Die **»Mani pulite«** (»Saubere Hände«), eine Säuberungskampagne Mailänder Richter, führte zur Zerschlagung der fast fünfzig Jahre führenden korrupten Parteien

Geschichte • HINTERGRUND

(»tangentopoli«), insbesondere der **Democrazia Cristiana** (1994 aufgelöst). 1998 wurde Italien Mitglied der Europäischen Währungsunion und des Schengener Abkommens; die Küsten Italiens bilden heute die Außengrenzen der EU im Süden. Im Juli 2001 kam Genua in die Schlagzeilen: Während des **Treffens der G8-Staatschefs** wurden Globalisierungsgegner von rechtsgerichteten Teilen der Polizei unter Protektion von Vorgesetzten und Politikern brutal misshandelt; die Verwüstungen, die Demonstranten anrichtet haben sollten, erwiesen sich großenteils als Werk faschistischer Gruppen, die der Polizei bekannt waren und unbehelligt blieben. Der 23-jährige Carlo Giuliani wurde von einem Polizisten erschossen. Einige hohe Polizeibeamte wurden später – u. a. wegen Fälschung von Beweisen – angeklagt und ihrer Ämter enthoben. Das Europäische Parlament und Amnesty International verurteilten das Verhalten der Verantwortlichen als einen der schwersten Angriffe auf demokratische Rechte in einem westlichen Land nach dem Zweiten Weltkrieg. Ebensowenig stolz kann Italien auf **Silvio Berlusconi** sein, der zwischen 1994 und 2011 viermal als Ministerpräsident amtierte (dreimal gewählt). Als Bauunternehmer in den 1960er-Jahren sehr rasch sehr reich geworden, verlegte er sich Anfang der 1980er-Jahre auf die Medien, und als sein Imperium in großen Schwierigkeiten steckte, auf die Politik. Ohne dass die EU interveniert hätte, sicherte er sich mit antidemokratischen Gesetzen v. a. seine eigenen Interessen. Er stand u. a. wegen Korruption, illegaler Parteienfinanzierung und Bilanzfälschung vor Gericht, wurde aber erst 2013 zum ersten Mal verurteilt. In der Finanz- und Schuldenkrise musste Berlusconi im Herbst 2011 zurücktreten; nach den Übergangsregierungen Monti (bis 2013) und Letta (bis 2014) behauptet nun der smarte junge Sozialdemokrat **Matteo Renzi**, vordem Bürgermeister von Florenz, im Kampf gegen die Staatsschulden (nach Griechenland die größten in der EU), den massiven Produktionsrückgang und die wachsende Arbeitslosigkeit mehr tun zu wollen als seine Vorgänger.
Ende Okt. und Anfang Nov. 2011 lösten heftige Regenfälle – mit bis zu 100 mm Niederschlag in 1 Stunde – im östlichen Ligurien riesige Schlammlawinen aus, die besonders Genua-Foce, Monterosso, Vernazza, Borghetto di Vara und La Spezia trafen. Wasser und Schlamm wälzten sich durch die Orte und rissen Autos, Bäume u. a. mit; der Bürgermeister von Monterosso meinte: »Monterosso gibt es nicht mehr.« Heute ist davon jedoch nichts mehr zu sehen. Insbesondere Vernazza, die Ikone des Cinque-Terre-Tourismus, war durch materielle und tätige Hilfe v. a. aus den USA sehr rasch wieder instandgesetzt, andere Orte taten sich wesentlich schwerer.
Der seit 2013 amtierende **Papst Franziskus I.**, der Argentinier Jorge Mario Bergoglio, hat als Sohn eines italienischen Auswanderers ligurische Wurzeln; seine Großmutter väterlicherseits stammte aus Piana Crixia im Hinterland von Savona.

Kunst und Kultur

Kunstgeschichte

Verglichen mit großen Zentren italienischer Kultur wie Rom, Venedig oder die Toskana ist die ligurische Kunstlandschaft eher bescheiden, mit Ausnahme Genuas, das zwischen Spätmittelalter und Barock seine Macht mit grandioser Architektur und Malerei von internationalem Niveau demonstrierte.

VORGESCHICHTE UND ANTIKE

Vorgeschichte

Frühgeschichtliche Funde in Höhlen an der Küste Liguriens, v. a. nahe der französischen Grenze (**Balzi Rossi**), bezeugen eine Besiedlung schon in der Altsteinzeit; gefunden wurden Tonstatuetten, Keramikgefäße, Werkzeuge, Stelen und Ritzzeichnungen (**Vallée des Merveilles**, ▶ S. 37). Die ältesten Bauwerke der Gegend errichteten die Ligurer in der zweiten Hälfte des 1. Jahrtausends v. Chr., als Kelten, Etrusker und Griechen ihnen ihr Land streitig zu machen versuchten und sie sich in unzugängliche Gebiete in »castellari«, primitive Fluchtburgen mit mächtigen Mauerumgürtungen, zurückzogen.

Römerzeit

Nach der Eroberung Liguriens durch die Römer ab dem 3. Jh. v. Chr. bauten sie im 2. Jh. v. Chr. die Via Aurelia und eine Reihe von Siedlungen. Der Grundriss einiger Städte der Riviera lässt noch das **rechtwinklige Straßensystem** von Cardo und Decumanus erkennen (Albenga, Ventimiglia etc.). In Ventimiglia und Luni sind die typischen Bauwerke einer solchen Anlage auszumachen: Kapitol, Forum und andere öffentliche Gebäude, Tempel, Theater, ein Amphitheater, Wohnbauten, eine Nekropole etc. Etwas außerhalb von Albenga sind Relikte eines Aquädukts und von Thermen, Grabbauten, ein Amphitheater und Teile der Römerstraße zu sehen. Nördlich von Finale Ligure haben sich fünf Straßenbrücken erhalten.

Frühes Christentum

Der Bischof von Luni wurde 275 zum Papst gewählt, Genua wurde im Jahr 381 Bischofssitz. Das bedeutendste Zeugnis aus der Frühzeit des Christentums in Ligurien ist das **Baptisterium in Albenga** mit einem Taufbecken in der Mitte. Als besonderer Schmuck sind die ornamental stilisierten Mosaiken aus dem 5. Jh. hervorzuheben. Frühchristliche Sakralbauten wurden häufig umgebaut oder überbaut, weshalb nur an einigen Kirchen noch spärliche Reste zu erkennen sind; z. B. besitzt die Pfarrkirche in Finale Ligure eine Inschrift aus dem Jahr 517. Ein frühmittelalterliches Baptisterium mit einer Nekropole wurde bei der Kirche S. Paragorio in Noli ausgegraben.

Löwen – aus dem 19. Jh. – bewachen die Kathedrale in Genua.

ROMANIK

Eine eigenständige romanische Kunst hat sich in Ligurien nicht entwickelt. Das mag daran liegen, dass viele Klöster von der Provence oder von Spanien aus gegründet wurden, zudem wurden häufig auswärtige Baumeister beauftragt. Einheimische Künstler dieser Stilepoche sind kaum bekannt. Die wesentlichen Einflüsse kommen aus der Toskana, aus Südfrankreich und der Lombardei.

Sakralbauten Diese Einflüsse sind an den anzutreffenden Formen und Schmuckelementen ablesbar: etwa am basilikalen Grundriss, den schlicht gegliederten Fassaden ohne Skulpturenschmuck, der Verwendung von antiken Bauteilen, den horizontalen Streifen aus weißem und dunklem Marmor. Lombardische Baumeister errichteten ab Ende des 11. Jh.s die Kirche **S. Paragorio in Noli** als dreischiffige Pfeilerbasilika ohne Querschiff, mit offenem Dachstuhl und schlichtem Schmuck der Außenmauern. Innen griff man an der Apsis auf das byzantinische Gliederungssystem zurück (Arkaden als Entlastungsbögen). Einfache Ornamente – auch hier zeigt sich die lombardische Herkunft des Meisters – zieren die Kanzel. Französischer Einfluss ist am oktogonalen Vierungsturm von **S. Donato** (erste Hälfte 12. Jh.) zu erkennen, der am besten erhaltenen romanischen Kirche Genuas. Der hohe, durch ein Schallgeschoß mit Bi- und Triforien sowie einer Zwerggalerie gegliederte Turm schließt mit einem Zeltdach ab. Toskanischer Einfluss lässt sich im Inneren ausmachen, wo anstelle von Pilastern Säulen die Wände gliedern.

Die Basilica dei Fieschi in Cogorno im romanisch-gotischen Stil

Profanbauten Eindrucksvolle Zeugnisse des Profanbaus sind die **Geschlechtertürme**, die sich der städtische Adel vom 12. bis 14. Jahrhundert errichten ließ: aus Werk- oder Backstein und bis zu 40 m hoch. Anfangs besaßen sie nur einfache Bauzier, in gotischer Zeit waren sie mit Biforien und Friesen aufwendiger gestaltet. Beispiele sind noch in Genua, Noli und Albenga zu finden. Romanische Bauelemente an Burgen, Befestigungsanlagen oder Wohnhäusern sind durch spätere Eingriffe häufig verunklärt. Zur Befestigung von Portovenere gehört am Hafen das Turmhaus aus Buckelquadern, das im 13. Jh. gotische Bi- und Triforien sowie einen Wehrgang erhielt.

Romanische Plastik oder Malerei hat sich kaum erhalten; das vermutlich älteste Bildwerk ist das auf Holz aufgezogene **Kreuz des Pisaner Meisters Guglielmo** (1138) in Sarzana. Eine wichtige Skulptur ist die sitzende Steinmadonna in der Kapuzinerkirche von S. Margherita Ligure (in schlechtem Zustand); statuarische Festigkeit und die Eigenwertigkeit des Faltenlineaments am Rock kennzeichnen diese Plastik provenzalischer Herkunft (12. Jh.).

Bildende Kunst

GOTIK

Auch in der Gotik wurde die Kunst Liguriens im Wesentlichen von fremden Traditionen bestimmt; einflussreiche Meister und Künstler kamen aus der Lombardei, der Toskana, Frankreich und Katalonien. Prägend seit dem 15. Jh. und für die kommenden Jahrhunderte dauernd bedeutsam wurde der Einfluss Flanderns und der Niederlande.

Nur wenige gotische Bauwerke sind unverändert erhalten. Der wichtigste Sakralbau ist der **Dom S. Lorenzo in Genua**. Nach französischem Vorbild wurde die Portalanlage der Hauptfassade konzipiert: drei tiefe Gewändeportale mit Säulen, z. T. gewendelt oder mit einfachem Ornament versehen, und Gewändenischen mit ligurischen Inkrustationen. Auch die Skulpturen des Hauptportals (v. a. im Tympanon mit Christus zwischen den Evangelistensymbolen) erinnert an die Gestaltung französischer Fassaden, z. B. an das Königsportal von Chartres. Die vertikale Gliederung wird durch farbige Horizontalstreifen – ein in Ligurien häufiges toskanisches Schmuckelement – kontrastiert. An vielen Bauwerken zeigen sich gotische Formen zwischen romanischen; aus Rundbögen werden Spitzbögen oder die Säulen werden schlanker ausgeführt, zu sehen z. B. an der Giebelfront von S. Agostino in Genua und der Basilica dei Fieschi in Cogorno).

Gotische Architektur

Fein gearbeitetes Radfenster von San Giovanni Battista in Monterosso

Bestehende Burgen und Befestigungen wurden erweitert, vereinzelt sind gotische Bauelemente zu erkennen. Die **Burg von Lérici**, ein umkämpfter Posten in den Auseinandersetzungen zwischen Genua und Pisa, wurde im 13. Jh. zur Festung ausgebaut; sie besitzt einen massiven Pentagonalturm und starke Wehrmauern, die mit farblich abgesetzten Bogenfriesen oder Quaderstreifen verziert sind.

Plastik
Die gotische Plastik weist aufgrund der unterschiedlichen Herkunft der Meister eine enorme Variationsbreite auf. Ein prominentes Beispiel aus der Toskana ist das **Grabmal für Königin Margarete**, die Gattin Heinrichs VII., 1313/1314 von Giovanni Pisano gefertigt; Fragmente des Grabmals, die starke Bewegtheit und Leidenschaftlichkeit erkennen lassen, sind in Museum S. Agostino in Genua ausgestellt. Vom Übergang zur Renaissance künden die prachtvollen Marmor-Polyptychen der Toskaner **Leonardo und Francesco Riccomanno** in S. Maria Assunta in Sarzana. Steife, ausdruckslose Heiligenfiguren stehen neben dem zentralen Relief der Marienkrönung, bei dem der Eigenwert des kalligrafischen Lineaments von den plastisch durchgearbeiten Körperformen verdrängt wird. Lombardischer Schmuckreichtum zeigt sich in Genua an den **Portalreliefs** zahlreicher gotischer Gebäude, z. B. an der Piazza Cattaneo oder an der Sakristei von S. Maria di Castello. Französischer Einfluss ist am Marmorschrein in der Kapelle Johannes des Täufers in der Kathedrale zu Genua abzulesen (schlanke, langgewandete Frauengestalten in eleganter, leicht gedrehter Haltung).

Malerei
Die engen Beziehungen zu Konstantinopel erklären die lang anhaltende Vorbildfunktion der byzantinischen Malerei in Ligurien. Lange Zeit bestimmend waren die Fresken »Christus im Hause Simon« und »Hl. Michael« (1292) für die Kirche **S. Michele a Fassolo** (im Museo dell'Accademia Ligustica in Genua). Die streng hieratischen, flächenhaften Figuren kontrastieren mit dem Hintergrund, wo versucht wurde, ein perspektivisches Stadtbild zu komponieren. Erst 1414, als sich Nicolò Grimaldi – Vorbild war der Papstpalast in Avignon – seinen Palazzo von Bartolomeo da Piacenza mit Busch- und Baumlandschaften und menschlichen Staffagen schmücken ließ, scheint diese Stilstufe überwunden. Den herausragenden Abschluss der gotischen Malerei in Genua bildet das Verkündigungsfresko (1451) des schwäbischen Malers **Jos Ammann (Giusto di Ravensburg)** im Kreuzgang von S. Maria di Castello. In einem von gotischer Architektur umgebenen Interieur knien der Engel und Maria in devoter Haltung, ein milder Gesichtsausdruck und plastisch dekorative Gewandgestaltung sind den Figuren eigen. Der stark perspektivisch gestaltete Raum bietet Ausblicke in szenisch ausstaffierte Landschaftsausschnitte; der nördliche Einfluss, z. B. Rogier van der Weyden, ist unverkennbar.

RENAISSANCE

Die Kunst der Renaissance entwickelte sich in Ligurien ab 1460 durch lombardische Meister. Europäische Bedeutung gewann **Galeazzo Alessi** (*1512 in Perugia), der 1548 nach Genua kam, durch den von ihm entwickelten Palast- und Villentypus; Alessi hatte in Rom studiert und dort von Michelangelo gelernt. Luca Giustiniani ließ sich von ihm eine Villa (heute **Villa Cambiaso**, Via Garibaldi 1) errichten, die ihre Wirkung durch die Auflockerung der Baumassen erhält: Horizontalgliederung durch Gesimse und Vertikalgliederung durch Halbsäulen und kannelierte Pilaster, durch große Arkadenöffnungen im Untergeschoß und die flankierenden Seitenrisalite. Im Grundriss sind römische und palladianische Vorbilder erkennbar. Wichtig für den repräsentativen Zweck ist die Raumfolge von Loggia, Portikus und Treppenaufgang, Wohn- und Empfangsräumen und schließlich der Sala im Piano nobile. Sie wurde Vorbild für die Paläste an der **»Strada Nuova«** (Via Garibaldi), mit denen die reichen, mächtigen Adelsfamilien ihren Anspruch und Lebensstil demonstrierten (▶Baedeker Wissen S. 234). Mit der Gesamtplanung wurde ebenfalls Alessi betraut, der jedoch keinen Palast selbst vollendete. Die Architekten entwarfen variantenreiche Fassaden, alle zur Strada Nuova gerichtet, und wahrten dadurch die Individualität jedes Gebäudes. Rubens hielt während seines Aufenthalts in Genua diese Paläste in Zeichnungen fest, die als Stiche 1622 und 1626 veröffentlicht und zu erfolgreichen, lange geschätzten Musterbüchern wurden.

Die »Goldene Galerie« im Palazzo Carrega-Cataldi, einem der prachtvollsten in Genua

Für die angemessene Ausstattung der Palazzi mit **Malerei** holte Genua viele Künstler aus der Toskana, dem Veneto und Rom. Doria berief für sein Domizil – das nicht an der Strada Nuova, sondern westlich außerhalb der damaligen Stadt lag – den Raffael-Schüler **Perin del Vaga**. Mit seinem antik-mythologischen Bildprogramm schuf dieser die Grundlage für die eigenständige Genueser Malerei des Manierismus und des Frühbarocks. Mit dem Architekten und

Maler **Giovanni Battista Castello »il Bergamasco«**, der ab 1531 in der ligurischen Metropole arbeitete, war endgültig die spezifische Dekorationsweise in Genua eingeführt: die Gliederung der Wände durch vergoldeten Stuck als Rahmung der al fresco ausgeführten Felder, besonders gut in S. Matteo zu erkennen. Im Palazzo Pallavicini delle Peschiere erweiterte Castello im großen Saal mit illusionistischen Mitteln den Raum und schuf Ausblicke in Ruinenlandschaften oder mythologische Darstellungen, ein Kompositionsprinzip, das der Künstler in Rom kennengelernt hatte. Die Malerei tritt hier gleichwertig neben die Architektur. **Luca Cambiaso** führte in derselben Art monumentale Innen- sowie (heute nur noch in Spuren erkennbare) Fassadendekorationen aus. Cambiaso betrieb eine große Malerwerkstatt. Besonders mit Nachtstücken mit heftigen Helldunkeleffekten – einige Beispiele sind im Palazzo Bianco und in Genueser Kirchen zu sehen – gab er der Tafelmalerei noch vor Caravaggio entscheidende Impulse.

Plastik Andrea Doria holte sich mit dem Florentiner **Giovanni Angelo Montorsoli** einen bedeutenden Bildhauer, der ab 1543 in S. Matteo, der Familienkapelle der Doria, Statuen von Heiligen und Propheten sowie eine Pietà schuf, die die enge Zusammenarbeit des Künstlers mit Michelangelo in Rom erkennen lässt (Sixtinische Kapelle, Pietà in S. Pietro). Die künstlerische und formale Gestaltungsbreite Montorsolis präsentiert sich z. B. in der kraftvollen Brunnenfigur des Tritonen im Garten des Palazzo Doria. Ein weiterer wichtiger Künstler war der aus Flandern stammende **Giambologna** (Jean de Boulogne); er schuf den Figurenschmuck für das Grabmal des Luca Grimaldi mit Putten, Tugendgestalten und 14 Bronzereliefs, figurenreiche Arbeiten in flämischer Tradition (Palazzo dell'Università).

BAROCK

Im 17. und 18. Jahrhundert erlebte Genua seine Blütezeit als Kunststadt. Die relativ schlichten Palastfassaden der Strada Nuova wurden nun reicher mit Skulpturen und Dekor ausgestattet. Monumentale Varianten stellen der Palazzo Durazzo Pallavicini und der Palazzo dell'Università in der ersten Hälfte des 17. Jh.s in der Via Balbi dar. Für die Ausstattung ihrer Paläste wählten die Auftraggeber ihrem Repräsentationsbedürfnis entsprechend Themen, die direkt oder allegorisierend die Familiengeschichte verherrlichen.

Sakralbauten Die barocken Kirchenbauten Genuas nehmen nicht denselben hohen Rang ein wie die Profanbauten. Einige wurden im 17. Jh. neu errichtet, die meisten aber aus älteren Bauten. So wurde **SS. Annunziata** im 16. Jh. als Säulenbasilika errichtet und im 17. Jh. von bedeutenden

Überschwang des ligurischen Barocks: San Matteo in Laigueglia

Malern und Bildhauern ausgestattet. 1650 erneuerte Carlo Mutone **San Luca** zu einem Zentralbau mit Kuppeln; D. Piola stattete sie mit Fresken, der Bolognese Antonio Haffner mit Perspektivmalerei aus; von dem Genuesen Filippo Parodi stammen die Marmorfigur der Immaculata auf dem Hochaltar und die Schnitzfigur des toten Christus. Die von Alessi konzipierte **S. Maria di Carignano** hatte mit ihren klaren Formen und der breitgelagerten Doppelturmfassade großen Einfluss in der Umgebung (u. a. S. Margherita d'Antiochia in S. Margherita Ligure, 1770; die Hauptkirchen von Sanremo).

Die Adelsfamilien Genuas förderten mit ihrer Sammeltätigkeit die Entwicklung der Malerei. Die Stadt wurde zum Kunstzentrum, zum einen durch Aufträge an auswärtige Künstler, zum anderen durch ansässige Künstler, die sich Anregungen durch Reisen in andere Kunstzentren holten. Einen besonderen Stellenwert erhielt die Porträtmalerei, die Angehörige des Adels, Musiker oder Poeten in Auftrag gaben. Weitere wichtige Genres waren Stillleben, Tierbilder und naturalistische Figurendarstellungen. Präzision, gebrochene Lichtführung und starke Farbigkeit sind diesen Bildern eigen (▶ Baedeker Wissen S. 56). Als wichtige Namen sind v. a. Giovanni Battista Paggi, Benedetto Castiglione, Bernardo Strozzi, Andrea Ansaldo, Giovanni Andrea Carlone, Guido Reni und die Piolas zu nennen. Besonders bedeutend war die Präsenz nordischer Künstler in Genua. **Peter Paul Rubens** hielt sich Anfang des 17. Jh.s dort auf; von ihm ließ sich u. a. der Marchese Giancarlo Doria als Reiter porträtieren. Sein Schüler **Anthonis van Dyck** fertigte in seiner Genueser Zeit eine enorme Zahl von Gemälden, v. a. Bildnisse für die Aristokratie. Genannt

Malerei

Genueser Maler des Barocks

Meister des prachtvollen Dekors

Der Barock nimmt im späten 16. Jahrhundert in Italien, damals kulturelles Zentrum Europas, seinen Anfang. In Rom und Bologna gewinnt er entscheidende Impulse, aber auch die Bedeutung der reichen Handels- und Bankenmetropole Genua ist nicht zu unterschätzen.

Eigenartigerweise wird Genua bis heute auf der italienischen Kunstlandkarte kaum wahrgenommen. Dabei entwickelte sich die Handelsstadt, die Beziehungen zu ganz Europa unterhielt, ab dem 15. Jh. zu einem Großimporteur bedeutender Kunstwerke und einem Magneten für Künstler, die den Boden für eine eigenständige Entwicklung bereiteten. Die wichtigsten Ligurier waren bis dahin **Ludovico Brea** (vor 1475–1523), im damals genuesischen Nizza geboren, und **Luca Cambiaso** (1527 bis 1587) aus Moneglia. Die bedeutendsten »Importe« waren der Raffael-Schüler Perin del Vaga (ca. 1501–1547), der römische Meister Caravaggio (1573–1610), Peter Paul Rubens, der Hauptmeister des flämischen Barocks (1577–1640), und sein Schüler Anthonis van Dyck (1599–1641). Ohne die Werke der Genueser Barockkünstler wären die prächtigen Kirchen und luxuriösen Paläste dieser Hafenstadt undenkbar. Im 17. Jh. wird gerade in Genua die Deckenmalerei weiterentwickelt, die den Raum nach oben hin aufreißt und den Eindruck vermittelt, hoch über dem Betrachter schwebe in einem imaginären Palast oder am Himmel eine ganze Welt von Figuren.

Große Namen

Der wichtigste Vertreter des Barocks in Genua ist **Bernardo Strozzi** (»il prete Genovese«, 1581–1644). Die frühesten Zeugnisse seiner Kunst sind drei Fresken im Palazzo Carpanetto in Sampierdarena, zugleich seine einzigen erhaltenen. Sie zeigen einen ligurischen Mischstil, ihre persönlicher Zug liegt im ausgeprägten Kolorit. Die Anwesenheit von Rubens in Genua (1607) war eine der erfolgreichsten Zeiten für Strozzi; seine Palette wurde wärmer und erreichte meisterliche Bravour. Aus dieser Zeit ist das Bischofsbildnis im Palazzo Durazzo-Pallavicini, aus späterer Zeit (um 1625) die »Köchin« im Palazzo Rosso hervorzuheben.

Von **Gioacchino Assereto** (1600 bis 1649) stammt eine ganze Anzahl von Gemälden und Fresken in Genua. Bereits in jungen Jahren malte er je ein Abendmahl für die Oratorien Santa Maria und Santa Croce. Das Kloster der Agostiniani Scalzi schmückte er mit Bildnissen von Ordensheiligen. Nach kurzem Aufenthalt in Rom im Jahr 1639 entstanden weitere wichtige Werke, etwa die Fresken »Petrus heilt den Lahmen« und »Abimelech umarmt David« in der Genueser Kirche Santissima Annunziata. Leichthändiges Schaffen und großzügige Auffassung, sichere Zeichnung und wirkungsvolles Kolorit machten Assereto zum besten Genueser Maler der Zeit.

Giovanni Benedetto Castiglione (1616–1670) wurde vor allem als

»Die Köchin« von Bernardo Strozzi, eine besonders hübsche, lebensvolle Genreszene

Tiermaler berühmt, aber auch seine Landschaften und Figuren gehören zu den geistreichsten seiner Zeit. Besonders häufig finden sich die Motive »Noah mit den Tieren auf der Arche« (Palazzo Bianco), die »Reise Abrahams« (Palazzo Rosso) sowie »Geburt Christi« (Palazzo Bianco). Sein schlagfertiger Witz, seine Freude an prächtiger Lebensführung und die Neigung zum Fantastischen kamen auch in seinen Werken zur Geltung: durch die Übertreibung aller Lebensäußerungen, durch Anhäufung und Zusammendrängen von Massen.

Der Maler und Kupferstecher **Domenico Piola** (1628–1703) war fast nur in Ligurien tätig und hat ein umfangreiches Werk hinterlassen. Er zeichnet sich besonders in seinen Fresken durch kühne Anordnung und lebhafte Farbgebung aus. Er arbeitete u. a. im Palazzo Rosso an den Decken der Säle Autunno und Inverno, die den besonderen Stil des Genueser Freskos prägen. Die ganze Dekoration der Kirche San Luca stammt von ihm. Aus seiner Familie entstand nahezu eine Schule, da vier Kinder dem Vater folgten.

Gregorio De Ferrari (1644–1726) erlernte sein Handwerk außerhalb Genuas, kehrte mit einer neuen Malweise zurück und gelangte rasch zu Ansehen. Er schmückte viele Kirchen mit großen Fresken, und es gibt kaum einen Palast, in dem er nicht gemalt hat. Seine Figuren sind graziös, die Farben harmonisch. Von seinen Fresken ist das bedeutendste die »Himmelfahrt Mariä« in Santi Giacomo e Filippo mit aus Logen zuschauenden Aposteln. Von seinen Arbeiten in den Palästen sind vor allem die mythologischen Fresken im Palazzo Brignole-Sale zu nennen.

Alessandro Magnasco (1667 bis 1749), in Genua geboren und gestorben, arbeitete meist in Mailand. Seine Spezialität sind kleinfigurige Szenen, seine bevorzugten Themen sind Mönche und Nonnen. Dabei gibt es berühmte Ausnahmen wie die »Zerstreuungen in einem Garten in Albaro« (im Palazzo Bianco in Genua). Der Stil seiner Bilder – mit raschem, die Formen nur andeutenden Strich und meist dämonisch-unheimlicher Wirkung – ist wirklich außergewöhnlich.

seien auch De Wael und Jan Roos. Gegen Ende des 17. Jh.s erfreuten sich Genreszenen und Landschaftsbilder großer Beliebtheit, bevor groß angelegte Kompositionen mit Themen aus der römischen Geschichte in Mode kamen. Häufig sind Werke Genueser Künstler in Dorfkirchen anzutreffen, etwa in S. Matteo in Laigueglia (»Himmelfahrt Mariä« von Strozzi) oder SS. Nicola e Erasmo in Genua-Voltri (Fresken von G. A. Carlone in der Rosenkranzkapelle).

Plastik Die bedeutendsten Werke der Plastik des 17. Jh.s gehen wiederum zum großen Teil auf fremde Künstler zurück. Der Marseiller **Pierre Puget** schuf in Genua in den 1760er-Jahren u. a. die Figur des hl. Sebastian in S. Maria di Carignano, die aus der Spannung von Hängen und Emporblicken, von körperlicher Ermattung und seelischer Entrückung lebt, und die Immaculata, der ein verhaltenes Pathos eigen ist, im Oratorium S. Filippo Neri. In Genua tätige Künstler wurden auch für Aufträge auf dem Land herangezogen; die reiche Barockausstattung der Villa Negrone in Pra, v. a. das Deckenfresko des Festsaals mit ihren illusionistischen Öffnungen und den in starker Untersicht gemalten Figuren, stammt von Andrea Ansaldo. Eine regional überaus bedeutende Gestalt war der Genueser Holzschnitzer **Anton Maria Maragliano** (1664 – 1741), der mit seiner Werkstatt viele Kirchen in ganz Ligurien mit ausdrucksvollen, künstlerisch jedoch eher schlicht empfundenen Heiligenfiguren ausstattete.

Anthonis van Dyck: Porträt des Marchese Anton Giulio Brignole-Sale (1627)

Klassizismus Nach der Gründung der Accademia Ligustica 1751 wurde der klassizistische Stil mit seinen weich und flüssig modellierten Figuren gefördert. Die Porträtmalerei avancierte in solchem Maß, dass Genueser Künstler internationale Erfolge erzielten. Die Verflechtungen mit Parma, Bologna, Neapel und Rom wurden enger. Die Begeisterung in der Ewigen Stadt für die Antike färbte auf Genua ab. Offenbar war es in der 2. Hälfte des 18. Jh.s ein Bedürfnis, große Momente der Geschichte herauszustellen: etwa im Deckenfresko des Palazzo

Rosso (1780) von C. A. Baratta mit dem Thema des Triumphes von Kolumbus und im Deckengewölbe des Palazzo Ducale von **Tiepolo** zu Ehren der Familie Giustiniani. Gegen Ende des Jahrhunderts sind in der Genueser Malerei Wiederholungen von Kompositionen des 16. und 17. Jh.s zu beobachten – die malgeschichtliche Entwicklung der Republik endete mit einer Huldigung an ihre Anfänge. Ein sehr frühes klassizistisches Bauwerk, an dem noch spätbarocke Formen abzulesen sind, errichtete **Gaetano Cantone** mit dem Dom S. Maurizio in Porto Maurizio. Charakteristisch für den Bau ist die blockartig nüchterne Architektur.

HISTORISMUS UND JUGENDSTIL

Eine Sehenswürdigkeit ersten Ranges stellt der **Friedhof in Genua-Staglieno** mit prachtvollen Grabmälern aus Historismus und Jugendstil dar. Da Bestattungen in der Stadt verboten wurden, wurde er zwischen 1835 und 1872 nach Plänen von C. Barabino und G. B. Resasco nördlich des Stadtkerns angelegt. Die streng symmetrische Anlage wird von einer dreiflügeligen Galerie abgeschlossen, mit einer Rundkirche im Zentrum und Giebelfronten an den Enden. Nach

Genua

Liguriens prachtvoller Jugendstil: die Spiaggia d'Oro in Imperia

dem Bau der **beiden Bahnhöfe** Genuas – im Westen der Stadt die Stazione Porta Principe (1854, Spätklassizismus), im Osten die Stazione Brignole (um 1895, Historismus) – wurden die Ost-West-Straßenverbindungen systematisiert. Zur großzügigen Neuplanung von Plätzen und Prachtstraßen gehört der Ausbau der Via XX Settembre, an der Geschäftshäuser mit bemerkenswerten Fassaden entstanden. Zwischen 1865 und 1877 wurde auch die Galleria Mazzini errichtet, eine durch eine gläserne Tonne geschützte Ladenpassage, sowie der Mercato Orientale, für den 1889 ein Klosterkreuzgang überdacht wurde. Der Jugendstil, der in Italien nach einem Londoner Kaufhaus »**stile liberty**« heißt, wird in Genua prägnant auch durch die Bauten von Gino Coppedè repräsentiert, dessen »gotische Burgen« an den schönsten Aussichtspunkten stehen.

Westliche Riviera
An der »Blumenriviera« zeugen beeindruckende Bauten – oft Hotels und Adelspaläste –, vom Glanz und Reichtum der Belle Époque. Höhepunkte stellen Bordighera und Sanremo mit ihren Stadterweiterungen des 19. Jh.s dar. Das Casinò in Sanremo ist ein akademisch streng gegliedertes Gebäude (1906). In seiner Nähe sind weitere Vertreter des Historismus zu finden: ein Haus im Tudor-Stil, die Russische Kirche im Moskowiter Stil, die neogotische Kirche S. Vincenzo und schließlich überaus reich und exzentrisch ausgestattete Häuser und Villen. Zwischen Sanremo und Bordighera liegt Ospedaletti, dessen verfallendes Casino (1884, 1924 geschlossen) ein fantastisches Zeugnis der Belle Époque und des Geschmacks des Geburts- und Geldadels der Zeit darstellt. Der Jugendstil ist u. a. in Savona und La Spezia schön vertreten, prächtig gestaltete Cafés und Geschäfte findet man in den Städten ganz Liguriens.

20. JAHRHUNDERT

Gewaltige Baumaßnahmen des 20. Jh.s betrafen v. a. das Straßennetz. Nicht nur in Genua, auch im gesamten Küstenbereich wurde das Eisenbahn- und Straßensystem verbessert; das Landschaftsbild der Riviera wird durch Autobahnviadukte entscheidend geprägt. Ein kühner Ingenieurbau im Genueser Stadtgebiet ist der **Viadukt über den Polcevera** von Riccardo Morandi (1967) aus Spannbetonteilen. Die geringe Eignung des alten Genueser Hafens für die moderne Schiffahrt machten Erweiterungen und Umbauten notwendig. Von 1877 bis 1891 wurden die Anlagen durch einen Vorhafen vergrößert, zusätzliche Ankerplätze geschaffen, Trockendocks und Speicher errichtet; weitere Maßnahmen folgten schon 1905 sowie in den 1920er- und 1930er-Jahren. Ab 1985 wurde der Ostteil des Alten Hafens zum Freizeitgelände umgestaltet, wobei historische Bauten, Molen und Anlagen z. T. erhalten blieben.

Schöne neue Welt der 1980er-Jahre: Corte Lambruschini in Genua

Exemplarisch für die Architektur des 20. Jahrhunderts seien Projekte in Genua angeführt. Die **Piazza della Vittoria**, 1929–1936 von Marcello Piacentini angelegt (von ihm stammt auch der »Wolkenkratzer« an der Piazza Dante), dokumentiert die Ära des Faschismus; in seiner Mitte der einem römischen Triumphbogen nachempfundene Arco Caduti (Gefallenendenkmal), als Begrenzung monumentale, nüchtern-strenge Fassaden. Auch die enorme Ausdehnung der Anlage demonstriert den repräsentativen Anspruch. Wie in den meisten Großstädten begegnete man der Wohnungsnot mit dem Bau großer Siedlungen und Hochhäuser. Eine davon ist die gigantische Anlage **Forte di Quezzi** im Stadtteil Quezzi (L. C. Daneri, 1960). Der Topografie angepasst legte der Architekt den enorm langen Komplex in eleganten Kurven an. Die bekanntesten postmodernen Bauten Genuas, das sich heute ein neues Profil zu geben versucht, sind außer dem Porto Antico der Büroturm **»Matitone«** (Großer Bleistift) am Westrand des Hafens und das **Teatro Carlo Felice** (1991) von Aldo Rossi, der das im Zweiten Weltkrieg zerstörte Theater des 18. Jh.s neu aufbaute; sein massiver, blockartiger Bühnenturm wirkt im Stadtbild wenig angenehm und stieß auf ziemlich heftige Kritik.

Genua

Berühmte Persönlichkeiten

EDMONDO DE AMICIS (1846 – 1908)

Edmondo De Amicis, 1846 in Oneglia geboren, schloss sich schon als 13-Jähriger dem Freikorps Garibaldis an. Nach seinem Abschied vom Militär 1865 arbeitete er ab 1867 als Redakteur bei der Zeitschrift »Italia militare«. Nachdem er für verschiedene Zeitungen von 1870 bis 1875 viele Auslandsreisen unternommen hatte, lebte er als freier Schriftsteller in Turin. Er war bekannt für seine scharfen und geistreichen Analysen, die er auch in seinen Reisebeschreibungen lieferte. Mit sozialen Fragen beschäftigte sich der Sozialist u. a. in dem Roman »Il romanzo di un maestro« (1890). Seinen großen Erfolg hatte er mit dem Buch **»Cuore« (»Herz«)**, einem rührenden Tagebuch über die Schüler einer Volksschulklasse, deren Eltern und Lehrer, das auch heute noch einen guten Einblick in italienisches Denken und Fühlen gibt. Zwei Monate nach der Veröffentlichung am 15. Okt. 1886 erlebte es die 41. Auflage, zudem lagen schon 17 Übersetzungsangebote vor.

Autor eines der berühmtesten Bücher Italiens

ITALO CALVINO (1923 – 1985)

Mit seinen herrlich erzählten, teils realistischen, teils fantastisch-skurrilen Geschichten hat Calvino auch in Deutschland eine Renaissance erlebt. 1923 in Santiago de las Vegas (Kuba) geboren und in Sanremo aufgewachsen, schloss er sich im Zweiten Weltkrieg den Partisanen an und war bis 1957 Mitglied der Kommunistischen Partei. Er arbeitete als Lektor für den Verlag Einaudi in Turin und gehörte zu den Herausgebern der Literaturzeitschrift »Menabo«. Unter seinen engagierten Romanen und Erzählungen sind besonders »Il sentiero dei nidi di ragno« (»Wo Spinnen ihre Nester bauen«), »Le città invisibili« (»Die unsichtbaren Städte«), »Palomar« (»Herr Palomar«) und »Il barone rampante« zu erwähnen (»Der Baron auf den Bäumen«); Calvino schildert dort einen Schriftsteller, der als Zwölfjähriger – geschlagen mit einer grauenhaften Familie – auf einen Baum kletterte und fortan auf Bäumen lebte.

Schriftsteller

GIUSEPPE GARIBALDI (1807 – 1882)

Der Held des italienischen Risorgimento – noch heute die volkstümlichste Persönlichkeit Italiens – wurde 1807 in Nizza geboren, das damals zu Ligurien gehörte. Als Fünfzehnjähriger wurde er Schiffsjunge, 10 Jahre später Kapitän. 1833 schloss er sich Giuseppe Mazzini und seiner Bewegung »Giovine Italia« an, die ein geeintes repub-

Rebell und Schöpfer des geeinten Italiens

Kolumbus im Porträt von Ghirlandaio (um 1525, Museo Galata Mare, Genua)

likanisches, demokratisches Italien schaffen wollte. Nach seiner Verwicklung in die Verschwörung Mazzinis musste er 1834 fliehen. Bis 1848 hielt er sich meist in Südamerika auf. Nach seiner Rückkehr wurde er Abgeordneter von Genua, nahm 1848/1849 an den Kämpfen gegen Österreich teil und leitete zuletzt die Verteidigung der 1849 ausgerufenen Römischen Republik. Die Österreicher siegten jedoch, und die Römische Republik wurde aufgelöst. Im Mai 1860 landete Garibaldi mit Freiwilligen – im »Zug der Tausend«, der sich in Quarto bei Genua einschiffte – auf Sizilien und eroberte Unteritalien. Seine Macht gab er an Vittorio Emanuele ab, der am 14. März 1861 vom neugewählten Parlament den Titel »König von Italien« annahm. Seine letzten Lebensjahre verbrachte er auf der kleinen Insel Caprera nördlich von Sardinien.

CHRISTOPH KOLUMBUS (1451–1506)

Seefahrer und Entdecker Amerikas

Mit Cristoforo Colombo begann die Zeit der großen Entdeckungen und damit die Neuzeit. Er kam aller Wahrscheinlichkeit nach in Genua zur Welt, studierte in Pavia und ging zur See; mit 25 Jahren gelangte er nach Lissabon. Da die portugiesische Krone für seine Pläne, den Seeweg nach Indien zu finden, kein Interesse hatte, wandte er sich an die spanische Königin Isabella. Sie ernannte ihn zum Großadmiral und Vizekönig der zu entdeckenden Gebiete, auch sollte ihm der Zehnte des Gewinns zufallen. Am 3. August 1492 verließen die Karavellen »Santa Maria«, »Pinta« und »Nina« auf Westkurs Europa und erreichten die Bermudagruppe sowie Kuba und Haiti. Drei weitere Fahrten schlossen sich an, ohne dass Kolumbus großen materiellen oder gar politischen Nutzen daraus ziehen konnte. Auf seiner vierten Reise gelangte er an die Küste Mittelamerikas. Amerika wurde jedoch nach einem weit weniger bedeutenden Konkurrenten benannt, seinem Landsmann Amerigo Vespucci.

GIUSEPPE MAZZINI (1805–1872)

Revolutionär

Mazzini, einer der Großen des Risorgimento, wurde am 22. Juni 1805 in Genua geboren. Nach dem Jurastudium schloss er sich dem Geheimbund der »Carboneria« an; nach seiner Verhaftung 1830 ging er nach Marseille ins Exil, wo er 1831 die Organisation »Giovine Italia« gründete, das »Junge Italien«. 1833/1834 scheiterte sein erster Umsturzversuch in Savoyen; daraufhin ging er nach Bern, wo er 1834 das »Giovane Europa« (»Junges Europa«) mit italienischen, deutschen und polnischen Emigranten gründete. 1836 auf österreichischen Druck des Landes verwiesen, siedelte er nach England über. 1848 schloss er sich Garibaldi an und leitete als einer der sogenannten Triumvirn die kurzlebige Römischen Republik. Er überwarf sich mit Garibaldi, der den mit der Krone und der Nationalbewegung zusammenarbeitenden Grafen Camillo Cavour unterstützte. Obwohl von der Polizei verfolgt, nahm er am dritten Unabhängigkeitskrieg und der Eroberung von Rom 1870 teil. Unter falschem Namen versteckte er sich in Pisa und starb dort am 10.3.1872. Bestattet ist er in Genua auf dem Friedhof Staglieno.

EUGENIO MONTALE (1896–1981)

Lyrik-Liebhaber können sich mit Gedichten von Eugenio Montale, Literaturnobelpreisträger 1975, Ligurien annähern. 1896 in Genua geboren, studierte er nach einer Buchhalterlehre Latein, Literatur, Fremdsprachen und Musik. Trotz seiner schönen Baritonstimme entschied er sich für die Literatur. 1921 wurde er Mitarbeiter der Zeitschrift »Primo Tempo«; von 1948 bis 1967 war er Redakteur beim »Corriere della Sera«. Er gehört zu den maßgeblichen italienischen Lyrikern der Moderne und war mit G. Ungaretti der Hauptvertreter des »Hermetismus«; diese italienische Form des Surrealismus befasst sich in spröder, strenger Sprache mit der Existenzangst des modernen Menschen. Montale veröffentlichte u. a. 1925 »Ossi di seppia«, 1932 »La Casa dei doganieri e altri versi«, 1943 »Finisterre« (»Nach Finisterre«), 1956 »La bufera e altro«, 1977 »Quaderno di quattro anno« und 1985 »Il bulldog di legno«, Essays wie »Auto da fé. Cronache in due tempi« (1966), 1969 »Fuori di casa« und schließlich Prosa, darunter 1956 »Farfalla di Dinard« (»Die Straußenfeder«).

Lyriker und Literatur-Nobel-preisträger

NICOLÒ PAGANINI (1782–1840)

Der genuesische Geiger und Komponist Paganini war im Wesentlichen Autodidakt. Seinen ersten Auftritt hatte der Sohn eines Hafenpackers und leidenschaftlichen Gitarrenspielers mit zwölf Jahren; schon 1805 wurde er Kapellmeister am Hof von Lucca. Später feierte der »Teufelsgeiger« mit neuen Spieltechniken in ganz Europa beispiellose Triumphe, und er gilt bis heute als größter Violinvirtuose der Musikgeschichte. Sein Lieblingsinstrument war eine Violine von Giuseppe Guarneri (»il Cannone«), die er der Gemeinde Genua vermachte und dort im Palazzo Doria-Tursi ausgestellt ist.

RENZO PIANO (*1937)

Architekt Als Sohn und Enkel von Bauingenieuren war Piano, in Genua geboren, fast dazu prädestiniert, einer der renommiertesten Architekten der Welt zu werden. Schon sein erstes Großprojekt (nach der »Fingerübung« des Firmensitzes von B & B Italia) machte ihn berühmt: 1971 gewann er mit Richard Rogers den Wettbewerb für das Centre Pompidou in Paris. Zu seinen spektakulären Entwürfen gehören das Zentrum Paul Klee in Bern, The Shard in London (höchster Wolkenkratzer der EU), die Wallfahrtskirche San Giovanni Rotondo in Foggia (Apulien), das Tjibaou-Kulturzentrum in Nouméa (Neukaledonien). Selbst zwei Kreuzfahrtschiffe stammen aus seinem Zeichenstift. Genua selbst vertraute ihm die Neugestaltung des Hafens ab 1985 an, der seit Jahrhunderten das Herz der Stadt war und seine Funktion verloren hatte; restauriert und umgebaut wurden die Lagerhäuser des 17. Jh.s, das Magazzino del Cotone und das Quartiere Millo, neu entstanden das Acquario, die Biosfera und der Bigo (außerdem die Stationen der Metro).

GIOVANNI RUFFINI (1807–1881)

Aktivist des Risorgimento Der in Genua geborene Schriftsteller Giovanni Ruffini war Anhänger der Ideen Mazzinis und wurde 1831 wegen seiner Beteiligung am Versuch der Befreiung Mazzinis zum Tode verurteilt. Er lebte bis 1848 im Exil in England und Frankreich und kehrte dann für kurze Zeit als Politiker nach Italien zurück. In England schrieb er in engli-

Renzo Piano 2004 beim Bau des Paul-Klee-Zentrums in Bern

scher Sprache den Roman »Lorenzo Benoni« (1853), der autobiografische Züge trägt, sowie den berühmt gewordenen, romantischen, um nicht zu sagen schmalzigen Roman »Dottor Antonio« – erschienen 1855 in Edinburgh –, der in Ligurien spielt und seine Heimat zum beliebten Reiseziel für reiche Engländer machte. 1843 schrieb Ruffini das Libretto für Donizettis Oper »Don Pasquale«.

JACOPO DA VARAGINE (CA. 1230 – 1298)

Als das populärste religiöse Volksbuch des Mittelalters gilt die »Legenda Aurea« (»Goldene Legende«, auch »Legenda Sanctorum«), die das Leben Jesu und der Heiligen beschreibt. Ihr Verfasser, Jacopo da Varagine (lat. Jacobus de Voragine), Dominikanermönch, Schriftsteller und Chronist, wurde in Varazze geboren, er war Provinzial der Lombardei und ab 1292 Erzbischof von Genua (1816 seliggesprochen). Die Goldene Legende erschien innerhalb von dreißig Jahren in etwa einhundert Ausgaben in verschiedenen Sprachen. Sie beeinflusste auch die Malerei; viele Künstler und Mäzene holten sich hier Anregungen, wenn es um die Darstellung religiöser Ereignisse oder von Details wie der Kleidung der Heiligen ging. Die Lektüre dieses Buchs war ausschlaggebend für die religiös-spirituelle Berufung des Ignatius von Loyola, des Gründers der Jesuiten (Societas Jesu). Jacopo da Varagine verfasste außerdem »Sermoni« (Predigten) sowie die »Cronaca di Genova«, eine Geschichte Genuas von der Gründung bis 1295.

Verfasser der Legenda Aurea

Aus der Legenda Aurea von Jean de Vignay (Frankreich, 15. Jh.): Hl. Antonius Eremita mit seinen Attributen Einhorn und Löwe

LUDWIG WINTER (1846 – 1912)

Dass der südwestlichste Teil der italienischen Riviera zur »Blumenriviera« wurde, ist vor allem Ludwig Winter zu verdanken. Er kam in Heidelberg als Sohn einer Malerin zur Welt, von der er sowohl seine künstlerische Neigung wie die Liebe zur Natur erbte. Er wurde Gärtner, und in Hyères, einem vielbesuchten Ort der Côte d'Azur, begegnete er dem reichen Engländer Thomas Hanbury, der bei Ventimiglia

»Vater« der Blumenriviera

Andrea Doria

Der Principe von Genua

Ohne den Untergang des Luxusdampfers »Andrea Doria« 1956 wäre dieser Name in unseren Landen wohl ganz unbekannt – doch verbirgt sich hinter ihm eine der faszinierendsten Figuren der europäischen Geschichte, die Machiavelli als Vorbild zu seinem »Principe« hätte dienen können.

Der wahrhaft fürstliche Palast, den Andrea Doria sich vor den Toren Genuas erbauen ließ – der größte der Stadt –, ist sichtbares Zeichen für die Art, wie er sich politische Macht erwarb und erhielt: diskret, aber nachdrücklich. Auch als »pater patriae« sah er sich lieber als Richter denn als Teilnehmer in den Konflikten zwischen den Adelsfamilien, die seit dem frühen Mittelalter die Stadt in Atem hielten

Karriere eines Soldaten

Andrea Doria, geboren 1466 in Oneglia, stammte aus einer der vier **alten Adelsfamilien Genuas** (Doria, Spinola, Grimaldi, Fieschi); ihnen standen die »popolari« Adorno und Fregoso gegenüber, die sich seit 1339 die Dogenwürde teilten. So ging denn der ehrgeizige junge Andrea außer Landes, um seinen Berufwunsch zu realisieren. Er tat Dienst in der Garde von Papst Innozenz VIII., wechselte dann als »condottiere« (Söldnerführer) zu Federico von Urbino und den Königen von Neapel; zwischendurch fuhr er als Johanniter ins Heilige Land. 1503 konnte er nach Genua zurückkehren und schlug im Auftrag seiner Heimatstadt einen Aufstand in Korsika nieder. Daraufhin beauftragte Genua ihn mit der Reorganisation seiner Flotte; fortan machte Andrea Doria auf Schiffsplanken eine Karriere, die ihn bis in die europäische Politik führte.

Kriegsunternehmer

Er gründete ein eigenes Unternehmen: Er ließ sich eine kleine moderne Flotte bauen, mit der er im westlichen Mittelmeer Jagd auf Piraten machte, ein äußerst einträgliches Geschäft. Auch für den **Banco di San Giorgio** wurde er tätig. Diese im Jahr 1407 gegründete Genueser Bank beschränkte sich nicht auf Geldgeschäfte, sondern war eine mächtige politische Institution; ab 1453 gehörte ihr Korsika, und als die Insel 1510 rebellierte, setzte Doria die heimischen Interessen durch. Als Admiral der Genueser Flotte schlug er 1519 bei der Insel Pianosa die Türken. In dieser Funktion trat er schließlich in die große Politik ein. Als Karl von Habsburg König von Spanien und Kaiser des Heiligen Römischen Reichs wurde, war Frankreich von Habsburg umzingelt. 1499 hatte Genua sich in die Obhut des französischen Königs Ludwig XII. begeben, nun (1522) marschierte der Kaiser – unterstützt durch die Adorno und die Fieschi – auf Genua. Doria, der die Stadt nicht vor dem Fall bewahren konnte, trat mit zwölf eigenen Schiffen in den Dienst des **französischen Königs Franz I.**, der ihn zum »Generalgouverneur der französischen Galeeren« ernannte. Auch für Frankreich focht er erfolgreich; 1524 zerschlug er die Blockade Marseilles durch die spanische Flotte, und nach der Schlacht von Pavia 1525, bei der Franz I. gefangengenommen wurde, sammelte er die Reste seiner Armee. Mit dem Frieden von Madrid kam König Franz wieder frei, und 1527 konnte er mit Hilfe von Andrea Doria Genua erobern.

Der Principe

Doch nur ein Jahr später schloss Doria in Madrid mit dem habsburgischen Feind einen Vertrag, der die Geschicke Genuas für über 250 Jahre bestimmen sollte: **Karl V.** garantierte Genua die Unabhängigkeit, die Herrschaft über die Rivalin Savona sowie die Freiheit, in allen habsburgischen Landen – der halben damals bekannten Welt – Handel treiben zu dürfen. Verrat? Tatsache ist, dass König Franz seinen Compagnon nicht vertragsgemäß bezahlt hatte. Andere sprechen von der politischen Intelligenz, die diese eigenmächtige Tat bestimmte. In dem jahrhundertelangen Bemühen, die inneren Konflikte zu befrieden und die äußere Unabhängigkeit zu gewinnen, hatte sich eine einzigartige Chance ergeben, und Andrea Doria nützte sie. Die Genuesen bereiteten ihm einen begeisterten Empfang, und der französische Gouverneur suchte das Weite. In dieser Situation hätte Andrea Doria sich leicht als Diktator installieren können, doch er hielt sich lieber im Hintergrund. Aber er nützte seine Macht, um der Stadt eine oligarchische Verfassung mit einem alle zwei Jahre zu wählenden Dogen zu verpassen, die bis 1797 bestand. Gian Luigi Fieschi, bis dato einer seiner besten Freunde, versuchte einen Aufstand (verewigt in Schillers berühmtem Drama). Doria aber machte klar, wer das Sagen hatte, und führte einen regelrechten Vernichtungsfeldzug gegen die Fieschi und ihre Helfer. Als Gian Luigi zu fliehen versuchte, fiel er im Hafen von Genua ins Wasser und ertrank.

Porträt des »Fürsten« von Sebastiano del Piombo, 1526 (Galleria Doria Pamphili, Rom)

Damit war die militärische und politische Laufbahn Andrea Dorias jedoch nicht beendet. 1532 und 1539 schlug er die türkische Flotte, 1535 leitete er die erfolgreiche Expedition Karls V. gegen Tunis, 1540 nahm er bei Korsika den tunesischen Piraten Dragut gefangen, 1541 rettete er nach einem Zug gegen Algier den Kaiser mitsamt seiner Streitmacht. Noch mit 90 Jahren befehligte er seine Galeeren selbst. Am 25. November 1560 starb Andrea Doria schließlich im biblischen Alter von 94 Jahren.

eine Villa besaß. Er beauftragte Winter, einen Garten anzulegen, der Pflanzen aus aller Welt enthalten sollte. Neben exotischen Pflanzen, v. a. aus den Kolonien, berücksichtigte Winter auch die einheimische Vegetation und die traditionelle Kultur des Ölbaums und der Zitrusfrüchte. 1873 gründete Winter in Bordighera eine Baumschule und kultivierte Rosen, die hier im Winterhalbjahr blühen. Bereits im Oktober 1874 schickte er die ersten Schnittrosen nach München, womit er den Blumenexport initiierte. Ab 1875 legte er im Vallone del Sasso seinen eigenen Garten an, es entstand ein Palmenwald mit über sechzig Arten. Gleichzeitig begann er mit dem Export von hier gezogenen tropischen Pflanzen. Auch die von ihm angelegten Gärten der Villa Zirio, der Villa Romita (beide in Sanremo) und der Villa Etelinda (Bordighera) zeichnen sich durch eine harmonische Kombination zwischen exotischer und mediterraner Vegetation aus.

ASTRONOMEN DES 17.–18. JAHRHUNDERTS

Drei bedeutende Astronomen kamen aus dem ligurischen Dorf Perinaldo in der Provinz Imperia. Gian Domenico Cassini (1625 – 1712) war bereits als Fünfundzwanzigjähriger Professor der Astronomie und Festungsbaumeister. Er unterrichtete etwa 20 Jahre lang an der Universität Bologna und wurde 1668 zum Direktor der Sternwarte in Paris berufen. Er berechnete u. a. die Rotationsperioden von Mars, Venus und Jupiter und entdeckte die periodischen Verzögerungen in der Verfinsterung der Jupitermonde (das ist ein Indiz für die Endlichkeit der Lichtgeschwindigkeit), die ersten vier Saturnmonde und die Teilung zwischen den Saturnringen A und B (Cassinische Teilung). Er starb blind, da die Beobachtungen seine Sehkraft zerstört hatten. Nachfolger war sein Neffe Giacomo Filippo Maraldi (1665 – 1729), der die Polkalotten des Mars entdeckte und die Sonnenkorona erforschte. Dessen Neffe Gian Domenico Maraldi (1709 – 1798) berechnete die Umlaufbahnen von Kometen.

Gian Domenico Cassini als Direktor des Pariser Observatoriums. Stich von 1777

SEEFAHRER DES 14. – 16. JAHRHUNDERTS

Außer Kolumbus brachte Ligurien einige weitere bedeutende Seefahrer hervor: Lanzarotto Malocello, vermutlich in Varazze geboren, entdeckte vor 1339 die nach ihm benannte Kanareninsel Lanzarote. Antonio da Noli, 1415 in Noli geboren, erforschte ab 1458 die Kapverdischen Inseln. Von einigen wird er (umstritten) mit dem Genuesen Antoniotto Usodimare gleichgesetzt, der 1455/56 zwei der östlichen Kapverdischen Inseln entdeckt hat. Leon Pancaldo (um 1488 Savona – 1538 Rio de la Plata) nahm 1520 an der Reise Magellans um die Erde teil.

PATRIOTEN DES RISORGIMENTO

Mazzini und Garibaldi waren nicht die einzigen aus Ligurien stammenden Vorkämpfer des Risorgimento aus Ligurien: Jacopo Ruffini (1805 Genua – 1833), älterer Bruder von Giovanni, beging im Gefängnis Selbstmord, um seine Kameraden nicht zu verraten. Agostino Ruffini (1812 Genua – 1885) folgte Mazzini in die Schweiz und nach England ins Exil; er war 1848 Abgeordneter des ersten Parlaments. Nino Bixio (1821 Genua – 1873 Sumatra) war an der Organisation der »Unternehmung der Tausend« beteiligt; er besiegte die Bourbonen in Calatafimi und Volturno. Goffredo Mameli (1827 Genua – 1849 Rom) nahm am ersten Unabhängigkeitskrieg teil und unterstützte Garibaldi bei der Verteidigung der Römischen Republik. 1847 schrieb er die italienische Nationalhymne »Brüder Italiens«. Giuseppe Cesare Abba (1838 Cairo Montenotte – 1910 Brescia) beschrieb die Ereignisse des Risorgimento in zwei Romanen: »Da Quarto al Volturno« und »Noterelle d'uno dei Mille«. Anton Giulio Barrili (1836 Savona – 1908 Carcare) gab einige Literaturzeitschriften heraus und schrieb zahlreiche Romane.

ERLEBEN UND GENIESSEN

Welche Genüsse stehen in Ligurien auf der Speisekarte?
Wie finde ich ein schönes, stilvolles Hotel? Was gibt es alles
zu erleben, und was kann man mit Kindern unternehmen?
Wissenswertes für einen gelungenen Urlaub.

Essen & Trinken

Schlicht, herzhaft, raffiniert

Meer und Land, »mare e monti«, prägen die Küche des schmalen, bergigen Küstenstreifens in gleichem Maß. Zwei unterschiedliche Lebenswelten vereinen sich zu einem eigenen Stil, der sich zwischen Provence und Toskana wohl behauptet.

Die mediterrane Küche ist heute in aller Munde, und die ligurische darf als eine ihrer Hauptrichtungen gelten. Aus einfachen Zutaten, die das Land hervorbringt – viel Gemüse, Kartoffeln und Getreide, Olivenöl und aromatische Kräuter, dazu Meeresfrüchte und etwas Fleisch, im Hinterland diverse Milchprodukte –, haben die Ligurier eine ganze Palette herrlicher Gerichte entwickelt. Meist schlicht und einfach, manchmal aufwendig zuzubereiten, aber immer eine echte, ehrliche Hausfrauenküche.

»Das« Aushängeschild der ligurischen Küche ist der berühmte **Pesto**, für den Basilikum, Knoblauch, Pinienkerne, Käse (Pecorino und Parmigiano) und Salz mit Olivenöl zu einer Paste zerrieben werden. Kenner schwören dabei auf das kleinblättrige Basilikum aus Prà, einem westlichen Vorort Genuas (www.parco-basilico.it), die Herkunftsbezeichnung **Basilico Genovese DOP** ist sogar von der EU geschützt. Der echte »Pesto Genovese« (zu unterscheiden vom Pesto »alla genovese«) wird zu Vorspeisen serviert, zu Pasta (Troffie, Gnocchi, Ravioli usw.) und zu Suppen. Fast auf jeder Speisekarte stehen *pansoti con salsa di noci*, Teigtäschchen mit einer Sauce aus zerstoßenen Walnüssen – der orientalische Einfluss ist deutlich. Ausgezeichnete kalte Saucen sind auch die *aggiadda* aus Knoblauch, Weißbrot und Wein (zu gebackenem Fisch und Gemüse) und der *marò*, eine würzige Paste aus dicken Bohnen, Käse, Knoblauch, Minze und Öl, die v. a. zu gekochtem Fleisch und Stockfisch gereicht wird.

Saucen

Die Pasta wird gern in gefüllter Form zubereitet. **Ravioli** werden mit Endivien, Borretsch oder anderen Kräutern, Ei oder Käse gefüllt, manchmal auch mit Fleisch; *barbagiuai* sind Ravioli mit Kürbisfüllung. Die größeren *pansoti* (s. o.) werden wie die Ravioli gefüllt, oder ganz traditionell mit *preboggiòn*, einer Paste aus Kartoffeln, wilden Kräutern und Olivenöl; die Kräuter dafür kann man oft fertig zusammengestellt kaufen. Die *crosetti (croxetti, corzetti)* des Aveto-Tals sind runde, relativ dicke Nudelflecke, die mit einem Model geformt werden. Die Model sind schön gestaltet, oft mit den Initialen des Familienoberhaupts. Dazu gibt es eine Sauce aus Butter, Pinienkernen und

Pasta

Sonnige Mittagspause an der Strandpromenade in Laigueglia

Majoran (nicht Oregano!) oder einen Fleischsugo. Die ligurische Nudelsorte schlechthin sind jedoch die kurzen, gezwirbelten **Troffie**, die meist mit Pesto, grünen Bohnen und Kartoffelwürfeln serviert werden (▶ S. 78).

Pikantes Gebäck

Geradezu ein Volksnahrungsmittel sind die *focaccia* – in 2 Versionen, die von Camogli und Recco wird als ganz dünne *focaccia col formaggio* mit Käse gemacht – und die *farinata*, ein dünner Fladen aus Kichererbsenmehl, Wasser, Salz und Öl (vorzüglich auch mit Zwiebeln, *con cipolle*), der an Kartoffelpuffer erinnert. Die *sardenàira*, in Imperia auch als *piscialandrea* bezeichnet, ist eine Art Pizza mit Tomaten und Sardellen. Für die *torta pasqualina* (Ostertorte) wird eine Form mit hauchdünnen Teigblättern ausgelegt und mit Mangold und Artischocken, Zucchini, Kräutern, Ei und Käse gefüllt; sehr beliebt sind auch flache Torten mit Gemüse der Jahreszeit. Der *ciausùn* von Baiardo ist ein Kräuterkuchen aus dem Holzofen.

Suppen

Neben den Fischsuppen (s. u.) sind der *minestrone*, eine dicke Gemüsesuppe, die *zuppa di castagne* und die *zumin* (Kichererbsensuppe) verbreitet. Die *mesciùa*, ein echtes Arme-Leute-Essen, wird aus ganzem Getreide, Kichererbsen und weißen Bohnen zubereitet.

Fleisch

Auch hier trifft man Gefülltes in Form der *cima (alla genovese)* an, die warm oder kalt serviert wird: Kalbsbrust wird mit hackten Innereien (Kalbsbries oder -hirn), Weißbrot, Gemüse, geriebenem Käse, Mortadella und Eiern gefüllt. Die *tomaxelle*, gefüllte Kalbfleischrouladen, wurden um 1800 von österreichischen Kriegsgefangenen in Genua eingeführt. Typisch ligurisch sind **Schmorgerichte** mit Lamm oder Schaf, Ziege, Huhn, Kaninchen oder Hase, meist *in umido*; d. h., größere Stücke werden mit Kräutern, Gemüse und Wein geschmort, so dass eine konzentrierte, aromatische Sauce entsteht. Beliebt sind auch *lumache alla ligure*, **Schnecken** in einer Sauce aus Tomaten, Steinpilzen, Wein, Knoblauch und Kräutern (der »Schneckenort« der Riviera ist Molini di Triora).

? BAEDEKER WISSEN

Cucina bianca

Jahrhundertelang lebte man in den Bergen der Ponente von der Viehwirtschaft, über Generationen trieben Hirten Kühe, Schafe und Ziegen auf die Almen. Das obere Arroscia-Tal ist Heimat der »weißen Küche«, so benannt nach der Farbe der Grundprodukte: Milch, Sahne, Butter, Ricotta und Käse, dann Getreide, Lauch, Rüben, Kartoffeln und Knoblauch. Heute schätzt und progagiert man diese herzhafte, ehrliche Küche wieder, die von der »mediterranen« doch weit entfernt ist.

Meeresfrüchte

Fischgerichte sind an der ligurischen Küste in großer Zahl vertreten, auch wenn das heimische Meer nicht mehr ergiebig ist. Die Zuberei-

Der richtige Abschluss eines erlebnisreichen Tages: ein Mahl in einem guten Ristorante wie dem Matamà in Loano

tung auf dem **Grill** ist zwar gut, aber nicht typisch, im Gegensatz zur Version aus dem **Ofen**, z. B. auf einem Bett aus Kartoffeln. Wohl kein anderes Gericht verkörpert in ähnlicher Weise die Devise »mare e monti«; schon im 18. Jh. hat die Kartoffel in Ligurien Fuß gefasst und die Lebensbedingungen wesentlich verbessert. Eine ganze Brasse *(orata)* wird auf dünn gehobelte Kartoffeln und Zwiebeln gesetzt und im Ofen gegart, für weiteres Aroma sorgen Kräuter, Knoblauch, Weißwein und Olivenöl. Beliebt sind **Suppen**, besser als Eintöpfe bezeichnet, wie der provenzalisch geprägte *ciuppin* aus mehreren Fischsorten und einem Sud aus Weißwein, Zwiebeln, Knoblauch, Karotten, Petersilie, Sellerie, Sardellen und Tomaten; ähnlich die *buiabessa*. Die *buridda* wird mit Seeaal, Tinten- oder Stockfisch zubereitet, zu dem Kartoffeln, grüne Oliven und Pinienkerne kommen. Die *capponadda* von Camogli, auch *cappone in galera* genannt, besteht aus Zwieback, Öl, Salz, Kapern, *mosciame* (gesalzenes und getrocknetes Fischfleisch), Oliven und Sardellen. Für den *buddego* (Seeteufelsuppe) werden Zwiebeln, Karotten, Stangensellerie mit Petersilie, Öl und Pfeffer in den Fischsud passiert; serviert wird er mit gerösteten Brotwürfeln. Andere Suppen werden mit Muscheln oder Fisch wie Zahnbrasse oder mit *gianchetti (bianchetti*, winzige Fischchen) zubereitet; letztere werden auch gesotten oder frittiert. Eine große Rolle spielt – seit dem 15. Jh. aus Norwegen importiert – der Kabeljau: getrocknet als *stoccafisso* (Stockfisch), gesalzen als *baccalà* (Klippfisch). Beide werden in vielen Varianten verarbeitet, etwa als *brandacuiùn* mit Gemüse, Öl, Petersilie, Knoblauch und Zitronensaft. Für den *fritto misto* werden ausschließlich frische Fischchen in Olivenöl gebacken. Weitere Spezialitäten sind der *bottarga* (getrock-

Typische Gerichte

Mare e monti in der Küche

Die ligurische Küche hat zwei Gesichter: ein im engeren Sinn »mediterranes« mit Olivenöl, Fisch, duftenden Kräutern und Gemüse, und ein »ländliches« auf der Basis von Getreide- und Milchprodukten.

Trofie mit Pesto: Die Kombination von Nudeln und Kartoffeln ist eher ungewöhnlich (außer vielleicht in Schwaben). Fügt man noch die Aromabombe Pesto und knackig gegarte grüne Bohnen hinzu, hat man ein ebenso schlichtes wie feines Gericht – das kulinarische Aushängeschild der Region.

Torta Pasqualina: Pikante Kuchen sind beliebt, besonders die »Ostertorte«. Für sie werden dünne Teigblätter mit dem Gemüse gefüllt, das Markt oder Garten gerade so bieten, etwa mit Mangold, Artischocken oder Zucchini. Ricotta, Kräuter, Eier und geriebener Parmigiano kommen noch dazu. Ein veritabler Mittagsimbiss, auch kalt für das Picknick bestens geeignet.

Stoccafisso accomodato: Eine der vielen Zubereitungen von getrocknetem Kabeljau, einst das klassische Freitagsgericht in Genueser Osterien. Gut gewässerter Stockfisch wird mit Kartoffeln, Zwiebeln und Gemüse, Tomaten, Wein und viel Olivenöl langsam weich geschmort. Dabei verbinden sich die Aromen wunderbar – auch Fischgegner sollten einmal probieren.

Cappon magro: Das ist kein magerer Kapaun, sondern ein Salat auf der Basis von Meeresfrüchten, der zu einer Pyramide geschichtet wird: zuunterst mit Knoblauch zerstampfter Zwieback, dann Fisch, Gemüse in Würfeln, harte Eier, Artischocken, Sardellen, Garnelen, Austern, Kapern, Oliven usw., das Ganze mit Salsa verde überzogen und (z. B.) mit einer Languste gekrönt – wohl das luxuriöseste Gericht Liguriens.

Coniglio alla ligure: Anders als in unseren Breiten wird das Kaninchen in Ligurien sehr geschätzt, man findet es auf den meisten Speisekarten. Das magere Fleisch mit seinem zurückhaltenden, unverwechselbaren Eigengeschmack ist vorzüglich dafür geeignet, es mit Zwiebeln, Knoblauch und Rosmarin, ergänzt durch Oliven und Pinienkerne, in Wein und Olivenöl zu schmoren.

Farinata: Neben der Focaccia »der« ligurische Imbiss schlechthin – und das zu Recht! Schon im 15. Jh. gab es in Genua eine Verordnung, wie der schmackhafte Fladen zu bereiten sei. An Einfachheit ist das Rezept kaum zu überbieten: Kichererbsenmehl lässt man mit Wasser und Salz mehrere Stunden quellen, dann bäckt man die Masse mit reichlich Olivenöl, am besten im Holzofen. Auch mit Zwiebeln (con cipolle) ausgezeichnet.

neter Thunfischrogen) und der *bagnùn*, der aus frischen Sardellen, Tomaten, Knoblauch und Petersilie, Wein und Basilikum besteht; im Juli feiert man in Riva Trigoso das Fest des *bagnùn*. Sehr angenehm an heißen Tagen sind die kalt servierten *alici marinate*, in Zitronensaft und Olivenöl marinierte frische Sardellen.

Gemüse Vorzüglich sind die *fiori di zucchine ripieni*, gefüllte Zucchini-Blüten. Sonst findet man alle Arten von Gemüse, mit Olivenöl und Kräutern geschmort; als Aromaten werden gern Zitrone, Sardellen, Knoblauch und/oder Käse (Parmigiano, Pecorino) verwendet. Ein einfaches vegetarisches Gericht, das besonders im Sommer geschätzt wird, heißt *condiglione* oder *condiggiun*, ein Salat aus rohem Gemüse: Tomaten, Paprika, Zwiebeln, Gurken, Knoblauch, Basilikum und Oliven mit Essig und viel Olivenöl. Im Hinterland wurde die **Kartoffel** schon ab ca.1770 eingebürgert, so dass – vielleicht unerwartet – Kartoffeln (*patate*) ein wichtiger Bestandteil der ligurischen Küche sind, auch an der Küsten in der Kombination mit Fisch. Die Wälder liefern Stein- und andere **Pilze** in Mengen; das Hinterland der Ponente, nahe den piemontesischen Langhe, ist auch für **Trüffeln** bekannt; im Herbst findet in Millesimo das Nationale Trüffelfest statt.

Süßes Das Genueser Weihnachtsgebäck *pandolce* ist ein kleiner Hefekuchen mit viel Rosinen und Zitronat –+ kandierte Früchte sind eine Spezialität der Konditoreien Genuas. *Friscïoi* heißen ausgebackene Küchlein mit unterschiedlichen Geschmackszutaten. In der Ponente werden *cubàite (*Waffeln mit Haselnüssen und Honig) gebacken. Der *castagnaccio* ist eine Torte aus Kastanienmehl, die einst weit verbreitet war. Vielfältig ist das Kleingebäck; am bekanntesten sind die *amaretti* (Mandelmakronen) und *canestrelli* (Mürbteigringe) aus Sassello und die *baci* von Alassio und Sanremo.

Eingemachtes Die Erzeugnisse des Landes werden auch konserviert, wodurch sich ihr Geschmack interessant verändert. Eine Delikatesse sind *pomodori secchi*, getrocknete Tomaten in Olivenöl. Köstlich sind auch die Paste aus Oliven (*caviale dei poveri*, Kaviar der Armen), Steinpilze und Gemüse wie Artischockenherzen.

ESSEN GEHEN

Mahlzeiten Italiener begnügen sich zum Frühstück (colazione, prima colazione) meist mit einem schnellen caffè (Espresso) oder cappuccino mit einem cornetto (brioche, pasta) an der Bar. In den meisten Hotels entspricht das Frühstück mit Cornetto, Brötchen, Butter, Konfitüre, Wurst und Käse oder einem reicheren Büffett nordeuropäischen Gepflogenheiten. Mehr Spaß macht es jedoch, sich in einer Bar z. B. mit

Essen & Trinken • ERLEBEN UND GENIESSEN

einer mit Schinken, Salami oder Käse belegten Focaccia (focaccia imbottita) oder einem Sandwich (panino imbottito) eine Grundlage zu verschaffen. Ein »vollständiges« Mittag- bzw. Abendessen besteht aus einer kalten oder warmen Vorspeise (antipasto), einem ersten Gang (primo, meist Nudeln oder Risotto), einem zweiten Gang (secondo) mit einem Fleisch- oder Fischgericht und zum Abschluss Käse (formaggio) und/oder Dessert (dolce).

Wo bekommt man was?

Außer Restaurants (ristorante) sorgen Trattorien (trattoria) und »Wirtschaften« (osteria) für das leibliche Wohl. Während einmal ein Ristorante ein teureres Haus mit gepflegter Atmosphäre und eine Trattoria ein einfaches, als Familienbetrieb geführtes Lokal war, ist diese Unterscheidung heute nicht mehr möglich. Natürlich gibt es auch Pizzerien sowie Burger- und Dönerbuden ohne Zahl, dazu kommen Imbisse, die die wunderbaren Spezialitäten Focaccia und Farinata anbieten. In einer Enoteca (Weinstube) kann man meist auch landestypisch essen und die Weine der Region probieren (und kaufen). Eine Besonderheit Italiens ist, dass sich auch in kleinen, abgelegenen Dörfern sehr gute, frequentierte Lokale finden, seien es preiswerte Osterien oder renommierte Feinschmeckertempel.

Wichtige Gepflogenheiten

Mittagessen (pranzo) gibt es von 12.00 Uhr bis 14.30 Uhr, mit dem Abendessen (cena) beginnt man nicht vor 19.30 Uhr. In den Städten kann man bis spät abends speisen, im Hinterland kann es aber nach 21 Uhr schwierig werden, noch etwas zu bekommen. Es ist unüblich, sich seinen Tisch selbst auszusuchen; man wartet, bis der Kellner den Platz zuweist. In einem »echten« Restaurant sollte man mindestens zwei Gänge nehmen; gegebenenfalls kann man nach einer halben Portion Pasta fragen oder insgesamt zwei Primi nehmen. Das Bedienungsgeld ist meist inbegriffen (servizio compreso), für Brot und Gedeck (pane e coperto) werden oft 2 – 5 € extra berechnet. Getrenntes Bezahlen ist absolut unüblich, man sollte das unter sich regeln. Ein Trinkgeld ist nicht nötig, zum Dank für besonders gute Bedienung lässt man ca. 5 % des Rechnungsbetrags liegen, bei Bezahlung mit Bank- oder Kreditkarte den entsprechenden Betrag in bar. Und die Rechnung mitnehmen (▶S. 417)!

Preiskategorien Restaurants
Preis für ein Menü mit drei Gängen, ohne Getränke

€€€€	über 60 €
€€€	35 – 60 €
€€	25 – 35 €
€	bis 25 €

Reservieren!

Wenn man ein bestimmtes Lokal besuchen möchte, sollte man unbedingt vorher anrufen. In den Reisezeiten und am Wochenende ist die Nachfrage groß, bekannte Restaurants können gar auf Tage oder Wochen ausgebucht sein. Andererseits haben abgelegene Häuser außerhalb der Saison evtl. geschlossen, weil es zu wenig Gäste gibt.

Weine der Italienischen Riviera

Rare Gewächse mit Tradition

Ligurischer Wein ist außerhalb der Region kaum bekannt und schon gar nicht zu bekommen – nützen Sie also Ihren Urlaub an der Riviera zu genussreichen vinologischen Expeditionen.

Ligurien gehört wahrlich nicht zu den bedeutenden Weinbaugebieten Italiens: Von hier kommen gerade einmal 0,02 % der nationalen DOC-Produktion. Diese Menge findet an Ort und Stelle genug Abnehmer, kein Wunder, denn die Weine haben Charakter und Klasse. Traubensorten wie Vermentino und Pigato ergeben frisch-elegante, teils auch pikante Weißweine; aus den Sorten Rossese, Ormeasco und Granaccia – letztere ist spanischen Ursprungs (Garnacha) – macht man würzige, fruchtig-blumige, körperreiche, aber nicht zu massive Rotweine. Die Weinmesse **»Liguria da bere«** (»Ligurien zum Trinken«), die am letzten Wochenende im Juni in La Spezia stattfindet, sollte man nicht verpassen – die perfekte Gelegenheit, um sich einen genussreichen Überblick zu verschaffen!

Mit moderner Kellertechnik macht die Cascina delle Terre Rosse bei Finale Ligure vorzügliche Weine.

Bereiche und Sorten

Die bekanntesten Weine sind der weiße **Cinque Terre** und der rote **Rossese di Dolceaqua**, weitere DOC-Weine (Denominazione di Origine Controllata) sind Colli di Luni, Colline di Levanto, Golfo del Tigullio, Val Polcevera, Riviera Ligure di Ponente und Pornassio bzw. Ormeasco di Pornassio. IGT-Status (Indicazione Geografica Tipica) hat der Bereich Colline Savonesi. Die 50 000 bis 80 000 hl, die pro Jahr hergestellt werden, verteilen sich im wesentlichen auf ein Dutzend Rebsorten; dazu kommen noch viele andere, die meist sehr alt und nur in Ligurien anzutreffen sind. Die wichtigsten roten Sorten sind **Rossese**, deren Ursprung nicht bekannt ist, und **Ormeasco**, ein Klon der piemontesischen Dolcetto. Die weißen Hauptsorten sind **Pigato** und **Vermentino**, die genetisch und geschmacklich eng verwandt sind und von der Malvasia abstammen könnten. Aus der Ormeasco wird auch ein Rosé gekeltert, der **Sciac-trà**; darüber hinaus werden Moscato und Passito, Frizzanti und Spumanti produziert.

Rossese di Dolceaqua

In den letzten Jahrzehnten haben die Rotweine große Fortschritte gemacht, insbesondere der Rossese di Dolceaqua DOC. Der **Rossese**, der sein Zentrum in Dolceacqua hat (der Name kommt nicht von »rosso«, sondern von »roccioso«, »felsig«), ist ein kräftiger, doch nicht zu mächtiger Rotwein. Seine Farbe reicht von Rubinrot bis Violett, sein Aroma wird mit »Erdbeeren und Rosen« beschrieben. Er sollte 2–3 Jahre lagern. Einige renommierte Winzer haben sich unter dem Namen **»Vigne Storiche«** zusammengeschlossen, um dem Rossese di Dolceaqua zum verdienten internationalen Ansehen zu verhelfen. Zu ihnen gehören etwa der aus Deutschland stammende Götz Dringenberg in San Biagio della Cima, Filippo Rondelli vom Gut Terre Bianche und Gajaudo in Isolabona, einer der größten Erzeuger der Ponente.

Cinque Terre

Der Weinbau ist in Ligurien ein mühsames Geschäft, besonders in den Cinque Terre. Die Rebenterrassen müssen in harter Arbeit gepflegt werden, ebenso schweißtreibend ist die Ernte. Daher ist es nicht verwunderlich, dass die junge Generation nicht unbedingt in die Fußstapfen der Eltern treten möchte. Wir hingegen dürfen uns zurücklehnen, mit Blick auf Meer und Rebhänge, und die Weine der Cinque Terre mit ihrer Kraft und Würze genießen: frische weiße Cuvées aus den Sorten Bosco, Albarola und Vermentino, die fast ein wenig nach Salz schmecken, als ob das Meer seine Spuren im Wein hinterlassen würde. Der Wein, der eine hellgelbe Farbe mit grünlichen Reflexen und ein leicht bittersalziges Bukett aufweist, muss zu mindestens 40 % aus der Sorte

Viel Mühe für einen besonderen Wein: Traubenernte in den Cinque Terre

Bosco gekeltert sein, der Rest kann aus Albarola und Vermentino bestehen. Er passt – eine wunderbare Fügung – ausgezeichnet zu Fischgerichten. Und noch ein vinologisches Wahrzeichen besitzt das UNESCO-Welterbe Cinque Terre: den **Sciacchetrà** (nicht mit dem Ormeasco-Rosé Sciac-trà verwechseln). Der Dessertwein mit mindestens 13,5 % (meist 18 %) Alkohol ist ein »Passito«, d. h. er wird aus teilweise rosinierten Trauben gemacht. Er wird in fast trockenen bis süßen Varianten hergestellt, mit dem Alter wechselt seine Farbe von Goldgelb zu Bernsteinbraun. Zum Abschluss eines guten Essens dürfen dann ein Grappa oder auch ein Limoncino nicht fehlen; das Rezept für den Zitronenlikör wird in den Familien von Generation zu Generation weitergegeben. Interessantes zu den Weinen der Cinque Terre erfahren Sie bei der Kellereigenossenschaft in Groppo oberhalb von Manarola, ein großes Angebot hat die Enoteca Internazionale in Monterosso.

Weinland Ligurien

Renaissance einer alten Weinregion

Die hinsichtlich der Produktionsmenge zweitkleinste italienische Weinregion spielt weithin die Rolle eines Aschenputtels, selbst dem renommierten Oxford Weinlexikon gelten ihre Weine allenfalls als Durstlöscher. Das kann nur auf Unkenntnis beruhen. Im milden Meeresklima, auf teilweise atemberaubend steilen, in bis 800 m Höhe reichenden Rebhängen, macht eine junge Winzergeneration interessante Weiß- und Rotweine, die auf Eleganz und Finesse setzen.

▶ **Hauptrebsorten Liguriens**

Bosco
Die Hauptsorte (60–80 %) in den Cuvees der Levante (Cinque Terre, Colline di Levanto). Die wenig aromatische Traube liefert auf den spektakulär steilen Terrassen am Meer elegant-spritzige Weine.

Aromen: Mandeln, Aprikosen

Albarola
Der alte Rebsorte ergibt ebenfalls einen wenig körperreichen, neutralen Wein und spielt in den Cuvees der Levante (Cinque Terre, Colline di Levanto) mit 10–25 % Anteil die zweite Rolle.

Zitrusfrüchte

Ormeasco
Verwandt mit der piemontesischen Dolcetto, angeba v. a. in der Ponen (Valle Arroscia, V. Argentina) und meist reinsortig verwendet. Ergib feine, würzig-warme Weine vo mittlerem Körpe

Pflaumen, Lakritz, Kirse

▶ **Das Etikett**

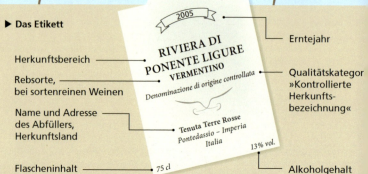

- Erntejahr — 2005
- Herkunftsbereich — RIVIERA DI PONENTE LIGURE
- Rebsorte, bei sortenreinen Weinen — VERMENTINO
- Qualitätskategor »Kontrollierte Herkunftsbezeichnung« — Denominazione di origine controllata
- Name und Adresse des Abfüllers, Herkunftsland — Tenuta Terre Rosse, Pontedassio – Imperia, Italia
- Flascheninhalt — 75 cl
- Alkoholgehalt — 13% vol.

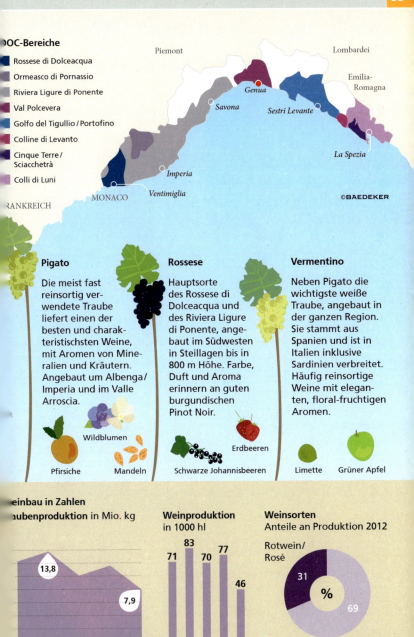

DOC-Bereiche

- Rossese di Dolceacqua
- Ormeasco di Pornassio
- Riviera Ligure di Ponente
- Val Polcevera
- Golfo del Tigullio / Portofino
- Colline di Levanto
- Cinque Terre / Sciacchetrà
- Colli di Luni

Pigato

Die meist fast reinsortig verwendete Traube liefert einen der besten und charakteristischsten Weine, mit Aromen von Mineralien und Kräutern. Angebaut um Albenga/Imperia und im Valle Arroscia.

Pfirsiche · Wildblumen · Mandeln

Rossese

Hauptsorte des Rossese di Dolceacqua und des Riviera Ligure di Ponente, angebaut im Südwesten in Steillagen bis in 800 m Höhe. Farbe, Duft und Aroma erinnern an guten burgundischen Pinot Noir.

Schwarze Johannisbeeren · Erdbeeren

Vermentino

Neben Pigato die wichtigste weiße Traube, angebaut in der ganzen Region. Sie stammt aus Spanien und ist in Italien inklusive Sardinien verbreitet. Häufig reinsortige Weine mit eleganten, floral-fruchtigen Aromen.

Limette · Grüner Apfel

Weinbau in Zahlen

Traubenproduktion in Mio. kg
- 2008: 13,8
- 2012: 7,9

Weinproduktion in 1000 hl
- 2008: 71
- : 83
- : 70
- : 77
- 2010: 46

Weinsorten – Anteile an Produktion 2012
- Rotwein/Rosé: 31 %
- Weißwein: 69 %

Feiertage · Feste · Events

Tutti in festa!

Der ligurische Fest- und Veranstaltungskalender ist prall gefüllt. Mal ist es der lokale Schutzheilige oder ein historisches Datum, mal ein religiöser Feiertag, die Blumen oder die kulinarische Spezialität des Orts, die Anlass für ein fröhliches Miteinander geben. Hinzu kommen kleine und große Festivals mit Jazz, Pop oder klassischer Musik, Theater oder Folklore.

Traditionelle Feste

Im katholisch geprägten Italien haben religiöse Festtage eine hohe Bedeutung, viel mehr werden begangen – und aufwendiger – als in unseren Landen. Darüber hinaus pflegt man Bräuche und Traditionen, die ihrem Ursprung in vorchristlicher Zeit haben oder an mittelalterliche Ereignisse erinnern. Eine Reihe wichtiger Feste werden im Baedeker Wissen S. 91 näher vorgestellt.

Kulinarisches

Wenn Sie bei Ihrer Reise durch Ligurien die Ankündigung für eine »Sagra« sehen, sollten Sie ihr folgen! Sagre sind Feste um eine lokale kulinarische Spezialität. Man tafelt auf der Piazza, genießt dazu Wein und Musik. Nur einige Beispiele: Herausragend ist die »Sagra del pesce« in Camogli am 2. Mai-So., bei der in der größten Pfanne der Welt Fische frittiert und vor malerischer Kulisse verspeist werden. Am 3. Mai-So. feiert Monterosso bei der »Sagra del limone« die typische Frucht des Orts mit all ihren Produkten, Ende Mai gibt es in Recco die berühmte Focaccia al formaggio in Mengen, am letzten Sept.-Wochenende pilgern Trüffelfans nach Millesimo zur »Festa Nazionale del Tartufo«. Die Weine der Region lernt man am besten bei »Liguria da bere« gegen Ende Juni in La Spezia kennen.

Regatten und Bootsprozessionen

An der Riviera steht man dem Meer naturgemäß nahe. Segel- und Ruderregatten – moderne und historische – haben ihren festen Platz im Veranstaltungskalender. Ende April, Anfang Mai werden bei Regatten in Portofino und Santa Margherita die Segel gesetzt. In Genua findet alle vier bis sechs Jahre, im Wechsel mit Venedig, Pisa und Amalfi, die Regatta der Seerepubliken (Palio delle Antiche Repubbliche Marinare) statt. La Spezia feiert am 1. August-Wochenende den »Palio del Golfo«, einen historischen Ruderwettkampf mit Konzerten, Schlemmerständen und Feuerwerk. Am 1. Aug.-So. findet in Camogli das Fest »Stella Maris« statt, Anfang Sept. feuert man in Noli bei der »Regata dei Rioni« die kostümierten Protagonisten an. In Imperia geben sich (in geraden Jahren) alte Segelschiffe Mitte September bei den »Vele d'Epoca« ein spektakuläres Stelldichein.

Geselligkeit bei der großen Sagra del Stoccafisso in Badalucco

ERLEBEN UND GENIESSEN • Feiertage · Feste · Events

Blumenfeste An Blumen und Blüten kann man sich an der Riviera fast rund ums Jahr erfreuen, gerne setzt man die farbenfrohe Pracht in Szene. Am 2. Februar-Wochenende schwelgt Pieve Ligure (westlich von Camogli) beim Mimosenfest in knalligem Gelb. »Sanremo in fiore« mit kunstvoll geschmückten Wagen zieht Mitte März Tausende von Blumenfreunden an, und Mitte Juni feiert Ventimiglia die »Battaglia dei fiori« (mit ausgelassener »Blütenschlacht«).

Musik Weltklasse-Künstler sind bei dem 1964 von Sándor Végh gegründeten Kammermusikfestival in Cervo zu erleben, zudem finden die Konzerte in herrlichem Rahmen statt: auf dem Platz vor der Kirche S. Giovanni mit seiner ausgezeichneten Akustik (Juli/Aug.). Jazzfreunde treffen sich im Juli in La Spezia beim »Festival Internazionale del Jazz«, um junge und arrivierte Musiker aus Italien und aller Welt zu hören (www.speziajazz.it). Die »Weltmusik« hat ihr Mekka in Sarzana beim »Sconfinando – Festival Internazionale di Musica e Suoni dal Mondo« (Juni – Aug.) mit großer künstlerischen Bandbreite. Traditionelle Musik, aber auch andere Künste, die Küche und das Handwerk der Region sind das Thema beim »Liguria Folk Festival« in Spotorno (Juli). Das »Festival Musicale del Mediterraneo« in Genua umfasst, jedes Jahr mit anderem Thema, eine große Palette vom Mittelmeer bis Ostasien (Sept., www.palazzoducale.genova.it). Für die aktuelle Pop-Disco-Szene ist im Juli das »Goa Boa« im Genueser Porto Antico der Fixpunkt (goaboa.it).

Feuerwerk Das »fuoco d'artificio« steht in Italien hoch im Kurs, vor allem große Patronatsfeste werden gern mit einem grandiosen Feuerwerk beschlossen, so am 24. Juni in Cicagna, in Rapallo am 1. – 3. Juli (am 3. Juli auch in Chiavari) und am 7./8. Sept. in Recco. Zu Ferragosto (15. Aug.) feiert man mit Feuerwerk den Höhepunkt des Sommers.

Gesetzliche Feiertage

1. Januar: Neujahr (Capodanno)
6. Januar: Hl. Drei Könige (Epifania)
März / April: Ostermontag (Lunedi dell'angelo)
25. April: Tag der Befreiung 1945 (Festa della liberazione)
1. Mai: Tag der Arbeit (Festa del lavoro)
Mai: Pfingsten (Pentecoste; nur Sonntag)
2. Juni: Festa Nazionale della Repubblica (Nationalfeiertag)
15. Aug.: Maria Himmelfahrt (Assunzione); gleichzeitig Ferragosto: Höhepunkt der italienischen Feriensaison
1. Nov.: Allerheiligen (Ognissanti)
1. Nov.-So.: Festa dell'Unità Nazionale (Tag de nationalen Einheit)
8. Dez. Mariä Empfängnis (Immacolata Concezione)
25./26. Dez. Weihnachten (Natale)

Die »Amerigo Vespucci« bei der Festa della Marineria in La Spezia

Terminkalender

Januar
Dolceacqua, Camporosso: um den 20. Januar (S. Sebastiano) Prozession mit geschmücktem Lorbeerbaum.

Februar
An vielen Orten Karnevalsumzüge, besonders in Albisola Superiore, Chiavari, Genua, Moneglia, Sestri Levante. Ameglia: Karneval mit dem Ritus des »ommo ar boso«. Sanremo, Ende Febr.: Festival della Canzone Italiana (Schlagerfestival). Taggia, Ende Febr.: Fest des S. Benedetto Revelli mit historischem Umzug.

März/April
Sanremo: Mitte/Ende März »Sanremo in fiore« (Karneval mit Blumenkorso). La Spezia, 19. März: Patronatsfest S. Giuseppe mit 3-tägigem Markt. Bordighera: Palmsonntag mit kunstvoll geflochtenen »palmureli«. An vielen Orten Karfreitagsprozessionen der Bruderschaften, sehr eindrucksvoll z. B. in Savona (in geraden Jahren). Ceriana: Gründonnerstag nachts und Karfreitag: Prozessionen mit »Miserere«. März: Radrennen Mailand – Sanremo. Ende März: Oldtimer-Rallye Sanremo.

Mai
Camogli, 2. Wochenende: Sagra del Pesce (Fischfest). Baiardo, am Pfingstsonntag: Festa della Barca (Schiffsfest).

Juni
Sestri Levante, 1. Wochenende: Andersen Festival. Fronleichnam, an vielen Orten: Prozessionen auf großartigen Blütenteppichen, besonders in Imperia, Sassello und Diano Marina (dort am So. nach Fronleichnam). Ventimiglia, Mitte Juni: »Battaglia dei Fiori« (Blu-

menfest). Genua, 3. So. Regatta der Seerepubliken (alle 4–6 Jahre). 24. Juni: Fest S. Giovanni Battista, v. a. in Genua, Celle (mit Feuern am Strand) und Triora. Genua, So. um 29. Juni: Regata dei Rioni (Ruderwettkampf der Stadtviertel, historisches Fest). Levanto, Ende Juni–Anf. Sept.: Festival Amfiteatrof (klassische Musik).

Juli

Rapallo, 1.–3. Juli: Fest der Madonna di Montallegro mit Feuerwerk. Chiavari, 1.–3. Juli: Fest der Madonna dell'Orto mit Feuerwerk. Ceriale, Monatsanfang: Sbarco dei Saraceni. Finale Ligure, 1. Juli-Hälfte: »Festa del Marchesato« (3 Tage). Garlenda: Internationales Fiat-500-Treffen. Sanremo: Jazzfestival. Cervo, Juli/August: Kammermusikfestival. Taggia, 22. Juli oder folgender Sonntag: Fest der Maddalena mit »Totentanz«. Levanto, 24./25. Juli: Fest des hl. Jakobus mit Prozession, historischen Kostümen und Feuerwerk. Giustenice, letztes Juli-Wochenende: Samstag »Sturm auf die Burg«, Sonntag Palio dei Carri (Karrenrennen). Dolceacqua, Juli/Aug.: »Musica nel Castello«.

August

Lauigueglia, Anf. Aug.: Sbarco dei Saraceni. Camogli, 1. So.: Fest Stella Maris mit illuminiertem Bootskorso zur Punta Chiappa. La Spezia, 1. So.: Palio del Golfo (Ruderregatta) mit Feuerwerk. Genua, 10. Aug.: Patronats- und Stadtfest San Lorenzo. Ventimiglia, So. vor dem 15. Aug.: Corteo Storico (großes historisches Fest). Lavagna, 14. Aug.: Torta dei Fieschi. Viele Orte feiern am 15. August Mariä Himmelfahrt und Ferragosto, den Höhepunkt der Feriensaison. Dolceacqua, 15. Aug.: Patronatsfest mit Folklore und Feuerwerk, am Tag darauf Fest der »michetta«. Portovenere, 17. Aug.: Fest der Madonna Bianca.

September

Alassio: Jazzfestival. Bordighera, Anfang Sept.: Jazz-Blues-Festival. Recco, um 6./7. Sept.: Sagra del fuoco. Noli, 2. So.: Regata dei Rioni (Ruderwettkampf der Stadtviertel, historischer Umzug). Genua, Mitte Sept.: Festival Musicale del Mediterraneo (Weltmusik). Portovenere, 13. Sept.: Fest San Venerio mit Bootsprozession zur Insel Tino. Imperia, Mitte Sept.: Trofeo Panerai (Regatta mit historischen Jachten). Riomaggiore, 2. Monatshälfte: Sagra dell'Uva (Weinfest). Sanremo, 2. Monatshälfte: Rallye Sanremo. Millesimo, letzte Woche: Festa Nazionale del Tartufo (Trüffelwoche). Molini di Triora, letzter So.: Schneckenfest.

Oktober

La Spezia, in ungeraden Jahre Anf. Okt.: »Festa della Marineria« mit über 30 alten Segelschiffen und großem Beigrogramm. Genua: Salone Nautico.

Dezember

Weihnachtsmärkte an vielen Orten, so in Genua, Bordighera, Alassio, Sestri Levante und Torriglia. In Genua, Savona, Pietra Ligure, 24. Dez.: »Confoëgu«. Tellaro, 24. Dez.: »Natale Subacqueo«.

Alte Bräuche und Feste

BAEDEKER WISSEN

Feierfreudiges Ligurien

Feste gehören in Italien zu den besonderen »Erlebenswürdigkeiten«. Religiöse Feiertage, Termine aus dem ländlichen Jahreskreis und herausragende Daten der Ortsgeschichte werden auch in Ligurien mit prächtigen Umzügen und Feuerwerken, Prozessionen und Märkten, mit Musik und Tanz, Speis und Trank begangen.

Januar

Am Sonntag um den 20. Jan. (San Sebastiano) finden in **Dolceacqua** und in **Camporosso** Prozessionen mit einem großen, mit bunten Oblaten verzierten Lorbeerbaum statt; am Ende der Prozession werden die Äste abgeschnitten und an die Teilnehmer verteilt. Erkennbar ist der ländliche Ursprung dieses Rituals, als Symbol für den Tod der Pflanzen im Winter und ihre Wiedergeburt im Frühling. In christlicher Zeit wurde es mit der Legende des hl. Sebastian verquickt, der an einen Lorbeerbaum gefesselt von Pfeilen durchbohrt wurde.

Februar

In **Taggia** werden in der Nacht vor dem Tag des hl. Benedetto Revelli (12. Februar) ein großes Feuer entzündet und den Anwesenden »fúrgari« (Feuerwerkskörper) zwischen die Füße geworfen. Man bietet »canestrelli« an, ein süßes Gebäck, womit man auch an den Wechsel der Jahreszeit erinnern will. Der Überlieferung nach hat Benedetto Revelli, ein Sohn der Stadt, im 11. Jh. große Feuer an den höchsten Punkten anzünden lassen, um Piraten glauben zu machen, dass ihnen schon andere zuvorgekommen seien. Am folgenden Tag findet ein großer Umzug in historischen Trachten statt. In **Ameglia** hat der Karneval noch seine Bedeutung als Fest der Wiedergeburt der Natur im Frühling. Hier wird auch das alte heidnische Fest des »ommo ar boso« gefeiert, das an ein Menschenopfer erinnert: Um eine reiche Ernte zu bekommen, wurde ein fremder Mann in einen Brunnen geworfen.

Osterwoche

Ostern und vor allem der Karfreitag werden in vielen Orten mit Prozessionen der Bruderschaften (»casacce«) feierlich begangen. Die

Prachtvolle Prozession zu Mariä Himmelfahrt in Acquasanta am Passo del Turchino

Alte Bräuche und Feste

Teilnehmer ziehen. teils in prachtvollen Trachten, mit großen silbernen »Blumenkreuzen«, die bis zu 150 kg wiegen, durch die Straßen. In **Ceriana** veranstalten die Bruderschaften in der Karfreitagnacht und am Karsamstag Prozessionen, bei denen das »Miserere« (der 51. Psalm) gesungen wird. Berühmt ist die Karfreitagsprozession in **Savona** in geraden Jahren. Hier tragen die Bruderschaften große, wertvolle »casse« (»Kästen«) durch die Stadt: Statuen v. a. von A. M. Maragliano und seiner Schule, die in verschiedenen Kirchen der Stadt aufbewahrt werden.

Im oberen Bormida-Tal gibt es gar Auseinandersetzungen zwischen den Sängern und den Gästen, wenn Letztere zu geizig sind. Am »Canto di Maggio« (Maigesang) nehmen in **S. Stefano d'Aveto** und Umgebung viele teil. In **Camogli** werden am zweiten Maisonntag bei der »Sagra della pesce« Fische gleich zentnerweise frittiert.

Pfingsten

In **Baiardo** findet am Pfingstsonntag die »Festa della barca« statt, das »Schiffsfest«, das an eine mittelalterliche »Romeo-und-Julia-Geschichte« erinnert. Die Tochter des Grafen von Baiardo, Parteigänger Genuas, hatte sich in einen Kapitän der gegnerischen pisanischen Flotte verliebt. Sie flüchteten, wurden jedoch gefangen und enthauptet. Das Volk erhob sich gegen diese unmenschliche Strafe, und seit dem 13. Jh. wird jedes Jahr auf dem Kirchplatz ein großer Baum aufgerichtet, ohne Rinde und Äste wie ein Schiffsmast. Eine Gruppe tanzt im Kreis um ihn herum und schildert in einer langen Ballade die traurige Geschichte.

Ein farbenfroher Umzug begleitet die »Regata dei Rioni« in Noli.

Fronleichnam

Das Fronleichnamsfest wird in der Ponente an vielen Orten, z. B. in **Diano Marina** und in **Sassello**, mit eindrucksvollen Prozessionen gefeiert; die Straßen sind mit Teppichen aus Blütenblättern (»Infiorata«) großartig dekoriert.

Mai

Im Gebiet von **La Spezia** bieten junge Männer den Mädchen Blumensträuße an, wobei jede Blumensorte ihre besondere Bedeutung hat. In **Sassello** bittet man mit dem »Cantu de ove« (Eiergesang) um buntbemalte Eier, der Geber erhält dafür einen blühenden Pfirsich- oder Mandelzweig.

Juni

Am 24. Juni, in der Johannisnacht, gab man früher mit großen Feuern auf den Höhen das Signal zum Auftrieb des Viehs auf die Sommerweiden. Diese Tradition hat noch in **Triora** überlebt, obwohl die Herden fast verschwunden sind. In **Genua** feiert man das Fest des hl. Johannes mit einem Treffen der Bruderschaften. Am 29. Juni wird in der ligurischen Metropole der Ruderwettkampf der »Rioni« (Stadtviertel) ausgetragen.

Juli
Am 22. Juli oder am Sonntag danach findet in **Taggia** das Fest der Magdalena statt, das seinen Höhepunkt in einem »Totentanz« hat. Am Abend zuvor zieht man zu einer Einsiedelei im Wald; Lavendelzweige werden verteilt, und man verbringt die Nacht mit Essen, Trinken und Tanz. Auch bei diesem Fest, das bacchantischen Charakter trägt, vereinen sich christliche mit heidnischen Motiven.

Juli/August
In Juli und August werden historische Wettbewerbe (»palio«) und Feste verschiedenen Ursprungs abgehalten. In **Giustenice** wird der Sturm auf die Burg dargestellt, ein Ereignis im Krieg zwischen den Del Carretto und Genua im 15. Jh.; am Sonntag darauf trägt man den »Palio dei carri« (Karrenrennen) aus. In **Ventimiglia** findet am Sonntag vor Mariä Himmelfahrt ein historisches Fest mit Armbrustwettschießenstatt. In **Camogli** ist der erste Augustsonntag das Fest »Stella Maris«, bei dem ein illuminierter Bootskorso nach Punta Chiappa fährt. In **Lavagna** feiert man am 14. Aug. das Fest der »Torta dei Fieschi«, das an die Hochzeit des Grafen Opizzo Fieschi im Jahre 1230 erinnert; eine riesige Torte wird dabei unter Tausenden Gästen verteilt. In **Genua** findet alle vier bis sechs Jahre die historische Regatta der Seerepubliken statt.

Mariä Himmelfahrt
In **Dolceacqua** bieten am Morgen des 15. August junge Männer den Mädchen »michette« an, kleine Brötchen aus süßem Hefeteig. Man erinnert damit an den Aufstand im Jahr 1364, mit dem das Volk den Potentaten Imperiale Doria zwang, das Jus primae noctis nicht mehr auszuüben.

Weihnachten
Die **Weihnachtsmärkte** im Advent sind heute auch in Ligurien beliebt. Am Heiligen Abend feiert man in **Genua, Savona und Pietra Ligure** die mittelalterliche Zeremonie des »confuoco« oder »confuëgu«: Der Ortsobrigkeit wird ein Lorbeerstamm übergeben, der auf dem Platz verbrannt wird; aus der Asche des Feuers liest man dann die Zukunft für das neue Jahr. In einigen Orten gibt es noch die ländliche Tradition der Gabe des Lamms in der Heiligen Nacht, etwa in Pigna, Carpasio und Montalto Ligure. Zu Weihnachten werden besondere Speisen aufgetischt, z. B. Getreide mit Lauch im Nervia-Tal, auch dies, um einen Blick ins neue Jahr zu tun. Im Gebiet von La Spezia werden nach der »Wache des Weihnachtsbaums« die Essensreste als Heilmittel gegen Viehkrankheiten aufbewahrt. **Krippen** mit ligurischen Trachten sind besonders in Genua, Lavagna, Rapallo und Zoagli zu sehen; das Dorf Pentema im Val Trebbia wird sogar als Ganzes zu einer Krippe.

Mit Kindern unterwegs

Mit Kindern unterwegs • ERLEBEN UND GENIESSEN

Land für kleine Entdecker

So lange Sandstrände wie die Adria besitzt die Riviera nicht, doch finden sich genug kleinere, kinderfreundliche Spielplätze am Meer. Aber es gibt in Ligurien noch viel mehr zu erleben: Bauernhöfe mit Tieren, interessante Museen, Tropfsteinhöhlen, der Hafen von Genua und vieles andere.

Kinder sind in Italien gern gesehene Gäste, man ist bestens auf kleine Urlauber und ihre Familien eingestellt. Die Hotellerie bietet Mehrbettzimmer oder Zimmer mit Verbindungstür, Sonderpreise für Kinder und ein kindergerechtes Drumherum, vom Kinderbett bis zum Kinderteller, vom Babysitter zum Miniclub oder zur Animation für Teenies. In Finale Ligure gibt es sogar ein Hotel, das nur Gäste mit Kindern aufnimmt. Groß ist natürlich auch das Angebot an Ferienwohnungen (▶ S. 106). Familienfreundliche Unterkunft findet man z. B. unter www.bimbinvacanza.it, www.vacanzeconbimbi.it.

Wohnen

Die große Attraktion sind natürlich die Strände der Riviera. Gegenwärtig dürfen sich 20 von ihnen mit der Blauen Flagge der Stiftung für Umwelterziehung schmücken. Flach abfallende Strände mit Sand oder kleinen Kieseln hat v. a. die Küste der Ponente zwischen Genua und Frankreich zu bieten; in der Levante empfehlen sich u. a. die Sandstrände von Lavagna und Sestri Levante (nähere Info zu wichtigen Stränden ▶ S. 112). Allerdings: In der Hochsaison sind die Strände überfüllt, so dass ein Strandtag nicht immer Vergnügen macht.

Am Meer

Für Freunde der Natur und des Landlebens empfehlen sich die Agriturismo-Betriebe, Bauernhöfe mit Gästezimmern/-appartements. Den passenden Hof kann man im Internet anhand von Schlüsselwörtern finden, z. B. unter www.agrilgurianet.it (> Ospitalità). Auf einer »fattoria didattica« (»Pädagogischer Bauernhof«) erfahren Kinder, wie man mit Tieren umgeht und wie die ländlichen Produkte entstehen; dazu gibt es viel Platz zum Spielen und Toben. Manche Agriturismi bieten auch Ausflüge zu Pferd an. Weiteres ▶ S. 104.

Auf dem Land

Attraktionen für Kinder

Genua
Die Erlebnisse für Kinder konzentrieren sich am Porto Antico. Im Acquario di Genova taucht man in geheimnisvolle Meerestiefen ab (atemberaubend der Blickkontakt

Das Schönste: die große Freiheit am Meer

mit Haien), in der Biosfera umgibt tropischer Urwald. Vom Grande Bigo schaut man in luftiger Höhe über den Hafen, auf der Galeone Neptune kann man sich als Pirat fühlen. Das Galata Museo del Mare bringt die jahrhundertealte Geschichte der Seefahrt näher (inkl. genuesischer Galeere und U-Boot), in der Città dei Bambini in den Magazzini del Cotone erkunden die Kleinen die Physik unserer Welt. Östlich außerhalb des Hafens liegt das Museo di Storia Naturale mit Mammut- und Walskelett. Im Porto Antico fahren die Schiffe zur Hafenrundfahrt ab, auch mit dem »Navebus« kann man, auf der 30-minütigen Fahrt nach Pegli, die Hafenanlagen mit ihrem geschäftigen Leben bestaunen. In Pegli erwarten dann zwei alte Villen mit schönen Parks und Museen: Museo Navale und Museo di Archeologia Ligure. Und dann noch Abenteuer in einem Hochseilpark (www.genova-pegli.parcoavventura.it; März bis Nov. Sa./So. ab 14.00 Uhr).

Streichelzoo einmal anders: Acquario in Genua

Schiffe und Seefahrt
Ligurien besitzt einige sehenswerte Seefahrtsmuseen: Museo Navale del Ponente Ligure in Imperia, Museo Marinaro G. B. Ferrari in Camogli, Museo Tecnico Navale in La Spezia. Relikte aus einem römischen Schiff zeigt das Museo Navale Romano in Albenga.

Spannende Naturkunde
Außer dem Museo di Storia Naturale in Genua sind besonders das Museo Geopaleontologico in Lerici (Fossilien, Saurierskelette, Dino-Nachbildungen) und das Museo Preistorico in Toirano zu nennen, in der die Funde aus der Bàsura-Höhle zu sehen sind (s. u.).

Höhlen
Zum unvergesslichen Ferienerlebnis kann ein Besuch der in Italien berühmten Tropfsteinhöhlen Liguriens werden, die mit bizarren Stalagmiten und Stalaktiten verzaubern: bei Borgio Verezzi (Pietra Ligure) die Grotte di Valdemino (www.grottediborgio.it), im Hinterland von Loano die Grotte di Toirano mit Spuren des prähistorischen Cro-Magnon-Menschen (www.toiranogrotte.it).

Ländliches Leben
Viele Volkskundemuseen lassen mit Werkzeug, Gebrauchsgegenständen etc. das Leben in alten Zeiten lebendig werden, z. B. in Cervo und Triora (mit Hexenmuseum); interessant ist auch das Museo dell'Olivo in Imperia.

Wale und Delphine schauen
Ein besonderes Erlebnis ist der Schiffstörn zur Begegnung mit

Beim Andersen-Festival wird ganz Sestri Levante zum Kindertheater.

den beeindruckenden Meeressäugern. Näheres ▶ S. 398.

Spaß im Wasserpark
Bei Ceriale bietet der Parco Aquatico Le Caravelle für die ganze Familie nassen Spaß rund um die Fahrt des Kolumbus nach Amerika. Geöffnet ca. 10. Juni – Anf. Sept. 10.00 – 18.30 Uhr. Zubringerbus vom Bahnhof Albenga (www.lecaravelle.com/caravelle).

Radfahren
Für gemütliche, auch für kleine Kinder unproblematische Radausflüge sind die Radwege bzw. -straßen auf stillgelegten Bahntrassen an der Küste ideal (»pista ciclabile«): praktisch völlig flach verlaufend, dennoch abwechslungsreich, mit vielen Möglichkeiten zur Rast und zum Genießen des Panoramas. Die erste ist wenige Kilometer westlich von Genua zu finden, zwischen Arenzano, Cogoleto und Varazze; in der Blumenriviera zwischen Ospedaletti, Sanremo und San Lorenzo al Mare, im Osten Liguriens zwischen Levanto und Framura.

Spielparks
In Genua sind die Parks von Nervi beliebte grüne Oasen, im Zoo und im kommunalen Spielgelände können sich die Kleinen vergnügen (www.parchidinervi.it). Nicht vergessen, sich Haselnüsse für die Eichhörnchen zu besorgen, die in den Parks leben. Im Park der Villa Negrotto Cambiaso in Arenzano (www.comune.arenzano.ge.it) streifen Tiere frei umher, außer einem Spielplatz finden sich Wiesenplätze für ein geruhsames Picknick. In Santa Margherita Ligure kann man im Parco del Flauto Magico, der von der berühmten Mozartoper inspiriert ist, gut einen Nachmittag verbringen (www.terrediportofino.eu).

Shopping

Shopping • ERLEBEN UND GENIESSEN

Italien zum Mitnehmen

Was wäre eine Reise an die Riviera ohne einen Streifzug über bunte Märkte, ohne den Bummel durch elegante Geschäftsstraßen, ohne das Stöbern nach den kleinen, nicht notwendigen Dingen, die das Leben schöner machen?

Ob eine Flasche des kostbaren Olio Riviera di Ponente DOP oder von dem Rossese, der so gut geschmeckt hat, ob ein hübsches kunsthandwerkliches Stück oder ein Schnäppchen vom Trödelmarkt, ein schönes Mitbringsel kann den Urlaub »verlängern«.

Ligurien besitzt **alte handwerkliche Traditionen**, die ihr Fortbestehen auch der touristischen Nachfrage nach den reizvollen Produkten verdanken. Albissola ist bekannt für Keramik, in der Glasstadt Altare arbeiten noch einige Glasbläser. In Millesimo, Masone (Museum) und Sarzana wurden schöne schmiedeeiserne Gegenstände gefertigt. Die Schieferindustrie im Fontanabuona-Tal liefert neben Nippes auch Dinge in außerordentlich schönen modernen Formen, für die das schwarzgraue Material hervorragend geeignet ist. Campo Ligure ist für das Filigranhandwerk bekannt. In Chiavari werden aus Kirschbaum, Nuss- oder Ahornholz wunderbar leichte Stühle in spätbarocken und modernen Formen hergestellt (»campanini«). Geschickte Drechsler machen aus dem wunderbar gemaserten Holz des Ölbaums elegantes Gerät für Tisch und Küche. In Portofino, Santa Margherita Ligure und Rapallo nützten früher die Frauen die Zeit, in der sie auf ihre zur See fahrenden Männer warteten, mit dem Klöppeln von Spitzen. In Zoagli und Lorsica werden auf alten Webstühlen kostbarer Samt, Damast und Brokat hergestellt.

Kunsthandwerk

Eine ligurische Spezialitäten eignen sich gut als kulinarische Souvenirs, z. B. Süßes wie Canestrelli (Mürbteigringe), Amaretti (Mandelmakronen) und Baci (Schokoladenmakronen) oder Geistvolles wie Amaro (Magenbitter) und Grappa. Einige Flaschen vom bevorzugten Wein und Olivenöl, Zubereitungen wie der berühmte Pesto und je ein Paket Troffie und Croxetti gehören sowieso in die Mitbringseltasche. Das **Consorzio Tutela Produzioni Agricole Liguri** (CTPAL, www.schiettoligure.it; Tipps auch unter www.agriligurianet.it) garantiert die Echtheit und den typischen Charakter der Produkte.

Kulinarisches

Der Leidenschaft, nach originellen, dekorativen und mehr oder weniger überflüssigen Dingen zu stöbern, scheint an der Riviera beson-

Antiquitäten und Trödel

Alle Schätze Liguriens: Feinkostladen in Genua

ders stark ausgeprägt zu sein. In Genua sind v. a. zwei Märkte berühmt: im/am Palazzo Ducale am 1. Wochenende (außer Aug./Sept.) und in der Via Cesarea am 3. Sa. des Monats. Ersterer ist Antikem, Möbel und Gemälden gewidmet, der andere alltäglichen Utensilien. Sehr schön ist auch der Markt, der am 3. Wochenende des Monats in Taggia stattfindet; am anderen Ende Liguriens entspricht ihm der »Cercantico« in La Spezia, wo am 1. So. des Monats (außer Juli/Aug.) über 100 Händler alte Gegenstände und Mobiliar anbieten. Der Markt in Chiavari hat sein Datum am 2. So., in Finalborgo am 1. Wochenende und in Sarzana am 4. Wochenende (April – Okt.); in Sarzana kommt die 2-wöchige Messe im Aug. dazu. Um den 19. März (S. Giuseppe) drängen sich beim 3-tägigen Jahrmarkt in La Spezia Tausende, an über 150 Ständen werden zudem Gaumenfreuden feilgeboten. Ebenfalls in der Provinz Savona zu erwähnen: »Celle in bancarella«, der Antiquitäten- und Handwerkermarkt in der Altstadt von Celle (2. So. im Monat), sowie der Sammler- und Hobbymarkt in Pietra Ligure am letzten So. des Monats. Schließlich noch einmal zurück nach Genua, zur Fiera di Sant'Agata am 2. Februar im Viertel San Fruttuoso nordöstlich des Stadtzentrums, bei dem an über 600 Ständen alles Mögliche verhökert wird – der größte Markt Liguriens.

Fantasievolle Keramik aus Albissola Marina

Lebensmittel- und Wochenmärkte

Mit Viktualien aller Art kann man sich in den Markthallen (mercato coperto) – in Genua unverzichtbar der Mercato Orientale – und auf den Märkten versorgen, die ein- oder mehrmals in der Woche, teils auch täglich stattfinden. Frisch angelandeter Fisch wird in Genua an der Piazza Caricamento tgl. um 4 Uhr morgens angeboten, in Noli tgl. um 8 Uhr an der Strandpromenade. In Albenga sollte man den bunten Lebensmittelmarkt auf der schönen Piazza del Popolo nicht versäumen (tgl. bis 13 Uhr). In Ventimiglia ist, man muss es fast so sagen, beim Markt am Fr.vormittag am Stadtpark die Hölle los.

Bücher über Ligurien

Über Ligurien gibt es natürlich eine große Zahl unterschiedlichster Bücher, vom Bildband bis zum Kochbuch. Ein großes Sortiment führen in Genua die Buchhandlungen Assolibro (Via S. Luca 58 r) und Feltrinelli (Via XX Settembre 231/233 r), in Albenga die Buchhandlung San Michele (Via Episcopio 1).

Ausgewählte Adressen

Olivenöl
Antico Frantoio Sommariva
Albenga, Via G. Mameli 7
www.oliosommariva.it
Olio Roi
Badalucco, Via Argentina 1
www.olioroi.com
Frantoio Fratelli Pozzo
Cisano sul Neva Fraz. Conscente,
Via Amedeo 3, www.oliopozzo.it
Azienda Agricola Pria Grossa
Finale Ligure, Colle di Varigotti
Strada del Borriolo 9
Dinoabbo
Lucinasco, Via Roma 2 bis
www.dinoabbo.it

Käse & Feinkost
I Formaggi del Boschetto
Albenga-Boschetto, Fraz. Bastia
iformaggidelboschetto.jimdo.com
Toma von den seltenen Brigasca-
Schafen, Pecorino und Ricotta
(auch vergorener, der »brus«).
Santamaria
Calizzano, Via Trento e Trieste 1
www.federicosantamaria.it
Pilze und andere Schätze des Wal-
des und des Landes, frisch und in
konservierter Form.
Cantina Case Rosse
Pornassio, Fraz. Case Rosse
Via Nazionale 31
Wein, dazu Feines aus dem
Arroscia-Tal und dem Piemont.
La Strega di Triora
Triora, Corso Italia 50
www.lastregaditriora.it
Käse aus den Bergen, handwerk-
lich hergestellte Konfitüren.
Cooperativa Casearia Val di Vara
Varese Ligure, Loc. Perazza
www.coopcasearia.it
Produkte aus Bio-Landwirtschaft.

Süßes
Antico Forno da Carlo
Montebruno
www.anticofornoalegna.it
Virginia
Sassello, Loc. Prapicinin 6
www.amarettivirginia.com
A. V. Besio
Kandierte oder in Sirup eingelegte
Blüten und Früchte, in vielen
guten Läden (www.besio.it)

Keramik
ArteTerra
Genua, Piazza Pinelli 27 r
www.arteterra.it
Fabbrica Ceramiche Mazzotti
Albissola Marina, Viale Matteotti
29, www.gmazzotti1903.it
Officine Artistiche Calcagno
Albissola Marina, Via Repetto 6
www.officineartistiche.blogspot.it

Stoffe für Kleider & Möbel
MisiArte
Chiavari, Via Vittorio Veneto 55
www.misiarte.it
Cordani Velluti, Zoagli
Produktion: Via Aurelia 102
Verkauf: Via San Pietro 21
www.tessiturecordani.it

Mode in Genua
Boutiquen in der Via Roma
und in der Via XX Settembre
Mötivi, Via XX Settembre 107
Schöne »junge«, preisgünstige
Damenmode (www.motivi.com).

Factory Outlet
An der A 7 Richtung Mailand liegt
in Serravalle Scrivia das größte
Outlet Center Europas (tgl.).
www.mcarthurglen.it/serravalle

Übernachten

Ein Bett für jeden Geschmack

Grandhotels aus der Zeit, in der Europas Oberschicht an der Rivera Urlaub machte, kleine familiengeführte Hotels, ländliche Gasthäuser und Bauernhöfe, preisgünstige B&Bs oder eine Villa nur für Familien mit Kindern – zwischen Ventimiglia und La Spezia findet jeder das passende Quartier.

Hotellegenden wie das »Splendido« in Portofino oder das »Royal« in Sanremo leben von ihrer privilegierten Lage, ihrer glamourösen Geschichte und der Klientel, die nicht auf den 1000-€-Schein schaut. Allen anderen stehen an der Riviera schmucke Hotels aller Kategorien, schlichte Pensionen, Ferienwohnungen bzw. -häuser und Privatzimmer zur Wahl. Auch im Hinterland bereitet die Hotelsuche keine Probleme, Nobelherbergen sind hier allerdings kaum zu finden. Verzeichnisse erhält man bei den Tourismusbüros. Möchte man dem Trubel in den Küstenorten entgehen, empfiehlt es sich, ein Haus im Hinterland zu nehmen. Für die Hauptsaison (Juli/August) an der Küste muss man frühzeitig buchen, am besten schon im Vorjahr. Für einen Aufenthalt unter drei Tagen wird in dieser Zeit oft ein Zuschlag verlangt. Im Winter hingegen haben in den Badeorten viele Hotels geschlossen. Parken ist in der Hochsaison oft ein Problem; kleinere Hotels verfügen nur selten über eine Garage, kümmern sich aber in der Regel um einen Platz. Meist lassen sich die Hotels die eigene Garage extra und nicht zu knapp vergüten.

Hotels

Preiskategorien Hotels
Preise für ein Doppelzimmer mit Bad und Frühstück
€€€€ über 150 €
€€€ 120–150 €
€€ 80–120 €
€ bis 80 €

Die Hotels in Italien sind amtlich in fünf Kategorien eingeteilt: vom Luxushotel (5 Sterne + L) bis zur Unterkunft für bescheidene Ansprüche (1 Stern). Diese Klassifizierung bietet jedoch nur einen sehr groben Anhaltspunkt; auch ist die gebotene Qualität – bei gleichem Preis – oft sehr unterschiedlich, und über den Wohlfühlwert sagt die Klassifizierung noch weniger aus. Alberghi mit wenigen oder keinem Stern warten oft mit einem besonders charmanten Ambiente auf; u. U. kann man in einem nichtklassifizierten Haus besser und billiger logieren als in einem Zwei- oder Drei-Sterne-Hotel.

Hotelkategorien

Insgesamt ist das Preisniveau etwas höher als in Deutschland, wobei man im Hinterland i. A. preisgünstiger nächtigt als in den frequentierten Badeorten. Die Hotelpreise variieren je nach Saison erheblich

Preise

Luxuriöser Strandurlaub: Hotel Miramare in S. Margherita Ligure (bis zu 100 %). Das Frühstück ist nicht immer im Preis enthalten. Für ein Einzelzimmer bzw. Doppelzimmer in Einzelbelegung bezahlt man bestenfalls 20 – 25 % weniger als für zwei Personen im Doppelzimmer. Beachten: Die Quittung für die beglichene Hotelrechnung ist aufzubewahren (▶Geld, S. 419).

Schlösser und Villen
Hotels in alten herrschaftlichen Häusern, die stilvolle, mehr oder weniger nostalgische Gemächer anbieten, vermarkten sich als »Residenze d'epoca« bzw »Dimore d'epoca«.

Bed & Breakfast
Als preisgünstige Alternative zum Hotel bieten sich die B&Bs an, Zimmer und Appartements bei Privatvermietern, die auch den Zimmerservice und das Frühstück besorgen. Das Angebot reicht vom einfachen Zimmer mit Badbenutzung bis zum luxuriösen Appartement in historischem Gemäuer. Viele liegen im Stadt- oder Dorfzentrum und bieten ein persönliches Ambiente.

Boat & Breakfast
Eine relativ neue Idee: Sich auf einem in einer Marina liegenden Segel- und Motorboot einmieten, sich von den Wellen in den Schlaf schaukeln lassen und an Deck oder in einer Bar frühstücken – nautisches Feeling für Landratten. Preise von 80 € aufwärts.

Agriturismo
Agriturismo, am besten mit »Ferien auf dem Land« zu übersetzen, bietet Gelegenheit, das ländliche Ligurien von seinen schönsten Seiten kennenzulernen. Im Hinterland der Riviera nehmen zahlreiche Betriebe Feriengäste auf, das Spektrum reicht dabei von schlichten Bauernhöfen über Weingüter bis zum luxuriösen Herrenhaus. Um sich mit dem Label »Agriturismo« schmücken zu dürfen, müssen die Gastgeber zumindest teilweise von der Landwirtschaft leben und ihren Gästen auch Produkte aus eigenem Anbau, ansonsten vorwiegend aus der Region auf den Tisch bringen. Manchmal kann man im Gemüsegarten Hand anlegen oder Tiere umsorgen, was v. a. die jüngsten Gäste anspricht. Auch für Aktivurlauber sind die Agriturismi attraktiv, oft bieten sie Leihräder, einen Reitstall, geführte Wanderungen etc. an; zudem zeigt in einigen Betrieben die »Mamma«, wie man die diversen regionalen Köstlichkeiten richtig zubereitet. Detaillierte Informationen erhält man bei den lokalen Tourismusbüros, beim Interessenverband Agriturist, der jährlich einen Führer herausgibt, und anderen Agenturen. Jährlich erscheint auch das Verzeichnis »Agriturismo e vacanze in campagna« des Touring Club Italiano.

> **BAEDEKER TIPP !**
>
> *Pensione completa*
>
> Viele Hotels bieten Halb- und/oder Vollpension an (mezza pensione, pensione completa). Da die Küche des Hauses meist ordentlich ist und der Aufpreis zur Übernachtung mit Frühstück nur mäßig, sollte man dieses Angebot durchaus in Betracht ziehen.

Im Hinterland, wie hier in Varese Ligure, findet man gute Gasthöfe.

Informationen über Ferienwohnungen, Bungalows und Villen an der Italienischen Riviera geben die Tourismusbüros (▶Auskunft, S. 416) sowie die Vermittler von Ferienwohnungen (▶S. 106).

Ferienwohnungen

Jugendherbergen (Alberghi per la gioventù) gibt es in Genua, Savona, Osiglia, Pornassio/Col di Nava, Moconesi und Quiliano; die sehr gute Herberge in Manarola/Cinque Terre ist privat geführt. Sie sind dem Internationalen Jugendherbergsverband angeschlossen und verlangen den Internationalen Jugendherbergsausweis, Tagesmitgliedschaften sind möglich. Man rechne pro Person und Nacht mit Frühstück 15 – 20 €.

Jugendherbergen

Ligurien bietet eine große Auswahl an Campingplätzen unterschiedlicher Kategorien und Ausstattung. Die Plätze liegen meist an der Küste, sind relativ teuer und zu größeren Teilen von Dauercampern belegt. Für die Hochsaison von Mitte Juli bis Mitte September ist frühzeitige Reservierung unabdingbar. Sehr informativ sind die Camping- und Stellplatzführer des ADAC, des Hallwag-Verlags und des Touring Club Italiano (auf Italienisch oder Deutsch). Informationen und Verzeichnisse bei den örtlichen Tourismusbüros, ENIT-Büros, bei der Agenzia Promozione Turistica »In Liguria« (▶Auskunft, S. 416) und beim italienischen Campingverband. Mit einem Wohnmobil oder Wohnwagen darf man sich eine Nacht an der Straße und auf Park- oder Rastplätzen aufhalten, außer wenn dies durch Schilder ausdrücklich verboten wird. Aus Sicherheitsgründen sollte man jedoch offizielle Campingplätze benützen. Wildes Zelten in freier Natur ist nicht erlaubt.

Camping und Caravaning

SCHLÖSSER UND VILLEN
www.turismoinliguria.it (> Alloggi > Residenza d'epoca)
www.dimoredepoca.it

BED & BREAKFAST
www.bbitalia.it
www.bed-and-breakfast.it
www.bedandbreakfast.com
www.bbplanet.it

BOAT & BREAKFAST
www.boatandbreakfast.net
www.ligurianautica.com/boat_and_breakfast.asp

FERIEN AUF DEM LAND
Agriturist
www.agriturist.it
Tel. +39 564 41 74 18

Weitere Agenturen
www.agriturismo.it
www.terranostra.it
www.toprural.it
www.turismoverde.it
www.agriturismi.it

FERIENWOHNUNGEN UND FERIENHÄUSER
Interhome
Hoeschplatz 5, D-52349 Düren
Tel. 02421 12 20
www.interhome.de

Interchalet
Heinrich-von-Stephan-Str. 25
D-79100 Freiburg im Breisgau
Tel. 0761 21 00 77
www.interchalet.de

Casamundo
Drehbahn 7, D-20354 Hamburg
Info & Buchung unter Gratis-Tel.
D: 0800 1 01 08 84
A: 0800 80 22 51
CH: 0800 20 03 13
www.casamundo.de

Cuendet
Gotenstr. 11, D-20097 Hamburg
Tel. 040 6 88 71 51-18
www.cuendet.de

La Villeggiatura
Trautenwolfstr. 6
D-80802 München
Tel. 089 38 88 92 90
www.sommerfrische.it

JUGENDHERBERGEN
Deutsches Jugendherbergswerk · DJH-Service
Bismarckstraße 8
D-32756 Detmold
Tel. 05231 74 01-0, www.djh.de

AIG · Associazione Italiana Alberghi per la Gioventù
Salita Salvatore Viale, 1/8
16128 Genova
Tel. 010 58 64 07
www.aighostels.com

Jugendherberge Genua
Via Costanzi 120
Tel. 010 242 24 57, 207 B.
www.ostellogenova.it
Nov., 21. Dez.–31. Jan. geschl.
Hoch über der Stadt liegt die moderne, beliebte JH. Zu erreichen mit Bus 35/40 von den Bahnhöfen Porta Principe bzw. Brignole.

CAMPING & CARAVANING
Confederazione Italiana Campeggiatori
Via Vittorio Emanuele 11
50041 Calenzano
Tel. 055 88 23 91
www.federcampeggio.it
www.camping.it

Besondere Agriturismi und B&B

Refugien in Stadt und Land

In dem schmalen Streifen zwischen Meer und Bergen bietet eine große Palette von privaten Gästehäusern und Ferienbauernhöfen schöne Unterkunft mit freundlicher, aufmerksamer Betreuung.

Und nicht nur das: Viele machen auf angenehmste Weise mit den kulinarischen Produkten Liguriens bekannt.

Genua

In einem der spektakulärsten Gebäude der Superba mit privatem Ambiente wohnen? Das **B & B Miramare** im einstigen Hotel gleichen Namens macht's möglich (▶ S. 215). Im charaktervollen Borgo Incrociati, einem Gewirr uralter Gässchen hinter dem Ostbahnhof (Stazione Brignole), wartet wenige Schritte von der Metro das **B & B Borgo di Genova** mit liebevoll gestalteten Gästezimmern auf (Via Borgo Incrociati 7, Tel. 34 76 02 55 78, www.ilborgodigenova.com). Und für ein gediegenes Mahl ist in der Nähe die traditionelle Küche der Hostaria Pacetti zu empfehlen, seit Ende des 19. Jh.s eine Institution in Genua (Via Borgo Incrociati 22 r, Tel. 010 8 39 28 48, tgl. geöffnet, Sa.mittag nach Anmeldung).

Riviera di Levante

In der Nähe der Cinque Terre, jedoch abseits ihres Rummels, lädt der **Agriturismo Golfo dei Poeti** ein (La Spezia, Via Proffiano 34, Tel. 34 76 95 51 41, engl. 34 70 76 05 89, www.agriturismogolfodeipoeti.com). Die Olivenhaine und die ter-

Pool mit Aussicht (über La Spezia) im Agriturismo Golfo dei Poeti

Besondere Agriturismi und B & B

rassierten Rebhänge des Hofs liefern vorzügliches Olio extravergine DOP und Weine der Appellation Cinque Terre. In herrlicher Lage über La Spezia, mit Blick über den ganzen »Golf der Dichter«, empfangen Gästezimmer und Appartements in einem prächtigen Haus aus dem 17. Jh., zwei Pools offerieren Entspannung nach einem erlebnisreichen Tag. Der zauberhaft gelegene Agriturismo ist ein idealer Standort für Ausflüge in die Cinque Terre, nach Portovenere, Lerici und der Punta Bianca.

Ein »dezentrales« B & B in den Cinque Terre ist **Alla Porta Rossa** in Manarola (Via Rollandi 246, Tel. 34 72 52 08 57, www.mareterra.it). In alten Fischerhäusern, vom oberen Ortsrand bis zum Wasser, bieten Zimmer und Appartements für 2–4 Personen ein geschmackvolles Ambiente und ggf. einen wunderbaren Blick aufs Meer. Und man kann an Kochkursen teilnehmen.

Riviera di Ponente

In der atmosphärereichen »Repubblica marinara« Noli findet man Komfort, Stil und Charme – zu gehobenen Preisen – im B&B **Ca' de Tobia** (Via Aurelia 35, Tel. 019 7 48 58 45, www.cadetobia.it). Die Villa von Anfang des 20. Jh.s liegt nur wenige Schritte vom Strand jenseits der Aurelia; das herrliche (italienische) Frühstück können Sie auf dem eigenen Balkon oder auf der Terrasse genießen.

In der Küstenebene hinter Albenga wird Gemüse angebaut – hier, einen Steinwurf vom Meer, sollten sich Gartenfreunde (mit Kindern) im Agriturismo **Il Colletto** einmieten (Campochiesa d'Albenga, Via Cavour 34, Tel. 0182 2 18 58, 335 26 02 54, www.agriturismoilcolletto.com). Im »orto didattico« (Lehrgärtnerei) tauchen seine Gäste in die typischen ligurischen Düfte und Aromen ein: Thymian und Rosmarin, Oregano und Majoran. Außer großzügigen Appartements für 2–5 Menschen gibt es auf dem Hof Tiere, Schwimmbecken, eine Bibliothek und Mountainbikes.

Der Agriturismo **Creuza de Mâ** in Santo Stefano al Mare (Loc. Cavi 7, www.creuzadema.com, Tel. 34 78 10 11 86) hat sich nach dem alten genuesischen Wort für die schmalen Wege benannt, die in steilem Anstieg vom Meer zu den Dörfern führten (ein berühmtes Lied des Cantautore Fabrizio De André hat sie zum Thema gemacht). Der Gartenbau- und Blumenzuchtbetrieb der »Riviera dei Fiori«, auf der Höhe über der Marina degli Aregai gelegen, bietet farbenfrohe, großzügige Appartements für 2–4 Personen und ist bekannt für die ausgezeichnete Küche, die man auf der schönen Veranda genießt: von der Farinata zu Alici marinate, von Friscioi di baccalà zur Panizza, von den Gemüsetorten zum ligurischen Kaninchen, abgerundet mit feinem Vermentino oder Pigato. In Kursen kann man sich in der ligurischen, vegetarischen oder indischen Küche oder in der Anlage eines Bio-Gemüsegartens unterweisen lassen, entsprechende Angebote gibt es auch für Kinder. In der Umgebung findet man eine ganze Reihe von Attraktionen: die auch für kleine Kinder geeignete Radelroute an der Küste zwischen San Lorenzo und Ospedaletti (▶ S. 118), Taggia mit seiner beeindruckenden Alt-

Agriturismo TraVigne auf dem Weingut AltaVia bei Dolceacqua

stadt – nach Genua die größte in Ligurien – und dem Konvent San Domenico, Bussana Vecchia sowie Sanremo.

Nicht weit von hier, im schönen Valle Argentina, ist ein kleines Juwel zu finden, der Agriturismo **L'Adagio** in Badalucco (Tel. 33 57 22 63 09, www.ladagio.it). Er gehört zur Azienda Agricola Gaaci und liegt gerade eben außerhalb des Orts, ein Spaziergang von wenigen Minuten. Für die Unterkunft wählen Sie das Ambiente, das zu Ihnen passt: elegant, folkloristisch, modern, minimalistisch, provenzalisch. Die Taggiasca-Oliven der Azienda werden in der renommierten Ölmühle Roi verarbeitet; von Oktober bis Februar ist man in Badalucco emsig aktiv, die Hausgäste können dann die Arbeit in Olivenhain und Mühle kennenlernen.

Im Herzen der Rossese-Produktion, auf der Höhe westlich über Dolceacqua (6 km), hat das renommierte Weingut AltaVia moderne »casali« aus rohem Stein erbaut (Località Arcagna, Tel. 018 41 92 84 19, www.altavia.im.it). Der Agriturismo **Tra Vigne** (»In den Weinbergen«), unweit des bekannten Weinguts Terre Bianche (▶ S. 192) zwischen Olivenbäumen und Reben gelegen, erfreut sich eines Ausblicks bis zum Meer; die ebenso schlicht wie elegant eingerichteten Wohnungen nehmen bis zu 6 Erwachsene plus 2 Kinder auf, draußen erfrischt man sich im Pool. Natürlich lädt das Weingut zu Verkostungen ein, zu denen ligurische Kleinigkeiten gereicht werden.

Wer in Dolceacqua selbst wohnen will, und zwar in der Altstadt »Terra« zu Füßen der Doria-Burg, findet im B & B **Il Libro Verde** eine hübsche, romantische Bleibe (Via Forno 13, Tel. 348 5 80 26 30, www.libroverde.it). Vom Salon blickt man hinunter auf den Hauptplatz, das Frühstück nimmt man auf der Dachterrasse. Jamila, die Herrin des Hauses, ist eine passionierte Wanderführerin und hat dementsprechend viele Tipps auf Lager.

Urlaub aktiv

Abwechslung ist Trumpf

Ein Urlaub an der Riviera muss sich nicht in geruhsamen Tagen am Strand erschöpfen. Ob am Meer oder in den Bergen, ob allein oder in der Gruppe: Ligurien ist ein Paradies für Sportbegeisterte und Outdoorfans aller Art.

Die ersten Touristen kamen an die Riviera, um mehr oder minder beschaulich den milden Winter zu verbringen, sie flanierten auf den Strandpromenaden und vertrieben sich die Zeit in den Clubs und Spielcasinos. Heute liebt man es aktiver und abwechslungsreicher, Betätigungen zu Wasser und zu Land lassen sich in der Küstenregion mit dem bergigen Hinterland bestens kombinieren. Und wie wäre es mal mit einem Kochkurs oder einer Exkursion in Sachen Wein?

MEER & STRÄNDE

Als Küstenregion ist Ligurien ein Badeparadies par excellence, mit unterschiedlichsten Badeplätzen von reizvollen Felsküsten mit kleinen Buchten bis zu langen, flachen Sandstränden. Wer auf Letztere Wert legt, wird v. a. in der Ponente fündig, die Ostküste ist meist felsig-steinig. Im Haupturlaubsmonat August sowie von Juni bis September an den Wochenenden sind die meisten überfüllt. Den größten Teil der Strände, insbesondere der Sandstrände, haben Hotels und **Badeanstalten** (»bagno«, »stabilimento balneare«) okkupiert, die sich ihre Dienstleistungen (Umkleidekabine, Liegestuhl, Sonnenschirm, Dusche etc.) nicht zu knapp entlohnen lassen, dafür aber für einen gepflegten Strand sorgen; in der Hochsaison kosten 2 Liegen plus Sonnenschirm pro Tag 15 – 25 €, in »Luxusbädern« noch einiges mehr. Jeder Strand hat aber auch öffentliche Abschnitte (»spiaggia libera«). Ein 10 – 20 m breiter Streifen am Wasser ist öffentliches Gut und daher **allen frei zugänglich** (»fascia di libero transito«).

Badestrände

Die Badesaison reicht von Mai/Juni bis Oktober. Zu Beginn hat man Wassertemperaturen von 17 – 18 °C, bis zum August steigen sie auf 22 – 24 °C, im Oktober ist das Wasser noch ca. 20 °C warm.

Wassertemperaturen

Der Zustand des Wassers an der ligurischen Küste ist im Allgemeinen gut. Grundsätzlich sollte man jedoch nicht in der Nähe größerer Städte (v. a. Genua) oder im Bereich von Häfen und Industrieanlagen baden. **Badeverbote sind unbedingt zu beachten.** Auskunft über

Wasserqualität

Auf der Alta Via dei Monti Liguri am Monte Toraggio

Relaxtes Strandleben, das Markenzeichen der Riviera – hier in Alassio

Wasser- und Strandqualität gibt der ADAC (für Mitglieder Tel. 01805 10 11 12; www.adac.de). Die Stiftung für Umwelterziehung in Europa (www.blueflag.org) hat 20 Stränden in Ligurien die »Blaue Flagge« verliehen, die die Einhaltung von Grenzwerten für saubere Strände und Wasser garantiert. Näheres über die einzelnen Strände erfährt man unter www.qspiagge.it (nur auf Italienisch).

Gut zu wissen FKK ist an der Riviera nur an wenigen (meist ausgewiesenen) Stellen möglich, »oben ohne« dagegen durchaus akzeptiert. Auf zivile Kleidung beim Stadtbummel wird großer Wert gelegt, nicht nur in Alassio, wo das Tragen von Badekleidung außerhalb der Strandzone mit einer Geldstrafe belegt wird. An Felsküsten sind Badeschuhe ein Segen, auf den scharfgratigen Steinen kann man sonst kaum gehen. Als Unterlage zum Sonnenbaden empfiehlt sich eine Iso- oder Bastmatte. An den meisten Stränden und Badeanstalten sind Hunde nicht zugelassen, zumindest nicht in der Hochsaison.

AUSGEWÄHLTE STRÄNDE
Lerici
Ca. 1 km flacher Sandstrand, auf mehrere Buchten verteilt, gut gepflegt. Für Kinder geeignet.

Sestri Levante
Baia delle Favole: großer Sand-Kies-Strand, meist rasch abfallend, gepflegt. Für Kinder eher bedingt geeignet. Baia del Silenzio: schmaler, sauberer Sandstrand, für Kinder gut geeignet, aber wenig Platz.

Lavagna
Gut 4 km langer, etwa 15 m breiter, recht sauberer Strand aus grobem Sand, meist flach abfallend. Für Kinder gut geeignet.

Urlaub aktiv • ERLEBEN UND GENIESSEN

Chiavari
Über 1 km langer, schmaler Stein-Kies-Strand, gut gepflegt. Für Kinder weniger gut geeignet.

S. Margherita Ligure
Im Ort kleiner und schmaler Kies- und Steinstrand, für Kinder wenig geeignet.

Portofino
Felsküste. Nur für gute Schwimmer, für Kinder ungeeignet. In Paraggi gibt es einen sehr kleinen Sandstrand, man geht sonst von Badestegen ins Wasser.

Varazze
Schmaler, gut 2 km langer Sand-Kies-Strand, in Felsufer übergehend. Für Kinder geeignet.

Celle Ligure
Zwei flache Badebuchten mit jeweils knapp 1 km langem, bis 40 m breitem Sand-Kies-Strand.

Albissola Marina
Gut 1 km langer, bis 60 m breiter Sandstrand, sanft abfallend. Für Kinder gut geeignet.

Spotorno
Etwa 2 km schmaler und steil abfallender Sand-Kies-Strand. Für Kinder weniger geeignet.

Noli
Gut 1 km langer, sehr schmaler gepflegter Sand-Kies-Strand, steil abfallend. Für Kinder einigermaßen gut geeignet.

Finale Ligure
Rund 3 km langer, bis 50 m breiter, gut gepflegter Sandstrand, flach abfallend. Für Kinder gut geeignet.

Pietra Ligure
Schmaler, insgesamt 5 km langer Sand-Kies-Strand, flach abfallend. Für Kinder geeignet.

Loano
Knapp 2 km künstlich angelegter schmaler Sandstrand, steil abfallend, gut gepflegt. Für Kinder weniger geeignet.

Alassio
Etwa 3 km langer, ca. 50 m breiter Feinsandstrand, sanft abfallend und meist überfüllt. Für Kinder gut geeignet.

Laigueglia
3 km langer schmaler Strand mit feinem Sand, sanft abfallend und gepflegt. Für Kinder gut geeignet.

S. Bartolomeo al Mare
Über 1 km langer Betonstrand mit Kiesabschnitten, recht gepflegt, doch für Kinder wenig geeignet.

Diano Marina
Etwa 2 km langer Feinsandstrand, gepflegt und flach abfallend. Für Kinder gut geeignet.

Imperia
Etwa 2 km langer Sand-Kies-Strand in Oneglia, 500 m langer Sandstrand in Porto Maurizio (Spiaggia d'Oro); beide sind mäßig gepflegt. Für Kinder geeignet.

Arma di Taggia
Gut 1 km langer, schmaler, sanft abfallender Sandstrand, mäßig gepflegt. Für Kinder geeignet.

Sanremo
Etwa 2 km langer, meist schmaler, aber gepflegter Sandstrand, der in Kies- und Felsufer übergeht. Für Kinder geeignet.

Ospedaletti
Gut 1 km langer Kies-/Felsstrand, steil abfallend und gepflegt. Für Kinder weniger geeignet.

Bordighera
3 km langer, schmaler Kiesstrand, steil abfallend und gut gepflegt. Für Kinder bedingt geeignet.

Ventimiglia
Flacher, langer Strand mit großen Kieselsteinen. Für Kinder bedingt geeignet.

Segeln Die Riviera ist ein vorzügliches Revier für Segler und Motorbootfreunde mit bestens ausgestatteten Jachthäfen. Die jährlich erscheinenden »Pagine Azzurre« (www.pagineazzurre.com) enthalten detaillierte Informationen über Sporthäfen und Ankerplätze.

Windsurfen Gute Windverhältnisse zum Kite- und Windsurfen verzeichnet man im Frühjahr und im Herbst – im Hochsommer herrscht meist Flaute. Gute Surfspots findet man v. a. zwischen Imperia und Bordighera (bis 2,5 m hohe Wellen), Finale-Varigotti, Varazze und Levanto.

Tauchen Ligurien verfügt dank seiner felsigen Küsten über exzellente Tauchreviere, berühmt sind v. a. das Promontorio di Portofino und die Cinque Terre, deren Habitats unter Naturschutz stehen. Tauchclubs und -schulen sind u. a. in Sanremo, Savona, Portofino, S. Margherita und Genua-Nervi ansässig. Nähere Info bei »In Liguria« (▶Auskunft, S. 416) und unter www.liguriadiving.com.

WANDERN & KLETTERN

Für die Erkundung Liguriens, ob entlang der Küste oder im Hinterland, sind die Monate von Mai bis Oktober ideal. Im Juli und August wird es in den Mittagsstunden zwar sehr heiß, meist weht aber ein erfrischender Wind. In größeren Höhen liegt bis in den Frühsommer hinein Schnee. Außer stabilen, hohen Schuhen und Regenschutz ist viel Trinkwasser wichtig, »Nachschubmöglichkeiten« sind meist dünn gesät. Info findet man unter www.hikr.org und www.itinerari italiani.com; Wanderführer ▶rechts. Geführte Wanderungen bieten die Unione Ligure Escursionisti (▶S. 119) und auch deutsche Veranstalter an (z. B. www.italienwandern.com, www.sole-liguria.com).

Alta Via dei Monti Liguri Der »Ligurische Höhenweg« ist ein markierter Wanderweg von etwa 440 km Länge, der in 43 Etappen auf der Wasserscheide der Alpen und des Apennins von Ventimiglia bis zum Fluss Magra führt. Die

Strecke, die überwiegend relativ breite, flach verlaufende Wege nützt und auch fürs Mountainbike geeignet ist, ist rot-weiß-rot mit den Buchstaben AV bezeichnet. Für schwierigere Abschnitte sind Varianten ausgewiesen. Gute Wanderführer sind Thomas, Ligurischer Höhenweg, und Bätzing/Kleider, Die Ligurischen Alpen (▶ unten). Der Führer »Höhenweg der Ligurischen Berge« (Hrsg. Unioncamere; www.lig.camcom.it > Elenco pubblicazioni) enthält gute Karten und Informationen, seine Etappeneinteilung ist jedoch untauglich. Info: www.altaviadeimontiliguri.it, www.parks.it/grandi.itinerari.

Verdeazzurro Natürlich bietet die Region zahlreiche weitere Wandermöglichkeiten. So hat die Unioncamere Ligure einen sehr schönen, 140 km langen Wanderweg von Genua nach Portovenere mit zehn Etappen eingerichtet, den »Verdeazzurro« (Wanderführer für die einzelnen Etappen, in Buchhandlungen und über www.lig.camcom.it, s. o.).

Klettern Das Kletterreviere Liguriens sind überwiegend sehr anspruchsvoll (ab Schwierigkeitsgrad V aufwärts). Am bekanntesten sind die Kalkwände bei Finale Ligure (Rocca di Perti, Monte Cucco); attraktiv sind darüber hinaus Triora-Loreto und Castelbianco im Pennavaira-Tal, auch an Felswänden unmittelbar an der Küste wird geklettert. Kurse bietet der Club Alpino Italiano an.

Wanderführer und -karten **W. Bätzing, M. Kleider:** Die Ligurischen Alpen. Naturparkwandern zwischen Hochgebirge und Mittelmeer. Rotpunkt, Zürich 2011
A. Girani, S. Olivari: Monte di Portofino. Sagep, Genua 1991 (dt.)

Unterwegs auf der Via Aurelia am Capo Noli

A. Girani: Führer durch die Cinque Terre. Sagep, Genua 2007 (dt.)
G. Henke, C. Hennig: Wandern in Ligurien. DuMont aktiv, Ostfildern 2010
Istituto Geografico Centrale (Torino), Carta dei Sentieri e Rifugi 1 : 50 000: Blätter 8, 14, 15, 16, 18, 23 (mit dem Verlauf der Alta Via dei Monti Liguri)
Blu Edizioni (Torino), Cartoguide 1 – 3 (mit Karten 1 : 25 000)
Kompass: Wander-und-Bike-Karten 1 : 50 000: 640 Nizza – Sanremo, 641 Alassio – Imperia, 642 Finale Ligure – Savona, 643 Genova – Sestri Levante (vergriffen), 644 Cinque Terre – La Spezia
Club Alpino Italiano (Hrsg.), Carta dei Sentieri delle Cinque Terre, 1 : 40 000
Edizioni Multigraphic (Firenze), 1 : 25 000: Carta dei Sentieri e Rifugi, Blätter 1 – 12, 103 – 113
Studio F. M. B. (Bologna), 1 : 25 000: Carte Turistiche e dei Sentieri

KUR & WELLNESS

Für eine traditionsreiche Urlaubsregion versteht es sich, dass vor allem größere, luxuriösere Hotels ein reiches Well- und Fitnessprogramm anbieten. Die Auswahl an »richtigen« Kurbädern bzw. -häusern ist allerdings nicht groß.

Pigna — Das bekannteste Thermalbad ist das von Pigna im Südwesten der Ponente, dessen schwefelhaltiges, 31 °C warmes Wasser schon seit dem 13. Jh. als heilkräftig bekannt ist. Im modernen Spa kann man einfach entspannen oder sich modernen Therapien unterziehen; dazugehört ein Hotel mit allem Komfort (www.termedipigna.it).

Acquasanta — Als »Terme di Genova« firmiert heute der kleine, abseits am Passo del Turchino gelegene Weiler Acquasanta (www.termedigenova.it). Wie in Pigna ist das Wasser schwefelhaltig und wird bei Hautproblemen und Erkrankungen der Atemorgane eingesetzt. Die Kuranstalt wurde umfassend renoviert und bietet – neben einem großen Wellness- und Beauty-Programm – einen angenehmen, ruhigen Aufenthalt nahe der ligurischen Metropole.

Colonia Arnaldi — Im Jahr 1906 gegründet, gilt die Colonia Arnaldi als erste »Wellness«-Institution Italiens (www.coloniaarnaldi.com). Im Hinterland von Camogli 500 m hoch in einem 10 ha großen Park gelegen, besitzt sie ein gutes Mikroklima mit dem richtigen Mix salziger Meeresluft und frischem Wind von den Bergen. Seit je hat sie sich der Förderung des körperlichen und seelischen Wohlbefindens verschrieben, wobei man ein ganzheitliches Konzept mit einfachen physikalischen Behandlungen und gesunder Lebensführung verfolgt (u. a. mit dem

Golfen bei den Ruinen von S. Maria di Valle Christi in Rapallo

berühmten »Arnaldi-Trank«). Versteht sich, dass in der kleinen Siedlung heute Spiel und Spaß, Fitness und Aktivitäten ebenso ihr Recht haben. Und man wohnt hier in sehr schönem, geschmackvoll gestaltetem Rahmen, im Grünen mit Blick aufs Meer.

SPORT & MEHR

Die Kombination Berge + Meer ergibt ein vorzügliches Revier für Gleitschirmflieger, allerdings darf man an vielen Stränden im Sommer nicht landen. Info im Avioportolano Italia (www.avioportolano.it) und in der Zeitschrift Delta & Parapendio (www.paradelta.it). — **Gleitschirmfliegen**

Auf acht Plätzen kann man den mondänen Sport pflegen. 18 Löcher haben Sanremo, Rapallo, Cogoleto-Lerca und Garlenda, 9 Löcher Arenzano, Albisola, Castellaro und Lerici-Marigola. Links zu den Plätzen findet man auf der Website des Italienischen Golfverbands (www.federgolf.it > Golf Club sul Territorio). — **Golfen**

Die Flüsse im Hinterland Liguriens sind lohnende und beliebte Reviere für Kajakfahrer, jedoch nur im Frühjahr oder nach starken Regenfällen. Auch an der Küste kann man im Kajak entlangpaddeln, Verleihe gibt es an vielen Orten. — **Kajakfahren**

Als Revier für Radfahrer ist Ligurien mit Vorbehalt geeignet. Die an der Küste entlangführende Via Aurelia (SS 1) ist oft hoch belastet und zum Radfahren nicht unbedingt zu empfehlen, auch wenn sich italienische Sportsfreunde davon nicht beeindrucken lassen. Sehr schön zum Spazierenfahren sind die aufgegebenen Bahntrassen unmittel- — **Radfahren** bar an der Küste (»pista ciclabile«): Ospedaletti – Sanremo – S. Lorenzo al Mare, Arenzano – Cogoleto – Varazze und Levanto – Framura. Das bergige, verkehrsarme Hinterland ist mit dem Rad gut zu erkunden (wichtige Straßen wie der Colle di Nava sind vorzüglich ausgebaut), erfordert aber gute Kondition. Und manchmal starke Nerven, da viele Straßen eng sind und manche Autofahrer wenig Rücksicht walten lassen. Jedoch führen auch gute, wenig befahrene Straßen 20, 30 km weit relativ flach durch schöne Täler ins Hinterland. Mountainbiker haben Ligurien selbstverständlich erobert; u. a. sind die Alta Via dei Monti Liguri (▶Wandern) und die alten Militärstraßen in den Seealpen attraktive Herausforderungen. Eines der größten Erlebnisse für Amateursportler ist die Teilnahme am 296 km langen »Gran Fondo Milano – Sanremo«, den die Unione Cicloturistica Sanremo seit 1970 veranstaltet (kein Rennen, eine Zeitnahme wird an den Aufstiegen angeboten; www.ucsanremo.it). Die beste Zeit für Radtouren sind Frühjahr (April/Mai) und Herbst, im Sommer macht die Hitze zu schaffen. In vielen Orten und Hotels können Fahrräder bzw. Mountainbikes ausgeliehen werden.

Reiten Ferien zu Pferde werden in Ligurien immer beliebter. Das Hinterland wird von vielen Wegen durchzogen, so dass man die Landschaft ungestört genießen kann. Eine große Zahl von Reitställen veranstaltet Touren. Auch Ausritte auf den schönen kleinen Pferden der ligurischen Rasse Bardigiano werden angeboten, Näheres bei der Società Ippica del Bardigiano in Genua. Info über die Reitställe und -clubs geben die Tourismusbüros der Region und der Provinzen sowie die Federazione Italiana Turismo Equestre.

Wintersport Von November bis März, insbesondere im Januar und Februar, sind die Gebirgslagen des Hinterlands verschneit. Ein paar kleine Wintersportstationen warten mit bescheidenen Einrichtungen auf: Mónesi di Triora (▶Triora), Alberola (▶Albisola), S. Stefano d'Aveto (▶Val d'Aveto). An der Alta Via dei Monti Liguri hat der CAI Loipen angelegt, z. B. in 1540 m Höhe am Melosa-Pass in den Bergen von Pigna.

Zum Zuschauen Für **Fußballfans**: Die Genueser Vereine Genoa CFC und U. C. Sampdoria spielen z. Z. in der Serie A (erste Liga). Ihre Arena ist das Stadio Luigi Ferraris (»Marassi«), Karten unter www.ticketgol.de.
In der Ponente fast so beliebt wie Fußball ist der **»pallapugno«** oder **»pallone elastico«**: Ein Gummiball mit 10,5 cm Durchmesser wird mit der bandagierten Faust oder dem Unterarm geschlagen. Die zwei Mannschaften bestehen aus je vier Spielern. Sofern ein Spielplatz angelegt ist, ist er 90 m lang und 16–18 m breit, wobei eine Längsseite von einer mindestens 12 m hohen Mauer oder einem Netz gebildet wird, die ebenfalls als Spielfläche dienen. Häufig wird aber auch die zentrale Piazza oder Ähnliches als Spielfeld genützt.

Urlaub aktiv • ERLEBEN UND GENIESSEN

Gleich mehrere schöne Dinge vereint die Teilnahme an einem Kochkurs: Kulinarisches, Handwerkliches, Soziales, Sprach- und Landeskunde … Unter liguria.angloinfo.com (> Education & Training, > Cookery classes) und cultura-italiana.it-schools.com sind eine Reihe interessanter Anbieter zu finden.

Ligurisch kochen

Wollen Sie Ihre Italienisch-Kenntnisse in Ligurien auf Vordermann bringen? Auf der Website des Fachverbands Deutscher Sprachreise-Veranstalter finden Sie viele Angebote; eine Info-Broschüre (16 €) verschickt die Aktion Bildungsinformation. Sprachschulen in der Region sind unter www.myitalianlanguageschools.com und cultura-italiana.it-schools.com verzeichnet.

Italienisch lernen

WANDERN & BERGSPORT
Club Alpino Italiano (CAI)
Galleria Mazzini 7/3
16121 Genova
Tel. 346 6 35 05 48, www.cai.it

Unione Ligure Escursionisti
Vico Carmagnola 7/5
16121 Genova, Tel. 010 56 55 64
www.caiulegenova.it

FLUGSPORT
Aero Club di Genova
Aeroporto C. Colombo
Genova, Tel. 010 6 51 27 28
www.aecgenova.it

Aero Club Savona
Aeroporto Villanova d'Albenga
Tel. 0182 58 29 19
www.aeroclubsavona.it

RADFAHREN
Federazione Italiana
Amici delle Bicicletta
Via Col di Lana 9/a, 30171 Mestre
Tel. 04 19 21 51
www.fiab-onlus.it
Unter www.bicitalia.org listet die FIAB eingerichtete Radwege in Italien, unter www.albergabici.it Unterkünfte aller Art, die sich auf die Zweiradfans eingestellt haben.

REITEN
Federazione Italiana
Turismo Equestre
Tel. 06 32 65 02 31
www.fitetrec-ante.it
www.turismoequestre.com

Società Ippica del Bardigiano
Tel. 010 3 45 13 22
www.ippicabardigiano.it

SEGELN
Federazione Italiana Vela
Tel. 010 54 45 41, www.federvela.it

SPRACHKURSE
Fachverband Deutscher
Sprachreise-Veranstalter
Tel. 030 78 95 36 40
www.fdsv.de

Aktion Bildungsinformation
Tel. 0711 22 02 16 30
www.abi-ev.de

TOUREN

Grünes, waldreiches Bergland, mittelalterliche Dörfer in spektakulärer Lage und verborgene Kunstschätze: Vorschläge für genussreiche Touren im Hinterland der Italienischen Riviera.

Touren durch Ligurien

Natürlich wird man immer wieder an der schönen Küste entlangfahren, an der sich erlebenswerte Orte und trubelige Strände reihen. Unsere Routen erschließen das »andere« Ligurien: das bergige, waldreiche Hinterland, eine stille Welt alter Dörfer und ländlicher Traditionen.

Tour 1 **Monte Beigua und das »ligurische Piemont«**
Eines der prächtigsten Panoramen Liguriens, alte und neuzeitliche Industrien und für Naturfreunde weite, einsame Täler, die für ihre besondere Flora und den Pilzreichtum bekannt sind.
▶ Seite 124

Tour 2 **Olivenhaine und Bergdörfer**
Nicht zufällig ist der Südwesten Liguriens bei ausländischen Ferienhausbesitzern besonders beliebt. Malerisch mit Ölbäumen bestandene Terrassen und fantastisch gelegene mittelalterliche Orte mit besonderem Flair, dazu das Meer in nicht zu großer Entfernung …
▶ Seite 126

Tour 3 **Abgelegene Täler im Apennin**
Kontrastprogramm nach dem Besuch Genuas: Das dünn besiedelte Bergland im Nordosten Liguriens wartet mit einer ursprünglichen Landschaft und Zeugnissen alter bäuerlicher Kultur auf. Mit ins Gepäck müssen hier natürlich die Wanderschuhe.
▶ Seite 127

Tour 4 **Ligurischer Osten: Das Vara-Tal**
Zwischen dem Monte Zuccone und La Spezia vereint das Vara-Tal ein ganzes Kaleidoskop unterschiedlicher Landschaften.
▶ Seite 128

In Ligurien unterwegs

An die Italienische Riviera reisen die meisten mit dem eigenen fahrbaren Untersatz. Damit ist man natürlich ganz unabhängig und flexibel, viele Punkte sind anders auch kaum bzw. nicht mit vertretbarem Aufwand erreichbar. In der Hauptsaison jedoch sind die Straßen an der Küste hoch belastet und Parkmöglichkeiten Mangelware. Nicht nur deswegen sei hier auf Bahn und Bus verwiesen, mit denen Ausflüge an der Küste und ins Bergland bequem, stressfrei und preiswert unternommen werden können; die Orte der Cinque Terre sind für Autos ganz tabu. Die Bahnstrecke entlang dem Golf von Genua wird mit dichtem Fahrplan bedient, und von den Küstenorten fahren die Busse der regionalen und privaten Verkehrsunternehmen mehrmals pro Tag ins Hinterland.

Das richtige Verkehrsmittel

Ligurien ist eine sehr kleine und kleinräumige Region: Die Orte des Hinterlands sind nicht weit – maximal etwa 60 Straßenkilometer – von der Küste entfernt, so dass sich Teile der Touren auch gut für Ausflüge eignen. Für die Anfahrt zu einem Ausgangspunkt ist die Autobahn vorzuziehen, da die Via Aurelia – die Staatsstraße entlang der Küste – sehr belastet ist und durch viele Orte führt. Die Straßen in den Bergen sind (außer den Hauptverbindungen ins Piemont und

Tipps

in die Emilia-Romagna) sehr schmal und kurvenreich, weshalb man sich nicht mehr als etwa 60 – 80 km Fahrstrecke am Tag vornehmen sollte, um die Landschaft in Muße genießen und die pittoresken Städtchen und Dörfer erleben zu können.

Tour 1 Monte Beigua und das »ligurische Piemont«

Länge: 180 km **Dauer:** 2–3 Tage

Dominant ragt hinter Varazze der Monte Beigua auf, ein exzellenter Aussichtsbalkon. Außerdem lernt man das schmale, grüne Stura-Tal kennen und westlich des Monte Beigua das »Ligurische Piemont«.

Von ❶ **Voltri**, dem westlichsten Teil des »Grande Genova«, führt der wenig befahrene Passo del Turchino in das grüne, schmale Stura-Tal. Überraschend schnell ändert sich der Charakter der Landschaft, sobald man die Küste verlassen hat. Unterhalb Mele zweigt das enge Sträßchen nach ❷ *** Acquasanta** ab, einem winzigen Wallfahrts- und Kurort. Der erste Ort hinter dem ❸ **Passo del Turchino** (532 m) ist **Masone** mit sehenswertem Heimatmuseum. Dann folgt das für sein Filigranhandwerk bekannte **Campo Ligure** mit charakteristischem Stadtbild. Letzter Ort vor der Grenze zum Piemont ist ❹ **Rossiglione**; im Ortsteil Inferiore sind alte Industrieanlagen erhalten. Für Naturfreunde ist eine Wanderung im **Gargassa-Tal** interessant.

Von Rossiglione geht es südwestlich nach **Tiglieto**, dessen Abtei 1120 als erste Zisterzienser-Niederlassung Italiens gegründet wurde. Über Martina Olba erreicht man Urbe mit seinen verstreuten Weilern im Orba-Tal. Von Pietro d'Olba führt ein schöner Abstecher hinauf nach Piampaludo und weiter über Prariondo auf den ** **Monte Beigua** mit fantastischem Panorama. Über Veirera und Palo gelangt man zum hübschen ❺ **Sassello**, einer kleinen traditionellen Sommerfrische; besuchenswert hier das Museum Perrando. Durch Wiesen und Kastanienwälder geht es dann auf der SS 334 hinauf zum ❻ **Colle del Giovo** (516 m) mit Festungsanlagen aus dem 19. Jahrhundert.

Viehweide mit Aussicht – auf dem Monte Beigua

Im waldreichen Tal des Erro steuert man, an der Wallfahrtskirche Madonna del Carmine vorbei, Pontinvrea mit seinem markgräflichen Palast an. Über **Giusvalla**, in dessen Idylle eine alte Allee beeindruckt, führt die SP 542 im weiten Tal nach Girini und Dego (moderne Glasfabrik). Von Dego ist auf einem Abstecher *****Piana Crixia** zu erreichen, das in den Ausläufern der Langhe liegt (interessante Landschaftsformen). Südlich von Dego liegt ❼ **Cairo Montenotte**, ein Industrieort mit kleiner Altstadt. Zwischen Cairo und Carcare breiten sich riesige Chemiewerke aus. Im südöstlich gelegenen ❽ **Altare** am Passo di Cadibona (459 m) ist das Glasmuseum interessant.

Die SS 28 b führt nun nach ❾ **Millesimo**, dem Hauptort des oberen Bormida-di-Millesimo-Tals (u. a. Carretto-Burg, romanische Kirche S. Maria Extra Muros); diesem Tal folgt man nach Acquafredda. Links der Straße das Naturschutzgebiet **Bric Tana** mit interessanten Karstphänomenen. Die Wallfahrtskirche Madonna del Deserto passierend im Tal des Bormida di Millesimo hinauf nach Murialdo; sehenswert ist hier die Kirche S. Lorenzo del Ponte von 1445. ❿ **Calizzano** liegt in einer angenehmen Landschaft mit Wiesen und Wäldern, die für Steinpilze berühmt sind. Auf der SS 490 fährt man das Tal des Frassino hinauf zum Colle di Melogno (1028 m, 11 km), der großartige Ausblicke auf die Küste und ins Piemont bietet. Die schön angelegte SS 490 führt nun in vielen Kurven hinunter ans Meer nach ⓫ ****Finale Ligure** (bergauf für Radsportler eine attraktive Herausforderung). Bei Gorra – unterhalb die verfallende Kirche San Bartolomeo – hat man einen ausgezeichneten Blick zu den Kalkfelsen der Rocca di Perti und zum Castel Gavone.

Tour 2 Olivenhaine und Bergdörfer

Länge: 140 km   **Dauer:** 2 – 3 Tage

Im Südwesten Liguriens drängen sich geradezu die eindrucksvollen Szenerien: Triora, Pigna, Perinaldo, Apricale und weitere Orte lohnen die nicht mühelose Anfahrt auf schmalen, kurvenreichen Sträßchen.

Von ❶ **Imperia-Oneglia** fährt man im Tal des Impero auf der SS 28 nach ❷ **Pontedassio**, einem Hauptort der Olivenölproduktion. Nun kann man die Staatsstraße nach Pieve di Teco nehmen oder die etwas mühsame, aber interessantere Route am Osthang des Impero-Tals (Gazzelli – Chiusanico – Cesio – Colle S. Bartolomeo). Bleibt man im Tal, sollte man den Abstecher nach Lucinasco und zur hübsch am Teich gelegenen Kirche S. Stefano machen. Nach der Stippvisite in ❸ * **Pieve di Teco**, dem stattlichen mittelalterlichen Ort am Nava-Pass, fährt man ein Stück zurück und biegt nach Rezzo ab; nun auf sehr schmalem Sträßchen hinauf zum **Passo di Teglia** (1387 m) und in wildromantischer Landschaft hinunter nach Andagna und Molini di Triora; als Station empfiehlt sich ❹ ** **Triora** (780 m), ein kühn gelegener uralter, ehemals befestigter Bergort.

Von Molini di Triora kurvt die Straße zum Colla Langan (1127 m) hinauf und – vorbei am Sanktuarium N. S. del Carmine – nach ❺ ** **Pigna** im Nervia-Tal, das für sein schönes Ortsbild, die Fresken von Canavesio und die Thermen berühmt ist. Jetzt über Castel Vittorio, auf schmaler Straße in spektakulärer Landschaft, hinauf nach

❻ ** **Baiardo**, dann südwestlich über die Höhen des Monte Acuto nach ❼ ** **Apricale**. Die »Krönung« bildet der Abstecher zum herrlich gelegenen ❽ ** **Perinaldo**. Wer noch höher hinaus will, macht den Ausflug nach S. Romolo und auf den ** **Monte Bignone** (1299 m), den Hausberg von Sanremo mit fantastischem Ausblick. Zurück zur Küste geht es im Nervia-Tal. In Isolabona sind die Fresken von G. Cambiaso (16. Jh.) in der Wallfahrtskirche N. S. delle Grazie interessant. 4 km sind es dann noch nach ❾ **Dolceacqua**, einem der sehenswertesten Orte der Ponente, berühmt für den roten Rossese und sein Olivenöl. Über Camporosso erreicht man die Küste bei ❿ **Ventimiglia** oder **Bordighera**.

Abgelegene Täler im Apennin Tour 3

Länge: 180–190 km **Dauer:** 2–3 Tage

Mal sanfte, mal raue Berglandschaft prägt das Trebbia-Tal nordöstlich von Genua. Ein freundliches Bild bietet das sommers und winters besuchte Aveto-Tal, und im Fontanabuona-Tal ist schon wieder mediterrane Luft zu spüren.

Man verlässt ❶ ****Genua** auf der SS 45 im dicht bebauten Bisagno-Tal. Wer es bisher noch nicht getan hat, sieht sich den ****Friedhof Staglieno** an (ab 7.30 Uhr zugänglich). Bei Doria links auf die Bergstrecke abbiegen. In Struppa passiert man die Kirche S. Siro, eines der wenigen bedeutenden romanischen Bauwerke in Ligurien (mit Triptychon von 1516). In ❷ ***Creto** erreicht man die Passhöhe, von der man einen wunderbaren Blick auf Genua hat; auf den Höhen sieht man die mächtigen Bauwerke des Festungsgürtels. In einem waldreichen Tal – rechter Hand das Val Noci (Stausee), ein beliebtes Wanderrevier – fährt man hinunter nach **Montoggio** (Museum mit Gemälden Genueser Meister). Entlang dem Scrivia führt die SS 226 hinüber ins Trebbia-Tal nach ❸ **Torriglia** mit seiner beherrschenden Burgruine; von dort lassen sich interessante Wanderungen unternehmen. Von Torriglia kann man nun nördlich zum Lago di Brugneto fahren, entweder weit ausholend über Propata oder südlich über Porto und den Staudamm nach Montebruno. Die SS 45 hingegen bringt im Trebbia-Tal direkt nach ❹ **Montebruno**; sehenswert hier die Wallfahrtskirche und das volkskundliche Museum im alten Konvent der Augustiner.

Ausflug nach Bobbio

Ein empfehlenswerter Abstecher (einfache Strecke ca. 45 km) führt von Montebruno in die Emilia-Romagna nach Bobbio, dessen Abtei von dem irischen Missionar Kolumban gegründet wurde und Keimzelle für Kultur und Wirtschaft der benachbarten Gegenden Liguriens war (bemerkenswertes Stadtbild aus der Renaissance).

Hinter Montebruno biegt man rechts ab und fährt durch eine schöne Waldlandschaft hinauf nach Vallescura und über die Kette des Rocca Bruna nach ❺ **Cabanne**. Im angenehmen Aveto-Tal hinauf nach Rezzoaglio, wie das benachbarte ❻ **Santo Stefano d'Aveto** sommers und winters ein traditionelles Feriengebiet. Südlich von Rezzoaglio, am Monte Aiona, liegt das Naturschutzgebiet ***Riserva delle Agoraie**, dessen eiszeitliche Landschaft eine ungewöhnliche Flora besitzt. Nun zurück nach Cabanne. Vor Parazzuolo nimmt man rechts die Straße ins oberste Aveto-Tal und fährt über den Passo Scoglina am Monte Caucaso (1245 m) nach Favale di Malvaro, womit man in den Bereich des **Fontanabuona-Tals** kommt; die Berglandschaft wird hier allmählich von mediterraner Landschaft abgelöst. In ❼ **Cicagna** macht das sehenswerte Schiefermuseum mit dem typischen ligurischen Werkstoff bekannt. Nun folgt man der SS 225 östlich und biegt hinter Pianezza rechts ab zum Passo della Crocetta (599 m); die Passfahrt bietet zunächst herrliche Ausblicke ins Fontanabuona-Tal, dann auf Rapallo und den Monte di Portofino. Nach dem Besuch der großartig gelegenen Wallfahrtskirche ❽ ****N. S. di Montallegro** führt die kurvige Straße hinunter nach ❾ **Rapallo**.

Tour 4 Ligurischer Osten: das Vara-Tal

Länge: 170 km **Dauer:** 2 – 3 Tage

Bedeutende Zeugnisse aus Romanik und Gotik, freundliche Berglandschaften, die zu schönen Wanderungen einladen, und immer wieder wunderbare Ausblicke auf die Küste der Riviera kennzeichnen diese Tour.

Von ❶ ***Chiavari** oder Lavagna, dem Stammort der Grafen Fieschi, fährt man nach S. Salvatore di Cogorno zur ****Basilica dei Fieschi**, einem der bedeutendsten romanisch-gotischen Baudenkmäler der Riviera. Hinter Carasco folgt man dem unteren Sturla-Tal nordöstlich nach Borzonasca; 3 km entfernt liegt die ❷ ***Abtei Borzone**, ein weiterer wichtiger romanisch-gotischer Bau. Nun zurück nach Borgonovo und östlich zum ❸ ***Passo del Bocco** (956 m), einem der Übergänge zwischen Ligurien und der Emilia-Romagna (schöner Blick auf den Golf von Rapallo). Bei der Passhöhe biegt man rechts ab und fährt ins Vara-Tal hinunter. In einer hübschen Landschaft erreicht man ❹ ****Varese Ligure** mit seinem besonderen mittelalterlichen Ortsbild. Nicht auslassen sollte man einen Ausflug zum ❺ ****Cento-Croci-Pass** (1055 m), auch der Gang auf den **Monte Zuccone** ist empfehlenswert. Von Varese Ligure folgt man der SS 523 das Vara-Tal abwärts nach San Pietro Vara mit sehenswerter Kirche. Hinter San Pietro verlässt die SS 523 das Vara-Tal

und führt hinauf zum Velva-Pass (545 m); man unterquert ihn jedoch nicht im Tunnel, sondern biegt vorher links ab zur Wallfahrtskirche ❻ ***Madonna della Guardia** (schönes Panorama).

Von hier führt die Tour in den äußersten Osten Liguriens. Über den ***Colle la Mola**, der einen herrlichen Blick auf den Monte di Portofino und die Apuanischen Alpen gewährt, erreicht man Carro, den Heimatort der Familie Paganini; in Carro Soprano sind Häuser mit Gesichtern aus Sandstein zu sehen, die Böses abwehren sollen. Das im Vara-Tal gelegene ❼ **Brugnato** besitzt ein ungewöhnliches Ortsbild und eine Kathedrale aus dem 11./12. Jahrhundert. Über Rocchetta di Vara fährt man in die einsame, herbe Landschaft um die Dörfchen Piazza und Veppo und gelangt über einen Pass nach ❽ **Calice al Cornoviglio**, das mit seinem Schloss über dem Usurana-Tal thront. Nun ins Vara-Tal hinunter, wobei man bei Piana Battolla oder Ceparana auf rechte Flussseite wechselt. Von Bottagna sollte man noch nach ***Vezzano Ligure** hinauffahren, einem mittelalterlichen Doppelort, von dem man einen weiten Blick über den Zusammenfluss von Vara und Magra hat. Hier wählt man, ob man sich noch ***Sarzana** ansieht oder direkt ❾ ***Lerici** ansteuert.

REISEZIELE VON A BIS Z

Blaues Meer und grüne Berge, pittoreske Felsküsten und lange Sandstrände, lebhafte Badeorte und abgeschiedene alte Dörfer, dazu eine einzigartige Metropole: In Ligurien gibt es viel zu entdecken.

Alassio

Provinz: Savona
Höhe: 5 m ü. d. M.
Einwohner: 11 000

F 7

Nicht zufällig ist Alassio im Westen der Palmenriviera seit langem einer der attraktivsten Ferienorte der Riviera: Es besitzt einen herrlichen Sandstrand – den längsten der Ponente –, und die stimmungsvolle Altstadt liegt gleich dahinter.

Alassio war ab Ende des 19. Jh.s ein berühmter Winter- und Luftkurort, insbesondere für Briten, und in den 1960er-Jahren ein gehobenes Urlaubsziel auch für deutsche Gäste. Letztere kommen wieder zahlreich, »deutscher Kaffee« wird ebenso geboten wie Münchner Bier. Deutsches ist auch in der Gründungslegende der Stadt anzutreffen: Adelasia, eine Tochter Kaiser Ottos I., soll mit ihrem nicht standesgemäßen Geliebten Aleramo hierher geflohen sein und so das für Ligurien bedeutende Geschlecht der Aleramen begründet haben.

SEHENSWERTES IN ALASSIO

*Strand und Altstadt

Über 4 km zieht sich der breite Strand mit feinstem Sand an der sanft geschwungenen »Baia del Sole« entlang, begleitet von der Promenade mit Cafés, Restaurants und Hotels. Einige Teile sind »spiaggia libera«, also frei zugänglich. Damit das städtische Flair erhalten bleibt, wurde eine Kleiderordnung erlassen: Außerhalb des Strands ist Badekleidung verboten. Haupt-Flanierachse der Altstadt mit schicken respektive appetitlichen Läden – bis spät abends sehr lebendig – ist der Straßenzug **Via Vittorio Veneto/ Via XX Settembre**, auch »budello« (Darm) genannt. An der Piazzetta Ferrero fallen der Palazzo Ferrero De Gubernatis auf (18. Jh.; Nr. 93), in dem sich Napoleon aufhielt, und der Palazzo Scofferi (Nr. 29). Gegenüber (Nr. 26) ein schöner Schiefer-Türsturz (16. Jh.). Vor der Piazza S. Francesco ragt am Strand der trutzige **Torrione della Coscia** aus dem 16. Jh. auf.

> **!** BAEDEKER TIPP
>
> *»Caffè Concerto«*
>
> Von 1902 datiert die Pasticceria Balzola an der Piazza Matteotti, an deren Köstlichkeiten sich schon Eleonora Duse mit ihrem Verehrer D'Annunzio delektierte. Besonders berühmt sind das Eis und die »baci di Alassio«. Mo. geschl.

Neustadt

Das moderne Stadtzentrum an der Durchgangsstraße wird vom mächtigen Rathaus markiert; die Touristinfo liegt am Nordeck des Platzes. An seinem Südeck der berühmte **Muretto** mit Keramikflie-

Berühmter Badeort: Blick auf Alassio von der Mole »Pontile Bestoso«

sen, auf denen sich illustre Gäste Alassios verewigt haben. An der Aurelia steht weiter westlich die Kirche S. Ambrogio (11./16. Jh.), in deren Fassade (1896) das **Schieferportal von 1511** erhalten ist. Innen einige qualitätvolle Gemälde; ein Renaissance-Portal führt in das Oratorium **Santa Caterina d'Alessandria**, das eine geschnitzte »Verklärung der hl. Katharina« von A. M. Maragliano (17. Jh.) verwahrt. Der bemerkenswerte Orgelprospekt aus dem 17. Jh. stammt von dem Paduaner Giovanni Oltrachino.

Südwestlich benachbart liegt das von Don Giovanni Bosco 1870 gegründete **Collegio Salesiano**. Seine Kirche S. Maria degli Angeli weist am linken Seitenportal (im Eingang der Scuola di Musica) ein Relief »Hl. Katharina von Alessandria« auf. Einen Besuch lohnt das **Naturkundemuseum** des Liceo Don Bosco (Anmeldung nötig).

Santa Maria degli Angeli

Am Strand verläuft die Passeggiata Cadorna nordöstlich bis zum **Capo S. Croce** mit dem Jachthafen. Oberhalb in herrlicher Lage die kleine Kirche S. Croce (11./12. Jh.), zu erreichen auf einem schönen Spaziergang (am nördlichen Stadtrand die Gleise überqueren) auf der Strada Romana S. Croce (ca. 30 Min.). Von hier lohnt der Gang auf der **Via Julia Augusta** weiter nach Albenga (ca. 5 km, 1.30 Std.); nach 800 m stößt man auf die Fast-Ruine der Kirche S. Anna ai Monti (um 1000). Zurück mit TPL-Bus von der Piazza del Popolo.

*Santa Croce

UMGEBUNG VON ALASSIO

Oberhalb von Moglio zweigt die Straße zur Wallfahrtskirche Madonna della Guardia auf dem **Monte Tirasso** (586 m) ab, der eine großartige Rundsicht gewährt. Die Kirche geht auf einen Bau des 12. Jh.s zurück, errichtet auf den Grundmauern des »castrum Tiracii«.

*Madonna della Guardia

Alassio erleben

AUSKUNFT (IAT)
Piazza Paccini, 17021 Alassio
Tel. 0182 64 81 42
Via Mazzini 68, 17021 Alassio
Tel. 0182 64 70 27
www.comune.alassio.sv.it
www.alassio.eu

Piazza Preve, 17053 Laigueglia
Tel. 0182 690 059, www.laigueglia.net

FESTE & EVENTS
Alassio: 3. So. nach Ostern: »Corpi Santi«. Ende Juli: Sommerkarneval. 26. Juli: Fest S. Anna. Anfang Aug.: Wahl der »Miss Muretto«. 15. Aug.: Ferragosto mit Feuerwerk. Anf. Sept: Alassio Jazz. Anf. Okt.: Festa del Mare. **Laigueglia:** Mitte–Ende Juni: Percussion-Jazz. Anf. Aug., 1 Woche: Sbarco dei Saraceni (Landung der Sarazenen). Um 20. Sept: Patronatsfest S. Matteo (drei Tage).

ESSEN
❶ *Ai Matetti* €–€€
Alassio, Viale D. Hanbury 132, Tel. 0182 64 66 80, Mo. geschl. (außer Juli/Aug.)
Bodenständige Osteria mit informeller Atmosphäre und hemdsärmeligem Service. Geboten wird echt ligurische Küche. Reservieren, besonders am Wochenende und abends im Sommer.

❷ *Lamberti* €€
Alassio, Via Gramsci 57, Tel. 0182 64 27 47, www.hotellamberti.it
Das gut gelegene, schöne Mittelklassehotel wird auch für sein Restaurant gerühmt: eine köstliche kulinarische Tour durch Norditalien, auch ausgezeichnete Fischgerichte. Von Oktober bis Mai hat auch der gemütliche Weinkeller offen.

❸ *Palma* €€€€
Alassio, Via Cavour 5
Tel. 0182 64 03 14, Mi. geschl.
Elegantes Lokal mit fantasievoll modernisierter ligurisch-provenzalischer Küche (und etwas zuviel Dekor). Man wählt zwischen zwei Menüs. Gute Auswahl an ligurischen und anderen Weinen.

❹ *Osteria d'Angi* €–€€
Alassio, Via Vittorio Veneto 106
Tel. 0182 64 84 87
In der Hauptflanierstraße, dennoch ein angenehm unprätentiöses Restaurant. Feine Gerichte aus der ligurischen Tradition, freundlicher Service.

❺ *Osteria Mezzaluna* €
Alassio, Vico Berno 6
Tel. 0182 64 03 87
Abends, Sa./So. auch mittags geöffnet
Sehr rustikales, aber sympathisches und frequentiertes Lokal mit Terrasse am Strand. Auf der Karte stehen Bruschette, Insalate, Carpacci, Pasta. Einige gute ligurische und italienische Weine.

❻ *Baia del Sole* €€€
Laigueglia, Piazza Cavour 8
Tel. 0182 69 10 16, abends geöffnet
Wohl das beste Restaurant in Laigueglia, in einem noblen Hotel-Palazzo mit schöner Veranda am Meer. Ausgezeichnete Fischküche.

ÜBERNACHTEN
❶ *Villa della Pergola* €€€€
Alassio, Via Privata Montagù 9/1
Tel. 0182 64 61 30, Nov. geschl.
www.villadellapergola.com
Ein Bed & Breakfast der Sonderklasse: die Villa von Daniel Hanbury, dem Bru-

Alassio • ZIELE

der des berühmten Sir Thomas. Über Alassio in einem herrlichen Park gelegen.

❷ *Hotel Flora* ©©
Alassio, Lungomare Cadorna 22
Tel. 0182 64 03 36, www.florahotel.it
Am eigenen Strand (und wenige Schritte vom öffentlichen Strand) gelegenes, familiäres Hotel, dabei recht gediegen. Hübsche, gut ausgestattete Zimmer ohne Chichi, die meisten haben Balkon zum Meer. Mit Restaurant.

❸ *Hotel Ligure* ©©–©©©
Alassio, Passeggiata D. Grollero 25
Tel. 0182 64 06 53
Mittendrin, an der Strandpromenade, liegt dieses geschmackvoll modern gestaltete Hotel. Mit Strand und Spa.

❹ *Danio Lungomare* ©©
Alassio, Via Roma 23, Tel. 0182 64 06 83
www.hoteldaniolungomare.com
Bestens gelegenes, relativ schlichtes, aber gut und freundlich geführtes Hotel. Mit Restaurant.

❺ *Beau Rivage* ©©©
Alassio, Lungomare Roma 82
Tel. 0182 64 05 85
www.hotelbeaurivage.it
Hübsche Villa aus dem 19. Jh. am Südende der Promenade, daher nicht ganz ruhig gelegen. Charmant und stilvoll eingerichtet, viele Zimmer haben Balkon. Mit Restaurant, auch unter der Pergola.

❻ *Splendid Mare* ©©–©©©©
Laigueglia, Piazza Badarò 3
Tel. 0182 69 03 25, www.splendidmare.it
Okt. – März geschlossen
Gutbürgerliches, liebevoll geführtes Hotel am eigenen Strand, aus einem Kloster des 14. Jh.s umgebaut. Einige Zimmer liegen zum Meer hin. Mit Restaurant und Pool.

Alassio

Essen
❶ Ai Matetti
❷ Lamberti
❸ Palma
❹ D'Angi
❺ Mezzaluna
❻ Baia del Sole

Übernachten
❶ Villa della Pergola
❷ Hotel Flora
❸ Hotel Ligure
❹ Danio Lungomare
❺ Beau Rivage
❻ Splendid Mare

Laigueglia

Das südlich benachbarte Laigueglia (1750 Einw.) gleicht in seiner Anlage Alassio, ist aber wesentlich bescheidener und einfacher, es hat etwas vom Charakter des alten Fischerdorfs bewahrt. Noch heute ziehen die Fischer ihre Boote auf den (guten) Sandstrand. Oberhalb der Bahnlinie thront die Pfarrkirche **San Matteo** (1783); mit den schräggestellten, von Majolikakuppeln gekrönten Türmen ist sie ein besonders hübsches Beispiel des ligurischen Barocks. Im reich ausgestatteten Innenraum in Form eines griechischen Kreuzes interessant sind ein Tabernakel und ein Weihwasserbecken aus Marmor (1561) sowie Gemälde der Genueser B. Castello, G. A. De Ferrari und B. Strozzi. Das anschließende Oratorium **S. Maria Maddalena** (1634) enthält ein Hochaltarbild von D. Piola und ein barockes Chorgestühl (1676). Vor allem an der Hauptstraße, der **Via Dante**, sind Palazzi aus dem 16./17. Jh. erhalten, die teils zu Hotels umgebaut wurden. Östlich des Orts der **Torrione del Cavallo** von 1564.

Laigueglia erwartet seine Gäste.

*Colla Micheri

Von Laigueglia führt eine Panoramastraße hinauf zum Colla Micheri mit einem pittoresken Weiler, den Thor Heyerdahl, der berühmte norwegischen Kapitän der Kon Tiki, sich ab 1958 als Wohnsitz restaurierte. Hier hat man einen wunderbaren Blick auf die Küste. Schön ist auch die Weiterfahrt nach Andora (▶S. 167).

** Albenga

F 7

Provinz: Savona
Höhe: 6 m ü. d. M.
Einwohner: 23 800

Eines der schönsten und stimmungsvollsten mittelalterlichen Stadtbilder der Riviera besitzt Albenga, das in der größten Küstenebene Liguriens an der Mündung des Centa liegt.

Die Ebene von Albenga wird intensiv für den Anbau von Gemüse und Obst genützt, insbesondere Spargel, Artischocken, Tafeltrauben, Pfirsiche und Aprikosen. Vom Flugplatz Villanova d'Albenga, dem einzigen an der Riviera di Ponente (kein Linienverkehr), gelangen die landwirtschaftlichen Produkte rasch zu den Abnehmern im In- und

Ausland. Der Badetourismus hat kaum Bedeutung, die Strände sind nicht sehr schön. Zu den neueren Stadtteilen am Meer, die durch die Bahnlinie von der Altstadt getrennt sind, führen breite Alleen.

Albenga, als **Albium Ingaunum** vom ligurischen Stamm der Ingauner gegründet, erhielt 89 v. Chr. erhielt das römische Recht. Seine Blütezeit hatte das römische Albenga, das unmittelbar an der Küste lag, in der ersten Hälfte des 3. Jh.s n. Chr.; auf seinen Ruinen entstand die mittelalterliche und schließlich die moderne Stadt. Als selbständige Gemeinde nahm Albenga an den Kreuzzügen teil. Vom 12. bis zum 14. Jh. war Albenga trotz des Widerstands Genuas eine reiche Stadt unter dem Schutz Kaiser Friedrich Barbarossas, wovon viele Türme, die Kathedrale und die Paläste der Lengueglia, Clavesana, Costa, Balestrino usw. zeugen. In den Kämpfen zwischen den Welfen und den Ghibellinen geriet Albenga unter die Herrschaft der Del Carretto von Finale, der Mailänder Visconti (1355–1379) und der Franzosen (1396–1413). Im Königreich Sardinien-Piemont war Albenga bis 1863 Provinzhauptstadt.

Ein wenig Geschichte

SEHENSWERTES IN ALBENGA

Die rechteckige mittelalterliche Stadt am Centa prunkt mit Türmen, Palazzi und Arkadenhäusern. Mit vier Toren erhalten ist auch noch – bis auf die Südostseite – die **Stadtbefestigung** des 16. Jh.s. Im Zentrum der Altstadt drängen sich markante Türme: **Kathedralturm, Torre del Comune und Torre del Municipio**, und zwar an der Via Ricci, die mit der Via d'Aste den Verlauf der römischen Hauptstraße nachzeichnet. Sie mündet auf die **Via Medaglie d'Oro**, die Nord-Süd-Hauptachse der Altstadt.

**Altstadt

Die Kathedrale S. Michele geht auf eine frühchristliche Basilika zurück, auf deren Grundmauern um 1100 eine romanische und ab 1270 eine gotische Pfeilerbasilika errichtet wurden. Von der Barockisierung ab 1582 ließ die Restaurierung der 1960er-Jahre nur das Sprenggiebelportal übrig. Der einst freistehende **Campanile**, einer der schönsten in Ligurien, wurde 1391–1395 auf dem romanischen Erdgeschoss erbaut, korrespondierend zu den benachbarten älteren Türmen. Die **Apsis** an der Piazza dei Leoni zeigt unter der hässlichen barocken Aufstockung eine feine Gliederung mit Halbsäulen, Spitzbogenfries, Deutschem Band und Zwerggalerie. Innen gehen Mittelalterliches, Barockes und Rekonstruiertes wild durcheinander. Unter dem erhöhten Chor liegt die Krypta aus karolingischer Zeit. Das barocke Tonnengewölbe wurde Ende des 19. Jh.s ausgemalt (R. Rezio, S. Bertelli). An den Chorwänden Reste von Gemälden des 15. Jh.s. Unter der Ausstattung zu beachten ein Gemälde »Pfingsten« (15. Jh.,

*Kathedrale San Michele

rechte Apsis), das Antependium aus dem 16. Jh. sowie die Orgel der Brüder Serassi aus Bergamo (1840; Konzerte im August).

Baptisterium Das um 420 erbaute Baptisterium ist der **bedeutendste frühchristliche Bau in Ligurien (Besichtigung über das Civico Museo Ingauno, s. u.). Die 2,5 m unter dem Straßenniveau liegende Taufkapelle hat außen einen zehn-, innen einen achteckigen Grundriss. Innen wechseln quadratische und halbrunde Nischen ab, die durch Marmorsäulen mit korinthischen Kapitellen getrennt sind; in der Mitte die Reste des Beckens für die Immersionstaufe. Zu Seiten der Eingangsnische liegen zwei Arkosolgräber, eines davon mit langobardischen Skulpturen aus dem 8. Jh. Die Hauptnische birgt ein **herrliches byzantinisches Mosaik** mit dem Christus-Monogramm, umgeben von zwölf Tauben (Ende 5. Jh.). Ein Fresko (14. Jh., »Taufe Jesu«) und ein Taufbecken (16. Jh.) nehmen die anderen Nischen ein. Die zahlreichen »Tonkrüge« sind Hohlziegel der originalen Dachkonstruktion, die um 1900 – für unecht gehalten – durch ein Gebälk ersetzt wurde.

Palazzo Vecchio Torre Civica Die 60 m hohe Torre Civica wurde um 1300 in Backstein auf einem Werksteinsockel errichtet, ebenso alt ist das Erdgeschoss des **Palazzo Vecchio del Comune**; das Obergeschoss entstand 1387 – 1391 als Wohnung für Richter und Podestà, die **Loggia Comunale** 1421. Das ***Museo Civico Ingauno** (Stadtmuseum) im Palazzo Vecchio zeigt Exponate aus vorrömischer Zeit bis ins Mittelalter. In der Loggia sind u. a. eine Balkendecke aus der Renaissance und das Canavesio zugeschriebene Fresko »Kreuzigung« mit Wappen von Albenga und Genua zu sehen.

Gegenüber an der Piazza S. Michele der **Torre del Municipio**, einst Wehrturm der Familie Malasemenza (2. Hälfte 13. Jh.).

Hinter der Kathedrale die hübsche Piazzetta dei Leoni, benannt nach den drei Steinlöwen aus der Renaissance. An ihrer Nordseite, überragt von einem zinnengekrönten Backsteinturm, der **Doppelpalast der Costa** (13. – 16. Jh.). Im Palazzo Costa Del Carretto von 1525 (1723 barockisiert) links der Casa Costa residiert der Bischof.

Zeugen einer stolzen Zeit: Torre del Municipio, Torre del Comune und Kathedrale

Albenga • ZIELE **139**

Torre Civica: Di. – So. 10.00 – 12.30, 14.30 – 18.00 Uhr, Eintritt 2 €; Kombiticket mit Museo Civico und Museo Navale 10 €
Museo Civico: Di. – So. 9.30 – 12.30, 15.30 – 19.30 Uhr, im Winter 10.00 bis 12.30, 14.30 – 18.00 Uhr, Eintritt 3 € (die Biglietteria liegt gegenüber)

Das Baptisterium flankiert die Front des früheren Bischofspalasts mit einem Canavesio zugeschriebenen Fresko (1477, mit den Wappen der Päpste Sixtus IV. und Innozenz VIII.). Der älteste Teil liegt zur Via Lengueglia hin (12./13. Jh.). In den prachtvoll gestalteten Räumen zeigt das **Diözesanmuseum** Funde aus frühchristlicher Zeit und aus der Kathedrale sowie sakrale Kunst, Silber, illuminierte Codices, flämische Gobelins (16. – 17. Jh.) und Gemälde; die Hauptwerke sind ein Caravaggio zugeschriebener »Johannes der Täufer«, ein »Martyrium der hl. Katharina« von Guido Reni und ein »Wunder des hl. Veranus von Cavaillon« von Giovanni Lanfranco.

Palazzo Vescovile

> **BAEDEKER TIPP**
>
> ❗ *Bücher und mehr*
>
> Die Libreria S. Michele im Palazzo Vescovile ist mit Literatur über Ligurien – vom Bildband bis zum Wanderführer – hervorragend sortiert. Zum Schmökern kann man sich im Caffè d'Aste (Via E. d'Aste 20) oder im Carpe Diem (Piazza S. Michele) niederlassen. Die Pasticceria Bria (Via Medaglia d'Oro 32 r) versorgt mit Albengeser Köstlichkeiten wie den »Ossa di morto«.

Museo Diocesano: 16. Juni – 14. Sept. Di. – Sa. 10.00 – 12.00, 17.00 – 19.00, sonst Di. – Do. 10.00 – 12.00, 15.00 bis 17.00, Fr., Sa. bis 18.00 Uhr, Eintritt 3 €

Am Südrand der Piazza S. Michele stehen **Torre und Palazzo Peloso Cepolla** (spätromanischer Wehrturm, Renaissance-Palast). Hier zeigt ein Museum Teile der Ladung des größten bekannten **römischen Frachtschiffs** – 60 m lang, 9 m breit –, das 80 v. Chr. zwei Meilen vor der Küste sank; seine Ladung bestand aus über 1000 Weinamphoren, Haselnüssen und Getreide. In einem freskierten Saal des Museums (mit Kamin aus Schiefer, 16. Jh.) sind zahlreiche alte Apothekengefäße (Keramik von Albissola und Savona) ausgestellt, die aus dem Ospedale di S. Maria della Misericordia stammen.

Museo Navale Romano

ⓘ Öffnungszeiten und Eintritt wie Museo Civico Ingauno

Die Kirche rechts der Kathedrale an der Piazza IV Novembre entstand im 12. Jh. und wurde zwischen 1612 und 1625 barockisiert; die Fassade wurde 1910 zur Verbreiterung der Straße zurückgesetzt. Aus der 2. Hälfte des 14. Jh.s stammt das Portal mit Streifenquaderung und Maria mit Jesuskind im Tympanon. Im ersten Seitenaltar links sind das Gemälde »Maria mit den hll. Cosmas und Damian« von Orazio De Ferrari (1639) und ein hölzernes Kruzifix von 1638 zu beachten; auf dem Hauptaltar thront eine schöne Jungfrau Maria aus Marmor (1622).

Santa Maria in Fontibus

140 ZIELE • **Albenga**

Weitere Bauten
Außer den erwähnten **Geschlechtertürmen** existieren noch etwa zehn weitere, meist als Teil eines Palazzo, etwa die Casa Fieschi Ricci gegenüber dem Palazzo Vescovile (Via Ricci 16/20). An der Kreuzung mit der **Via Medaglie d'Oro** rechts die Loggia dei Quattro Canti, links Torre und Casa d'Aste Rolandi (14. Jh.; Turm 13. Jh.); das gegenüberliegende Eckhaus wird von Torre und Casa Lengueglia-Doria gebildet (Turm 12. Jh., Backstein-Wohnhaus 14. Jh.).

Marina
Jenseits der Piazza del Popolo erschließt die Via Martiri della Libertà, eine von Villen gesäumte Lindenallee, die erste neuzeitliche Stadterweiterung. Südlich des Viale Italia dehnt sich die Piazza Europa aus, ein Park, in dem ein **Wachtturm** (»Fortino«, 1586) die damalige Küstenlinie markiert. Am breiten, flachen Strand führen Spazierwege entlang; nach Süden gelangt man zur **Mündung des Centa**, in der seltene Vögel wie Rallen und Regenpfeifer leben.

Pontelungo
Die Brücke Pontelungo nördlich der Altstadt (Viale Pontelungo), deren zehn Bögen zum großen Teil im Boden stecken, stammt aus dem 13. Jahrhundert. Die Anfänge des benachbarten Sanktuariums Madonna di Pontelungo reichen ins frühe Mittelalter zurück. Sein schöner klassizistischer Altar (1798) wurde für das 1502 aus Genua hierher gelangte **Triptychon von Giovanni Barbagelata** errichtet (Madonna mit Jesuskind, links S. Siro, rechts Johannes der Täufer).

Essen
 Antica Osteria dei Leoni   Bar Sport

Übernachten
 Solemare   Da Gin
 Il Carruggio

Die bedeutendsten **Zeugnisse aus römischer Zeit** sind Reste eines Aquädukts und einiger öffentlicher und privater Bauwerke (z. T. im Bett des Centa, der bis ins Spätmittelalter nördlich der Stadt verlief) sowie des Amphitheaters, eines Theaters und von Nekropolen aus dem 2. Jh. n. Chr. Letztere liegen südwestlich der Stadt am Hang des Monte Rosso an der nach Alassio führenden Römerstraße Via Julia Augusta (▶ S. 133). Zu erreichen von der Piazza del Popolo über die Brücke zur Via S. Calogero, dann rechts, der weitere Weg ist beschildert.

Bummel in der Via Medaglie d'Oro

UMGEBUNG VON ALBENGA

In der Ebene von Albenga, ca. 1,5 km östlich von Campochiesa (SP 3), steht am Friedhof die romanische Pfeilerbasilika San Giorgio. Der dreischiffige Bau aus dem 12. Jh. (im 14. Jh. verändert, in den 1930er-Jahren rekonstruiert) ist berühmt für seine **Fresken**: in der Hauptapsis das »Jüngste Gericht« (1446) nach Dantes Göttlicher Komödie sowie ein Christus in der Mandorla; in der rechten Apsis Szenen aus dem Leben des hl. Leodegar (13. / 14. Jh.).

*S. Giorgio di Campochiesa

Die Insel Gallinara (Gallinaria) ca. 1,5 km südlich vor Albenga ist wegen ihrer **reichen Fauna und Flora** geschützt (Privatbesitz; Bootstouren von Albenga und Alassio). Unter den über 250 Arten der Flora gibt es drei endemische: die Glockenblume *Campanula sabatia*, die Lichtnelke *Silene salzmannii* und v. a. die Flockenblume *Centaurea aplolepa sp. gallinariae*. Auch eine für Ligurien ungewöhnliche Silbermöwenkolonie lebt hier. Römischen Autoren zufolge war die Insel von Wildhühnern bevölkert, daher der Name (»gallina« bedeutet »Huhn«). Zwischen 356 und 360 fand der **hl. Martin von Tours** hier Zuflucht; später gründeten Benediktinermönche eine Abtei, die im 15. Jh. verfiel. Auf dem Gipfel stehen eine Villa mit den Resten des mittelalterlichen Klosters, ein Wachtturm aus dem 16. Jh. und eine neogotische Kirche von Ende des 19. Jh.s.

Insel Gallinara

In der weiten Ebene des unteren Arroscia westlich von Albenga liegt Villanova d'Albenga (2600 Einw.), das Mitte des 13. Jh.s durch Albenga neu angelegt wurde und sich noch heute mittelalterlich präsen-

Villanova d'Albenga

Albenga erleben

AUSKUNFT (IAT)
Piazza del Popolo 11, 17031 Albenga
Tel. 0182 55 84 44
www.comune.albenga.sv.it
www.visitriviera.it

FESTE UND EVENTS
Albenga: An Sommerwochenenden Antiquitätenmarkt. 2. Juli: Fest der Madonna di Pontelungo. Aug.: Orgelkonzerte in S. Michele. Sept.: Weinfest. 29. Sept.: Patronatsfest S. Michele. Dez.: Internationaler Klavierwettbewerb. **Villanova:** »Settembre Villanovese« (kulturelle Veranstaltungen). **Zuccarello:** Karfreitag: Kreuzweg der Bruderschaft S. Carlo. 1. Mai: Wallfahrt auf den Monte Alpe. 24. Aug.: Patronatsfest S. Bartolomeo. **Castelvecchio di Rocca Barbena:** Mariä Himmelfahrt (15. Aug.) mit Eselrennen. Juli – Okt. »Musica nei Castelli di Liguria« (Konzerte, diverse Orte).

ESSEN
❶ *Antica Osteria dei Leoni* €€€
Albenga, Vico Avarenna 1
Tel. 0182 5 19 37, im Winter Di. geschl.
Schlichtes, edles Lokal mit exzellenter Regionalküche, auf der Karte steht fast ausschließlich Fisch.

❷ *Bar Sport* €
Cisano, Via Colombo 35, Tel. 0182 59 53 23, im Winter Mo.abend geschl. 8 km nordwestlich von Albenga
Seit vielen Jahren wegen der guten, bodenständigen Küche und der höchst erfreulichen Preise sehr frequentiert – reservieren! Im Ortszentrum.

ÜBERNACHTEN
❶ *Hotel Solemare* €€
Albenga, Lungomare Colombo 15
Tel. 0182 5 18 17, www.albergosolemare.it
Schlichtes, durchaus angenehmes Hotel an der Strandpromenade. Mit ordentlichem Restaurant. Vorteilhaft: Das Parken macht keine Probleme.

❷ *Il Carruggio (Agriturismo)* €
Arnasco-Menosio, Via Gallizi 6
Tel. 0182 76 10 31
Im Hinterland von Albenga (ca. 15 km) über dem Arroscia-Tal gelegenes, schön restauriertes altes Haus mit komplett ausgestatteten Appartements.

❸ *Da Gin* €€
Castelbianco, Via Pennavaire 99
Tel. 0182 7 70 01, www.dagin.it
Ca. 15 km nordwestlich von Albenga
Wer ein gediegenes, privat-familiäres Refugium im Grünen und zu erfreulichen Preisen sucht, ist hier richtig. Sehr geschmackvoll antik/modern gestaltete Gastzimmer. Das Restaurant (außer Aug. Mo. geschl.) ist seit vielen Jahren für feine »neue« ligurische Küche berühmt.

---

tiert. Es besitzt einen fünfeckigen Grundriss und war von einer (großenteils erhaltenen) **Stadtmauer mit Türmen und Toren** umgeben. In der Hauptstraße sind der mittelalterliche Brunnen mit originalen Ketten und bootsförmigen Eimern sowie das Oratorium S. Caterina (17. Jh.) zu sehen. Bei Villanova liegt der Flugplatz. In Richtung Garlenda stößt man auf die Kirche **S. Maria della Rotonda** von 1520, einen für Ligurien einzigartigen Zentralbau aus der Renaissance.

Im Tal des Lerrone folgt **Garlenda** (1200 Einw.) mit seinem 18-Loch-Golfplatz. Die barocke Pfarrkirche Natività della Vergine (17. Jh.) enthält ein – wohl fälschlich – Guercino zugeschriebenes Gemälde (17. Jh.). In Meriana (rechter Hand vor Garlenda) die Burg der Costa-Del Carretto (16./17. Jh.); hierher hatten die Costa ihren Sitz verlegt, nachdem sie ihre Burg in Castelli südlich über Garlenda verlassen hatten. **Castelli** ist als begehrter Wohnort völlig restauriert. Wichtige Feste sind S. Bartolomeo (24. August) und Mariä Geburt (8. September). Den Talschluss nimmt die Gemeinde **Casanova Lerrone** ein (256 m, 800 Einw.), in deren Gebiet vier mittelalterliche Burgen stehen; gut erhalten sind die **Doria-Burg** im Hauptort und **Castel Poggiolo** in Bassanico (Privatbesitz). Die Pfarrkirche S. Antonino im Hauptort (17. Jh.) enthält ein Polyptychon von 1552, das der Brea-Schule bzw. dem Pancalino zugeschrieben wird. Auf dem Berg nördlich von Casanova, bei der Kapelle S. Bernardo – hier hat man einen herrlichen Ausblick –, erinnert eine 5 m hohe Stele von Rainer Kriester (▶ S. 373) an Felice Cascione, einen Partisanen-Heroen.

Valle Lerone

! **BAEDEKER TIPP**

Cinquecento

Der Fiat 500 steht für eine Zeitenwende in Italien: Mit ihm begann die allgemeine Motorisierung. In Garlenda ist der Club der Fiat 500 ansässig; Anfang Juli treffen sich hier die Freunde des legendären Straßenflohs, und in der Via Roma 90 findet man das zugehörige Museum. Mo.–Fr. 9.00–12.00, 15.00–18.00, Sa. 9.00–12.00 Uhr, Eintritt 3 €, www.500clubitalia.it

VALLE NEVA · NEVA-TAL

Das Hinterland von Albenga wird von einem ganzen Flusssystem gebildet: dem schon erwähnten Lerrone im Süden folgen nach Norden der Arroscia (▶ Valle Arroscia) sowie der Neva und der Pennavaira, die hier beschrieben werden.

Der Weinort Cisano (2000 Einw.), bekannt für weißen **Pigato**, wurde 1274 von Albenga als Bollwerk gegen die Clavesana gegründet, denen das nahe Zuccarello gehörte. Erhalten blieb die **rechteckige Anlage** mit Wachtürmen an den Ecken. Bei der Pfarrkirche S. Maria Maddalena (18. Jh.) sind Reste der Stadtmauer mit dem spätromanischen Glockenturm erhalten, ehemals Teil der Festung. Am nordwestlichen Ortseingang die Kirche S. Calocero mit romanischen Stilelementen (Rest der ältesten Kirche des Neva-Tals, 11. Jh.). Am Municipio hübscher Platz mit Palmen. Der sog. **Sarazenenturm** an der Straße nach Albenga ist ein Grabmal aus römischer Zeit.

Cisano sul Neva

Conscente, Ortsteil von Cisano an der Mündung des Pennavaira in den Neva, besitzt ein burgartiges Schloss der Albengeser Adelsfami-

Conscente

Castelvecchio di Rocca Barbena – vor der eindrucksvollen Kulisse des Monte Alpe – hat als pittoresker Zweitwohnsitz Karriere gemacht.

lie Costa (16. Jh.; nicht zugänglich) in Sichtlinie zu den Burgen von Zuccarello und Castelvecchio; unterhalb die Pfarrkirche S. Alessandro (17. Jh.) und die Ruinen einer älteren Burg (»Caserme«).

*Zuccarello Das ehemals befestigte Zuccarello (130 m, 300 Einw.) wurde 1248 von den Markgrafen Clavesana gegründet. In der Burg wurde Ilaria Del Carretto geboren, für die Jacopo della Quercia 1408 das berühmte Grabmal im Dom zu Lucca schuf. Die **Laubengänge und Dachloggien** in der reizvollen Hauptstraße sind ein »Import« aus dem Piemont. Eine Quergasse führt hinunter zur mittelalterlichen Eselsrückenbrücke über den Neva. Der Campanile der 17. Jh. barockisierten Pfarrkirche S. Bartolomeo zeigt noch Mauerwerk des 11./12. Jh., darüber Bi- und Triforien aus dem 14. Jahrhundert. Neben der Kirche, am Rathaus, das Jugendstil-Denkmal für die Gefallenen des Ersten Weltkriegs. Nahe dem nördlichen Stadtrand führt ein Weg hinauf zur **Burgruine**, von der man einen guten Blick nach Albenga und Castelvecchio di Rocca Barbena hat.

*Castelvecchio di Rocca Barbena Eine eindrückliche, kurvenreiche Fahrt führt von Zuccarello nach Castelvecchio di Rocca Barbena (430 m, 170 Einw.), das unter der namengebenden Rocca Barbena (1142 m, nordöstlich) auf einem Bergsporn liegt. Die Burg der Clavesana (12./13. Jh.) bildet mit dem mittelalterlichen Dorf ein **harmonisches Ensemble**. Nach drastischem Bevölkerungsrückgang wurde Castelvecchio als Zweitwohnsitz entdeckt und herausgeputzt. Nach alter Tradition sind die Fenster der Häuser weiß umrahmt; weitere Charakteristika sind die

Dachterrassen, die Mäuerchen zum Sammeln des Regenwassers und die an den Hauswänden vorspringenden halbrunden Öfen. Die Burg, 1672 schwer beschädigt, wurde von den heutigen Besitzern restauriert (nicht zugänglich). Von ihren Terrassen hat man einen herrlichen Ausblick über das Dorf und das Neva-Tal.

VALLE PENNAVAIRA (VAL PENNAVAIRE)

Das wenig besiedelte, abgelegene Tal gewinnt seine Schönheit durch das imposante Massiv des Castell'Ermo, das im Süden aufragt (▶ Valle Arroscia); seine Felstürme gehören zu den Gipfeln (von Osten) Monte Nero (981 m), Peso Grande (1092 m) und Monte Cucco (903 m). In den Felswänden tummeln sich die Kletterer (Näheres auf turismo.provincia.savona.it, www.stadler-markus.de). Wie Funde in mehreren Höhlen bezeugen, war das Tal schon in der Vorgeschichte besiedelt. Hier wird Obst und Gemüse angebaut; man probiere z. B. die herrliche Kirschenmarmelade von Castelbianco.
Castell'Ermo

Der Ort am Südhang des Monte Alpe besitzt eine barocke Kirche mit kuriosem Zwiebelturm; die Häuser weisen **barocke Fensterumrahmungen** auf, eine besondere Variante dieser ligurischen Tradition. Die barocke Pfarrkirche Assunta in **Veravo** liegt schön auf einem Hügel (Orgel aus dem 18. Jh.). In Veravo findet am 1. Juni-So. die »Sagra delle ciliege« (Kirschenmesse) statt.
Vesallo

Das Dörfchen Colletta, ein Ortsteil von Castelbianco, der nach dem Erdbeben von 1887 verlassen worden war, ist aus altem Gemäuer wiedererstanden – als vernetzter **Borgo medioevale telematico** (www.colletta.it, www.teletown.info/colletta.htm), mit komfortablen Wohnungen und Swimmingpool. Echtes neues Leben hat die »Community« von gutbezahlten »Teleworkern«, die sonst in Mailand, Turin oder Genua wohnen, nicht ins Dorf gebracht.
Colletta

In den Ortsteilen von Nasino (200 Einw.) mischen sich mediterrane (Terrassendächer) und piemontesische Architektur (Loggiendächer). Ein begehrtes landwirtschaftliches Produkt sind die grünlichen Gianetto-Bohnen. In Costa bildet die barocke Pfarrkirche S. Giovanni Battista (17. Jh.) den Blickfang vor dem Peso Grande. Am östlichen Rand von Nasino liegt die **Arma di Nasino**, die größte Höhle des Pennavaira-Tals; hier fand man Zeugnisse menschlichen Lebens von der Mittelsteinzeit bis zur Römerzeit (im Museo Ingauno in Albenga). Alto wird von der mächtigen mittelalterlichen Burg der Conti Cepollini überragt. Zu empfehlen ist die Fahrt zum schon im Piemont liegenden **Colle di Caprauna** (1375 m); von dort hat man einen wunderbaren Blick auf die Seealpen.
Nasino

Albisola Superiore · Albissola Marina

G / H 5 / 6

Provinz: Savona
Höhe: 10 m ü. d. M.
Einwohner: 10 300 / 5600

Die beiden Gemeinden wenige Kilometer nordöstlich von Savona bilden einen unspektakulären Badeort mit Sand-Kies-Strand. Bekannt sind sie für ihre Tradition der Keramik.

Albissola Marina dehnt sich westlich der Sansobbia-Mündung aus, Albisola Superiore östlich; Letzteres setzt sich aus dem gut 1,5 km von der Küste entfernten mittelalterlichen Ort und dem Strandort Capo zusammen, die durch Bahnlinie und Autobahn voneinander getrennt sind. In der fruchtbaren Schwemmlandebene wird Gemüse angebaut, die Hügel der Umgebung sind mit Reben und Olivenbäumen bestanden.

Aus der Geschichte

Albisola Superiore ging aus dem römischen **Alba Docilia** hervor, einer Station an der Via Iulia Augusta, die auf der Peutingerschen Tafel verzeichnet ist. Nach der Gründung der freien Gemeinde im 13. Jh. schloss es sich 1277 Genua an. Albissola Marina entstand im 15. Jh. und gehörte als **Borgo Basso** bis ins 16. Jh. zu Albisola Superiore. Im 16. Jh. entwickelte sich die **Keramikindustrie**. Bereits 1589 erschienen die »Capitula artis figulorum loco Albisola«, die Statuten der örtlichen Keramikindustrie. Die ersten Brennöfen sollen Anfang des 16. Jh.s den Betrieb aufgenommen haben; die berühmte »Anbetung der Hirten« in der Kirche N. S. di Concordia (s. u.) stammt von 1576. Die bedeutendsten Namen des 17./18. Jh.s waren Grosso und Conrado (ein Conrado war an der Gründung der Keramikindustrie im französischen Nevers beteiligt), Salomone, Siccardi, Pescio, A. Levantino, B. Seirullo. Berühmt waren v. a. die »laggioni«, farbige, oft mit islamischen Mustern gestaltete Fliesen. Die noch vorhandenen Keramikläden und -handwerker beschränken sich allerdings auf den Bedarf von Touristen.

ALBISOLA SUPERIORE

Römische Villa

Reste des römischen Alba Docilia wurden unter dem Bahnhofsplatz (Piazza Giulio II) gefunden: eine **Villa der Kaiserzeit** (2./3. Jh.), die vermutlich als Raststätte an der Via Julia Augusta diente. Gegenüber dem Bahnhof die kleine neoromanische Kirche **S. Pietro** (1894), in der ein Teil eines Polyptychons aus dem 16. Jh. zu sehen ist.

In Albissola Marina ist für den Strandurlaub bestens gesorgt.

Der Corso Mazzini führt vom Bahnhof nördlich zur prunkvollen Villa Gavotti (neben dem Autobahnanschluss), die sich der **letzte Genueser Doge**, Francesco Maria Della Rovere, nach Plänen von Bruschi 1739–1753 aus einem Bau des 15. Jh.s gestalten ließ (Besuch nach Anm. Tel. 019 82 37 08, 019 48 79 83). Der weitläufige Park ist mit Brunnen, Treppen und Statuen ausgestattet. Hinter dem Palazzo führt eine mittelalterliche Ziegelbrücke über den Riobasco.

*Villa Gavotti

Am Fuß des Castellaro-Hügels (Reste einer Burg des 11. Jh.s) steht die Pfarrkirche S. Nicolò (17. Jh.) mit einigen bemerkenswerten Kunstwerken, u. a. von F. Schiaffino (Hauptaltar), A. M. Maragliano, P. G. Brusco (Fresken im Chor) sowie Chorgestühl und Kanzel von 1655. Im Oratorium N. S. della Neve 14 große Statuen von A. Brilla.

San Nicolò

In der Villa Trucco (Corso Ferrari 193) illustriert das Museo della Ceramica »Manlio Trucco« die Bedeutung dieses Handwerks seit dem Mittelalter (u. a. toskanische Majolika des 16. Jh.s, Geschirr und Steinzeug aus lokaler Produktion des 19./20. Jh.s). Außerdem sind alte Apothekengefäße und Funde aus Alba Docilia zu sehen.
❶ 15. Juni–15. Sept. Mi.–Sa. 8.30–12.30, sonst Di., Do., Sa. 8.30–12.30 und Mi., Fr. 14.00–18.30 Uhr, Eintritt frei

Keramikmuseum

ALBISSOLA MARINA

Die Strandpromenade an der Via Aurelia und ihre Fortsetzung in Albisola Superiore sind mit Mosaiken gepflastert, die 1963 nach Vorlagen zeitgenössischer Künstler wie G. Capogrossi, R. Crippa, A. Fabbri, Lucio Fontana, Asger Jorn und Wifredo Lam entstanden.

Lungomare degli Artisti

Albissola & Albisola erleben

AUSKUNFT (IAT)
Piazza Lam, 17012 Albissola Marina
Tel. 019 4 00 25 25

Piazzale T. Marinetti 1
17011 Albisola Superiore
Tel. 019 4 51 09 48
www.comune.albissolamarina.sv.it
www.visitriviera.it

FESTE & EVENTS
Albissola Marina: 19. März: Patronatsfest S. Giuseppe. Juli Keramik-Ausstellung. 8. Sept.: Fest Nostra Signora della Concordia. **Sassello:** 24. Juni: Patronatsfest S. Giovanni Battista.

ESSEN
La Familiare €€
Albissola Marina, Piazza del Popolo 8
Tel. 019 48 94 80, Mo. geschl.
Relativ edle Trattoria wenige Schritte vom Meer, in gemütlichen Gewölben und auf der Terrasse wird modernisierte ligurische Hausmannskost serviert. Guter Hauswein, viele regionale Gewächse.

U Fùndegu €€–€€€
Albisola Superiore, Via Spotorno 87
Tel. 019 48 03 41, Mi. geschl.
Aus der offenen Küche kommen feine traditionelle Gerichte, zu genießen in Backsteingewölben aus dem 17. Jahrhundert, im Sommer im Garten. Spezialitäten sind Fisch und Bistecca vom offenen Grill. Kleine Weinkarte.

ÜBERNACHTEN
Hotel Garden €€–€€€
Albissola Marina, Viale Faraggiana 6
Tel. 019 48 52 53
www.hotelgardenalbissola.com
Nettes, modern eingerichtetes Mittelklassehotel wenige Schritte vom Meer.

Belvedere €
Albissola Marina, Via F. Gentile 62
Tel. 019 48 06 20
www.belvederealbissola.it
Schlichtes, sehr preiswertes Haus (nicht alle Zimmer mit eigenem Bad), sehr freundlich und familiär geführt. 5 Minuten vom Meer und vom Zentrum, ruhig und mit wenig Parkproblemen gelegen.

Pian del Sole €–€€
Sassello, Via Marconi
Pianferioso 23
Tel. 019 72 42 55
www.hotel-piandelsole.com
Modernes, angenehmes Hotel nahe dem Ortszentrum, mit Pool und Restaurant. Echt ligurisch isst man in der gemütlichen Trattoria Vittoria im Zentrum (Via G. Badano 8, Tel. 019 72 41 38, Sa. geschl.); wer's neuzeitlicher mag, wird im Panecioccolato fündig (Loc. Sangiovanni, Via Avilla 4, Tel. 019 72 45 21).

Nostra Signora della Concordia   An der stimmungsvollen Piazza della Concordia steht die barocke Pfarrkirche N. S. della Concordia (Ende 16. Jh., Fassade 1903). Hier sind interessant das Majolika-Altarbild **»Anbetung der Hirten«** von G. da Urbino und A. Salomone (1576), Skulpturen von A. M. Maragliano und G. A. Ponsonelli (17. Jh.) sowie Gemälde von G. A. Ansaldo, P. G. Brusco und R. Fontana.

Albisola Superiore · Albissola Marina • ZIELE

*Villa Faraggiana

Die prachtvolle Villa Faraggiana (am Nordrand des Orts) wurde von der Adelsfamilie Durazzo im 17. Jh. erbaut, 1821 an die Faraggiana verkauft und 1962 der Gemeinde Novara als Museum vermacht. Die wichtigsten Räume sind zugänglich. Ein Teil der großartigen Einrichtung ist erhalten, u. a. **Galerie der Jahreszeiten** mit Boden aus »berettini«, den portugiesischen Azulejos ähnlichen Fliesen, und die **Camera del Pregadio** mit Möbeln des englischen Tischlers Henry Peters, der auch den Genueser Palazzo Reale einrichtete.
❶ 15. März – 15. Okt. Di. – So. 15.00 – 19.00 Uhr, Eintritt 8 € (nur Park 4 €)

Casa Jorn

Der bekannte dänische Maler Asger Jorn (1914 – 1973) lebte ab 1954 in Albisola. Sein einfaches Haus ist zugänglich.
❶ Ortsteil Bruciati, Via D'Annunzio 6, Fr., Sa. 16.30 – 18.30, So. 10.00 bis 12.00, 16.30 – 18.30, sonst nach Anmeldung Tel. 019 40 02 91

UMGEBUNG VON ALBISOLA SUPERIORE

Stella

Das Gemeindegebiet von Stella (222 m, 3000 Einw.), am Fuß des Monte Beigua, reicht bis zum Pass Colle del Giovo (516 m). In Stella wurde 1896 **Sandro Pertini** geboren, 1978–1985 italienischer Staatspräsident († 1990), im Friedhof der alten Kirche ist er beigesetzt. Reste der mittelalterlichen Burg liegen oberhalb des Hauptorts S. Giovanni. In der Pfarrkirche S. Martino (1550) eine Holzstatue von Maragliano (S. Martino) und ein Fresko von P. G. Brusco (18. Jh.). Ein Gemälde von L. Cambiaso (16. Jh.) birgt die Kirche S. Giustina, die von Don Perrando (s. u. Sassello) restauriert wurde; er war hier Pfarrer und erforschte die zahlreichen Fossilien der Gegend.

Pontinvrea

Im Hinterland von Savona bildet der Colle del Giovo (516 m) die Wasserscheide zur Po-Ebene. Zwischen 1870 und 1880 wurde der Pass mit einem **System von fünf Forts** befestigt (nicht zugänglich). Von hier verläuft die SS 542 durch ein sanftes, hauptsächlich für die Viehwirtschaft genütztes Hügelland, das zu den piemontesischen Langhe hin abfällt. Man passiert zunächst das Sanktuarium Madonna del Carmine (1683), erbaut von den Grafen Invrea; dann durchquert man Pontinvrea (425 m, 850 Einw.), das alte »Ponte dei Prati«. An der Straße steht der **markgräfliche Palast** (1606, heute Rathaus). In den Palazzo eingebaut ist die gleich alte Pfarrkirche S. Lorenzo. Eine ländliche Idylle ist das 5 km westlich gelegene

> **BAEDEKER TIPP**
>
> *Feines in Sassello*
>
> In Italien ist Sassello (▶ nächste Seite) bekannt für seine süßen Sachen: Amaretti, Canestrelli, Baci und anderes. Besonders hübsch sind die nostalgischen Dosen der 1860 gegründeten Confetteria Virginia (Loc. Prapiccinin 6). Und im Herbst schwelgt man hier in Steinpilzen und Trüffeln.

Dörfchen **Giusvalla**, das mit einer Allee skurril zugerichteter Robinien aufwartet; sie sollen von Soldaten Napoleons gepflanzt worden sein.

Sassello

Sassello (405 m, 1800 Einw.) liegt in einer grünen Hügellandschaft, die an das Allgäu erinnert. Auch das Wetter ist nördlich des Colle del Giovo anders: im Sommer typisch ist der strahlend blaue Himmel bei kräftigem Wind, im Winter gibt es viel Schnee. Das ca. 100 km² große Gemeindegebiet reicht bis zum Monte Beigua und wird für Viehwirtschaft und Ackerbau genutzt; die Wälder bilden die Grundlage für holzverarbeitende Industrie und die Eisenhütten, die es seit dem 15. Jh. hier gab. Seit den 1920er-Jahren ist Sassello eine beliebte Sommerfrische, und am Monte Veirera kann man Ski fahren. Der Ort mit seinen mächtigen Palazzi entstand nach dem Brand 1672 weitgehend neu. Von den **Festungsbauten der Doria** aus dem 14./15. Jh. sind noch die Reste der »Bastia Inferiore« auf dem Hügel nordwestlich des Orts und der »Bastia Superiore« im Osten erhalten. Neben dem Rathaus (Palazzo Perrando, 17. Jh.) steht die **Basilica Immacolata Concezione** (1584) mit Fresken von P. G. Brusco (1801), einem Gemälde von L. De Ferrari (18. Jh.) und einem Prozessionskreuz (18. Jh.), das mit Schildpatt belegt ist. Don Pietro Perrando (1817 – 1889), Pfarrer von Stella, machte sich als Geologe und Archäologe verdient. Im Haus seiner Brüder ist das **Museo Perrando** eingerichtet, mit bemerkenswerter Gemäldesammlung (u. a. Magnasco, Cambiaso, Piola), Savoneser Keramik aus dem 17./18. Jh. sowie archäologischen Funden und Fossilien. Einen Blick wert ist auch die prunkvolle Pfarrkirche **Santissima Trinità** (1654 – 1725); sie besitzt in Chor und Gewölbe Fresken von P. G. Brusco (19. Jh.). Westlich des Hauptplatzes führt die Via Zunini (an ihrem Beginn der gleichnamige Palazzo) an der Kirche S. Rocco (1630; Gemälde von L. De Ferrari) vorbei hinunter zur **mittelalterlichen Brücke** über den Bruggiola.

Prachtvolles Fronleichnam in Sassello

Museo Perrando: April – Okt. Sa. 9.30 – 11.30, 2. So. des Monats 16.00 bis 18.00 Uhr, Nov. – März 2. & 4. So. des Monats 15.00 – 17.00 Uhr, Eintritt frei

**Monte Beigua

In Sassello ist in der Via G. B. Padano 45 ein Besucherzentrum für den Regionalpark Monte Beigua (▶Varazze) eingerichtet. Von Sassello aus braucht man ca. 3.30 Std. über den Colle Bergnon auf den Gipfel des Monte Beigua und 3 Std. zurück (über Vereira).

Arenzano

Provinz: Genua
Höhe: 6 m ü. d. M.

Einwohner: 11 600

J 5

Arenzano ist der erste Küstenort westlich von Genua. Als Gartenvorort der ligurischen Hauptstadt ist er mit Freizeitanlagen wie Jachthafen und Golfplatz ausgestattet.

Als Standort für einen längeren Aufenthalt wäre Arenzano, das im Zweiten Weltkrieg durch Luftangriffe schwer beschädigt wurde, nicht gerade erste Wahl; recht nett und ursprünglich präsentiert sich das alte Zentrum. Die Traditionen der Fischerei und des Schiffbaus, die bis ins 12. Jh. zurückreichen, sind noch nicht ganz ausgestorben.

SEHENSWERTES IN ARENZANO UND UMGEBUNG

An der Via Aurelia (Lungomare Stati Uniti), die den Strand – mit grauem Kies – vom Ort trennt, reihen sich Cafés und Restaurants; im Süden erinnert das mächtige **Grand Hotel** von 1915 mit dem noblen Restaurant La Veranda an den Fremdenverkehr Anfang des 20. Jh.s. Westlich jenseits der einstigen Bahnlinie (Parkplatz) – der Bahnhof ist heute Rotes-Kreuz-Zentrum – dehnt sich der Stadtpark aus, mit herrlichem Glashaus und der **Villa Negrotto Cambiaso** (16./19. Jh., Sitz der Gemeinde). Nordwestlich hinter dem Park die Pfarrkirche **Santi Nazario e Celso** (1717, nach dem Zweiten Weltkrieg rekonst-

Arenzano

Villa Negrotto Cambiaso, im 19. Jh. prachtvoll »gotisch« umgestaltet

ruiert), mit eindrucksvollen Türmen. Der elliptische Innenraum besitzt ein mächtiges Gewölbe, Fresken von L. Cambiaso und einige gute Gemälde (u. a. Orazio de Ferrari). Rechts der Kirche die Villa Lomellini-Imperiale-Lercari (17. Jh.), links das Oratorium S. Chiara (15. Jh.). Auf der alten Bahntrasse kann man einen Spaziergang nach Süden machen; als **Passeggiata Fabrizio de André** führt sie zum Jachthafen und zur Torretta Pallavicini (Sarazenenturm), die im 16. Jh. von der Republik Genua als Wachtturm errichtet wurde.

Sanktuarium Bambino Gesù

Nordwestlich von Arenzano (Zufahrt Via Sanzio, Viale Rimembranze) liegt das Santuario Bambino Gesù di Praga, das bis 1908 von den Unbeschuhten Karmelitern errichtet wurde. Ein modernes Terrakotta-Polyptychon mit Szenen der Kindheit Jesu (von Angelo Biancini) zieht viele Besucher an.

Cogoleto

Der benachbarte Badeort Cogoleto (9200 Einw.) zeigt mit dem kleinen Ortskern am palmengesäumten Strand das typische Bild eines **Fischerdorfs der Ponente**. Im Nordwesten bildet der **Monte Beigua** die Kulisse (▶Varazze). Lebendig ist hier noch die Tradition der »leudi«, der dickbäuchigen Lastensegler. Die Pfarrkirche S. Maria Maggiore (1877) birgt ein Tafelbild aus dem 17. Jh.; im Rathaus, dem ehemaligen Palazzo Rati, wird eine Marmorstatue aus dem 6. Jh. aufbewahrt, die Fassade zeigt ein Porträt von Christoph Kolumbus (17. Jh.). Nach einer lokalen Legende wurde der Seefahrer in Cogoleto geboren, weshalb auf der Piazza Giusti eine Büste an ihn erinnert.

Arenzano erleben

AUSKUNFT (IAT)
Lungomare Kennedy, 16010 Arenzano
Tel. 010 9 12 75 81
www.comune.arenzano.ge.it

ESSEN
L'Agueta du Sciria €€
Arenzano, Via Pecorara 18 a
Tel. 010 9 11 07 62, Mo. geschl.
Im Winter nur Fr.-/Sa.abend, So. geöffnet
Ausflug auf die grünen, ruhigen Höhen hinter Arenzano: Einladendes ländliches Restaurant, beliebt für Gesellschaften, gute ligurische Küche »mare e monti« (u. a. frischester Fisch, hausgemachte Pasta). In kleinem Park mit Pool und Bar.

ÜBERNACHTEN
Hotel Ena €-€€
Arenzano, Corso Matteotti 12
Tel. 010 9 12 73 79, www.enahotel.it
Kleines romantisches Haus aus der Belle Époque (mit ebensolcher Ausstattung) am schönsten Teil der Strandpromenade. Eigener Parkplatz, kein Restaurant.

Argentea (Agriturismo) €
Arenzano-Campo, Via Val Lerone 50
Tel. 010 9 13 53 67
www.agriturismoargentea.com
Schön gelegenes kleines Landgut aus dem 17. Jh., wenige Kilometer von der Küste entfernt. Halbpension möglich.

Palmen und Palazzi der Belle Époque: Corso Italia in Bordighera

✱ Bordighera

Provinz: Imperia
Höhe: 5 m ü. d. M.

B / C 9
Einwohner: 10 400

Bordighera, ganz im Süden der Blumenriviera gelegen, war im 19. Jh. fest in britischer Hand – auch wenn es heute ein normales italienisches Städtchen ist, so spürt man noch die distinguierte Atmosphäre eines eleganten Riviera-Badeorts.

Angelockt durch den Liebesroman **»Il dottor Antonio« von Giovanni Ruffini**, der 1855 in Edinburgh erschien, kamen betuchte Briten in Scharen an die Riviera dei Fiori. Rasch entstand eine Kolonie, die zum Ende des Jahrhunderts größer war als die italienische Einwohnerschaft. Aus dieser Zeit datieren viele Institutionen, z. B. der erste Tennisclub Italiens. Claude Monet, der in den 1880er-Jahren hier malte, war begeistert vom Licht und der üppigen Flora; ebenso hielten sich z. B. der französische Biologe Louis Pasteur und die Königin Margherita von Savoyen in Bordighera auf.

Im 13. Jh. existierten am Kap eine Burg und ein benediktinisches Priorat, das dem hl. Ampillus geweiht war, einem im 5. Jh. hier lebenden Einsiedler aus Ägypten. 1470/1471 verließen 59 Familien das Castrum Sancti Nicolas (heute Borghetto San Nicolò) und gründeten

Ein wenig Geschichte

Bordighera. Bis 1686 blieb es bei Ventimiglia; dann gründete es unter dem Schutz Genuas mit sieben weiteren Orten die selbständige »Magnifica Comunità degli Otto Luoghi« (Glorreiche Republik der Acht Ortschaften), die bis 1797 bestand.

SEHENSWERTES IN BORDIGHERA

Altstadt Die pittoreske Altstadt erhebt sich an die 50 m hoch über das Capo S. Ampelio; die im 19. Jh. angelegte Gartenstadt dehnt sich westlich in der Ebene zwischen dem Kap und der Mündung des Nervia aus (Foto S. 18/19). Vom weiten Platz über dem Capo S. Ampelio hat man eine schöne Sicht auf die Bucht von Ospedaletti, Ventimiglia, die Côte d'Azur mit Monaco und die Seealpen. Die barocke Porta del Capo gewährt Zugang zur Altstadt. Von der Piazza del Popolo führt die Via di Mezzo zum Westtor, der Porta Sottana (15./17. Jh.); östlich liegt die Porta Maddalena (1780). An der Piazza del Popolo die Pfarrkirche S. Maria Maddalena, 1617 erbaut und 1886/1905 umgestaltet; innen zu beachten eine Marmorgruppe von Filippo Parodi (17. Jh.). Der Glockenturm, ursprünglich ein Wachturm aus dem 16. Jh., wurde im 18. Jh. aufgestockt. Bei der Porta Maddalena das Oratorium S. Bartolomeo degli Armeni (Ende 15. Jh.), in dem die Republik der Acht Gemeinden gegründet wurde.

> **! BAEDEKER TIPP**
>
> *Bordigotti*
>
> Wie viele Orte Italiens besitzt auch Bordighera seine süße Spezialität: die sündhaft guten »bordigotti«, große Pralinen mit unterschiedlich – etwa Rum oder Limoncello – aromatisierten Füllungen. Eine gute Adresse dafür ist die Pasticceria Sant'Ampelio in der Via Vittorio Emanuele 114.

Piazza De Amicis Unterhalb der Spianata del Capo die Piazza De Amicis mit dem Rathaus (C. Garnier, s. u.) und einem Marmorbrunnen (1783) mit der Statue der Magiargé, einer Sklavin und Geliebten des letzten Maurenkönigs Boabdil, die Bordighera vor der Plünderung bewahrte.

Capo S. Ampelio Südlich der Via F. Rossi wacht die alte Küstenbatterie. Unterhalb das Denkmal für die Königin Margherita von Savoyen (1939) und die **Kapelle Sant'Ampelio** (11./12. Jh.) mit vorromanischer Krypta mit zwei Apsiden und moderner Fassade; hier lag der Legende nach die Höhle des Einsiedlers. An der Piazza del Casino (an der ebendieses stand) beginnt die 2 km lange Strandpromenade **Lungomare Argentina**, mit herrlichem Blick auf die Côte d'Azur. Ihren Namen bekam sie nach der Stippvisite von Evita Peron im Jahr 1947.

*Bauten des 19. Jh.s Die Kirche Immacolata Concezione oder »Terrasanta« ist ein höchst eigenwilliges Bauwerk (geweiht 1886); ihr Inneres, durch unpassende

Zutaten zusätzlich entstellt, zeugt von eigenartigem Geschmack. Sie wurde von **Charles Garnier** errichtet, dem berühmten Erbauer der Pariser Opéra und des Spielcasinos in Monte-Carlo; für sich selbst erstellte er eine orientalisierende Villa über dem Bootshafen (heute Ferienheim der Suore di S. Giuseppe), umgeben von einem schönen Park mit exotischen Gewächsen. Ebenfalls von Garnier stammen das Rathaus und die stolze Villa Etelinda (Villa Bischoffsheim, Via Romana 38). Die benachbarte **Villa der Königin Margherita von Savoyen** im Stil des italienischen Rokokos (1913) beherbergt die Collezione Terruzzi mit Gemälden (u. a. A. Magnasco, B. Strozzi, G. Assereto), Mobiliar und Porzellan. Die Anglikanische Kirche (Via Vittorio Veneto) dient als Kulturzentrum (Ausstellungen, Konzerte).

Villa Garnier: Via Garnier 11, Führungen: Cooperativa Strade, Tel. 0183 29 02 13, www.stradedascoprire.it

Villa Regina Margherita: Via Romana 36, Jan.–März Do., Sa., So. 15.30 (Führung), Ende März–Juni und Sept. Fr.–So. 10.00–18.00, Juli–Anf. Sept. Mi.–So. 15.30–23.00 Uhr, Eintritt 8 €

Dieses Museum wurde 1888 von dem englischen Reverend Clarence Bicknell gegründet, der sich mit der Vorgeschichte Liguriens be-

Museo Biblioteca Bicknell

Bordighera

ssen
1. Agua
2. Chez Louis
3. Magiargé
4. Lido Giunchetto

Übernachten
1. Parigi
2. Kristina
3. Villa Elisa
4. Grand Hotel del Mare

Bordighera erleben

AUSKUNFT (IAT)
Via Vittorio Emanuele II 172
18012 Bordighera
Tel. 0184 26 23 22, www.bordighera.it
www.bordighera.net
www.visitrivieradeifiori.it

FESTE & EVENTS
Bordighera: Do. vormittags Markt an der Strandpromenade. Febr.–April: Inverno Musicale. Palmsonntag mit kunstvoll geflochtenen Palmblättern (»parmureli«). 11.–14. Mai Patronatsfest S. Ampelio mit Essen, Musik und Feuerwerk. Mitte Mai Palmenlauf über 15 km, ein Spaß für alle – kein Rennen.
San Biagio della Cima: 22. Aug. Fest S. Sinforiano mit Fest der »canestrelli«.

ESSEN
❶ *Agua* €€€
Lungomare Argentina 3, Tel. 0184 26 21 08, So.abend und Mo. geschl.
In schlichtem modernem Ambiente, mit fantastischem Blick aufs Meer, schwelgt man in Fisch und Meeresfrüchten.

❷ *Chez Louis* €€
Corso Italia 30, Tel. 0184 26 16 03
Das elegante Restaurant am schnurgerade zum Meer führenden Corso Italia pflegt eine fantasievoll modernisierte ligurische Küche. Di. geschl.

❸ *Magiargé* €–€€€
Piazza G. Viale 1, Tel. 37 35 10 43 76
Mo./Di.mittag geschl.
Angenehme moderne Trattoria mit Tischen an der mittelalterlichen Piazza, auch hier gibt's Meeresgetier nach heimischer Art. Große Auswahl an Weinen aus Ligurien, Italien und der Welt.

❹ *Lido Giunchetto* €€
Via Madonna della Ruota 2
Tel. 0184 26 33 55
Außerhalb der Saison Di./Mi. geschl.
Moderner Beach Club östlich von Bordighera, ein überaus hübscher Platz am Meer. Die Karte bietet feine kleine Gerichte. Mit Pool und eigenem Stabilimento balneare am Kiesstrand.

ÜBERNACHTEN
❶ *Parigi* €€€–€€€€
Lungomare Argentina 18
Tel. 0184 26 14 05, www.hotelparigi.com
Sehr angenehmes, komfortables Hotel mit privatem Strand. Wellnesscenter mit Pool auf dem Dach.

❷ *Kristina* €–€€
Via Regina Margherita 24, Tel. 0184 26 13 09, www.albergokristina.it
Ein hübscher kleiner Palazzo in der noblen, ruhigen Straße, dennoch sehr preisgünstig. Schlichte Zimmer.

❸ *Villa Elisa* €€–€€€€
Via Romana 70
Tel. 0184 26 13 13, www.villaelisa.com
Herrschaftliche Villa von Ende des 19. Jh.s mit Aussicht, Garten, Pool, gediegenen Zimmern und gutem Restaurant. Man spricht Deutsch.

❹ *Grand Hotel del Mare* €€€€
Via Portico della Punta 34
Tel. 0184 26 22 01
www.grandhoteldelmare.it
Außen modernes, innen prächtig-elegantes Hotel mit allem Komfort, unmittelbar am Meer. Eigener Strand, Pool und Spa. Auch nur ein Diner auf der Restaurantterrasse ist ein schönes Erlebnis.

schäftigte, insbesondere mit den **Felszeichnungen am Mont Bego** (▶Valle Roia). Es besitzt u. a. Schmetterlingssammlungen, historische Fotos und Papierabdrücke von den Mont-Bego-Zeichnungen. Das Gebäude überragt ein gigantischer Gummibaum. Unter ihm die Gedenktafel für Bicknell, der auch die Internationale Stadtbibliothek gründete (Via Romana 52, über 70 000 Bände, davon 3000 auf Deutsch, meist in Frakturschrift).
❶ Via Romana 39, Mo. 8.30 – 13.00, 13.30 – 17.00, Di. – Do. 9.00 – 13.00 Uhr

UMGEBUNG VON BORDIGHERA

Im östlichen Vorort Arziglia an der Mündung des Sasso-Tals liegt der von dem deutschen Gärtner Ludwig Winter (▶Berühmte Persönlichkeiten) angelegte Vallone-Garten (Privatbesitz). Arziglia

Zugänglich ist der Botanische Garten in Madonna della Ruota (1,5 km östlich von Arziglia, an der SS 1), der ebenfalls von Ludwig Winter begründet wurde. In herrlicher Umgebung gedeihen hier über **3000 Kakteen- und Sukkulentenarten**. Giardino Esotico Pallanca
❶ Mitte April – Okt. 9.00 – 12.30, 14.30 – 19.00, sonst 9.00 – 17.00 Uhr, geschl. Mo. und 21. Nov. – 20. Dez., Eintritt 6 €, www.pallanca.it

Rund 8 km nordöstlich liegt Seborga (500 m, 330 Einw.), einst ein befestigtes Bergdorf der Grafen von Ventimiglia, das 959 den Benediktinern von Lérins überlassen wurde. Der Abt schmückte sich mit dem Titel Fürst, und da der Ort nie ausdrücklich zum Teil des italienischen Königreichs oder der Republik erklärt wurde, spielt man heute ein wenig **Fürstentum** (www.seborga.homeip.net). Der Fürst – 1963 wurde der erste gewählt, seit 2010 »regiert« Marcello I. – gibt Pässe, Briefmarken und Münzen aus. Seborga liegt außerordentlich schön mit weitem Ausblick; es gibt gute Trattorien, auf der Terrasse des »Principe« erlebt man einen wunderbaren Sonnenuntergang. Auf dem höchsten Punkt liegen die Reste des Abtspalastes (Castello). Die barocke Pfarrkirche S. Martino birgt eine wertvolle Holzstatue der Jungfrau Maria spanischer Herkunft (17. Jh.). *Seborga

Vallebona (149 m, 1300 Einw.), ebenfalls ein Mitglied der Acht Ortschaften, hat sein **mittelalterliches Ortsbild** fast vollständig bewahrt. Die Pfarrkirche S. Lorenzo (1478) besitzt ein schönes Schieferportal; vom Vorgängerbau ist der Glockenturm (13. Jh.) erhalten. Beachtlich sind das Polyptychon (mittleres Feld aus dem 16. Jh.) und ein Holzkruzifix aus dem 15. Jahrhundert. Auf dem Vorplatz, unter Arkaden, steinerne Hohlmaße aus dem Mittelalter. Beste Landesküche bietet die preiswerte Trattoria degli Amici an der Piazza della Libertà (Mo. geschl., Tel. 0184 25 35 26), auch das »Giardino« ist gut. Vallebona

»Riviera dei Fiori«

Blumen und Palmen

Keine andere italienische Region weist eine so vielfältige Vegetation auf wie Ligurien. Verantwortlich dafür ist ein wunderbar mildes Klima, mit dem die Bewohner umzugehen wissen: Seit dem 19. Jahrhundert werden Schnittblumen und Bindegrün von Ligurien aus nach ganz Europa versandt.

Ligurien begeistert mit einer üppigen Pflanzenwelt, die sogar in Italien ihresgleichen sucht. Nirgendwo nördlicher in Europa finden sich Palmenwälder wie in Bordighera an der Riviera di Ponente; so schöne obendrein, dass der Ort bis vor wenigen Jahren den Vatikan exklusiv mit Palmwedeln für die Palmsonntagsfeiern belieferte. Nirgendwo weiter nördlich als im Garten der Villa Hanbury bei Ventimiglia wächst Papyrus, und Sanremo genießt das Privileg, die Blumen für das berühmte Neujahrskonzert der Wiener Philharmoniker zu liefern.

Die Blumenriviera

»Blumenriviera« heißt der südwestlichste Teil Liguriens. Die hohen Seealpen schützen ihn vor kalten Nordwinden, und das Meer speichert Wärme, weshalb hier ein für diese geographische Breite **außergewöhnlich mildes Klima** herrscht. Hier blühen im Februar unter blauem Himmel gelbe Mimosen, im Sommer rote Rosen und violette Bougainvilleen. Hier, wo das Thermometer fast nie unter Null fällt, wachsen und blühen das ganze Jahr, wovon der Norden träumt: Zitrusfrüchte und Palmen, Opuntien und Magnolien, Oleander und Rhododendron. Und auch das Geschäft mit den Blumen floriert. Auf über 3300 ha werden Schnittblumen und Bindegrün produziert. Mit rund 6500 Familien- und Kleinbetrieben sowie 27 000 Beschäftigten erzielt **Liguriens Blumenhandel** einen Umsatz von rund 600 Millionen Euro jährlich, knapp 60 % davon werden durch den Versand ins Ausland erzielt.

Die Hanbury-Gärten

Touristen aus dem Norden bereiteten den Weg: begüterte Briten, Deutsche und Russen, die nur schweren Herzens wieder abreisten und zu Hause auf die Blütenpracht der Südens nicht verzichten wollten. Andere wie der englische Unternehmer **Thomas Hanbury** verfielen dem Reiz der Riviera gänzlich, so dass sie sich hier niederließen. 1867 kaufte er in der Nähe von Ventimiglia eine alte Villa mit großem Gelände und fügte ihr einen botanischen Garten an. Mit der Anlage betraute er den aus Heidelberg stammenden **Ludwig Winter**, der sich schon mit anderen Gärten einen Namen gemacht hatte. Bereits 1912 umfasste der Katalog 5800 Pflanzenarten. Nach der weitgehenden Zerstörung im Zweiten Weltkrieg wurde der Garten, der seit 1987 in der Obhut der Universität Genua ist, wieder hergerichtet. Mehr als die Hälfte seiner 19 ha ist heute mit rund 2000 tropischen und subtropischen Pflanzenarten bewachsen.

Eine Erfolgsgeschichte

Winter gab auch den Anstoß dazu, dass das westliche Ligurien zur **Blumenriviera** wurde. 1873 gründete Winter in Bordighera eine Baumschule und kultivierte Safranrosen, die er bereits ein Jahr später per Bahn nach Deutschland verschickte. Denn 1873 war die Bahnlinie Nizza – Genua eröffnet worden. Mit seiner zunächst exzentrisch anmutenden Idee legte er den Grundstein für einen **neuen Wirtschaftszweig**. Viele Bauern hatten bis dahin auf den steilen, terrassierten Anbauflächen, außer den traditionellen Oliven, Zitrusfrüchte kultiviert, die ab 1795 v. a. von der britischen Marine aufgekauft wurden. Gegen die süditalienische Konkurrenz kamen sie jedoch nicht an, und so sattelten sie dankbar um; Olivenhaine und Zitronenplantagen wurden zu Blumengärten. In Papier und Pappe verpackt gingen die Blumen auf die Reise, sogar bis nach Moskau und Sankt Petersburg. Heute steht die bunte Pracht in mit Wasser gefüllten Plastikeimern auf den Ladeflächen von Kühllastwagen. Ein paar Mal im Jahr ist für die Blumenhändler und Spediteure in Ligurien Hochsaison. Vor dem Valentinstag, zu Weihnachten und Neujahr rollen noch mehr Lastwagen in den trüben Norden. Doch das Geschäft ist härter geworden. Der Blumenzucht Liguriens ist eine starke internationale Konkurrenz erwachsen. Ihr Ausstoß macht nur noch knapp 3 % der Weltproduktion aus, gegenüber 60 % in den 1950er-Jahren; Ecuador, Kenia und Israel produzieren mehr und billiger. Noch immer gehen 70 % des italienischen Blumenexports über **Sanremo mit seiner Markthalle** im Armea-Tal bei Bussana. Mit der Teilnahme an der Internationalen Pflanzenmesse in Essen, der wichtigsten in der Welt, wollen sich die ligurischen Züchter und Händler gegenüber der Massenware der Konkurrenz behaupten, deren Marktanteil steigt und in Deutschland bereits bei etwa 30 % liegt. Doch auch hier hat Ligurien einen Superlativ zu bieten: Die Blumen von der Riviera sind nicht die billigsten, aber die besten. Nirgendwo sonst leuchten und duften sie intensiver – das sagen zumindest die Italiener.

Im Blumenmarkt von Sanremo geht es flott zu, moderne Logistik sorgt für raschesten Versand.

Piani di Vallecrosia

Zwischen Ventimiglia und Bordighera liegt Piani di Vallecrosia, ein wenig attraktiver Badeort (7000 Einw.), der vom Tourismus und von der Blumenzucht lebt. Er entstand als Ableger des alten Städtchens Vallecrosia Alta (3 km von der Küste), das nur noch »frazione« des Küstenorts ist. Der Blumenmarkt wurde Ende des 19. Jhs. als erster an der Riviera erbaut. Zum Hinterland hin wird das Meer der Treibhäuser allmählich von Weinbergen, die begehrten Rossese liefern, und Olivenbäumen abgelöst. Auf halbem Weg von der Küste nach Vallecrosia Alta machen alte Eisenbahnwagen auf das krass bunte, herrliche kitschige **Ristorante Erio** aufmerksam (Mi. geschl.). Wirt Erio Tripodi († 2005) hat hier den »Tempio della Canzone Italiana« geschaffen, eine Sammlung von alten Tonaufzeichnungs- und Wiedergabegeräten. Präsentiert werden sie in den Waggons mit Dokumenten zur Geschichte des Schlagers in Italien.

Ein etwas schräges Restaurant: »Tempio della Canzone Italiana«

Vallecrosia Alta verfügt über ein altertümliches Ortsbild mit Wachtturm und Stadtmauer, errichtet im 16. Jh. wegen der Piraten. Am Hauptplatz die Pfarrkirche **S. Antonio Abate** (1737) mit Holzstatuen von Giovanni Maragliano (2. Hälfte 18. Jh.) und einem Marmoraltar mit Holzkruzifixus aus der Maragliano-Schule.

San Biagio della Cima

Sehr schön ist die Weiterfahrt auf dem schmalen Sträßchen hinauf nach Perinaldo (▶Dolceaqua). Am Weg liegen die von Weinbau und Blumenzucht geprägten Orte San Biagio della Cima (1250 Einw.) – benannt nach dem Felswand am **Monte Santa Croce**, die ihn überragt – und Soldano (800 Einw.). Die Häuser in San Biagio zeigen die ligurische weiße Fensterumrahmung, andererseits sind piemontesische Dachloggien häufig. In der Pfarrkirche SS. Sebastiano e Fabiano am schmalen Hauptplatz (1497/1779) ist eine Maragliano zugeschriebene Holzstatue des hl. Sebastian zu beachten. Nördlich des Orts steht in mit Reben, Rosen und Nelken bepflanzten Terrassen das Sanktuarium Madonna Addolorata (Ende 18. Jh./1852). In **Soldano** sind an der Ortseinfahrt zeitgenössische Wandmalereien zu sehen. Die von Loggien – rechts der Palazzo Comunale – flankierte Pfarrkirche S. Giovanni Battista von 1860 enthält ein Triptychon von Andrea della Cella aus Finale (Anfang 16. Jh.) sowie eine »Heilige Familie« des Florentiners G. B. Galestruzzi (1667).

Camogli

Provinz: Genua
Höhe: 9 m ü. d. M.

L 5
Einwohner: 5400

Eines der berühmtesten Postkartenbilder der Riviera: Himmelhoch aufragende Häuserfronten in Ocker, Gelb und Rot, ein kleiner, von Kirche und Burg überragter Hafen, das Ganze vor der Kulisse des Promontorio di Portofino, das ist Camogli.

Zu den meistbesuchten Badeorten – trotz des kleinen Kiesstrands – zählt das ehemalige Fischerdorf Camogli, das gut 20 km östlich von Genua in der Bucht des Golfo Paradiso liegt. Eine Wanderung über den **Monte di Portofino** zur Punta Chiappa, nach S. Fruttuoso und ▶ Portofino gilt als eine der schönsten Unternehmungen an der Levante. Nicht versäumen sollte man (mindestens) den Spaziergang hinauf nach San Rocco oder nach Recco entlang der hoch gelegenen SS 1, am besten am frühen Morgen oder vor Sonnenuntergang.

Der Blick von San Rocco aus zeigt's: Camogli hätte das Vorbild für Manhattan sein können.

Ein wenig Geschichte

Die Bedeutung Camoglis für den Schiffsbau und den Seehandel ist bereits für 1158 dokumentiert. Seine Flotte spielte von 1700 bis Ende des 19. Jh.s eine heute kaum mehr vorstellbare Rolle. Die »Stadt der 1000 weißen Segler« besaß Mitte des 19. Jh.s etwa 700 Schiffe (Hamburg hatte nur ca. 450), die an Händler in ganz Europa verchartert wurden. 1853 wurde hier die »Associazione di Mutua Assicurazione Marittima« gegründet, die **erste Seefahrtversicherung der Welt**. Mit dem Aufkommen der Dampfschiffahrt war dieser Teil der Geschichte beendet; dafür trat der Tourismus auf den Plan. Am 1874 gegründeten Istituto Nautico »Cristoforo Colombo« werden Offiziere für die Handelsschiffahrt ausgebildet.

SEHENSWERTES IN CAMOGLI

S. Maria Assunta

Auf dem kleinen Felskap vor dem Hafen steht die Kirche S. Maria Assunta (12. Jh., Fassade von 1826). Der mit vergoldetem Stuck, farbigem Marmor und Fresken von F. Semino und N. Barabino überaus üppig gestaltete Innenraum (18. Jh.) enthält Bildwerke ligurischer Meister (Erläuterungen auf Deutsch). Den Kontrapunkt gegenüber bildet das Castello Dragone, erbaut im 12.–14. Jh.; hier werden Ausstellungen und dergleichen veranstaltet.
Castello Dragone: Juli, Aug. Di.–So. 21.30–23.30, sonst Sa./So. 10.30–12.30, 15.30–18.30 Uhr, Eintritt 3 €

»Sagra del Pesce« im Mai: Fisch für Tausende

Von der **Piazza Colombo**, die im 19. Jh. am Hafen angelegt wurde, steigt die Salita Priaro in den ältesten Stadtkern an. Von ihr geht rechts die **Via della Repubblica** ab, eine der Hauptachsen der Stadt. Über ihr das Oratorium SS. Prospero e Caterina (14./17. Jh.) mit einem Kruzifixus aus dem 15. Jahrhundert.

Über die Piazza Schiaffino und die Via XX Settembre gelangt man zum Bahnhof, ihm gegenüber steht das Rathaus.

Eine Treppe führt dann hinunter zur Via Gio Bono Ferrari. Der Camoglieser Seefahrertradition ist dort (Nr. 41) das **Museo Marinaro G. B. Ferrari** gewidmet: Gemälde, Fotos, Werkzeuge, Navigationsinstrumente, Modelle usw. Gezeigt werden auch archäologische Funde aus Camogli und Umgebung, v. a. aus dem vorrömischen Castellaro. Und in der **Pasticceria Revello** an der Uferstraße (Via Garibaldi 183) gibt es die herrlichen »camogliesi al rhum«.

Museo Marinaro: Mi.–Mo. 9.00–12.00 Uhr, Mi., Sa., So. auch 15.00 bis 18.00 Uhr, Eintritt frei

> **BAEDEKER TIPP**
>
> *Fugassa*
>
> Recco gilt als Heimat der Focaccia, auf Ligurisch »fugassa«. Es gibt sie in zwei Versionen, der »normalen« aus Hefeteig und der von Recco: hauchdünne Teigblätter, gefüllt mit Crescenza, einem Frischkäse aus Kuhmilch. Die »Autentica Focaccia di Recco« ist geschützt, Ende Mai wird sie mit einem Fest gefeiert. Sie soll Mitte des 19. Jh.s von Manuelina Maggio erfunden worden sein, auf jeden Fall ist sie auch in dem von ihr begründeten berühmten Restaurant (▶ S. 164) vorzüglich.

UMGEBUNG VON CAMOGLI

Ein wunderbarer Aussichtsplatz ist San Rocco, das südlich von Camogli auf einer Terrasse am Monte di Portofino liegt. Die gleichnamige Kirche von 1863 enthält ein Bild »Madonna della Salute«, das dem Florentiner Carlo Dolci (1616–1686) zugeschrieben wird; den mächtigen Marmorrahmen schuf Bernardo Schiaffino (1678–1725). *San Rocco

An der Provinzstraße nach Ruta steht die Wallfahrtskirche N. S. del Boschetto (1634) mit Fresken von G. Paganelli, einem kleinen Tafelbild aus dem 16. Jh. im Hauptaltar und viele hundert Exvoten, die die Nöte des Seefahrerlebens illustrieren. Ruta

Das Vorgebirge von Portofino, San Fruttuoso und Portofino werden unter ▶ Portofino beschrieben. Promontorio di Portofino

Recco (10 000 Einw.), westlicher Vorort von Camogli, wurde im Zweiten Weltkrieg weitgehend zerstört und modern wiederaufgebaut, ist touristisch also nicht attraktiv. Die Kirche S. Francesco be- Recco

Camogli erleben

AUSKUNFT (PRO LOCO)
Via XX Settembre 33, 16032 Camogli
Tel. 0185 77 10 66
www.prolococamogli.it
www.comune.camogli.ge.it
www.unportalesulmare.it

ANREISE
In der Hochsaison ist Parkraum in Camogli absolut Mangelware – man kommt besser mit Bus, Bahn oder Schiff hierher.

FESTE & EVENTS
Camogli: Ein berühmtes Spektakel ist die »Sagra del Pesce« am 2. Mai-So.: Am Hafen werden in der größten Frittierpfanne der Welt (800 l) Fische zentnerweise gebacken. Am Abend des 1. Aug.-So. eindrucksvolle illuminierte Bootsprozession »Stella Maris« zur Punta Chiappa. In **Recco** wird um den 6./7. Sept. die »Sagra del fuoco« gefeiert.

ESSEN
Rosa ❸❸–❸❸❸
Camogli, Via Jacopo Ruffini 13
Tel. 0185 77 14 11, Di. geschl.
Das westlich des Hafens erhöht gelegene Restaurant – von der Terrasse hat man einen wunderbaren Blick auf Camogli und den Sonnenuntergang – verwöhnt mit ligurischen Spezialitäten und Meeresgetier, etwa Zuppa di bianchetti (ganz junge Fischchen).

La Cucina di Nonna Nina ❸❸❸
Camogli-San Rocco, Via F. Molfino 126
Tel. 0185 77 38 35, Mi. geschl.
Winziges, liebevoll eingerichtetes Lokal mit Terrasse – großartiger Blick auf Camogli – und traditioneller, verfeinerter Landesküche.

Manuelina ❸–❸❸❸
Recco, Via Roma 296
Tel. 0185 7 41 28, Mi. geschl.
Wer fein-rustikale Küche schätzt, ist in diesem klassisch-gemütlichen Restaurant gut aufgehoben. Berühmt sind die Focaccia (die Focaccia al formaggio soll hier erfunden worden sein) und der Risotto alla scogliera.

La Baita ❸–❸❸
Recco-Collodari, Via Alpini d'Italia 8
Tel. 0185 7 58 82, Mo. geschl; abends geöffnet, So./Fei. auch mittags
Eine bewährte Adresse für vielfältige ligurische Küche nach Hausfrauenart. Mit großartigem Panorama oberhalb von Recco am Hang gelegen.

ÜBERNACHTEN
Cenobio dei Dogi ❸❸❸❸
Camogli, Via N. Cuneo 34
Tel. 0185 72 41, www.cenobio.com
Auf einen genuesischen Dogen-Palazzo geht das prachtvolle Luxushotel zurück, das herrlich am Südstrand der Bucht von Camogli liegt. Exzellentes Restaurant, eigener Strand.

La Camogliese ❸–❸❸
Camogli, Via Garibaldi 55, Tel. 0185 77 14 02, www.lacamogliese.it
Kleines Hotel am östlichen Beginn der Hafenpromenade mit angenehmer, familiärer Atmosphäre.

Casmona ❸❸❸
Camogli, Salita Pineto 13
Tel. 0185 77 00 15, www.casmona.com
Wunderbar an der östlichen Bucht gelegen, komfortabel und freundlich. Teurer sind die Zimmer mit Terrasse.

Manuelina La Villa ❸❸–❸❸❸
Recco, Via Roma 278
Tel. 0185 7 41 28
www.manuelinalavilla.com

Alte Villa mit neuem Anbau, sehr modern und komfortabel gestaltet, schöner Garten mit Pool. Gehört zum gleichnamigen Restaurant.

sitzt noch einen schwarz-weißen Glockenturm aus dem 16. Jh.; in der Pfarrkirche Santi Giovanni Battista e Giovanni Bono, 1951 auf den Ruinen der Kirche aus dem 17. Jh. errichtet, ein Barockaltar mit einer Gruppe »Kreuz mit Maria und Maria Magdalena« von A. M. Maragliano sowie Gemälde des 17. Jh.s von V. Castello, G. Assereto und G. A. Ansaldo. An der Straße nach Avegno, vor der Autobahnbrücke, steht das Sanktuarium Madonna del Suffragio, ein klassizistischer Bau aus dem 17. Jh.; hier findet am 7. und 8. September die prächtige **Sagra del fuoco** statt, am Meer großes Feuerwerk.

Avegno (39 m, 2500 Einw.) ist für die über 200-jährige Tradition der Glockengießerei bekannt. In der Kirche S. Margherita in Testana Chiesa nördlich von Avegno sind ein Gemälde »Beschneidung« von G. A. De Ferrari (17. Jh.) sowie ein einzigartiges, 2,2 m hohes und 2 m breites *Eichenholzrelief eines flämischen Künstlers (16. Jh., »Passion Christi«) zu sehen. Die Anfahrt ist jedoch mühsam und die Kirche meist nur zum Gottesdienst offen (Pfarrei Tel. 0185 78 10 36).

Testana Chiesa

Unterhalb des Bergkamms, der das Recco-Tal vom ▶ Val Fontanabuona trennt, liegen die Ortsteile von Uscio (360 m, 2300 Einw.). Bekannt ist Uscio für die Produktion von Turmuhren, die von aus Deutschland zurückgekehrten Gastarbeitern eingeführt wurde (**Museo Trebino**, Besuch zu Bürozeiten, Anm. Tel. 0185 91 94 10). Die von einem alten Turm mit barockem Obergeschoß flankierte Kirche **S. Ambrogio** (12. Jh.) sollte Ende des 19. Jh.s der neuen Kirche weichen, blieb aber auf Initiative des Denkmalpflegers Alfredo D'Andrade erhalten. Sie zeigt lombardische Einflüsse; die Arkaden im dreischiffigen Inneren laufen zum Altar hin zusammen. Die Kirche ist außer 11.30 – 15.30 Uhr von der neuen Pfarrkirche aus zugänglich. Im Chor sind bedeutende Gemälde Genueser Meister des 17. und 18. Jh.s zu sehen, u. a. von C. Castello und E. Vaymer.

Uscio

In Italien bekannt ist die ca. 2 km östlich – in herrlicher Landschaft mit Meerblick – gelegene Colonia della Salute Arnaldi, eine 1906 gegründete Kureinrichtung, die mit einfachen physikalischen und diätetischen Mitteln das seelische und körperliche Wohlbefinden wiederherstellte. Natürlich ist man mit der Zeit gegangen, heute steht das Ganze unter dem Titel Well- und Fitness (www.coloniaarnaldi.com). In der Siedlung stehen noch einige hübsche Pavillons im Kolonialstil.

Colonia Arnaldi

** Cervo

Provinz: Imperia
Höhe: 0 – 66 m ü. d. M.
Einwohner: 1200

E 8

Eines der schönsten und ungewöhnlichsten mittelalterlichen Stadtbilder in Ligurien besitzt Cervo, das zwischen Alassio und Imperia an der Küste der Ponente liegt.

Von der Burg über der Altstadt verlaufen Gässchen – mit schönen Portalen und Kieselpflastern – bergab zur Piazza S. Giovanni Battista mit der hoch aufragenden gleichnamigen Barockkirche, im Sommer der stimmungsvolle Rahmen für die Konzerte des Kammermusikfestivals. Unterhalb des Platzes gruppieren sich Palazzi aus dem 17. und 18. Jahrhundert, die vom Aufschwung der Stadt in dieser Zeit zeugen. Unterhalb der Via Aurelia dehnen sich flache, nicht gerade schöne Strände mit Sand (Badeanstalten) bzw. Kies (frei zugänglich) und kristallklarem Wasser aus.

SEHENSWERTES IN CERVO

Castello An der Piazza Castello am oberen Rand der Altstadt (Parkplätze) steht die Burg der Clavesana, die für 1196 bezeugt ist. Später war sie Sitz des genuesischen Statthalters, und im 16. Jh. wurde sie zur Kirche umgebaut. Hier sind das Tourismusbüro und das **Museo Etnografico del Ponente Ligure** untergebracht, das das Leben in den Küstenorten illustriert: Einrichtungen von Wohnungen und Werkstätten, Geräte aus Fischerei (auch aus der ehedem in Cervo heimischen Korallen-»Fischerei«) und Landwirtschaft.
Museo Etnografico: im Sommer tgl. 10.00 – 13.00, 18.00 – 23.00 Uhr, sonst Di. – So.10.00 – 13.00, 14.00 – 18.00 Uhr, Eintritt 3 €

*San Giovanni Battista Blickfang ist die lebhafte Fassade der barocken Pfarrkirche. Der einschiffige Bau, eines der typischsten Beispiele des ligurischen Barocks, wurde unter G. B. Marvaldi 1686 begonnen und von dessen Sohn Giacomo 1722 beendet. Der Turm ist ebenso wie die Chorfresken ein Werk von F. Carrega (1758 – 1778). Im prachtvoll stuckierten, renovierungsbedürftigen Inneren u. a. ein mächtiger, **typisch ligurischer Hochaltar**, ein Marmortabernakel des 16. Jh.s, ein hölzernes Chorgestühl (18. Jh.), die Holzskulpturengruppe »Familie des hl. Johannes« von M. Poggio und ein Kruzifix von A. M. Maragliano.

Santa Caterina Gegenüber, etwas tiefer, steht das Oratorium S. Caterina (13. Jh.), das als Ausstellungsraum dient. Unterhalb der Piazza S. Giovanni Battis-

S. Giovanni Battista (»Chiesa dei Corallini«), das Wahrzeichen von Cervo

ta im Halbkreis die Palazzi Viale-Vento, Multedo Viale-Ferraro und De Simoni. Weiter abwärts passiert man die Porta Marina und den Palazzo Morchio, heute **Rathaus**, von Ende des 17. Jh.s mit einem schönen Schieferportal nach Genueser Art.

UMGEBUNG VON CERVO

Andora (7500 Einw.), eine weitläufige Gemeinde zwischen Capo Mele und Capo Cervo, besitzt außer dem 9 km südlich von Alassio gelegenen unbedeutenden Badeort **Marina di Andora** (großer Jachthafen) keine größere Siedlung. Im weiten Tal des Merula wird Obst und Gemüse angebaut. Bei Gelegenheit ist **Andora Castello** einen Abstecher wert: Auf einem von Weinbergen umgebenen Hügel stehen die Reste der 1170 erwähnten Burg der Clavesana und die spätromanische Kirche SS. Giacomo e Filippo (Fassade 1901; das Pentaforium ist nicht original, wohl aber das Portal). Ihre Apsisfront zeigt das typische Bild der Stauferromanik, der Glockenturm war einst der Torturm der Burg. Nahe der Autobahnbrücke ist in der Ebene die zehnbogige mittelalterliche Brücke **»Ponte romano«** erhalten, die den Verlauf der römischen Straße markiert.

Andora

Steil steigt die Straße nach Tèstico an (460 m, 200 Einw.), einem alten Ort auf dem Bergrücken zwischen den Tälern des Merula und des Lerrone (schönes Panorama). Die barocke Pfarrkirche Pietro e Paolo (1787) enthält ein Altarbild von Lazzaro Tavarone (16. Jh.) und Fresken aus dem 18. Jahrhundert. Reste einer Burg der Doria (13. Jh.) stehen auf dem Monte Arosio (ca. 2,5 km westlich).

Testico

Cervo erleben

AUSKUNFT (IAT)
Piazza Santa Caterina 2
18010 Cervo
Tel. 0183 40 81 97
www.cervo.com

FESTE & EVENTS
Cervo: 23./24. Juni Patronatsfest S. Giovanni Battista. Juni: Festival Mediterraneo della Chitarra e il Festival d'Organo. Juli/August Internationales Kammermusikfestival, begründet 1964 von Sándor Végh, mit Weltklasse-Künstlern und Konzerten vor der Kirche San Giovanni Battista. Erste Sept.-Hälfte Internationale Sommerakademie mit öffentlichen Konzerten. Info und Karten bei der IAT. **Villa Faraldi:** August: Festival di Villa Faraldi.

ESSEN/ÜBERNACHTEN
San Giorgio ●●●
Via A. Volta 19, Tel. 0183 40 01 75
Mo.abend/Di. geschl., Juli/Aug. nur Di.mittag geöffnet
Beim Castello empfängt das schön schnörkelig eingerichtete Restaurant; eine wunderbare Aussicht hat man von der Terrasse. Einfallsreiche Küche, v. a. Meeresfrüchte, und beste ligurische Weine. Zwei komfortable Suiten.

Ristorante Pensione Bellavista ●-●●
Piazza Castello 2, Tel. 0183 40 80 94
www.bellavistacervo.com
Schlichter, aber mit mindestens ebenso schöner Aussicht gut wohnen und essen in angenehmer familiärer Atmosphäre.

San Bartolomeo al Mare

Im unattraktiven Badeort S. Bartolomeo al Mare (3000 Einw.) 10 km östlich von Imperia blieb von den beiden historischen Zentren, Rovere und S. Bartolomeo del Cervo, nicht viel übrig. Sie liegen hinter der Via Aurelia und der Bahnlinie. Rovere gruppiert sich um die spätmittelalterliche Wallfahrtskirche N. S. della Rovere (im 16./17. Jh. vergrößert). In der klassizistischen Fassade (1860) ein Portal von 1553; im Inneren u. a. ein Kruzifix aus dem 15. Jh. und Tafeln eines Polyptychons aus dem 16. Jahrhundert.

Villa Faraldi

Der pittoresk mittelalterliche Ort (450 Einw.) liegt 7 km von S. Bartolomeo di Cervo am Hang über dem oberen Stera-Tal. Das **Festival di Villa Faraldi** im August bringt hochkarätige Musik aller Art und Theater (www.alchimea.it). Initiatoren waren 1983 der norwegische Bildhauer Fritz Røed und die Schweizer Musiker Heidi Saxer und Gerhard Holzer. In der üppig dekorierten Renaissance-Pfarrkirche S. Lorenzo in Villa (Fassade 19. Jh.) sind ein Polyptychon »Hl. Sebastian« (16. Jh.) – bemerkenswert die hierarchische Anordnung der Figuren um das Zentralbild – und eine römische Grabinschrift unklaren Ursprungs zu sehen, die älteste der Region (2. Jh. v. Chr.).

Deglio

Der Name **»Pancalino«** stand lange für einen unbekannten Maler, der für etwa 1525 bis 1578 in Ligurien dokumentiert ist. Viele Werke werden ihm zugeschrieben, so das feine Polyptychon (1562) in der

Kirche San Bartolomeo in San Bartolomeo di Cervo. Das Polyptychon von 1578 in der Kirche San Bernardo in Deglio oberhalb von Villa Faraldi ist als einziges mit »Pancalino« signiert; doch weiß man heute, dass dies der Auftraggeber war, der Maler hieß Giulio De Rossi und war nur einer aus einer ganzen Künstlerfamilie. Dennoch wird der Name Pancalino weiter für diese Werkstatt verwendet.

* Chiavari

M 6

Provinz: Genua
Höhe: 5 m ü. d. M.

Einwohner:
27 300

Mit seiner schönen, ursprünglich gebliebenen Altstadt besitzt Chiavari an der Riviera di Levante ein erlebenswertes Kleinod.

Das Industriezentrum, in dem der Tourismus nur eine untergeordnete Rolle spielt, liegt in der Mitte des Golfo di Tigullio in der kleinen Schwemmlandebene des Flüsschens Entella. Der Name »Chiavari« wird wohl nicht korrekt als »Schlüssel zu den Tälern« gedeutet, auch wenn hier die Täler Fontanabuona, Sturla und Graveglia münden. Wichtige Wirtschaftszweige sind der Schiffbau und die Verarbeitung

Die stimmungsvolle Piazza Mazzini mit dem Justizpalast

Chiavari & Lavagna erleben

AUSKUNFT (IAT)
Corso Assarotti 1, 16043 Chiavari
Tel. 0185 32 51 98
www.comune.chiavari.ge.it
www.terrediportofino.eu

Stazione, Piazza Torino, 16033 Lavagna
Tel. 0185 39 50 70
www.comune.lavagna.ge.it

FESTE & EVENTS
Chiavari: Antiquitätenmarkt am 2. Wochenende des Monats. 1.–3. Juli: Fest N. S. Signora dell'Orto mit Feuerwerk. Im Sommer (wechselnde Termine) »Grande Abbuffata« (Großes Gelage) in der Altstadt. Sept.: »Palio del Tigullio«. **Lavagna:** 14. Aug.: »Torta dei Fieschi«. 1. Aug.-So.: Patronatsfest S. Stefano.

ESSEN
❶ *Osteria da Vittorio* €
Chiavari, Via Bighetti 33
Tel. 0185 30 50 93, Do. geschl.
Sehr gutes, einfaches Restaurant in den Arkaden bei S. Giovanni Battista. Täglich wechselndes Angebot.

❷ *Antica Osteria Luchin* €–€€
Chiavari, Via Bighetti 51
Tel. 0185 30 10 63, So. geschl.
Echte ligurische Hausmannskost, z. T. aus dem Holzofen, bietet der etwas teurere Nachbar: unten an langen Tischen, im 1. Stock an normalen Tischen. Häufig wechselndes Menü. Im prachtvollen Laden nebenan können Sie sich mit Produkten der Osteria versorgen.

❸ *La Brinca* €€€
Campo di Né 58
Tel. 0185 33 74 80, abends geöffnet, Sa./So. auch mittags; Mo. geschl.
Abgelegen im Graveglia-Tal hinter Lavagna. Dennoch hat das Restaurant viele Stammgäste, denn hier pflegt man eine ungewöhnliche, feine ländliche Küche. Der Keller bietet über 1000 Weine und 300 Destillate! Anmeldung unabdingbar.

ÜBERNACHTEN
❶ *Hotel Monte Rosa* €€–€€€
Chiavari, Via Monsignore Marinetti 6
Tel. 0185 30 03 21
www.hotelmonterosa.it
Schönes, bestens geführtes Mittelklassehaus am Rand der Altstadt. Großzügige Zimmer, teils mit Balkon oder Veranda, zum Relaxen stehen Pool und eine Clubterrasse zur Verfügung. Empfehlenswert ist auch das recht noble Restaurant.

❷ *B & B La Luna* €
Caperana, Via Case Sparse 18
Tel. 0185 38 21 63, www.bedlaluna.com
3 km nördlich, Anfahrt über SP 225
Angenehme schlichte Unterkunft am Hang, mit herrlicher Aussicht auf Chiavari und das Meer.

❸ *Hotel Mediterraneo* €–€€
Cavi di Lavagna, Via Varese 20
Tel. 0185 39 00 48, www.hotelmed.eu
Zwischen Lavagna und Sestri Levante. Etwas erhöht und ruhig gelegenes modernes Haus, die meisten Zimmer haben Balkon mit Meerblick. Mit Restaurant.

von Schiefer aus dem Fontanabuona-Tal. Wenig attraktiv ist die Küstenpartie, mit endlosen Kiesstränden entlang der hoch belasteten SS 1 und gesichtslosen Siedlungen und Ferienhotels.

Zum ersten Mal wird »Clavaro« im Jahr 980 genannt. 1167 wurde der Ort von Genua besetzt und als Vorposten gegen die Herren des Hinterlandes, die Fieschi und die Malaspina, mit Mauern und Burg befestigt. Unter der Herrschaft der Republik Genua (1332 Capitanato) dehnte sich die Stadt aus, Handwerk und Handel blühten auf; Chiavari wurde Verwaltungs- und Gerichtszentrum des Golfo di Tigullio. Unter Napoleon wurde Chiavari 1805 Hauptstadt des Départements Apenninen; ab 1815 gehörte es zum Königreich Sardinien, von 1817 bis 1859 als Provinzhauptstadt, eine Rolle, die man noch nachträumt.

Aus der Geschichte

SEHENSWERTES IN CHIAVARI

Die atmosphärereiche Altstadt – ihr Rechteck lässt noch den Ursprung als römisches Castrum erkennen – wird durch die über 3 km langen **mittelalterlichen Arkaden** geprägt. An den Säulenformen kann man noch die Parzellen erkennen: quadratische oder okto-

*Stadtbild

Essen
① Osteria da Vittorio ③ La Brinca
② Osteria Luchin

Übernachten
① Hotel Monte Rosa ③ Mediterraneo
② La Luna

ZIELE • Chiavari

gonale markieren die Grenzen, dazwischen stehen runde. Am Meer (Promenade) und um die Altstadt herum säumen **noble Bauten aus Historismus und Jugendstil** die breiten, mit Palmen und Orangenbäumen bestandenen Straßen.

Piazza N. S. dell'Orto

Das Entree zur Stadt vermittelt an der Küstenstraße die Piazza N. S. dell'Orto mit ihrem schattigen Park. Im Bischofspalast präsentiert das **Museo Diocesano d'Arte Sacra** wertvolle Kunstwerke: Gemälde, Skulpturen, Silber, liturgische Geräte und Gewänder. Ebenfalls im Bischofspalast das Museo dell'Osservatorio Meteosismologico (für Meteorologie und Geophysik).

Museo d'Arte Sacra: Mi., So. 10.00 – 12.00 Uhr, Eintritt frei
Museo Meteosismologico: Di., Fr. 9.00 – 12.00 Uhr, Eintritt frei

Kathedrale

Am Rand des Parks ragt der gewaltige Säulenvorbau der Kathedrale Nostra Signora dell'Orto auf. Ihr Name rührt von einem Marienfresko, das Benedetto Borzone während der Pest 1493 hier auf eine Gartenmauer malte. Nach einer **Marienerscheinung 1610** – beim ersten Altar links ist auf dem Boden die Stelle markiert – wurde die Kirche 1613 – 1633 errichtet und das Marienbild hierhergebracht.

Der Vorbau wurde 1841 begonnen und erst 1907 fertiggestellt. Die Fresken des Mittelschiffs stammen von F. Gandolfi (1868), diejenigen im Chor von C. Baratta (1810). Im mächtigen Hauptaltar (G. B. Ferrandino, 1624) das erwähnte Bild der Gnadenreichen Madonna. Weiter zu beachten sind Werke von A. M. Maragliano und Orazio De Ferrari.

Kathedrale: Zugänglich 8.30 – 12.00, 16.00 – 19.00 Uhr

Vorbei am Rathaus an der Nordseite des Platzes (19. Jh.) gelangt man auf die **Piazza Mazzini** – vormittags ist hier Markt – mit dem Justizpalast (»Cittadella«), der 1886 an der Stelle der geschleiften Zitadelle von 1404 errichtet wurde; hinter ihm ist ein zinnenbekränzter Turm der Zitadelle (1537) erhalten, der das Historische Archiv beherbergt. Der Palazzo Torriglia am Westeck des Platzes ist ein Beispiel für den Manierismus in Ligurien (1. Hälfte 17. Jh.).

> **BAEDEKER TIPP !**
>
> *Chiavarine*
>
> oder Campanini heißen die leichten, eleganten Stühle aus gedrechseltem Buchen- oder Kirschholz, für die Chiavari berühmt ist. Bei Fratelli Levaggi (Via Parma 469, Tel. 0185 38 30 92) kann man aus über 35 Modellen wählen. Auch Adriano Podestà, Via Gastaldi 17, ist eine gute Adresse.

Der Nordrand des Platzes liegt in der Flucht der Via Martiri della Liberazione, einst der **Carrugio dritto**, die von Arkadengängen gesäumte Hauptstraße mit schönen Läden. Im Westen stößt sie auf den Viale Millo, einen Straßenzug des ausgehenden 19. Jh.s (hier Villa Ottone mit oktogonaler Turmspitze, 1900). Nördlich erreicht man die Kirche **S. Giacomo di Rupinaro** (um 1635, Fassade 1938), die einen Marmoraltar von F. Schiaffino (18. Jh.), eine Orgel von Roccatagliata-Ciurlo (1793) und Gemälde von G. B. Carlone besitzt. Hinter der Kirche der Palazzo de Scalzi Gagliardi (18. Jh., Via Marinetti).

*Carrugio dritto
Viale Millo

Die gleichnamige Piazza dominiert die moderne Front (1935) der Kirche S. Giovanni Battista. Der Vorgängerbau des 12. Jh.s wurde bis 1631 durch einen barocken Bau von Andrea Ceresola gen. Vannone ersetzt. Die Ausstattung enthält Gemälde von D. Piola, D. Fiasella und F. Schiaffino, ein **schwarzes Kruzifix** von Anfang des 15. Jh.s, Gemälde und Fresken des Genuesen G. B. Carlone im Chor sowie auf dem Hauptaltar ein Kruzifix von A. M. Maragliano. In der Nähe (Via Martiri della Liberazione 162) bezaubert die seit 1826 bestehende **Pasticceria Copello** mit ihrer Jugendstileinrichtung.

*San Giovanni Battista

Die Società Economica (Via Ravaschieri 15) wurde Ende des 18. Jh.s zur Förderung der wirtschaftlichen und kulturellen Entwicklung gegründet. Sie besitzt ein stadtgeschichtliches Museum, ein Risorgimento-Museum sowie die Quadreria Cassani-Copello mit Gemälden seit dem 15. Jh. (u. a. Quentin Metsys und Alessandro Magnasco).
Museo del Risorgimento: Di., Do. 10.00 – 12.00 Uhr. **Quadreria Cassani-Copello:** Mi. 10.00 – 12.00 Uhr, Tel. 0185 32 47 13, Eintritt frei

Società Economica

Der Palazzo Rocca an der Piazza Matteotti wurde 1629 durch die Fürsten Costaguta errichtet und 1760 durch die Grimaldi erweitert. Sein bemerkenswertes **Archäologisches Museum** ist den bedeutenden Funden aus der vorrömischen Nekropole der Tigullier gewidmet, die am Ende des Corso Millo freigelegt wurde. Die *Galleria Civica (Städtische Gemäldesammlung) im ersten Stock präsentiert bedeutende Werke der genuesischen Schule von Ende des 16. bis zum 18. Jh. sowie flämischer Maler (u. a. D. Piola, O. De Ferrari, Il Grechetto, A. Magnasco, G. B. Carbone, Q. Metsys), ferner Mobiliar des 18.–20. Jh.s und fernöstliche Keramik. Die kostbare Einrichtung umfasst u. a. feine Campanino-Stühle. Nach der Kunst ist Erholung angezeigt: im nahen **Caffè Defilla**, einem prachtvollen Kaffeehaus von 1914 (Corso Garibaldi 4). Seine Spezialität ist der »Sorriso«, mit Maraschino aromatisierter Nougat, in Schokomakronen gefüllt und mit Schokolade überzogen. Fr./Sa. abends, ab 21.30 Uhr, sorgt ein Pianist für die Vollendung der Nostalgie.
Museo Archeologico: Di. – Sa. 9.00 – 13.30 Uhr, Eintritt frei
Galleria Civica: Sa., So./Fei. 10.00 – 12.00, 16.00 – 19.00 Uhr, Eintritt frei

Palazzo Costaguta Rocca

San Francisco Östlich des Palazzo Rocca die säkularisierte Kirche S. Francesco, die ins Jahr 1630 zurückgeht. Einen früheren Konvent soll der hl. Franziskus gegründet haben. Von der reichen Ausstattung ist nur das Fresko »Kreuzigung« von G. B. Carlone und ein Marmormausoleum für Maria della Torre erhalten.

Burg Die Burg (Zugang über die Salita al Castello) wurde 1575 von den Doria z. T. geschleift; errichtet wurde sie 1167 von den Genueser Dogen zur Sicherung des Verkehrswegs in die Emilia bzw. Toskana.

UMGEBUNG VON CHIAVARI

Nostra Signora dell'Ulivo Im westlichen Ortsteil Bacezza, in einer Kehre der SS 1, liegt das Sanktuarium N. S. dell'Ulivo, dessen Geschichte mit einer Madonnenerscheinung im Jahr 936 beginnt. Der heutige Bau entstand um 1660 nach der Pest in Chiavari und wurde im 19. Jh. klassizistisch umgestaltet; innen Fresken von Baratta (2. Hälfte 18. Jh.), Chiarelli und Barchi (19. Jh.), im Hauptaltar das goldgrundige Gnadenbild.

*Madonna delle Grazie Ca. 3 km westlich von Chiavari (Zufahrt vor bzw. hinter einem Straßentunnel), mit herrlichem Panorama über dem Meer, steht das Sanktuarium Madonna delle Grazie (1430). Der einschiffige Raum ist reich mit **Fresken** gestaltet: im Chor und an den Langhauswänden das »Leben Christi« von Teramo Piaggio (1539), an der Eingangswand »Jüngstes Gericht« von Luca Cambiaso (1550).
🕐 Zugänglich 8.00–19.00 Uhr

LAVAGNA

Von Chiavari nur durch die Mündung des Entella getrennt ist Lavagna (12 500 Einw.), ein lebhafter Urlaubsort mit riesigem Jachthafen (1500 Plätze, einer der größten am Mittelmeer). Lebendig ist noch die Tradition der Verarbeitung des im Hinterland abgebauten Schiefers: Der Name der Stadt bedeutet nichts anderes als »Schiefertafel«.

Aus der Geschichte Aus Lavagna stammt das bedeutende Adelsgeschlecht der Fieschi, das zwei Päpste (Innozenz IV., Hadrian V.), 72 Kardinäle, eine Heilige (Katharina von Genua), Heerführer und Gelehrte hervorbrachte. Ihr Abstieg begann 1547 mit der **Verschwörung von Gian Luigi Fieschi** gegen Andrea Doria; sie schlug fehl, weil Gian Luigi im Hafen von Genua beim Betreten seines Schiffs stolperte, ins Wasser fiel und ertrank. Schiller machte daraus ein »republikanisches Trauerspiel«, in dem sein Fiesco – je nach Fassung – ins Wasser gestoßen oder erdolcht wird, weil er selbst sich zum Tyrannen aufzuschwingen droht.

Wie in Chiavari prägen Arkaden den mittelalterlichen Stadtkern, v. a. in der **Via Dante**, die auf die Piazza Marconi mündet. Von ihr führt eine prächtige Treppe zur Kollegiatkirche **S. Stefano** hinauf. Zu beachten sind dort die Gemälde von D. Piola und Bernardo Strozzi. Hinter der Kollegiatkirche erstreckt sich der ***Cimitero Monumentale**, der nach dem Friedhof in Genua-Staglieno als der beeindruckendste in Ligurien gilt; besonders berühren die Grabmäler für größere und kleine Kinder. Westlich der Piazza Marconi das Oratorium **N. S. del Carmine**, das Gemälde von D. Fiasella sowie von A. und D. De Ferrari besitzt; unter den Arkaden eine Madonna in Schiefer (17. Jh.). Die Arkaden an der **Via Nuova Italia** repräsentieren die Erweiterung der Stadt im 19. Jahrhundert. An der Ostseite der Piazza Libertà beeindruckt der **Palazzo Franzone** von 1696 (Rathaus). Bei der Maddalena-Brücke über den Entella steht die Kirche N. S. del Ponte (1492), deren Fassade ein Fresko von Lorenzo Fasolo (15. Jh.) ziert; drinnen ein kunstvolles Taufbecken (zugänglich 16.00–18.30 Uhr, So. auch vormittags). Im **Torre del Borgo**, einem mittelalterlichen Wachtturm (Via XX Settembre/Via Roma) zeigt die Collezione Civica Alloisio archäologische Funde von frühgeschichtlicher Zeit bis zum Mittelalter.
Torre del Borgo: Juli, Aug. Di.–So. 20.30–22.30, So. 10.00–12.00 Uhr

Sehenswertes in Lavagna

> **BAEDEKER TIPP**
>
> *Torta dei Fieschi*
>
> Das spektakulärste Fest Liguriens ist nach der 1300 kg schweren Torte benannt, die am Abend des 14. August auf der Piazza Vittorio Veneto an viele tausend Besucher verteilt wird (www.tortadeifieschi.com). Dafür muss jeder aber erst seinen »Partner« finden, was ein fröhliches Durcheinander verursacht. Das Fest erinnert an die Hochzeit von Opizzo Fieschi und Bianca de' Bianchi im Jahr 1230 – am Vorabend findet vor der Basilica dei Fieschi das »Addiu du Fantin« statt, das prachtvolle Abschiedsmahl für die Braut.

Vom Bahnhof führt eine Straße (4 km) hinauf zur 250 m hoch gelegenen Wallfahrtskirche S. Giulia di Centaura von 1654. Hier hat man ein ****großartiges Panorama** vor sich, auch vom Ristorante Belvedere, das traditionelle Küche bietet (nur im Sommer und abends, Tel. 0185 39 05 52, relativ teuer). Vor der Kirche ragt eine jahrhundertealte Flaumeiche auf, drinnen sind ein byzantinischer Holzkruzifixus und ein Polyptychon aus dem 16. Jh., vermutlich von Teramo Piaggio, interessant. Sehr preisgünstig und stimmungsvoll kann man in der »Canonica Vegia« der Pfarrei nächtigen (Schlafsäle mit Küche, Tel. 328 2 89 18 15, www.parrocchiasantagiulia.it).

*Santa Giulia di Centaura

DAS HINTERLAND VON CHIAVARI UND LAVAGNA

**Basilica di San Salvatore dei Fieschi

Die Basilika der Fieschi, schön in den Weinbergen bei Cogorno-San Salvatore gelegen, ist einer der wenigen bedeutenden romanisch-gotischen Sakralbauten Liguriens. Sie wurde 1245–1252 von **antelamischen Baumeistern** aus dem Tessin für Papst Innozenz IV. und seinen Neffen Ottobono (später Papst Hadrian V.) aus dem Geschlecht der Fieschi errichtet. Die gotische **Fassade** – aus lokalem Schiefer und Carrara-Marmor – zeigt ein Spitzbogenfries mit unterschiedlichen Kopfkonsolen und Dekoren dazwischen. Das Radfenster mit Marmorsäulen wird von den Reliefs der Evangelisten flankiert; das Tympanon des Portals wurde von Giovanni Barbagelata aus Rapallo freskiert (Ende 15. Jh.). Über der Vierung erhebt sich der wuchtige, mit Quadriforien gegliederte Turm, der das für Ligurien typische Bild bietet (z. B. Genua, San Giovanni di Pré). Der Grundriss ist rechteckig; der Eindruck eines Querschiffs entsteht durch die Ablösung des Holzdachs in den Seitenschiffen durch ein markantes Kreuzgratgewölbe, das durch kräftige Pfeilerbündel abgesetzt ist. Die Altäre aus dem 13. Jh. ruhen auf Säulenpaaren. Das **Silberkreuz von Papst Innozenz IV.** (1252) mit drei Kreuzreliquien wird im Diözesanmuseum Chiavari aufbewahrt.

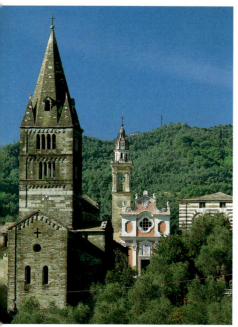

Basilica dei Fieschi mit der barocken Kirche S. Salvatore und dem Palazzo Gritta-Tassorello

Die Basilica dei Fieschi bildet mit dem **Palazzo Gritta-Tassorello** und der barocken Pfarrkirche S. Salvatore ein schönes Ensemble. Der verfallende Palazzo wurde 1252 errichtet und 1567, nach Zerstörungen durch Friedrich II., erneuert (kleines Museum). Die barocke Kirche (1725, Turm 1626, Fassade 1780) enthält ein Relief aus dem 15. Jh. und ein ebenso altes, Giovanni Mazone zugeschriebenes Polyptychon. Der **Kirchplatz** ist typisch wligurisch mit Meereskieseln gepflastert. Wichtige **Feste** werden am 1.–3. Mai, am 2. Mai-So., 1. Juni, 20. Aug. und 14. Sept. gefeiert.

Chiavari • ZIELE

❶ Die Anfahrt von Lavagna/Chiavari ist ausgeschildert (zunächst Richtung A 12). Im Sommer ist die Basilika bis 18.30 Uhr offen, sonst bis 17.30 Uhr; So. ist sie 10.30 – 13.30 Uhr nicht zur Besichtigung zugänglich.

Val Graveglia

Nordöstlich von Chiavari öffnet sich das Graveglia-Tal, das im Osten von Monte Chiapozzo (1126 m), Monte Porcile (1249 m) und Monte Bocco (1021 m) abgeschlossen wird. Aus dem Graveglia-Tal stammte die **Familie Garibaldi**; lange Zeit wanderten viele Bewohner nach Nord- und Südamerika aus. Es ist immer noch eine recht ursprüngliche Gegend mit Zeugnissen alter bäuerlicher Kultur, leidet aber auch unter der Entvölkerung und der Aufgabe der Traditionen. Die Orte, in denen man 1950 noch 3600 Einwohner zählte, gehören zur Gemeinde **Né** (2300 Einw.). Die Manganmine in Gambatesa (Besucherbergwerk) wurde 2013 geschlossen.

Mezzanego

Von Carasco geht es nördlich in das Tal des Sturla, und zwar auf der SS 586, die über den **Passo di Forcella** ins ▶Val d'Aveto führt. In Mezzánego, hübsch in Olivenhainen, Weinbergen und Obstplantagen gelegen, sind einige Kunstwerke interessant: in der Pfarrkirche Assunta (1729) ein Triptychon des 17. Jh.s, in S. Michele in Vignolo ein barockes Holzkruzifix (ebenfalls 17. Jh.) und insbesondere Gemälde von Benvenuto da Siena und Perin del Vaga (15./16. Jh.) in der Kirche N. S. del Carmine (1584, im 18. Jh. barockisiert).

Borzonasca

In der angenehmen Berglandschaft um das Städtchen Borzonasca (160 m, 2100 Einw.) kann man schöne Wanderungen unternehmen, etwa auf den Monte Bocco im Osten (1083 m), über den Monte Agugiaia (1090 m) hinüber zum Monte degli Abeti (1542 m), der im Naturschutzgebiet Aveto liegt, oder zum Lago di Giacopiane. In Borzonasca unterhält der **Parco Regionale dell'Aveto** ein Info-Büro (Tel. 0185 34 33 70). Das Oratorium S. Rocco besitzt ein mit 1554 datiertes Schieferportal; die Pfarrkirche S. Bartolomeo (1628/1735) bekam 1937 ein neues Bronzeportal.

*Abbazia di Borzone

Die Abtei des hl. Andreas, 3 km östlich von Borzonasca in schöner Umgebung gelegen, wurde bis 1244 erbaut (Inschrift am Glockenturm), im 18. Jh. barockisiert und 1834 nochmals verändert. Gegründet im 7. Jh. von Bobbio aus (▶Val Trebbia), wurde es 1184 zur Abtei erhoben und den Benediktinern von Clermont überlassen. 1536 wurde es säkularisiert und zur Kommende umgewandelt. Vom ursprünglichen Bau erhalten sind der Glockenturm und Teile der Fassade und Seitenwände; bemerkenswert ist die Verwendung von **Werkstein und Ziegeln nach lombardischer Art**. Innen ein Polyptychon »Hl. Andreas und andere Heilige« eines unbekannten Künstlers genuesisch-lombardischer Provenienz (1484) und ein schöner Tabernakel aus Schiefer (1513). Offen bis Sonnenuntergang.

Nichts als Rebenterrassen und Meer: Blick auf Manarola

** Cinque Terre

O / P 7

Provinz: La Spezia

Zwischen Sestri Levante und La Spezia, genauer zwischen der Punta Mesco im Norden und dem Capo di Monte Nero im Süden, haben die Menschen in jahrhundertelanger mühevoller Arbeit eine einzigartige Kulturlandschaft geschaffen, um Wein und Ölbäume zu kultivieren. Noch in den 1970er-Jahren ein echter Geheimtipp, gehören die »Fünf Dörfer« heute zu den großen Attraktionen Italiens.

Die Attraktivität des Landstrichs, seit 1997 Unesco-Welterbe, blieb nicht ohne Folgen: Etwa von Ostern bis in den Herbst hinein überschwemmen ihn ca. 2,5 Mio. Touristen aus aller Welt (davon 1 Mio. aus den USA), und so mancher wundert sich dann, nur als Geldlieferant willkommen zu sein. Allgemein besseren Gegenwert in puncto Essen und Nächtigung erhält man im Hinterland, das sich nicht auf Einmal-Laufkundschaft stützen kann. Die Fünf Orte – von Norden Monterosso al Mare, Vernazza, Corniglia, Manarola und Riomaggiore – sind auf dem Landweg nur mit viel Gekurve zu erreichen, Parkraum ist Mangelware: Man fahre mit den Zügen der FS, die allerdings oft überfüllt und nicht im besten Zustand sind.

Weinbau
Der Wein der Cinque Terre ist seit Jahrhunderten berühmt; Petrarca und Boccaccio haben ihn ebenso gelobt wie D'Annunzio. Auf den Terrassen wächst in der Tat ein besonderer Tropfen. Es scheint, dass

der Untergrund zusammen mit der exponierten Lage unmittelbar am Meer eine ganz besondere Kombination ergibt. Erzeugt werden der trockene, frisch und leicht bitter schmeckende Weißwein **Cinque Terre DOC** und der **Sciacchetrà**, ein trockener bis süßer Wein aus teilrosinierten Trauben (▶ S. 83). Die Produktion ist gering, die Weine sind praktisch nur in Ligurien zu bekommen.

»Der« Wanderweg der Cinque Terre – von Monterosso nach Riomaggiore, die in Luftlinie nur 9 km voneinander entfernt sind – ist der 12 km lange »Sentiero Azzurro«. Die Wanderung ist durch die steilen Anstiege und den teils schwierigen Weg ziemlich anstrengend (feste Schuhe sind unerlässlich), aber ein Tag reicht gut aus, um auch etwas Zeit in den Orten verbringen zu können. Gehzeiten: Monterosso – Vernazza 2 Std., Vernazza – Corniglia 1.30 Std., Corniglia – Manarola 1 Std., Manarola – Riomaggiore (»Via dell'Amore«) 20 Minuten. Weitere Wanderrouten ▶Baedeker Wissen S. 184.

<small>Sentiero Azzurro</small>

MONTEROSSO AL MARE

Monterosso (1500 Einw.), der westlichste und größte Ort der Cinque Terre, fällt etwas aus dem Rahmen, da er in einem kleinen Mündungstal mehr Platz findet als die anderen Dörfer. Auch gibt es hier einen schönen, langen Sand-Kies-Strand.

Der hübsche Hauptplatz hinter der Bahnlinie wird bestimmt von der **Loggia del Podestà** (14. Jh.) und dem wehrhaften Turm der Pfarrkirche S. Giovanni Battista (Patronatsfest 24. Juni), der im 15. Jh. als genuesischer Wachtturm entstand. Die grün-weiße Fassade stammt noch vom ersten, gotischen Bau (1307); sehr schön ist die Marmorfensterrose. Innen hervorzuheben eine Rosenkranzmadonna von Luca Cambiaso, ein Gemälde von M. Albertinelli (16. Jh.) und ein Kruzifix von A. M. Maragliano. Der Komplex des *Klosters San Francesco auf dem San-Cristoforo-Hügel westlich des Ortskerns wurde 1623 geweiht. Seine Kirche enthält einige wertvolle Bildwerke von Anthonis van Dyck, Luca Cambiaso, Bernardo Castello, Bernardo Strozzi und Giuseppe Palmieri. Über dem Kloster die Reste der Burg (Friedhof). Am Weststrand von Fegina ragt das Beton-Standbild des »Gigante« (1910) empor, ein 14 m hoher Neptun, der ursprünglich eine als Aussichtsterrasse dienende Muschel stützte.

<small>Sehenswertes</small>

Über Monterosso, an der Straße vom Colla di Gritta nach Vernazza, liegt in 466 m Höhe die Wallfahrtskirche Madonna di Soviore (CAI-Weg Nr. 9, ca. 1.30 Std.). Von der Terrasse unter mächtigen Steineichen hat man einen herrlichen Ausblick. Neben dem schlichten Albergo-Ristorante (preiswert und ordentlich, www.soviore.org, Tel.

<small>*Madonna di Soviore</small>

0187 81 73 85) die romanisch-frühgotische Kirche (13./14. Jh.); am Portal ein Marmorrelief der Schmerzensreichen Madonna.

* VERNAZZA

Zwischen hochgetürmten bunten Häusern und der Kirche S. Margherita di Antiochia öffnet sich die Piazza zum kleinen Hafen. Zum Bahnhof hinauf führt die Hauptstraße mit Bars, Pizzerien und Läden. Portiken, skulptierte Portale und Loggien lassen auf einen gewissen Wohlstand in alten Zeiten schließen. Vernazza, dessen Name mit der Traubensorte Vernaccia zusammenhängen soll, hat heute ca. 900 Einwohner, wobei noch Corniglia, Drignana und San Bernardino zur Gemeinde zählen. Im Herbst 2011 verursachten schwere Unwetter in Ostligurien heftige Bergrutsche, die Hauptstraße von Vernazza war bis zum Meer unter meterhohem Schlamm und Geröll begraben. Die Organisation »Save Vernazza« wurde gegründet, mit großzügigen Spenden – u. a. des berühmten Architekten Richard Rogers, seit Jahrzehnten Stammgast in Vernazza – und der Hilfe vieler Freiwilliger (v. a. aus den USA) war nach einem Jahr das meiste wieder in Schuss. Allerdings soll nun auch, nach Plänen von Rogers, der Ort aufgehübscht und touristengerecht möbliert werden, Renzo Piano soll eine (natürlich »energieeffiziente«) LED-Stadtillumination beisteuern: ein weiterer Schritt zum »Disneyland Cinque Terre«.

Sehenswertes Die romanische Kirche **S. Margherita di Antiochia** von 1318 mit ihrem 40 m hohen Turm betritt man durch die mit Bogenfriesen geschmückte Apsisfront. Das beengte Gelände verursachte den trapezförmigen Grundriss und die erhöht gelegene spätere Erweiterung. Im linken Seitenschiff sind ein A. M. Maragliano zugeschriebenes Holzkruzifix, Gemälde aus dem 17. Jh. und ein Barockaltar von 1750 zu sehen. Den Felsen an der anderen Seite der Piazza krönen noch Teile der **genuesischen Befestigung**. Vom hochgelegenen Rathausplatz hat man einen guten Blick auf den Ort.

Nostra Signora di Reggio In einer Stunde zu Fuß erreicht man, vorbei am Friedhof und im Zickzack durch Weinberge und Olivenhaine, die Wallfahrtskirche N. S. di Reggio; der Bau, der auf das 13. Jh. zurückgeht, enthält noch einige Originalteile.

* CORNIGLIA

Corniglia liegt als einziger Ort über dem Meer (193 m), doch ist auch er in der Saison überlaufen. Vom östlich gelegenen Bahnhof – hier auch der **Spiaggione**, der Badestrand – führen end- und schattenlose Treppen hinauf zum Dorf, man kann auch den Bus nehmen. Die * **Spiaggia di Guvano** nördlich von Corniglia, einer der schönsten Strände in Ligurien (mit großen Kieseln), ist auch bei FKKlern beliebt; zu erreichen vom Bahnhof durch einen nicht signalisierten, finsteren alten Bahntunnel (Taschenlampe!) oder vom Ort in 30 Min. auf schmalem, steilem Pfad: auf dem Weg 2 an der Hangkante nach Westen, dann hinunter zum Meer.

Sehenswertes

Das Panorama genießt man am besten vom Ausguck am Ende der Hauptgasse. Die Kirche **S. Pietro** über dem Ortseingang, eines der besten Beispiele der ligurischen Gotik, wurde 1334 erbaut (barock umgestaltet); in der Fassade eine feine Rose aus Carrara-Marmor, ebenso wie die Statuen in der Portallünette ein Werk der Brüder P. und M. da Campiglio (1351). Unter dem Kirchplatz ein Gebäude mit gotischen Bögen, das eine Poststation der Fieschi gewesen sein soll. Reste der genuesischen Befestigungsbauten liegen am Steilabfall zum Meer und im Friedhof (Burgruine).

San Bernardino

Das Sträßchen von Vernazza nach Corniglia überquert einen schmalen Bergrücken, auf dem sich in 385 m Höhe das Örtchen San Bernardino festklammert. Die gleichnamige Wallfahrtskirche, Anfang des 20. Jh.s aus einem Bau des 17. Jh.s errichtet, enthält Exvoten von Seeleuten. Guter Blick über die gesamten Cinque Terre. Zu Fuß von Corniglia in 1 Std. zu erreichen.

Unterwegs auf dem bestens eingerichteten »Sentiero Azzurro«

Cinque Terre erleben

AUSKUNFT
Provincia La Spezia Servizio Turismo ▶ S. 416
IAT Vernazza
Stazione FS, Tel. 0187 81 25 33

Parco Nazionale Cinque Terre
Manarola, Via Discovolo, Stazione FS
19017 Riomaggiore, Tel. 0187 76 26 00
www.parconazionale5terre.it
Informationsbüros in allen Bahnhöfen der Cinque Terre.

REISEZEIT
Um Ostern, im August und an den Wochenenden des Sommerhalbjahrs ist der Landstrich massiv überlaufen, aber auch sonst ist man nicht allein. Die insgesamt angenehmsten Monate sind Mai/Juni und September/Oktober. Kenner schwören auf Januar und Februar, wenn bei milden Temperaturen und Sonnenschein die Luft besonders klar ist.

ANREISE
Die Züge Genua – La Spezia sind das beste Verkehrsmittel. Schmale, kurvenreiche Stichstraßen führen zu den Orten, Parkraum ist kaum vorhanden; der einzige große Parkplatz (gebührenpflichtig) liegt in Monterosso-Fegina. Nicht auslassen sollte man eine Bootsfahrt entlang der Küste, die in den meisten Orten der Cinque Terre und der Riviera di Levante angeboten wird.

CINQUE TERRE CARD
Die Begehung der Wege im Nationalpark Cinque Terre ist gebührenpflichtig. Die Cinque Terre Card für 1 oder 2 Tage bzw. Wochenende umfasst diese Gebühr, dazu die Minibusse in den Orten und den Eintritt in eine Reihe interessanter Einrichtungen; die Cinque Terre Card Treno auch die Benützung der Züge zwischen Levanto und La Spezia. Erhältlich in den Bahnhöfen und Infobüros.

FESTE & EVENTS
Madonna di Soviore (Monterosso): Feste am 7. Juli, 15. Aug. und 8. Sept. Von Juli bis Sept. finden in der Kirche und auf dem Vorplatz Konzerte statt.
Vernazza: 20. Juli: Patronatsfest.
Riomaggiore: 24. Juni: Patronatsfest. Sept.: Weinfest.

ESSEN
Via Venti €–€€
Monterosso, Via XX Settembre 32
Tel. 0187 81 83 84
Modernes Lokal in Gewölben, in denen früher Sardellen eingesalzen wurden. Hervorragende Küche, sehr gutes Preis-Leistungs-Verhältnis.

Gianni Franzi €–€€
Vernazza, Piazza Marconi 1
Tel. 0187 82 10 03, www.giannifranzi.it
Außerhalb der Saison Mi. geschl.
An einem der schönsten Plätze der Cinque Terre oder in uralten Gewölben genießt man beste ligurische (Fisch-)Küche. Mit Zimmern in höhergelegenen Häusern (ca. 100 Stufen sind zurückzulegen!) – herrlicher Ausblick.

Antica Osteria Il Baretto €–€€
Vernazza, Via Roma 31
Tel. 0187 81 23 81, Mo. geschl.
Wenig touristisches, schlichtes Restaurant an der Hauptstraße Richtung Bahnhof (auch Plätze draußen): Genießen Sie die ausgezeichnete traditionelle Küche und den freundlichen Service.

A Cantina de Mananan €€-€€€
Corniglia, Via Fieschi 117
Tel. 0187 82 11 66, Di. geschl.
Gemütliche Osteria in altem Gemäuer mit exzellenter landestypischer Küche und guten Tropfen der Cinque Terre.

Aristide €€-€€€
Manarola, Via A. Discovolo 290
Tel. 0187 92 00 00, Mo. geschl.
Bekanntestes Restaurant am Platz – berühmt für Fisch – mit etwas edlerem Auftritt, dennoch preiswert. An der Hauptstraße unterhalb des Bahnhofs.

Marina Piccola €-€€
Manarola, Via Lo Scalo 16, Tel. 0187 92 09 23, außerhalb Saison Di. geschl.
Auch am Hafen schwelgt man in Meeresfrüchten. Gepflegtes Ambiente, schönes Panorama. Mit schicken Zimmern.

Cappun Magru €€-€€€
Manarola-Groppo, Via Volastra 19
Tel. 0187 92 05 63, Mi.–So. abends, im Winter So. auch mittags geöffnet
Eines der besten Restaurants der Cinque Terre, mit vorzüglicher, kreativer Fischküche, zuvorkommendem Service und absolut farien Preisen.

La Lanterna €-€€
Riomaggiore, Via S. Giacomo 10
Tel. 0187 92 05 89
Außerhalb der Saison Di. geschl.
Beim »Hafen« ist in einem der ältesten Häuser diese Trattoria beheimatet, die v. a. eine gute Fischküche bietet.

ÜBERNACHTEN
Aufgrund der guten Bahnverbindungen ist ein Standort außerhalb der Cinque Terre zu empfehlen. Die touristische Infrastruktur ist begrenzt, nur Monterosso verfügt über eine größere Zahl von Hotels. Mit besserem Gegenwert logiert man bei einem der vielen Privatvermieter; Adressen bei der IAT La Spezia und in den Informationsbüros des Nationalparks Cinque Terre.

Hotel Pasquale €€€
Monterosso, Via Fegina 4, Tel. 0187 81 75 50, www.hotelpasquale.com
Kleines, familiär geführtes und sehr gepflegtes Hotel im alten Ortskern, unmittelbar am Strand gelegen: Balkone mit wunderbarem Ausblick. Bei deutschen Gästen beliebt. Die vorbeiführende Bahnlinie stört nicht.

Albergo Barbara €-€€
Vernazza, Piazza Marconi 30
Tel. 0187 81 23 98, Jan. geschl.
Mittendrin: das große rote Haus an der Piazzetta des berühmtesten Cinque-Terre-Orts. Schlicht, aber geschmackvoll eingerichtet; nicht alle Zimmer haben ein eigenes Bad oder Blick aufs Meer.

La Torretta €€€€
Manarola, Vico Volto 20
Tel. 0187 92 03 27, www.torrettas.com
Turmhaus aus dem 17. Jh., eines der schönstgelegenen und edelsten Hotels (garni) der Cinque Terre, in gelungenem Mix aus Alt und Neu. Im oberen Ortsteil bei der Kirche. Jan.–März geschlossen.

Ostello Cinque Terre €
Manarola, Via Riccobaldi 21, Tel. 0187 92 00 39, www.hostel5terre.com
Modernes, angenehmes und sehr preisgünstiges Hotel nach Art einer Jugendherberge (2- bis 6-Bett-Zimmer). Familiäre Atmosphäre, schöne Dachterrasse und Restaurant. Gegenüber dem Hotel La Torretta (s. o.), ganzjährig offen.

Nationalpark Cinque Terre

**** Steile Küste, fünf Orte**

Felsklippen und terrassierte, mit Reben bestandene Hänge, die jäh zum Meer abstürzen; dazwischen, in enge Täler geklemmt oder hoch über dem Wasser, Dörfer mit atemberaubend übereinandergeschachtelten Häusern: Die »Fünf Orte«, wie die Küste der Riviera di Levante westlich von La Spezia heißt, bieten ein beeindruckendes Bild.

❶ Strada dei Santuari
Auf halber Höhe verbindet ein kurvenreiches Sträßchen die fünf Wallfahrtskirchen, die zu den Orten der Cinque Terre gehören – wunderbare Panoramen inklusive. Für Fußgänger gibt's großenteils eigene Pfade.

❷ Alta Via delle Cinque Terre
Etwas für geübte Wanderer ist der ca. 35 km lange Weg (CAI Nr. 1, Sentiero Rosso), der zwischen Levanto und Portovenere hoch auf dem Bergkamm zwischen der Küste der Cinque Terre und dem unteren Vara-Tal entlangführt. Bei einer reinen Gehzeit von 13, 14 Std. nützt man die Möglichkeiten für eine Übernachtung wie das Albergo von Madonna di Soviore.

❸ Portovenere
Der an der Südspitze der Halbinsel gelegene »Portus Veneris«, der »Hafen der Venus« gehört zwar nicht mehr zu den Cinque Terre, bildet aber geografisch und touristisch ihren Schluss- und Höhepunkt, ebenso wie die Wanderung von Riomaggiore dorthin.

❹ La Spezia
Mit der Überlastung der Cinque Terre wird die Hafenstadt, die viel für ihre Attraktivität tut, zunehmend interessant. Eine durchaus angenehme, untouristische Atmosphäre und einige hervorragende Museen bilden einen guten Rahmen für eine Wanderung in den Cinque Terre, die per Bahn oder Boot rasch zu erreichen sind.

Vernazza, der hübscheste und berühmteste Ort der Cinque Terre

e anstrengende Arbeit in den
einbergen wird durch kleine
nschienen-Zahnradbahnen
hweizerischen Fabrikats
edeutend erleichtert.

Manarola
Riomaggiore

Die Trockenmauern, die das Gelände kultivierbar machen, sollen –
e nach Quelle – insgesamt 3000 oder 7000 km lang sein. Ihre Instandhaltung
ist sehr mühsam, weshalb sie allmählich aufgegeben werden. Heute finden
hier auch »Voluntouristen« ein Betätigungfeld.

* MANAROLA

Manarola, das seit 1806 zur Gemeinde Riomaggiore gehört, ist wie dieses so kühn in eine Bachmündung geschachtelt, dass es nicht einmal einen Platz oder einen Hafen gibt; die Boote werden auf Terrassen gezogen, die z. T. über dem Bach angelegt sind.

Sehenswertes Am oberen Ortsrand steht die gotische Kirche Natività di Maria Vergine (auch S. Lorenzo, 1338), deren schlichte Fassade ein überraschend prächtiges **Radfenster aus Carrara-Marmor** aufweist, wie das in Corniglia ein Werk von P. und M. da Campiglio. Das Tympanonrelief mit dem Martyrium des hl. Laurentius (15. Jh.) wird im Inneren aufbewahrt; außerdem sind hier die Triptychen »Hl. Laurentius mit den hll. Anton und Bernardino« und »Madonna mit Jesuskind und Heiligen« (beide 15. Jh.) interessant. Gegenüber der Kirche der Campanile, eigentlich ein Wachtturm aus dem 16. Jahrhundert.

> **BAEDEKER TIPP**
>
> *Wein der Cinque Terre*
>
> In Groppo oberhalb von Manarola – zu erreichen mit Bus oder zu Fuß in 40 Min. – hat die Cooperativa Agricoltura delle Cinque Terre ihren Sitz (mit Verkauf und kleiner Ausstellung, www.cantinacinqueterre.com). In der Enoteca Internazionale in Monterosso (Via Roma 62) kann man die Weine bei kleinen Imbissen probieren.

Volastra Eine Stunde steigt man durch steile Wein- und Oliventerrassen zum alten Ort Volastra (314 m) auf; von hier aus gesehen scheint Manarola jeden Augenblick ins Meer zu fallen. Etwas höher liegt das Sanktuarium **Nostra Signora della Salute**, dessen Äußeres das originale Aussehen des 12. Jh.s bewahrt hat. Herrliche Aussicht.

Via dell'Amore Zwischen Manarola und Riomaggiore verläuft entlang pittoresker Felswände die Via dell'Amore, ein bequemer Spazierweg, der 1926 bis 1928 im Zusammenhang mit dem Eisenbahnbau angelegt wurde. Seinen Namen soll er bekommen haben, weil er bald für eine Verbindung der Jugend beider Orte sorgte.

RIOMAGGIORE

Riomaggiore (1600 Einw.), von La Spezia auf breiter Straße zu erreichen, hat sich durch den Tourismus stark vergrößert; die üblichen mehrstöckigen Häuser klettern weit die Hänge empor. Der alte Ortskern unterhalb der Bahnlinie ist z. T. über den Rio Maior gebaut. Der Legende nach wurde Riomaggiore im 8. Jh. von Griechen gegründet, die im Bilderstreit vor der Verfolgung durch den byzantinischen Kaiser Leo III. geflohen waren. Ab 1860 hielt sich hier öfter der Maler **Telemaco Signorini** auf, der den Ort und seine Um-

Madonna di Soviore oberhalb von Monterosso ist das älteste Marienheiligtum Liguriens, Kaiser Otto III. besuchte es im Jahr 996 auf seinem Zug nach Rom. Das Gnadenbild ist eine ungewöhnliche Pietà des 15. Jh.s schwäbischer Herkunft.

Monterosso

Vernazza

Corniglia

Manchmal gestaltet sich eine Bootsfahrt in den Cinque Terre knifflig: an Bord gehen im »Hafen« von Manarola

Eine Bootsfahrt gehört dazu: Hier vor Riomaggiore.

gebung in vielen Gemälden porträtierte; er war ein Hauptvertreter der »Macchiaioli« (»Kleckser«), der italienischen Impressionisten.

Die Pfarrkirche **S. Giovanni Battista** im Oberdorf (1343) ist wie praktisch alle Kirchen der Cinque Terre das Werk antelamischer Baumeister (als »magistri antelami« wurden Baumeister aus der Lombardei bezeichnet). Original sind die gotischen Portale an der rechten Seite, in denen frühromanische Teile verwendet sind (hier auch der Gründungsgedenkstein); die Fassade wurde unter Beibehaltung der Fensterrose 1871 neogotisch erneuert. Im Inneren u. a. eine Kanzel mit Marmorreliefs von 1530, ein Holzkruzifix von A. M. Maragliano und ein Gemälde von D. Fiasella (17. Jh.), ferner über einem schönen Renaissance-Portal ein Triptychon »Maria mit Rochus und Sebastian« (15. Jh.). Das Oratorium Assunta (16. Jh.) östlich der Kirche besitzt im Altar ein Triptychon »Maria mit Joseph und Dominikus« (15. Jh.). Im Nordwesten des Orts, auf dem Hügel Cerricò, die Reste der Burg aus dem 15./16. Jahrhundert.

Sehenswertes

Wie jeder Ort der Cinque Terre hat auch Riomaggiore seine Wallfahrtskirche mit herrlicher Aussicht. Die Madonna di Montenero, deren Ursprünge ins 14. Jh. reichen (heutiger Bau 1847), liegt südöstlich 340 m hoch auf dem Monte Nero (zu Fuß: Weg 3, ca. 1 Std.). Natürlich gibt es hier auch ein gutes Restaurant mit ländlichen Appartements Tel. 0187 76 05 28, www.colledeltelegrafo.it/santuario_di_montenero). »Das« Fest der Kirche findet am Pfingstmontag statt, in der Nacht auf den 15. Aug. geht eine Prozession hinunter nach Riomaggiore. Von hier führt der Weg 3 weiter hinauf zum Telegrafo (516 m, Restaurant). Man kann dann nach Biassa (▶ La Spezia) hinuntergehen oder den spektakulären Weg über Campiglia nach ▶ Portovenere nehmen (von Riomaggiore insgesamt 6–7 Std.).

*Madonna di Montenero

Wanderung nach Portovenere

Diano Marina

Provinz: Imperia
Höhe: 3 m ü. d. M.
Einwohner: 6100
E 8

Bei deutschen Gästen beliebt ist Diano Marina östlich von Imperia, das einen schönen, langen Sandstrand besitzt. Nach dem Erdbeben 1887 neu aufgebaut, präsentiert sich der Badeort mit großzügigem neuzeitlichem Stadtbild.

Vom Fischerdorf mit schmalen Gassen, wie man es z. B. in Varazze oder Laigueglia noch erkennen kann, ließ das Erdbeben nichts übrig, in der »Altstadt« – Fußgängerzone mit Restaurants und Bars – flaniert man auf rechtwinklig angelegten, von Palazzi des 19. Jh.s gesäumten Straßen. Über 100 Hotels etc. sorgen für die Gäste, die Saison dauert bis in den Oktober. Am gut 3 km langen Strand, d. h. an der Via Aurelia, verlaufen beliebte palmenbestandene Promenaden. Die am Berg gelegenen Ortsteile sind für ihr Olivenöl bekannt.

Aus der Geschichte
Als »lucus Bormani« war Diano ein den Ligurern heiliger Ort, geweiht einer Göttin, die die Römer mit der Jagdgöttin Diana identifizierten. Im Mittelalter war es Hafen von Diano Castello, dem feudalen Zentrum des Gebiets; 1697 trennte sich Diano Marina von Diano Castello. Mit dem Bau des Hotels Paradiso 1892 am Corso Garibaldi – heute ein erschwingliches Mittelklassehaus – begann die Entwicklung zum Fremdenverkehrsort.

SEHENSWERTES IN DIANO MARINA UND UMGEBUNG

Diano Marina
In der 1862 erbauten Pfarrkirche **S. Antonio Abate** sind Gemälde von Luca Cambiaso (»Tod des hl. Joseph«), G. Casone (»Kreuzabnahme«), G. A. Ratti (»Hl. Elisabeth«) zu beachten. Die Marmoraltäre stammen aus dem Vorgängerbau des 17. Jh.s. Das **Museo Civico** im Palazzo del Parco (Corso Garibaldi 60) zeigt römische und vorrömische Funde, Amphoren aus einem vor Diano gesunkenen römischen Schiff des 1. Jh.s sowie Gegenstände aus den Zeiten Napoleons und Garibaldis.
● **Museo Civico**: Juli/Aug. Mo.–Sa. 9.00–13.00, Mi., Fr. auch 21.00 bis 23.00, sonst Di.–Sa. 9.00–12.00, 15.00–17.00 Uhr, Eintritt 3 €

Diano Castello
Das hochgelegene Diano Castello (135 m, 2200 Einw.) war im Mittelalter das politische und wirtschaftliche Zentrum des Diano-Tals, heute lebt man von der Wein- und Olivenproduktion. Am **Rathaus**,

einst Palazzo der Grafen Quaglia, erinnert ein Fresko (17. Jh.) an die Teilnahme Dianos an der Schlacht von Meloria. Gegenüber, am höchsten Punkt des Orts, die prächtig ausgestattete Pfarrkirche **S. Nicolò** (1725); im dunklen Inneren ein Kruzifix von Maragliano (1719) und ein Chorgestühl von 1749. Die Kirche S. Maria Assunta besitzt von dem ursprünglichen Bau des 12./13. Jh.s noch die rechte Seite und die romanische Apsis (Bogenfries mit Kopfkonsolen); innen Fresken und ein Polyptychon aus dem 15. Jahrhundert. Am Südrand des Orts, in isolierter, aussichtsreicher Lage, steht die romanische Kirche **S. Giovanni Battista** (11./12 Jh.). Bemerkenswert sind der offene Dachstuhl und das spätgotische Fresko am Chorbogen.

Eine kleine Tour im abgelegenen Tal des San Pietro führt durch ausgedehnte Olivenhaine, bei Gelegenheit sollte man sich vom Schild eines **»frantoio«** (Ölmühle) zu einer Verkostung einladen lassen. Die Pfarrkirche in Diano Arentino (331 m, 680 Einw.), zeigt – im ligurischen Hinterland sehr selten – Formen der Renaissance. Innen ein Polyptychon »Thronende Jungfrau mit Heiligen« (15. Jh.). In der Kirche S. Bernardo in **Diano Evigno** ein Polyptychon des Pancalino (spätes 16. Jh.). In Diano Borello (194 m) bildet die Kirche S. Michele mit einem 1826 gepflanzten Baum einen hübschen Winkel; das Portal von 1485 zeigt im Tympanon ein Fresko aus dem 16. Jh.; innen

Diano Arentino

In der Vorsaison ist's noch ruhig am Strand von Diano Marina.

Diano Marina erleben

AUSKUNFT (IAT)
Piazza Dante, 18013 Diano Marina
Tel. 0183 49 69 56
www.golfo-dianese.com
www.comune.diano-marina.imperia.it

FESTE & EVENTS
1. So. im Monat, abends: Markt mit lokalen Produkten und Trödel. So. nach Fronleichnam: prächtige, riesige »Infiorata« (Blumenteppich). 16. Juli: Fest Madonna del Carmine, Feuerwerk am folgenden Sonntag. 15. Aug.: Ferragosto mit Meeresillumination.

ESSEN/ÜBERNACHTEN
Il Caminetto €-€€
Diano Marina, Via Olanda 1
Tel. 0183 49 47 00, Mo. geschl.
Angenehmes, gepflegtes, dennoch familiäres Hotelrestaurant mit schönem Garten. Geboten werden eine große Palette ligurischer Köstlichkeiten, hausgemachte Pasta und Dolci. Mit netten Zimmern.

Véggia Dian €-€€
Diano Marina, Via Gombi San Siro 1
Tel. 0183 40 05 94, www.veggiadian.it
Kleiner Agriturismo, 500 m vom Meer und 10 Min. vom Zentrum ruhig gelegen. Das rustikale Restaurant bietet eine vorzügliche Küche »mare e monti« (im Sommer abends außer Mo. offen, sonst Fr.-/Sa.abend und So.; reservieren).

ÜBERNACHTEN
Gabriella €€-€€€
Diano Marina, Via dei Gerani 9, Tel. 0183 4 03 13, www.hotelgabriella.com
Ein echtes Ferienhotel, unmittelbar am Meer gelegen (500 m vom Zentrum), mit eigenem Strand, Pool und Garten. Große, gemütliche, gut ausgestattete Zimmer mit Balkon.

---

sind u. a. ein **Triptychon von Antonio Brea** (1516), ein schöner Marmortabernakel, ein altes monolithisches Taufbecken und ein Holzkruzifix des 16. Jh.s interessant. Bei Roncagli wechselt man über die neue Brücke auf die andere Talseite. Die alte Brücke über den Bach San Pietro (17. Jh., für Fußgänger passierbar) ist ein interessantes Beispiel volkstümlicher Straßenbaukunst. Die Pfarrkirche Natività di Maria in **Borganzo**, 1866 teilweise neu aufgebaut, besitzt ebenfalls ein Polyptychon von Antonio Brea (1518).

Diano San Pietro 3 km von der Küste entfernt ist Diano San Pietro (85 m, 1100 Einw.). Die im unteren Teil des Orts gelegene gleichnamige Pfarrkirche ist von einer Mauer umgeben, mit der sich die Einwohner im 16. Jh. einen sicheren Platz schaffen wollten. Aus einem mittelalterlichen Bau, von dem noch Teile des oktogonalen Baptisteriums erhalten sind, entstand die Kirche in der 2. Hälfte des 18. Jh.s; zu sehen sind u. a. ein G. B. Paggi zugeschriebenes Gemälde (»Martyrium Johannes des Täufers«, Ende 16. Jh.), eine Pietà von F. Ravasco (1769) und eine schöne Marmorkanzel des lombardischen Bildhauers G. M. Augustallo da Paubio (Ende 16. Jh.).

Bilderbuchbeispiel für eine mittelalterliche ligurische Stadt: Dolceacqua

** Dolceacqua

Provinz: Imperia
Höhe: 51 m ü. d. M.
Einwohner: 2000

Eine Burg, eine Altstadt mit engen, verwinkelten Gassen und die elegante Eselsrückenbrücke über den Nervia bilden den »Dreiklang« im Stadtbild von Dolceacqua. Berühmt ist es für seinen Rotwein, den Rossese di Dolceacqua, und sein Olivenöl.

Das 8 km nördlich von ▶ Ventimiglia gelegene Städtchen ist das wirtschaftliche und administrative Zentrum des Nervia-Tals. Über der Altstadt (»Terra«) östlich des Nervia ragt die Ruine der Burg auf; in der Ebene am anderen Flussufer liegt das nur wenig jüngere Viertel »Borgo«. Insgesamt macht Dolceacqua, auch mit seinen Neubauvierteln, einen recht gediegenen Eindruck.

Aus der Geschichte

Der Name der Stadt geht möglicherweise auf das keltisch-ligurische Wort »dus-aga«, Gott der Zauberer, zurück, aus dem das heute noch im Dialekt gebrauchte »Dulsaga« wurde. Das Lehen der Grafen von Ventimiglia kam um 1260 durch Kauf an den genuesischen »capitano del popolo« Oberto Doria, dessen Familie hier über Jahrhunderte mächtig blieb. In den Auseinandersetzungen zwischen den Doria und den Grimaldi spielte Dolceacqua eine bedeutende Rolle als Grenzort. 1524 stellte es sich unter den Schutz Savoyens, das es 1652 zur Markgrafschaft erhob.

Dolceaqua erleben

AUSKUNFT (IAT)
Via Barberis Colomba 3
18035 Dolceaqua
Tel. 0184 20 66 66
www.dolceacqua.it, www.cmintemelia.it
Führungen: Cooperativa Omnia
Tel. 0184 22 95 07
www.cooperativa-omnia.com

FESTE & EVENTS
Dolceaqua: Letzter So. im Monat Markt mit Trödel und lokalen Produkten. Juli/Aug.: »Musica nel Castello« (Konzerte und Theater in der Burg). 15. Aug.: Patronatsfest Mariä Himmelfahrt mit Folklore und Feuerwerk, am Tag darauf Fest der »michetta«. Anf. Sept.: Juli-Sa. Fest der »fresciöi«. **Isolabona:** Juli: »Sagra dell'anguilla« (Aalfest). 22. Juli: Patronatsfest S. Maria Maddalena. **Apricale:** Ende Juli/Anf. Aug. »Notte brava« (nächtliches Fest). 8. Sept.: Mariä Geburt. **Perinaldo:** 10.–15. Juni Patronatsfest S. Antonio. 1. Aug.-Sa. Fest der »Re meésana« (Gefüllte Zucchiniblüten).

ESSEN
Aqua Dolce ❻❻
Dolceaqua, Via Patrioti Martiri 33
Tel. 0184 20 50 32, Mo. geschl.
In alten, unverputzten Gewölben genießt man traditionelle Gerichte wie Brandacujun und Cima genovese. Etwas touristisch, aber ausgezeichnet. Auch als Enoteca eine gute Adresse.

A Ciassa ❻
Apricale, Piazza Vitt. Emanuele II 2
Tel. 0184 20 85 88, Do.–Di. abends
An der Piazza von Apricale werden feinerte lokale Hausmannskost und gute regionale Weine serviert.

La Molinella ❻–❻❻
Isolabona-Molinella, Via Roma 60
(Richtung Pigna), Tel. 0184 20 81 63
Geöffnet Juni–Okt. tgl. abends, sonst Sa.abend, So.mittag (immer reservieren)
Dieser Agriturismo ist eine zuverlässige Adresse für »handgemachte« ligurische Küche, mit Gemüse aus dem eigenen Garten. Mit netten Zimmern.

La Favorita ❻–❻❻
Apricale-Richelmo, Strada S. Pietro 1
Tel. 0184 20 81 86
Außer Aug. Di.abend und Mi. geschl.
Westlich von Apricale (SP 63) mit schönem Blick auf das Städtchen liegt dieses familiäre Haus mit ausgezeichneter Küche, die auch seltenere heimische Gerichte und bestes Fleisch vom Grill bietet. Mit schönen, preiswerten Zimmern.

I Pianeti di Giove ❻
Perinaldo, Via Matteotti 40
Tel. 0184 67 20 93
Mi.–So. geöffnet, Di./Do. nur abends
Schattiger Garten mit herrlichem Ausblick, dazu eine bodenständige Küche. Unterhalb des Municipio.

ÜBERNACHTEN
B & B dei Doria ❻
Dolceacqua, Via Barberis Colomba 40/44
Tel. 0184 20 63 43, www.deidoria.it
Im Viertel Borgo, 150 m von der Piazza gelegen. Zwei hübsche Zimmer und ein Appartement, teils mit Terrasse und großartigem Blick auf die Burg.

Terre Bianche ❻❻
Dolceacqua-Arcagna, Tel. 0184 3 14 26
www.terrebianche.com
200 Jahre altes, renommiertes Weingut

8 km westlich von Dolceacqua: modern ausgestattete Zimmer, schöner Ausblick. Verkostungen mit ligurischen Gerichten.

La Riana ❷❷-❷❷❷
Perinaldo, Via Genova 12
Tel. 335 8 19 73 45, +49 172 4 23 38 82
www.hotellariana.com
Dieses Haus, das auch als Tagungshotel beliebt ist, besticht durch seine großartige Lage (mit Aussicht), die freundliche Atmosphäre und seine hübsche Ausstattung. Mit Restaurant. Unter deutscher Leitung. Im Winter geschlossen.

Die erste Burg der Grafen von Ventimiglia wurde erstmals 1177 als »Castrum de Dulzana« erwähnt. Nach 1260 wurde sie von den Doria allmählich zu einer befestigten Adelsresidenz umgewandelt. 1746 wurde die Burg im Österreichischen Erbfolgekrieg von der französisch-spanischen Artillerie sturmreif geschossen; dem nicht mehr bewohnbaren Bau versetzte das Erdbeben 1887 den Todesstoß. Heute werden in den Gemäuern Theateraufführungen und Konzerte veranstaltet. Schöner Ausblick auf Stadt und Umgebung. Führungen tgl. (Cooperativa Omnia, ▶linke Seite).
*Doria-Burg

In der üppig stuckierten Pfarrkirche S. Antonio Abate (um 1470, 1865 klassizistisch umgestaltet) sind ein wertvolles **Polyptychon von Ludovico Brea** (»Hl. Devota«, 1515) und ein schönes Marmorziborium aus der Renaissance zu sehen. Neben der Kirche der Palazzo der Doria (16. Jh.) mit skulptierten Portalen. Der Vorplatz dient auch als Pallone-elastico-Spielfeld. Gegenüber der Kirche ist der Laden der **Cooperativa Riviera dei Fiori** zu finden.
Sant'Antonio Abate

Auf dem Platz erinnert ein Denkmal an die Weidewirtschaft vergangener Zeiten. Vom Borgo führt ein anstrengender, aber lohnender Weg hinauf zur herrlich gelegenen **Kapelle San Bernardo** mit Fresken von Emanuele Maccari aus Pigna (15. Jh.).
Borgo

Einen Blick wert ist auch die romanische Kirche S. Giorgio (12. Jh.) am südlichen Ortsrand beim Friedhof. Die offene Dachkonstruktion aus Holz besitzt noch die spätmittelalterliche Bemalung, die Krypta unter dem Chor enthält die Gräber von Stefano Doria (1580) und Giulio Doria (1608).
*San Giorgio

UMGEBUNG VON DOLCEACQUA

Die Quellbäche des Nervia entspringen am Massiv des Monte Pietravecchia (2038 m), über den die französisch-italienische Grenze verläuft. Am Unterlauf ist das malerische Tal mit Olivenbäumen überzogen, am Oberlauf dehnen sich große Laubwälder aus.
Nervia-Tal

Rocchetta Nervina — Rocchetta Nervina (235 m, 270 Einw.) – nördlich von Dolceaqua in einem Nebental gelegen – besitzt einen interessanten **Y-förmigen Grundriss** und zwei alte Eselsrückenbrücken. Die Pfarrkirche S. Stefano (16. Jh., im 18. Jh. barockisiert) im Zentrum am Zusammenfluss von Rio Coe und Rio Barbaira weist ein schönes Portal von 1485 auf. Im Oratorio dell'Annunziata mit spätmittelalterlichem Portal ein Exvoto-Gemälde von 1626, das an die Verteidigung des Orts 1625 gegen die für Genua kämpfenden korsischen Truppen erinnert.

Isolabona — Das Gemeindegebiet von Isolabona (102 m, 680 Einw.) dehnt sich mit seinen Olivenhainen bis hinauf zum Monte Morgi (819 m) aus. Eine Burg der Doria (13. Jh.) überragt den schachbrettartig angelegten Ort. Auf der kleinen Piazza am unteren Ortseingang ein achteckiger Brunnen mit einer eigenartigen Brunnensäule (1486); am höher gelegenen Platz die Pfarrkirche S. Maria Maddalena von 1641, in der noch Reste einer spätmittelalterlichen Vorgängers zu sehen sind (Säulenbasen an der Empore). An der Durchgangsstraße die spätmittelalterliche **Wallfahrtskirche N. S. delle Grazie** mit einem dorischen Pronaos aus dem 17. Jh.; im 1. Joch sind bedeutende Fresken von Giovanni Cambiaso zu sehen (1. Hälfte 16. Jh.).

Pigna ▶ dort

Apricale — Ein **spektakuläres Bild – besonders wenn man von Isolabona kommt – bietet das mittelalterliche Apricale (273 m, 600 Einw.), das sich an einem Felssporn über das Tal des Merdanzo hinaufzieht. Apricale (von lat. »apricus«, »sonnenbeschienen«) wird 1016 und 1267 in den ältesten Verfassungen Liguriens erwähnt. Neben dem Tourismus sind Blumen und Oliven die wichtigsten Ertragsquellen, zudem wurde es von Ausländern, insbesondere Künstlern, »entdeckt« – ein Fünftel der Häuser sollen heute in schwedischem Besitz sein. Drei Tore (13. Jh.) lassen den Verlauf der Stadtmauer noch erkennen. Via Roma und Sportegu de-a Caravaglia – mit Wandmalereien aus den 1960er-Jahren – führen zum pittoresken Hauptplatz mit Pfarrkirche, Gemeindehaus und Oratorium. Reste der Burg der Grafen von Ventimiglia (12. Jh.) wurden in einem

Hauptplatz mit S. Bartolomeo und Rathaus

Land der Bergdörfer: Herrlich liegen Perinaldo (links) und Apricale.

Wohnhaus verwendet; ihr Turm wurde zum Campanile der Pfarrkirche Natività di Maria umfunktioniert. Die Burg beherbergt das **Museo del Castello della Lucertola** mit lokalgeschichtlicher Sammlung und Werken des Genueser Multikünstlers Emanuele Luzzati. Im Oratorium S. Bartolomeo (15. Jh.) ein Polyptychon aus dem Jahr 1544. Durch die Via Cavour gelangt man zum Friedhof mit der Kirche S. Antonio Abate (13./17. Jh.), die über Reste von Fresken aus dem 15. Jh. verfügt. An der Straße von Isolabona herauf steht die einschiffige Kirche S. Maria degli Angeli mit Fresken des 15.–18. Jh.s.
Museo del Castello: Mai/Juni Di.–So. 15.00–19.00, Juli/Aug. tgl. 16.00 bis 19.00, 20.00–22.00, So. auch 10.30–12.00 Uhr; sonst Di.–So. 14.00 bis 18.00, So. auch 10.30–12.00 Uhr, Eintritt 5 €

Sehr schön ist die Weiterfahrt nach Perinaldo (572 m, 900 Einw.), einem mittelalterlichen Dorf, das sich auf einem schmalen Bergkamm entlangzieht; nicht weniger beeindruckend ist der Blick zur Küste. Die Abhänge unterhalb Perinaldo werden für Weinbau, Olivenkulturen und Blumenzucht genutzt; nach Osten steigt der Kamm zum Monte Caggio (1090 m) und zum Monte Bignone an (1299 m, ▶Sanremo). Aus Perinaldo stammte eine bedeutende Familie von Astronomen; der berühmteste war Gian Domenico Cassini (1625 bis 1712, ▶ S. 68). Von der Piazza dei Martiri am Ortseingang führt die Via Maraldi links zum Geburtshaus von G. D. Cassini (Casa Maraldi). Sie steigt zur Pfarrkirche **S. Nicolò di Bari** an; 1357 erwähnt, datiert ihr Inneres von 1489, die Barockfassade von 1770. Am rechten Portal schöner Architrav mit Insignien der Doria von 1495. Am Altar das Relief »Ecce homo« von 1465, weiter zu beachten sind ein Gemälde aus der Guercino-Schule, ein Holzkruzifix (15. Jh.) und die Agati-Orgel von 1829. Von der Piazza Martiri geht man hinauf zum ehemaligen Kloster S. Antonio, heute Municipio, mit dem Museo Cassiniano. Es gibt dort eine **Sternwarte**, die astronomische Beobachtungen veranstaltet (Termine unter www.astroperinaldo.it).
Museo Cassiniano: Mo.–Fr. 8.30–14.00, Sa. bis 12.00 Uhr, Eintritt frei

**Perinaldo

** Finale Ligure

Provinz: Savona
Höhe: 5 m ü. d. M.
F/G 6/7
Einwohner: 11 800

Der bedeutendste Ort der Riviera di Ponente zwischen Savona und Albenga kann mit einer schönen Mischung aus städtischem Ambiente und Strandleben aufwarten, wobei der Tourismus nicht allein die große Rolle spielt wie in anderen Badeorten.

Finale setzt sich aus drei Ortsteilen zusammen, die bis 1927 auch selbständige Gemeinden waren: **Marina** ist der alte Stadtteil zwischen der Via Aurelia und der Küste, den man zunächst mit »Finale« identifiziert, wenn man auf der Via Aurelia hier ankommt; östlich, senkrecht zur Küste, schließt sich **Pia** an, und nordwestlich, 2 km von der Küste zurückgesetzt, liegt der alte **Borgo**. Finale hat eine interessante Umgebung; im Hinterland, um die Kalkfelsen der Rocca di Perti und des Monte Cucco, sind schöne Wanderungen möglich, ihre Kletterrouten sind ein Mekka für anspruchsvolle Freeclimber.

Ein wenig Geschichte

Hier endete eine Zeitlang der Einflussbereich des antiken Roms, weshalb es den Ort »Ad Fines« nannte. 967 wurde er in einer Urkunde erwähnt, mit der Kaiser Otto I. die Aleramische Mark begründete. Im Jahr 1142 kam Finale an die Markgrafen Del Carretto, bestätigt durch Kaiser Friedrich Barbarossa 1162; 1193 bildeten die Grafen

Essen
1. Gnabbri
2. U Quarté
3. Al Castello
4. Muraglia Conchiglia d'Oro

Übernachten
1. Garibaldi
2. Punta Est
3. Villa Chiara
4. Rocca di Perti
5. La Gioiosa
   La Rosita

Fixpunkt an der Strandpromenade: Piazza Vittorio Emanuele II

Del Carretto eine mächtige Markgrafschaft, ein Pfahl im Fleisch der Republik Genua, deren Territorium sie umgab. Trotz der Bestätigung des Besitzes durch Friedrich II. 1226 musste sie sich Genua unterwerfen (1290/1340; Bau der genuesischen Burg Castelfranco ab 1365). Nach spanischem Zwischenspiel ab 1602 wurde Finale 1709 österreichisch und 1713 an Genua verkauft.

FINALMARINA · FINALPIA

Zentrum von Finalmarina ist die atmosphärereiche Piazza Vittorio Emanuele II mit dem **Bogen der Margarethe von Österreich**, errichtet 1666 zu Ehren der spanischen Prinzessin, die auf dem Weg nach Österreich, zur Hochzeit mit Kaiser Leopold I., in Finale Station machte. Seine Kulisse bilden Palazzi des 17. Jh.s mit Hotels und Cafés. Auch am palmenbestandenen **Lungomare** zwischen Sandstrand und Altstadt reihen sich Hotels und Restaurants; westlich der Piazza der wuchtige Palazzo Buraggi (17. Jh.).

Piazza Vittorio Emanuele II

Die Basilika S. Giovanni Battista (begonnen 1619, geweiht 1675) bildet mit der gleichnamigen Piazza ein schönes Ensemble; ihre Fassade (N. Barella, 1762) ist **eines der besten Beispiele des Barocks in Ligurien**. Im reich dekorierten Inneren (mit Zwillingssäulen, nach Genueser Vorbildern des 17. Jh.s) bemerkenswerte Bildwerke, u. a. von P. G. Brusco (Chorgewölbe, Eingangswand), G. B. Merano und G. Passano (Fresken des Mittelschiffs, 1830), sowie ein Kruzifix von A. M. Maragliano und eine Skulpturengruppe von Antonio Brilla.

*S. Giovanni Battista

Hauptachse der Altstadt mit Geschäften, Cafés, Trattorien und Eisdielen ist der Straßenzug Via Colombo, Via Roma und Via Rossi. **Kapellen und Palazzi** mit schönen Portalen lohnen einen Blick:

Via Roma, Via Colombo

Finale Ligure erleben

AUSKUNFT (IAT)
Via San Pietro 14, 17024 Finale Ligure
Tel. 019 68 10 19
http://turismo.provincia.savona.it
www.comunefinaleligure.it

FESTE & EVENTS
Patronatsfeste: 24. Juni, Marina, S. Giovanni Battista; 3. Febr., Borgo, S. Biagio; um 15. Aug. (5 Tage), Pia, Mariä Himmelfahrt; 10. Aug., Varigotti, S. Lorenzo; 8. Dez. Unbefleckte Empfängnis. Dazu kommen in der 1. Juli-Hälfte die prächtige historische »Festa del Marchesato« (3 Tage), im August der Kammermusik-Wettbewerb »Palma d'Oro«.

ESSEN
❶ *Gnabbri* €–€€
Finalmarina, Via Pollupice 1
Tel. 019 69 32 89, Mo. geschl., abends geöffnet, So. auch mittags
Echte, bodenständige Trattoria mit kleiner Karte. Reservieren ist angezeigt.

❷ *U Quarté* €–€€
Finalborgo, Via Fiume 40, Tel. 019 69 03 00, außer Juli/Aug. Di.-/Mi.abend geschl.
Vor dem Stadttor des Borgo liegt das freundliche Restaurant mit ausgezeichneter traditioneller Küche.

❸ *Al Castello* €
Finalborgo, Piazza Tribunale 8
Tel. 019 69 24 74
Nettes Ristorante & Pizzeria in der Altstadt mit sehr angenehmen Preisen.

❹ *Muraglia Conchiglia d'Oro* €€€–€€€€
Varigotti, Via Aurelia 133
Tel. 019 69 80 15
Juni–Sept. Mi. geschl., sonst auch Di.
Das »orientalische« Fischerdörfchen besitzt eine gute Hotellerie und Gastronomie. In edlem Ambiente wird man hier mit fantasievollen Fischgerichten verwöhnt. Mit schönen, preisgünstigen Zimmern zum Garten.

ÜBERNACHTEN
❶ *Garibaldi* €€–€€€
Finalmarina, Piazza Vitt. Emanuele II 5
Tel. 019 69 04 53
www.garibaldihotel.com
Alter Palazzo am Hauptplatz von Finalmarina mit gutem Komfort, schöner Terrasse, Restaurant und eigenem Strand.

❷ *Punta Est* €€€€
Finalmarina, Via Aurelia 1
Tel. 019 60 06 11, www.puntaest.com
Mitte April–Ende Okt. geöffnet
Eines der schönsten und schöngelegenen Hotels Liguriens – eine Villa aus dem 18. Jh. am Meer. Mit hübschem Park, Pool und eigenem Parkplatz.

❸ *Villa Chiara* €–€€
Finalpia, Via Bolognani 12
Tel. 019 60 13 71
www.hotelvillachiarafinale.it
Sehr angenehmes, familiengeführtes Hotel, ruhig gelegen (nur Halbpension, sehr gute Küche), Gratis-Parkplatz. Zum Strand sind es ca. 600 m.

❹ *Rocca di Perti* €€
Finale, Località Chiazzari
Tel. 019 69 55 13, www.laroccadiperti.it
Moderner Agriturismo, hinter Finalborgo am Hang Richtung Calice gelegen. Romantische Zimmer mit Veranda, vorzügliches Abendessen für Hausgäste.

❺ An der Straße von Finalpia hinauf nach Manie liegen gute, preisgünstige kleine Hotels bzw. Ristoranti mit großartigem Ausblick.
Osteria del Sole (Restaurant)
Via Manie 51, Tel. 019 60 14 74
Agriturismo La Realidad (Fewo)
Via Manie 51/53, Tel. 019 60 04 55
La Gioiosa (Hotelrestaurant)
Via Manie 53, www.lagioiosahotel.it
Tel. 019 60 13 06
La Rosita (Hotelrestaurant)
Via Manie 71, Tel. 019 60 24 37
www.hotelrosita.it

etwa das barocke Oratorium dei Neri von 1697 (V. Colombo 55), der Palazzo Battaglieri (V. Barrili 11), der Palazzo Malvasia (V. Roma 8) und der prächtige barocke Palazzo De Ferrari (V. Roma 3). Das östliche Ende der Via Colombo bildet der **Arco di Carlo Alberto**, 1836 anlässlich der Eröffnung des Caprazoppa-Tunnels errichtet. Am östlichen Ortsrand von Finalmarina liegt erhöht die Burg **Castelfranco**, von Genua 1365–1367 errichtet. Sie wurde von den Spaniern erweitert und von Genua 1714 teilweise geschleift.

An der Via Brunenghi, der Verbindung von Finalmarina und Finalborgo, liegt hinter der Bahnunterführung die moderne Kapuzinerkirche, die Franziskus von Assisi geweiht ist. An ihrem Platz stand die erste Pfarrkirche des Gebiets, die **auf römischen Mauern** errichtet wurde. Vom frühchristlichen bzw. mittelalterlichen Bau aus drei Phasen wurden Reste freigelegt. **Chiesa dei Padri Cappuccini**
❶ Führung tgl. 16.00 Uhr und nach Anmeldung Tel. 019 69 17 25

Der östliche Ortsteil Finalpia dehnt sich entlang des Flüsschens Sciusa nach Norden aus. Jenseits der Brücke über den Sciusa steht die Abteikirche S. Maria di Pia. Ein Kloster existierte schon 1170, 1477 ließen sich Benediktiner vom Monte Oliveto in der Toskana hier nieder. Die Kirche wurde um 1725 neu gestaltet, der Turm besitzt noch seine romanisch-gotische Gestalt (13./14. Jh.; Reste des mittelalterlichen Baus auch in der Kirche). Bemerkenswert sind im Hauptaltar von 1728 das Bild »Madonna mit Jesuskind und Engeln«, das **Nicolò da Voltri** zugeschrieben wird, ein Tabernakel aus dem 15. Jh. und der intarsierte Orgelprospekt von Antonio da Venezia (1551). Im Konvent mit zwei Kreuzgängen wertvolle farbige Terrakotta-Bildwerke aus der **Della-Robbia-Schule** (Anfang 16. Jh.). **S. Maria di Pia**

FINALBORGO

Finalborgo bietet noch weitgehend das Bild von 1452, als Graf Giovanni del Carretto die Stadtmauern nach ihrer Zerstörung durch Genua wieder aufrichten ließ. Was auch heißt, dass noch viel Sub- *Stadtanlage

Stimmungsvolle, lebhafte Piazza Garibaldi in Finalborgo

stanz vor dem Verfall zu retten ist. Von Finalmarina her gelangt man zur **Porta Reale** (1702 erneuert). Die Via Torcelli führt, vorbei an S. Biagio (s. u.), über die schöne ***Piazza Garibaldi** zum Palazzo del Tribunale, den Giovanni del Carretto 1462 zum Zentrum der Markgrafschaft umgestalten ließ. An der Südwestseite des Platzes mit der einladenden Trattoria Invexendu steht der Palazzo Arnaldi (Fassade 18. Jh.), wenige Schritte weiter (nach links) in der Via del Municipio der Palazzo Ricci (Renaissance, prächtiges Schieferportal 1528). Die Via Nicotera verläuft dann zur **Porta Testa** (1452). Außerhalb dieser, am Platz der ehemaligen Zollstation, beginnt die Straße nach Calice Ligure (▶S. 202). Finalborgo liegt unterhalb eines Bergrückens, auf dem die Spanier in den Jahren 1640–1644 das mächtige **Castel San Giovanni** errichteten.

*San Biagio

Porta Reale, Stadtmauer und der schiefe spätgotische Turm (1463) der Basilika S. Biagio empfangen am Südrand von Borgo. Die Kirche, erbaut 1634–1659 nach dem Vorbild der Kathedrale in Savona, prunkt mit reicher Ausstattung aus intarsiertem Marmor. Die Rokoko-Kanzel von P. Bocciardo (1765) spielt mit der Darstellung des Wagens des Propheten Elias auf die Familie Del Carretto (dt. »vom Wägelchen«) an, die **Balustrade** vor dem Hauptaltar ahmt eine Spitzendecke nach (D. Bocciardo, 1799). Links des Hauptaltars ein Tabernakel von G. L. Sormano (1521). Unter den Bildwerken aus dem 16.–18. Jh. sind bemerkenswert ein **Triptychon des Pancalino** (um 1540), ein Altarbild von O. Pascale (»Martyrium der hl. Katharina«, 1533) sowie zu Seiten des Hauptaltars Gemälde von L. Spoleti (links Kopie nach Raffael, rechts Kopie nach Rubens, 1722). Über dem Mittelportal das Grabmal für Sforza Andrea del Carretto aus der Carlone-Schule (1604), das sich im Kloster S. Caterina befand.

An der Stadtmauer, nördlich der Via Nicotera, liegt der Komplex des Klosters S. Caterina, das als drittes Dominikanerkloster in Ligurien 1359 von den Del Carretto gegründet wurde. Hier präsentiert das **Archäologische Museum** die Funde aus dem Finalese von der Vorgeschichte (u. a. aus der Höhle Arene Candide) bis zum Mittelalter.
❶ Di.–So., Juli–Aug. 10.00–12.00, 16.00–19.00, sonst 9.00–12.00, 14.30–17.00 Uhr, Eintritt 4 €

*S. Caterina Museo Archeologico del Finale

UMGEBUNG VON FINALE LIGURE

Varigotti, ca. 4 km östlich von Finalmarina, wartet mit einem langen und breiten Sand-Kies-Strand auf, dazu mit orientalisch anmutenden **Fischerhäusern mit Terrassendächern**, die teils bis ins 14. Jh. zurückgehen. Hotellerie und Gastronomie sind vorzüglich. Im modernen Teil die barocke Pfarrkirche S. Lorenzo (um 1630) mit spätgotischem Glockenturm von ca. 1580; innen ein Polyptychon eines einheimischen Künstlers von 1584. Oberhalb des alten Varigotti sind Reste der byzantinisch-langobardischen Befestigung (7.–9. Jh.) und die Kirche S. Lorenzo Vecchio (seit 8. Jh.) erhalten. Vom Kastell wie von der Kirche hat man einen schönen Ausblick.

*Varigotti

Auf dem Bergrücken oberhalb Finalborgo liegt Perti, das im Mittelalter eine bedeutende Rolle spielte, erkennbar an den heute unmotiviert erscheinenden bedeutenden Bauwerken. Den nicht ganz mühelosen Gang hier herauf (vom Kastell S. Giovanni) lohnen auch die wunderbare Landschaft und die Osteria Castel Gavone (Mo. geschl., Tel. 019 68 01 09). Auf der einst wichtigen »strada Berretta« stößt man auf die Ruinen des **Castel Gavone**, dessen Torre Diamante (Ende 15. Jh.) eines der bemerkenswertesten Zeugnisse ligurischer Militärarchitektur darstellt. Weiter nördlich dann Perti mit der spätromanischen Kirche **S. Eusebio** und die barocke »neue« Kirche (1714–1733). Durch Olivenhaine führt ein Weg zur hübschen Renaissance-Kirche **N. S. di Loreto** (auch »Chiesa dei Cinque Campanili« genannt), errichtet um 1490 nach dem Vorbild der Portinari-Kapelle von S. Eustorgio in Mailand. Sehr schön ist der Spaziergang weiter nach Norden unter den Felswänden der ***Rocca di Perti** entlang. Kurz hinter der Kapelle San Bernardo führt ein Weg rechts hinauf zu den Resten des Castrum Perticae (10.–12. Jh.) und der romanischen Kapelle S. Antonio von 1162.

*Perti

> **BAEDEKER TIPP**
>
> ### Für Frischluftfans
>
> Kletterer, Wanderer und Moutainbiker finden im Hinterland von Finale ein herrliches, anspruchsvolles Revier. Informationen, Karten und Ausrüstung bekommt man in Finalborgo an der Piazza Garibaldi: bei Riviera Outdoor (auch Bikeverleih und -touren) und bei Rockstore gegenüber der legendären Bar Centrale.

Calvisio Links der Straße von Finalpia nach Vezzi Portio liegt Calvisio, dessen Kirche San Cipriano (15. Jh., im Barock umgebaut) einen schönen romanischen Glockenturm besitzt (13. Jh.). Nach rechts zweigt die Straße nach **Verzi** ab. Nordöstlich des Dorfs lädt das **Val Ponci** (Ponci-Tal) zu einem Spaziergang entlang von Kletterfelswänden ein; hier verlief die **Via Julia Augusta**, die unter Kaiser Augustus in den Jahren 13/12 v. Chr. angelegt wurde. Fünf römische Brücken sind erhalten (von »vallis pontium« rührt der Name des Tals), z. T. in ausgezeichnetem Zustand wie die erste, der »Ponte delle Fate«.

*Mànie Von Finalpia führt ein kurviges Sträßchen, das ein **großartiges Panorama** eröffnet, hinauf zum landwirtschaftlich genutzten Altipiano delle Mànie (Manie-Hochebene). In der Nähe der Kirche S. Giacomo liegt – unterhalb der guten Trattoria La Grotta (Do. geschl., Tel. 019 69 84 57) – die **Grotta dell'Arma**, bekannt durch Funde aus dem mittleren Paläolithikum. Hier stehen einige verfallende alte landwirtschaftliche Geräte herum, ein kurioses Freilichtmuseum.

Calice Ligure Calice Ligure (70 m, 1700 Einw.) liegt 5 km nordwestlich von Finale in der fruchtbaren Ebene am Zusammenfluß von Carbuta und Pora. Von einer römischen Brücke sind noch Reste erhalten. Die Pfarrkirche S. Nicolò, um 1780 aus einem Bau des 15. Jh.s errichtet, besitzt eine lebhafte Barockfassade, verkleinert am benachbarten Oratorium wiederholt. Innen u. a. Werke von A. M. Maragliano. Das Museo di Arte Contemporanea »Remo Pastori« in der Casa del Console (an der Straße nach Finale, nach Anmeldung Tel. 019 6 54 33) zeigt Werke zeitgenössischer ligurischer Künstler.

Orientalisch mutet die Szenerie am Strand von Varigotti an.

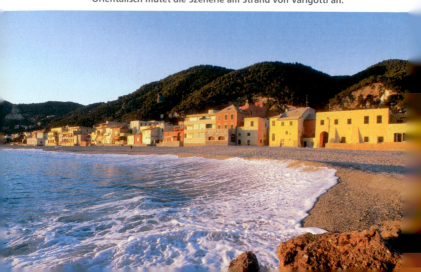

Genua · Genova

Hauptstadt der Region Ligurien	Einwohner:
Höhe: 0 – 300 m ü. d. M.	582 300

Genua ist die Hauptstadt der Region Ligurien und gleichzeitig ihr geografisches, wirtschaftliches und kulturelles Zentrum. Viele lassen die als abweisend und schwierig geltende Stadt links liegen – ihnen entgeht eine der faszinierendsten und reizvollsten Metropolen Europas.

Die hervorragende Lage in der Mitte des großen Küstenbogens, am nördlichsten Punkt des Golfo di Genova, sowie die Nähe zum Piemont und zur Po-Ebene machten den Ort früh zu einem wichtigen Verkehrs- und Handelsplatz, und im Mittelalter gehörte Genua neben Pisa und Venedig zu den mächtigen Staaten im Mittelmeerraum. Seit Petrarcas »Itinerarium Siriacum« (1358) als **la Superba** – die Stolze – apostrophiert, ist die Stadt heute der größte Handelshafen Italiens und bedeutender Industriestandort; sie verfügt über wichtige kulturelle Einrichtungen (u. a. eine 1471 gegründete Universität, Oper, Musikhochschule, Kunstakademie, Theater). Trotz wirtschaftlicher und sozialer Probleme beeindruckt die lebendige Atmosphäre, nicht nur im pittoresken **Centro storico**. Seit Jahren werden Anstrengungen unternommen, um die Stadt für Bürger und Besucher lebens- und erlebenswert zu machen: Der Hafen, einst das pulsierende Herz der Stadt, hat sich zum Freizeitrevier gewandelt, Häuser werden aufwendig bis luxuriös saniert, sodass die Wohnungen für die »kleinen Leute« zu teuer werden. Bruno Morchio, der Autor der Bacci-Pagano-Romane (▶Literaturempfehlungen), sieht die Altstadt von Genua auf dem Weg zu einem Freilichtmuseum, und er ist dankbar für die »extracomunitari«, wie die Immigranten aus nichteuropäischen Ländern genannt werden, denn »Genua ist eine Hafenstadt, in der Pesto und Kebab sich immer gut vertragen haben«.

Stadtanlage

Die sechstgrößte Stadt Italiens macht es dem Besucher nicht leicht. Der Bereich des **Grande Genova** dehnt sich von Voltri im Westen bis Nervi im Osten über 25 km aus, nach Norden im ▶Val Polcevera bis Campomorone über etwa 15 km. Und das heißt: dichteste Bebauung, die sich auf dem schmalen Küstenstreifen und an den Berghängen drängt, hohe, unschöne Wohnblocks und gigantische Industrieareale. Für den Autofahrer, der sich zum ersten Mal seinen Weg durch Genua bahnt, kann das Ganze – besonders zu Stoßzeiten – fast bedrohliche Züge annehmen. Weshalb man diese erstaunliche, faszinierende, teils auch monströse Stadt am besten per Bahn besucht. Östlich des Hafens liegt die **Altstadt** – mit 1,5 km² Fläche nach der-

jenigen von Rom die größte in Europa –, ein Gewirr enger, dunkler Gassen mit buntem Leben, die sich zwischen mittelalterliche Hochhäusern und prächtige Palazzi zwängen. Der Bereich nördlich der Altstadt hingegen, von der Piazza Fontane Marose bis zur Stazione Principe, mit der Via Garibaldi und der Via Balbi, ist ein beeindruckendes Dokument des **Reichtums in der Renaissance und der Barockzeit** (▶ Badeker Wissen S. 234). Im 19./20. Jh. bekam dann der östlich an die Altstadt anschließende Bereich sein Gesicht mit prunkvollen **Bank- und Kaufhauspalästen**, mächtigen Hochhäusern und dem modernen Komplex des Corte Lambruschini. An den Hängen, die hinter der Innenstadt ansteigen, künden gepflegte mehrstöckige **Bürgerhäuser und noble Villen** von der Blütezeit der Stadt nach 1860. Einzigartig ist auch ist die **Befestigung** Genuas: Im 17. Jh. wurde die Stadt mit einem 12,6 km langen Mauerwall umgeben, der sich von der Lanterna – dem alten Leuchtturm am Hafen – über den Granarolo (241 m) zum Forte Sperone in 512 m Höhe hinaufzieht und über das Forte Castellaccio (489 m) südöstlich ins Bisagno-Tal hinabsenkt.

Wirtschaft und Einwohner

Die Wirtschaftskraft Genuas basiert auf seinem **Hafen** mit ca. 11 000 Beschäftigten, der in der Versorgung der Industrieregionen Mailand und Turin eine große Rolle spielt. Jährlich werden hier ca. 50 Mio. t Güter umgeschlagen, darunter 2 Mio. TEU Container. Das 500 ha große Areal (Stadtteile Sampierdarena, Cornigliano, Multedo) mit 132 km Gleisanlagen umfasst mit 30 km langen Kais eine 500 ha große Wasserfläche; 17 km Außenmolen schützen die Anlagen gegen das Meer. Vom Tankerhafen Multedo gehen Pipelines in die Schweiz und nach Deutschland. Im Hafenbereich sind auch petrochemische Industrie, Stahlwerke, Werften und Maschinenbaufirmen angesiedelt, außerdem der **Flughafen Cristoforo Colombo**, für den eine 14 ha große Halbinsel aufgeschüttet wurde. Die Fährschiffe transportieren ca. 2 Mio. Passagiere im Jahr, und von den Kreuzfahrtschiffen kommen weitere 0,8 Mio. hinzu. **Bedeutende Erwerbszweige** sind darüber hinaus chemische und Nahrungsmittelindustrie, Papier- und Textilproduktion; im starken Dienstleistungssektor (80 % der Beschäftigten) dominieren Banken, Versicherungen und das Transportwesen. Allerdings ist Genua von den Strukturveränderungen stark betroffen. Die Grundstoffindustrie stellt noch knapp 20 % der Arbeitsplätze gegenüber ca. 50 % in den 1950er-Jahren, und die Einwohnerzahl nahm seit 1973 (862 000) um gut 30 % ab – trotz der steigenden Einwandererzahlen: Gemeldet sind 57 000 (9,5 %, 2004: 5 %); mit gut 17 000 ist Ecuador am stärksten vertreten, gefolgt von Albanien, Rumänien, Marokko, Peru, China und der Ukraine. Im Centro Storico wohnen 6000 angemeldete Ausländer, v. a. aus Marokko, Ecuador, Senegal und Bangladesch.

Genua, die große alte Stadt am Meer, mit dem Turm der Kathedrale

ZIELE • Genua · Genova

Kleine Geschichte der Stadt

Der Name »Genua« ist möglicherweise ligurischen Ursprungs oder geht auf das lateinische Wort »genu« (»Knie«, nach der Lage) zurück. Der Ort wurde von den Ligurern gegründet und war schon im 5. Jh. v. Chr. ein bedeutender Hafen, der Beziehungen mit Griechen und Etruskern, mit Rom und Karthago unterhielt. Erstmals erwähnt wird Genua im Jahr 218 v. Chr.; als Verbündeter Roms wurde es im 2. Punischen Krieg 205 v. Chr. von Mago Barkas zerstört und anschließend mit Unterstützung Roms wieder aufgebaut. Zwischen 642 und 644 eroberte der Langobardenkönig Rothari die Stadt und machte sie zur Hauptstadt des Herzogtums Ligurien. In der Zeit Karls des Großen war Genua Hauptstadt einer Grafschaft. Im 10. Jh. wurde gegen das Regime des Bischofs die »Compagna« gegründet, ein Verband von Seeleuten, Reedern und Händlern, der Vorläufer der **»Comune«** (Gemeinde). Diese entwickelte sich rasch zu einer großen Handelsmacht; nach 200 Jahren Rivalität besiegte sie 1284 die Konkurrentin Pisa in der Schlacht von Meloria, und Venedig, das Genua die Vorherrschaft auf dem Mittelmeer streitig machte, im Jahr 1298 bei Curzola. Während der Kreuzzüge ab 1096, von denen Genua profitierte,

Durchfahrtsplan

richtete es Handelsniederlassungen im Nahen Osten ein. Kämpfe zwischen den genuesischen **Adelsfamilien** (den guelfischen Fieschi, Grimaldi, Montaldo und den ghibellinischen Doria, Spinola, Fregoso) schwächten die Stadt. Um sie zu befrieden, übergaben sich die Genuesen u. a. Robert I., dem Anjou-König Neapels. 1339 wurde **Simone Boccanegra** zum ersten Dogen gewählt; fünf Jahre später musste er zurücktreten, da die innere Krise fortdauerte (in seiner zweiten Amtszeit wurde er 1363 vergiftet). Der politische Untergang Genuas wurde durch die Konflikte mit Venedig (Krieg von Chioggia, 1378 – 1381) beschleunigt. Die Auseinandersetzungen zwischen Gemeinde und Adel führten dazu, dass man wieder den Schutz anderer Herrscher anrief (v. a. Mailand und Frankreich). Das einzige stabile Element war der 1407 gegründete **Banco di San Giorgio**, eine Großbank, die u. a. auf Korsika große Besitzungen hatte und Genua fast in eine Kaufmannsaristokratie umgewandelt hätte. Erfolg hatte erst **Andrea Doria** (▶Baedeker Wissen S. 70), der sich 1528 auf die Seite Kaiser Karls V. schlug, wobei er die Selbständigkeit Genuas zur Bedingung machte. Die verlorengegangenen ligurischen Städte, dar-

Dicht drängt sich Genua mit seinen Hafenanlagen entlang der Küste.

unter Savona, kamen wieder unter die Herrschaft Genuas; eine oligarchische Verfassung wurde eingeführt, die fast unverändert bis 1797 in Kraft blieb. Die Vorherrschaft der Familie Doria machte Genua zu einer Finanzmacht, der andere Städte Europas kaum gleich kamen. Doch der Stern Genuas war im Sinken: 1656 Pest, 1684 Beschießung durch die Flotte Ludwigs XIV. und Kapitulation, Besetzung 1746 durch Österreich-Sardinien. 1768 musste Genua Korsika abtreten, und 1797 machte **Napoleon** es zur »Ligurischen Republik«, die 1805 zu Frankreich kam. Im Wiener Kongress 1815 wurde Genua dem **Königreich Sardinien-Piemont** einverleibt. Danach, vor allem in den Jahren 1849 bis 1859, war Genua Mittelpunkt des **Risorgimento**, der italienischen Einigungsbewegung unter Garibaldi und Mazzini (▶Berühmte Persönlichkeiten). Die Jahre nach der Gründung des Königreichs Italien 1861 standen im Zeichen der massiven Industrialisierung und des Ausbaus des Hafens. Der »große Name« dabei war **Raffaele De Ferrari**, Duca di Galliera, der meist in Frankreich lebte, den Credit Mobilier Français gründete und Unternehmungen wie den Bau der Eisenbahn Paris – Lyon und den Suezkanal finanzierte. Andererseits wurde 1882 in Genua der Partito Italiano dei Lavoratori gegründet, der ab 1895 **Partito Socialista Italiano** hieß. Bis Anfang der 1990er-Jahre hat der Hafen im Stadtzentrum seine Aufgabe des Güterumschlags verloren; mit der Umgestaltung des Porto Antico zum Kolumbusjahr 1992 begann die tiefgreifende **Umstrukturierung und Erneuerung** der Stadt, der Alte Hafen wurde zum Freizeit- und Lifestyle-Areal. Im Juli 2001 kam Genua in die Schlagzeilen, als sich die hier die Mächtigen der G 8-Staaten trafen und Polizeieinheiten Globalisierungsgegner brutal misshandelten; ein junger Mann wurde von einem Polizisten erschossen.

Kunst und Architektur

Die in Genua zahlreicher und prächtiger als in irgendeiner anderen Stadt Italiens vorhandenen **Adelspaläste** vermitteln ein eindrucksvolles Bild vom großartigen Lebensstil des 16. und 17. Jahrhunderts. Den Typ des Genueser Palastes, dessen Eigenart in der großzügigen Verteilung der Massen und der Nutzung des ansteigenden Baugrunds besteht, schufen Galeazzo Alessi (1512 – 1572) aus Perugia und seine Nachfolger wie B. Bianco und G. B. Castello. Aufgrund der Handelsbeziehungen kamen **viele ausländische Künstler** nach Genua, so im 17. Jh. die Niederländer P. P. Rubens und Anthonis van Dyck sowie der Marseiller Bildhauer Pierre Puget. Unter den einheimischen Malern ragen besonders Luca Cambiaso (1527 – 1585), Giovanni Battista Paggi (1554 – 1627), Bernardo Strozzi (»il Prete genovese«, 1581 – 1644), Benedetto Castiglione (1616 – 1670) und Alessandro Magnasco (1677 – 1749) hervor, ein Vorläufer der Romantik und der Moderne (▶Baedeker Wissen S. 56).

Highlights in Genua

▶ **Porto Antico**
Am Alten Hafen reihen sich die Attraktionen, vom Aquarium über das Museo Navale bis zur Lanterna. Und nicht zu vergessen die pittoreske Via Sottoripa, ein Rest des alten Genua.
▶Seite 215, 220

▶ **Via Garibaldi**
Das einzigartige Geld- und Machtzentrum des 16. Jahrhunderts
▶Seite 231, 234

▶ **Duomo San Lorenzo**
Der bedeutendste Sakralbau Liguriens mit prunkvoller Kapelle für die Reliquien Johannes des Täufers
▶Seite 224, 226

▶ **Große Kunst**
Palazzo Rosso, Palazzo Bianco, Galleria Nazionale, Accademia Ligustica, Museo Chiossone: Das sind nur die wichtigsten Institutionen für den Freund der bildenden Kunst.
▶Seite 219, 223, 233, 240

▶ **Via XX Settembre**
Inszenierung des Genueser Aufbruchs zu Ende des 19. Jahrhunderts
▶Seite 239

▶ **Süßes**
Feinste Confiserie in wunderbarem altem Rahmen – nicht nur die Cafés Vedova Romanengo, Klainguti, Mangini und die Confetteria Pietro Romanengo sind ein Genuss.
▶Seite 221, 240

▶ **Genua von oben**
Mit Hilfe einer der drei Bergbahnen oder entlang der Strada delle Mura gewinnt man den richtigen und beeindruckenden Überblick.
▶Seite 236, 238, 241, 242

▶ **Cimitero di Staglieno**
Manchmal sehr anrührend, manchmal ziemlich kitschig: Demonstrationen des großbürgerlichen Selbstbewusstseins über den Tod hinaus
▶Seite 243

Genua

Piazzale Pestarino
Via Bologna
Bologna
Largo S. Francesco da Paola
S. Francesco da Paola
Via Bari
Cremagliera per Granarolo
Via del Lagaccio
Via G.
Salita di Oregina
Via Almeria
Via S. Ugo
Piazza P. Ferreira
Corso
Firenze
Castello de Albertis
Corso Dogali
Avezzana
Stazione F.S. P.ta Principe
Kolumbus-Denkmal
Piazza Acquaverde
Orto Botanico
Piazza Principe
Via Doria
Principe
S. Francesco da Paola
Salita
Salita degli Angeli
Via Alizieri
Via Venezia
Palazzo Doria Pamphilj
Via Adua
S. Giovanni di Pre
Via Antonio
Pal. Durazzo-Pallavicini
Pal. d. Università
Pal. Reale
Via Balbi
di Pre
Piazza d. Nunziata
Via Buozzi
Via Bruno
Dinegro
Galatea Museo del Mare
Strada
Calata Zingari
Stazione Marittima
Porta dei Vacca
Darsena
A 10, A 7, A 26, Savona
Piazza Dinegro
Via Aldo Moro
Ponte dei Mille
Ponte Morosini
Gramsci
Sopraelevata Aldo Moro
Via A. Cantore
V. Milano
Sopraelevata
Ponte Doria
Ponte Parodi
Ponte Calvi
Strada
Via di Francia
Fährterminal
Bacino Porto Vecchio
Ponte Spinola
Acquario
V. Milano
Porto Antico
Via Albertazzi
Ponte Colombo
San Giorgio
Bigo
Bigo
Magazzini del Cotone
Porta Siberia
Palazzina Millo
Centro Congressi Expó
Ponte Assereto
Molo Vecchio
Via del Molo
Via F. Turati
Piazzale S. Benigno
Via Passonuovo
Calata G. Gadda
Calata G. Boccardo
Ponte Caracciolo
Bacino delle Grazie
Lanterna
Calata Sanità
Via della Sanità
Ponte Paleocapa
Molo Guardiano
Ponte Rubattino
Ponte S. Giorgio
Molo Giano
Bacino della Lanterna
Diga Foranea
Avamporto
Molo Duca di Galliera
200 m
©BAEDEKER
Dinegro Metropolitana mit Haltestelle

Genua · Genova • ZIELE

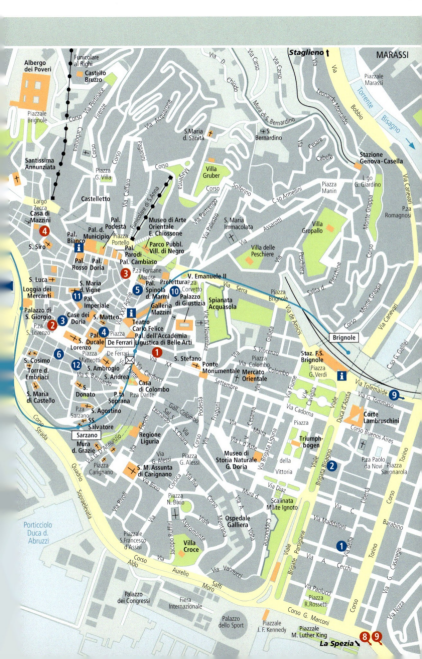

Genua erleben

AUSKUNFT
Sistema Turistico Locale Genovesato
Info-Büros:
Visitor Centre Via Garibaldi 12 r
Tel. 010 5 57 29 03
Teatro Carlo Felice, Largo S. Pertini
010 8 60 61 22
Porto Antico, Biglietteria Acquario
Tel. 010 2 34 53 38
Aeroporto Cristoforo Colombo
Tel. 010 6 01 52 47
www.stlgenovesato.it
www.comune.genova.it
www.visitgenoa.it
http://turismo.provincia.genova.it

SICH IN GENUA BEWEGEN
Auto fahren ist ein Abenteuer, das man besser vermeidet. Die Orientierung ist schwierig, freie Parkplätze sind rar und Parkhäuser teuer. Am günstigsten liegen die Tiefgaragen und Parkhäuser rund um den Porto Antico. Per Bahn ist ein Besuch der Stadt von einem Standort außerhalb bequem zu bewerkstelligen. Die Bahnhöfe Principe im Westen und Brignole im Osten sind auch Hauptknoten der AMT-Buslinien. Die AMT-Fahrkarten (kein Verkauf im Bus, außer 20.00–7.00 Uhr und So., höherer Preis) gelten auch für die FS-Züge im Stadtbereich, die Metro, Bergbahnen und Aufzüge. Der preiswerte Genovapass für AMT und FS gilt 24 Std. Ab 4 Tagen lohnt sich eine Wochenkarte (settimanale), die Mo.–So. gilt. Fährt man von einem ligurischen Bahnhof mit dem Zug nach Genua, löst man mit der Fahrkarte ein »supplemento Treno più Genova Città«, das bis 24 Uhr für alle AMT-Transportmittel gilt. Der Navebus (Boot) verbindet den Porto Antico mit Pegli.

CARD MUSEI
Die »Card Musei« umfasst den Eintritt in 22 Museen und Rabatt in weiteren Einrichtungen (z. B. Acquario, Teatro Carlo Felice), in Kinos in ganz Ligurien sowie in Buch- und Musikläden; die »Card Musei + Bus« schließt auch die städtischen Verkehrsmittel ein.

STADTBESICHTIGUNG
Im Sommer sollte man den Rundgang morgens um 7–8 Uhr beginnen; dann sind die Temperaturen noch angenehm und die Straßen schon sehr lebendig. Die Kirchen sind sehr früh geöffnet, Museen meist ab 9 Uhr. Sehr gut kann man die Stadt auf einer Busrundfahrt kennenlernen (»Genoa City Tour«, Tel. 010 5 30 52 37, ganzjährig, und »City Sightseeing«, Tel. 335 541 78 25, März–Nov.).

HAUSNUMMERN
Privathäuser sind schwarz bezeichnet, Geschäftsadressen rot (Ziffern mit »r«).

FESTE & EVENTS
Über aktuelle Termine informiert der kostenlose »Passport«, den die Provinz Genua herausgibt (liegt u. a. in Hotels aus; Internet: http://turismo.provincia.genova.it). Der Veranstaltungskalender bietet fast das ganze Jahr über Interessantes. Das Wichtigste: 24. Juni: Fest des Stadtpatrons Johannes der Täufer. Anf. Juni: Regatta der Alten Seerepubliken (abwechselnd mit Pisa, Amalfi und Venedig; voraussichtlich wieder 2018). So. um den 29. Juni: Palio San Pietro (Ruderregatta der »Rioni« und Fest im Stadtteil Foce mit Feuerwerk). Juli: Internationales Ballettfestival. 10. Aug.: Großes Patronats- und Stadtfest San Loren-

zo. Letzter Sa. vor Weihnachten: »Confeugo« mit historischem Umzug und Feuerwerk. Viele Messen, darunter Antiquitäten (Jan., Okt.) und Internationaler Nautischer Salon (Anfang Okt.).

ESSEN (▶Stadtplan S. 210/211)

❶ *Il Pampino Vino e Cucina* €–€€
Via Ruspoli 31 r, Tel. 010 58 84 02
So. und 3 Wochen im Aug. geschl.
Die Enoteca serviert in informellem Ambiente Genueser Küche wie Ravioli di magro, Pansoti und Gemüsekuchen, aber auch ausgezeichnete Bistecca vom Chianina-Rind. Die ganze ligurische Weinwelt ist vertreten. Wenige Schritte entfernt die Antica Osteria della Foce, ebenfalls ein gutes schlichtes Lokal (Via Ruspoli 72 r, Sa.abend/So. geschl.).

❷ *Gran Gotto* €€€
Viale Brigata Bisagno 69 r
Tel. 010 56 43 44, Sa.mittag/So. geschl.
Seit 1938 eines der besten Lokale in Genua, mit elegantem, angenehmem Ambiente und moderner ligurischer Küche. Nicht überteuert (unter der Woche preisgünstiges Mittagsmenü).

❸ *Le Cantine Squarciafico* €–€€
Piazza Invrea 3 r, Tel. 010 2 47 08 23
Tgl. geöffnet, Juli/Aug. 3 Wo. geschl.
Schönes, intim-ruhiges Lokal im Kellergewölbe eines Palazzos aus dem 16. Jh. An schlichten Holztischen genießt man eine verjüngte ligurische Küche. Großes Sortiment italienischer Weine, sonst gibt's Schnäpse und Mineralwasser.

❹ *Trattoria Rosmarino* €–€€
Salita del Fondaco 30, Tel. 010 2 51 04 75
So. und 2. Juli-Hälfte geschl. Hinter dem Palazzo Ducale wird man mit einer gelungen modernisierten, den Jahreszeiten folgenden ligurischen Küche verwöhnt. Service und Ambiente sind gleichermaßen unprätentiös und angenehm.

❺ *Da Maria* €
Vico Testadoro 14 r, Tel. 010 58 10 80
Geöffnet mittags, Do./Fr. auch abends, So. und Aug. geschl.
Eine Institution: In einem Seitengässchen der Via XXV Aprile ist diese echte, einfache Osteria zu finden. Die Atmosphäre ist sehr informell, aber herzlich. Zweigängiges Menü mit Hauswein um 10 €.

❻ *Sà Pesta* €
Via dei Giustiniani 16 r
Tel. 010 2 46 83 36
Geöffnet mittags, Do.–Sa. abends nach Anmeldung, So. und Aug. geschl.
Ein »Farinotto von damals«: In gekachelten Räumen mit Holzöfen kann man die alte, einfache Genueser Küche genießen, von Farinata und Panissa über Torta di Pasqua bis zur Prescinsoeua.

❼ *Eataly · Il Marin* € · €€€
Porto Antico, Palazzina Millo
Tel. 010 8 69 87 21, tgl. mittags + abends
Im obersten Stock der einstigen Baumwollfabrik bekommt man bei Eataly Pasta, Pizza, Hamburger & Co. von hoher Qualität, oder man geht ganz durch und lässt sich im Marin, bei tollem Ausblick, mit Fisch & Meeresfrüchten verwöhnen.

❽ *Luigina* €
Via ai Piani di Fregoso 14
Tel. 010 2 42 95 94
Mittags geöffnet, Do. und 15. Aug. bis 10. Sept. geschl. Ein Ausflug auf die Höhen hinter Genua ist ein Muss, besonders wenn man bei Luigina einkehrt. Seit über 100 Jahren steht die Trattoria für einfache, gute ligurische Küche.

❾ *Bruxaboschi* €€
San Desiderio, Via F. Mignone 8
Tel. 010 3 45 03 02
Abends geöffnet, mittags nach Anmeldung, Mo. geschlossen
Ein beliebtes Ausflugsziel im Sturla-Tal nordöstlich von Genua ist diese Trattoria, seit 1862 pflegt die Familie eine üppige ligurische Küche. Große Weinkarte.

CAFÉS

❿ *Mangini*
Piazza Corvetto 3 r
Frühstücken oder ein Dolce genießen sollte man einmal hier, in einem der edelsten und teuersten Cafés der Stadt. An der Einmündung der Via Roma.

⓫ *Antica Pasticceria Klainguti*
Via Sozigila 98 r, So. geschl.
Eine Institution ist diese 1828 von einer Schweizer Familie gegründete Konditorei. Probieren: die üppig-feine Torta Zena (»Torte Genua«).

⓬ *Caffè degli Specchi*
Salita Pollaiuoli 43 r
Mo.–Sa. 12.30–21.00 Uhr
»Das« Lokal der Genueser Intelligenz: Zwischen Palazzo Ducale und San Donato in Fin-de-siècle-Ambiente einen Aperitivo oder Caffè nehmen und feine Kleinigkeiten genießen (mittags auch Menü). Schöne Restauration im 1. Stock.

ÜBERNACHTEN

❶ *Bristol Palace* €€€–€€€€€
Genua, Via XX Settembre 35
Tel. 010 59 25 41
www.hotelbristolpalace.com
Luxuriöser Palazzo von Ende des 19. Jh.s voll nostalgischem Charme (allein das Treppenhaus …). Großzügige, schallisolierte Zimmer, elegantes Restaurant.

❷ *Palazzo Cicala* €€–€€€€
Genua, Piazza S. Lorenzo 16
Tel. 010 2 51 88 24, www.palazzocicala.it
Bevorzugte Lage in der Altstadt: ein Palazzo aus dem 16. Jh. gegenüber der Kathedrale San Lorenzo, geschmackvoll modern eingerichtet.

❸ *Metropoli* €€–€€€
Genua, Piazza Fontane Marose, Tel. 010 2 46 88 88, www.hotelmetropoli.it
Ein sehr angenehmes Haus der Best-Western-Gruppe, zentral an der romantischen Piazza Fontane Marose gelegener, modern eingerichteter Palazzo. Garage in der Nähe (kostet extra).

❹ *Cairoli* €–€€
Genua, Via Cairoli 14/4
Tel. 010 2 46 15 24
www.hotelcairoligenova.com
Familiäre, jung-bunte Pension im dritten Stock eines Bürgerhauses. Frühstück auf der Dachterrasse mit schönem Ausblick.

❺ *Agnello d'Oro* €–€€
Genua, Vico delle Monachette 6
Tel. 010 2 46 20 84
www.hotelagnellodoro.it
Gebäude aus dem 16. Jh. in einer Altstadtgasse nahe der Stazione Principe. Schlichte, ruhige Zimmer, die nettesten liegen im 5. Stock (»nella mansarda«, mit Ausblick). Familiäre Atmosphäre, mit Garage (kostet extra).

❻ *Vittoria e Orlandini* €
Genua, Via Balbi 33, Tel. 010 26 19 23
www.vittoriaorlandini.com
Von der Via Balbi geht's erst durch einen Tunnel, ein Lift führt hinauf ins hochgelegene, hübsche Hotel aus dem Jahr 1924. Schlichte, modern eingerichtete Zimmer, viele mit Aussicht.

❼ B & B Miramare ❸-❸❸
Genua, Via Pagano Doria 1/10 B
Tel. 010 8 60 14 98
www.miramaredacamilla.net
Liebevoll eingerichtete Zimmer mit Balkon und grandioser Aussicht, freundliche Betreuung. Garage kostet extra.

❽ Villa Bonera ❸-❸❸
Nervi, Via Sarfatti 8, Tel. 010 3 72 61 64
www.villabonera.com (▶Plan S. 246)
Eine mächtige Villa aus dem 16. Jh. mit bemalten Decken, angejahrt und überholungsbedürftig, aber etwas Besonderes – »italianità« im besten Sinn. In kleinem Park abseits der Durchgangsstraße gelegen (auf Wegweiser achten), die nahe Bahnlinie stört nicht. Man parkt gratis am Haus. Mit schlichtem Restaurant; gut sind an der Hauptstraße La Ruota (Via Oberdan 215 r) und das teurere Da Patan (Via Oberdan 157).

❾ Villa Pagoda ❸❸-❸❸❸❸
Nervi, Via Capolungo 15 (▶ Plan S. 246)
Tel. 010 3 72 61 61, www.villapagoda.it
Romantische Villa von Anfang des 19. Jh.s in einem schönen Park, im Ostteil von Nervi an der Passeggiata A. Garibaldi. Noble Zimmer mit herrlichem Ausblick, erstklassiges elegantes Restaurant.

Mele: Wer ein ruhiges, preisgünstiges Refugium nicht weit von der Stadt sucht, ist im Hotel Fado 78 am Passo del Turchino richtig: ▶ S. 294.

PORTO VECCHIO · ALTER HAFEN

Der Westteil des Alten Hafens dient heute dem Kreuzfahrt- und Fährverkehr; Zentrum ist die **Stazione Marittima** (1930) auf dem Ponte dei Mille, von dem schon im 19. Jh. Tausende nach Amerika aufbrachen. Der Ostteil, der **Porto Antico** – wo früher die »camalli« (»Kamele«, Hafenarbeiter) die Schiffe entluden – ist heute ein Besuchermagnet: Nach Plänen von Renzo Piano wurde er ab 1985 zum Freizeitgelände umgestaltet, hier findet man Bars und Restaurants, Läden, Discos und einen Swimmingpool. Wahrzeichen ist der **Grande Bigo**, eine 50 m hohe Konstruktion nach dem Vorbild der Schiffsladebäume mit rotierender Aussichtskanzel, die in 40 m Höhe gezogen wird. Die große Attraktion – v. a. an Wochenenden und Feiertagen muss man lange anstehen – ist das ****Acquario di Genova**, nach dem Ozeaneum in Stralsund das zweitgrößte Aquarium Europas, in dem Meeresgetier aller Art in quasi-natürlicher Umwelt lebt. Nebenan erwarten die Boote des Consorzio Liguria Via Mare zur ***Hafenrundfahrt** (ca. 1.10 Std.). In der Glaskugel (»Biosfera«) leben tropische Tiere und Pflanzen. Auf der anderen Seite des Acquario ist die Galeone **Neptune** vertäut, als Requisit für Roman Polanskis Film »Piraten« nicht realistisch, aber sehr beeindruckend. In der Palazzina Millo gibt es ein **Antarktismuseum**, in den Magazzini del Cotone am Molo Vecchio die **Città dei Bambini**, in der Kinder spielerisch Naturwissenschaft und Technik entdecken können.

Modernes Freizeitareal

Grande Bigo: Di.–So. 10.00–18.00, Mo. 14.00–18.00 Uhr, Eintritt 4 €
Acquario: Juli, Aug. 8.30–22.30 Uhr, sonst kürzer; letzter Einlass 2 Std. vor Schließung, Eintritt 23 €, Kinder bis 12 Jahre 15 € (diverse Kombikarten mit anderen Einrichtungen des Porto Antico)
Biosfera: Tgl. 10.00–19.00, im Winter bis 17.00 Uhr, Eintritt 5 €
Museo dell'Antartide: Di.–So. 10.00–18.00 Uhr, Eintritt 6 €
Città dei Bambini: Di.–So. 10.00–18.00 Uhr, letzter Einlass 16.45 Uhr. Erwachsene Begleitperson nötig, Eintritt 3–12 Jahre 7 €, Erwachsene 5 €

Molo Vecchio

Den Eingang zur »Alten Mole« bildet die **Porta Siberia** (1553). Ihr Name entstand aus »Porta Cibaria«, weil die aus aller Herren Länder importierten Nahrungsmittel ihren Weg durch sie nahmen. Nach der Modernisierung durch Renzo Piano wurde hier das **Museo Luzzati** eingerichtet, das dem fantasievollen Werk des Genueser Künstlers und Bühnenbildners Emanuele »Lele« Luzzati (1921–2007) gewidmet ist – auch für Kinder interessant. Die Kirche **San Marco** (1173) ist dem Schutzpatron der Erzrivalin Venedig geweiht; das Relief des Markuslöwen wurde 1380 aus der istrischen Stadt Pula geraubt. Bis 1852 wurden auf der Via del Molo die Verurteilten zum **Haus des Henkers** geführt, das am Ende der Mole steht (Casa del Boia, Nr. 29).

Museo Luzzati: Di.–So. 10.00–13.00, 15.00–19.00 Uhr, Eintritt 5 €

> **! BAEDEKER TIPP**
>
> *Den Hafen erleben*
>
> Lernen Sie die beeindruckenden Hafenanlagen kennen, vom Fähr- und Containerhafen im Porto Vecchio bis zu den Tankerkais von Multedo. Rundfahrtschiffe legen vom Porto Antico ab, ebenso der »Navebus«, das Boot der AMT nach Pegli. Rundum informiert das Genoa Port Center in den Magazzini del Cotone (Sa., So. 10.00 bis 13.00, 14.00–18.00 Uhr, sonst nach Anmeldung Tel. 010 861 20 96, www.genoaportcenter.it).

*Galata Museo del Mare

Wo im 17. Jh. die Galeeren gebaut wurden und später riesige Silos standen, prunkt der 2006 eröffnete Glaspalazzo des größten **Seefahrtsmuseums** im Mittelmeerraum. Rekonstruktionen von Werften und Hafenanlagen, Navigationsinstrumente etc. illustrieren zusammen mit effektvollen Medien die Geschichte der Seefahrt bis zu den modernen Luxuskreuzfahrtschiffen. Glanzstücke sind das Porträt von Kolumbus, das Ghirlandaio zugeschrieben wird (▶ S. 62), und der Nachbau einer 40 m langen Galeere. Vor dem Museo ist das **U-Boot** Nazario Sauro vertäut, das ebenfalls zugänglich ist.

ⓘ März–Okt. tgl. 10.00–19.30, sonst Di.–Fr. 10.00–18.00, Sa., So. 10.00–19.30 Uhr (letzter Zugang 1.30 Std. vor Schließung), Eintritt 17 €

*Lanterna

Den Westteil des Hafens dominiert der 1543 erbaute, mit seinem Felssockel 117 m hohe **Leuchtturm**, das Wahrzeichen Genuas (die moderne Konkurrenz ist der 109 m hohe Matitone, der schwarzweiße Büroturm in Form eines »großen Bleistifts«). Aus 80 m Höhe

Vom Bigo hat man einen spektakulären Blick über Hafen und Stadt.

hat man eine ausgezeichnete Aussicht. Zugang hat man über den Steg vom Hotel Columbus-Sea (Via Milano; Parkplatz am Fährterminal), er vermittelt auch einen guten Einblick in die **Aktivitäten des Hafens**. Im **Museo della Lanterna** erfährt man viel über das Leben in Genua gestern und heute.

Lanterna & Museum: Sa., So. 14.30 – 18.30 Uhr, Eintritt 6 €

VON DER STAZIONE PORTA PRINCIPE ZUR PIAZZA DE FERRARI

Vor der **Stazione Porta Principe**, dem 1854 eröffneten Hauptbahnhof, empfängt die Piazza Acquaverde mit einem eindrucksvollen Kolumbus-Denkmal (inklusive barbusiger Indianerin) von 1862, entworfen von Michele Canzio, Maler und Bühnenbildner des Theaters Carlo Felice. Wenige Schritte sind es hinunter zur **Piazza della Commenda** mit der schönen romanischen Kirche (s. u.), kontrastiert von der aufgeständerten Schnellstraße (Sopraelevata) und dem Galata Museo del Mare, dem jüngsten Produkt der Umgestaltung der Hafenanlagen (▶linke Seite).

Piazza Acquaverde

San Giovanni di Prè mit ihrem typischen Genueser Turm wurde um 1180 vor der Stadt – »prè« kommt von »prato«, also »Wiese« – für den **Templerorden** erbaut. Die Oberkirche betritt man seit dem Umbau 1731 durch die Chorapsis; in der damals eingefügten Westapsis steht der Altar. Die dreischiffige Säulenbasilika ist mit Barockgemälden von B. Castello, G. Benso, L. De Ferrari und Lazzaro Tava-

*S. Giovanni di Prè

rone ausgestattet. Von der Vorhalle ist die Unterkirche zugänglich, die dem Volk diente. Am Turm sind der Namen des Stifters Guglielmo und das Baujahr zu lesen. In der Kommende, dem Pilgerspital (Renaissance-Loggien von 1508), lässt ein **Museoteatro** mit modernen Medien ihre Geschichte lebendig werden.

Museoteatro: Di.–Fr. 10.00–17.00, Sa., So. bis 19.00 Uhr, Eintritt 5 €
Unterkirche: Fr., Sa. 10.00–18.00 Uhr

Via Prè
Sozusagen durch den Hinterhof betritt man die Stadt durch die sehr schmale, sehr typische Via Prè hinter der Hafenfront. Mit ihr beginnt der »**carugio lungo**« (»lange Gasse«), der bis zur Piazza Cavour führt. Appetitliche Läden für Viktualien aller Art wechseln ab mit Geschäften für sonstigen alltäglichen Bedarf und solchen, die billige Uhren und Unterhaltungselektronik anbieten; sie sollen sich großteils in der Hand der neapolitanischen Camorra befinden. Nachmittags, wenn der Strom der Käufer abebbt, wird der große Anteil an farbigen Ausländern deutlich, die – oft ohne Aufenthaltserlaubnis – in der Altstadt leben.

Porta dei Vacca
Die Porta dei Vacca ist eines der beiden aus staufischer Zeit erhaltenen Stadttore der »Barbarossa-Mauern« (▶Porta Soprana, S. 230), erbaut um 1155. Das Tor mit Brustwehr und Zinnen – zu beachten die korinthischen Kapitele der Umrahmung, Merkmal der süditalienischen Staufer-Architektur – wird von halbrunden Türmen flankiert, deren linker in den Palazzo Serra (18. Jh.) einbezogen wurde.

Via del Campo
Durch die Porta dei Vacca und die Via del Campo mit prächtigen alten, z. T. barockisierten Häusern erreicht man die kleine Piazza Fossatello mit den Palazzi Centurione (Via del Campo 1; 1612) und Babilano Pallavicino (1540). Auch die **Via Fossatello** ist eine Einkaufsstraße, sie hat sich auf Schuhe und Leder spezialisiert. Links abseits die dem Genueser Bischof Sirus – der Legende nach besiegte er einen Drachen – geweihte Kathedrale *****San Siro** (1619, Fassade 1821). Bemerkenswert sind hier die Fresken von G. B. Carlone und P. Brozzi (1650–1670; im Chor der Drachenkampf), die Ausstattung mit polychromem Marmor sowie der **monumentale Hauptaltar** aus schwarzem Marmor mit Kruzifix von Pierre Puget (1670). Gegenüber dem Hauptportal sind an einem Renaissance-Portal aus Schiefer – das Haus

> **? BAEDEKER WISSEN**
>
> *Fabrizio de André*
>
> Die Via del Campo ist Schauplatz eines Liedes von Fabrizio de André (1940–1999), dem berühmten Genueser »cantautore« (Liedermacher). Als sein bestes Album gilt »Creuza de Mâ«, das im Genueser Dialekt gehalten ist. Der Musikladen seines Freundes Gianni Tassio in der Via del Campo 29 – heute im Besitz der Stadt – wurde zu einem kleinen André-Museum (www.viadelcampo29rosso.it).

stammt aus der Gotik – römische Kaiser und der hl. Georg mit dem Drachen dargestellt.

Auch in der **Via S. Luca** ist der Konflikt zwischen späterer repräsentativer Bebauung und dem Festhalten am mittelalterlichen Stadtplan gut zu erkennen. Von ihr geht der Vico Pellicceria ab zum Palazzo Spinola (um 1590, 1730 – 1737 im Rokoko umgestaltet). Er besitzt z. T. noch seine herrliche Originalausstattung, u. a. eine Spiegelgalerie mit Fresken von L. De Ferrari (um 1730). Der richtige Rahmen also für die **✶✶Galleria Nazionale**: Herausragend sind hier die Werke von Antonello da Messina (»Ecce Homo«, eine der bewegendsten Darstellungen des leidenden Jesus), Guido Reni, Anthonis van Dyck (»Dame mit Kind«), Joos van Cleve (»Betende Maria«, 1485), Peter Paul Rubens und von genuesischen Malern wie Luca Cambiaso, Bernardo Strozzi, B. Carlone, G. De Ferrari, D. Piola. Zuletzt kann man von der Dachterrasse den Blick über die Stadt schweifen lassen.

✶✶Palazzo Spinola

❶ Di. – Sa. 8.30 – 19.30, So. 13.30 – 19.30 Uhr, Eintritt 4 € (Kombikarte mit Palazzo Reale 6,50 €)

Einen Häuserblock weiter südlich stößt man auf die Kirche S. Luca (1626 – 1650 erbaut). An dieser Stelle stand ab 1188 die romanische Pfarrkirche des Bezirks, in dem die adligen Familien Spinola und Grimaldi ihren Sitz hatten. Besonders schön sind in dem Zentralbau die Fresken von Domenico Piola (1695), die marmorne »Himmelfahrt Mariä« im Hauptaltar (F. Parodi) und die lebensvoll-witzige »Anbetung der Hirten« von G. B. Castiglione gen. Grechetto (1645).

San Luca

Auf der Piazza Banchi kann man in alten Büchern stöbern.

Piazza Banchi Die Via S. Luca mündet auf die Piazza Banchi, die für sechs Jahrhunderte das Zentrum des Handels und damit der Stadt war. Die **Loggia dei Mercanti** wurde ab 1589 von Stadtbaumeister Andrea Ceresola gen. Vannone als offene Halle errichtet und 1839 erneuert. Zunächst war sie Effekten-, ab 1855 Warenbörse; heute finden hier Ausstellungen statt. Geradezu ein Symbol für den Genueser Geschäftssinn ist der Bau von **San Pietro in Banchi** über einem Geschoß mit Läden, deren Einnahmen zur Finanzierung der Kirche beitrugen. Erbaut wurde sie 1572 – 1584 von Vannone nach Plänen von B. Cantone.

Piazza Caricamento Westlich tritt man auf die Piazza Caricamento hinaus, die mit der nördlich anschließenden Via Gramsci noch bis zur Mitte des 19. Jh.s ein lebhafter **Ladeplatz** war, wie ihr Name besagt. Heute leitet sie als Fußgängerzone zum Porto Antico über (▶ S. 215). Entlang der Hafenfront verlaufen nach Norden die düsteren, pittoresken Arkaden der ***Via Sottoripa**, die ab dem 12. Jh. entstand und einst direkt am Wasser lag. Hier drängt sich das Volk zwischen Bars, Läden und Imbissbuden. Echt genuesisch stillt man den kleinen Hunger mit leckeren Sachen aus der **Friggitoria** von Andrea Carega (Hausnummer 113 r).

> **BAEDEKER TIPP**
>
> *Aperitivo-Kultur*
>
> In Genua ist ein Aperitivo nicht einfach ein Gläschen zum Feierabend. Zum Martini, Campari oder Prosecco reicht man gratis eine große Auswahl von Häppchen: frische Focaccia, Torta di verdure oder Pizza, Oliven, Kapern, Käse, Wurst u. a. m.

*Palazzo San Giorgio Beherrscht wird die Piazza Caricamento vom Palazzo San Giorgio. Der nördliche gotische Teil, um 1260 als Rathaus errichtet (Inschrift über dem Portal an der Stadtfront), war ab 1291 Zollhaus und von 1407 bis 1797 Sitz des **Banco di San Giorgio**, der Staatsbank, die die Steuereinnahmen und die Gewinne aus den Kolonien verwaltete. Um 1570 kam der große Westflügel hinzu, der 1606 – 1608 von Lazzaro Tavarone seine riesigen Außenfresken erhielt. Seit 1903 ist der Palazzo Sitz der Hafenbehörde, außerdem finden hier Ausstellungen statt. Besonders beeindruckend der Salone delle Compere.

❶ Besichtigung des Salone: Anmeldung Tel. 010 2 41 26 25, 010 2 41 27 54

Carugio lungo Der Carugio lungo setzt sich südlich der Piazza Banchi mit der Via di Canneto il Curto fort. Er wird im Rundgang durch die südliche Altstadt wieder aufgenommen (▶ S. 228); im Folgenden wird der Bereich zwischen Piazza Banchi und Piazza De Ferrari beschrieben.

Via degli Orefici Von der Piazza Banchi geht östlich die »Straße der Goldschmiede« ab, die mit eleganten Geschäften ihrem Namen gerecht wird. Sehr schöne Portale an Nr. 7 (Palazzo Lercari) und Nr. 47 (Relief mit einer qualitätvollen »Anbetung der Heiligen Drei Könige«, 15. Jh.).

Der Straßenzug zur Piazza Fontane Marose – Via Soziglia, Via Luccoli – war die »gute Stube« Genuas, ein gehobenes Viertel, heute mit guten Geschäften und wichtigen Adressen für **Liebhaber von Süßem**: Caffè A. Vedova Romanengo (Via Orefici 31 r) mit alter Einrichtung; Confetteria Pietro Romanengo fu Stefano (Via Soziglia 74 r), seit 1780, mit Fin-de-siècle-Flair; sowie die Pasticceria Klainguti (Piazza Soziglia 98 r), 1828 von der Graubündner Familie Kleingut gegründet (nicht verpassen: die herrliche Torta Zena mit Zabaionecreme). An der Piazza Soziglia ragt das gotische Turmhaus Spina di Luccoli auf (Nr. 116, 14. Jh.). Die von der Piazza Soziglia abgehende Via dei Macelli di Soziglia war bis Ende des 15. Jh.s Zentrum der Metzger.

*Via Soziglia

Piazza Soziglia mit dem Caffè Klainguti

Die Kirche S. Maria delle Vigne nördlich der Via dei Orefici stand einst, wie der Name signalisiert, in Rebgärten. Vom romanischen Vorgänger (Ende 10. Jh.) ist noch der mächtige Turm im typischen Genueser Habitus erhalten. In der Gegenreformation im 17. Jh. wurde sie von D. Casella umgebaut (klassizistische Fassade 1842). Der Chor enthält Fresken von Lazzaro Tavarone (1612); weitere Ausstattung v. a. aus dem 17./18. Jh., in der linken Nebenkapelle ein Kruzifixus von A. M. Maragliano (1710). Das spätgotische Südportal (15. Jh.) zeigt im Tympanon ein Fresko von Domenico Piola (um 1700).

Santa Maria delle Vigne

Von der Via dei Orefici geht südlich die langgestreckte Piazza Campetto ab, einst Platz der Zimmerleute. Hinten links der überreich dekorierte **Palazzo Imperiale**, bis 1558 von G. B. Castello il Bergamasco erbaut. An der Ecke das Wappen der Familie Imperiale; innen Fresken von L. Cambiaso und B. Castello, die Eingangshalle ist mit Büsten römischer Kaiser geziert. In diesem prachtvollen Rahmen präsentiert **Liguria Style** im 2. Piano Nobile kunsthandwerkliche Produkte der Region, von Keramik über Damast bis zum Glas, von handgearbeiteten Schuhen über Schmiedeeisen und Schiefer bis zu ligurischer Feinkost (Mi. geschl.). Die Via Scurreria mit ihren eleganten Geschäften führt südlich zum Dom San Lorenzo (▶ S. 224).

Piazza Campetto

Dieser Platz stellt als »Privatviertel« der Familie Doria ein schönes städtebauliches Ensemble dar. Die repräsentativen Bauten des 13. bis 15. Jh.s sind einheitlich gestaltet: die den ersten Familien vorbehaltene **schwarzweiße Marmorverkleidung**, Pfeilerarkaden im Erd-

**Piazza S. Matteo

geschoss, Bi- und Triforienfenster; Portale und Dekor stammen z. T. aus der Renaissance. Besonders schön das Portal des Palazzo Doria Quartara (Nr. 14) von Giovanni Gagini aus Bissone (1468). Ebenso gestaltet ist die Fassade der **Kapelle S. Matteo** (1125/1280). Die Front zeigt im Portal ein Mosaik des Kirchenpatrons (13. Jh.), außerdem antike Spolien und Inschriften der Doria. Das Innere wurde in der Renaissance auf Veranlassung von Andrea Doria umgestaltet, beteiligt waren G. A. Montorsoli, G. B. Castello il Bergamasco und Luca Cambiaso. In einer Nische links eine »Grablegung« von A. M. Maragliano (um 1700). In der Krypta ist **Andrea Doria** beigesetzt. Nördlich schließt ein eleganter frühgotischer Kreuzgang an.

PIAZZA DE FERRARI

Zentraler Platz Genuas ist die Piazza De Ferrari, die nach Raffaele De Ferrari (▶ S. 208) benannt ist und den **wirtschaftlichen Aufbruch nach 1860** verkörpert. Von der Kunstakademie ausgehend im Uhrzeigersinn umringen sie: Banca dell'Agricoltura, 1899; Börse, 1907 – 1912; Credito Italiano, 1914; Società di Navigazione Italiana, 1923; Palazzo Ducale; Palazzo Forcheri; Palazzo De Ferrari. In der Mitte ein Brunnen von 1936. Vom Platz gehen prächtige Boulevards aus: die Via XX Settembre (▶ S. 239), nordöstlich die **Via Roma** mit ihren edlen Modegeschäften (z. B. der Hemdenschneider Finollo in Nr. 38 r) und die Via XXV Aprile; westlich – von der Piazza Matteotti – die zur Kathedrale und zum Hafen führende Via S. Lorenzo.

Paläste der Finanzwelt an der Piazza de Ferrari

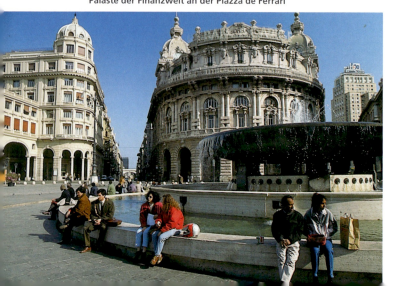

Der postmoderne, 63 m hohe Bühnenturm des Teatro Carlo Felice gibt dem Platz einen weiteren Akzent. Vom Vorgänger, dem klassizistischen Bau von C. Barabino (1827), einem der größten Opernhäuser Italiens, waren nach dem alliierten Bombenangriff 1943 nur die Außenmauern übriggeblieben. Bis 1991 erbaute **Aldo Rossi** den Komplex unter Beibehaltung noch vorhandener Substanz. Die Vorgabe, die vielen Nebenräume auf dem alten Grundriss unterzubringen, traf sich mit der Vorliebe Rossis für nüchtern-monumentale Architektur: Er packte sie auf das **41 m hohe Bühnenhaus**. Auch die Gestaltung des 2000 Personen fassenden Zuschauerraums als Piazza fand keine allgemeine Zustimmung. Vor dem Opernhaus grüßt Garibaldi vom hohen Ross (1893).

Teatro Carlo Felice

❶ Biglietteria: Galleria Cardinale Siri, Tel. 010 58 93 29, www.carlofelice.it

Durch die ungemütliche Eingangshalle des Theaters hinter dem Säulenvorbau gelangt man in die 1872–1880 entstandene Galleria Mazzini. Ihrem Vorbild, der grandiosen Galleria Vittorio Emanuele in Mailand, kommt sie allerdings bei weitem nicht gleich.

Galleria Mazzini

Die 1751 gegründete Kunstakademie hat im Lauf der Zeit eine bemerkenswerte Gemäldesammlung aufgebaut. In ihrem Palast neben der Oper (Carlo Barabino, 1831) sind v. a. **Werke ligurischer Maler des 14.–20. Jh.s** zu sehen sowie von Künstlern, die die ligurische Kunst wesentlich geprägt haben: z. B. Perin del Vaga, B. Strozzi, Luca Cambiaso, G. A. de Ferrari, G. B. Carlone, A. R. Mengs, E. Rayper.

*Accademia Ligustica di Belle Arti

❶ Di.–Fr. 14.30–18.30 Uhr, Eintritt 5 €, www.accademialigustica.it

VON DER PIAZZA DE FERRARI DURCH DIE SÜDLICHE ALTSTADT

Die Via S. Lorenzo, die 1850 durch die Altstadt geschlagen wurde, wird am oberen Ende von der Jesuitenkirche SS. Ambrogio e Andrea (Chiesa del Gesù) abgeschlossen. Im Wesentlichen zwischen 1589 und 1637 erbaut, ist der prachtvolle Innenraum noch ganz renaissancemäßig gestaltet: polychromer Marmor, vergoldeter Stuck, Fresken im Langhaus von Giovanni und G. B. Carlone, Fresken der Nebenkuppeln v. a. von Lorenzo de Ferrari. Die Hauptwerke sind die **Gemälde von Peter Paul Rubens**, »Beschneidung Christi« (1607) hinter dem Hauptaltar und »Hl. Ignatius heilt eine Besessene« (1618) im linken Querarm. Berühmt ist auch die »Himmelfahrt Mariens« von **Guido Reni** (1617; gegenüber im rechten Querarm).

**Santi Ambrogio e Andrea

Zur Piazza Matteotti öffnet sich der große Hof des Palazzo Ducale (Dogenpalast). Einige Daten seiner bewegten Geschichte: Ende des

*Palazzo Ducale

Palazzo Ducale, einst das Machtzentrum der Stadt

13. Jh.s erster Palazzo Comunale, ab 1339 Sitz des ersten Dogen Simone Boccanegra; Um- und Ausbau – auf den die heutige Anlage im Wesentlichen zurückgeht – von 1591 bis ca. 1620 durch Andrea Ceresola il Vannone; nach einem Brand bis 1783 klassizistisch erneuert. Der Palazzo fungiert als **Kulturzentrum** mit diversen Einrichtungen, Cafés und Restaurants (eines ganz oben, mit Terrasse), Läden von der Wein- bis zur Buchhandlung und einem großen Veranstaltungsprogramm (www.palazzoducale.genova.it). Am 1. Wochenende im Monat (außer Aug./Sept.) zieht der **Antiquitätenmarkt** viele an. Beeindruckend prächtig sind die alten Repräsentationsräume um den westlichen Innenhof: die Säle des **Maggiore und des Minore Consiglio** (hier finden Konzerte, Lesungen etc. statt) sowie die Dogenkapelle mit Fresken von G. B. Carlone (um 1655). Erhalten ist die mittelalterliche Torre Grimaldina, die als Gefängnis diente.

San Lorenzo Über der Piazza S. Lorenzo ragt die beeindruckende Fassade der Kathedrale auf (▶ Baedeker Wissen S. 226). Eigentlich müsste sie **Johannes dem Täufer geweiht sein, werden hier doch seine Reliquien verwahrt – jedenfalls wurden seine angeblichen Reste beim Ersten Kreuzzug 1098 von Mira in Kleinasien nach Genua gebracht. Man konnte damit auch auf religiösem Gebiet die Konkurrentin Venedig überflügeln, die seit 829 über die Gebeine des Evangelisten Markus verfügte. Die neue, viel größere und schönere Kirche, die man zu ihren Ehren errichtete, behielt aber den Namen des Vorgängerbaues.
Äußeres: Der ca. 100 m lange Bau entstand zwischen 1098 und etwa 1160 als romanische Säulenbasilika und wurde nach einem Erdbeben und einem Brand bis 1312 gotisch umgestaltet; erst in der Renais-

sance wurde die **Fassade** über der Portalzone mit dem rudimentären Nordturm und dem Glockenturm rechts vervollständigt. Auch die heterogene **Südseite** an der Via S. Lorenzo lässt die verschiedenen Bauphasen erkennen (mit schönen romanischen Details), beherrschend ist dort das große San-Gottardo-Portal von 1460. Das älteste Portal (vor 1130) liegt gegenüber an der **Nordseite**; seinen Türsturz bildet ein römischer Architrav.

Inneres: Der Stilmix setzt sich innen fort. Das **Langhaus**, 1312 vollendet, zeigt ein romanisch-gotisches Bild; die Tonnengewölbe kamen bis 1557 hinzu, das Querschiff und die Chorapsiden erhielten ihren schweren Prunk in Renaissance und Frühbarock. Die linke Chorkapelle wurde von G. B. Castello und L. Cambiaso ausgemalt (Marienlegende, 1565 – 1570), die rechte von G. B. Carlone (Sebastianslegende, ca. 1690). An den Stirnwänden des Querschiffs dominieren die Orgelprospekte von 1552 – 1565. Unter dem linken der **Apostelaltar**, den Giuliano Cibo, Bischof von Agrigent, 1530 bei den Lombarden Giacomo Della Porta und Nicolò da Corte als Grabstätte in Auftrag gab. Die Liegefigur des Bischofs ist im Zugang zum Baptisterium zu sehen, unter dem Grabmal des Kardinals Luca Fieschi (1461). Im rechten Seitenschiff ist ein Marmorrelief (Kreuzigung, 1443) zu beachten; hier ist auch eine Granate aufgestellt, die bei der Beschießung durch die Alliierten 1941 die Fassade durchschlug, ohne zu explodieren. Hauptattraktion der Kathedrale ist die ****Cappella San Giovanni Battista**, die Kapelle Johannes des Täufers, die – finanziert vom Banco di San Giorgio – zwischen 1451 und ca. 1465 von dem Tessiner Domenico Gagini und seinen Söhnen Giovanni und Elia geschaffen wurde. Unter dem Baldachin von Giacomo und Guglielmo Della Porta (1530 – 1532) steht das romanisch-gotische Reliquiar mit schön erzählten Szenen aus dem Leben und Sterben Johannes des Täufers (um 1200). In den Wandnischen links und rechts sechs Statuen von Matteo Civitali aus Lucca (Adam, Eva, Propheten), dazwischen Maria und Johannes der Täufer (1504) von **Andrea Contucci gen. Sansovino**, der v. a. in Florenz Bedeutendes schuf. Bemerkenswerterweise hat er Eva und Maria, die sündige »prima mater« und die unbefleckte »mater Dei«, nebeneinandergestellt.

Museo del Tesoro di San Lorenzo

Der Domschatz enthält nur einige wenige Gegenstände. Der berühmteste ist der **Sacro Catino**, eine sechseckige Schale aus grünem Glas (9. Jh., Fassung von 1827), die auf dem Ersten Kreuzzug 1101 in Palästina erbeutet wurde. Einer Sage nach soll Joseph von Arimathäa in ihr das Blut Christi aufgefangen haben, weshalb sie als der Heilige Gral galt. Außerdem sind ein byzantinisches Prozessionskreuz (Kreuz der Familie Zaccaria, ca. 1270), eine silberne Madonna von F. Schiaffino (1747) und der silberne Schrein für die Asche Johannes' des Täufers von Teramo Danieli (um 1440) zu sehen.

ⓘ Mo. – Sa. 9.00 – 12.00, 15.00 – 18.00 Uhr, Eintritt mit Museo Diocesano 6 €

Kathedrale San Lorenzo

** Das Prunkstück Genuas

Über 700 Jahre wechselvoller Stadtgeschichte – von der Zeit der Kreuzzüge über die Ära der Seerepubliken bis zur Geldaristokratie in Renaissance und Barock – spiegeln sich im bedeutendsten Sakralbau Genuas.

❶ Portalzone

Die Fassade trägt ligurisch-toskanische Züge (Streifeninkrustation, Wandgliederung) und solche der französischen Gotik (tief gestaffelte, sehr fantasievoll gestaltete Portale). Links am Hauptportal zeigt ein Relief Szenen aus dem Lebens Marias, rechts ist die Wurzel Jesse dargestellt. Im Tympanon Christus als Weltenrichter in der Mandorla, umgeben von den Evangelistensymbolen, darunter das Martyrium des hl. Lorenz. Die beiden Löwen, die die Freitreppe flankieren, kamen erst bei Neugestaltung des Platzes im 19. Jh. hinzu (Carlo Barabino, 1840)

❷ Obergeschoß der Fassade

Das feine Radfenster entstand im 14. Jh., in der Renaissance kamen die Loggia anstelle eines Nordturms (1447), der südliche Glockenturm (1522) und die Vierungskuppel (1557) hinzu. Letztere ist ein Werk von Galeazzo Alessi, der auch die Via Garibaldi konzipierte.

❸ Langhaus

Das dreischiffige Langhaus, 1312 vollendet, ist durch 16 romanische Säulen mit korinthischen Kapitellen gegliedert, über denen eine zweite Bogenordnung als Scheinempore verläuft. Bis auf zwei Fresken – eines links über dem Zugang zum Baptisterium (»Hl. Georg zwischen Barnabas und Johannes der Täufer«, in byzantinischer Art), das andere innen über dem Hauptportal (»Jüngstes Gericht«, 14. Jh.) – blieben die Wände undekoriert.

❹ Hauptchor

Nach dem Entwurf von Alessi (1556) entstand bis 1624 der prachtvolle Marmordekor; die Evangelisten stammen u. a. von dem Florentiner Montorsoli. Das Fresko im Gewölbe von Lazzaro Tavarone (Martyrium des hl. Lorenz, 1622) gilt als eines der bedeutendsten des frühen Seicento in Genua. Bis etwa 1545 wurde das kunstvoll intarsierte Chorgestühl angefertigt.

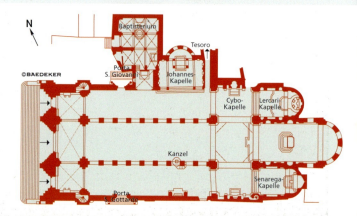

Die Rekonstruktion der doppelten Bogenstellung (1307–1312) hielt sich an das vorherige Schema, übernahm aber die schwarzweißen Streifen der gotischen Fassade. Auch die schönen, teils figürlich gestalteten Kapitelle sind gotisch.

Die fein ausgearbeiteten Figuren und lebensvoll geschilderten Szenen am Hauptportal – wie die Begegnung von Maria und Elisabeth – lassen große Meisterschaft erkennen.

ZIELE • Genua · Genova

Museo Diocesano
Konvent und Kreuzgang der Kanoniker bilden einen hübschen Komplex nördlich von S. Lorenzo (Via T. Reggio). Das Diözesanmuseum zeigt hier Bildwerke, Skulpturen, Mobiliar und Silber.
❶ Mo.–Sa. 15.00–18.00 Uhr, Eintritt mit Museo del Tesoro 6 €

Via di Canneto il Curto
Nach dem Bummel die Via S. Lorenzo hinunter geht es wieder in den **Carugio lungo**, d. h. links in die sehr (!) schmale Via di Canneto il Curto, auch sie eine echt genuesische Gasse mit kleinen Geschäften. Der rechts abgehende Vicolo Caprettari besitzt ein kleines Juwel: In denkmalgeschütztem Art-déco-Ambiente (1922) können sich die Herren der Schöpfung in der **Barberia Giacalone** verschönern lassen (Mo. geschl.). Die Piazza S. Giorgio, der erste Marktplatz Genuas (12. Jh.), ist – für Genua selten – mit den Kirchen S. Giorgio (1629) und S. Torpete (1733) ganz barock gestaltet.

Piazza Grillo Cattaneo
Zwischen den beiden Kirchen hindurch führt der Vico Giorgio zur Piazza Grillo Cattaneo mit schönen Portalen im lombardischen Stil. Weiter südlich steht die romanische Kirche **S. Cosimo**, eine der ältesten Pfarrkirchen Genuas. Im Stufenportal ein römischer Architrav; in der Fassade sind Arkosolgräber eingelassen. Neben S. Cosimo geht ein Durchlass auf den Vico dietro il coro di S. Cosimo, hier rechts und wieder links durch einen weiteren Durchlass. In dem steil ansteigenden Gelände, zwischen hohen, eng stehenden Häusern, ragt spektakulär der 41 m hohe **Torre degli Embriaci** auf, errichtet Anfang des 12. Jh.s vom Jerusalem-Eroberer Guglielmo Embriaco. Als einziger der **39 Geschlechtertürme Genuas** blieb er in voller Höhe erhalten (die Zinnen sind rekonstruiert).

Die »Verkündigung« in S. Maria di Castello

*Santa Maria di Castello
Zwischen dem 12. und dem 16. Jh. entstand auf dem Castello-Hügel ein ganzer Komplex von Kirchen und Klostergebäuden. Zentrum ist die romanische Kirche S. Maria, errichtet Anfang des 12. Jh.s von **lombardischen Baumeistern**; aus dieser Zeit stammen noch die Portalzone, der Turm und der untere Teil des Langhauses. Den Türsturz im Hauptportal bildet ein römischer Architrav; Säulen und Kapitelle des Hauptschiffs sind ebenfalls meist römische Spolien aus dem 1. – 4. Jahrhundert. Der tiefe Mönchschor erhielt sein Aussehen nach 1589. Reiche Ausstattung mit Werken ligurischer Meister, u. a.

In der prunkvollen Gestaltung der Chorpartie spiegelt sich der Glanz Genuas im 16./17. Jahrhundert. Zwischen 1527 und 1624 wurde sie mit Marmortafeln, Skulpturen und Fresken den prätentiösen Idealen der Zeit angepasst.

Mit einer prächtigen Schauseite öffnet sich die Kapelle Johannes des Täufers, das einzige bedeutende Werk der Frührenaissance in Genua, zum linken Seitenschiff. In ihrem Zentrum steht der Baldachin mit dem Reliquienschrein.

B. Castello, D. Parodi, D. Piola, A. M. Maragliano (mit Erläuterungen). Von der Sakristei (Portal von L. Riccomanni und G. Gagini, 1452) zugänglich ist der zweite Kreuzgang; im 1. Obergeschoss ist in der **Loggia dell'Annunziazione** das wunderbare Fresko »Mariä Verkündigung« (1451) zu sehen, das der Ravensburger Kaufmann und Maler Jos Ammann (it. Giusto di Ravensburg) anfertigte. Die Große Ravensburger Handelsgesellschaft hatte in Genua eine Niederlassung; auch in Venedig hinterließ Ammann einige Werke. Das **Museo** besitzt hervorragende Arbeiten u. a. von Ludovico Brea (»Paradies«), A. M. Maragliano (»Immaculata«) und A. Magnasco.
❶ 9.30 – 12.00, 15.30 – 18.30 Uhr

* San Donato

Das Bild der romanischen Kirche S. Donato (erbaut bis 1160) wird durch den hohen oktogonalen Glockenturm bestimmt; das dritte Geschoß wurde bei der Restaurierung 1888 hinzugefügt. Original ist das Portal mit einem römischen Architrav. In der dreischiffigen Hallenkirche sind die **römischen Säulen** bemerkenswert, eine »Madonna mit Jesuskind« von Niccolò da Voltri (um 1400) hinter dem Altar und das **Triptychon von Joos van Cleve** d. Ä. im linken Seitenschiff (in der Mitte »Anbetung der Heiligen Drei Könige«; ca. 1515).

S. Agostino

Das Kloster Sant'Agostino an der Piazza Sarzano, um 1260 für die Augustiner errichtet und 1798 profaniert, wurde 1942 weitgehend zerstört und bis 1992 rekonstruiert. Die schwarz-weiß inkrustierte Fassade der Kirche besitzt ein gotisches Portal; im Tympanon ein barockes Fresko von G. B. Merano (»Hl. Augustinus«). Der mächtige Backsteinturm trägt den typischen Genueser Pyramidenhelm zwischen Eckfialen, hier mit Majolika verkleidet.
In den Kreuzgängen (15./17. Jh.) dokumentiert das *** Museo di Scultura e Architettura Ligure** die Genueser Bildhauerkunst vom frühen Mittelalter bis ins 18. Jh.; berühmt ist das Grabmal der Margarete von Brabant – Gattin von Kaiser Heinrich VII., die 1311 in Genua starb – von Giovanni Pisano (1313 / 1314). Weiter bemerkenswert sind die Werke von Pierre Puget, Filippo Parodi, F. M. Schiaffino und A. Canova.
❶ Di. – Fr. 9.00 – 19.00, Sa., So. 10.00 bis 19.00 Uhr, Eintritt 5 €

> **BAEDEKER TIPP**
>
> *Piazza delle Erbe*
>
> Das Viertel um die Piazza delle Erbe ist ein beliebtes »Bermuda-Dreieck« mit Bars, Musikcafés und Restaurants, in dem sich Studenten ebenso wohlfühlen wie »normale« Menschen. An der Piazza selbst lädt die schöne alte Bar Berto – ein Fixpunkt der »Movida« – auf einen Caffè oder ein Bier aus der eigenen Brauerei, und das Eis der Cremeria dell'Erbe gilt als das beste der Stadt.

Hübscher Platz zur Rast: Kreuzgang S. Andrea mit der Porta Soprana

* Porta Soprana Von hier kann man südlich über eine Brücke aus dem 18. Jh. zur Kirche S. Maria Assunta di Carignano gehen (▶ S. 238) oder eintauchen in die Via di Ravecca, auf der man zur 31 m hohen Porta Soprana gelangt. Sie war wie die Porta dei Vacca (▶ S. 218) Teil des Befestigungssystems in staufischer Zeit (1155 – 1159); neben dem Tor wurde der Aufgang zum Wehrgang rekonstruiert. Außerhalb des Tors liegt der romanische **Kreuzgang S. Andrea**, Rest eines 1909 abgebrochenen mittelalterlichen Nonnenklosters, anschließend das sog. **Haus des Kolumbus** (Casa di Colombo), das erst im 18. Jh. auf den Grundmauern des Hauses errichtet wurde, in dem Kolumbus seine Kindheit verbracht haben soll. Hier befindet man sich bereits an der **Piazza Dante**, die vom insgesamt 120 m hohen **Grattacielo** (Wolkenkratzer) überragt wird, erbaut 1937–1941 von Marcello Piacentini, einem führenden Architekten des Faschismus.

VON DER PIAZZA CORVETTO ZUR STAZIONE PORTA PRINCIPE

Palazzo Doria Spinola Im Westen wird die Piazza Corvetto (▶ S. 240) vom Palazzo Doria Spinola beherrscht, erbaut 1541 – 1543 für den Admiral Antonio Doria, Neffe von Andrea Doria (heute Präfektur). Das Portal in der Salita S. Caterina stammt von Taddeo Carlone (um 1580). Der Innenhof besitzt eine zweistöckige, stuckverzierte Loggia (Obergeschoss mit Veduten veschiedener Städte von F. Calvi).

Piazza Fontane Marose Der Name des Platzes ist von einer Quelle abgeleitet, die im 14. Jh. als »marosus« (wild), ab dem 16. Jh. als »morosus« bezeichnet wurde (aufgrund des benachbarten Freudenhauses). Unter den Bauten des 16. Jh.s fällt der Palazzo Spinola »dei Marmi« mit seiner Streifenfassade auf (um 1450, Obergeschoss 19. Jh., Quadriforienfenster 1903). Die fünf Marmorstatuen aus dem Spätmittelalter stellen Mitglieder der Familie Spinola dar. An diesem Platz beginnt der im 16./17. Jh. angelegte, zur Piazza Acquaverde (Stazione Principe) führende Straßenzug Via Garibaldi – Via Cairoli – Via Balbi, dessen Bauwerke zu den großen Sehenswürdigkeiten der Stadt gehören.

Die reichsten Genueser Familien – Lomellino, Spinola, Grimaldi usw., außer den Fieschi, die nach ihrem Putschversuch nicht mehr gesellschaftsfähig waren, und den Doria, die schon ihren Palazzo vor der Stadt hatten – ließen sich zwischen 1550 und Ende des 16. Jh.s als Demonstration ihrer Macht eine grandiose **Via Nuova** (»Neue Straße«, seit 1882 Via Garibaldi) anlegen, und zwar im Bordellviertel, wobei die Besitzer umstandslos enteignet wurden. Die Lage am Hang machte eine gestaffelte Abfolge von Vorhalle, Freitreppe und Innenhof notwendig. Dieses einzigartige Ensemble von Palästen wurde so berühmt, dass Peter Paul Rubens 1622 ein Buch mit Ansichten und Rissen herausgab, das in Nordeuropa als Mustersammlung diente. Als Architekten waren v. a. Galeazzo Alessi, der Stadtbaumeister Bernardino Cantone und G. B. Castello gen. il Bergamasco beteiligt. Auch heute residieren in der schmalen Straße vor allem Geldinstitute. 2006 wurden die Palazzi der Via Garibaldi, zusammen mit anderen in Genua, in das **UNESCO-Welterbe** aufgenommen.

✶✶Via Garibaldi (▶ Baedeker Wissen S. 234)

Als erster Bau der Strada Nuova 1558 – 1560 von Cantone errichtet; der Entwurf wird Alessi zugeschrieben. Wuchtige rustizierte Fassade; im Piano Nobile manieristische Fresken von A. und O. Semino. Filiale der Banca Popolare di Brescia.

Pallavicini-Cambiaso Nr. 1

Palazzo Spinola oder Gambaro (Banco di Chiavari), 1558 – 1564 von B. Spazio für den Reeder Pantaleo Spinola erbaut. Einziger Schmuck der verputzten Fassade ist das Portal mit Figuren der Weisheit und Wachsamkeit. Das Piano Nobile mit dem Festsaal wurde um 1670 von D. Piola und P. Brozzi ausgemalt.

Pantaleo Spinola Nr. 2

In den Jahren 1571 – 1578 für den Senator Lercari »il Ricco« errichtet. Der Palast liegt im rückwärtigen Teil des Grundstücks, zur Straße hin ein Arkadenhof hinter einer im Erdgeschoss rustizierten Fassade (Portal von T. Carlone); darüber ehemals offene Galerie zwischen Ecktürmen. Festsaal mit Fresken von Ottavio Semino, im 2. Stock eine »Gigantomachie« von Semino. Im Salon ein Fresko von L. Cambiaso, »Bau des genuesischen Warenlagers in Trapezunt«.

Lercari-Parodi Nr. 3

Erbaut 1559 bis 1561 für Tobia Pallavicino, den »König des Alauns« (Inhaber des Monopols für den im Kirchenstaat abgebauten Alaun). Bereits von Zeitgenossen wurde der Bau als Meisterwerk der genue-

Carrega-Cataldi Nr. 4

sischen Spätrenaissance eingeschätzt. Von der Ausstattung hervorzuheben sind das Vorzimmer des 1. Stocks (Stuck und Ausmalung von B. Castello) und die von L. De Ferrari entworfene Galleria Dorata (1743/1744). Sitz der Camera di Commercio.

Giovanni Spinola Nr. 5
Entstanden 1558 bis ca. 1600, zunächst für Giovanni Spinola, den Finanzier der Kriege Philipps II. von Spanien. Die verputzte Front war einst mit Scheinarchitektur bemalt. Das Piano Nobile, in dem der Club »Circolo Artistico Tunnel« residiert, wurde von B. Castello, A. Semino und L. Tavarone ausgemalt. Filiale der Deutschen Bank.

Gio Battista Spinola Nr. 6
1563 – 1567 von Castello und Cantone für Gio Battista Spinola erbaut, 1864 bekam er eine neue Fassade. Er verfügt über einen der wenigen ganz erhaltenen Gärten. Sitz der Associazione Industriale.

Podestà Bruzzo Nr. 7
Errichtet 1563 – 1569 nach Entwürfen von Castello und Cantone für Nicolosio Lomellini. Die schmale Front ist mit ihren Stuckfiguren weitgehend original erhalten. Im Hintergrund des Hofs ein Nymphäum (schöner Phaëton-Brunnen, um 1710). Dahinter, über dem östlichen Portal der Galleria Garibaldi, steigen Gartenterrassen an.

Cattaneo-Adorno Nr. 8 – 10
Entstanden als Doppelhaus für zwei Familien 1584 –1588, daher hat der Palazzo zwei Portale; außer einem Rustika-Sockel und den Portalen gibt es keinen plastischen Bauschmuck. Die verputzte Fassade war ehedem mit Scheinarchitektur bemalt.

Campanella Nr. 12
Dieser Palazzo wurde 1562 – 1565 nach Plänen von G. Ponzello für Baldassare Lomellini erbaut und ab 1770 klassizistisch umstaltet. Das Portal stammt noch von T. Carlone (um 1587). Die klassizistische Ausstattung wurde 1942 weitgehend zerstört, die Fresken aus der Entstehungszeit blieben erhalten (G. B. Castello, A. Semino).

Doria-Tursi Nr. 9
Der Palazzo – heute **Sitz des Bürgermeisters** – ist der bedeutendste und mit 35 m langer Fassade der größte; insgesamt erstreckt sich die Straßenfront über 112 m. Errichtet wurde er bis 1579 für Niccolò Grimaldi »il Monarca«, den Finanzier König Philipps II. von Spanien. Zentrales Portal mit Figuren von T. Carlone (Wappen des Hauses Savoyen von 1820), ebenso die Loggien links und rechts der Fassade (1598). Aufgrund des Bankrotts König Philipps wurde der Bau nicht ausgeschmückt; die historischen Gemälde entstanden um 1860. Im **Museum** sind einige interessante Gegenstände ausgestellt: die Violine Paganinis (»il Cannone«, von B. G. Guarneri del Gesù, 1742) und andere Erinnerungstücke, Brüsseler Gobelins mit Szenen aus dem Leben Alexanders des Großen, ligurische Keramik sowie Maße und Gewichte. – Der »Palazzo Delle Torrette« gegenüber (Nr. 14 – 16) ist nur eine Schaufront, die 1716 von G. Viano den alten Häusern vor-

Via Garibaldi mit Palazzo Bianco (links) und Palazzo Doria-Tursi

geblendet wurde. Durch das Portal führt der Vico del Duca zur Via della Maddalena.
Museum: Di. – Fr. 9.00 – 19.00, Sa., So. 10.00 – 19.00 Uhr, Eintritt mit Palazzo Rosso und Palazzo Bianco 9 €

Der nach seiner roten Fassade benannte Palast wurde 1672 – 1677 für die Familie Brignole Sale errichtet und 1686 – 1692 von bedeutenden Genuesen ausgemalt. Seit 1961 ist er Sitz einer **großartigen Kunstsammlung**. Aus der langen Liste illustrer Namen: Dürer, Tintoretto, Tizian, Veronese, Caravaggio, Murillo. Ein lebenspralles Stück ist die eine Gans rupfende »Köchin« von B. Strozzi (um 1630, ▶ S. 57). Weiterhin sind Münzen, Keramiken aus Genua, Savona und Albisola, Skulpturen und genuesische Gewichte und Maße ausgestellt.
ⓘ Öffnungszeiten und Eintritt ▶ Palazzo Doria-Tursi

****Palazzo Rosso Nr. 18**

Den Schlusspunkt der Via Garibaldi bildet der Palazzo Bianco von 1540 (um 1715 umgebaut), der eine **bedeutende Gemäldesammlung** beherbergt: Malerei des Spätmittelalters (Barnaba da Modena, Ludovico Brea), Werke großer Niederländer (u. a. Rubens, Van Dyck, Metsys, Ruysdael, Memling) sowie Genueser Meister des 16./17. Jh.s (Assereto, Strozzi, De Ferrari, Fiasella, Piola, Magnasco). Wenige Schritte südlich das prachtvolle **Caffè Garibaldi** im Palazzo Brignole (Via Quattro Canti di S. Francesco 40 r).
ⓘ Öffnungszeiten und Eintritt ▶ Palazzo Doria-Tursi

****Palazzo Bianco Nr. 11**

Via Garibaldi

BAEDEKER WISSEN

Genueser Machtzentrum des 16. Jahrhunder

Der Fürst und Kriegsunternehmer Andrea Doria hatte Genua unter den Schutz Spaniens gestellt und mit einer Verfassungsreform eine oligarchische Adelsrepublik geschaffen: Im 16. Jh. beherrschte die Stadt der Bankiers, Kaufleute und Reede den Mittelmeerraum politisch wie wirtschaftlich. Beeindruckendes Zeugnis für dieses Goldene Zeitalter legt heute noch die 250 m lange und 7,5 m breite »Strada Nuova« ab, die 2006 von der UNESCO – mit den »Palazzi dei Rolli« in der offiziellen Liste von 1576 – ins Welterbe aufgenommen wurde.

▶ **Planung und Bau der »Strada Nuova«**

- **1550** Grundriss und Lage der neuen Straße werden festgelegt
- **1551–1583** Bau der Strada Nuova
- **1551** 1. Auktion der Baugrundstücke
- **1552–1558** Unterbrechung des Baus (Korsischer Krieg)
- 2. Auktion der Baugrundstücke
- 3. Auktion der Baugrundstücke
- Fertigstellung de Pflasterbelages 159

1550 – 159

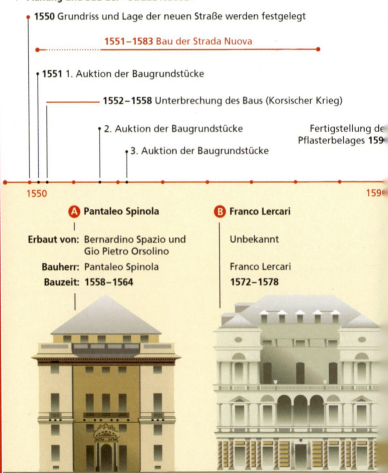

A Pantaleo Spinola

- **Erbaut von:** Bernardino Spazio und Gio Pietro Orsolino
- **Bauherr:** Pantaleo Spinola
- **Bauzeit:** 1558–1564

B Franco Lercari

- Unbekannt
- Franco Lercari
- 1572–1578

Die Baumeister der Via Garibaldi

- Pallavicini, Agostino
- Pallavicini, Tobia
- Spinola, Angelo Giovanni
- Spinola, Lazzaro e Giacomo
- **I** Lomellini, Nicolosio
- **J** Grimaldi, Nicolo
- **K** Lomellini, Baldassarre
- **L** Spinola, Lazzaro e Giacomo
- **M** Brignole, Sale Rodolfo

2006 Aufnahme in die UNESCO Weltkulturerbe-Liste

2005

Gio Battista Spinola

Bernardino Cantone und
Giovan Battista Castello
Gio Battista Spinola
1564–1567

D Palazzo Bianco

(erbaut von) Giovanni und
Domenico Ponzello
(Bauherr) Luca Grimaldi
1530–1540

Via Cairoli Über die Piazza della Meridiana gelangt man in die Via Cairoli, die als »Strada Nuovissima« nach der Via Garibaldi angelegt wurde. Die frequentierte Ladenstraße mit Antiquariaten, Buchhandlungen etc. mündet in den **Largo della Zecca**, wo der Straßentunnel (Galleria Garibaldi) zur Piazza Corvetto beginnt. Rechts die Talstation der Standseilbahn zum **★★Righi**, einem der besten Aussichtspunkte Genuas (▶ S. 243; Betriebszeiten 6.40 – 24.00 Uhr).

Palazzo Balbi An der Südseite des Largo della Zecca (Ecke Via Cairoli) steht der Palazzo Balbi mit einer kunstvollen Treppe (um 1780), die das Atrium an der Via Cairoli mit dem Eingang an der Via Lomellini verbindet. Vom Balbi-Palast lohnt sich ein Abstecher auf der Via Lomellini nach Süden; hier die Barockkirche **S. Filippo Neri** (1676) mit Gemälden von Franceschini, Parodi und Boni sowie Illusionsmalerei von A. M. Haffner; besonders schön das Rokoko-Oratorium mit einer »Immacolata« von Pierre Puget (1620 – 1694) aus Marseille. Weiter südlich (Nr. 11) steht das Geburtshaus von **Giuseppe Mazzini**, dem Gründer des »Jungen Italiens«, mit dem Museo del Risorgimento.
Casa Mazzini: Aug. – 23. Sept. Di., Mi., Fr. 9.00 – 13.00, Sa. 10.00 – 19.00, sonst Di., Fr. 9.00 – 13.00, Mi. 9.00 – 19.00, Sa. 10.00 – 19.00, 5 €

★★Santissima Annunziata An den Largo della Zecca schließt sich nordwestlich die Piazza della Annunziata an mit der ehemaligen Minoritenkirche SS. Annunziata del Vastato. Hinter der öden Fassade (Carlo Barabino, 1867) verbirgt

Der Palazzo Reale, eine in der Tat königliche Residenz

sich **eines der prachtvollsten Bauwerke der Stadt**. Eine Kirche von 1520 wurde zwischen 1591 und 1646 spätmanieristisch umgestaltet und vergrößert (Länge ca. 80 m). Der Raum in Form eines lateinischen Kreuzes vereinigt in seiner Ausmalung die großen Genueser Meister des 17. Jh.s. Im linken Querschiff die Schnitzgruppe »Kommunion des hl. Pasquale Baylon« von A. M. Maragliano.

Die Via Balbi ließen sich zwischen 1602 und 1620 die Jesuiten und die Familie Balbi mit sieben Palazzi anlegen – für Stendhal war sie die schönste Straße Italiens. Heute ist sie Einbahnstraße (Richtung Stazione Porta Principe) mit breiten Gehsteigen. Nr. 5 ist der **Palazzo dell'Università**, 1634 – 1636 als Jesuitenkolleg erbaut, mit der großartigsten Treppen- und Gartenanlage Genuas. In seiner Aula sechs Bronzefiguren (Tugenden) und sechs Bronzereliefs (Passion Christi) von Giambologna (Jean de Boulogne; 1579). Links schließt die Kirche SS. Vittore e Carlo an (B. Bianco, 1629 –1673), deren Inneres nach dem Vorbild von SS. Ambrogio e Andrea gestaltet wurde.

*Via Balbi

Der riesige Palast – seine Front erstreckt sich über ca. 100 m – entstand in Phasen für verschiedene Besitzer. Ein Dreiflügelbau wurde 1643 –1655 für Stefano Balbi errichtet und 1682 – 1685 von den Durazzo auf die heutige Größe gebracht; nach 1705 wurde er umgestaltet und mit den Terrassen zum Meer hin vervollständigt. Von 1822 bis 1919 diente der Palazzo dem **Königshaus Savoyen-Piemont** als Genueser Residenz und wurde aufs prächtigste ausgestaltet. Die nobel-heitere Gartenterrasse ist mit einem wunderbaren ligurischen Kieselmosaik ausgelegt, das einst den nicht mehr existierenden Convento delle Turchine auf dem Castelletto schmückte. Im 2. Stock – mit **Spiegelgalerie** und **Thronsaal**, beide fantastisch verschwenderisch gestaltet – hängen Gemälde aus dem 17./18. Jh. von Meistern aus Genua, Bologna, Venedig und Neapel, darunter Van Dyck, Reni und Tintoretto; außerdem sind antike Statuen, Gobelins, alte Möbel und chinesisches Porzellan ausgestellt.
❶ Di., Mi. 9.00 – 13.30, Do. – So. 9.00 – 19.00 Uhr, Eintritt 4 €

**Palazzo Reale

Als luxuriöses Landhaus vor den Toren Genuas (westlich der Stazione Principe) ließ sich **Andrea Doria** ab 1521 einen prachtvollen Palazzo errichten. Das Areal reichte einst bis ans Wasser und zum eigenen Hafen. Berühmt ist der Garten mit Neptuns- (T. Carlone, 1599) und Tritonenbrunnen (1543). **Perin del Vaga**, ein Schüler Raffaels, malte den Palast 1528 – 1533 aus. Die Front an der Via S. Benedetto zeigt ein großes Portal mit dem Wappen der Doria; eine lateinische Inschrift von 1529 besagt, dass Andrea Doria, Admiral kaiserlicher, französischer und italienischer Flotten, den Palast neu errichtet habe, um sein Leben hier in Ruhe zu beschließen.
❶ Tgl. 10.00 – 18.00 Uhr., Eintritt 9 €

*Villa del Principe

Hotel Miramare — Oberhalb des Palazzo Doria ist der pompöse Bau des Grand Hotels Miramare von 1908 (Architekt war der Schweizer Arnold Bringolf) als Appartementhaus wiedererstanden, Gäste des B & B Miramare da Camilla (▶S. 215) können die grandiose Atmosphäre genießen. Nebenan liegt die Talstation der 1901 eröffneten *Zahnradstraßenbahn – mit ebenso altem Wagen – zum *Granarolo (236 m ü. d. M.), der einen herrlichen Blick auf Stadt und Hafen gewährt.

SÜDÖSTLICH DER ALTSTADT

S. Maria Assunta di Carignano — Von S. Agostino (▶S. 229) gelangt man über den 30 m hohen Ponte di Carignano (1724) zur Renaissance-Kirche S. Maria Assunta di Carignano, die den erst nach 1850 bebauten Carignano-Hügel dominiert und im Leben der Stadt eine wichtige Rolle spielt; z. B. fand hier das Requiem für Fabrizio de André statt, von hier ging die Demonstration beim G8-Treffen 2001 aus. Begonnen wurde der bedeutende **Zentralbau des Cinquecento** (vgl. die Villen von Palladio) 1552 von Galeazzo Alessi, dessen Entwurf von St. Peter in Rom beeinflusst war. Kuppel und Laterne wurden erst 1602 fertiggestellt, geplant waren auch vier Türme – der Ausdruck »fabbrica di Carignano« wird in Genua heute noch für sich endlos hinziehende Projekte gebraucht. Die strenge Fassade wird durchbrochen von lebhafter barocker Plastik (über dem Portal »Mariä Himmelfahrt« von C. David und B. Schiaffino, um 1725). Das nicht ausgemalte Innere ist u. a. mit Statuen an den Vierungspfeilern (Pierre Puget, Filippo Parodi, C. David) sowie Gemälden Genueser Meister geschmückt. Die Orgel stammt von dem Flamen Willem Hermans (1656). Von der Kuppel schöne Aussicht auf Stadt und Hafen.

Villa Croce — In einem Park oberhalb des Messegeländes (Via Ruffini 3) steht die klassizistische Villa Croce mit dem **Museo d'Arte Contemporanea**: italienische und internationale abstrakte Kunst 1939–1980; regionale Kunst und italienische Grafik der 2. Hälfte des 20. Jh.s.
❶ Di.–Fr. 9.00–13.00, Sa. 10.00–13.00 Uhr, Eintritt 5 €; bei Ausstellungen Di.–Fr. 9.00–19.00, Sa., So. 10.00–19.00 Uhr, Eintritt variabel

Museo di Storia Naturale G. Doria — Einen faszinierenden Einblick in die Tierwelt – u. a. mit einem **Wal- und einem Mammutskelett** – gibt das 1867 gegründete Naturkundemuseum. Es ist v. a. der Land- und Meeresfauna Liguriens gewidmet, interessant sind auch die Fossilien und Mineralien.
❶ Di.–So. 10.00–18.00 Uhr, Eintritt 5 €

Passeggiata a mare — Vom Sportpalast (Palasport) verläuft der Corso Marconi/Corso Italia nach Osten; er wurde erst zwischen dem Ersten und Zweiten Weltkrieg trassiert, wobei die Felsküste eingeebnet und alte Bauten ab-

Prachtboulevard von Ende des 19. Jh.s: Via XX Settembre

gebrochen wurden. Übrig blieb immerhin die Kirche S. Giuliano in Albaro (▶S. 246). Trotz des vierspurig flutenden Verkehrs ist die »Passeggiata a mare« ein **beliebter Spazierweg** nach Albaro.

VIA XX SETTEMBRE · PIAZZA DELLA VITTORIA

Die Piazza De Ferrari (▶S. 222) findet ihre adäquate Fortsetzung in der Via XX Settembre, der repräsentativen Schlagader des modernen Genuas, benannt nach dem Tag der Einnahme Roms durch italienische Truppen 1870. Im Jahr 1892 projektiert, stellt sie ein **einzigartiges Ensemble historistischer Architektur** dar. In den bis zum Ponte Monumentale reichenden Kolonnaden sind gute Läden ansässig, Buchhandlungen, Kunstgalerien, Kinos und Cafés etc., weiter »unten« große Kaufhäuser im Jugendstil.

* Via XX Settembre

Links ragt über neogotischen Kolonnaden die um 1200 erbaute Kirche S. Stefano auf. Ihr Glockenturm trägt auf romanischem Untergeschoss eine gotische Glockenstube aus Backstein, ebenso ergänzt wurde der achteckige Tambour vor der durch Blendarkaden gegliederten Apsis, dem ältesten, für Ligurien ungewöhnlichen Teil. Von der Ausstattung hervorzuheben sind das »Martyrium des hl. Stephanus« von G. Romano und die »Heilige Familie« von D. Piola.

* Santo Stefano

Das Stadttor Porta dell'Arco (ca. 1540) wurde 1898 durch den Ponte Monumentale ersetzt. Außer Treppen verbindet ein Lift an der Südostecke der Brücke den Corso Podestà mit der Via XX Settembre.

Ponte Monumentale

BAEDEKER TIPP

Mercato Orientale

Der Kreuzgang des Augustinerkonvents ist seit 1899 Markthalle, deren Angebot auch Kenner begeistert. Hier bekommt man z. B. das kleinblättrige Basilikum aus dem westlichen Genueser Vorort Prà (DOP), das für den echten Pesto genovese vorgeschrieben ist. Zugang von Via XX Settembre, Via Galata und Via Colombo.

Wenige Schritte östlich des Ponte Monumentale ist in die Häuserfront die neobarocke Fassade (1864) der Kirche **Nostra Signora della Consolazione** eingelassen, die auf einen gotischen Augustinerkonvent zurückgeht. Die Ausstattung umfasst Gemälde, Plastiken und Reliefs aus dem 17./18. Jh.; erhalten ist auch eine **Perin del Vaga** zugeschriebene »Kreuzabnahme« (im Chor rechts unten).

Piazza della Vittoria
Von monumentaler Wirkung, sonst nur als Parkplatz interessant ist die zwischen 1929 und 1936 von Marcello Piacentini angelegte Piazza Vittoria; von ihm stammt auch der Triumphbogen (Kriegerdenkmal). Nach Süden steigt der Carignano-Hügel an; dort (Via Banderali, rechts neben der Freitreppe) die Porta dell'Arco, die 1895 dem Ponte Monumentale weichen musste (▶ S. 239).

Corte Lambruschini
Im Norden, zur Stazione Brignole hin, schließt ein Park an, der von den modernen Bürotürmen des Corte Lambruschini mit dem Teatro della Corte dominiert wird. Für den prachtvollen Ostbahnhof, die **Stazione Brignole** (1895), wurde die Porta Pila von 1633 abgebrochen und nördlich der Gleise (Via Montesano) wieder aufgebaut.

PIAZZA CORVETTO
CIRCONVALLAZIONE A MONTE

Piazza Corvetto
Verkehrsknoten nordöstlich der Altstadt ist die Piazza Corvetto, die vom Reiterstandbild Vittorio Emanueles II. (1886) geschmückt wird. Am Eck zur Via Roma das ****Café Mangini**, seit 1876 Treffpunkt der feinen Gesellschaft, mit exquisitem Angebot. Nach Nordwesten steigt der Park des Piazzale Mazzini an (mit Denkmal von 1882), der in die Gärten der Villetta Di Negro übergeht. Wo bis zur Bombardierung 1942 die Villa des kunstliebenden Marchese G. Di Negro († 1857) stand – hier hielten sich Künstler wie Canova, Byron und Dickens auf –, beherbergt ein moderner Bau das Museo Chiossone.

**Museo Chiossone
Das Museo d'Arte Orientale (Museum für Ostasiatische Kunst) enthält eine einzigartige Sammlung mit über 15 000 Stücken, die auf die Tätigkeit des aus Arenzano stammenden Malers Edoardo Chiossone zu Ende des 19. Jh.s in Tokio zurückgeht. Das Spektrum reicht vom 3. Jt. v. Chr. bis zum Ende des 19. Jh.s und von Japan über China bis Thailand; gezeigt wird neben Skulpturen, Waffen, Email, Porzellan

und Masken eine große Sammlung japanischer Farbholzschnitte seit dem 16. Jh. (u. a. Hokusai). Von der Terrasse des Museums hat man eine gute Aussicht über die Stadt.
❶ Di. – Fr. 9.00 – 19.00, Sa., So. 10.00 – 19.00 Uhr, Eintritt 5 €

Piazza Portello

Von der westlich unterhalb liegenden Piazza Portello bringt ein alter Aufzug zur **Spianata del Castelletto** mit wunderbarem Blick auf Altstadt und Hafen; auch vom alten »Lifthaus« sieht man direkt auf die Palazzi in der Via Garibaldi. Ebenso liegt an der Piazza Portello die Talstation der 1891 eröffneten **Standseilbahn S. Anna** (Betriebszeiten 7.00 – 0.30 Uhr; Bergstation Via Bertani). Beide Endpunkte liegen in der Nähe der bzw. an der *Circonvallazione a monte, einem am Hang verlaufenden Straßenzug, der die Piazza Manin im Osten mit dem Bahnhof Principe im Westen verbindet und schöne Ausblicke über die Stadt gewährt. Er wird im Folgenden mit seinen Sehenswürdigkeiten von Ost nach West beschrieben.

Piazza Manin

Von der Piazza Corvetto führt der Boulevard der **Via Assarotti** hinauf zur Piazza Manin. Unterhalb der Piazza, in einem großen öffentlichen Park mit schönem Panorama, liegt die **Villa Gropallo**, für die Familie Balbi im 16. Jh. errichtet. Oberhalb der Piazza Manin (Via Leonardo Montaldo) liegt der Bahnhof der **Schmalspurbahn Genua – Casella** (▶Passo dei Giovi, S. 290).

Villa Gruber

Fo lgt man der Circonvallazione nach Westen (Corso Armellini/Corso Solferino), erreicht man die stattliche Villa Gruber (Renaissance, klassizistisch umgebaut; daneben original erhaltener Wachtturm) in

Schöner Platz mit Aussicht: Spianata del Castelletto

schönem öffentlichem Park. In der Villa wohnte um 1850 der Kaufmann G. A. Gruber mit seiner Familie; sein Bruder Friedrich Gruber aus Lindau/Bodensee, ebenfalls ein reicher Kaufmann, war in Genua als »Napoleone dei Commercianti« bekannt. Die oberhalb gelegene Kirche **Santa Maria della Sanità**, die zur Villa gehörte, wurde bis 1612 für die Unbeschuhten Karmeliter erbaut und besitzt einen ungewöhnlichen oktogonalen Grundriss mit sieben Kapellen.

Albergo dei Poveri

Corso Magenta und Corso Paganini führen zur Piazza G. Villa mit der vorgelagerten **Spianata Castelletto** (s. o.). Von hier erreicht man über den Corso Carbonara die beeindruckende, 170 m lange Vorderfront des Albergo dei Poveri, des ehemaligen **Armenhauses**, erbaut nach der Pestepidemie 1656 aus Mitteln der reichsten Familien. Die quadratische Anlage konnte über 2500 Menschen aufnehmen und war fast eine Stadt für sich. Heute ist sie Sitz der Fakultät für Politische Wissenschaften der Universität Genua.

Castello Bruzzo

Die Circonvallazione setzt sich von der Piazza G. Villa fort mit dem Corso Firenze, unter dem Castello Bruzzo vorbei, einem der in Genua häufigen neogotischen »Burgen« von **Gino Coppedè**. Von der Piazza G. Marchi (**Kirche S. Nicola**, um 1600) steigt die Salita Madonnetta hinauf zum **Santuario della Madonnetta** (Haltestelle der Righi-Bahn), einem schönen Bau von 1696; unter dem Chor eine Krypta mit Fresken von Guidobono (1707), dem Gnadenbild und einer Pietà von A. M. Maragliano (1733). Der Kirchhof besitzt ein schönes Kieselpflaster (1732). Hinter der Kirche ein Raum mit einer **berühmten Genueser Krippe** aus der Schule Maraglianos (18. Jh.).

Castello D'Albertis

Vom Corso Firenze bietet sich ein weites Panorama und der Blick auf das Albergo dei Poveri. Schließlich passiert man das herrlich über Hafen und Stadt gelegene Castello D'Albertis, das 1886 für den Kapitän und Forscher Enrico D'Albertis errichtet wurde. Hier zeigt das **Museo delle Culture del Mondo** seine ausgezeichneten Sammlungen zu den nord-, mittel- und südamerikanischen Indianerkulturen.

❶ April – Sept. Di. – Fr. 10.00 – 18.00, Sa., So. 10.00 – 19.00 Uhr, sonst 1 Std. kürzer (letzter Einlass 1 Std. vor Schließung), Eintritt 6 €

NÖRDLICHES HINTERLAND

**Strada delle Mura

Der dreieckige Talkessel, an dessen Fuß sich Genua ausbreitet, wurde zwischen 1626 und 1633 mit den **Mura nuove** gesichert, einem Befestigungssystem mit Mauern und Forts, das sich über 12,6 km von der Piazza Manin im Osten über das Forte Sperone zur Lanterna im Westen hinzog. Die Forts nördlich des Forte Sperone, auf dem Berggrat zwischen dem Bisagno- und dem Polcevera-Tal, entstanden erst

Forte Diamante, errichtet zu Schutz und Trutz der Superba

später. Innerhalb der Mauer verläuft ein Straßenzug, der auch spektakuläre Eindrücke von Genua vermittelt: Piazza Manin – Mura di S. Bartolomeo (Castello Mackenzie von G. Coppedè, 1906) – Mura S. Bernardino – Mura di S. Erasmo – Mura delle Chiappe (Station der Righi-Bahn, s. u.); herrlicher Blick über das östliche Befestigungssystem aus dem 18. Jh. und den Friedhof Staglieno) – Forte Castellaccio (312 m) – Mura del Castellaccio – Via Peralto – Forte Sperone (512 m) – Via al Forte di Begato – Forte Begato (472 m) – Mura di Granarolo – Forte Tenaglia (216 m) – Via delle Mura di Porta Murata – Via Mura degli Angeli – Via S. Bartolomeo del Fossato.

**Festungswanderung - Forti di Genova

Eine Wanderung über die Höhen hinter Genua – im »Parco Urbano delle Mura« – vermittelt unvergessliche Eindrücke, auch für Mountainbiker sind sie ein attraktives Revier. Die Schmalspurbahn nach Casella (▶ S. 241, 290) leistet dabei willkommene Dienste. Besonders beliebt und geradezu Pflicht ist der Weg, der in ca. 3 Std. vom Bahnhof Campi über die Forti Diamante, Fratello Minore und Puin zum Forte Sperone führt, dann über das Forte Castellaccio zum **Righi** (der seinen Namen von dem berühmten Schweizer Aussichtsberg hat); die Standseilbahn bringt hinunter in die Altstadt. In umgekehrter Richtung dauert die Wanderung ebenso lange. Für den Gang vom Forte Sperone (mit Kfz erreichbar) zum Forte Diamante und zurück braucht man 3.30 – 4 Std. Weitere Touren, mit Kfz, MTB oder zu Fuß, findet man auf www.forti-genova.com. Die Cooperativa DAFNE bietet Touren an, bei denen auch die Forti Sperone und Puin besichtigt werden (Info Tel. 010 2 47 39 25, www.dafnet.it).

**Cimitero di Staglieno

Mit dem Friedhof Staglieno im Bisagno-Tal besitzt Genua ein einzigartiges Dokument des bürgerlichen Selbstbewusstseins im 19. Jh.,

Morbide Erotik im Friedhof Staglieno

vergleichbar dem Cimitero Monumentale in Mailand. Von G. B. Resasco nach Plänen von C. Barabino – beides bedeutende Genueser Stadtplaner – von 1844 bis 1851 angelegt, vereint der Campo Santo heute teils etwas kitschig wirkende **imposante Grabmäler** betuchter oder verdienter Personen, v. a. im Pantheon im Zentrum der Anlage. Im **Boschetto dei Mille** (»Hain der Tausend«, östlich des Pantheons) ist Giuseppe Mazzini beigesetzt. Berühmt ist das Grabmal von Caterina Campodonico, die vom Verkauf von Teigkringeln und Haselnüssen lebte und ihr Leben lang dafür sparte, hier bestattet zu werden (im westlichen unteren Säulengang, an der Ecke zur Freitreppe).

● 7.30 – 17.00 Uhr, Bus 13, 14, 34. Gratis-Führungen am 2. Wochenende d. Mt. (Sa. 9.30, 11.00, 15.00, So. 9.30, 11.00), Treff an der Statue der Treue (»Fede«), Anmeldung nicht nötig; www.staglieno.comune.genova.it

Struppa Von Staglieno führt die SS 45 (Via Piacenza) den Bisagno aufwärts nach Doria. Von hier steigt die SP 13 nach Montoggio/Casella steil bergan. In Struppa passiert man die Kirche S. Siro, einen geradezu bilderbuchmäßigen romanischen Bau des 12. Jh.s. Unter der Ausstattung zu erwähnen v. a. das **Polyptychon mit dem Leben des hl. Sirus**, eines Genueser Bischofs des 4. Jh.s – ein Teramo Piaggio zugeschriebenes Werk von 1516 –, ein Weihwasserbecken aus dem 12. Jh. und eine Holzstatue des hl. Sirus (1649). Bei **Creto** erreicht die SP 13 die Passhöhe, die ein großartiges Panorama eröffnet.

Polcevera-Tal Die Sehenswürdigkeiten im Bereich des Polcevera-Tals, darunter die Wallfahrtskirche Madonna della Guardia und die Villa Serra in Cómago, sind unter ▶ Val Polcevera beschrieben.

PEGLI

Villa Durazzo-Pallavicini Pegli, ca. 8 km westlich der Stadtmitte, wurde 1926 Teil des »Grande Genova«. Ab Mitte des 19. Jh.s Treff des europäischen Adels, ist es heute touristisch ohne Bedeutung. Besuchenswert sind jedoch die prachtvollen Villen Durazzo-Pallavicini und Doria-Centurione, beide oberhalb des Bahnhofs gelegen. Der romantische Park der Villa Durazzo-Pallavicini wurde um 1845 von Michele Canzio angelegt, dem Bühnenbildner der Genueser Oper, eine der schönsten Gartenlagen Italiens mit Seen und Wasserfällen, Pagoden und Tempelchen. In der Villa von Ende des 19. Jh.s zeigt das **Museo di Archeologia Ligure** Funde aus den Höhlen von Finale (u. a. Grab des »Jungen Prinzen«), vom Genueser Castello-Hügel und der vorrömischen Nekropole sowie römische Relikte aus Ventimiglia.

Park: Di.–Fr. April–Sept. 9.00–19.00, Sa., So., 10.00 bis 19.00, Okt.–März 10.00–17.00 Uhr. Museum: Di.–Fr. 9.00–19.00, Sa., So., 10.00–19.00 Uhr. Eintritt Museum 5 €, Park 4 €, Kombikarte 7 €. Anfahrt mit Bahn, Bus 1 und 3 oder Navebus (Boot) vom Porto Antico.

Südlich benachbart liegt diese Villa, in der ersten Hälfte des 16. Jh.s für Adamo Centurione, Bankier und damals wohl reichster Mann Genuas, erbaut und 1592 von A. Ceresola il Vannone für Gianandrea Doria erweitert, der Andrea Doria beerbte. Hier dokumentiert das sehenswerte **Museo Navale** die Geschichte der ligurischen Schifffahrt bis ins 20. Jh.s. Die wertvollsten Exponate sind ein Mittelmeer-Hafenhandbuch (Portolan) von J. Maggiolo (1551) und eine Genua-Vedute von Cristoforo Grassi (1597). *Villa Doria-Centurione*

Museo Navale: Di.–Fr. 9.00–13.00, Sa. 10.00–18.00, So. 10.00–13.00 Uhr, Eintritt 5 €

ÖSTLICHE VORORTE

Bereits seit dem 16. Jh. beim Adel beliebt, begünstigte im 19. Jh. an der pittoresken, felsigen Küste bis Nervi das Fehlen von Industrie und das milde Klima den Bau von Villen zwischen den kleinen Fischersiedlungen. Heute ist die ganze Küste östlich von Genua bis zum Monte di Portofino im Grunde ein einziger Badeort; bis Nervi führen Straßen unmittelbar am Ufer entlang, von denen aus alle Möglichkeiten zum Baden und Sonnen genutzt werden.

In Albaro verbrachte man die heiße Jahreszeit »in villa«, einige prachtvolle Domizile geben heute noch Kunde von begüterter Lebensart. Allen voran die **Villa Saluzzo Bombrini** (Via Francesco Pozzo), »il Paradiso« genannt, ein mächtiger Spätrenaissance-Palast (um 1590), verewigt durch Magnasco in seinem Bild »Zerstreuungen in einem Garten in Albaro« (im Genueser Palazzo Bianco). Die **Villa Giustiniani Cambiaso** an der Piazza Leopardi (Via Montallegro 1; Universitätsinstitut), ein Werk von Galeazzo Alessi (1548), war Vorbild für viele Genueser Bauten der Renaissance; auch heute vermittelt sie ein Bild klassischer Schlichtheit und Geschlossenheit. Zugänglich, da Sitz der Biblioteca Lercari (Via S. Fruttuoso 70, Sa./So. geschl.), ist die **Villa Imperiale** aus dem 16. Jh. am Nordrand von Albaro; ihren zentralen Salon schmückt das Fresko »Raub der Sabinerinnen« von Luca Cambiaso (ca. 1560). Bei der Neustrukturierung des Küsten- Albaro bereichs nach dem Ersten Weltkrieg blieb die spätromanische Saalkirche **S. Giuliano d'Albaro** am Lungomare Lombardo als einzige unangetastet. Die Franziskanerklosterkirche stammt von 1240, um 1500 wurde sie umgestaltet (Schieferportal).

Boccadasse Ein beliebtes Ziel für einen Spaziergang ist der **malerische Fischerhafen** Boccadasse östlich des Nuovo Lido d'Albaro (Foto ▶S. 7). Vom Castelletto Türcke – auch dieses von Gino Coppedè entworfen – überragt wird das östlich anschließende **Capo Santa Chiara**, ein atemberaubender Platz am Meer (vorzüglich das gleichnamige teure, edle Restaurant mit grandioser Terrasse, Tel. 010 3 07 51 55).

Quarto dei Mille Von hier ging die »Unternehmung der Tausend« (▶S. 36, 44) aus, deswegen darf hier neben einem heroischen Denkmal an der Uferstraße (E. Baroni, 1915) ein **Garibaldi-Museum** nicht fehlen. Es ist in der Villa Spinola zu Hause, einst Besitz von C. A. Vecchi, einem Freund Garibaldis; hier wurde das »Sizilianische Abenteuer« geplant.
Museo Garibaldino: Via Sartorio 1, Di.–So. 15.00 – 18.30 Uhr, Eintritt frei

Monte Moro Nordöstlich von Quinto al Mare ragt der Monte Moro mit seinem Fort 412 m über das Meer auf. Vor allem am frühen Morgen und an Tagen mit Nordwind hat man von hier eine **stupende Aussicht**. Die 12 km lange Anfahrt von Genua-Stadtmitte: Stazione Brignole – Corso Gastaldi – Corso Europa, dann links Via Timavo nach Borgoratti – Via Tanini – Via Monaco Simone – Via Angelo Olivieri – Piazza Pitto – Piazza Canepa – Via Alberico Lanfranco.

Übernachten
❽ Villa Bonera   ❾ Villa Pagoda

Entspannung im Park der Villa Serra

*Nervi

Seine Lage und das gute Klima machten Nervi früh zum aristokratischer Bade- und Winterkurort. Ein Bild davon vermitteln noch der Viale delle Palme und die Via Capolungo mit dem Albergo Eden. Vom kleinen Hafen im Westen verläuft die **Passeggiata A. Garibaldi** an der felsigen Küste entlang nach S. Ilario (ca. 2 km). Auf halbem Weg der Torre Gropallo, der zum Verteidigungssystem des 16. Jh.s gehörte. Unterführungen unter der Bahnlinie erlauben den Zugang zur Ortsmitte und zu den über 120 ha großen, bei Jung und Alt beliebten Parkanlagen Villa Gropallo, Villa Serra und Villa Grimaldi (www.parchidinervi.it). Die **Villa Saluzzo Serra** (Via Capolungo 3), in der sich Könige und Kaiser aufgehalten haben, beherbergt die **Galleria d'Arte Moderna** mit Werken italienischer Künstler des 19./20. Jh.s (u. a. Guttuso, Mafai, Merello). Nebenan (Via Serra Gropallo 4) hat die **Wolfson Collection** eine Heimat gefunden, eine bunte Schau zur ästhetischen Gestaltung der Gesellschaft zwischen 1880 und 1945. Im Park der Villa Gropallo, dem Sitz der Biblioteca Brocchi, gibt es im Sommer Freiluftkino. In der **Villa Grimaldi** (Via Capolungo 9) ist die Sammlung Frugone mit über 450 italienischen Gemälden aus dem 19. und frühen 20. Jh. untergebracht, darunter Werke von Giovanni Segantini und Telemaco Signorini. Im Park ein schöner Rosengarten. Die **Villa Luxoro** von 1903 (Via Mafalda di Savoia 3) ist ebenfalls Museum; neben wertvollem Mobiliar sind Uhren des 17.–19. Jh.s, genuesische Keramiken des 17./18. Jh.s, Gemälde und Zeichnungen flämischer und Genueser Künstler (Magnasco, Piola, Maratta), Silber, Krippenfiguren, Spitzen und Stoffe ausgestellt.

Galleria d'Arte Moderna: Di.–So. 10.00–19.00 Uhr, Eintritt 6 €, Tageskarte für alle Museen 10 €

Wolfson Collection: Mi.–So. 10.00–18.00, Eintritt 5 €

Villa Grimaldi: Di.–Fr. 9.00–19.00, Sa., So. 10.00–19.00 Uhr, Eintritt 5 €

Villa Luxoro: Di.–Fr. 9.00–13.00, Sa. 10.00–13.00 Uhr, Eintritt 5 €

Die Spiaggia d'Oro mit Blick auf die Altstadt von Porto Maurizio

Imperia

Provinzhauptstadt
Höhe: 0 – 47 m ü. d. M.

Einwohner:
42 200

E 8

Die Provinzhauptstadt der Blumenriviera führt eigentlich nur eine Papierexistenz: Im Jahr 1923 wurden die Städte Porto Maurizio und Oneglia per Verwaltungsakt vereint.

Der Name – zunächst nach dem Fluss gewählt, der die Städte trennt – spielt auch auf die Bedeutung von »impero««, »Reich«, an; was nicht verwundert, da Benito Mussolini Lehrer in Porto Maurizio gewesen war. Die beiden Orte sind durch eine jahrhundertelange getrennte Geschichte in Charakter und wirtschaftlicher Struktur verschieden und haben bis heute kein Wir-Gefühl entwickelt. Das industriell geprägte **Oneglia** hat sich um seinen Hafen entwickelt, einst der nach Savona wichtigste der Ponente. Zentrum ist die Piazza Dante, die mit den von ihr abgehenden schnurgeraden Straßen gegen Ende des 19. Jh.s angelegt wurde. Die malerische Altstadt von **Porto Maurizio** hingegen nimmt mit ihren verwinkelten Gassen ein 50 m hohes Vorgebirge ein. Der Viale Matteotti verbindet die beiden Teilstädte, auf der einstigen Gemeindegrenze stehen der Palazzo del Comune und die Hauptpost.

Wirtschaft Imperia ist eine Verwaltungs-, Industrie- und Hafenstadt. Neben chemischer und pharmazeutischer Industrie sind die **Pastafabrik Agnesi** und das **Olivenöl** von Imperia bekannt; hier sind renommierte Hersteller wie Ardoino und Carli ansässig. Der Fremdenverkehr spielt nur eine geringe Rolle, allerdings entstand jüngst östlich von Porto Maurizio einer der größen **Jachthäfen** des Mittelmeers mit ca. 1300 Liegeplätzen.

Porto Maurizio wird schon in einem byzantinischen Dokument erwähnt (6./7. Jh.). Es musste sich Genua unterwerfen, das 1184 die Burg erworben hatte, erhielt jedoch besondere Privilegien und wurde Sitz des genuesischen Vikars für die Ponente (1241). In den späteren Jahrhunderten betrieb Porto Maurizio lebhaften Handel, vorwiegend mit dem Orient. 1805 kam es an Frankreich, 1815 an das Königreich Sardinien. Oneglia hingegen war seit dem 11. Jh. Herrschaftsgebiet der Bischöfe von Albenga, die es 1298 an die Doria verkauften. Die wiederum näherten sich den Savoyern an, die es 1576 den Doria abkauften und zu ihrem Vorposten in Ligurien machten, gegen Porto Maurizio, den Stützpunkt Genuas. 1815 kam Oneglia zum Königreich Savoyen, das ihm den Titel »città fedelissima« verlieh (1841).

Ein wenig Geschichte

ONEGLIA

Die zentrale Piazza Dante wird beherrscht vom neoromanischen ehemaligen **Palazzo Comunale** (1888). Von hier geht die Anfang des 18. Jh.s angelegte Hauptverkehrsachse Via Bonfante/Via Amendola nach Osten (Kolonnaden mit guten Geschäften). Am Ende der Via Bonfante führt rechts die Via S. Giovanni in das hübsche restaurierte Viertel um die barocke Kollegiatkirche **San Giovanni Battista**, errichtet 1739–1762 nach Plänen des einheimischen G. Amoretti (Fassade 1838). Innen sind die Kuppeln über den Seitenschiffjochen, der Marmortabernakel von 1514 aus der Gagini-Werkstatt, eine Holzstatue »Maria im Rosenhag« von A. M. Maragliano (1. Kapelle links) und ein Gemälde von G. De Ferrari (Sakristei) beachtenswert. Die Fresken entstanden Ende des 19. Jh.s.

Piazza Dante

Südlich die besuchenswerte **Markthalle** (1930). Die Via De Geneys überquerend – links in der Via Doria das Geburtshaus von Andrea Doria; vom originalen Aussehen ist kaum etwas erhalten – gelangt man zum **Hafen**, in dem heute teure Jachten liegen. Durch die Laubengänge der aufgeputzten Hafenfront (Calata Cuneo) mit ihren guten Restaurants kommt man zur Piazza De Amicis; hier der Palazzo del Tribunale (19. Jh.) und das Geburtshaus von Edmondo De Amicis (▶S. 63). Zurück zur Piazza Dante, wo man sich in der schönen alten **Pasticceria Piccardo** vom Trubel erholen kann.

Hafen

Im der Via Garessio 13 nördlich des Bahnhofs hat der Olivenölhersteller Fratelli Carli ein schönes Museum eingerichtet, um dem Publikum die Tradition der ligurischen Olivenkultur nahezubringen.
❶ Mo.–Sa. 9.00–12.30, 15.00–18.30 Uhr, Eintritt 5 €

Museo dell'Olivo

* PORTO MAURIZIO

Kathedrale San Maurizio

Zentrum der hochgelegenen Altstadt ist der Domplatz mit der Kathedrale S. Maurizio (G. Cantone, 1781 – 1832). Ihre Größe – 90 m lang, 42 m breit, 55 m hoch – dokumentiert Selbstbewusstsein und Reichtum der Stadt in der zweiten Hälfte des 18. Jh.s, die **klassizistische Kühle** den »progressiven« Rationalismus. Die monumentale Fassade ist durch einen Pronaos mit dorischen Säulen (Statuen 1686), eine Giebelfront mit ionischen Säulen und zwei Glockentürmen symmetrisch gestaltet. Der uninspirierte Kühle der Fassade setzt sich im Inneren fort, das wie eine Ansammlung klassizistischer Versatzstücke wirkt; besonders deutlich an der Hauptkuppel, die unvermittelt auf vier korinthische Säulen aufgesetzt ist (als Ersatz für die 1821 eingestürzte erste Kuppel). Von der Ausstattung hervorheben sind der Hauptaltar (1857), die Lingiardi-Orgel von 1848, die **barocke Kanzel** von 1640 – aus einer abgerissenen älteren Kirche auf dem Parasio – sowie Bilder von Coghetti, Massabò, Maccari, Maragliano u. a. (mit Erläuterungen).

*Museo Navale, Pinacoteca Civica

Gegenüber dem Dom, im ehemaligen Rathaus von 1838, sind zwei Museen sehenswert. Das Schiffahrtsmuseum zeichnet ein lebendiges Bild der Schiffahrt früherer Zeiten, auch von der Nordpolexpedition Nobiles. Die Städtische Gemäldesammlung nebenan besitzt Werke

ligurischer und Genueser Meister des 19. Jh.s (Barabino, Rayper, Frascheri, Semino etc.) und eine interessante Sammlung von Krippen, die dem in Ligurien allgegenwärtigen genuesischen Bildschnitzer Anton Maria Maragliano und seiner Schule zugeschrieben werden.

Schiffahrtsmuseum: Im Sommer Mi., Sa. 21.00 – 23.00, sonst Mi. 15.30 bis 19.30, Sa. 16.30 – 19.30 Uhr

Pinacoteca: Mi., Sa. So. Juli/Aug. 21.00 – 24.00, sonst 16.00 – 19.00 Uhr

Die Altstadt ist reich an Zeugnissen aus dem Mittelalter: Portale aus Schiefer, gotische Arkaden, Wappen, ein Stadttor aus dem 14. Jh. und Reste der alten Kirche S. Maurizio. Von der Südseite des Doms gelangt man über die Via Porta Nuova zur Via S. Caterina mit der Kirche S. Leonardo (17. Jh.) und dem Haus, in dem der Heilige 1676 geboren wurde. Westlich das 1365 gegründete **Kloster S. Chiara** (heutiger Bau von 1741). Zum Meer hin (Via del Monastero) öffnet sich eine große, auf den alten Stadtmauern errichtete **Loggia**. Über die Salita S. Pietro erreicht man die kleine Kirche San Pietro, die auf das 12. Jh. zurückgeht, mit hübscher Barockfassade (1741) und altem Wachtturm als Campanile. Rechts hinter San Pietro ragt der mächtige **Palazzo Gastaldi** (17. Jh.) auf, in dem Napoleon 1796 Quartier nahm. Von der Loggia S. Pietro bietet sich, wie von der unterhalb gelegenen Piazza Raineri, ein schönes Panorama. Von dort zunächst Richtung Dom, dann führen Gässchen und Treppen hinauf zum

*Altstadt

Imperia erleben

AUSKUNFT (IAT)
Imperia-Oneglia, Piazza Dante 4
Tel. 0183 27 49 82
www.visitrivieradeifiori.it

FESTE & EVENTS
An Fronleichnam schmücken großartige Blumenteppiche die Straßen (»Infiorata«). Patronatsfeste: Oneglia 23. Juni (S. Giovanni), Porto Maurizio 10. Juli (S. Maurizio). August: Fest des »Condiggiun« (▶S. 80). Mitte Sept.: Treffen der Oldtimer-Jachten. 8. Sept.: Fest der N. S. delle Grazie in Montegrazie.

ESSEN
❶ *Agrodolce* €€€€
Oneglia, Via Des Geneys 34
Tel. 0183 29 37 02
Mi., Do.mittag geschl.
Eines der besten Restaurants der Ponente: Vorzügliche, moderne Küche mit Zutaten vor allem aus Meer und Garten. Eingang auch in den Hafenarkaden.

❷ *Chez Braccioforte* €€€€
Oneglia, Calata G. B. Cuneo 33
Tel. 0183 29 47 52, Mo. geschl.
Eine leichte marine Küche bietet das elegante, seit 1892 bestehende Restaurant in den Hafenarkaden.

❸ *Aqua Marina* €-€€
Porto Maurizio, Via Scarincio 46
Tel. 0183 66 63 56
Ein »normales« Restaurant, aber alles bestens: vorzügliche italienische Küche in recht üppigen Portionen, flotter Service, freundliche Atmosphäre.

❹ *Al Santuario* €
Montegrazie 1, Tel. 0183 6 91 92
Außerhalb der Saison nur Fr.- und Sa.abend sowie So. geöffnet
Gegenüber der Wallfahrtskirche wird man in schlichtem Ambiente mit einer ausgezeichneten, vielfältigen ligurischen Küche verwöhnt. Festes Menü mit ca. 10 (kleinen) Gängen, Wein und Caffè. Schattige, lauschige Terrasse. Reservieren.

❺ *Ca' de Maisce* €-€€
Chiusanico, Fraz. Torria, Via degli Orti 1
Tel. 0183 5 27 78, 333 9 76 76 22
Ca. 20 km hinter Imperia, in schönster Berglandschaft, überrascht man die Gäste mit Ungewöhnlichem wie Primelflan, grüner Torta mit Passionsblumen oder Ravioli mit Kresse. Reservieren.

ÜBERNACHTEN
❶ *Corallo* €-€€
Porto Maurizio, Corso Garibaldi 29
Tel. 0183 66 62 64, www.coralloimperia.it
Gutes Hotel vor der Altstadt, geschmackvoll modern gestaltet. Die großen Zimmer (teils mit Balkon) liegen zum Meer hin. Mit Restaurant und eigenem Strand.

❷ *Croce di Malta* €€-€€€
Porto Maurizio, Via Scarincio 148
Tel. 0183 66 70 20
www.hotelcrocedimalta.com
Beim Hafen hinter der Spiaggia d'Oro liegt dieses angenehme Hotel. Gut ausgestattete Zimmer mit Balkon.

❸ *Ca' del Vescovo* €
Porto Maurizio, Via G. Carducci 7, Tel. 338 5 97 71 13, www.cadelvescovo.it
Wunderbares B & B mit zwei feinen Zimmern und einer prachtvollen Suite mit Fresken von Carrega. Herzliche Betreuung durch die Besitzerin.

pittoresken **Parasio** (= »palazzo«), dem ältesten Teil der Stadt auf der Anhöhe, dessen hoch aufragende Häuser ins 14. Jh. zurückgehen. Hier der Palazzo Pagliari (15. Jh.), der für kulturelle Veranstaltungen genützt wird. Nun entweder durch den engen »carugio« Via Zara zurück zur Via S. Chiara oder die Via D. Aquarone zum Dom.

Die Via Cascione aus dem 19. Jh. ist mit ihrer Verbindung zur Piazza Roma eine Einkaufsstraße mit viel Flair. Hier das Teatro Cavour (1870) und das 1914 eröffnete Cinema Centrale; im Haus Nr. 86 hat **Istituto Storico della Resistenza** seinen Sitz (Dokumente, Erinnerungsstücke und Fotos zu den Themen Faschismus, Zweiter Weltkrieg und Partisanenkampf). Nach dem Rundgang relaxt man im traditionsreichen, modernisierten **Caffè Vittoria** an der Via Aurelia, das auch bei Tango- und Salsa-Fans beliebt ist.

Via F. Cascione

Istituto Storico della Resistenza: Archiv & Bibliothek Mo.– Fr. 9.00 – 12.00, 10.00 – 12.00, 14.00 – 16.00 Uhr, www.isrecim.it Eintritt frei

Am Sporthafen unterhalb der Altstadt reihen sich Hotels, Diskotheken und Restaurants. Etwas versteckt (Via dei Pellegrini/Via Croce di Malta) die Kirche S. Giovanni di Gerusalemme von 1362/1665 mit Hospiz (14. Jh.). Nach Süden schließt die **Spiaggia d'Oro** mit prachtvollem Jugendstilgebäude (1913) an; am Kiesstrand kann man in 10 Min. südwestlich nach Foce gehen.

Marina

UMGEBUNG VON IMPERIA

Ein herrliches **Panorama** hat man vom Monte Calvario westlich von Porto Maurizio, jenseits der Mündung des Caramagna. Im Sanktuarium S. Croce (Ende 17. Jh.) sind Gemälde von F. Bruno und G. B. Gaulli gen. **Baciccio** (1697) interessant, der Schüler von Bernini war und die Fresken in der berühmten Kirche Il Gesù in Rom schuf.

Monte Calvario

Die Wallfahrtskirche Nostra Signora delle Grazie 9 km nördlich von Porto Maurizio ist am 8. September Ziel vieler Gläubigen, andere sollten den Besuch wegen ihrer Fresken und des schönen Ausblicks nicht versäumen. Gegenüber der Kirche ein ausgezeichnetes, preiswertes Restaurant (▶linke Seite). Am besten parkt man in Montegrazie und geht die 800 m durch schöne Olivenhaine. Neben der alten Kapelle (12./13. Jh.) erhebt sich der große, 1450 geweihte Bau mit **hervorragenden Fresken** der Brüder Tommaso und Matteo Biazaci aus Busca (1483), von Pietro Guido da Ranzo (1498) und Gabriele Della Cella aus Finale (1498). Linkes Schiff, von unten nach oben: »Der gute und der schlechte Tod«; »Laster und Tugenden«; »Die Höllenqualen«; »Die Himmlische Stadt« (Biazaci). Linke Apsis: Szenen aus dem Leben Johannes des Täufers (Biazaci). Hauptapsis: »Apos-

*Montegrazie

Im Land des Olivenöls: Dolcedo im Prino-Tal

tel«, »Sündenfall« (z. T. Biazaci, z. T. 17. Jh.). Rechte Apsis: »Leben des hl. Jakob von Compostela«, »Triumphierender Christus« (Della Cella). Rechtes Seitenschiff: »Leiden Christi« (Guido da Ranzo). Das Gnadenbild befindet sich in der Nische im barocken Hauptaltar. In Montegrazie selbst gibt es eine spätbarocke Pfarrkirche (1756) mit einem eindrucksvollen **Polyptychon von Carlo Braccesco** (1478), das zur Sicherheit aus der Wallfahrtskirche hierher gebracht wurde, und die gute Trattoria A Ca' Du Cappellan (Tel. 0183 6 93 59).

❶ Normalerweise So. und an Festtagen vormittags geöffnet, sonst Besuch nach Anmeldung bei der Associazione Amici del Santuario di Montegrazie, Via al Santuario 1, Tel. 0183 6 23 73, 0183 6 90 40

San Lorenzo al Mare   San Lorenzo al Mare (1400 Einw.) westlich von Porto Maurizio ist einer der typischen Badeorte der Riviera dei Fiori, deren alter Kern vom Bauboom erdrückt wurde. Hinter dem gepflegten Sandstrand und der Bahnlinie liegt das ehemalige Fischerdorf, etwas weiter im Land, hinter der Via Aurelia, der eher ländliche Flecken. Die barocke Kirche S. Maria Maddalena mit ihrem hohen Glockenturm entstand 1766 aus einem spätmittelalterlichen Bau, von dem noch Spuren in der Apsis und am Fuß des Turms zu sehen sind.

IMPERO-TAL

Das Hinterland von Imperia ist der **bedeutendste Anbaubereich des ligurischen Olivenöls**. Bis in 500 m Höhe prägen Olivenbäume die reizvolle Landschaft, die im Wesentlichen aus den Tälern des Impero und des Prino gebildet werden. Der Fluss **Impero** entspringt am Osthang des Monte Grande (1418 m) und mündet bei Oneglia ins Meer. Erschlossen wird das Tal durch die SS 28 zum Colle di Nava; bei San Lazzaro biegt man auf die Landstraße ab, die durch das abgeschiedene obere Impero-Tal – auch Valle del Maro genannt – in die Bergszenerie am Colle d'Oggia (1167 m) hinaufführt.

Pontedassio, der Hauptort des Tals (2300 Einw.) 7 km nördlich von Oneglia, verfügt noch über viel mittelalterliche Bausubstanz. Südlich des Orts steht der Wachtturm S. Lucia (13. Jh.), daneben die gleichnamige Kapelle mit schönem Spätrenaissance-Portikus. In der Kirche S. Margherita (1880, Fassade 1955) sind ein **Triptychon** (1503) von Luca Baudo, der um 1460/65 vermutlich in Novara geboren wurde, und die **»Madonna di Trapani«** (17. Jh.) zu beachten. Die Kirche S. Caterina beim Friedhof verfügt noch über Fassade und Portal aus dem 14. Jahrhundert. Für lokale Spezialitäten und Einkaufsmöglichkeiten ▶ Baedeker Tipp auf der nächsten Seite.

Pontedassio

Impero-Tal – Nebenstrecke

Schön ist die Fahrt entlang dem Osthang des Impero-Tals. In **Gazzelli** ist eine herrliche *»Heimsuchung Mariä« zu sehen, die Domenico Piola zugeschrieben wird. Sie wurde für die Wallfahrtskirche Madonna degli Angeli südlich des Orts gemalt und befindet sich in der Pfarrkirche S. Andrea (1642). **Chiusanico** (360 m, 600 Einw.) ist der Hauptort der Gemeinde. Der höchstgelegene und älteste Ortsteil ist Castello, eine mittelalterliche Siedlung von wehrhaftem Charakter. Unterhalb liegen Villa und Gerini mit der Pfarrkirche S. Stefano, ursprünglich 15. Jh., bis 1827 klassizistisch umgestaltet. Innen sind ein Polyptychon aus dem 16. Jh. und Altäre aus dem 17. Jh. beachtenswert. In **Torria** sind an den Kreuzungen alte öffentliche Brunnenhäuser zu sehen. Am baumbestandenen Hauptplatz die barocke Kirche San Martino (18. Jh.), an ihrer Straßenfront Teile des Portals des Vorgängerbaus (1472, noch erkennbar die Szene der Mantelteilung).

> **BAEDEKER TIPP !**
>
> *Olivenöl, Wein und mehr*
>
> In Pontedassio sind einige Ölproduzenten ansässig – Isnardi, Ardoino, Calvi –, in deren Läden (Via Torino 156) man diverse Sorten und andere feine Produkte erstehen kann, von getrockneten Tomaten über Pesto bis zum Wein. Die typischen Biscotti von Pontedassio stellt die Konditorei in der Via Torino 152 nach traditioneller Art her. Probieren Sie auch einen Vermentino oder Pigato von Laura Aschero, einem der besten Weingüter Liguriens (Piazza Vittorio Emanuele 7, Tel. 0183 71 03 07).

Chiusavecchia

Chiusavecchia (140 m, 600 Einw.) hat seinen Namen von der Lage an der Engstelle (»chiusa«) im Tal. In der barocken Pfarrkirche SS. Biagio e Francesco di Sales (mit Zwiebelturm) ist ein großer, überaus ausdrucksvoller Kruzifixus (15./16. Jh.) zu sehen. Die Wallfahrtskirche **Madonna dell'Oliveto** östlich über Chiusavecchia ist mittelalterlichen Ursprungs; vom in ligurischer Art gepflasterten Platz hat man einen schönen Blick über das Tal.

*Lucinasco

Ca. 350 m über dem Tal – mit herrlichem Ausblick – liegt Lucinasco (280 Einw.), das traditionell vom Olivenöl lebt (Olio Riviera Ligure DOP); hervorragende Hersteller sind etwa **Elio Abbo und Dino Abbo** (bei Dino Abbo kann man auch gut essen; Via Roma 2 bis, Tel. 0183 5 24 11). Von der 1575 geschleiften Burg der Ventimiglia ist noch ein Turm erhalten, seit dem 17. Jh. Teil eines Herrenhauses. Die Pfarrkirche SS. Stefano e Antonino (1688 – 1720) enthält Marmorreliefs von L. Acquarone (s. u.), einen Tabernakel aus Schiefer (1725) und Holzstühle von 1789. Im Oratorium S. Giovanni Battista ist das Museo d'Arte Sacra untergebracht, das v. a. Werke von **Lazzaro Acquarone** zeigt, einem aus Lucinasco gebürtigen reichen Genueser Kaufmann und dilettierenden Bildhauer († 1613). Bemerkenswert sind auch eine »Beweinung Jesu« (15. Jh.) und Werke des Pancalino. Etwa 500 m östlich des Orts bildet die mittelalterliche Kirche **S. Ste-**

fano (Portal von 1437) mit Teich und Bäumen ein reizvolles Ensemble; schönes Panorama. Hinter S. Stefano geht links das Sträßchen (3 km) zu der in einem stimmungsvollen Eichenhain gelegenen spätmittelalterlichen Kirche **Della Maddalena** (1430) ab. Neben dem archaisch anmutenden Spitzbogenportal mit reliefiertem Architrav (1480) eine skulptierte Platte aus dem 15. Jahrhundert.
Museo d'Arte Sacra: Mitte April–Sept. So./Fei. 10.00–11.00, 16.00 bis 18.00 Uhr und nach Anmeldung Tel. 0183 5 25 34

In San Lazzaro Reale ist die zweibogige Brücke aus dem 14. Jh. zu beachten; die San Lazzaro, einem Bischof von Marseille, geweihte Pfarrkirche enthält ein Triptychon von P. Guidi da Ranzo (16. Jh.). — San Lazzaro Reale

In einem weiten Talkessel – im Westen vom Monte Grande, im Norden vom Monte Guardiabella (1218 m) überragt – liegt Borgomaro (209 m, 900 Einw.), das perfekt rechtwinklig angelegt ist. Auch hier hat die Erzeugung von Olivenöl eine lange Tradition; der **Frantoio Laura Marvaldi**, der seit 1784 besteht, gehört zu den renommiertesten in Italien. Einige Handwerker fertigen schönes Schmiedeeisen. Von der mittelalterlichen Burg, 1625 von Genua geschleift, sind nur Spuren erhalten. Die Pfarrkirche S. Antonio (15. Jh., 1599/1675 umgestaltet; Fassade 19. Jh.), an deren Turm interessante Loggien angebaut sind, besitzt schöne Altäre und Kanzel mit Marmorintarsien sowie ein **Polyptychon des Pancalino** (16. Jh.), das aus der Pfarrkirche SS. Nazario e Celso stammt. Diese westlich über Borgomaro gelegene romanische Kirche wurde 1498 erneuert (schöne Portale an Fassade und linker Seite), innen ein Schiefertabernakel von 1530. Im »Censin da bea«, einer alten Ölmühle, sind nicht nur alte Geräte zu bestaunen, hier wird man preisgünstig mit bodenständiger Küche verwöhnt (Via Guglieri 14, Tel 335 821 29 82). — Borgomaro

Am Fuß des Monte Guardiabella liegt Aurigo (390 m, 350 Einw.; Foto ▶ S. 8), dessen Name von lat. »apricus«, d. h. »sonnenbeschienen«, abgeleitet ist. Der Palazzo der Grafen von Ventimiglia (15. Jh.), unweit der Reste der mittelalterlichen Burg, besitzt ein schönes Portal. Die barocke Pfarrkirche Natività, um 1700 von G. F. Marvaldi erbaut (die Architektenfamilie Marvaldi stammte aus dem benachbarten Candeasco), zeigt feinen Stuck von 1780. Über dem Ort die Wallfahrtskirche S. Paolo (16./17. Jh., Portikus und Glockenturm 18. Jh.); innen ein weiteres Polyptychon des Pancalino von 1569. — Aurigo

PRINO-TAL

In Piani, an der Straße von Borgo Prino (westlicher Vorort von Imperia) nach Dolcedo, ist die Wallfahrtskirche S. Maria Assunta zu — Piani

Olivenöl

Das flüssige Gold Liguriens

Unter den Olivenölen Italiens hat das aus Ligurien, vor allem von der Riviera dei Fiori, einen besonders guten Ruf – nicht umsonst trägt es den Titel einer »Denominazione d'Origine Protetta«.

Das Öl der Olive hat seit langem auch in nördlichen Küchen Fuß gefasst, wegen seines charakteristischen Geschmacks ebenso wie aufgrund seiner ernährungsphysiologischen Vorzüge. Es wirkt positiv auf die Verdauung und soll den Cholesterinspiegel senken. Mit seinem hohen Anteil ungesättigter Fettsäuren senkt es das Risiko von Herz- und Kreislaufkrankheiten. Antioxidanzien machen es gegen Erhitzung resistent, es ist also – entgegen verbreiteter Ansicht – nicht nur für Salatsaucen geeignet (wiewohl man es sinnvollerweise eher dafür verwendet). Von allen in der Speisefetten ist das Olivenöl das wertvollste. Vielleicht auch deshalb zählt man in den Mittelmeerländern weniger Krebskranke als in anderen Teilen Europas.

Athenes Geschenk

Der Ölbaum ist eine der ältesten Kulturpflanzen überhaupt. In Vorderasien wird er seit dem 3. Jt. v. Chr. kultiviert, in Italien seit dem 9. Jh. v. Chr., und im 1. Jh. n. Chr. beherrschte italienisches Olivenöl den Handel. Seine Ansprüche sind – bis auf ein frostfreies Klima – gering: Ihm genügen ein magerer, kalkhaltiger Boden und jährliche Niederschläge von 200 mm. Ein Olivenbaum kann bis zu 1000 Jahre alt werden, er trägt aber erst nach 25 bis 30 Jahren Früchte. Seine Kultivation setzt also eine friedliche Sesshaftigkeit voraus, und nicht zufällig ist er, in Form des Ölzweigs, seit der Antike ein **Symbol des Friedens**, der Fruchtbarkeit und des Glücks. Oliven gedeihen zwischen dem 30. und 50. Breitengrad der Nord- und Südhalbkugel in mildem, gemäßigtem Klima. In Italien sind die bedeutendsten Anbaugebiete Apulien, Kalabrien, Sizilien, Kampanien, Latium, Toskana und Umbrien. Aus Ligurien kommt nur etwa 1 % der nationalen Produktion, dafür gehört sein Öl zu den besten.

Vom Baum zum Öl

Mitte November beginnt die Olivenernte. Mit einer Art Kamm streift der Pflücker durch die Zweige; die herabfallenden Oliven werden in Netzen aufgefangen. Noch heute werden die für Speisezwecke verwendeten, fleischigeren Oliven so geerntet, weshalb man die Bäume klein hält. Im Idealfall werden die Früchte sofort, auf jeden Fall aber innerhalb von 24 Stunden in die Ölmühle (»frantoio«) gebracht. Dort werden sie von Blättern befreit, gewaschen, zermahlen und gepresst. Die Oliven bestehen aus Schale, Kern und dem Mark mit ölhaltigen Körperchen, den Oleosomen. Sie enthalten nur 20 % Öl, der Rest sind Wasser (40 %) und Fruchtfleisch (40 %). Durch die Zerkleinerung erhält man einen Brei, der anschließend geknetet wird: Schaufelräder bringen die Membranen der Ölkörperchen zum Platzen, der Inhalt wird frei und macht den Brei langsam ölig. Nun muss das Öl von den anderen Bestandteilen getrennt werden. Dazu wird der Brei in runde Korbtaschen gefüllt, die gestapelt und in einer hydraulischen Presse zusammengedrückt werden. Die ablaufende Flüssigkeit besteht aus Öl und Wasser, die man durch Zentrifugieren oder Absitzenlassen trennt. Den letzten Schliff erhält das Öl durch Filtrieren oder mehrmaliges »Dekantieren«. Am schonendsten gewinnt man das Öl »per sgocciolamento« (»Tröpfeln«). Dafür tauchen Zinken immer wieder in den Olivenbrei; das Öl, das an ihnen hängen bleibt, wird abgestreift und aufgefangen.

Das Öl der Riviera dei Fiori, für das v. a. Taggiasca-Oliven verwendet werden, ist gelb. Je grüner ein Öl, desto wahrscheinlicher ist eine andere Provenienz.

Die Sprache des Etiketts

Kalt gepresst, Extra vergine, Erste Pressung – diese schönen, klangvollen Begriffe sagen eigentlich gar nichts. So wird »Extra vergine« mit »Erste Pressung« gleichgesetzt, obwohl es eine zweite Pressung für Speiseöl nicht gibt (aus den Pressrückständen wird Öl für industrielle Zwecke gewonnen). Auch die Bezeichnung »kalt gepresst« ist überflüssig, da das Erhitzen des Olivenbreis vor der Pressung die Qualität mindert und von soliden Ölmühlen nicht verwendet wird. Für die Qualität viel entscheidender sind die Herkunft der Oliven, der Boden, das Klima, die Sorte, das Alter der Bäume etc. Die großen Firmen, die an der Riviera ansässig sind, wären mit der Produktion rein ligurischen Öls bei weitem nicht ausgelastet, zudem schwanken Menge und Qualität einer Ernte. Auch die Namen renommierter Hersteller sind also keine Garantie. Will man echtes Öl der Riviera bekommen, achte man auf die Angabe **DOP** (Denominazione d'Origine Protetta) mit den Bereichen Riviera di Levante, Riviera di Ponente und Riviera dei Fiori. Vorgeschrieben sind, neben chemischen und organoleptischen Prüfungen, die Herkunft der Oliven aus der Region, die Kaltpressung in autorisierten Ölmühlen und die Abfüllung in der Region. In der Riviera dei Fiori müssen mindestens 90 % Oliven der kleinen, aromatischen Sorte **Taggiasca** verwendet werden, die ein gelbes Öl liefern; die Bezeichnung »Riviera di Ponente« verlangt mindestens 60 %. In der Riviera di Levante werden andere Sorten angebaut. Am besten machen Sie selbst die Probe: Träufeln Sie etwas Olivenöl auf ein Stück Weißbrot und genießen Sie das flüssige Gold Liguriens.

bachten, die im 14. Jh. den Malteserrittern gehörte; im ältesten Teil Fresken von Tommaso Biazaci (1488) sowie eine romanische Holzfigur »Madonna mit Kind«.

Dolcedo Auch in Dolcedo (77 m, 1500 Einw.), dem Zentrum des Prino-Tals, produzieren einige Ölmühlen den köstlichen Saft. Wegen seines hübschen Stadtbilds ist es ein beliebtes Ausflugsziel, außerdem haben sich Ausländer, besonders Deutsche, hier Feriendomizile geschaffen (weshalb man mit deutschen Zeitungen bestens versorgt wird). Typisch für die Bauweise ist die Loggia unter dem Dach, ein »Import« aus dem Piemont. Die älteste und beeindruckendste der fünf Brücken über den Prino ist der **Ponte Grande**, den die Malteser 1292 erbauten. Die Loggia der Gemeinde wurde aus den Einkünften des Leihhauses errichtet, das von 1504 bis 1863 bestand. Hinter der Loggia ragt der Campanile der Pfarrkirche **S. Tommaso** auf, die 1738 aus einem spätmittelalterlichen Bau entstand. Besonders hübsch die Fassade mit einem Baldachin über dem alten Renaissance-Portal von 1492. Im Innenraum, der den seltenen Grundriss eines griechischen Kreuzes besitzt, u. a. zwei Gemälde, die L. Cambiaso zugeschrieben werden (»Martyrium des hl. Thomas«, »Jesuskind«), sowie ein Gemälde von G. De Ferrari (»Martyrium des hl. Petrus«). Für das Abendessen ist die Casa della Rocca zu empfehlen (Via Ripalta 3, Tel. 0183 28 01 38, Mo. geschl., Okt. – Mai auch Di.).

Ponte Grande mit San Tommaso

*S. Brigida Von Dolcedo führt ein Sträßchen südwestlich hinauf zur Kapelle Santa Brigida, 457 m hoch herrlich auf einem Ausläufer des Monte Faudo gelegen. Sie stammt von 1425 und besitzt in romanischer Manier mit Blendarkaden verzierte Apsis und Portale; das Seitenportal zeigt im Tympanon ein »Lamm Gottes«, ein in der Gegend häufiges Thema. Innen Spuren spätmittelalterlicher Fresken.

Die Gemeinde Prelà (500 Einw.; 1950 noch ca. 1000 Einw.) nimmt **Prelà**
mit ihren kleinen Weilern das obere Prino-Tal ein. **Molini** ist
Hauptort und Sitz der Gemeinde; seine spätgotische Kirche S. Giovanni del Groppo (15. Jh.) besitzt eine Arkadenhalle mit Fresken von
G. Cambiaso (1552) und schön reliefierten Säulen. Innen u. a. ein
Triptychon von Agostino da Casanova (»Hl. Sebastian«, 1547). Von
der Burg in **Prelà Castello** (nördlich), um 1350 errichtet, sind noch
Reste der Mauern und Türme erhalten. Die Pfarrkirche SS. Giacomo
e Nicola in Prelà Castello geht auf die Renaissance zurück; sie besitzt
ein Polyptychon (16. Jh.) und eine genuesische Orgel (18. Jh.). Auch
die Pfarrkirche SS. Gervasio e Protasio in **Valloria** (westlich Molini),
1720 entstanden, enthält ein Polyptychon von Agostino da Casanova
(1523). In **Tavole** sind in der von Giacomo Marvaldo 1729 errichteten barocken Pfarrkirche SS. Annunziata Werke von Carrega und
Casanova zu sehen. In **Villatalla**, dem höchstgelegenen Ort des Tals
(552 m), verfügt die Pfarrkirche S. Michele über eine barocke Statue
»Maria mit Kind« und ein Polyptychon von Casanova (um 1550).

Auf dem Bergkamm östlich von Prelà liegen die Weiler von Vasia **Vasia**
(385 m, 450 Einw.). Die barocke Pfarrkirche S. Antonio mit 49 m hohem Glockenturm entstand aus reiner Kirche des 15. Jh.s. Innen zwei
Polyptychen (16. Jh.). Außerhalb von Vasia, in Richtung Pianavia,
liegt das Oratorium S. Martino, das älteste Mönchsbauwerk des
Prelà-Tals; von 1119 bis 1563 gehörte es den Benediktinern der provenzalischen Insel Lérins.

La Spezia

P / Q 7

Provinzhauptstadt Einwohner:
Höhe: 3 m ü. d. M. 92 500

La Spezia, die zweitgrößte Stadt Liguriens, Provinzhauptstadt und Heimathafen der italienischen Marine, wurde ab etwa 1860 aus dem Boden gestampft. Früher nicht gerade ein Mussziel, besitzt es heute eine angenehme, lebhafte Atmosphäre.

Etwa 80 km südöstlich von Genua bildet der 9 km tiefe und 7 km
breite Golf von La Spezia einen der **größten und sichersten Naturhäfen des Mittelmeers**. Wichtigster Arbeitgeber ist der Stützpunkt
der italienischen Marine; der Handelshafen hat sich zu einem bedeutenden Containerumschlagplatz entwickelt. Daneben prägen Werften, Hütten- und Stahlwerke sowie eine Ölraffinerie das Bild. Der
Tourismus spielt kaum eine Rolle, doch bekommt man hier ein
durchaus interessantes Kontrastprogramm zu den überlaufenen An-

Marinestützpunkt und Handelshafen: La Spezia

ziehungspunkten der Umgebung – Cinque Terre, Portovenere, Lerici – geboten: La Spezia ist von einer **sympathischen Normalität**, besonders im alten Viertel Prione mit seinen Palazzi, das in jüngster Zeit herausgeputzt und aufgewertet wurde. Mit der Archäologischen Sammlung Formentini, dem Museo Amedeo Lia und dem Centro d'Arte Moderna verfügt La Spezia über herausragende Attraktionen.

Ein wenig Geschichte

Das Gebiet um La Spezia war bereits in der römischen Kaiserzeit intensiv besiedelt. Der eigentliche Ursprung liegt im 13. Jh., als Graf Nicolò Fieschi, der mit Genua im Krieg lag, das Fischerdorf Spetia befestigte; dieses Dorf blieb bis weit ins 19. Jh. praktisch unverändert (heute Viertel Prione). Von 1276 bis ins 18. Jh. war La Spezia ein wichtiger Stützpunkt Genuas. Der Bau der neuen Via Aurelia, von Carlo Felice 1823 projektiert, v. a. aber die von Cavour 1857 durchgesetzte Ablösung Genuas als Flottenstützpunkt des Königreichs Sardinien und der Baubeginn des Arsenals 1861 setzten die Industrialisierung La Spezias und seine städtebauliche Entwicklung in Gang.

SEHENSWERTES IN LA SPEZIA

Castello San Giorgio

Die Burg San Giorgio, von der man einen guten Ausblick hat, bildet mit ihrer Umgebung den ältesten Stadtteil. Ihr unterer, westlicher Teil geht ins Jahr 1371 zurück, als die Festung aus dem 13. Jh. wieder aufgebaut wurde; zur gleichen Zeit entstanden die Stadtmauern. Die Genuesen erbauten die oberen Anlagen ab 1607. Im Castello sind die ***Collezioni Archeologiche U. Formentini** untergebracht, die die berühmten »abstrakten« bronze- bis eisenzeitlichen **Stelen aus der Lunigiana** sowie Funde aus der römischen Stadt Luni präsentieren.
Collezioni Archeologiche: So./Fei. 10.00 – 12.00, 14.00 – 16.00 Uhr, Geöffnet Mi. – Mo. 9.30 – 12.30, 17.00 – 20.00 (im Winter 15.00 – 18.00)

Uhr, Eintritt 5 €. Für Castello, Museo A. Lia, Siegelmuseum, Museo Etnografico und CAMeC gibt es eine 72 Std. gültige Kombi-Eintrittskarte (12 €).

Die angenehme Einkaufsstraße Via del Prione (Fußgängerzone) führt durch das gleichnamige alte Stadtviertel. Hier wurde 1996 in einem ehemaligen Kloster das **Museo Amedeo Lia** eröffnet, eine hervorragende Kunstsammlung mit Malerei vom Mittelalter bis ins 18. Jh. und Skulpturen; unter den Künstlern finden sich Namen wie Tintoretto, Tizian und Pontormo. Die Palazzina degli Arti nebenan ist Sitz des **Siegelmuseums** (Museo del Sigillo) mit Exponaten aus aller Welt und allen Zeiten.

Via del Prione

Museo Amedeo Lia: Di.–So. 10.00–18.00 Uhr, Eintritt 7 €
Museo del Sigillo: Mi., Do. 17.00–20.00, Fr.–So. 10.00–12.00, 17.00 bis 20.00 Uhr (im Winter jeweils 16.00–19.00 Uhr), Eintritt 3,50 €

La Spezia

Essen
① Ristorantino Bayon
② All'Inferno
③ Al Negrao

Übernachten
① Firenze e Continentale
② Crismar
③ Al Convento

ZIELE • La Spezia

Corso Cavour   Der Corso Cavour, eine der beiden Hauptachsen der Stadt, bildet das Geschäftsviertel des 19. Jh.s. In seinem südlichen Teil öffnet sich die **Piazza Beverini**; hier stand das Rathaus von Anfang des 20. Jh.s, das im Zweiten Weltkrieg zerstört wurde. Die einstige Kathedrale **S. Maria Assunta** wurde im 15. Jh. erbaut und Anfang des 20. Jh.s erweitert; 1954 bekam sie die Fassade, die an die Tradition der ligurischen Romanik anknüpft. Im fünfschiffigen Inneren die erhalten gebliebenen barocken Altäre und bedeutende Kunstwerke: v. a. ein herrliches,

La Spezia erleben

AUSKUNFT (IAT)
Viale Italia 5, 19121 La Spezia
Tel. 0187 77 09 00
turismocultura.spezianet.it

FESTE & EVENTS
19. März: Patronatsfest S. Giuseppe mit 3-tägigem Markt. Letztes Juni-Wochenende: »Liguria da bere« (Weinmesse).
1. Aug.-So.: »Festa del Mare« mit Ruderregatta (»Palio del Golfo«), Festzug und Feuerwerk. Um den 13. Sept.: Fest San Venerio mit nächtlichem Bootskorso zur Insel Tino (▶Portovenere). Alle 2 Jahre Anf. Okt.: »Festa Marineria« mit Treff großer und kleiner Windjammer.

ESSEN
❶ *Ristorantino di Bayon* €€-€€€
La Spezia, Via Cavallotti 23
Tel. 0187 73 22 09, So. geschl.
Kleines, intimes Restaurant mit leichter, an ligurische Traditionen anknüpfender Fischküche. Die Weinkarte nennt große nationale und gute regionale Namen.

㉓ *All'Inferno* €
La Spezia, Via Lorenzo Costa 3
Tel. 0187 2 94 58, So. geschl.
Im Gewölbekeller werden ausgezeichnete ligurische Gerichte serviert. Bestes Preis-Leistungs-Verhältnis, abends und besonders am Wochenende sehr voll.

❸ *Al Negrao* €-€€
La Spezia, Via Genova 428
Tel. 0187 70 15 64, Mo. geschl.
In einer alten Ölmühle an der Straße Richtung Genua wird eine herz- und schmackhafte »cucina della mamma« gepflegt. Guter offener Wein. Schöne Pergola. Reservieren ist angezeigt.

ÜBERNACHTEN
❶ *Firenze e Continentale* €€-€€€
La Spezia, Via Paleocapa 7
Tel. 0187 71 32 10
www.hotelfirenzecontinentale.it
Ein gediegenes Ambiente bietet das nahe dem Bahnhof gelegene Hotel.

❷ *Crismar* €€
La Spezia, Vicolo Dello Stagno 7
Tel. 0187 77 85 39, www.hotelcrismar.it
Kleines, schön restauriertes und modern ausgestattetes Haus, etwas versteckt und ruhig gelegen. Ein Refugium.

❸ *Al Convento* €€€
Vezzano Inferiore
Piazza Regina Margherita 1
Tel. 0187 99 44 44
www.alconvento.com
Geschmackvoll restaurierter Konvent im Zentrum des alten Dorfs, wunderbare Mixtur aus Alt und Neu, aus Rustikal und Elegant. Mit Restaurant.

Der moderne Markt, Zentrum und Herz der Stadt

farbig gefasstes **Terrakottarelief von Andrea della Robbia** (»Marienkrönung«), außerdem Gemälde Genueser Meister des 16. Jh.s wie Luca Cambiaso, Domenico Fiasella und G. B. Casone. Ein Erlebnis ist der **Markt**, der in den modernen Wellendach-Hallen auf der Piazza Cavour wochentags von 6 bis 14 Uhr stattfindet, am 1. So. des Monats (außer Aug.) kann man in alten Dingen stöbern.

Einige Schritte von S. Maria Assunta entfernt (Via Prione 156) ist das interessante Volkskundemuseum. Im selben Haus untergebracht ist auch das Diözesanmuseum.
❶ Do. 10.00–12.30, Fr.–So. 10.00–12.30, 16.00–19.00 Uhr, Eintritt 4,50 €

Museo Etnografico G. Podenzana

Das Museum für moderne Kunst CAMeC (Piazza C. Battisti 1) präsentiert außer Wechselausstellungen die Städtischen Sammlungen (v. a. regionale Landschaftsmaler des 19./20. Jh.s) und die Sammlung Cozzani, die vom Expressionismus über Surrealismus, Minimal Art und Arte Povera bis zur Land Art reicht.
❶ Di.–Sa. 10.00–13.00, 15.00–19.00, So. 11.00–19.00 Uhr, Eintritt 6 €

Centro d'Arte Moderna e Contemporanea

Den Park, als Teil des Quartiere Umberto I um 1885 angelegt, umgeben Bürgerhäuser mit Arkaden. Die Kirche N. S. della Scorza (1900) enthält ein Gemälde von G. A. De Ferrari (»Maria mit Anna und Joachim«). Östlich der Kirche die Wohnhäuser des **Quartiere Umberto**, die für die Arbeiter des Arsenals errichtet wurden.

Piazza Brin

An der Piazza D. Chiodo liegt der Haupteingang zum Marinearsenal, das schon unter Napoleon geplant wurde. Links im Portalbau geht es

*Marinemuseum

in das **Museo Tecnico Navale**, das die Entwicklung der Kriegsschifffahrt bis ins 20. Jh. illustriert.
❶ Mo.–Sa. 8.00–18.45, So. 8.00–13.00 Uhr, Eintritt »freiwillige« Spende

Hafen Die Hauptverkehrsachse am Hafen entstand im 19. Jh. (Piazza Chiodo, Via Chiodo, Piazza Verdi) und in der ersten Hälfte des 20. Jh.s (Via Vittorio Veneto). Südlich der Via Chiodo der Giardino Pubblico mit einem Standbild Garibaldis (1913). Am Hafen verläuft die **Passeggiata Morin**, von der man über den Golf auf die Apuanischen Alpen mit den weiß leuchtenden Marmorbrüchen von Carrara sieht. An der Piazza Verdi stehen der Palazzo degli Studi (A. Titta, 1923), der Palazzo della Posta und der Palazzo del Governo (F. Oliva, 1928).

Piazza Europa An der Nordseite der Piazza Europa erhebt sich auf einer Terrasse die runde **Kathedrale Cristo Re** (Christkönig), erbaut 1956–1976 nach Plänen von A. Libera. Kolonnaden mit Läden verbinden die Kathedrale mit dem Platz, an dem das neue Rathaus steht.

*Museo Nazionale dei Trasporti Freunde alter Verkehrsmittel – fuhren sie auf Schienen oder Gummireifen – kommen hier auf ihre Kosten. Straßengefährte sind provisorisch in der alten Halle der ATC aus dem 19. Jh. untergebracht, Bahnrollmaterial ist in einer Halle nördlich des Bahnhofs zugänglich.
❶ Eisenbahn: Via Fossitermi, Sa. 9.30–12.30, 14.30–17.00 Uhr

UMGEBUNG VON LA SPEZIA

Biassa Im mittelalterlichen Dorf Biassa westlich von La Spezia (315 m, zu erreichen über die SS 370, auf der Nebenstrecke über Pagazzano oder zu Fuß, Weg 4, ca. 1.30 Std.) ist die romanische Kirche S. Martino interessant; innen zu sehen sind ein Relief und ein Tabernakel aus dem 15. Jahrhundert. Von Biassa geht man in 2 Std. nach Riomaggiore (▶S. 186; Weg 4 bis Monte Fraschi, dann Weg 3).

Passo della Foce Sehr lohnend ist der »Giro della Foce«: Man verlässt La Spezia auf der Via dei Colli (östlich des Bahnhofs) nach Norden; bei Sarbia links nach Marinasco und immer am Rand des Talkessels entlang zum Passo della Foce (241 m) mit Aussicht auf den Golf von La Spezia und die Apuanischen Alpen. Ggf. zurück auf der Aurelia.

*Von La Spezia nach Portovenere Man verlässt die Stadt auf dem Viale Fieschi nach Süden, zunächst entlang den Mauern des Arsenals. Zwischen Marola und Cadimare passiert man große Industrieanlagen. Hinter dem Strand von Fenigaglia folgt der hübsche Naturhafen des Fischerdorfs **Le Grazie**; an der Ostseite der Bucht die Pfarrkirche S. Maria delle Grazie (15. Jh.) mit einigen bemerkenswerten Kunstwerken (u. a. ein bemalter Holztabernakel des 16. Jh.s). Auf der **Punta Varignano** wurden Reste einer römischen Villa von Anfang des 1. Jh.s v. Chr. entdeckt (kleines Museum). Hinter der Castagna-Bucht öffnet sich schließlich der Blick auf ▶Portovenere.

Schon seit römischen Zeiten besteht Árcola (2000 Einw.), das östlich von La Spezia auf einem Sporn am Rand des Magra-Tals liegt. Im Zentrum ragt der hohe pentagonale Turm der **Burg** der Obertenghi auf (10. Jh.); daneben das neogotische Rathaus von 1885. Am unteren Ende der Piazza die Pfarrkirche S. Nicolò (16. Jh., im Barock umgebaut) mit den Resten einer Kapelle aus dem 10. Jh., einem Marmorpolyptychon von 1503 und Gemälden des 17. Jh.s. Das Patronatsfest S. Margherita d'Antiochia feiert man am 20. Juli.

Arcola

Etwa 10 km nordöstlich von La Spezia liegt Vezzano Ligure (271 m, 7400 Einw.) über dem Magra-Tal. In den Siedlungskernen Vezzano Superiore und Inferiore hat sich eine schöne mittelalterliche Atmosphäre erhalten. **Vezzano Inferiore** ist ringförmig auf einem kleinen Hügel angelegt. Die aufgegebene romanische Kirche S. Maria (12. Jh.) beim Friedhof wurde mit Steinen aus Luni (▶Sarzana) erbaut, aus dem Mittelalter sind sonst ein fünfeckiger Turm (10. Jh.), der San-Giorgio-Bogen (13. Jh.) und Reste von Befestigungsanlagen erhalten. Das höher liegende **Vezzano Superiore** schlängelt sich auf dem Bergrücken dahin. Auf dem Friedhof steht noch der romanische Glockenturm der verschwundenen Kirche S. Siro. Vom Platz vor der barocken Pfarrkirche SS. Prospero e Ciro hat man einen schönen Blick auf Magra-Mündung und Apuanische Alpen, vom Platz bei den Resten der Burg auf den Zusammenfluss von Vara und Magra.

*Vezzano Ligure

⋆⋆ Lerici

Q 7

Provinz: La Spezia
Höhe: 10 m ü. d. M.

Einwohner: 10 400

Mit seiner schönen Lage am Golf von La Spezia, einer mächtigen Burg und der romantischen Altstadt hat sich Lérici früh zu einem beliebten Urlaubsort entwickelt.

Weitere Pluspunkte sind der Jachthafen und der feinsandige Strand, der bis San Terenzo reicht. Das heißt aber auch: In der Saison ist Lerici massiv überbeansprucht. San Terenzo, der nördliche Vorort von Lerici, wurde als Aufenthaltsort von Künstlern wie Percy Bysshe Shelley, Lord Byron und Arnold Böcklin berühmt, woran diverse Hotelnamen und die Bezeichnung **Golfo dei Poeti** erinnern.

Ein wenig Geschichte

Ptolemäus erwähnt Lérici als »Portus Erici«, als »Mons Ilicis« taucht es im Jahre 1152 in einer Urkunde auf. Unter der Herrschaft Pisas wurde Lerici im 13. Jh. mit Mauern und einer Burg versehen, die gegen die genuesische Festung in Portovenere gerichtet war; aber schon 1256 vertrieb Genua die Pisaner vom Golf und baute seinerseits die Burg aus. Später kam Lérici unter die Herrschaft von Frankreich, Florenz, Mailand und Aragon, 1479 wurde es definitiv genuesisch.

SEHENWERTES IN LERICI

Piazza Garibaldi

Im **Hafen** dümpeln nicht nur Jachten, er dient auch noch den Fischern, die ihren Fang morgens in der **Markthalle** verhökern. Zum Meer öffnet sich der Park der Piazza Garibaldi, das Zentrum der Stadt. Nach Süden gelangt man durch einen Bogen in den **Borgo Pisano** (pisanische Altstadt); in Via Doria 8 wohnte Andrea Doria 1528 (Schiefer-Sopraporte aus dem 16. Jh.). Die Stufen der Via Zanelli führen zur Burg hinauf.

*Burg

Die wuchtige Burg ist im Wesentlichen durch die genuesischen Erweiterungen 1256 und 1555 geprägt. Den besten Ausblick hat man von der Dachterrasse der Burg. Das **Museo Geopaleontologico** zeigt nicht nur echte Fossilien und Saurierskelette aus der Umgebung von Lerici, sondern auch lebensgroße Dino-Nachbildungen – zur Begeisterung vieler Kinder.

Der Hafen von Lerici, überragt von der genuesischen Burg

Museo Geopaleontologico: Di.–So., Juli/Aug. 10.30–13.30, 17.00 bis 21.00, März–Juni, Sept., Okt. 10.30–17.00, Nov.–Febr. nach Anmeldung Tel. 0187 96 90 42, Eintritt 6 €

An der Piazza Garibaldi steht das kleine Oratorium S. Rocco (1287/ 1524, barocke Fassade 17. Jh.). Der gotische Glockenturm erhielt 1515 die Glockenstube und die etwas seltsame Turmspitze. Am Erdgeschoss zwei Reliefs aus dem 16. Jahrhundert. | San Rocco

Die einschiffige Pfarrkirche S. Francesco (1636) ist reich in Goldtönen dekoriert und besitzt Gemälde bedeutender Meister: u. a. D. Fiasella, »Muttergottes mit Kind und Heiligen«, G. B. Carbone, »Heimsuchung Marias, ein Tafelbild aus dem 15. Jh. (»Madonna di Maralunga«) und ein Kruzifix des 14. Jh.s. In der Sakristei wird ein **Marmortriptychon von Domenico Gar** (1529) verwahrt, der im spanischen Granada an den Grabmälern der Katholischen Könige in der Capilla Real mitarbeitete. | *San Francesco

UMGEBUNG VON LERICI

San Terenzo besitzt einen hübschen Sandstrand, an dem sich Restaurants und Hotels reihen. Hier steht die **Casa Bianca** (Villa Magni), in der Shelley lebte (1822 kenterte er bei Viareggio mit seinem Segelboot auf dem Rückweg von Livorno und ertrank). Die Burg stammt aus dem Spätmittelalter und wurde im 15.–16. Jh. vergrößert; die Pfarrkirche (1619) enthält ein schönes Chorgestühl und Gemälde von D. Fiasella und G. B. Carlone. Im Garten der Villa Marigola kann man nach einem Tag am Strand noch lustwandeln. | San Terenzo

Eine Stichstraße führt von Lerici an malerischen kleinen Felsenbuchten – zum großen Teil in Privatbesitz, also unzugänglich – vorbei zu den Berühmtheiten der Gegend, dem einstigen Fischerdorf Fiascherino und dem altertümlichen Tellaro, Aufenthaltsort der Schriftsteller D. H. Lawrence und Mario Soldati. Am Wochenende und in der Hochsaison macht der Ausflug hierher wegen der Menschen- und Automassen keine Freude. Am herrlichen Strand **Eco del Mare** bei Fiascherino – mit Ristorante – kann man sich ganz exklusiv fühlen (gegen entsprechende Gebühr). In der Tat sehr pittoresk ist der Hafen von **Tellaro** mit seiner Kirche. Am Heiligen Abend wird der Ort von Tausenden Kerzen erleuchtet; um Mitternacht steigen Taucher aus dem Wasser und bringen eine Jesusfigur im Fackelzug zur Kirche. | Fiascherino und Tellaro

Auf der Halbinsel zwischen dem Golfo di La Spezia und dem Magra, mit herrlichem Blick auf beide, liegt Montemarcello. Ungewöhnlich ist die trotz Hügellage schachbrettartige Stadtanlage, die möglicher- | Montemarcello

Lerici erleben

AUSKUNFT (IAT)
Via Biaggini 6, 19032 Lerici
Tel. 0187 96 91 64
www.comune.lerici.sp.it

SCHIFFSVERKEHR
Schiffe fahren nach Portovenere, zu den Cinque Terre und nach Portofino (Navigazione Golfo dei Poeti, ▶S. 435).

FESTE & EVENTS
Patronatsfeste: 25./26. März Madonna di Maralunga. 1. Juli-So. S. Erasmo mit Illumination der Stadt, nächtlicher Bootsprozession nach San Terenzo und Feuerwerk. Tellaro: »Natale Subacqueo«.

ESSEN
Dar Prado €-€€
Lerici, Via S. Francesco 11
Tel. 0187 96 48 60
Do.–So. abends, So. auch mittags offen
Freundliches modernes Lokal in der Altstadt mit guter, unprätentiöser Küche, v. a. Meeresfrüchte (u. a. festes Menü). Mit Gratis-Parkplatz.

En Tragià €-€€
Lerici, Salita Canata 2
Tel. 0187 96 60 56, tgl. geöffnet
Informelles, familiäres Restaurant & Pizzeria in einem alten Palazzo am Nordrand der Altstadt. Karte mit Schwerpunkt Meer, guter weißer Hauswein. Bei schönem Wetter draußen unter Bäumen den Sonnenuntergang genießen!

Il Frantoio €€-€€€
Lerici, Via Cavour 21
Tel. 0187 96 41 74
Hier verbindet man traditionelle Küche des Meeres mit Eleganz. Große Terrasse zum Meer hin, sehr ruhige, etwas steife Atmosphäre. Im Zentrum gelegen.

Pescarino €€
Montemarcello-Figarole, Via Borea 52
Tel. 0187 60 13 88 (reservieren)
Kleines romantisches Lokal am Panoramasträßchen von Lerici nach Montemarcello, v. a. Fisch und Meeresfrüchte. Gut ist auch das »Dai Pironcelli« in Montemarcello (nur abends, Mi. geschl.).

ÜBERNACHTEN
Shelley & Delle Palme €€-€€€
Lerici, Lungomare Biaggini 5
Tel. 0187 96 82 04, www.hotelshelley.it
Modernes, »antik« eingerichtetes Hotel am Strand nördlich des Zentrums, mit herrlichem Ausblick. Gutes Restaurant.

Hotel Ristorante Miranda €€-€€€
Tellaro, Via Fiascherino 92, Tel. 0187 96 81 30, www.miranda1959.com
Renommiertes, stilvolles Haus mit 7 Zimmern. Schlichte, raffinierte Küche zu gehobenen Preisen. Restaurant Mo. geschl.

Mare di Stelle €-€€
Tellaro, Via Fiascherino 5 V trav.
Tel. 0187 96 87 20, www.maredistelle.it
Gepflegtes B & B in großartiger Lage hoch über dem Golf. Herzliche, persönliche Betreuung durch die Eigentümer.

Locanda delle Tamerici €€€€
Ameglia-Fiumaretta, Via Littoranea 106
Tel. 0187 6 42 62
Charmantes Zuhause unmittelbar am Meer, mit eigenem Strand. Erstklassig speist man im zugehörigen Restaurant Locanda dell'Angelo (Viale XXV Aprile 60, Tel. 0187 6 53 36, €€€€).

weise auf ein römisches Castrum zurückzuführen ist. In der Kirche ein Marmortriptychon (16. Jh.). Die ursprüngliche Landschaft des **Parco Naturale Montemarcello** ist mit Wanderwegen erschlossen; Info im Centro Visita (saisonal geöffnet, Tel. 0187 67 09 10).

Bocca di Magra, ein trotz schlechter Wasserqualität beliebter Badeort an der »Mündung des Magra«, war zu römischer Zeit ein Flottenstützpunkt. 1176 wurde die Abtei S. Agostino errichtet, deren Reste auf dem Gelände der Villa Fabbricotti liegen (religiöses Tagungszentrum). An der Mündung des Magra entdeckte man beim Bau eines deutschen Bunkers die Reste einer römischen Villa des 1. Jh.s n. Chr.; wichtigster Fund ist der herrliche Glaspokal »Millefiori«, der in Luni (▶Sarzana) ausgestellt ist. Einigermaßen bedeutend ist noch die Fischerei; sonst sind die Ufer des Magra bis nach Ameglia hinauf ein einziger **großer Bootshafen** und dementsprechend frequentiert.

Bocca di Magra

! **BAEDEKER TIPP** *Punta Corvo*

Einer der schönsten Strände Italiens ist der an der Punta Corvo – von Montemarcello in 20-minütigem Abstieg auf 780 Stufen zu erreichen, zurück braucht man doppelt so lang. Man kann aber auch ein Boot von Bocca di Magra oder Fiumaretta nehmen. Aus gutem Grund ist Campen verboten.

Das alte Bergdorf Ameglia liegt auf einer Anhöhe über der fruchtbaren Mündungsebene des Magra östlich von Lerici. Der abweisend wirkende Ort gruppiert sich um den Festungsturm aus dem 10. Jh.; neben ihm das Rathaus, einst Sitz des Podestà und noch früher Teil der Burg, sowie Reste der Burgmauern. Vom Vorplatz der Kirche SS. Vincenzo e Anastasio (15. Jh., mit Portal von 1546, Tabernakel aus dem 16. Jh. und einem Marmortriptychon von 1527) hat man eine schöne Sicht auf die Apuanischen Alpen und das Magra-Tal.

Ameglia

Blick über die Magra-Mündung in die Toskana: In den Apuanischen Alpen leuchten die Steinbrüche von Carrara weiß hervor.

* Levanto

Provinz: La Spezia
Höhe: 3 m ü. d. M.
O 6/7
Einwohner: 5500

Das lebhafte Küstenstädtchen der Levante ist – trotz überwiegend moderner Bebauung – ein beliebter Urlaubsort mit breitem Sandstrand und reizvoller Umgebung. Zudem eignet es sich bestens als Standort für Ausflüge in die Cinque Terre: Monterosso, ihr erster Ort, liegt gleich hinter der Punta Mesco.

SEHENSWERTES IN LEVANTO

Borgo Nuovo

Den Strand trennt der alte Eisenbahnviadukt vom Borgo Nuovo, der im 17. Jh. entstand und ein ansprechendes, teils fast nobles Bild zeigt. Zentrum ist die **Piazza Cavour** mit den Arkaden des einstigen Klosters S. Chiara (Baubeginn 1605), heute das Rathaus. Außerhalb des Komplexes steht die barocke Konventkirche S. Rocco. Durch die Via Vinzoni gelangt man südlich zur Via Guani, der Hauptstraße des mittelalterlichen **Borgo Antico**; links am Eck ist die Locanda mit grotesken freskierten Köpfen zu beachten, bevor man nach rechts der Via Guani zur Piazza da Passano folgt. Hier steht die Loggia del Comune (1265), ebenfalls aus dem 13. Jh. stammt die Casa Restani gegenüber mit dem guten Restaurant Tumelin. Hier führt die Via E. Toso zur Kirche S. Andrea hinauf.

*Sant'Andrea

Eine der schönsten gotischen Kirchen Liguriens ist S. Andrea, ab 1222 als dreischiffige Basilika errichtet und bis 1463 um zwei Schiffe, Turm und Chor erweitert. In der grün-weiß inkrustierten Fassade das erhöht liegende Portal mit einem Fresko von 1400 und ein feines **Radfenster aus Marmor** (beides im 19. Jh. erneuert). Im romanischen Inneren mit zweifarbigen Säulen (Kapitele aus Serpentinit) sind u. a. zu sehen (mit Erläuterungen): Chorgestühl von 1589, ein hochverehrtes, vor der Restaurierung schwarzes Kreuz aus dem 14. Jh., im rechten Seitenschiff das Altarbild »Hl. Sebastian« (16. Jh.) sowie ein »Hl. Andreas« des Savonesers P. G. Brusco, mit einer Vedute von Levanto, wie es im 18. Jh. aussah.

> **! BAEDEKER TIPP**
>
> *Radeln auf der Bahntrasse*
>
> Die alte Bahnstrecke zwischen Sestri Levante und La Spezia entlang der Küste ist schon lange aufgegeben, teilweise dient sie als heute Straßenverbindung. Die 5 km zwischen Levanto und Framura wurden als »pista ciclabile« zum beliebten sportlichen Freizeittreff. Ein Teil verläuft im Tunnel, gutes Licht ist also nötig. Fahrräder werden in Levanto vermietet.

Ein Juwel der ligurischen Gotik: Sant'Andrea

In einem Gebäude aus dem 14. Jh. am Ostello Ospitalia del Mare ist ein volkskundliches Museum eingerichtet, das Leben und Arbeit der Bauern, Handwerker und Seeleute in der Region veranschaulicht.
❶ Via San Nicolò 1, 15. Juni – 15. Sept. Fr. – So. 21.30 – 23.30 Uhr, sonst n. V. Tel. 0187 81 77 76, Eintritt frei

Mostra Permanente della Cultura Materiale

Westlich von S. Andrea ragt auf einem Hügel die zinnenbekrönte Burg auf (16. Jh.). Von hier verläuft die Stadtmauer zum Torre dell' Orologio von 1265, dem einzigen erhaltenen Turm der Befestigung. Schön ist der Spaziergang entlang der Mauern.

Stadtbefestigung

UMGEBUNG VON LEVANTO

Ca. 4 km nordwestlich liegt Bonassola (950 Einw.), ein netter kleiner Badeort mit breitem Strand (grauer Sand und Kies), der durch den alten Bahnviadukt (Parkplätze) vom Ort getrennt ist. Außerhalb der Saison ist es hier sehr ruhig. Von der Burg, um 1520 zum Schutz vor Piraten errichtet, sind über dem neuen Bahnhof noch Reste erhalten. In der Pfarrkirche S. Caterina (1670) bemerkenswerte Gemälde von G. B. Carlone, B. Strozzi und A. Discovolo, zwei Orgeln (ein Positiv aus dem 18. Jh., eine Lingiardi von 1854) und viele Exvoten. Die Galleria d'Arte Moderna zeigt u. a. Werke von **Antonio Discovolo**, der sich ab 1910 in Bonassola aufhielt. Schöner Spaziergang westlich entlang der Küste (1 km) zur Punta della Madonna mit Kapelle.
Galleria d'Arte Moderna: Palazzo Comunale, Via Beverino 1, im Sommer werktags 9.00 – 12.00 Uhr, Eintritt frei

Bonassola

*Punta Mesco Großartige Eindrücke vermittelt die ca. 2,5-stündige Wanderung zur Punta Mesco und weiter nach Monterosso (▶Cinque Terre), durch Olivenhaine, Steineichenwälder und Macchia hoch über der zerklüfteten Felsküste. Erst von S. Andreas hinauf zur Burg, dann rot-weiße Markierung (Weg 1, ab Punta Mesco Weg 10). An der Punta Mesco mit der Ruine der Kirche S. Antonio Abate (13. Jh.) und Leuchtturm hat man einen fantastischen Blick auf die Cinque Terre.

Levanto erleben

AUSKUNFT (IAT)
Piazza Mazzini 1, 19015 Levanto
Tel. 0187 80 81 25
www.comune.levanto.sp.it

FESTE & EVENTS
Ende Juni–Anf. Sept.: »Festival Amfiteatrof« mit klassischer Musik, v. a. in der Kirche S. Andrea. Das Fest S. Giacomo (Festa del Mare) am 24./25. Juli ist ein großartiges Ereignis: farbenprächtiger Umzug in mittelalterlichen Kostümen, Prozession mit schweren Statuen, zum Schluss großes Feuerwerk und Meeresillumination mit 10 000 Kerzen.

ESSEN
Cavour €€
Levanto, Piazza Cavour 1
Tel. 0187 80 84 97, Mo. geschl.
Am zentralen Platz gibt's solide lokale Küche, v. a. Fisch, und Spezialitäten des Hauses. Wein aus den Cinque Terre.

Antiga Ustaia Zita €
Levanto, Località Lavaggiorosso
Tel. 0187 80 01 58, www.zitalevanto.com
Fast 300 m hoch gelegenes (Ausblick!), einfaches Restaurant mit vorzüglicher ländlicher Küche und lokalen Weinen. Mo. geschl., Reservierung notwendig.

ÜBERNACHTEN
Stella Maris €€–€€€
Levanto, Via Marconi 4
Tel. 0187 80 82 58, Nov. geschl.
www.hotelstellamaris.it
Romantischer Palazzo im Zentrum mit Stuck, Fresken und alten Möbeln, aber familiärer Atmosphäre. Die Zimmer sind jedoch sehr unterschiedlich (!), auch ist die Dépendance weniger zu empfehlen.

A Durmì €–€€
Levanto, Via Viviani 1
Tel. 0187 80 08 23, www.adurmi.it
Kleines, familiäres Haus im Zentrum, dennoch ruhig gelegen, mit freundlich-schlichten, gut ausgestatteten Zimmern und Appartements, schöner Garten.

B & B Vignola €
Levanto-Fontona, Via Viviani 7
Tel. 0187 80 05 85, 347 8 74 72 34
www.bnbvignola.com
Ansprechende Gästezimmer und Appartements, sehr ruhig am Hang 3 km hinter Levanto gelegen. Mit Pool.

La Collina Verde €–€€
Levanto, Località S. Anna 6
Tel. 393 6 36 76 53
www.agriturismolacollinaverde.it
Hübsches neues Häuschen mit Zimmern für 2–3 Gäste, oberhalb des Zentrums im Frieden der Weinberge gelegen. Frühstück mit hauseigenen Produkten, sehr freundliche Betreuung.

Loano

Provinz: Savona
Höhe: 6 m ü. d. M.

F 7

Einwohner:
11 500

Loano, einer der bedeutenderen Ferienorte der Ponente mit großem Jachthafen, besitzt eine hübsche Altstadt und einen gut 1,5 km langen langen Strand. Es liegt zwischen Finale und Albenga in einer fruchtbaren Ebene, die für die Produktion von Gemüse und Obst genützt wird.

Der Ort entstand in römischer Zeit an einer Brücke der Via Julia Augusta. 1263 kam Loano als Lehen der Bischofs von Albenga an Oberto. Unter der Familie Doria, die lange hier residierte und eine Reihe markanter Bauten hinterließ, war ein bedeutender wirtschaftlich-kultureller Aufschwung zu verzeichnen. 1779 wurde hier Maria Rosa Nicoletta Raimondi geboren, die Mutter Garibalids, und 1795 besiegte das französische Revolutionsheer bei Loano zum ersten Mal die österreichisch-piemontesischen Truppen.

Aus der Geschichte

SEHENSWERTES IN LOANO

Mit ihren Palmen wirkt die Strandpromenade (Corso Roma) recht gediegen, im Sommer drängen sich Tausende auf dem wenig attraktiven grauen Sand. Dahinter, wie in Ligurien üblich, die schmale Altstadt, die sich praktisch auf die Achse **Via Garibaldi / Via Cavour** beschränkt. Am Largo Carrara steht am Beginn der Via Cavour die Porta Passorino, ein Uhrturm von 1774, der Vittorio Amedeo von Savoyen gewidmet ist. 1606 ließen die Doria den **Palazzo del Comandante** (Via Riccardi 2) erbauen, an dessen Fassade noch Reste der Bemalung zu sehen sind. Für Andrea II. Doria wurde 1574–1578 der **Palazzo Doria** am Nordrand der Altstadt errichtet (Rathaus). Beachtenswert das Portal und die Malereien in der Loggia. Den großen Saal des Piano nobile schmückt ein Bodenmosaik aus einer römischen Villa

Strand und Altstadt

Der Uhrturm in der hübschen Altstadt

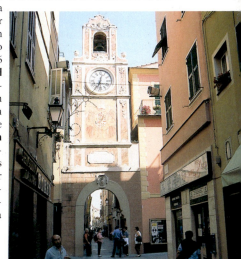

des 3. Jh.s nahe Loano (i. A. zugänglich zu den Bürozeiten, 9.30 – 12.30 Uhr). Ein Laufgang verbindet das Rathaus mit dem **Torre pentagonale**, einem Wehrturm von 1602. Der mächtige Rundbau gegenüber ist die Pfarrkirche **S. Giovanni Battista** (1638), die an die Tradition frühchristlicher Taufkapellen anknüpft. Die Kuppel wurde nach dem Erdbeben 1887 durch eine Eisenkonstruktion ersetzt. Innen sind Altarbilder Genueser Meister zu bewundern, so ein »Hl.

Loano erleben

AUSKUNFT (IAT)
Corso Europa 19, 17025 Loano
Tel. 019 67 60 07
www.comuneloano.it

Piazza Eroi della Resistenza
17023 Ceriale
Tel. 0182 99 30 07

FESTE & EVENTS
Loano: Karneval ist zweimal im Jahr, im Febr. »Carnevalissimo«, im Juli »Carnevalöa«. 24. Juni: Patronatsfest S. Giovanni Battista. 2. Juli-So.: Fest der »Madonna della Visitazione« (abends prächtige Prozession mit riesiger figurengruppe). Im Sommer »Concerti dei Turchini« im Oratorio del Rosario.
Ceriale: 1. Juli-Wochenende: »Sbarco dei Turchi« (zur Erinnerung an die Plünderung durch Piraten 1637). 16. Aug.: Patronatsfest S. Rocco. Ende Aug./Anf. Sept.: »Rassegna Libri di Liguria« (Buchmesse). **Toirano:** 30. April Feuerwettbewerb (nächtlicher Wettkampf zwischen den Vierteln mit 15 m hohen Feuern). 1. Aug.-Wochenende »Festa dei Gumbi« (»gumbo« heißt »Ölmühle«).

ESSEN
Bagatto ©©-©©©
Loano, Via Ricciardi 24
Tel. 019 67 58 44, Di.abend/Mi. geschl. (nicht im Sommer)
Das traditionsreiche, familiengeführte Restaurant nahe dem Palazzo del Comandante bietet eine gute Küche der Region, v. a. Fisch.

Zia Ines ©©
Loano, Campo Cadorna 1
Tel. 019 66 83 55
Mi. geschl. (nicht im Sommer)
Nicht Tante Ines, sondern der eigenwilligherzliche Bruno führt dieses besondere Lokal, bzw. er »kocht für seine Freunde«. Von frischem, bestens zubereitetem Fisch bis zum »menu maiale« reicht die Karte.

ÜBERNACHTEN
Villa Beatrice ©-©©©
Loano, Via S. Erasmo 6
Tel. 019 66 82 44, www.panozzohotels.it
Eine Villa aus dem 19. Jh. im Park hinter dem Sporthafen wurde zum Familien-Ferien-Hotel mit hübschen, »antik« eingerichteten Zimmern. Mit Restaurant, Pool, Sauna, Strand u. v. a. m.

Ca' de Berna ©-©©
Balestrino, Via Lucifredi 6
Tel. 0182 98 81 09, www.cadeberna.it
Rustikales, akkurat geführtes Hotel im Hinterland im 530 m Höhe (7 km), schöne Zimmer mit Balkon ins Grüne. Mit Swimmingpool im Garten. Zum Haus gehört das angenehme, gute Restaurant Pastorino in der Nähe.

Sebastian« von O. De Ferrari, eine »Geburt Johannes des Täufers« von A. Ansaldo und eine »Bekehrung des Paulus« von D. Fiasella.

Auf dem Hügel hinter von Loano residiert das **Karmeliterkloster**, das Andrea II. Doria 1603 – 1609 erbauen ließ. Die Kirche mit oktogonaler Vierungskuppel enthält Altarbilder und Skulpturen aus der Erbauungszeit (von F. Vanni, G. B. Paggi u. a.). Unter dem Chor wurden bis 1793 die Mitglieder der Familie Doria beigesetzt. Südwestlich liegt das **Castello**, das 1602 im Auftrag der Doria durch den Ausbau der mittelalterlichen Burg der Bischöfe von Albenga entstand.

Monte Carmelo

UMGEBUNG VON LOANO

Der Badeort (5000 Einw.) bildet mit Loano und Ceriale ein zusammenhängendes Siedlungsband; mit seinem Wildwuchs uniformer Bebauung und der erhöhten Bahntrasse, die den Ort vom Strand trennt, bietet er ein wenig einnehmendes Bild. Der Name stammt von dem im 12. Jh. gegründeten Mönchshospiz Santo Spirito. Die rechteckige Stadtanlage ist noch erkennbar; Reste der Stadtmauern aus dem 13. Jh. sind in einigen Häusern zu sehen. Die barocke Pfarrkirche S. Matteo (17. Jh., Via Roma) enthält Gemälde von D. Fiasella und G. Badaracco.

Borghetto Santo Spirito

Ein recht ansprechender kleiner Badeort (5800 Einw.) am Nordostrand der fruchtbaren Ebene von Albenga mit schmalem Kies-Sand-Strand und palmenbestandener Promenade. Am zentralen Platz, der sich zum Meer öffnet, steht ein Wehrturm von 1564, der gegen die häufigen Piratenüberfälle helfen sollte; eine weitere Bastion hinter der barocken Pfarrkirche SS. Giovanni e Eugenio, in der ein Kruzifix des 16. Jh.s und Gemälde zu sehen sind. Die lange Küstenlinie südlich bis ▶Albenga ist ein künstlich aufgeschütteter Bahndamm und nicht zum Baden geeignet.

Ceriale

Der Taleinschnitt des Rio Torsero südlich von Ceriale ist für seinen Reichtum an Fossilien aus dem Pliozän berühmt; in Peagna (westlich über Ceriale) ist ihnen das **Museo Paleontologico** Silvio Lai gewidmet. Unterhalb von Peagna liegt das im Mittelalter nach einer Ameiseninvasion verlassene Dorf **Capriolo**.
Museo Paleontologico: April, Mai Fr., Sa. 15.00–18.00, So. 10.00–12.00, Juni–Sept. Mi., Do., Sa. 15.00–18.00, Fr. 10.00–12.00, 21.00–23.00, So. 10.00–12.00, Okt.–März Sa. 15.00–18.00, So. 10.00–12.00 Uhr, Eintritt 2 €, mit Eintritt Riserva 5 €, www.riotorsero.it

Riserva Naturale Rio Torsero

Im Hinterland von Borghetto S. Spirito, überragt vom Gipfel des San Pietro dei Monti (891 m), liegt das atmospärereiche mittelalterliche

*Toirano

Städtchen Toirano (2700 Einw.). Hier öffnet sich das Tal des Varatella zur fruchtbaren Küstenebene von Loano. Die Täler des Varatella und seiner Nebenflüsse haben sich in ein Karstmassiv eingegraben; in seinen steilen Felswänden zählt man **über 50 Höhlen**, die seit der mittleren Altsteinzeit bewohnt waren. In Toirano sind mittelalterliche Türme, Teile des alten Mauerrings und eine dreibogige Brücke (13. Jh.) über den Varatella erhalten. Vom Parkplatz »Borgo Medioevo« geht es an der Porta Portassa (13. Jh.) vorbei zur zentralen Piazza S. Martino; hier neben dem mittelalterlichen Durante-Haus und dem zinnenbekränzten Glockenturm (14. Jh.) die Pfarrkirche S. Martino von 1609, die noch Spuren eines romanischen Bauwerks aufweist. Von der Piazza weiter hinauf in den Ort mit Häusern aus dem 14.–16. Jh. (Nr. 24 Palazzo Del Carretto), in einer Quergasse rechts der Bischofspalast (Renaissance-Schieferportal mit Wappen). Das Museo Etnografico della Val Varatella (beim Palazzo del Carretto) zeigt interessante Sammlungen zur Geschichte sowie zur bäuerlichen und handwerklichen Kultur des Varatella-Tals.

Museo Etnografico: Tgl. 10.00 – 13.00, 15.00 – 18.00 Uhr, Eintritt frei

Certosa Von der Straße nach Bardineto (▶Valli Bormida) zweigt 4 km nordwestlich von Toirano die Straße zu den **Grotte di Toirano** ab (s. u.). Hinter der Brücke geht rechts ein Weg zu den Ruinen einer Kartause ab, gegründet 1495 von Mönchen, die das Kloster S. Pietro dei Monti (s. u.) verlassen hatten. Weiter südöstlich die Höhle S. Lucia Superiore, in die im 16. Jh. die Kirche ***Santa Lucia** gebaut wurde; der in der Grotte entspringenden Quelle wird Heilkraft bei Augenkrankheiten nachgesagt. Von der Terrasse schöner Ausblick. Neben der Kirche die Höhle S. Lucia Inferiore (Ausgang der Grotte di Toirano). Von hier erreicht man den Eingang zur Höhle in ca. 10 Minuten.

***Grotte di Toirano** Die Höhlen – eine heißt Bàsura-Höhle, die »Höhle der Hexe« – sind mit ihren **pittoresken Tropfsteinen**, Sälen und Seen eine große Attraktion. Man stieß hier auf etwa 12 000 Jahre alte menschliche Spuren, die dem Cro-Magnon-Menschen zugeschrieben werden. Etwas älter (ca. 14 000 Jahre) sind die Knochen von fast 3 m großen Höhlenbären, die hier in riesigen Mengen gefunden wurden. Im Museum sind außer Tierfossilien Steingeräte bis zur Bronzezeit und Keramiken aus der Jungsteinzeit ausgestellt.

❶ Höhle und Museum tgl. 9.30 – 12.30, 14.00 – 17.00 Uhr, Eintritt 10 €.
Bei Temperaturen um 15 °C ist wärmere, robuste Kleidung zu empfehlen.

***San Pietro dei Monti** Vom Eingang der Grotte di Toirano (160 m) geht man in knapp 1 Std. zur 891 m hoch gelegenen Kirche S. Pietro dei Monti, Rest der einst bedeutenden Benediktinerabtei S. Pietro in Varatella. Sie wurde in karolingischer Zeit gegründet und 1495 aufgegeben; erhalten sind Reste von Fresken aus dem 14. Jahrhundert. Fantastische Sicht auf

Über dem verlassenen alten Balestrino thront die Del-Carretto-Burg.

die Küste bis Albenga. Am 1. Mai pilgern die Toiranesi hier herauf. Abstieg nach Boissano ca. 1.45 Std. (+ 30 Min. nach Toirano).

Ca. 4 km weiter in Richtung Bardineto zwängt sich der Varatella durch die Schlucht Salta del Lupo. Die Straße kurvt durch eine pittoreske, karge Kalkfelslandschaft; von der Serpentine »Giro di Loano« genießt man ein beeindruckendes Panorama bis zum Meer. Später passiert man rechts die Punta Alzabecchi (784 m), links ragt die Rocca Barbena auf (1142 m). Von der Passhöhe (807 m), der Wasserscheide zur Po-Ebene, führt ein zunächst noch befahrbarer Weg nach Südosten zur Kirche S. Pietro dei Monti (s. o.).

*Fahrt zum Giogo di Toirano

Boissano (120 m, 2000 Einw.), 3 km nordöstlich von Toirano am Fuß des Monte Ravinet (1061 m), ist durch Oliven und Wein geprägt. Das Centro Internazionale di Sperimentazioni Artistiche (Via Mogli), gegründet von M. L. Jeanneret, der Nichte von Le Corbusier, war bis Mitte der 1990er-Jahre ein Zentrum zeitgenössischer Kunst.

Boissano

Westlich von Toirano liegt Balestrino (600 Einw.) an der linken Talseite des Rio Ponte. Es wird von einem eindrucksvollen **Schloss der Grafen Del Carretto** dominiert, das im 17. Jh. aus einer mittelalterlichen Burg entstand; nach Zerstörung durch die Franzosen 1795 wurde er im 19. Jh. erneuert (nicht zugänglich). Der alte Ort wurde 1962/1963 nach einem Erdrutsch verlassen; als »Capricorns Dorf« spielt er in der Verfilmung des Bestsellers **»Tintenherz«** von Cornelia Funke eine Hauptrolle. In der neuen Pfarrkirche sind Altäre aus polychromem Marmor und eine Kanzel mit den Marmorwappen der Del Carretto zu sehen, die aus der alten Kirche stammen.

Balestrino

Moneglia

Provinz: Genua
Höhe: 4 m ü. d. M.

Einwohner: 2800

N 6

Der recht gediegene Badeort gut 10 km südöstlich von Sestri Levante erfreut sich einer hübschen Lage in einer Bucht zwischen der Punta di Moneglia und der Punta Rospo, umgeben von Hügeln mit Weinbergen, Pinien- und Kastanienwäldern.

Der lange, durch einen Damm geschützte flache Sandstrand ist besonders kinderfreundlich, und die Cinque Terre sind mit der Bahn in Minuten zu erreichen. Die direkte Anfahrt entlang der Küste von Riva Trigoso (▶ Sestri Levante) führt durch kilometerlange alte, sehr schmale Eisenbahntunnels (Ampelregelung).

SEHENSWERTES IN MONEGLIA

Stadtanlage — Moneglia ist von seinem Strand durch den alten Eisenbahnviadukt getrennt und durch einen Hügel zweigeteilt. Am Ostrand des Orts liegen die Reste der **Burg Villafranca**, gut erkennbar ist noch der fünfeckige Grundriss und der Hauptturm im Zentrum der Anlage, heute ein netter Park. Westlich des Orts stand die Burg Monleone, heute ragt dort ein neogotischer Palazzo auf.

Santa Croce — Der Ostteil Moneglias gruppiert sich um die Pfarrkirche S. Croce (1726) mit einem der höchsten Glockentürme Liguriens. An der rechten Außenwand erinnert eine Marmortafel an die Teilnahme Moneglias an der Seeschlacht von Meloria 1284. Das Innere birgt ein »Abendmahl« von Luca Cambiaso (in der Sakristei), eine »Immacolata«-Statue von A. M. Maragliano und ein byzantinisches Kreuz (durch die Restaurierung 1929 verunstaltet). Neben der Kirche das Oratorio dei Disciplinanti mit Fresken aus dem 13.–18. Jh. Der Kirchplatz wurde 1822 mit schwarzen, weißen und roten Kieseln gepflastert. In der Nähe steht das Geburtshaus von **Luca Cambiaso** (1527–1585), dem für Ligurien bedeutenden Maler des Cinquecento; auch im Escorial zu Madrid hat er Räume ausgemalt.

*San Giorgio — Die Kirche S. Giorgio (14./19. Jh.) im Westteil von Moneglia besitzt neben einem Tabernakel aus dem 15. Jh. wertvolle Kunstwerke: Triptychen aus dem 15./16. Jh. sowie Gemälde von L. Cambiaso, B. Guidobono, G. B. Carlone und Carlo Dolci. Der Konvent eines Franziskanerklosters aus dem 15. Jh., der an die Kirche anschließt, wurde zu einem edlen Luxushotel umgestaltet (▶ S. 282).

UMGEBUNG VON MONEGLIA

Passo di Bracco

Von Moneglia führt eine kurvenreiche Straße hinauf nach Bracco an der SS 1. In **S. Saturnino** gibt es Trattorien mit Terrasse – schöner Blick auf die Küste. Ein herrliches Panorama genießt man auch von der SS 1 zum Passo di Bracco; die terrassierten Hänge sind mit Wein, Oliven, Gemüse und Weideland genutzt. Sonst herrscht hier mediterraner Wald mit Aleppokiefern, Steineichen, Kastanien und Ginster vor. Den Passo di Bracco überragt der von einem Antennenwald gezierte **Monte Groppi** (868 m).

Deiva Marina

Durch den alten Eisenbahntunnel (nicht so schweißtreibend wie der von Riva Trigoso) ist der kleine Badort Deiva zu erreichen. Zwischen dem hübschen alten Dörfchen und dem Strand haben sich uniforme Zweitwohnungen und Hotels breitgemacht. Erhalten geblieben sind zwei genuesische Wehrtürme (15. Jh.); etwas älter sind die Reste der Burg in Passano. Die barocke Pfarrkirche S. Antonio Abate von 1730 entstand aus einem Bau des 15. Jh.s (Agati-Orgel von 1848).

Framura

Framura (650 Einw.) östlich von Deiva ist vom Tourismus relativ wenig berührt; an der Felsküste gibt es nur einige kleine Badeplätze. Seine Ortsteile Costa, Setta und Anzo liegen zwischen 70 und 290 m hoch über dem Meer. In Costa steht ein Wachtturm aus karolingischer Zeit (9. Jh.), eines der ältesten Bauwerke der ligurischen Küste; er dient der Pfarrkirche S. Martino als Glockenturm. Die Kirche (11. Jh., im 15./16. Jh. umgebaut) enthält ein Taufbecken aus rotem Porphyr, vermutlich aus hellenistischer Zeit, und ein Bernardo Strozzi zugeschriebenes Gemälde (17. Jh.).

Moneglia: Badeparadies vor dem altem Bahnviadukt

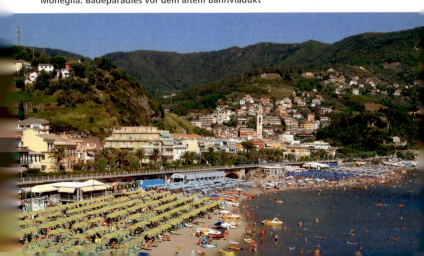

Moneglia erleben

AUSKUNFT (PRO LOCO)
Corso L. Longhi 32, 16030 Moneglia
Tel. 0185 49 05 76
www.prolocomoneglia.it

FESTE & EVENTS
Patronatsfeste: 24. April S. Giorgio, 14. Sept. Kreuzerhöhung. März: Olivenölmesse. Im Oratorio dei Disciplinanti ist ab und zu klassische Musik zu hören.

ESSEN
Vela €€
Moneglia, Piazza Tarchioni 1
Tel. 0185 4 94 40, Mo. geschl.
In vorzüglichen Fisch- und Pastagerichten schwelgt man im alten Ostteil von Moneglia. Ligurische und piemontesische Weine, faire Preise. Sehr gut ist die Pizzeria Il Ciocco (Piazza Tarchioni 15).

Trattoria Pagliettini €–€€
Moneglia, Località Comeglio 27
Tel. 0185 49 16 61, winters Do. geschl.
Etwas mühsame Anfahrt, aber reservieren lohnt: herrliche Aussicht, große Pergola und ausgezeichnete lokale Küche, insbesondere hausgemachte Pasta. Die Preise sind so freundlich wie der Service.

Lido €€
Deiva, Loc. Fornaci 15, Tel. 0187 81 59 97, Okt.–Palmsonntag geschl.
Das einladende, familiäre Restaurant im gleichnamigen Hotel am Meer wartet mit guter Küche auf, der Lage entsprechend v. a. Fisch. Hausgemachte Pasta.

Antica Osteria Tagliamento €
Loc. Ca' Marcone, Passo del Bracco (Einmündung SS 332), Tel. 0187 81 63 14
Nicht verfehlen kann man am Passo del Bracco dieses einfache, auch bei Bikern berühmte Gasthaus: beste ligurische Hausfrauenküche zu feinen Preisen.

ÜBERNACHTEN
Abbadia San Giorgio €€€€
Moneglia, Piazza S. Giorgio (▶S. 280)
Tel. 0185 49 11 19
www.abbadiasangiorgio.com
Luxus, Stil und Ruhe werden hier großgeschrieben (und Kinder daher nicht aufgenommen). Kein Restaurant.

Piccolo Hotel €€–€€€
Moneglia, Corso Libero Longhi 19
Tel. 0185 4 93 74, www.piccolohotel.it
Hübscher Palazzo im Genueser Stil, am Flaniercorso hinter der einstigen Bahntrasse gelegen, daher nicht ganz ruhig; gediegenes Ambiente. Auch für Kinder wird gut gesorgt.

Vento de Mâ €–€€
Moneglia, Via Vittorio Emanuele 35
Tel. 348 5 84 66 69, Dez.–Febr. geschl.
Im Ostteil in der Fußgängerzone gelegenes, stilvoll-familiäres B & B, zwei Zimmer mit Veranda. Frühstück (mit frischer Focaccia) auf der Dachterrasse mit herrlichem Ausblick aufs sehr nahe Meer. Freundliche Betreuung, eigene Garage.

Clelia €–€€€
Deiva Marina, Corso Italia 23
Tel. 0187 8 26 26, www.clelia.it
Nov.–Anf. April geschl.
Alte genuesische Villa 50 m vom Meer und 5 Minuten vom Bahnhof, mit Garten, Pool und Frühstücksveranda. Große, ansprechende und komfortable Zimmer. Im Haus gibt es auch ein gutes Restaurant und eine Eisdiele.

** Noli

Provinz: Savona
Höhe: 2 m ü. d. M.

G 6

Einwohner: 2900

Das atmosphärereiche Städtchen wartet mit einem schönen mittelalterlichen Bild auf: Palazzi, Geschlechtertürme – von einst 72 stehen noch acht –, eine Stadtmauer, die sich zur Burg hinaufzieht, sowie eine der bedeutendsten romanischen Kirchen Liguriens.

Der Name des Orts geht in byzantinische Zeit zurück, als er »Neapolis« hieß. Noli nahm am ersten Kreuzzug 1097 teil; von Balduin, dem König Jerusalems, erhielt es viele Privilegien und entwickelte sich in der Folge zu einer Seemacht. Kaiser Heinrich IV. bestätigte 1193 die selbständige Republik Noli, die durch Handel reich wurde; ihre Freiheit erhielt sie sich durch das Bündnis mit Genua, mit dem sie gegen Pisa und Venedig um die Macht im Nahosthandel kämpfte. In Noli wurde Antonio da Noli (1415 – 1462) geboren, Seefahrer und Erschließer der Kapverdischen Inseln.

Aus der Geschichte

SEHENSWERTES IN NOLI

Am schönen Sandstrand relaxen nicht nur die Urlauber, hier ziehen die Fischer ihr bunten Boote an Land, und in der Markthalle wird morgens um neun die Beute verhökert. An der lebhaften Promenade

Strand und Altstadtfront

Noli, mittelalterliches Fischerstädtchen und beliebter Badeort

ZIELE • Noli

> **BAEDEKER TIPP**
>
> ### Via Colombo
>
> Hauptstraße von Noli ist die Via Colombo, die sich im Zickzack durch die ganze Altstadt schlängelt. Klar, dass es hier eine Reihe guter Adressen für Gourmets gibt: so die Konditoreien Scalvini (gegründet 1890, Nr. 3) und La Crêpe (Nr. 61), für einen Imbiss die Bar Verdi (Nr. 49) und der Vinaio (Piazza Manin 5) für eine Degustation ligurischer Weine, begleitet von einer großen Palette feiner Kleinigkeiten.

entlang braust oder staut sich der Verkehr auf der Aurelia, gegenüber liegt die Altstadt. Ihre Front zum Meer wird vom **Palazzo della Repubblica** (14. Jh.) mit dem 33 m hohen Torre Comunale dominiert. Hinter der Front verläuft die Loggia della Repubblica, ein Laubengang (14./15. Jh.), parallel zum Corso Italia bis zur Piazzetta Dante und zum Palazzo Viale-Salvarezza im Norden (mit dem »geköpften« Torre della Marina, 12. Jh.). Links des Palazzo della Repubblica hat man durch die **Porta di Piazza** (12./13. Jh.) Zugang zur Altstadt.

Cattedrale San Pietro
Sich links haltend gelangt man zur Kathedrale S. Pietro (13./16. Jh.), die einen schönen Hauptaltar aus polychromem Marmor (1679), ein Polyptychon aus dem Umkreis von Ludovico Brea, einen Bischofsthron des 16. Jh.s und einen wertvollen Kirchenschatz besitzt (u. a. gotisches Reliquiar). Rechts neben der Fassade die **Casa Repetto** (14. Jh.), die seit dem Mittelalter fast unverändert blieb. Durch die schmale Via Sartorio nördlich zur hübschen Piazzetta Morando mit dem 38 m hohen **Torre dei Quattro Canti** (13. Jh.); den Namen »Turm der vier Ecken« hat er von der Lage an der wichtigsten Kreuzung der Altstadt. Schräg gegenüber das Oratorium S. Anna (1771), das eine Prozessionsgruppe »Hl. Anna« von A. Brilla, 19. Jh.) birgt.

**Kathedrale San Paragorio
Neben den Kirchen in Ventimiglia und Albenga ist S. Paragorio (im Süden des Orts) das **bedeutendste Zeugnis der Romanik in Ligurien**. Ihre heutige Form rührt von Ende des 11. Jh.s (Restaurierung durch D'Andrade 1889/1890), von 1239 bis 1572 war sie Bischofskirche. Die Außenwände sind in lombardischer Art mit Bogenfriesen und Lisenen gegliedert, die Nebenapsiden nach karolingischer Art mit Blendbögen. Interessant sind über dem Bogenfries der Hauptapsis die islamischen Majolikaschüsseln nordafrikanischer Herkunft (Ende 11. Jh.). Der Turm wurde später angebaut. An der Nordseite das Portal mit einer Vorhalle in schwarzweißer Quaderung; links der Vorbau eines Doppel-Arkosolgrabs mit Freskenresten (14. Jh.), rechts des Portals ein Arkosolgrab und frühchristliche Sarkophage. Das Mittelschiff der dreischiffigen Basilika besitzt einen offenen, z. T. bemalten Dachstuhl. Die Ausstattung umfasst u. a. einen Ambo (aus vorromanischen Teilen rekonstruiert), ein **Holzkruzifix aus dem 12. Jh.**, vergleichbar dem »Volto Santo« in Lucca, einen Bischofssitz aus Holz (ca. 1240), einen Renaissance-Tabernakel (um

1540), Freskenreste aus dem 14. Jh. sowie zwei Taufbecken. Die Gewölbe der Krypta ruhen auf primitiven monolithischen Säulen; auch hier sind Reste von Fresken erhalten. Die Südflanke der Kirche steht auf einem spätrömischen oder frühmittelalterlichen Bauwerk, vermutlich ein Baptisterium aus dem 6. Jh.; bei Grabungen ist man hier auf zahlreiche Gräber von der Spätantike bis zum 16. Jh. gestoßen.

❶ Juli, Aug. Di. und Do.–So. 10.00–12.30, Fr.–So. auch 17.00–19.00, sonst Do.–So. 10.00–12.30, Sa., So. auch 15.00–17.00 Uhr, Eintritt 2 €

Lombardische Romanik: S. Paragorio

Vom nördlichsten Teil des Corso Italia gelangt man durch einen Bogen in die Via Defferrari und zum Torre di Papone (13. Jh.), der über eine »Brücke« mit der Stadtmauer verbunden ist. Dann nach rechts durch die Porta di Papone zum Bischofspalast – heute ein großartiges Hotelrestaurant (▶ S. 286) – und der Kirche **Nostra Signora delle Grazie** (beide um 1770); der Platz mit tollem Blick auf Noli besitzt eine schöne barocke Atmosphäre. Von hier geht ein Weg durch Oliventerrassen, entlang der mit Türmen bewehrten Mauer, hinauf zur Ruine der mächtigen **Burg** Monte Orsini (13. Jh.); über die Via Defferrari kann man auch hinauffahren (Straße nach Voze).

Palazzo Vescovile und Burg

UMGEBUNG VON NOLI

Der Badeort Spotorno (3800 Einw.), in einer weiten Bucht zwischen dem Felskap Punta Maiolo und der Punta Vescovado gelegen, besitzt einen über **2 km langen Sandstrand** mit palmenbestandener Promenade. Die wenig ansprechende moderne Bebauung der Küste ist weit ins Hinterland vorgedrungen. Das alte Spotorno zeigt die typische Anlage eines **ligurischen Fischerdorfs** (Hauptstraßen Via Mazzini, Via Garibaldi). Im Zentrum die Pfarrkirche SS. Annunziata (1694) mit Altarbildern von G. De Ferrari und D. Piola (17. Jh.), Chorfresko von G. A. Ratti (18. Jh.) und einem Kruzifix aus der Maragliano-Schule. Von der Burg oberhalb des Orts (14. Jh.) sind noch verfallende Mauern mit Wachttürmen erhalten. Ca. 1,5 km südlich von Spotorno steht an der Via Aurelia die **Villa Tiscornia** im »stile liberty« (Jugendstil), ein Zeugnis des frühen Nobeltourismus.

Spotorno

Noli erleben

AUSKUNFT (IAT)
Corso Italia 8, 17026 Noli
Tel. 019 7 49 90 03
www.comune.noli.sv.it

Via Aurelia 121, 17028 Spotorno
Tel. 019 7 41 50 08
www.comune.spotorno.sv.it

FESTE & EVENTS
Noli: 2. Juli-So.: Patronatsfest S. Eugenio. Im Sommer Konzerte im Rahmen der »Tastiere Verdi«. 2. Sept.-So.: »Regata dei Rioni«, Ruderwettkampf der Stadtviertel mit Umzug in historischen Kostümen. Weihnachtsabend: Beim »Confoëgu« wird den Stadtoberen als Glückwunsch ein Lorbeerbusch verehrt und dieser anschließend verbrannt.
Spotorno: 25. März: Patronatsfest. 3. Juni-Sa. »Santissima Annunziata« mit Prozession. In Juli und August vertreibt man sich die Zeit u. a. bei Jazzabenden, beim nationalen Treffen für Satire und Comics und gastronomischen Events.

ESSEN
Il Vescovado €€€€
Noli, Viale Marconi, Tel. 019 74 9 90 59
www.hotelvescovado.it, Di.geschl.
Einer der schönsten Plätze an der Riviera: der einstige Bischofspalast nördlich über Stadt – mit fantastischem Ausblick. Ligurische Küche, aufregend neu definiert; zurückhaltend gestaltete, komfortable Gästezimmer. Privater Parkplatz an der Aurelia, von dort Aufzug zum Hotel.

Da Pino €€
Noli, Corso Italia 23
Tel. 019 74 83 26, Mo. geschl.
In der Mitte der »Altstadtfront« (Hotel Italia) ist dieses angenehme Restaurant zu finden, das sich v. a. der feinen maritimen Küche widmet.

Lilliput €€€
Voze, Zuglieno 49, Tel. 019 74 80 09
Abends geöffnet, Sa./So. auch mittags, Mo. geschl.
Mit herrlichem Blick auf Noli (von der Terrasse) genießt man eine verfeinerte traditionelle Küche, die Meer und Hinterland berücksichtigt. Große Auswahl ligurischer Weine.

Claudio €€€€
Bergeggi, Via XXV Aprile 37
Tel. 019 85 97 50, www.hotelclaudio.it
Im Grünen verstecktes Refugium hoch über der Küste, mit herrlicher Sicht aufs Meer. Das Restaurant rangiert unter den besten Italiens: Kulinarische Höhenflüge auf gut ligurischer Basis. Alle Zimmer mit Terrasse. Sehr komfortabel und edel, mit Pool und eigenem Strand.

ÜBERNACHTEN
Miramare €€
Noli, Corso Italia 2, Tel. 019 74 89 26
www.hotelmiramarenoli.it
Palazzo am Südwestende der Altstadtfront, seit 1923 von derselben Familie geführt. Einige Zimmer haben herrlichen Meeresblick bzw. schöne Balkone.

El Sito €-€€
Voze, Via La Malfa 2
Tel. 019 74 81 07, www.elsito.it
Ca. 2 km nordwestlich Noli, in 200 m Höhe, mit schönem Panorama und ruhig liegt dieses nicht mehr taufrische Hotel. Familiäre Atmosphäre, mit Restaurant. Häufig fährt ein Bus zum Strand.

Bergeggi

Steil geht es hinauf nach Bergeggi (1200 Einw.), dessen Zentrum nur 300 m hinter der Küste liegt, aber in 110 m Höhe. Vorbei an einem gekappten mittelalterlichen Wachtturm gelangt man zur Pfarrkirche S. Martino (1706) mit einem bemerkenswerten **Gemälde der ligurisch-toskanischen Schule** des 16. Jh.s (»Rosenkranzmadonna«) sowie Skulpturen von A. M. Maragliano. Vom Fort S. Maddalena (17./18. Jh.) guter Blick auf die Küste von Vado und Savona.

Isola di Bergeggi

Südlich vor der Küste liegt die kleine Insel Bergeggi, auf der sich schon im 4. Jh. Mönche niederließen; von 992 bis 1252 gehörte sie den Benediktinern von Lérins an der Côte d'Azur. Neben einem römischen und einem mittelalterlichen Turm existieren noch die Reste von Kirchen (6./ 11. Jh.). Die Insel verfügt über eine besondere Flora und Fauna und ist als Naturreservat nicht zugänglich.

Passo dei Giovi · Valle Scrivia

K / L 3 / 4

Provinz: Genua

Wer von Mailand kommend im Scrivia-Tal auf der Straße (A 7, SS 35) oder mit der Bahn nach Genua fährt, überschreitet die Wasserscheide zwischen Po-Ebene und Meer im Passo dei Giovi, der nur 472 m hoch ist und daher seit je bedeutend war. In den Bergen östlich des Passes lassen sich schöne Entdeckungen machen.

Die 1853 fertiggestellte Bahnlinie Turin – Genua unterquert den Pass in einem 3250 m langen Tunnel. Die Grenze zwischen Piemont und Ligurien hat man allerdings schon vor Isola del Cantone überquert. Die Südrampe des Passes ist unter ▶ Val Polcevera beschrieben.

Isola del Cantone

Isola del Cantone (298 m, 1500 Einw.) wird vom Scrivia zweigeteilt. Entlang der Staatsstraße dehnt sich **Isola** aus, an dessen Häusern weit vorspringende Dächer auffallen; die Kirche S. Michele (13./17. Jh.) enthält eine ausgezeichnete »Kreuzigung« aus der Genueser Schule des 17. Jh.s. Jenseits des Scrivia liegt **Cantone** mit zwei mittelalterlichen Burgen; vom Castello Spinola (13. Jh.) sind ein Portal und der Turm über dem Fluss erhalten. Über dem Vobbia jenseits der Autobahnbrücke steht das stattliche (bewohnte) **Castello Spinola-Mignacco**. Sehr schön ist die Weiterfahrt südöstlich durch das **Vobbia-Tal** nach Vobbia und Crocefieschi, wobei man das dramatisch gelegene Castello della Pietra passiert (▶S. 291).

Ronco Scrivia In einer Weitung des oberen Scrivia-Tals liegt der Industrieort Ronco Scrivia (334 m, 4500 Einw.), der im Zweiten Weltkrieg als wichtiger Bahnhof bei Luftangriffen den größten Teil der alten Substanz verloren hat. Unterhalb des Orts überquert eine monumentale dreibogige Brücke aus dem 15. Jh. den Scrivia. Die benachbarte Pfarrkirche S. Martino (17. Jh.) enthält Gemälde der Genueser Meister G. L. Bertolotto und O. De Ferrari (17./18. Jh.). Nahe dem Bahnhof das Centro di Servizi Culturali (Via Vittorio Veneto 1) mit einer **Sammlung historischer Fotos**, die zum Centro Studi Storici Alta Valle Scrivia gehört. Der Palazzo Spinola (16. Jh.) ist heute Rathaus. Sehr empfehlenswert ist die leichte Wanderung (1.45 Std.) vom Bahnhof Ronco Scrivia über Cascine auf den ***Monte Reale** (902 m) mit dem Sanktuarium N. S. di Loreto von 1858. Von dort hat man einen stupenden

Passo dei Giovi & Valle Scrivia erleben

AUSKUNFT
Comunità Montana Alta Valle Scrivia
Via XXV Aprile, Villa Borzino
16012 Busalla, Tel. 010 9 64 02 11
www.altavallescrivia.it
Auskunft Genua ▶ S. 212, 416

FESTE & EVENTS
Ronco Scrivia: Patronatsfeste: 16. Juli Madonna del Carmine, 15. Aug. Mariä Himmelfahrt. 1. Juni-Wochenende: Schneckenfest. **Busalla:** Mitte Juni: Rosenfest. 2. Sept.-So.: Fest Nome di Maria Vergine (mit Feuerwerk); Sept.: Antiquitätenmesse; Honigfest. **Savignone:** 28. Aug.: Patronatsfest S. Agostino. **Vobbia:** 2. Sept.-Sa. »Palio dei gampi« (Wettbewerb im Auf-Stelzen-Gehen).

ESSEN
Al Banco Rosso €–€€
Busalla, Via Vittorio Veneto 70
Tel. 010 9 64 05 93
Abends geöffnet; Di. und Aug. geschl. Schöne alte Osteria, eine gute Adresse für die handfeste Kost des ligurisch-piemontesischen Hinterlands. Große Weinkarte und Bierauswahl.

Trattoria della Posta €–€€
Casella, Via Pietro De Negri 10
Tel. 010 9 67 5202, Di./Mi. geschl.
Die »Enoteca con cucina« schräg gegenüber dem Palazzo dei Fieschi bietet nicht nur eine großen Palette an Weinen, sondern auch an traditionellen Gerichten. Sehr gut isst man auch in der Trattoria dal Bado, zu finden in Richtung S. Olcese beim Bahnhof Crocetta (Tel. 010 9 67 77 26, Do. geschl.).

ÜBERNACHTEN
Palazzo dei Fieschi €€€
Savignone, Piazza della Chiesa 14
Tel. 010 9 36 00 63
www.palazzofieschi.it
Sehr stilvoll und gemütlich wohnt man im Palazzo der Grafen Fieschi aus dem 16. Jh. am Hauptplatz.

Albergo Birra €–€€
Savignone, Località Birra 3 A
Tel. 010 9 76 13 22
Gepflegtes Haus von 1906, im Komplex der einstigen Fabbrica Birra Busalla. 200 m von der Autobahn-Ausfahrt Busalla in Richtung Casella.

»Ligurische Schweiz«: Busalla vor dem Massiv des Monte Antola

Blick bis nach Genua. Im Schlafsaal der Foresteria kann man nächtigen (Anm. tagsüber Tel. 347 4 08 85 09, www.monte-reale.it).

Borgo Fornari südlich von Ronco wird von den pittoresken Ruinen der Spinola-Burg (13. Jh.) überragt. Die Fornari waren vor den Spinola die Eigentümer des Orts. In der Gegend haben sich reiche Genueser Bürger gegen Ende des 19. Jh.s Sommervillen bauen lassen; ein besonders prächtiges Beispiel ist die **Villa Davidson** (Gino Coppedè, 1910). Die Pfarrkirche aus dem 17. Jh. enthält Bilder von G. A. De Ferrari und G. R. Badaracco. *Borgo Fornari*

Busalla (358 m, 5700 Einw.), der letzte Ort vor dem Passo dei Giovi, ist wirtschaftliches und administratives Zentrum des oberen Scrivia-Tals. Die industrielle Entwicklung (u. a. große Erdölraffinerie) hat dem Ort ziemlich übel mitgespielt. Einst Zentrum der »Ligurischen Schweiz«, ist von der alten Stadtanlage heute kaum mehr etwas zu erkennen. An der Stelle der Burg steht u. a. die Pfarrkirche S. Giorgio (ursprünglich 17. Jh.), die wertvolle Gemälde von P. Raimondi, B. Castello und G. B. Carlone enthält. Die Busalletta überspannt der **Ponte della Madonnina** (18. Jh.). Nahe dem Bahnhof im Stadtpark die Villa Borzino (19. Jh.), ein Überbleibsel der Belle Époque; hier hat die **Comunità Montana dell'Alta Valle Scrivia** ihren Sitz. In der alten **Fabbrica Birra Busalla** (Mo. geschl., ▶linke Seite) kann man die sechs Biersorten der Kleinbrauerei testen und ordentlich essen. *Busalla*

In einer Weitung des Scrivia-Tals, 7 km südöstlich von Busalla, liegt unterhalb des Monte Maggio (978 m) der verschlafene Ort Casella (410 m, 3100 Einw.). Das Zentrum bildet der **Palazzo der Fieschi** (Ende 17. Jh.), der zu einem Geschäftshaus herausgeputzt wurde; der beste Platz für einen Aperitivo ist das Ristorante Centrale gegenüber (gute regionale Küche). Die Pfarrkirche S. Stefano (18. Jh.; nördlich der Staatsstraße) besitzt Fresken von Luigi Morgari (19. Jh.). *Casella*

Historischer Zug der Fave-Bahn im Genueser Hinterland

*Kleinbahn Genua– Casella

Ein echter Spaß ist die Fahrt mit der 1929 eröffneten Schmalspurbahn von Genua nach Casella (www.ferroviagenovacasella.it). Im Volksmund heißt sie »Fave-Bahn«, nach den Saubohnen, die in der Gegend angebaut werden; mit ihrem **alten Rollmaterial** ist sie auch für Eisenbahnfans interessant (teils noch von 1924/1929/1957). Die 24,3 km lange Trasse, die bis 45 ‰ Steigung überwindet, steigt vom Bahnhof an der Piazza Manin in Genua (▶S. 241) am Hang des Bisagno-Tals rasch an, wobei man einen herrlichen Blick auf den Friedhof Staglieno und die Küste hat. Auf den Höhen thronen die Forts des Genueser Verteidigungsgürtels. Allmählich wird die mediterrane Szenerie von subalpiner Landschaft mit Buchen und Esskastanien abgelöst. Bei Campi überschreitet man den Pass zum Sardarella-Tal; vorbei an S. Olcese (▶Tipp rechts) erklimmt die Strecke bis 458 m Höhe (bei Crocetta d'Orero). Nach Überquerung des Scrivia erreicht man Casella. Sehr beliebt ist die 25 km lange »Abfahrt« mit dem MTB nach Genua (▶S. 243; Fahrradtransport möglich, wegen geringer Kapazität am Vortag unter Tel. 800 08 53 11 anmelden); beim Bahnhof Casella gibt es ein Fahrradgeschäft mit Werkstatt und Verleih. Und ein Schwimmbad zur Erfrischung.

Savignone

Savignone (471 m, 3200 Einw.), das als hübschester Ort des oberen Scrivia-Tals gilt, liegt nördlich von Casella in einem waldigen, von Monte Maggio und Monte Suia (960 m) überragten Talkessel. Schon in den 1920er-Jahren war Savignone als Sommerfrische beliebt. Am **Hauptplatz** liegen die Sehenwürdigkeiten des Orts: die barocke Pfarrkirche S. Pietro (1691) mit Gemälden von G. B. Carlone und einer Statue der Maragliano-Schule, daneben der Palazzo Crosa, als Hospiz von Gerolamo Fieschi 1771 gegründet, und schräg gegenüber der **Palast der Fieschi** (16. Jh.), heute Hotel (▶S. 288). An der Ecke Via Garibaldi die Casa Grendi mit neogotischer Loggia (19. Jh.). Von der Burg der Fieschi aus dem 13. Jh. sind oberhalb des Orts noch Reste Mauern und ein Rundturm erhalten.

Von Savignone umrundet man den **Monte Maggio** und erreicht nach 8 km Crocefieschi (740 m, 550 Einw.). Der Ort, der seinen Namen von der Kreuzung wichtiger Straßen und von seiner feudalen Vergangenheit ableitet, ist eine beliebte Genueser Sommerfrische. Im unteren Ortsteil existieren noch kleine Palazzi der Fieschi mit Turm und Loggia (16. Jh.); im oberen Ortsteil steht die Pfarrkirche S. Croce (1578 errichtet, 1686 umgebaut), deren im 20. Jh. gestaltetes Innere Gemälde aus dem 17. Jh., Holzstatuen aus der Maragliano-Schule und einen Marmoraltar von 1723 enthält. Spektakulär, aber etwas für erfahrene Berggeher (Klettersteigausrüstung) ist die Besteigung des **Reopasso** nordwestlich von Crocefieschi (Markierung: gelbes Quadrat; gesamt 3 Std.). Der Südgipfel ist an Fixseilen relativ leicht zu erklimmen, vor dem Nordgipfel (959 m) ist eine ausgesetzte Kletterstelle an Fixseilen zu überwinden. Eine schöne Wanderung führt nach Westen über Monte Schigonzo, Monte Cugnoi, Monte Alpisella, Monte Rinudo und Monte Buio zum **Monte Antola** (1597 m); von dort hinunter nach Propata und zum Lago del Brugneto (ca. 6 Std. Gehzeit, mit ATP-Bus nach Torriglia und Genua).

Crocefieschi

> **BAEDEKER TIPP**
>
> ! *Salame di Sant'Olcese*
>
> Sant'Olcese, an der Bahn Genua–Casella gelegen, ist nach einem normannischen Bischof benannt, der sich im 5. Jh. hier niederließ, und berühmt für seine Salami: Über Holzfeuer getrocknet und drei Monate gereift, entwickelt sie ein unnachahmliches Aroma. Gute Adressen sind die Salumifici Cabella und Parodi, beide in der Via S. Olcese bei der Pfarrkirche. Parodi bietet auch Führungen (Tel. 010 70 98 27).

Vobbia (477 m, 450 Einw.), 4 km nördlich von Crocefieschi, wurde 1201 durch Zusammenlegung der Güter der Abtei San Colombano in Bobbio und der Fieschi gegründet. Um das Jahr 1000 wurde das *Castello della Pietra** erbaut, das atemberaubend 200 m über dem Tal zwischen den Puddingstein-Felsen geklemmt ist (2 km Richtung Isola del Cantone; Aufstieg 20 Min.).
Castello della Pietra: Ostermontag–Okt. 10.30–17.30 Uhr, Eintritt 5 €, Info Tel. 010 94 41 75, www.parcoantola.it

Vobbia

Montoggio (466 m, 800 Einw.), 7 km südöstlich von Casella zwischen Monte Bano (1035 m) und Monte Banca (928 m) gelegen, hat in der ligurischen Geschichte Bedeutung. In der Burg der Fieschi wurde 1547 die berühmte Verschwörung gegen Andrea Doria ausgeheckt, und das Dorf soll Heimat des Volkshelden Gian Battista Perasso, genannt »**il Balilla**«, gewesen sein; er löste 1746 mit einem Steinwurf den Volksaufstand in Genua aus, durch den die österreichisch-savoy-

Montoggio

BAEDEKERTIPP

Antica Trattoria Rosin

In Montoggio-Tre Fontane ist der »osteria con cucina« genueisischer Tradition ein Museum gewidmet, mit alten Herden, Töpfen und Geräten. Der Spaß wäre nur halb so groß ohne die echte Trattoria im Haus, die die verschwindende Küche des Apennins pflegt. Mit netten Zimmern. An der SP 13 nach Creto, Tel. 010 93 82 92, www.anticatrattoriarosin.com.

ischen Truppen vertrieben wurden. Am rechten Ufer des Scrivia liegt erhöht die Pfarrkirche S. Giovanni Decollato (Patronatsfest am vorletzten Aug.-So.), erbaut im 11. Jh. und barockisiert im 17. Jh., mit Altarbildern der **Genueser Schule des 17./18. Jh.s**, u. a. Werke von D. Fiasella, B. Guidobono und O. De Ferrari. Die Sammlung ist Bestandteil des **Museo Storico dell'Alta Valle Scrivia**. Ein etwa 30-minütiger Spaziergang führt zu den Resten der Burg über dem Ort.

Monte Bano Ein lohnendes Wanderziel ist der Monte Bano (1035 m), der von Montoggio in 2 Std. oder vom Sanktuarium Tre Fontane – vorbei am Lago di Val Noci – in 1.30 Std. zu erreichen ist.

Passo del Turchino

H / J 4 / 5

Provinz: Genua

Dieser nur 532 m hohe Pass ist neben dem ▶Passo dei Giovi der zweite Übergang von der Po-Ebene nach Groß-Genua.

Genützt wird er insbesondere von der Autobahn A 26 mit ihren schwindelerregenden Viadukten. Die kurvige, wenig befahrene SS 456 hingegen, die von Genua-Voltri zum Pass hinaufführt, verläuft in einem engen, grünen Tal und ist ein beliebtes Revier für Radsportler und Motorradfreaks.

Mele Auf einem Bergsporn liegt Mele (125 m, 2700 Einw.) zwischen dem Rio Acquasanta und dem Kanal Gorsexio. Hier hat die Papierherstellung – in einst über 30 Fabriken – Tradition.

*Acquasanta Unterhalb von Mele zweigt die schmale Straße nach Acquasanta ab, einem winzigen Kur- und Wallfahrtsort (www.acquasantaonline.it, www.termedigenova.it), der nach 1832 bekannt wurde, als Ferdinand von Neapel hier Maria Christina von Savoyen heiratete. Von der 1769 an der Quelle errichteten Kapelle führt die Scala Santa hinauf zur prachtvollen barocken **Wallfahrtskirche** (1683–1710) mit Gemälden von Lazzaro Tavarone (1616) und S. De Ferrari (18. Jh., im Hauptaltar), einem Kruzifixus von A. M. Maragliano und der Holzskulptur

der N. S. dell'Acquasanta von A. Canepa (19. Jh.). Eine **Papierfabrik** von 1756 ist als Museum zugänglich (Via Acquasanta 251).
Papierfabrik: Besuch n. V. Tel. 010 63 81 03, Eintritt frei

Der erste Ort jenseits der Passhöhe ist Masone (403 m, 3700 Einw.). An der Piazza Castello steht die Pfarrkirche Assunta (1584); im ehemaligen Augustinerkloster nebenan ist das liebevoll betreute und 2013 renovierte *****Museo Civico Tubino** für Volkskunde des Stura-Tals eingerichtet. Besonders eindrucksvoll sind die Exponate rund um das Schmiedehandwerk, das in Masone eine lange Tradition hat.

Masone

Museo Civico: Sa., So. 15.30–18.30 Uhr, sonst Anm. Tel. 347 1 49 68 02

Campo Ligure (342 m, 3300 Einw.) ist für das Filigranhandwerk bekannt, das 1884 aus Genua eingeführt wurde; über 20 Werkstätten sind hier tätig. Das **Museo della Filigrana** im ehemaligen Justizpalast besitzt eine Werkstatt mit alten und modernen Werkzeugen, in der die Herstellung verfolgt werden kann, und über 200 Kunstwerke aus aller Welt, die seit dem 16. Jh. entstanden. Den Bach Ponzema überquerend gelangt man zur **Piazza Vittorio Emanuele** mit spätmittelalterlicher Loggia und zur überaus prächtigen Pfarrkirche Natività (1765), die u. a. eine »Kreuzabnahme« von G. Ferrari, ein »Martyrium der hl. Lucia« von G. A. Ferrari und eine Pietà von V. A. Rapous (1761) enthält. An der Nordseite des Platzes der Palazzo Spi-

Campo Ligure

Eine Prozession der Bruderschaften auf der Scala Santa

Passo del Turchino erleben

AUSKUNFT
IAT Valli Stura e Orba
Via della Giustizia 5
16013 Campo Ligure, Tel. 010 92 10 55
www.comune.campo-ligure.ge.it
www.telemasone.com
Auskunft Genua ▶S. 212, 416

FESTE & EVENTS
Unter den Festen in **Acquasanta** ragen die »Krönung« am letzten Juli-So., die Prozession der Bruderschaften am 15. Aug. und die Prozession um den 12. Sept. (Namen Maria oder Sonntag danach) heraus. **Tiglieto-Badia:** Ab und zu gibt es Konzerte. **Tiglieto-Acquabuona:** Letzter Aug.-Mo. »Polentone di S. Gottardo« (großes Polenta-Fest).

ESSEN
Acquasanta verfügt über gute, nicht teure Restaurants:
La Madia: Via Acquasanta 242
Tel. 010 63 80 19, Mi. geschl.
Osteria dell'Acquasanta:
Via Acquasanta 281
Tel. 010 63 80 35, Mo. geschl.

ÜBERNACHTEN
Fado 78 ⓔ-ⓔⓔ
Mele, Via Fado 82
Tel. 010 6 97 10 60, www.fado78.it

7 km nördlich von Genua-Voltri, über dem Bahnhof Mele, liegt dieses angenehme familiäre Haus, eine Oase im Grünen. Man spricht Englisch und auch ein wenig Deutsch.

Agriturismo Grilla ⓔ
Acquasanta, Via Giutte 55 (nördlich, von Acquasanta zunächst Via Baiarda)
Tel. 010 63 81 20, www.agriturismo.it
Restaurierter Bauernhof aus dem 19. Jh. im Grünen mit Tieren etc., akkurate Zimmer. Gute ländliche Küche genießt man an großen, geselligen Tischen.

nola (15. Jh.), für den die Burg als Steinbruch diente. Weiter westlich überspannt eine mittelalterliche Brücke den Stura. In der restaurierten Burg – vom Turm schöner Ausblick – eine Attraktion für Kinder: Mechanische Figuren stellen hier die Geschichte von **Pinocchio** dar.
Museo della Filigrana: Fr. 15.30–18.00, Sa., So. 10.30–12.00, 15.30 bis 18.00 (Di.–Do. nach Anmeldung Tel. 010 92 00 99), Eintritt 4 €

Capanne di Marcarolo Der Naturpark Capanne di Marcarolo östlich des Stura-Tals ist ein beliebtes Wandergebiet mit Stauseen. Man kann ihn durch das Ponzema-Tal erreichen oder, weiter südlich, von Masone aus. In **Prato Rondanino**, an der Straße von Masone nach Capanne di Marcarolo, haben die »Ligurischen Orchideenfreunde« einen **Botanischen Garten mit montaner Flora** angelegt.
Orto botanico: April–Sept. Mi., Sa., So./Fei. 14.30–18.00 Uhr, Eintritt frei

Passo del Turchino • ZIELE

Rossiglione

Das Industriestädtchen Rossiglione (297 m, 2900 Einw.) besitzt zwei Ortsteile, Superiore und Inferiore, die durch die Häuserzeilen entlang der Staatsstraße verbunden sind. Besonders **Rossiglione Inferiore** ist seit Jahrhunderten Industriestandort, zunächst für Eisen und Glas, dann Spinnerei und Weberei; heute werden außerdem Möbel und Süßwaren produziert. **Rossiglione Superiore** zeigt noch ein altes Ortsbild mit Arkaden und herrschaftlichen Portalen, v. a. an der Via Ziarotti. Sehenswert ist auch die mit farbigem Marmor schön gestaltete Pfarrkirche S. Caterina (1439/1607) mit Gemälden ligurischer Meister und zwei Marmorstatuen (eine von F. Parodi, 17. Jh.).

*Gargassa-Tal

Zu empfehlen ist ein Gang in das Gargassa-Tal südwestlich von Rossiglione, das zum Naturschutzgebiet des **Monte Beigua** (▶Varazze) gehört. Das abgelegene Tal wartet mit einer pittoresken Landschaft und seltener Flora auf. Die Wanderung (gesamt 3 Std., robuste Schuhe nötig) beginnt beim Sportplatz an der SP 41 nach Tiglieto und führt im Tal zum aufgegebenen Weiler Vereira (von »vetreria«, »Glashütte«). Normale Wanderer gehen denselben Weg zurück, der interessante bergige Weg westlich des Tals über Balcone della Signora und Rocca Giana verlangt Trittsicherheit und Schwindelfreiheit.

Tiglieto

Ganz abseits und einsam liegt die angenehme Landschaft westlich des Passo del Turchino, am Hang des **Monte Beigua** (▶Varazze), mit den verstreuten Weilern der Gemeinden Tiglieto (600 Einw.) und Urbe. Im Westen ist die Gegend von Sassello zugänglich. In die bewaldeten Berge sind für Viehwirtschaft genützte Ebenen eingesprengt, ein weiteres Element ist der Fluss **Orba**, der enge Schluchten bildet. Einen Ortskern gibt es in Tiglieto, das nach den einst zahlreichen »tigli« (Linden) benannt ist, nicht. Ihr Ursprung ist die **Badia** (Abbazia di S. Maria alla Croce), die älteste Zisterzienserabtei Italiens. Sie wurde 1120 – als erste im Ausland – vom burgundischen La Ferté aus gegründet und entwickelte sich zum wirtschaftlichen und kulturellen Zentrum des Orba-Tals. 1648 wurden die Markgrafen Raggi Lehnsherren (bis heute ist die Gegend im Besitz der Raggi). Sie verwendeten Teile der Abtei als Herrenhaus und reaktivierten die Eisenhütte (Ruinen an der Straße nach Olbicella); 1667 ließen sie die mittelalterliche Brücke über den Orba wiederaufrichten und 1782 den

Schlichtes, abgeschiedenes Kloster: Kapitelsaal in der Badia

Fluss umleiten, um die Überschwemmungsgefahr zu beseitigen (Taleinschnitt noch am Monte Ruta an der Straße nach Olbicella sichtbar). Zisterzienser haben sich wieder hier angesiedelt, im Sommer/Herbst finden ab und zu Konzerte statt. Umgeben von majestätischen Bäumen und einem Teich beeindruckt die Badia noch heute. Die romanische **Backsteinbasilika** wurde mehrfach verändert, im 17. Jh. wurde die Ostapsis durch eine Eingangsfassade ersetzt (Wechsel der Orientierung), weil der Überlieferung zufolge ein Mönch hier ermordet wurde, als er die Messe las. Der Kreuzgang existiert nicht mehr. Der hübsche Kapitelsaal besitzt vier Säulen in der Mitte und rot-weiße Gurtbögen; ein schönes Renaissance-Marmorportal in Genueser Art wurde vor einigen Jahren gestohlen.

Badia: Sa. 15.00–17.00, So./Fei. 10.00–12.00, 15.00–17.00 Uhr. Zu besonderen Zeiten wie Ostern und Weihnachten öfter und länger geöffnet. Info: www.tiglieto.it, www.associazioneamicibadiaditiglieto.it

Wanderung am Orba

Von der Badia – das Auto lässt man an der Kreuzung der SP 1 mit der Straße nach Olbicella stehen – kann man eine schöne Runde vorbei an den Resten einer Eisenhütte und zum Orba unternehmen (gesamt 2 Std., Markierung gelber Kreis mit Querbalken). Bevor der Orba in die Ebene der Badia gelangt, bahnt er sich den Weg durch wenige Meter breite **Schluchten in grünem Serpentin**, ein beliebtes Revier für Kajakfahrer. Streckenweise bildet er ein wertvolles Biotop, in dem z. B. Wasseramsel und Eisvogel leben; im Sommer kann man hier baden. Zuletzt gelangt man zur romanischen Brücke über den Orba und den Ruinen einer Mühle, bevor man zur Badia zurückkehrt.

Pietra Ligure

F 7

Provinz: Savona
Höhe: 3 m ü. d. M.

Einwohner: 8700

Pietra Ligure, ein frequentierter Badeort der Ponente südlich von Finale Ligure, besitzt einen sehenswerten »Borgo vecchio« mit dem typischen Bild alter ligurischer Fischerdörfer.

Als Ferienstandort wäre der ca. 14 km lange Sandstrand, der sich vom Capo di Caprazoppa bei Finale südlich bis Ceriale hinzieht, nicht erste Wahl, auch wenn sich hier einheimische Gäste drängen. Die übliche Situation: die verkehrsreiche Aurelia, auf der einen Seite gesäumt von der Bahnlinie und Hotels, auf der anderen Seite der Strand mit Bars und Badeanstalten. Versteht sich, dass zu den »Hoch-Zeiten« die Aurelia auf viele Kilometer zugeparkt ist und man fast nur im Schritttempo vorankommt. Doch der breite, flache Strand ist

S. Nicolò di Bari gilt als bedeutendste Barockkirche der Ponente.

gut und gepflegt, die palmenbestandene Promenade fein, und die rechtwinklig angelegte Altstadt zum Flanieren wie geschaffen.

SEHENSWERTES IN PIETRA LIGURE UND UMGEBUNG

Seinen Namen erhielt Pietra Ligure von dem steilen Felsen nordöstlich der Altstadt, auf dem die Byzantiner ihre **Burg** Castrum Petrae errichteten. Im Mittelalter war sie Sitz der Bischöfe von Albenga. Unterhalb der Palazzo der Grafen Leale Franchelli (18. Jh.) mit schönen freskierten Sälen (nicht zugänglich). Zentrum der Altstadt ist die große, hübsche Piazza XX Settembre mit der Pfarrkirche *****S. Nicolò di Bari** (1750 – 1791). Ihre Gewölbe sind illusionistisch ausgemalt (1860), im Chor zu beachten ein aus Marseille stammendes Renaissance-Gestühl und das Gemälde »Hl. Nikolaus« von G. Barbagelata (1496). Nordwestlich jenseits des Flüsschens Maremola liegt die Wallfahrtskirche **Nostra Signora del Soccorso**, erbaut zwischen 1595 und 1608 (Fresken von 1942; Gnadenbild aus dem 15. Jh. im Hauptaltar von Bernardo Castello, Anfang 17. Jh.).

Pietra Ligure

Borgio Verezzi (2250 Einw.) nördlich von Pietra Ligure besteht aus zwei Teilen (beim Abbiegen von der Aurelia genau auf die Wegweiser achten): **Borgio** liegt auf einem flachen, von der Küste zurückgesetz-

Borgio Verezzi

Pietra Ligure erleben

AUSKUNFT (IAT)
Piazza Martiri della Libertà 30
17027 Pietra Ligure
Tel. 019 62 90 03
www.comunepietraligure.it

FESTE & EVENTS
Pietra: Antiquitätenmarkt am letzten Wochenende des Monats. 1. Mai: »Bacco in pentola«, gastronomisches Fest in der Altstadt, mit Musik etc. 8. Juli: Fest des hl. Nikolaus mit prächtiger Prozession, Markt und Feuerwerk (das Patronatsfest findet am 6. Dez.statt). Am Weihnachtsabend »Confoëgu« (▶Noli). **Giustenice:** Letztes Juli-Wochenende historisches Fest um die Konflikte zwischen Genua und der Familie Del Carretto, u. a. mit einem »Palio dei carri« (Wagenrennen). **Borgio Verezzi:** 29. Juni Patronatsfest. Juli/Aug. Theaterfestival.

ESSEN
Osteria Loco €-€€
Pietra Ligure, P.za Martiri della Libertá 24
Tel. 019 62 62 62
Auch das gibt es an der Küste: ein einfaches, kleines Lokal mit vorzüglicher Hausfrauenküche zu mehr als fairen Preisen. Die schmale Piazza verläuft westlich der Piazza XX Settembre.

Dâ Casetta €€-€€€
Borgio Verezzi, Via XX Settembre 12
Tel. 019 61 01 66
Abends geöffnet, Sa./So. auch mittags, Di. geschl. (Okt.–Mai nur Fr.–So. offen) Ehemaliger Weinkeller an der schönen zentralen Piazza in Borgio. Feine Küche des Landes, gute Auswahl an Weinen und Spirituosen.

ÜBERNACHTEN
L'Archivolto €€-€€€
Borgio Verezzi, Via Roccaro 6
Tel. 019 61 18 20, www.archivolto.net
Geöffnet März–Okt.
Ganz »privates« B & B im malerischen Verezzi-Piazza hoch über dem Meer, mit Terrasse und traumhaftem Panorama.

! BAEDEKERTIPP

»Dolcissima Pietra«

Am 3. Sept.-Wochenende treffen sich die Süßschnäbel, wenn im Centro Storico zwei Tage lang Konditoren aus ganz Italien ihre verführerischen Produkte präsentieren, von Baci und Amaretti über die verschiedensten Sorten von Schokoladen und Pralinen bis zum Pandolce.

---

ten Hügel, **Verezzi** hingegen 200 m hoch am steilen Hang des Capo di Caprazoppa. Vom Tourismus wenig berührt ist der Ortskern von *Borgio mit **einem der schönsten Plätze Liguriens**; wie eine Theaterkulisse steigt er schräg zur Fassade von S. Pietro an, der klassizistischen Pfarrkirche (1808) mit überreicher Innendekoration (die Illusionsmalerei entstand 1930–1945). Beim Friedhof ist die Kirche **Madonna del Buon Consiglio** einen Blick wert. Vom Bau des 13./14. Jh.s ist noch der Glockenturm erhalten; innen Fresken aus dem 14./15. Jahrhundert. Östlich von Borgio die schönen Tropfsteinhöhlen **Grotte di Valdemino** mit unterirdischen Seen.

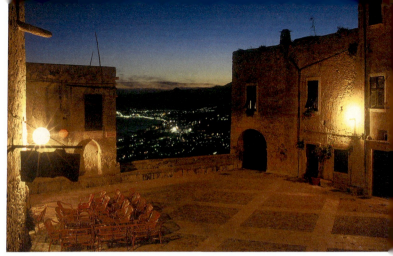

Abendliche Ruhe auf der Piazza Sant'Agostino in Verezzi-Piazza

Grotte: Einlass Di.–So. Juni–Sept. 9.30, 10.30, 11.30, 15.20, 16.20, 17.20, Okt.–Mai 9.30, 10.30, 11.30, 15.00, 16.00, 17.00 Uhr, Eintritt 8 €. Bei einer Temperatur von 16 °C ist wärmere Kleidung angezeigt.

Von den Ortsteilen Verezzis ist Piazza hervorzuheben, dessen alte Häuser arabische Einflüsse zeigen. Die schmale Via Roma führt zur **Piazza S. Agostino**, von der man einen großartigen Blick aufs Meer hat. Das 1967 gegründete **Theaterfestival**, das hier im Juli und August stattfindet, gehört heute zu den bedeutendsten in Italien. In der Umgebung wachsen Johannisbrotbäume, die aus dem Nahen Osten stammen und in Ligurien selten anzutreffen sind.

*Verezzi

Theaterfestival: Info & Karten Tel. 019 61 01 67, www.festivalverezzi.it

** Pigna

B/C 8

Provinz: Imperia
Höhe: 280 m ü. d. M.

Einwohner: 870

Ein Ausflug von Ventimiglia ins obere Nervia-Tal ist ein Ausflug ins Mittelalter: Pigna besitzt ein beeindruckendes Ortsbild, bedeutende Sakralbauten und großartige Kunstwerke.

Von Bögen überspannte Gassen, die »chibi« genannt werden (von »cupo« für »dunkel«), verlaufen in konzentrischen Ringen und sind durch steile »vicoli« miteinander verbunden, so dass sich der Eindruck eines Pinienzapfens ergibt – italienisch »pigna«. Bekannt ist Pigna für die **weißen Bohnen** (Fagiolo Bianco di Pigna IGP).

SEHENSWERTES IN PIGNA

San Tommaso — Unterhalb des alten Pigna beeindrucken die Ruinen der romanisch-gotischen Kirche S. Tommaso (12. Jh.).

Loggia della Piazza Vecchia — Vom Corso Sonnaz gelangt man durch ein Tor auf die Piazza XX Settembre. Ein Schieferportal von 1478 mit savoyischem Wappen führt zur Loggia della Piazza Vecchia (15. Jh.), die nach dem deutschen Beschuss Anfang Okt. 1944 (im Kampf mit der Resistenza) rekonstruiert wurde; hier werden steinerne Hohlmaße aufbewahrt, mit denen die Naturalsteuern abgemessen wurden.

San Michele — Unbeschädigt blieb 1944 die Kirche S. Michele, deren 56 m hoher Glockenturm den alpinen Typ repräsentiert (offenes Mauerwerk, Pyramidendach, Monoforien). Die dreischiffige Basilika, erbaut aus dem schwarzen Stein der Gegend, hat Wurzeln im 13. Jh. (Rundsäulen) und wurde 1450 von dem Comasken Giorgio de Lancia neu aufgebaut (oktogonale Säulen der zwei ersten Joche, Chor und Seitenkapellen). Über dem Portal in Form eines Pseudoprotyros (mit Statue des hl. Michael) ein bemerkenswertes **Radfenster, datiert 1450; als Urheber wird ein »Johannes de Bisono« angegeben, d. i. Giovanni Gagini aus Bissone am Luganer See. Sehr wertvoll ist die Glasmalerei des Fensters aus derselben Zeit, die vermutlich aus Nordfrankreich kam und die Zwölf Apostel darstellt. Den Chor dominiert ein einzigartiges **Polyptychon von Giovanni Canavesio**, mit 4,5 m Höhe das größte der Ponente und das letzte von dem Künstler datierte Werk (4. Januar 1500). In der Mitte unten der 36 goldgrundigen Bildfelder triumphiert der hl. Michael über den Dämon, der eine Seele von der Waage zu rauben versucht. Mehr zu Canavesio ▶ S. 381.

Mittelalterliches Pigna mit dem Turm von S. Michele

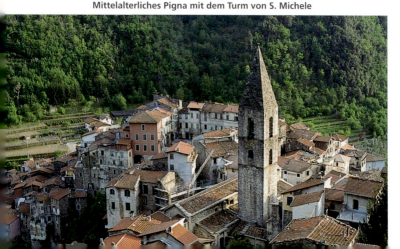

Pigna erleben

AUSKUNFT
STL Riviera dei Fiori ▶ S. 416
www.comune.pigna.im.it

FESTE & EVENTS
Pigna: Ende Juli: »Festival della Poesia e della Commedia Intemelia« (Folklore). Mitte Aug.: Fest S. Rocco. Ende Sept.: Patronatsfest S. Michele Arcangelo. Ende Sept./Anf. Okt.: »Sagra del fungo« (Pilzfest). 2. Okt-So.: S. Tiberio mit Ravioli-Fest. **Buggio:** Mitte Okt.: Sagra della Caldarrosta (Kastanienfest).

ESSEN
Hotel Restaurant Terme €€
Pigna, Via Madonna Assunta
Tel. 0184 24 10 46, Rest. Mi. geschl.
Die Küche von Gloria Lanteri-Rossi ist seit vielen Jahren über die Grenzen Italiens hinaus berühmt. Das kleine, familiengeführte Haus in der Nähe des Grand Hotel Antiche Terme verfügt auch über schlichte Zimmer.

Osteria del Portico €
Castel Vittorio, Via Umberto I 6
Tel. 0184 24 13 52, Mo. geschl., im Winter auch abends; Juni geschl.
Gemütliche Osteria im mittelalterlichen Ort. Großartige traditionelle Küche wie Friscieu, hausgemachte Pasta »u gran pistau« oder »cu u tuccu«, geschmorte Schnecken oder Kaninchen mit Oliven, zu sehr feinen Preisen.

ÜBERNACHTEN
Via col tempo €-€€
Pigna, Via Colla 17
Tel. 0184 24 12 16, www.viacoltempo.it
B & B in mittelalterlichem Gemäuer mitten im Ort nahe der Loggia, wunderschön gestaltete Zimmer. Man spricht Englisch und Französisch.

Bei S. Michele erzählt das Volkskundemuseum mit Exponaten und Fotos vom bäuerlichen Leben früherer Zeiten im Nervia-Tal.
❶ So. 15.00–17.00 Uhr, Eintritt 3 €, mit S. Bernardo 5 €

Museo »La terra e la Memoria«

Von der Burg der Grafen von Ventimiglia aus dem 11./12. Jh. ist heute nichts mehr zu sehen; die Piazza Castello, an der noch mittelalterliche Bausubstanz erhalten ist, öffnet sich nach Südosten mit **herrlichem Blick** auf Castel Vittorio.

**Piazza Castello

Ein 10-minütiger Spaziergang führt zur kleinen Kirche S. Bernardo auf dem Friedhof, die von **Giovanni Canavesio** großartig freskiert wurde (»Passion«, »Jüngstes Gericht«; 1482).
❶ 17.00–19.00 Uhr, sonst nach Vereinbarung im Museo La Terra e la Memoria, Tel. 349 8 88 51 64, 329 2 33 02 52, Eintritt 3 €

**S. Bernardo

UMGEBUNG VON PIGNA

Am östlichen Ortsrand von Pigna überspannt der Ponte di Lago Pigo den Nervia (1365 erwähnt, nach 1945 wiedererrichtet); hier lag lange

Terme di Lago Pigo

Zeit die Grenze zwischen Savoyen und der Republik Genua. Weiter östlich, Richtung Castel Vittoria, überrascht das riesige, im Jahr 2000 eröffnete **Grand Hotel Antiche Terme**, das die seit dem 13. Jh. bekannten Schwefelquellen nützt (www.termedipigna.it). Hinter dem älteren, kleinen Hotel Terme – das ein bekanntes Restaurant besitzt (▶S. 301) – steht am Hang in einem Kastanienwald die Ruine der barocken, ursprünglich mittelalterlichen Rundkirche **S. Maria di Lago Pigo** (S. Maria di Nogareto).

Castel Vittorio Südöstlich über Pigna liegt das mittelalterliche Dorf Castel Vittorio (420 m, 300 Einw.), das 1227 als Castrum Dodi erwähnt wurde. Der elliptisch angelegte Ort wird vom bunt behelmten Turm der Pfarrkirche S. Stefano überragt, die um 1770 barock umgestaltet wurde; vom Vorgänger stammt das Seitenportal mit schön reliefierten Türpfosten (Ende 16. Jh.). Die Porta Communis (16. Jh.) zeigt das Wappen Genuas. Ein Gedenkstein am Ortseingang und Tafeln an der Piazza erinnern an Verbrechen der deutschen Wehrmacht 1944.

Buggio Ca. 5 km nördlich liegt das Bergdorf Buggio (410 m) am Hang des Monte Pietravecchia (2038 m). Das Dorf ist großenteils entvölkert; bis zum Zweiten Weltkrieg lebte man von Gemüse- und Olivenkultur sowie Almwirtschaft; man sieht noch Häuschen, in denen der Käse reifte. Am Hauptplatz stehen zwei barocke Bauten, die Pfarrkirche S. Giovanni Battista und das Oratorium S. Andrea. Buggio ist ein Ausgangspunkt für schöne Wanderungen auf den **Monte Toraggio** (1971 m) und weiter zum **Monte Pietravecchia** (anspruchsvoll, gesamt ca. 8 Std.), zwei beeindruckend »alpinen« Bergen.

✱✱ Portofino

M 6

Provinz: Genua
Höhe: 3 m ü. d. M.
Einwohner: 560

»I lost my heart in Portofino« – nicht nur Rex Harrison verliebte sich in Portofino. In den 1950er-, 1960er-Jahren war es Mekka von Stars wie Humphrey Bogart und Liz Taylor. In einer schmalen, tief eingeschnittenen Bucht des Monte di Portofino liegt der für seinen malerischen Hafen berühmte Ort.

Steile Hänge mit Olivenbäumen, Pinien und Zypressen bilden den Rahmen für das »Postkartenbild« der Hafenfront in den typisch ligurischen Farben. Im späten 19. Jh.s wurde Portofino von den Briten als Kur- und Urlaubsort entdeckt, heute ist es eigentlich nur noch pittoreske Staffage für Jachten sowie Ziel für Kreuzfahrtschiffe und

Legendärer Anziehungspunkt: Portofino

Tausende von Ausflüglern, obwohl es nicht viel zu sehen gibt. Als Urlaubsstandort ist es, zumindest für Normalmenschen, nicht geeignet: Es gibt keine Strände, die Anfahrt auf der Straße ist nervig und das Preisniveau noch höher als sonst an der Riviera. Das Hotel Splendido oben am Hang, eröffnet 1901, zählt zur internationalen Luxusklasse und ist immer noch »das« Symbol für Portofino.

Der von dem antiken Geschichtsschreiber Plinius erwähnte »Portus Delphini« – entweder wörtlich zu verstehen oder als Bezeichnung für die Phönizier als gewandte Seefahrer – wird 986 in einer Urkunde der Adelheid von Burgund genannt, der Ehefrau Kaiser Ottos I., in der sie ihn der Abtei San Fruttuoso (▶ S. 306) vermachte. 1229 kam Portofino zur Republik Genua. Unter Napoleon wurde die Festung S. Giorgio ausgebaut, Anfang des 19. Jh.s von den Briten eingenommen und nach der Schlacht von Marengo z. T. geschleift.

Aus der Geschichte

Die Pfarrkirche S. Martino am Ortseingang (1886, urspr. 12. Jh.) enthält ein Triptychon aus flämischer Schule, ein Gemälde von Luca Cambiaso und eine Skulpturengruppe von A. M. Maragliano (17. Jh.). Das Oratorium S. Maria Assunta an der Via Roma (14. Jh., schönes Schieferportal von 1555) wird für Ausstellungen genützt. Die Villa Salita S. Giorgio 17 ließ sich der Sponsor der Tutanchamun-Grabung, **Lord Carnarvon**, erbauen; im Herbst 1886 hielt sich der deutsche Kronprinz Friedrich Wilhelm hier auf. Oben auf dem schmalen Landrücken südlich des Hafens, am Felsabsturz, steht die Kirche **S. Giorgio** (1154, 1950 rekonstruiert) mit Reliquien des Stadtpatrons, die von einheimischen Seeleuten von einem Kreuzzug mit-

Sehenswertes

Portofino erleben

AUSKUNFT (IAT)
Via Roma 35, 16034 Portofino
Tel. 0185 26 90 24
www.comune.portofino.genova.it
www.terrediportofino.eu

Parco di Portofino
Viale Rainusso 1, S. Margherita Ligure
Tel. 0185 28 94 79
www.parcoportofino.it

ANFAHRT
Die Straße von S. Margherita nach Portofino (gesperrt für Campingmobile) ist im Sommer sowie an Wochenenden und Feiertagen verstopft, eine Anzeigetafel bei Paraggi informiert über die Wartezeit. Außer einem sehr teuren Parkhaus gibt es praktisch keinen Parkraum. Wer sich in diesen Zeiten Portofino ansehen will, sollte die frühen Morgenstunden nützen; am besten aber fährt man mit dem Schiff von S. Margherita aus.

SCHIFFSVERKEHR
San Fruttuoso ist von Camogli, Portofino, S. Margherita und Rapallo per Schiff zu erreichen. Die Linie Camogli – Punta Chiappa – S. Fruttuoso wird von der Trasporti Marittimi Turistici Golfo Paradiso bedient, die Strecke Rapallo – S. Margherita – Portofino – S. Fruttuoso von Servizio Marittimo del Tigullio (▶ S. 434). Von Nov. bis Febr. fahren nur die Trasporti Marittimi Golfo Paradiso. Achtung: Kein Schiffsverkehr bei schlechtem Wetter oder starkem Seegang – den es auch bei schönem Wetter geben kann!

FESTE UND EVENTS
Portofino: 23. April: Beim Patronatfest S. Giorgio wird abends am Hafen ein riesiger Scheiterhaufen mit einem Baumstamm in der Mitte abgebrannt. Fällt der Stamm in Richtung Meer, bedeutet das ein gutes Jahr. Erlebenswert ist auch die Fronleichnamsprozession. **S. Fruttuoso:** Konzerte von Ende Juli bis Ende August.

ESSEN
Lo Stella €€–€€€
Portofino, Molo Umberto I 3
Tel. 0185 26 90 07, Mi. geschl.
Seit 1850 eine der »Tribünen« am Hafenkai, dennoch isst man in diesem unprätentiösen Restaurant sehr gut. Hausgemachte Pasta, frischer Fisch.

Taverna del Marinaio €€–€€€
Portofino, Piazza Martiri dell'Olivetta 36
Tel. 0185 26 91 03, Di. geschl.
Wo gibt es einen schöneren Platz als an der Hafenpiazza von Portofino? Traditionelle Küche, insbesondere für guten Fisch bekannt.

ÜBERNACHTEN
Splendido €€€€
Portofino, Salita Baratta 16
Tel. 0185 26 78 01
www.hotelsplendido.com
Exklusivstes und teuerstes Hotel der Riviera hoch über dem schönsten Hafen der Riviera. Luxus von der Trompe-l'œil-Ausmalung der Zimmer über die Ausstattung des Bads bis zum Pool; eigener Strand. Exzellente, elegante Restaurants.

Da Giovanni €€
Camogli-San Fruttuoso (▶ S. 306)
Tel. 0185 77 00 47, geöffnet Juni – Sept.
Einfaches, aber übertevertes Albergo-Ristorante an einem der zauberhaftesten Plätze Liguriens. Frühzeitig reservieren.

gebracht wurden. Gegenüber das **Castello di S. Giorgio**, einst wohl ein Quarantänelazarett, ab 1910 im Besitz des deutschen Diplomaten A. v. Mumm (ein Spross der berühmten Champagnerdynastie); seiner Frau Jeannie Watt ist zu verdanken, dass die deutsche Wehrmacht 1945 den Ort nicht zerstörte. Von hier hat man einen schönen Blick auf Portofino, nach Südwesten zum Capo Mele südlich von Alassio (90 km) und zu den Seealpen, an klaren Tagen natürlich.

Auf dem Vorgebirge von Portofino liegt in einem weitläufigen Park die Festung S. Giorgio, errichtet im 16. Jh. von den Genuesen. Ab 1870 war sie Freizeitresidenz des britischen Konsuls in Genua, Sir Montague Yeats Brown, heute wird es für Events, Ausstellungen etc. genützt. Vom Castello Brown geht man in 15 Min. zur ****Punta del Capo** mit einem kleinen Leuchtturm auf steilem Felsen.
❶ April–Okt. tgl. 10.00–19.00, sonst Sa., So. 10.00–17.00 Uhr, Eintritt 5 €

*Castello Brown

** PROMONTORIO DI PORTOFINO

Etwa 20 km südöstlich von Genua schiebt sich das Vorgebirge von Portofino etwa 3 km weit ins Meer vor und trennt den Golfo Paradiso im Westen vom Golfo del Tigullio im Osten; es ist als Regionaler Naturpark geschützt (www.parcoportofino.it). Die dramatische Felsenküste und die vielfältige Vegetation lassen sich auf einem Netz von gut ausgestatteten Wanderwegen erleben – mindestens ebenso schön wie die Cinque Terre, aber deutlich weniger frequentiert.

Parco Naturale di Portofino

Die Gestalt der Halbinsel ist auf zwei unterschiedliche Sedimentformationen zurückzuführen. Der südliche Teil besteht aus dem widerstandsfähigen **Puddingstein** aus dem Oligozän, der im Wesentlichen aus mit Calciumcarbonat verkitteten Kieseln gebildet wird; daher fällt die stark zerklüftete Südküste mit z. T. 100 m hohen, eindrucksvollen Felswänden zum Meer ab. Der Nordhang hingegen, der sich sanft zur Via Aurelia und nach S. Margherita hin absenkt, besteht aus Kalkmergeln (Monte-Antola-Kalk) mit Schichten aus leicht erodierbarem Kalkstein, Sandstein und Tonen.

Geologie

Trotz oder wegen des Wassermangels ist am Monte di Portofino eine äußerst vielfältige Vegetation zu Hause (über 700 Arten). An der warmen, trockenen, von salzigen Winden gezausten Südküste wächst niedrige, duftende **Garrigue** mit Thymian, Wolfsmilch, Zistrosen und Ginster, in den Felswänden siedeln Steinbrech, Euphorbien und Rote Spornblume. Darauf folgt halbhohe **Macchia** mit Steineichen, Erdbeerbäumen, Myrte, Mastix und Baumheide, vermischt mit verschiedenen Kiefernarten (Pinien, Aleppokiefern). Der Nordhang ist von Mischwald gekennzeichnet. Außer der Kastanie wurden vom

Flora

Menschen der Ölbaum (der weite Haine bildet), Zypresse, Agave, Feigenkaktus und viele andere exotische Arten eingeführt. Auch haben hier seltene Arten überlebt wie der Steinbrech *Saxifraga cochlearis*, der sonst nur in den Hochlagen der Seealpen anzutreffen ist.

Fauna Auch die Fauna zeichnet sich durch einige Endemismen aus, v. a. unter den Wirbellosen. An der trockenen Südküste, etwa im Bereich Batterie – San Fruttuoso, kann man den großartig gezeichneten **Erdbeerbaumfalter** zu Gesicht bekommen, den größten europäischen Tagfalter (bis 10 cm Spannweite). Möglicherweise lebt hier noch die äußerst seltene Perleidechse, die größte europäische Echse; weiter zu nennen sind Gecko, Smaragdeidechse, Äskulapnatter, Treppennatter und Ringelnatter. An Amphibien findet man Molche, Salamander und Frösche. Der Monte di Portofino ist Station vieler Zugvögel. Unter den vielen Arten (über 50), die auf dem Vorgebirge rasten, beobachtet man Reiher, Schlangenadler, Wiedehopf und verschiedene Schwalbenarten, außerdem Wanderfalken. Ein **hervorragendes Tauchrevier** ist die als Meeresreservat ausgewiesene Südküste, in dem außer diversen Korallen und Seesternarten über 150 Arten Schwämme, über 100 Dekapodenarten (Krustentiere), viele Mollusken und seltene Zackenbarsche leben. Tauchbasen und -schulen gibt es u. a. in S. Margherita und Recco.

** ABBAZIA DI SAN FRUTTUOSO DI CAPODIMONTE

Das winzige Fischerdorf mit etwa 75 Einwohnern im Sommer nimmt mit der Abtei S. Fruttuoso di Capodimonte eine herrliche, tief eingeschnittene Bucht an der Südküste des Monte di Portofino ein. Es ist auf zwei Arten zu erreichen: per Boot (▶ S. 304) und zu Fuß (▶ S. 308). Sommers und an schönen Wochenenden in Frühjahr und Herbst ist der kleine Strand überfüllt. Es gibt (klar: zu teure) Trattorien; übernachtet man im Albergo da Giovanni, kann man den Platz in Ruhe genießen (▶ S. 304).

Geschichte und Anlage Die historischen Daten legen die Gründung des ersten Klosters ins Jahr 711, als der Bischof von Tarragona auf der Flucht vor den Arabern die Asche des hl. Fructuosus hierher brachte. Nach Zerstörung durch die Sarazenen wurde es 984 von Benediktinern wieder aufgebaut; von Adelheid, der Witwe des Kaisers Otto I., erhielten sie einen Teil des Monte Portofino. Das Kloster wurde rasch zu einem der bedeutendsten Liguriens. 1275 kam es an die Familie Doria, die das Privileg erhielt, hier ihre Angehörigen beizusetzen; sie ließ das Abtshaus errichten, das das heutige Bild prägt. Auf Initiative von Andrea Doria wurde 1550 der massige Wehrturm erbaut, der sich östlich über dem Abteikomplex erhebt. 1915 wurden Ort und Abtei von

Erd- und Wassermassen schwer beschädigt, 1933/35 sowie in den 1980er-Jahren wenig sachgerecht »restauriert«; der heutige Strand entstand erst durch den Erdrutsch. Der Komplex und der Doria-Turm wurden 1983 von der Genueser Familie Doria Pamphili dem Italienischen Umweltfonds FAI (Fondo per l'Ambiente Italiano) überlassen, um ihn der Öffentlichkeit zu erhalten.

Abbazia

Im **Abtspalast** illustriert das Museo del Monte die Geschichte der Abtei. Unter dem Palast hindurch gelangt man zur Kirche (ursprüngl. 10. Jh.), die vom oktogonalen Kuppelturm überragt wird. Das Altarbild, »San Fruttuoso mit seinen Mitmärtyrern Augurius und Eulogius«, stammt von dem Genuesen G. Palmieri (1674 – 1740). Das Untergeschoss des kleinen **Kreuzgangs** (11. Jh.) weist frühromanische Säulen mit Krückenkapitellen auf., das Obergeschoss entstand im 16. Jh. z. T. aus älteren Säulen. Vom Kreuzgang gelangt man in die **Krypta** mit Gräbern der Doria aus den Jahren 1275 – 1305. In der Gruft ist auch Maria Avegno beigesetzt, die 1855 beim Versuch ertrank, die Schiffbrüchigen eines britischen Kriegsschiffs zu retten.

❶ Tgl. (Jan., Febr., Nov., Dez. Mo. geschl.) ab 10.00 Uhr, je nach Saison bis 15.45/16.45/17.45 Uhr, letzter Einlass 45 Min. vor Schließung, Eintritt 5 €, www.sanfruttuoso.eu

Cristo degli Abissi

1954 wurde in der Bucht eine 2,5 m hohe Christusstatue aus Bronze, der Cristo degli Abissi 17 m unter dem Meeresspiegel aufgestellt. Am 28. August wird das Fest des Cristo degli Abissi gefeiert.

Die Abtei San Fruttuoso, »das« Wanderziel am Monte di Portofino

ZIELE • Portofino

WANDERUNGEN AUF DEM PROMONTORIO DI PORTOFINO

Markierte Wanderwege ermöglichen herrliche Ausflüge, die an der Küste entlang oder über die Höhen führen. Die Küste von Camogli bis Portofino wird in drei Abschnitten beschrieben, die auch einzeln begangen werden können; alle Ausgangs- bzw. Endpunkte sind per Schiff und/oder Bus erreichbar. Ein weiterer Vorschlag beschreibt den Weg von Portofino über den Monte di Portofino nach Ruta.

Von Camogli zur Punta Chiappa Markierung: zwei rote Punkte, Gehzeit 1.30 Std. Man verlässt ▶ Camogli nach Südosten (Via N. Cuneo). Nach Überquerung einer Brücke führt der Pfad in 45 Min. über Terrassen mit Olivenbäumen, Pinien, Zypressen und Gärten hinauf nach San Rocco (221 m; auch mit Auto und Bus zu erreichen). Von der Kirche S. Rocco geht ein

Promontorio di Portofino

Legende:
- — Grenze des Naturparks
- Leuchtturm
- Burg
- Kirche
- Abtei
- Aussichtspunkt
- Turm
- Picknickplätze

© BAEDEKER

bequemer Weg nach Mortola, den man aber gleich wieder verlässt, um rechts dem Pfad durch Olivenhaine und Steineichenwälder nach Pego (Restaurant) zu folgen; über Treppen gelangt man zur Kirche **S. Nicolò di Capodimonte** (97 m). Der romanische Bau (um 1140; T-förmiger Grundriss mit drei Apsiden) soll am Platz einer im Jahr 345 n. Chr. vom Genueser Bischof San Romolo errichteten Kapelle stehen. Im Innern des Gotteshauses alte Fresken und eine Darstellung der »Stella Maris« (15. Jh.), Vorlage für das Mosaik in Punta Chiappa (s. u.). Rechts an der Kirche vorbei geht es an der steilen Flanke hinab nach **Mulino del Moro** (ca. 1 Std.), wobei man auf die ersten Formationen des Puddingsteins trifft. An der Osteria vorbei gelangt man nach **Porto Pidocchio** (Schiff nach Camogli). Nach einer kurzen Steigung erreicht man die **Punta Chiappa** mit mächtigem Felsvorsprung (Restaurant), die von Lord Byron besungen wurde. Der schöne Platz ist im Sommer sehr frequentiert. Am Ortseingang eine Stele mit dem Mosaik »Stella Maris«. Am 1. Augustsonntag findet eine Bootsprozession von Camogli hierher statt.

Macchia, Wald und pittoreske Klippen: beim Abstieg nach San Fruttuoso

Markierung: zwei rote Punkte, Gehzeit 1 Std. Da der Küstenabschnitt von Punta Chiappa bis zu dem darüberliegenden Aussichtspunkt »Batterie« (230 m) sehr schwierig zu begehen ist, nimmt man von San Rocco den Weg nach Mortola. Dort verlässt man kurz hinter der Vegia-Quelle den Weg, der nach Toca führt, nach rechts; man durchquert einen Pinienwald und steigt dann zu den **Batterie** auf (Geschützbunker aus dem Zweiten Weltkrieg). Leicht bergab geht es durch das kleine Bricco-Tal, dann um den Monte Capanna herum und am Westhang der Cala dell'Oro entlang. Der Weg ist hier sehr ausgesetzt, einige Stellen müssen auf einer Felsleiste überwunden werden (fixe Stahlseile). Hinter der Schlucht Vallone dell'Oro steigt man in steilen Kehren zu dem Sattel auf (275 m), der die Cala dell' Oro von der Bucht von San Fruttuoso trennt. Durch mediterranen Niederwald geht es hinunter nach San Fruttuoso.

Von San Rocco nach San Fruttuoso

Der eben beschriebene Weg weist sehr schwierige Stellen auf und sollte nur von erfahrenen und trittsicheren Wanderern begangen werden. Eine weniger anspruchsvolle Route (1.30 Std., Markierung:

Alternative

zwei rote, leere Dreiecke) führt von Mortola an der Vegia-Quelle vorbei nach Toca (450 m), von wo man einen Abstecher hinüber zum **Semaforo Nuovo** machen kann (427 m). Auf fast ebenem Weg gelangt man zu den **Pietre Strette** (452 m), wo man den mit Pfad (Markierung: roter Kreis) nach San Fruttuoso einschlägt.

Von S. Fruttuoso nach Portofino
Markierung: zwei rote Punkte, Gehzeit 1.30 – 2 Std. Von S. Fruttuoso steigt man östlich der Bucht auf (herrlicher Blick). Hinter dem Hubschrauberlandeplatz geht es durch einen Steineichen-, dann durch einen Pinienwald zur **Base O**, einer weiteren Stellung aus dem Zweiten Weltkrieg (30 Min.). Von hier führt der Weg eben durch den Pinienwald des Piano del Capo und in die enge Schlucht des Bachs Ruffinale, die die Cala degli Inglesi bildet. Jenseits des Ruffinale erreicht der in 200 m Höhe eben verlaufende Weg die Ortschaft **Prato**; um einen Grat herum gelangt man in die Schlucht des Vessinaro, auf deren Terrassen Oliven, Wein und Gemüse angebaut werden. Über Olmi und Cappelletta erreicht man Portofino.

Von Portofino nach Ruta
Gehzeit 2.30 Std. Von Portofino (Ortsmitte oder von der SS 227 unterhalb des Hotels Splendido) steigt man nordwestlich zur Kapelle S. Sebastiano auf. Über Olmi und Crocetta erreicht man den **Monte delle Bocche** (506 m) und die Pietre Strette (bemerkenswerte Konzentration endemischer Flora). Östlich um den **Monte di Portofino** (Semaforo Vecchio) herum gelangt man über den Sattel Gaixella nach Portofino Vetta (425 m; Hotel Portofino Kulm). Von hier überblickt man bei klarer Luft westlich fast den ganzen ligurischen Küstenbogen bis zu den Cottischen Alpen, östlich die Küste von Rapallo bis zu den Cinque Terre, darüber die Apuanischen Alpen. Östlich des Hotelparks verläuft der Weg nach Ruta hinunter, das man bei der Kirche erreicht (Bus nach Camogli, Rapallo und S. Margherita).

✻✻ Portovenere

P / Q 7

Provinz: La Spezia
Höhe: 8 m ü. d. M.
Einwohner: 4300

Eines der »Mussziele« in Ligurien: mit einer Hafenfront aus bunten, unglaublich schmalen Häusern, überragt von der mächtigen Festung, das Ganze akzentuiert durch die mittelalterliche Kirche auf der Klippe über dem Meer.

Portovénere, südlich von La Spezia auf einer weit vorspringenden Halbinsel liegend, ist geografischer Schlusspunkt der ▶Cinque Terre, zu denen es jedoch nicht zählt. Großartig ist die ca. 5-stündige Wanderung nach Riomaggiore oder umgekehrt. Wie alle vergleichbaren Plätze der Riviera ist Portovenere zu Ferienzeiten und Wochenenden höchst frequentiert. Was sich wirtschaftlich wenig auszahlt, denn der Cinque-Terre-Rummel bringt hauptsächlich Tagesausflügler hierher; überdies geht durch die Zweitwohnungen den Einheimischen viel Wohnraum verloren. Baden ist nur auf Palmaria gut möglich.

Portovenere wird 50 v. Chr. von dem griechischen Geschichtsschreiber Strabo als »Veneris Portus« und 150 n. Chr. von Ptolemäus als »Portus Veneris« erwähnt. Keimzellen des Orts waren frühchristliche Mönchsklausen auf den Inseln vor Portovenere und auf dem Kap San Pietro. Ab 1113 gehörte Portovenere Genua, das den Ort um 1160 gegen die Erzfeindin Pisa – die das nahe ▶Lerici mit einer Burg zum Vorposten ausgebaut hatte – befestigte.

Aus der Geschichte

SEHENSWERTES IN PORTOVENERE

Von der **Piazza Bastreri** mit dem ehemaligen Franziskanerkonvent, heute z. T. Rathaus, gelangt man durch das Tor von 1113 (neben ihm ein Bossenwerk-Turm von 1161) in den Ort. Die Stadtseite des Tors ist mit dem Fresko der Weißen Madonna geschmückt, der Patronin der Stadt. Die mittelalterliche Hauptstraße **Via Capellini** führt zur Piazza Spallanzani, vor der das pittoreske Kap mit der Kirche S. Pietro aufragt (s. u.). Eine Treppe führt rechter Hand hinunter zur **Grotta Byron** (Arpaia-Grotte), wo sich der Dichter gern aufhielt. Nach

Rundgang

Auch heute steuern Segler gerne den »Hafen der Venus« an.

der Besichtigung von S. Pietro zunächst in die Via Capellini zurück, dann links hinauf zur Kirche S. Lorenzo und weiter hinauf zur **Burg**, wo man den grandiosen Ausblick genießt. Über Treppen gelangt man wieder hinunter zum Hafen. Die Häuser dort sind teils nur einen Raum breit, dafür mehrere Räume tief!

*San Pietro Fast wie ein magisch-religiöses Zeichen bekrönt die Kirche das Felskap vor dem Hafen. Sie besteht aus zwei Baukörpern. Der innen wie

Portovenere erleben

AUSKUNFT (IAT)
Piazza Bastreri 7, 19025 Portovenere
Tel. 0187 79 06 91
www.prolocoportovenere.it
www.turismoprovincia.laspezia.it

VERKEHR
Einen gebührenpflichtigen Parkplatz gibt es am Ortsrand. Besser kommt man von La Spezia mit Bus oder Schiff hierher. Besonders eindrücklich ist eine Schiffsfahrt entlang der ▶Cinque Terre; Schiffe fahren auch zur Insel Palmaria (Navigazione Golfo dei Poeti ▶ S. 435)

FESTE & EVENTS
17. Aug. Patronatsfest Madonna Bianca: abends Illumination der Halbinsel, Prozession und Feuerwerk. Beim Fest S. Venerio wird die Heiligenfigur am 12. Sept. abends in einer Bootsprozession von ▶La Spezia nach Tino und dann zum illuminierten Portovenere gebracht.

ESSEN
Antica Osteria Dorindo ⑥⑥
Portovenere, Via dell'Olivo 253
Tel. 0187 79 02 20, Mo. geschl.
Schön am »Golfo dell'Olivo« gelegen, mit Terrasse. Ligurische und toskanische Küche (Fisch spielt eine große Rolle), hausgemachte Pasta. Akkurater Service, gutes Preis-Leistungs-Verhältnis.

Antica Osteria del Carugio ⑥
Portovenere, Via Capellini 66
Tel. 0187 79 06 17, Do. geschl.
In der Hauptstraße bietet das sympathische, zünftige Lokal von 1896 – eine Institution in Portovenere – traditionelle Küche der Region, auch Fisch.

ÜBERNACHTEN
Belvedere ⑥⑥⑥
Portovenere, Via Garibaldi 26
Tel. 0187 79 06 08
www.belvedereportovenere.it
Hübsches Haus von Ende des 19. Jh.s, ruhig vor dem Ort am Meer gelegen. Gepflegte Atmosphäre.

Genio ⑥⑥–⑥⑥⑥
Portovenere, Piazza Bastreri 8
Tel. 0187 79 06 11
Pittoreske Pension in einer mittelalterlichen Festung am Ortseingang. Zimmer mit separatem Eingang, einige haben Meeresblick. Früh buchen!

Locanda Lorena ⑥⑥⑥
Isola Palmaria, Via Cavour 4
Tel. 0187 79 23 70
Ein Taxiboot bringt auf die Insel zu dem angenehmen, direkt am Wasser gelegenen Hotel mit Restaurant – ein großartiger Platz, jedoch, wie zu erwarten, mit überzogenen Preisen.

außen schwarz-weiß inkrustierte Teil in genuesischer Gotik wurde 1256 – 1277 errichtet; der Grundriss zeigt ein rechteckiges Schiff und drei quadratische Apsiden. Rechts des Eingangs der Bau aus dem 6. Jh., ausgeführt im dunklen Stein von der Insel Palmaria, mit Teilen des alten Marmorfußbodens. Zu sehen hier auch Teile eines römischen Altars, die unter dem Bauwerk gefunden wurden und vermutlich zu einem Venus-Heiligtum gehörten. Nach der Zerstörung durch die Flotte Aragons 1494 wiedererrichtet, war die Kirche um 1800 Lager der österreichisch-russischen Truppen, ab 1890 war sie Forschungsstation der italienischen Marine.

S. Pietro im ligurischen Streifendekor

Auch die Pfarrkirche S. Lorenzo ist bunt zusammengewürfelt. Der von **lombardischen Meistern** errichtete Bau von 1130 wurde nach dem Brand 1370 und der Beschießung 1494 erneuert. Das linke Portal ist romanisch, im gotischen Hauptportal ein Relief »Martyrium des hl. Laurentius«; aus der Renaissance stammen Kuppel und Glockenturm. Innen sind außer einem Taufbecken mit Skulpturen des 12. Jh.s ein Marmoraltar des 15. Jh.s mit einem Gemälde auf Pergament (»Madonna Bianca«, 14. Jh.) und ein Gemälde von Cigoli (Ende 16. Jh.) zu beachten. Der **Kirchenschatz** in der Sakristei (Besichtigung nach Vereinbarung, Tel. 0187 79 06 84) umfasst u. a. syrische Goldschmiedekunst des 10. – 11. Jh.s und Polyptychen aus der ligurisch-toskanischen Schule des 15. Jh.s.

*San Lorenzo

Die genuesische Burg von 1162 wurde 1453 zerstört. Die inneren Teile der Festung stammen aus der zweiten Hälfte des 16. Jh.s, die mächtigen Außenmauern aus dem 17. Jahrhundert.
❶ April, Mai 10.30 – 18.00, Juni – Sept. 11.00 – 19.00, Nov. – März Sa., So. 10.30 – 18.00 Uhr, Eintritt 2,20 €

*Burg

UMGEBUNG VON PORTOVENERE

Die vorgelagerten Inseln gehören zum **Parco Naturale Regionale di Porto Venere**. Palmaria unmittelbar vor Portovenere ist ein hübsches, frequentiertes Ausflugsziel mit schönen Badebuchten und einem Hotel (▶linke Seite); im Mai/Juni blüht die Macchia. Ihre üppig bewachsene Ostseite fällt sanft zum Meer ab; in den Felswänden der

Palmaria

Westseite öffnen sich Grotten, in denen Spuren steinzeitlicher Ansiedlungen gefunden wurden. Interessant sind die **Grotta Azzurra**, die nur vom Meer zugänglich ist, und die **Grotta dei Colombi** (anstrengender Zugang zu Fuß).

Tino und Tinetto Auf Tino, das militärisches Sperrgebiet und nur zum Fest S. Venerio zugänglich ist, liegen die Ruinen des Klosters S. Venerio (11. Jh.); hier war der Heilige als Einsiedler gestorben. Auf der kahlen Insel Tinetto (zugänglich) Reste einer Einsiedelei aus dem 5. Jh. und einer kleinen Kirche, der frühesten zweischiffigen Kirche Liguriens.

Le Grazie ▶La Spezia, Umgebung

Rapallo

M 5

Provinz: Genua
Höhe: 5 m ü. d. M.
Einwohner: 29 200

Einst traf sich die internationale Hautevolée im größten Badeort der Riviera di Levante, hier wurde internationale Geschichte geschrieben. Heute prägen vor allem italienische Familien und Pensionäre das Bild.

Rapallo liegt gut 30 km südöstlich von Genua im innersten Winkel der Bucht, die nach den Tigulliern, die hier vor den Römern ansässig waren, »Golfo di Tigullio« genannt wird. In die Weltgeschichte ging es durch den Vertrag ein, der 1922 zwischen Deutschland und Russland geschlossen wurde. Mit 18-Loch-Golfplatz, Reit- und Segelschule, großem Jachthafen etc. ist der einst exklusive Kurort auf den Tourismus eingestellt, wenn die großen alten Zeiten auch vorbei sind. Und nicht zufällig bezeichnet man mit »rapallizzazione« die ungezügelte, planlose Zersiedelung schöner Landschaften, vorzugsweise am Meer, mit Ferienhäusern und Zweitwohnungen.

SEHENSWERTES IN RAPALLO

Lungomare Vittorio Veneto Flaniermeile am Hafen und dem (sehr bescheidenem) Strand ist der von Hotels und Cafés gesäumte Lungomare Vittorio Veneto. Von hier fahren die Schiffe nach ▶Portofino und S. Fruttuoso. Im Osten steht auf einer Klippe das **Castello** von 1551, in dem Ausstellungen und andere Veranstaltungen stattfinden; in der Mitte des Lungomare die Piazza Martiri della Libertà mit einem sehr nostalgischen Jugendstil-Musikpavillon, rechts von ihm der Palazzo Asséreto Lomellino.

Hin und wieder, wie am Hafen, ist das Flair des Kurorts noch spürbar.

Nördlich des Hafens dehnt sich die atmosphärereiche Altstadt mit ihren mittelalterlichen Arkaden aus. Als einziges Stadttor ist an der Piazza IV Novembre die **Porta delle Saline** (16./18. Jh.) erhalten. Die hübsche Via Cairoli führt zur Piazza Cavour mit der Kollegiatkirche **SS. Gervasio e Protasio** (17./18. Jh.); ihre klassizistische Fassade stammt von 1857, der schiefe barocke Glockenturm von 1757. Ein Bronzeportal (1957) führt ins Innere mit guten Gemälden aus dem 16./17. Jh. (B. Castello, D. Fiasella, L. Cambiaso u. a.).

Altstadt

An der Piazza delle Nazioni, dem Verkehrszentrum nördlich der Altstadt, stehen das Rathaus und etwa 1000-jährige Kirche S. Stefano. Die benachbarte **Torre Civica** wurde 1459 als Wahrzeichen der freien Gemeinde errichtet. Besonders hübsch ist der Winkel südlich des Komplexes.

Piazza delle Nazioni

Jenseits des Flusses Boate liegt der Ponte Annibale, eine **mittelalterliche Bogenbrücke**; unter ihr floss einmal der Boate hindurch. Der Jachthafen umfasst den Porto Vecchio und den Porto Carlo Riva, die zusammen etwa 900 Boote aufnehmen können.

Ponte Annibale

Am Ostrand der Stadt dehnt sich der Stadtpark Casale aus. Hier beherbergt die Villa Tigullio das sehr sehenswerte **Spitzenmuseum**, das aus der herrlichen Sammlung des Textilien- und Spitzenhändlers Mario Zennaro hervorging. Im Amtsbezirk Rapallo zählte man um

*Museo del Merletto

das Jahr 1800 etwa 8000 Frauen, die mit der Spitzenklöppelei einen beträchtlichen Umsatz erzielten.
• Juli/Aug. Mi., Fr., Sa. 16.00–19.00, Do. 10.00–12.00, So. 17.00–19.00, sonst Mi., Fr., Sa. 15.00–18.00, Do. 10.00–12.00, So. 15.00–17.00 Uhr, Eintritt 3 €

UMGEBUNG VON RAPALLO

*S. Maria di Valle Christi

Auf dem Golfgelände westlich von Rapallo liegen die romantischen Reste der 1204 gegründeten Zisterzienserabtei S. Maria di Valle Christi. Erhalten sind der Turm und Teile des Chors, in dem im Sommer ein Festival stattfindet (Theater, Musik). Anfahrt: Von Rapallo Via Mameli Richtung Ruta (SP 31); bei S. Maria del Campo abbiegen und über den Ponte Nuovo Richtung S. Massimo.

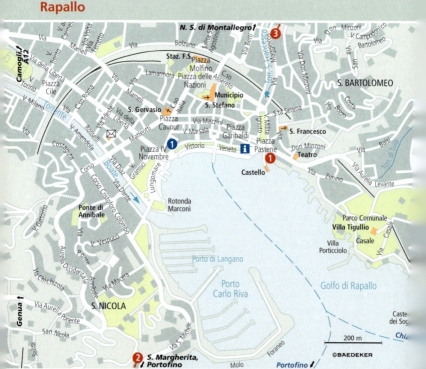

Essen
① Hostaria Vecchia Rapallo

Übernachten
① Italia e Lido
② L'Approdo
③ Casa del Pellegrino

Nördlich von Rapallo, in 612 m Höhe auf dem Kamm zwischen dem Meer und dem ▶Val Fontanabuona, steht die Wallfahrtskirche Madonna di Montallegro, die mit Seilbahn und Bus erreichbar ist. Die **Aussicht** von hier gehört zum Feinsten, was Ligurien zu bieten hat (Casa del Pellegrino ▶unten). Erbaut wurde das Sanktuarium bis 1559 nach einer Marienerscheinung 1557, die neogotische Fassade datiert von 1896. Die Apsiskuppel ziert ein Fresko von N. Barabino (19. Jh.). Bemerkenswert auch der Marmorkruzifixus von F. Schiaffino im zweiten Altar rechts, Gemälde von G. B. Carlone (»Verkündigung«) und L. Cambiaso (»Kreuzabnahme«), das Gnadenbild – eine byzantinische Ikone – sowie zahlreiche Exvoten von Seeleuten.

** Madonna di Montallegro

❶ Seilbahn: Talstation Piazza Solari, Betriebzeiten März – Okt. 9.00 – 12.00, 14.00 – 18.00, im Winter bis 16.45 Uhr; Bus 92 vom Bahnhof

Rapallo erleben

AUSKUNFT (IAT)
Lungomare Vittorio Veneto 7
16035 Rapallo
Tel. 0185 23 03 46
www.comune.rapallo.ge.it
www.terrediportofino.eu

FESTE & EVENTS
1. – 3. Juli: Patronatsfest der Wallfahrtskirche N. S. di Montallegro. Am Abend des 3. Juli wird die Burg am Hafen »in Brand gesetzt« (großes Feuerwerk). Viele kulturelle Veranstaltungen im Sommer, u. a. »Liguria Jazz«.

ESSEN
❶ *Hostaria Vecchia Rapallo* €€€
Rapallo, Via Fratelli Cairoli 20
Tel. 0185 5 00 53, Mo. geschl.
Im historischen Zentrum liegt dieses elegant-rustikale Lokal in Gewölben, das v. a. Fischküche zu akzeptablen Preisen bietet. Große Karte italienischer Weine.

ÜBERNACHTEN
❶ *Italia e Lido* €€-€€€€
Rapallo, Lungomare Castello 1
Tel. 0185 5 04 92, www.italiaelido.com
Modernes Haus in herrlicher Lage am Hafen bei der Burg. Großzügige, hübsche Zimmer, z. T. mit herrlichem Blick. Restaurant mit Terrasse. Freundlicher Service, gutes Preis-Leistungs-Verhältnis.

❷ *L'Approdo* €€-€€€€
S. Michele di Pagana, Via Pagana 160
Tel. 0185 23 45 68, www.approdohotel.it
Anf. Okt. – Mitte April geschl.
Modernes, überaus geschmackvoll gestaltetes Haus, erhöht gelegen – mit fantastischem Ausblick aus den raumhohen Fenstern zur eigenen Veranda. Ein exzellenter Strand ist nur wenige Minuten entfernt.

❸ *Casa del Pellegrino* €-€€
Rapallo-Montallegro, Via al Santuario
Tel. 0185 23 90 03
Geöffnet Ostern – Ende Sommer
Ein schattiger Weg führt von der Kirche zu einem der herrlichsten Plätze Liguriens: Vor dem schlichten Ristorante-Albergo sitzt man mit exquisitem Panorama. Schön ist auch das kleine Hotelrestaurant Montallegro unterhalb der Kirche (Tel. 0185 23 40 26, €€).

San Michele di Pagana Die SS 227 nach Portofino führt entlang der Küste, am berühmten Luxushotel **Excelsior** und dem alten Hotel Kursaal vorbei, nach S. Michele di Pagana. Am südlichen Ortsrand die Pfarrkirche S. Michele mit Gemälden des 15./16. Jh.s, darunter »Kreuzigung mit den hll. Franziskus und Bernhard« von **Anthonis van Dyck**. Der Turm im Friedhof stammt aus dem Mittelalter, der Turm Morello von 1590.

Zoagli Zoagli (2500 Einw.), ein kleiner Ferienort am Golfo di Tigullio 5 km östlich von Rapallo, zwängt sich ins enge Mündungstal des Semorile. Zoagli ist Geburtsort von **Teramo Piaggio** (ca. 1490 – vor 1572), einem der bedeutendsten ligurischen Maler; die Pfarrkirche S. Martino (1725) besitzt ein Gemälde von ihm. Außerdem sind hier ein Tabernakel aus dem 15. Jh. und Statuen von A. M. Maragliano (17. Jh.) interessant. An der Via Aurelia östlich des Orts zieht das mächtige **Jugendstil-»Castello«** den Blick auf sich, das sich der Theaterautor Sem Benelli Anfang des 20. Jh.s erstellen ließ. Ein Triptychon von Teramo Piaggio mit einer Darstellung des Golfo di Tigullio ist in der Kirche **S. Pietro di Rovereto** zu sehen (5 km östlich, bei S. Andrea di Rovereto).

> **! BAEDEKER TIPP**
>
> *Samt und Seide*
>
> Seit dem 13. Jh. bekannt sind die kostbaren Seidenstoffe und Brokate aus Zoagli, die noch in zwei Betrieben hergestellt werden. Die Tessitura Gaggioli (Via Velluti 1/Via Aurelia 208, am westlichen Ortsrand) empfängt Mo.–Sa. 9.00–12.00, 15.00–18.00 Uhr Besucher bzw. Käufer, die Firma Cordani 9.00–18.00 Uhr, außer Di. und So. (Via S. Pietro di Rovereto 21, östlich von Zoagli).

** Sanremo

Provinz: Imperia
Höhe: 15 m ü. d. M.
Einwohner: 56 900

Der berühmteste Urlaubsort der ganzen Riviera ist sicher Sanremo, das seit dem 19. Jh. bis in die 1960er-Jahre Ziel einer adligen respektive reichen Klientel war. Heute ist es eine recht normale – wenn auch betuchte – Stadt, in der es zwischen der Hafenpromenade und dem Corso Matteotti quirlig zugeht.

Neben dem berühmten Spielcasino – das allerdings im Niedergang begriffen ist – besitzt Sanremo erstklassige Hotels, Tausende von Zweitwohnungen und große Jachthäfen. Wie in Bordighera waren es zunächst Briten, dann auch Russen wie die Zarin Maria Alexandrowna, die sich in Sanremo die düstere Winterzeit angenehmer gestalteten. In der weiten Bucht zwischen Capo Verde und Capo Nero ist das

Beliebter Hintergrund fürs Urlaubsfoto: Casino von Sanremo

Klima ist mit einer mittleren Tagestemperatur von 9,4 °C im Januar und um 25 °C im Juli überaus mild, und die Sonne scheint über 3000 Stunden im Jahr; Nebel, Frost und Schnee sind fast unbekannt.

Funde in einer Höhle bei Bussana und im Stadtgebiet belegen, dass die Gegend schon in der Altsteinzeit besiedelt war, und in der Eisenzeit lebten ligurische Intemelier auf den Hügeln. Der römische Ort wurde im Mittelalter gegen die Überfälle der Sarazenen befestigt und zu Ehren eines Genueser Bischofs »Castrum Sancti Romuli« genannt: im Dialekt »Sanrömu«, woraus sich »Sanremo« entwickelte. Bis 1391, als sie ihre Rechte an die Einwohner verkaufte, war Sanremo im Besitz der Familie Doria. Das **erste Hotel** – das noch existierende Londra am Corso Matuzia – wurde 1860 gebaut, das Casino bis 1906. 1887 hielt sich der deutsche Kronprinz Friedrich Wilhelm, später »Kaiser der 99 Tage«, hier auf. Der traditionelle Anbau von Zitrusfrüchten wurde um 1900 von der Blumenzucht verdrängt, Sanremo verfügt über den **größten Blumenmarkt Italiens**.

Aus der Geschichte

SEHENSWERTES IN SANREMO

Sanremo besteht aus zwei sehr unterschiedlichen Teilen: der Altstadt **Pigna** (»Pinienzapfen«), die sich am Hang hinaufzieht, und der zwischen 1870 und dem Ersten Weltkrieg entstandenen Neustadt an der Küste, mit eleganten Boulevards, prachtvollen Gebäuden und Parks.

Stadtanlage

*Altstadt	Die Pigna ist eine typische mittelalterliche Stadt der Riviera, von Burg und Mauern sind noch Spuren erhalten. Man betrat die Stadt durch die Tore S. Sebastiano, S. Stefano (gotisch, 1321) und S. Giuseppe. Die teils ziemlich heruntergekommenen Häuser aus dem 13./14. Jh. weisen mittelalterliche Bauelemente auf; die engen Gassen, die »carruggi«, sind häufig überbaut oder von Strebebogen überspannt. Einen hervorragenden Blick über die Stadt und das mit Gewächshäusern, Wohnbauten und Autobahnen zugepflasterte Umland, hat man von ganz oben, 107 m hoch, bei der Wallfahrtskirche **Madonna della Costa** (1630). Hier interessant das Gnadenbild von Nicolò da Voltri (1401), ein »Hl. Hyazinth« von D. Fiasella sowie A. M. Maragliano zugeschriebene Skulpturen.
Piazza Eroi Sanremesi	Verkehrsdrehscheibe Sanremos ist die Piazza Eroi Sanremesi. Neben der hässlichen **Markthalle** steht hier der runde Turm Ciapéla, Teil der Stadtmauer aus dem Jahr 1550. Südlich des Platzes liegt der untere Teil der Altstadt mit dem Domkomplex.
*San Siro	Die romanisch-gotische Kathedrale (13. Jh.) vom lombardischen Typ entstand auf den Mauern eines frühchristlichen Baus. Die 1903 erneuerte Fassade besitzt noch die **originale Rosette**. Der Glockenturm bekam im Barock einen neuen Helm, der 1753 von den Genuesen zerstört wurde; 1947 wurde er in Beton erneuert. Das nördliche Seitenportal (12. Jh.) stammt noch vom Vorgängerbau, das südliche Seitenportal von einer anderen Kirche Sanremos. Im strengen dreischiffigen Innenraum mit offenem Dachstuhl sind u. a. zu sehen: von A. M. Maragliano ein großes Kruzifix (im Hauptaltar) und eine »Madonna im Rosenhag«; von Pancalino ein Gemälde »S. Siro« (1548); ein skulptierter Tabernakel aus der Gagini-Schule (16. Jh.).
Baptisterium	Das Baptisterium nebenan, ursprünglich romanische Kirche S. Giovanni, wurde 1668 zu einem Zentralbau umgestaltet. Gegenüber das ehemalige **Kanonikerhaus** (12. Jh.) mit den Resten eines Kreuzgangs. Am Westrand des Domplatzes schließlich das **Oratorium** Immacolata Concezione (16. Jh.), dessen mit bunten Marmorintarsien geschmücktes Innere einen Zyklus aus dem Leben Mariä enthält (A. und O. Semino, 16. Jh.; schöne Marmorrahmen).
Corso Matteotti	Der schmale Corso Matteotti bildet mit dem ihn kreuzenden Corso Mombello die Shoppingmeile Sanremos – Versuchungen gibt es hier die Menge, auch ist hier das **Teatro Ariston** zu finden, Schauplatz des Schlagerfestivals. Nr. 143 ist der eindrucksvolle ****Palazzo Borea d'Olmo** (Ende 15. Jh.), einer der bedeutendsten Barockbauten der Ponente; die Portale sind mit Statuen von G. A. Montorsoli geschmückt, einem Schüler Michelangelos, die Säle wurden von Genueser Künstlern freskiert (17. Jh.). Im Palast ist das **Stadtmuseum**

untergebracht, so dass man die prächtige Ausstattung bewundern kann. Ausgestellt sind Funde aus stein- und metallzeitlichen Siedlungen der Gegend, aus ligurischen »castellari« und aus römischer Zeit, sowie eine reiche, interessante Gemäldesammlung.
Palazzo Borea d'Olmo: Di. – Sa. 9.00 – 19.00 Uhr, Eintritt 3 €

Weiter östlich, an der Piazza Colombo, steht die Kirche S. Maria degli Angeli von 1765 (in lebhaftem Rokoko) mit einigen wertvollen Kunstwerken. Hinter der Kirche befand sich einst der Blumenmarkt (die 1990 eröffnete, riesige moderne Halle liegt östlich im Valle Armea); seinen Platz nahm 2006 das **Kongresszentrum Palafiori** ein.

Santa Maria degli Angeli

Vom Dom führt die hübsche Via Calvi – hier dient ein romanischer Sarkophag als Brunnen – zum **Spielkasino** von 1906. Gespielt wird Roulette, Chemin de fer, Trente et Quarante und Black Jack sowie an Automaten. Außerdem bieten ein Theater, ein Restaurant, ein Dachgartencafé und ein Nachtclub weitere Zerstreuungen und Genüsse.
ⓘ So.– Do. 14.30 – 2.30, Fr., Sa. 15.00 – 3.30 Uhr, Automaten Fr., Sa. bereits ab 10.00 Uhr, Mindestalter 18 Jahre, Eintritt frei, www.casinosanremo.it

Casinò Municipale

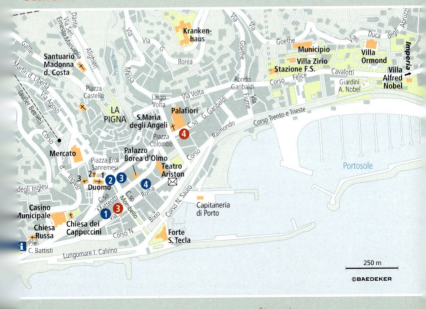

Sanremo

Essen
① Paolo e Barbara
② L'Airone
③ Cantine Sanremesi
④ Nuovo Piccolo Mondo

Übernachten
① Royal
② Morandi
③ Albergo Ambrosiano
④ Hotel Cortese
⑤ Casa degli Eucalipti

Sanremo erleben

AUSKUNFT (IAT)
Largo Nuvoloni 1, 18038 Sanremo
Tel. 0184 5 90 59
www.comunedisanremo.it
www.visitrivieradeifiori.it

FESTE & EVENTS
Bedeutendster Termin ist das »Festival della Canzone Italiana« in der letzten Februarwoche (▶ S. 324). Berühmt sind auch der Blumenkorso Mitte März, die »Giraglia« (Regatta Sanremo – St-Tropez) im Juli und die Rallye Sanremo Mitte September. An Mariä Himmelfahrt (Ferragosto, 14./15. Aug.) großes Feuerwerk. 13. Okt.: Patronatsfest S. Romolo. Sonst gibt es Ausstellungen und Messen, Reitturniere und Pferderennen, Veranstaltungen im Casino und Konzerte des städtischen Symphonieorchesters.
Baiardo: Pfingstsonntag »Festa della barca« (▶seS. 92). **Madonna della Villa:** ab 8. Sept. 2-wöchiges Fest der Madonna. **Ceriana:** Gründonnerstagabend und Karfreitag: Prozessionen der Bruderschaften. 7. Sept.: Am Abend singen Chöre auf dem Hauptplatz.

ESSEN
❶ *Paolo e Barbara* €€€–€€€€
Sanremo, Via Roma 47
Tel. 0184 53 16 53, Mi./Do. geschl., im Juli nur Fr. – So. abends geöffnet
Was man alles aus der einfachen heimischen Küche machen kann, lässt sich in diesem kleinen, intimen Lokal studieren. Reservierung ist obligatorisch.

❷ *L'Airone* €–€€
Sanremo, Piazza Eroi Sanremesi 12
Tel. 0184 54 10 55
Do., Fr.mittag geschlossen
Unprätentiöses und beliebtes Restaurant (reservieren), eine gute Adresse für ligurische Küche mit viel Meeresfrüchten und für Pizza (mittags nur Di. + Sa.). Große Weinauswahl, flotter Service.

❸ *Cantine Sanremesi* €
Sanremo, Via Palazzo 7
Tel. 0184 57 20 63, Mo. geschl.
An simplen Holztischen in gemütlichen Gewölben genießt man die einfache, gute Küche der Riviera.

❹ *Nuovo Piccolo Mondo* €–€€
Sanremo, Via Piave 7
Tel. 0184 50 90 12, So./Mo. sowie Ende Juni/Anfang Juli geschlossen
Beliebte Trattoria mit ausgezeichneter Regionalküche und angenehmer Atmosphäre. Offene Weine aus Ligurien und Toskana, auch edlere Tropfen.

ÜBERNACHTEN
❶ *Royal Hotel* €€€€
Sanremo, Corso Imperatrice 80
Tel. 0184 53 91, Nov. – Mitte Febr. geschl.
www.royalhotelsanremo.it
Die alte Herberge des Geld-, Geistes- und Hochadels ist noch heute die Top-Adresse mit allem Komfort der Klasse – sehr plüschig und retro, sehr teuer. Mit Garten, Schwimmbad & Wellnessbereich sowie zwei eleganten Restaurants.

❷ *Morandi* €€
Sanremo, Corso Matuzia 51
Tel. 0184 66 76 41
www.hotelmorandi.com
Geschmackvolles Mittelklassehotel in einem prächtigen Palazzo von 1904. Wunderbarer Blick aufs Meer oder zum schönen Garten, gutes Restaurant.

❸ *Hotel Cortese* €€–€€€
Sanremo, Corso Garibaldi 20
Tel. 0184 50 04 86
www.hotelcortese.it
In der Tat »freundliches«, sehr hübsch gestaltetes Hotel. Beste Lage, die romantischen Zimmer sind gut schallgeschützt.

❹ *Albergo Ambrosiano* €–€€€
Sanremo, Via Roma 36
Tel. 0184 57 71 05
www.hotelambrosiano.it
Kleines Zuhause im 4. Stock eines alten Palazzos: angenehme, schlichte Zimmer und zuvorkommender Service.

❺ *Casa degli Eucalipti* €
Bussana, Strada Collette Beulle 107
Tel. 0184 51 31 02, www.bb-eucalipti.it
Die etwas mühsame Anfahrt lohnt sich: Schlichtes B & B in 300 m Höhe oberhalb von Bussana Vecchia, eine Oase im Grünen mit unvergleichlicher Aussicht. Ca. 6 km sind es bis zur Küste.

Elegante Geschäfte am Corso Matteotti

Einen exotischen Akzent setzt die russisch-orthodoxe Kirche, inspiriert von der Moskauer Basiliuskirche und 1913 geweiht. Gestiftet wurde sie von Zarin Maria Alexandrowna, die sich im Winter 1874/1875 in Sanremo aufhielt.

*Chiesa Russa

❶ Tgl. 9.30–12.30, 15.00–18.30 (im Winter bis 18.00) Uhr, Eintritt: Spende

Im Westen beginnen die Strandpromenaden am Piazzale C. Battisti (hier das Tourismusbüro im einstigen Hotel Riviera Palace) mit dem berühmten **Corso Imperatrice**, an dem große Hotels der Belle Époque und herrschaftliche Villen liegen. Die Palmen wurden der Stadt 1885 von Zarin Maria Alexandrowna geschenkt, die sie aus Spanien und Nordafrika kommen ließ. Über dem Corso die Gärten des **Parco Marsaglia** mit dem Auditorium (Theater, Konzerte). Am Ende des Corso Imperatrice steht das berühmte Wahrzeichen Sanremos, die kleine Statue der »**Primavera**« (»Frühling«).

Strandpromenade Westteil

Das **Forte S. Tecla** errichteten die Genuesen 1755 als Zwingburg gegen Sanremo. Am **Alten Hafen** findet noch ein kleiner Fischmarkt statt; von seiner 700 m langen Mole schöner Blick auf Sanremo und das Hinterland. Der Corso Trento e Trieste führt vorbei am Jachthafen **Portosole**, der über 800 Boote fasst, zur Villa Nobel.

Strandpromenade Ostteil

Schlagerfestival Sanremo

»Volare«, »Non ho l'età« …

Als Domenico Modugno 1958 sein berühmtes Lied »Nel blu dipinto di blu« vortrug, hatten viele Zuhörer Tränen in den Augen: Ein Sänger, der in der Auswahl zum Schlagerfestival eigentlich rausgeflogen war und im allerletzten Moment doch auftreten durfte, bewegte alle zutiefst.

Sein Auftritt hatte die Wirkung eines Erdbebens. Die **»Canzone«** – jenes typisch italienische Lied, das sofort ins Ohr geht – war geboren. Modugnos Lied, das in aller Welt millionenfach verkauft wurde und das Adriano Celentano zur italienischen Nationalhymne machen wollte, schickte eine ganze Generation von Textern und Komponisten in Pension. Halbwegs anspruchsvolle Texte und Melodien waren passé, fortan triumphierte die Canzone mit Texten, die einfach glücklich machen sollen. Ihr Geburtsort war Sanremo, der berühmte Badeort an der Riviera. Hier fand 1951 zum ersten Mal das **Festival della Canzone Italiana** statt, die bedeutendste Veranstaltung für Unterhaltungsmusik in Italien. Als es im Jahr 2000 seinen 50. Geburtstag beging, nahmen an den Feiern auch Intellektuelle vom Kaliber eines Umberto Eco teil. Für Eco ist das Festival eine »Ikone der klassenübergreifenden Lebenslust, die mit dem Big Business eine Liebesehe eingegangen ist«. Stardirigent Riccardo Muti würdigte es gar als »Opernhaus der U-Musik«.

Alljährlich verfolgt Italien gebannt den Wettbewerb im Teatro Ariston.

Wie es begann

Inzwischen ist das Festival längst ein Mythos geworden, ein »spettacolo«, das zwischen 10 und 15 Millionen Menschen von Montag bis Samstag vor die Fernseher lockt: eine Einschaltquote, die weder ein Endspiel einer Fußballweltmeisterschaft noch die Inthronisierung eines neuen Papstes schaffen. Erfinder waren Adriano Aragozzini, der Direktor des Casinos von Sanremo, und Maestro Rizzi, der künstlerische Leiter der RAI. Sofort hatte es einen Riesenerfolg, brachte es doch wie kein anderes soziales oder kulturelles Phänomen die neue Lebenslust der Nachkriegsjahre und den Wohlstand der Wirtschaftswunderjahre zum Ausdruck. »Die Canzone in Sanremo«, erklärte der Musikjournalist Paolo de Benardin, »spiegelte und spiegelt **Denkgewohnheiten und Lebensweisen der Italiener** wider.« Das Festival sei »vielleicht der beste Indikator für gesellschaftliche Veränderungen, denn viele der Lieder sahen gesellschaftliche Phänomene voraus wie die 68er-Bewegung und den Kampf für die Scheidung.«

Das Spektakel

Sanremo ist Rummel pur: stundenlange TV- und Radiosendungen vor und nach den Auftritten, Promis en masse im Publikum und auf der Bühne, Tausende Fans auf der Jagd nach Autogrammen. Luciano Pavarotti, der 1999 in der Jury saß und im Jahr darauf als Co-Präsentator auch auf der Bühne erschien, war keine Ausnahme. Ob Michael Gorbatschow, ob Nobelpreisträger Renato Dulbecco oder Supermodel Laetitia Casta – das Festival gibt sich immer mondän. Sanremo ist das größte Business der italienischen Unterhaltungsindustrie. Mit dem Festival beginnt für Italiens Schallplattenindustrie die schönste Zeit des Jahres: Innerhalb weniger Tage werden die Musikverlage mehr als 30 Mio. € umsetzen. Noch einmal so viel nehmen Mafiasyndikate mit Raubkopien ein. Und auch für die Stadt ist das Festival eine Goldgrube: Geschäfte und Blumenhändler steigern ihre Umsätze um 50 %, die Taxifahrer nehmen in dieser Woche so viel ein wie sonst in zwei Monaten, und die Hotels verlangen natürlich Spezialpreise.

Karrieresprungbrett

Als 1998 die bildschöne Annalisa Minetti auf die Bühne geführt wurde, unsicher in den riesigen Raum des Casinos zu schauen schien und dann ihr Lied »Con te o senza di te« vortrug, hielt Italien den Atem an. Annalisa ist blind. »Sie sah uns alle«, titelte ergriffen die Zeitung La Repubblica. Sanremo ist Beginn vieler Karrieren. Nicht nur die unbekannte Annalisa wurde ein Star; auch für den ebenfalls blinden Andrea Bocelli, für

Internationale Stars wie Tina Turner beehren regelmäßig das Festival.

Bobby Solo, Lucio Dalla, Adriano Celentano, Eros Ramazzotti oder Al Bano und Romina Power wurde das Schlagerfestival zum Sprungbrett. Doch trotz all der Mondänität des Events, der Skandale hinter der Bühne und der Wandlungen des Festivals selbst – 1998 etwa trat Madonna auf, 2000 Bono von U 2: Die »Canzone italiana«, das einfache Unterhaltungslied, das man einmal hört und das sofort zum Ohrwurm wird, triumphiert jedes Jahr aufs neue, und das nun schon seit über 60 Jahren, auch wenn sie sich seit den Zeiten eines Bobby Solo, der 1963 in Sanremo mit »Una lacrima sul viso« siegte, sehr gewandelt hat. Musikalische Puristen jedenfalls beklagen, dass sie eigentlich gar nicht mehr existiert. Abonnemente für das Festival, das Mitte/Ende Februar stattfindet, werden ab Anf. Jan. verkauft (Tel. 0184 59 10 08, Fax 0184 52 23 71), Restkarten (schwierig!) ca. 5 Tage vor Beginn im Ariston.

Villa Nobel — Die prachtvolle Villa am Corso Cavalotti (Nr. 116) kaufte der berühmte schwedische Wissenschaftler Alfred Nobel 1891, hier lebte und arbeitete er bis zu seinem Tod 1896. Zusammen mit dem benachbarten Laboratorium ist sie als Museum zugänglich.
Di. – So. 10.00 – 12.30, Fr. – So. auch 15.00 – 18.00 Uhr, Eintritt 5,50 €

UMGEBUNG VON SANREMO

San Romolo — Das Hinterland – ein dreieckiger, von Gewächshäusern überzogener Talkessel – steigt rasch zum **Monte Bignone** (1299 m) an. Von der Piazza Eroi Sanremesi führt die Via Martiri della Libertà nach San Romolo (786 m) hinauf, einem als Ausflugsziel beliebten Park. Hier lebte der genuesische Bischof Romolo als Einsiedler; über seiner Höhle steht ein Sanktuarium (Marmorfigur von 1666). Die älteste der riesigen Kastanien, mit 5,4 m Umfang, soll über 700 Jahre alt sein. Die Pinienwälder am Monte Bignone, in denen San Romolo liegt, gehören zu den dichtesten und größten in Ligurien.

Monte Bignone — Von San Romolo führt die Straße nach Baiardo (▶ S. 328) um den Monte Bignone herum. Kurz hinter der zweiten Serpentine zweigt ein Weg (Nr. 2) zum Passo della Foca ab, der in ca. 2 Std. zum Gipfel führt (1299 m). Von den Case Morini weiter nördlich an der Straße nach Baiardo gibt es auch einen steilen Fahrweg. An klaren Tagen hat man einen **atemberaubenden Blick von der toskanischen Küste mit Elba über Korsika bis nach Südfrankreich und auf der anderen Seite zu den Seealpen. Mauern erinnern an ein »castellaro«, eine Festung der Ligurer, die vom 5. Jh. v. Chr. bis in römische Zeit bestand.

Ospedaletti — Der westliche Nachbarort (3300 Einw.) liegt im »Windschatten« von Sanremo, hier lebt man ruhiger und wenig mondän. Vom alten Ortskern am Meer zieht sich die moderne Stadt mit Villen, Hotels, Parks und Gärten am Hang hinauf. Sein mildes Klima – im Januar ist es durchschnittlich 10,2 °C warm – machte Ospedaletti zur Keimzelle des Nobeltourismus im 19. Jh., doch ist von der Pracht wenig erhalten, und am palmengesäumten Corso Regina Margherita zerbröselt das erste Spielcasino Italiens, die **Villa Sultana** (Nr. 80) von 1884. Aus älteren Zeiten sind der Wehrturm von 1597, die Pfarrkirche S. Giovanni (17. Jh.) und die vermutlich von den Johannitern gegründete, im Barock neu errichtete Kirche des hl. Erasmus zu nennen. Gegründet wurde das einstige Fischerdorf wohl im 14.

> **BAEDEKER TIPP**
>
> *Pista ciclabile*
>
> Auf der 2001 aufgelassenen Bahntrasse am Meer kann man – auf dem eigenen bzw. geliehenen Rad oder mit Inlineskatern – zwischen Ospedaletti und S. Lorenzo al Mare (ca. 20 km) dahingondeln oder flott Sport treiben. Morgens hier joggen ist ein Traum.

Jh. von den Johannitern, die ein Krankenhaus einrichteten (ital. »ospedale«). Die Johanniter – italienisch »cavalieri di Rodi«, »Ritter von Rhodos« – gaben auch dem benachbarten Coldirodi den Namen.

In 250 m Höhe auf dem Grat, der westlich von Sanremo vom Capo Nero ansteigt, liegt dieses alte Dorf. Außer dem Oratorium S. Anna (Fresken von M. Carrega, 1768) und der Kirche S. Sebastiano von 1636 (»Kreuzweg« und »Kreuzabnahme« von Carrega) ist an der Piazza S. Sebastiano die Villa Luca mit der **Pinacoteca Rambaldi** bemerkenswert, die 1865 von Don Paolo Rambaldi, Rektor des Erzbischöflichen Seminars in Florenz, der Gemeinde vermacht wurde. In dieser ungewöhnlichen Sammlung von ca. 100 Gemälden ragen die toskanischen Werke des 15./16. Jh.s sowie Florentiner Werke aus dem 17./18. Jh. heraus. Von Coldirodi kann man durch dichte Wälder nach S. Romolo fahren.

Pinacoteca: Di.–Sa. 9.00–13.00, Do., Sa. auch 14.30–17.30 Uhr, Eintritt 3 €

*Coldirodi

Bussana, jenseits des Capo Verde östlich von Sanremo gelegen, entstand nach dem Erdbeben am 23. Februar 1887. Dieses Beben hatte das alte Dorf – ca. 2 km nördlich in 200 m Höhe – fast völlig zerstört; von 820 Einwohnern kamen 53 ums Leben. 1901 wurde die neue Wallfahrtskirche Sacro Cuore geweiht. Anfang der 1960er-Jahre ließen sich Künstler in **Bussana Vecchia** nieder, das zu einem Geisterdorf geworden war. Heute ist das Dorf ein großes Atelier, in dem Künstler und Kunsthandwerker arbeiten und ihre meist weniger geschmackvollen Produkte verkaufen. In Bussana gibt's einen frei zugänglichen Sandstrand mit gutem, preiswertem Restaurant.

Bussana

Blick vom Monte Bignone auf Baiardo und die Ligurischen Alpen

Baiardo Auf dem Schnittpunkt von vier Bergrücken, 910 m hoch, liegt das mittelalterliche Dorf Baiardo (320 Einw.) nördlich des Monte Bignone vor dem grandiosen Panorama der Ligurischen Alpen und der Seealpen. Das Erdbeben 1887 traf den Ort hart: Am 23. Februar, dem Aschermittwoch, hatten sich die Gläubigen in S. Nicolò versammelt, als das Kirchendach einstürzte; 202 Menschen kamen ums Leben. Am Ortseingang präsentiert die **Pinacoteca Civica Gemälde vorwiegend heimischer zeitgenössischer Künstler. Die Pfarrkirche Sacro Cuore (1893), vor dem das **Schiffsfest** stattfindet (mit Aufrichtung eines hohen Fichtenstamms), prunkt mit schwerer Pracht; links des Hauptaltars ein Polyptychon des Lombarden Francesco da Verzate (1465). Hinter der Porta dei Saraceni die Kirche S. Salvatore (17. Jh.), ein »Museum« sakraler Kunst der Gegend; bemerkenswert ein Polyptychon von Emanuele Maccari aus Pigna (1522). Die Via Portaro Piano führt in den alten Ortskern mit den restaurierten Ruinen der alten Kirche S. Nicolò mit langer Baugeschichte (13./15./18. Jh.).
Pinacoteca Civica: Anmeldung bei der Gemeinde, Tel. 0184 67 30 54

Umgebung von Baiardo Der nordöstlich gelegene Monte Ceppo ist von Baiardo zu Fuß in ca. 3 Std. zu erreichen (▶Argentina-Tal). Von Baiardo gehen aussichtsreiche, aber sehr (!) schmale Straßen in die verschiedenen Richtungen; besonders pittoresk ist die Passage nach Castel Vittorio (▶Pigna), vorbei an der über dem Bonda-Tal aufragenden romanischen Kapelle S. Gregorio (mit Triptychon von F. Carrega).

Madonna della Villa An der Straße von Baiardo nach Ceriana, mit schönem Blick ins Armea-Tal, liegt das Sanktuarium Madonna della Villa (1623), das ins 13. Jh. zurückgeht. Der Altar wurde 1806 errichtet, wobei die Einwohner Cerianas den Marmor vom Hafen in Sanremo auf ihren Schultern hierher trugen. Deckenfresken von F. Carrega (1797).

*Ceriana Ceriana (369 m, 1250 Einw.), auf einem Bergsporn über dem Armea gelegen, ist einer der ursprünglichsten mittelalterlichen Orte Liguriens. Rings ragen hohe Berge auf, vom Monte Bignone im Westen zum Monte Alpicella (1245 m) im Norden und dem Monte Merlo (1014 m) im Nordosten. Neben Oliven und Wein werden hier Gemüse und Obst erzeugt, bedeutendste Einnahmequelle ist jedoch die Blumenzucht. Im unteren Ortsteil ist die Pfarrkirche **SS. Pietro e Paolo** (1630–1782) interessant: Die rechte Flanke besitzt zwei Portale vom Vorgängerbau, geschaffen von Meistern aus Cènova. Im Chor mit Gestühl aus dem 17. Jh. sind ein Polyptychon eines unbekannten Künstlers (1526) und ein Triptychon »Hll. Katharina, Martha und Apollonia« von F. Brea (1545) zu sehen. Im obersten Teil der Altstadt die romanische Kirche S. Andrea, die wahrscheinlich auf einem Apollo-Tempel errichtet wurde (Spolien erhalten); innen ein Tafelbild des 15. Jh.s mit dem Kirchenheiligen. Sehr empfehlenswert ist das Ristorante della Posta (Corso Italia 72, Tel. 0184 55 15 25). Vorbei am Oratorio della Visitazione (15. Jh.) geht man hinunter zur Porta della Pena (12. Jh.) und weiter ins Armea-Tal; hier alte, z. T. verlassene Häuser und Ölmühlen sowie die Kirchen **S. Pietro** (12./16. Jh.) und S. Caterina (1737) mit kunstvoller Barockfassade. Über die Via M. Laura mit dem Palazzo Roverizio di Roccasterone und durch ein Stadttor kommt man zur Via Visitazione zurück.

Santa Margherita Ligure

✴ M 5 / 6

Provinz: Genua
Höhe: 13 m ü. d. M.

Einwohner: 9600

Nur 3 km südlich von ▶Rapallo liegt Santa Margherita Ligure, ein illustrer Urlaubsort am Golfo di Tigullio, der hochmögende Gäste anzog und immer noch anzieht, wie sich an luxuriösen Geschäften, prächtigen Hotels und Jachten erkennen lässt.

Im Hotel Imperial Palace fanden 1922 die Verhandlungen statt, die in den Vertrag von Rapallo mündeten, im Grand Hotel Miramare verbrachten Laurence Olivier und Vivien Leigh 1947 ihre Flitterwochen, und auch sonst ist die Liste der berühmten Besucher im 19./20. Jh. lang. Die Stadt wird durch einen Ausläufer des Promontorio di Portofino in zwei Siedlungskerne geteilt, Pescino im Norden und Corte im Süden, die 1813 unter dem Namen Porto Napoleone vereint und 1863 in S. Margherita Ligure umbenannt wurden. Die nächsten Strände findet man in Richtung Paraggi sowie in San Michele di Pagana.

SEHENSWERTES IN S. MARGHERITA LIGURE

Man trifft sich auf der Promenade am Kiesstrand, lässt sich von den Modeboutiquen und Juwelierläden animieren und sieht von einem der Cafés den Flaneuren zu (das berühmte Colombo von Anfang des 20. Jh.s gibt es allerdings seit 2010 nicht mehr). Von der Mole an der Piazza Martiri della Libertà fahren die Schiffe nach Portofino, S. Fruttuoso und Camogli, zu den Cinque Terre und nach Portovenere.

Uferpromenade

Ein wunderbarer **Park** umgibt die prunkvolle Villa auf dem Hügel San Giacomo di Corte. Möglicherweise von Galeazzo Alessi entworfen und ab 1560 erbaut (▶Genua S. 209, 231), dient sie als Gemäldegalerie (Genueser Schule des 17. Jh.s), außerdem finden hier Konzerte und andere kulturelle Veranstaltungen statt.

**Villa Durazzo Centurione

Hotels am palmengesäumten Strand von S. Margherita Ligure

Am Rand des Parks ist die prächtige barocke Wallfahrtskirche **San Giacomo di Corte** einen Blick wert: Fresken von Nicolò Barabino (19. Jh.), das Gnadenbild »Madonna della Lettera« eines unbekannten Künstlers (1766), kunstvolles Chorgestühl (17. Jh.).
❶ Park 9.00 – 19.00 (im Winter 17.00) Uhr, Eintritt frei
Villa 9.00 –13.00, 14.30 –18.30 (in Winter 17.00) Uhr, Eintritt 5,50 €

Stadtteil Corte Geht man zum Hafen hinunter, liegen links die Kapelle S. Erasmo (18. Jh.; Exvoten von Seeleuten) und die Kapuzinerkirche von 1608; dort sind die Marmorplastik »Thronende Maria« aus provenzalischer Schule und ein Holzkruzifix (15. Jh.) beachtenswert. Unterhalb ein Wachtturm von 1550 (Gefallenengedenkstätte). In der Markthalle wird es um fünf Uhr nachmittags lebendig, wenn die Fischerboote einlaufen. Südlich des Jachthafens beginnen die gut besuchten Kies-Sand-Strände; ein gutes preiswertes Bagno liegt an der Punta Pedale.

Stadtteil Pescino Die prächtige Barockbasilika **S. Margherita d'Antiochia** (1770, Fassade 1876) besitzt eine römische Urne (262 n. Chr.) und viele Gemälde aus dem 17. Jh., u. a. von A. De Ferrari und A. Carlone, außerdem Skulpturen von G. Ponsonelli aus derselben Zeit. Die Via Cavour – Nr. 1 ist der herrliche altmodische Lebensmittelladen Seghezzo mit hervorragendem Angebot – führt zur Piazza Mazzini mit dem Rathaus und dem Oratorium Madonna del Suffragio (1523). Am platanenbestandenen Corso Matteotti sind das **Oratorium S. Bernardo** (15. Jh., großartige, A. M. Maragliano zugeschriebene Skulpturengruppe) und die Kirche San Siro mit einem Valerio Castello zugeschriebenen Gemälde (17. Jh.) einen Blick wert. Für Kinder reizvoll ist der **Parco del Flauto Magico**, den der Genueser Künstler Emanuele Luzzati 1998 mit Motiven aus Mozarts »Zauberflöte« gestaltete.

UMGEBUNG VON S. MARGHERITA LIGURE

Oberhalb der SS 227 nach ▶ Portofino – ein fantastischer Platz – liegt die Abtei S. Girolamo, 1361 – 1364 für die Benediktiner von Cassino errichtet. Hier hielten sich berühmte Personen auf, so die hl. Katharina von Siena, Petrarca, mehrere Päpste, Don Juan de Austria (der Sieger von Lepanto), Kaiser Maximilian I.; der französische König Franz I. war nach seiner Niederlage bei Pavia 1525 im Turm gefangen. 1799 wurde die Abtei geschlossen. Seit 1937 in Privatbesitz, wurde sie in den 1990er-Jahren restauriert. Heute ist die Abtei der herrliche Rahmen für Tagungen, private Feiern, Konzerte etc.

*La Cervara

❶ Führungen März – Okt. am 1. und 3. So. des Monats 10.00, 11.00, 12.00 Uhr, Anmeldung Tel. 800 65 21 10; www.cervara.it

Paraggi, in eine pittoreske Bucht gezwängt, war einst ein Dorf von Fischern und Eselstreibern, heute drängen sich hier eine Handvoll Restaurants, Hotels und Badeanstalten. Auf einem Felssporn vorgelagert das neogotische Castello (Privatbesitz), das wohl auf den Fundamenten eines alten Wachtturms errichtet wurde.

Paraggi

Ein schöner Ausflug führt hinauf zur Wallfahrtskirche Madonna del Carmine in Nozarego (Anfahrt von S. Margherita von der Piazza Mazzini, 2 km; zu Fuß 40 Min.). Ein Kirchlein stand hier schon vor dem Jahr 1000; der heutige hübsche Barockbau (1732) – mit einem

*Madonna di Nozarego

Santa Margherita Ligure erleben

AUSKUNFT (IAT)
Piazza Vittorio Veneto
16038 S. Margherita Ligure
Tel. 0185 28 74 85, www.smlturismo.it

FESTE & EVENTS
Patronatsfeste: 5. So. nach Ostern: Madonna della Rosa. 20. Juli: S. Margherita. Letzter Juli-So.: (S. Giacomo), die beiden letzteren mit Feuerwerk. 21. Dez.: »Confeugo« auf der Piazza Caprera. Zahlreiche kulturelle Veranstaltungen, u. a. in der Abbazia della Cervara.

ESSEN
❶ *Cesarina* €€€
Via Mameli 2 C, Tel. 0185 28 60 59
Juli/Aug. nur abends geöffnet, außerhalb der Saison Di. geschl.
Familiär-elegantes Lokal mit ausgezeichneter Fischküche (aber nicht nur). Auch Tische unter schönen Lauben.

❷ *Dal Baffo* €-€€
Corso Matteotti 56/58
Tel. 0185 28 89 87, Di. geschl.
Familiengeführtes Restaurant mit vorzüglicher Küche (auch Pizza aus dem Holzofen), sehr beliebt – reservieren!

ÜBERNACHTEN
❶ *Imperiale Palace* €€€€
S. Margherita, Via Pagana 19
Tel. 0185 28 89 91
www.hotelimperiale.com
Von imperialer Pracht – hier wurde 1922 der Vertrag von Rapallo unterzeichnet – kündet dieses schön gelegene, modernisierte Luxushotel. Üblicher Komfort der Klasse mit eigenem Strand, beheiztem Meerwasserpool etc. Prächtige bis sehr bescheidene Zimmer.

❷ *Minerva* €€€
S. Margherita, Via Maragliano 34 D
Tel. 0185 28 60 73
www.hotelminerva.eu
Gepflegtes Haus in ruhigem Viertel, mit Restaurant und hübschem Garten. Der Strand ist ca. 250 m entfernt.

❸ *Fasce* €€-€€€
S. Margherita, Via L. Bozzo 3
Tel. 0185 28 64 35
www.hotelfasce.eu
In der Nähe der Piazza del Municipio gelegenes familiäres, sehr angenehmes Hotel mit Garten und Parkplatz. Mit Dachterrasse, Leihräder gratis.

Portal von Lorenzo Cascio (1994) – enthält eine Orgel von T. Roccatagliata (1778); an der Empore davor ein »Abendmahl«, vermutlich aus der Werkstatt von Andrea del Sarto, weiterhin eine Luca Cambiaso zugeschriebene »Kreuzabnahme«. Am rechten Seitenalter die Madonna del Carmine, die der Werkstatt A. M. Maraglianos (18. Jh.). zugeschrieben wird. Am 1. August wird auf dem (besonders abends) romantischen Platz das Volksfest »Merenda« gefeiert.
❶ Zugänglich zur Messe So./Fei.10.00 und 18.00 (Okt.–Mai 17.00) Uhr

*San Lorenzo della Costa Wegen des schönen Panoramas und guter Ristoranti lohnt sich ein Halt in S. Lorenzo della Costa auf dem Bergkamm westlich S. Margherita (an der SS 1). Auch die **Kirche S. Lorenzo** ist sehenswert: In der Fassade (1902) sind vom romanischen Vorgänger noch Teile erhalten; das barocke Innere enthält viel Kunstwerke, v. a. ein **flämisches Triptychon** (um 1499), das einem Schüler von Hans Memling zugeschrieben wird (3. Kapelle links). Weiterhin eine Kreuzigung aus der Campi-Werkstatt (16. Jh.), Gemälde von Luca Cambiaso sowie Holzstatuen Genueser Meister.

S. Lorenzo: Zugänglich zur Messe Sa. 18.00, So./Fei. 7.30, 10.00, 19.00 Uhr

Das Vorgebirge von Portofino (▶ Portofino) ist auch von S. Margherita, Nozarego und Paraggi aus zugänglich. Von S. Margherita führt z. B. ein Weg südwestlich über S. Siro zum Monte delle Bocche; von hier entweder hinunter nach S. Fruttuoso (gesamt ca. 2.30 Std.) oder über die Pietre Strette zum Hotel Portofino Kulm (3 Std.).

Promontorio di Portofino

Sarzana

Provinz: La Spezia
Höhe: 21 m ü. d. M.

Einwohner:
21 700

Q 7

Ganz im Südosten Liguriens, vor den Toren der Toskana, ist ein atmosphärereiches, geschichtsträchtiges Städtchen zu finden. Es ist immer einen Ausflug wert, besonders aber im Juli zum Musikfestival und im August zum Antiquitätenmarkt.

Das östlich von La Spezia in der fruchtbaren Schwemmlandebene des Magra gelegene Sarzana ist Zentrum für die Landwirtschaft des Umlands (mit einem Großmarkt für Obst und Gemüse); daneben gibt es Werften, Ziegeleien und Kunsthandwerk. Attraktiv ist die einst ummauerte, stimmungsvolle Altstadt mit Antiquitätenläden, Geschäften und Cafés (größtenteils Fußgängerzone).

Das Castrum Sarzanae wird 963 in einer Urkunde von Kaiser Otto I. als Besitz des Bischofs Albert von Luni bestätigt, während der Ort selbst erst 1085 erwähnt wird. Im 12. Jh. wuchs Sarzana beträchtlich durch Bewohner von Luni (▶ S. 338), und 1204 wurde auch der Sitz des Fürstbischofs nach Sarzana verlegt. Die folgenden Jahrhunderte waren wechselvoll: Unter pisanischer Herrschaft wurde die Stadt um die Mitte des 13. Jh.s befestigt und die Zitadelle Firmafede errichtet. Castruccio Castracani, der Potentat von Lucca, ließ um 1322 am Platz der Bischofsburg die Festung Sarzanello errichten. 1495 wurde Sarzana an den Genueser Banco di San Giorgio verkauft, und 1562 ging Sarzana an die Republik Genua über. Aus der Stadt stammte der bedeutende Maler **Domenico Fiasella** »il Sarzana« (1589 – 1669); er lebte in Genua, wo auch viele seiner Werke zu sehen sind.

Ein wenig Geschichte

SEHENSWERTES IN SARZANA

*Altstadt Die wehrhafte Anlage innerhalb der Stadtmauern ist noch gut zu erkennen. Hauptachse ist der Viale Mazzini zwischen Porta Parma und Porta Romana (1783). Das Osteck nimmt die **Festung Firmafede** ein, die um 1250 von den Pisanern errichtet, von den Florentinern zerstört und ab 1488 unter dem Medici Lorenzo dem Prächtigen neu aufgebaut wurde (Nordwestteil; Baumeister waren Francesco da Giovanni und Giuliano di Sangallo). Der Südostteil entstand um 1495.

Piazza Garibaldi Rechts am Corso Mazzini das hübsche klassizistische **Teatro degli Impavidi** von 1809, das ganze 350 Zuschauer aufnimmt. Auf dem Platz das Garibaldi-Standbild von C. Fontana. Nach Südwesten führt der Viale XXI Luglio zum 1863 eröffneten Bahnhof.

*Santa Maria Assunta Die Verlegung des Bischofssitzes von Luni nach Sarzana machte den Bau einer neuen Kathedrale notwendig (zwischen 1204 und 1474). Neben der zinnenbekrönten Glockenturm (13. Jh.) dominiert die schlichte Marmorfassade die Piazza Nicolò V.; das Portal von 1355 zeigt im Tympanon ein Mosaik von 1874, darüber eine schöne Rosette, ganz oben Statuen (1735) von Päpsten. Das Innere repräsentiert verschiedene Umbauphasen. Über gotischen Oktogonalsäulen eine schwere barocke Holzdecke (1662–1670), Chor und Kapellen besitzen prächtigen Rokoko-Stuck (um 1750). Die Ausstattung umfasst bedeutende Kunstwerke, allen voran das berühmte ****Kruzifix des Meisters Guglielmo**, eines unbekannten toskanischen Künstlers. Es ist auf Leinwand gemalt und auf Nussholz aufgezogen, signiert und datiert 1138. Dieses **früheste datierte Tafelbild Italiens**, das Ende des 12. Jh.s von Luni hierher kam, ist auch durch die triumphierende Haltung des Gekreuzigten bemerkenswert; außerdem sind die drei Marien, Johannes der Evangelist, Passionsszenen, Jesaias und Jeremias sowie die Evangelistensymbole abgebildet. In den Querarmen stehen großartige **Marmorpolyptychen** von L. und F. Riccomanno: rechts die »Reinigung Marias« (1468), am Übergang zur Renaissance, links die »Marienkrönung« (1432), noch deutlich gotisch. Hier auch ein farbig gefasstes Keramikrelief aus der Della-Robbia-Werkstatt (15. Jh.). Die **Serassi-Orgel** von 1842 ist eine der bedeutendsten in Ligurien (Konzerte).

● Außer zu den Gottesdiensten geöffnet 8.00–12.00, 15.00–18.30, So./Fei. 11.00–11.30, 15.00–17.00 Uhr

---

BAEDEKER TIPP !

Für Schnäppchenjäger

Weithin bekannt ist Sarzana als »Borgo degli Antiquari«. Jedes 4. Wochenende von April bis Okt. ist »Weekend in Soffitta«, Höhepunkt ist der August mit dem Antiquitätenmarkt »La Soffitta nella Strada« (2 Wochen ab dem 1. Sa.). Wertvolleres wird dann in der Festung Firmafede bei der Mostra Nazionale dell'Antiquariato geboten (www.sarzanaantiquariato.it).

Die einst von Stadtmauern umgebene Altstadt von Sarzana

Sarzana besitzt zahlreiche herrschaftliche Gebäude, v. a. am Viale Mazzini. Bei der Kathedrale der Palazzo Neri (Nr. 102, 18. Jh., früher Konvent); gegenüber an der Ecke der Palazzo Picedi (16./19. Jh.). Links weiter unten der Bischofspalast und der Palazzo Magni Griffi (18. Jh., schöne Marmortreppe); gegenüber der Palazzo Picedi Benedettini (Nr. 35; 17. Jh.). Jenseits von S. Andrea sind links (Nr. 28) die Reste des Turmhauses (14. Jh.) zu sehen, das der 1529 nach Korsika ausgewanderten **Familie Bonaparte** gehörte. Haus Nr. 21 ist die **Pasticceria Gemmi**, die schönste Konditorei der Stadt, gegründet um 1840 und seit 1934 geführt von der Familie Gemmi.

Viale Mazzini

Ein manieristisches Portal des 16. Jh.s gewährt Zugang zur Kirche S. Andrea, erbaut ab 1204 (1579 Erweiterung des Chors, im 17. Jh. barockisiert). Im Baptisterium schönes Marmortaufbecken von G. Morello mit hölzernem Aufsatz (Ende 16. Jh.) sowie zwei Gemälde von D. Fiasella. An der Eingangswand eine große Orgel von 1598. In der Krypta hat die Restaurierung die alten Fundamente sichtbar gemacht und einen Schmelzofen für den Glockenguss freigelegt.

Sant'Andrea

Von den Palazzi des 16.–18. Jh.s hervorzuheben der **Palazzo Remedi** (Nr. 43, 17. Jh.) mit Portikus des 14. Jh.s; auch gegenüber Laubengänge aus dem Spätmittelalter. Auf dem Platz ragt die »Procellaria« auf, ein Gefallenendenkmal (1934), seine Südseite nimmt der **Palazzo Comunale** aus der Renaissance ein (1547–1554), dessen toskanischer Innenhof mit zweistöckigen Loggien ein Lapidarium enthält.

Piazza Matteotti

Nördlich außerhalb der Stadt steht die Kirche S. Francesco, im 13. Jh. als gotische Basilika mit quadratischen Staffelchören (vgl. Basilica dei Fieschi bei Lavagna) errichtet und im 17./18. Jh. barock umgestaltet. Bemerkenswert hier die Grabmäler von Guarnerio degli Antel-

San Francesco

minelli, dem letzten Sohn von Castruccio Castracani (G. di Balduccio, 1328), und dem Bischof Barnabò Malaspina (um 1340).

*Festung Sarzanello Nördlich über Sarzana erhebt sich die mächtige Festung Sarzanello. Die heutige (restaurierte) Form entstand Mitte/Ende des 15. Jh.s. Über dem Eingang ein Relief mit dem hl. Georg, das Zeichen Genuas, das 1562 definitiv in den Besitz von Festung und Ort kam. In der

Sarzana erleben

AUSKUNFT
Piazza San Giorgio, 19038 Sarzana
Tel. 0187 62 04 19, www.sarzana.org

FESTE & EVENTS
Donnerstags großer Markt in der Altstadt. Mitte Mai: »Acoustic Guitar« (Internationales Treffen). Ende Juli: »Sconfinando« (Internationales Musikfestival mit Jazz und Folklore).

ESSEN
❶ *Mamagamma* €
Sarzana, Via Sotto Gli Uffizi 2
Tel. 340 9 87 84 72
Ungewöhnliches Lokal in altem Gewölbekeller: ein Kunst-und-Kulturraum und ebenso ein sehr gutes Restaurant, mit Menüs und üppiger »Antipasteria«.

❷ *La Giara* €
Sarzana, Via Bertoloni 35
Tel. 0187 62 40 13
Mo., Di. und Mi.mittag geschl.
Alte Osteria & Focacceria mit Marmortresen aus dem 19. Jh. und zwei kleinen, netten Gaststuben. Die traditionelle Küche orientiert sich schon in Richtung Toskana. Schöne regionale Weinauswahl.

❸ *Da Fiorella* €–€€
Ortonovo-Nicola, Via per Nicola 46
Tel. 0187 6 68 57, Do. und Sept. geschl.
Die Mühe der schmalen, kurvigen Straße lohnt: Mit fantastischem Blick auf die Magra-Mündung und die Versilia speist man in diesem bodenständigen Lokal. Spezialität sind »Panigacci« (Pfannkuchen) mit Pesto oder Pilzen.

❹ *Da Armanda* €–€€
Castelnuovo Magra, Piazza Garibaldi
Tel. 0187 67 44 10, Di.abend, Mi. geschl.
Seit 1908 eine hervorragende Adresse für traditionelle Gerichte und Wein der Lunigiana. Wenige Schritte entfernt ist die »Enoteca Regionale della Liguria«.

❺ *Vallecchia* €–€€
Castelnuovo Magra - Vallecchia
Via Provinciale 279
Tel. 0187 67 41 04, Di. geschl.
Eine echte Trattoria, die Laube erlaubt einen herrlichen Blick auf das Magra-Tal: Pfannkuchen auf ligurische Art, gegrillte Taube, Wildschweinbraten u. v. m.

ÜBERNACHTEN
❶ *Dimora Antica* €–€€
Sarzana, Via G. Mazzini 110, Tel. 0187 62 70 02, www.dimorantica.net
Würdiges kleines Stadthotel im einstigen Klarissenkonvent aus dem 15. Jh., teils etwas skurril gestaltete, komfortable Zimmer. Mit kleinem Garten. Aufmerksame, freundliche Betreuung.

atmosphärereichen »Locanda della Fortezza« oder auf seiner Terrasse speist man gut und preiswert.
❶ Tgl. 10.30–12.30, nachmittags April–Juni 16.00–18.30, Juli, Aug. 17.00 bis 19.30, Sept.–März 15.00–17.00 Uhr, Eintritt 3 €

UMGEBUNG VON SARZANA

Castelnuovo Magra (8300 Einw.), 7 km östlich von Sarzana 200 m über der Magra-Ebene gelegen, wurde im 11. Jh. gegründet. Die Stadt dehnt sich zwischen dem Bischofspalast und der Pfarrkirche S. Maria Maddalena aus, die in der Spätrenaissance unter dem Einfluss Brunelleschis erbaut wurde (Fassade 19. Jh., Portalrelief 1671). Unter ihrer Ausstattung ragt die **»Kreuzigung« von Pieter Brueghel d. J.** heraus, die Kopie eines Bildes von Brueghel d. Ä. (1559), außerdem bedeutend eine Anthonis van Dyck zugeschriebene Kreuzigung, ein Marienbild von Domenico Fiasella sowie Marmorstatuen des 16. Jh.s von Carrareser Bildhauern. Hauptstraße ist die Via Dante. Eindrucksvoll erheben sich die beiden Türme des nur noch teilweise erhaltenen **Bischofspalastes** (1274).

Castelnuovo Magra

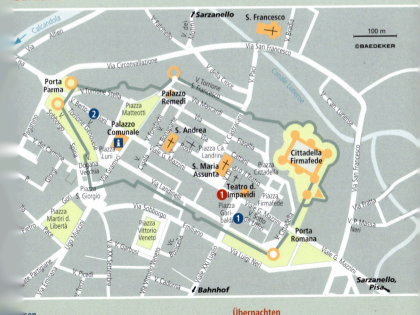

Ortonovo Das östlich benachbarte Ortonovo ist Hauptort einer Gemeinde (8400 Einw.), die vom 698 m hohen Monte Bastione bis in die Ebene von Luni reicht. Es besitzt ein geschlossenes **mittelalterliches Ortsbild** und ist von einer Mauer umgeben; ganz oben stehen der Wehrturm, Rest einer Festung der Renaissance, und die Kirche S. Lorenzo aus dem 17. Jh., der Ersterer als Campanile dient.

Casano Entlang des Parmignola unterhalb von Ortonovo stehen mehrere wasserbetriebene Ölmühlen. Im »frantoio« von Casano wurde ein **Museo Etnografico** eingerichtet (Via Cannetolo, Besichtigung n. V. Tel. 0187 69 01 11). Die Kirche S. Martino auf dem Friedhof ist mit Marmor aus Luni verkleidet und besitzt einen Turm des 10. Jh.s.

*Nicola Nicola besitzt einen elliptischen Grundriss mit einer langgestreckten Piazza im Zentrum. Ihre Nordseite wird von der Kirche SS. Filippo e Giacomo eingenommen (18. Jh., Portal 1604). Innen ein gemaltes Kruzifix aus toskanisch-lucchesischer Schule (13. Jh.), ein Taufbecken von 1585 und eine Rosenkranzmadonna von Ende des 16. Jh.s. Gute Restaurants sorgen für Genüsse leiblicher Art (▶S. 336).

*Fosdinovo Von Sarzana aus sollte man einen Ausflug nach Fosdinovo in der Toskana machen (10 km, kurvenreiche, steile Strecke mit schönen Ausblicken). Der 500 m hoch gelegene mittelalterliche Ort besitzt noch eine Stadtmauer und eine mächtige **Burg der Malaspina**, eine der schönsten Italiens; hier soll Dante mehrere Gesänge des »Infernos« geschrieben haben. In der Kirche S. Remigio ist das Marmor-Grabmal von Galeotto Malaspina (um 1370) zu bewundern.

* LUNI

Dass das Nordwesteck der Toskana – das Tal des Magra bis hinauf zum Passo della Cisa – als **Lunigiana** bezeichnet wird, geht auf die mächtigen Fürstbischöfe zurück, die vom 5. Jh. bis 1204 in Luni residierten. Schon in römischer Zeit war Luni die bedeutendste Stadt zwischen Pisa und Genua. Die Reste der 177 v. Chr. gegründeten Hafenstadt **Portus Lunae** sind 7 km südöstlich von Sarzana zu sehen, heute 2 km von der Küste entfernt. Der Hafen an der Mündung des Magra, benannt wohl nach seiner sichelartigen Form, war Flottenstützpunkt und Han-

Das Amphitheater der römischen Stadt

delszentrum, das seine Blütezeit im 3./4. Jh. n. Chr. hatte; auch in byzantinischer und langobardischer Zeit war Luni bedeutend. Da der Magra häufig über die Ufer trat und sich das Meer langsam zurückzog, versumpfte die Umgebung; die Malaria verursachte schließlich im 13. Jh. die endgültige Aufgabe der Stadt.

Die 490 × 450 m große, rechtwinklig angelegte Stadt war ummauert, Amphitheater und Nekropole lagen außerhalb. Die wesentlichen Bauten waren der Große Tempel aus der Zeit der Republik, ein überdachtes Theater, das Haus der Mosaiken (Mosaikfußböden), das Kapitol, das 80 × 37 m große Forum und das Haus der Fresken (Fresken mit Elementen im ägyptischen Stil). Das Amphitheater aus dem 1.–2. Jh. n. Chr. fasste 6000 Zuschauer. Erhalten sind Teile der Cavea und eines Bogengangs; die ursprüngliche Marmorverkleidung fehlt. Auch Reste von Hafenanlagen und einer frühmittelalterlichen Basilika wurden freigelegt. Über dem Kapitol wurde das **Museo Archeologico Nazionale di Luni** errichtet, das die Grabungen erläutert und zahlreiche Fundstücke präsentiert. Eines der wertvollsten Stücke ist ein Millefiori-Pokal aus der Villa in Bocca di Magra

Römische Stadt

❶ Gelände & Museum: Di.–So. 8.30–19.30 Uhr, Eintritt 2 €

Savona

G / H 6

Provinzhauptstadt
Höhe: 4 m ü. d. M.

Einwohner:
60 800

Von einem Besuch Savonas, der Hafenstadt zwischen Genua und Finale Ligure, sollten die hässlichen Außenbezirke nicht abhalten: Eine interessante Altstadt, große Kunst und prächtige Jugendstilviertel sind eine Stippvisite allemal wert.

Savona ist Provinzhauptstadt, Bischofssitz und drittgrößte Stadt Liguriens. Seit alten Zeiten ist das Leben durch den Hafen geprägt, der mit dem piemontesischen Hinterland, v. a. Turin, über niedrige Pässe verbunden ist. Vom Hafen vor der Altstadt legen Kreuzfahrtschiffe ab, die **Fähren nach Korsika** vom südlich benachbarten Vado.

Die älteste Ansiedlung, ein Oppidum der ligurischen Sabater, lag auf dem Felsvorsprung Priamar (von »pietra mala«, »schlechter Stein«). 1192 erklärte sich die Stadt, unterstützt durch den staufischen Kaiser, zur freien Republik; die Folge war ein 300-jähriger Kampf mit dem welfischen Genua. Unter der Herrschaft der Visconti, der Sforza, Frankreichs und Savoyens erlebte die Stadt im 15. Jh. eine Zeit der Blüte; zwei Mitglieder der Savoneser **Familie Della Rovere** wurden

Aus der Geschichte

Im Hafen vor der Altstadt nehmen Kreuzfahrtschiffe Gäste an Bord.

Päpste: Sixtus IV. – der Auftraggeber der Sixtinischen Kapelle und Begründer der Biblioteca Vaticana in Rom – und dessen Neffe Julius II. Das Schicksal Savonas wurde 1528 besiegelt, als Andrea Doria es zerstören und den Hafen zuschütten ließ; ab 1542 errichtete er auf dem Priamar die mächtige Festung. Der Straßen- und Eisenbahnbau um 1870 gab dem Hafen neue Bedeutung und begünstigte die intensive Industrialisierung (Eisen & Stahl, Glas, Elektrotechnik, Schiffsbau, Nahrungsmittel, Kraftwerk). Bei Bombenangriffen im Zweiten Weltkrieg ging viel von der historischen Substanz verloren.

SEHENSWERTES IN SAVONA

Stadtbild
Die mittelalterliche Altstadt am Hafen zeigt mit ihren »carruggi« das typische Bild ligurischer Orte. Im Kontrast dazu stehen die jüngeren Stadtviertel nördlich der Via Paleocapa und westlich der Via Manzoni: breite Boulevards mit Kolonnaden und großzügigen Baukomplexen aus dem 19. Jh., aus Historismus und Jugendstil, die an die Städte des Piemonts, insbesondere Turin, erinnern.

Festung Priamar
Südlich der Altstadt ragt am Meer die mächtige Festung auf dem Hügel Priamar auf, der über 2000 Jahre lang Mittelpunkt der Geschichte Savonas war. Der Bau wurde bis 1544 von Genua als Zwingburg gegen Savona errichtet und später mehrfach erweitert. Auf dem Gelände sind noch mehrere Bauten bzw. deren Reste zu sehen: Kirche S. Domenico (14./15. Jh.; Grundmauern vor der Burg), Kathedrale, Bischofspalast, Loggia del Castello Nuovo (1471), Palazzo del Commissario (1831 war dort Giuseppe Mazzini gefangen). Das **Archäologische Museum** zeigt Funde vom Priamar sowie islamische und

byzantinische Keramik. Das **Museo Sandro Pertini e Renata Cuneo** ging aus einer Sammlung zeitgenössischer Kunst hervor, die der einstige italienische Ministerpräsident Pertini begründete; Renata Cuneo (1903 – 1995) war eine Savoneser Bildhauerin.

Burg: Tgl. ab 9.00 Uhr zugänglich, im Sommer bis 24.00, sonst bis 18.30 Uhr
Archäologisches Museum: Mitte Juni–Mitte Sept. Mi.–Mo. 10.30–15.00, sonst Mi.–Fr. 9.30–12.30, 14.30–16.30, Sa.–Mo. 10.30–15.00 Uhr, Eintritt 4 €. **Museo Pertini e Cuneo:** So., Mo. 10.30–15.00 Uhr, Eintritt 2,50 €

Die Piazza Eroi dei Due Mondi wird von einem Garibaldi-Denkmal (L. Bistolfi (1928) beherrscht; in den nördlich anschließenden Gärten steht der hübsche Tempietto Boselli von 1786. Gegenüber, an der Ecke Corso Mazzini / Corso Italia, der **Palazzo delle Piane** (1910), ein herausragendes Zeugnis des »stile liberty«, der italienischen Spielart des Jugendstils (▶S. 60).

Corso Mazzini

Savona

Essen
❶ Bacco
❷ Vino e Farinata
❸ L'Angolo dei Papi

Übernachten
❶ Locanda del Santuario

ZIELE • Savona

Hafen Der Hafen von Savona wurde erst im 19. Jh. wieder angelegt; seine heutige Bedeutung bekam er ab den 1920er-Jahren. Zu den Anlagen gehören u. a. Umschlaganlagen für Autos (Fiat) und Container sowie ein Kreuzfahrtterminal (die Fähren nach Korsika legen von Vado ab, (▶S. 346). Das alte Becken (Darsena Vecchia) dient als Fischer- und Jachthafen. An der Mole Miramare im Osten beginnt die doppelte **Seilbahn**, die Kohle nach San Giuseppe di Cairo (▶Valli Bormida) transportiert. Diese Seilbahnen, errichtet ab 1912 von einer Leipziger Firma, sind 16,6 km lang; ihre 1240 Mulden mit je 1,1 t Fassungsvermögen legen die Strecke über den Apennin (Scheitelhöhe 519 m) auf 193 bzw. 194 Trägern in 80 Minuten zurück.

Torre del Brandale Drei Türme markieren die Südostecke der Altstadt. Der fast 50 m hohe Brandale-Turm wurde im 12. Jh. errichtet, von den Genuesen im 16. Jh. geköpft und 1933 wieder auf alte Höhe gebracht. Nebenan der Palazzo degli Anziani (14. Jh., Fassade 17. Jh.), ehemals Sitz des Podestà. Auf dem Platz davor die Türme Corsi und Riario (auch »Guarnieri« genannt; 13. Jh.).

Savona erleben

AUSKUNFT (IAT)
Corso Italia 157 r, 17100 Savona
Tel. 019 8 40 23 21
www.comune.savona.it

FESTE & EVENTS
April: »Paliu di borghi«. Karfreitag, in geraden Jahren: Prozession mit »casse« (große Skulpturengruppen). 22. Mai: Markt S. Rita. Am Sonntag vor Weihnachten »Confuëgu«.
N. S. della Misericordia: 18. März: Patronatsfest mit Prozession. 8. Sept.: Fest Mariä Geburt.

ESSEN
❶ *Vino e Farinata* €-€€
Via Pia 15 r, So./Mo. und Okt. geschl.
Eine echte Institution ist die 100-jährige Osteria für die ligurischen Klassiker Farinata und Panissa, dazu gibt es weitere handfeste Dinge. Für abends ist Reservieren angezeigt (kein Telefon!).

❷ *Bacco* €-€€
Via Quarda Superiore 17 r
Tel. 019 8 33 53 50, So. geschl.
Am Altstadthafen liegt diese rustikale Osteria im Piraten-Look, aber lassen Sie sich nicht abschrecken. Die Küche bietet einen ausgezeichneten Querschnitt durch die ligurische Küche.

❸ *L'Angolo dei Papi* €€-€€€
Vico del Marmo 10
Tel. 019 85 42 63, Sa.mittag, So. geschl.
Päpste speisen gerne gut, das hätten sie auch in diesem angenehmen modernen Restaurant nahe dem Dom tun können. Die Karte führt italienische und ligurische Gerichte, darüber hinaus vorzügliche Weine. Sehr preisgünstiger »Fast lunch« unter der Woche (€).

ÜBERNACHTEN
❶ *Locanda del Santuario* €
▶Baedeker Tipp S. 346

Rechts des Torre Brandale gelangt man in die schmale Via Pia, eine der Hauptachsen der Altstadt mit zahlreichen alten Palazzi (Erläuterung an jedem Bau). Der **Palazzo della Rovere** wurde ab 1495 für Giuliano Della Rovere, später Papst Julius II., von Giuliano da Sangallo erbaut; später war er Kloster und Sitz der Napoleonischen Präfektur. Der mächtige Komplex, der bis zum Domplatz reicht, ist nicht zugänglich (Polizei). Im weiteren Verlauf der Via Pia der Palazzo Spinola (Nr. 26) mit schönem Schieferportal.

*Via Pia

An der Piazza Maddalena rechts an einem gotischen Haus eine barocke Madonna, anschließend der Palazzo Sacco Multedo (17. Jh.) mit den Wappen der aus Savona stammenden Päpste. Dann durch die Via Sacco hinunter zur **Via Quarda Superiore**, in der sich ebenfalls viele Paläste mit kunstvollen Schiefer- oder Marmorportalen reihen; nach links gelangt man zum **Palazzo Doria Lamba** (Handelskammer), dessen prächtige Hauptfassade des 14. Jh.s zum Hafen gerichtet ist. Man kann versuchen, einen Blick in das grandiose Treppenhaus zu werfen. Der **Palazzo Pozzobonello** aus dem 13./14. Jh. (Via Quarda Superiore 7, Staatsarchiv) verfügt über ein schönes Marmorportal.

Piazza Maddalena

Stimmungsvoller Treffpunkt

An der Einfahrt zum alten Hafen ragt der Pancaldo-Turm auf, Teil der Stadtmauer des 14. Jh.s. An der Meeresseite über dem **Wappen der Republik Genua** (17. Jh.) eine Madonna della Misericordia, Schutzheilige der Stadt, von Filippo Parodi (1662). Das kaum mehr lesbare lateinisch-italienische Distichon von G. Chiabrera bedeutet: »In zürnendem Meer, in plötzlichem Sturm / Ruf ich dich an, unser gütiger Meerstern [stella maris, Beiname Marias].«

Torre Leon Pancaldo

Von hier verläuft die Via Paleocapa nach Westen, die pompöse Hauptverkehrsader. Der Westteil vom (1980 abgebrochenen) alten Bahnhof bis zur Altstadt wurde ab 1868 angelegt; der zum Hafen führende Ostteil wurde ab 1885 durch mittelalterliche Bausubstanz geschlagen. Dementsprechend auch die Abfolge der Baustile von Neoklassizismus bis Historismus und Jugendstil. Letzterer ist besonders schön durch den **Palazzo dei Pavoni** (1912, Nr. 3 – 5) vertreten.

Via Paleocapa

ZIELE • Savona

Oratorio del Cristo Risorto

An der Ecke Via Pia/Via Paleocapa steht das barocke Oratorium Cristo Risorto (1471/1605), das mit Fresken von S. Galeotti und G. B. Natali (1735), Bildern des 16.–17. Jh.s, dem Hauptaltar von F. und D. Parodi prächtig ausgestattet ist. Hier werden **Schnitzfiguren (»casse«)** aufbewahrt, die am Karfreitag durch die Stadt getragen werden (u. a. A. M. Maragliano, »Mariä Heimsuchung«).

S. Giovanni Battista

Gegenüber (Via Mistrangelo) die bis auf die Fassade von 1735 äußerlich unbedeutende Kirche S. Giovanni Battista (ursprünglich 1567), die jedoch ein »Museum« für **Savoneser Gemälde des 17./18. Jh.s** darstellt (Brusco, Robatto, G. A. und C. G. Ratti, D. Piola); sonst hervorzuheben eine »Madonna mit Kind und Heiligen« von T. Piaggio (1536) und ein barocker Altar »Madonna mit Kind«, umgeben von 15 Marmormedaillons von F. Schiaffino (»Rosenkranzmysterien«).

** Pinacoteca Civica

Im **Palazzo Gavotti** an der Piazza Chabrol (16. Jh., Fassade 1865) ist die Städtische Pinakothek untergebracht, deren beachtliche Sammlungen vor allem Savoneser Keramiken des 14.–19. Jh.s und Gemälde Sieneser, lombardischer und ligurischer Meister des 14. bis 18. Jh.s umfassen (u. a. Ludovico Brea, Niccolò da Voltri, Orazio De Ferrari, G. B. Carlone, B. Castello, D. Fiasella, D. Piola, N. Barabino).
❶ Mo.–Mi. 10.00–13.00, Do.–Sa. 10.00–13.00, 15.30–18.30 (am Sa. im Sommer 20.30–23.30), So. 10.00–13.30 Uhr, Eintritt 4 €

*Kathedrale S. Maria Assunta

Sehr reich ist die Kathedrale S. Maria Assunta ausgestattet. Erbaut 1589–1605 von B. Sormano (Kuppel 1840, Fassade 1886), enthält sie viele Gemälde und Steinmetzarbeiten aus der alten Kathedrale auf dem Priamar und anderen zerstörten Kirchen: Marmorkruzifix von 1499, G. Molinari zugeschrieben; ein Taufbecken, im 12. Jh aus einem byzantinischen Kapitell des 7. Jh.s entstanden, umgeben von einem Marmorgeländer des 15. Jh.s; »Dornenkrönung« von A. M. Maragliano; ein Triptychon von Ludovico Brea, 1495; eine Kanzel von den Lombarden A. M. Daprile und G. Molinari (1522); Hochaltar von P. Boccardo, 1765; prachtvoll intarsiertes **Chorgestühl** von A. de' Fornari, um 1510; »Thronende Maria mit Kind und den hll. Peter und Paul«; Fresken von P. G. Brusco und B. Castello, Gemälde von D. Fiasella. Vom rechten Schiff ist

Die Kathedrale birgt bedeutende Kunstwerke.

der Kreuzgang zugänglich, in der zweiten Hälfte des 15. Jh.s durch Sixtus IV. errichtet, mit Teilen eines Vorgängers; an der Nordseite Heiligenfiguren aus der alten Kathedrale (15./16. Jh.).
❶ Sa. 10.00–12.00, 16.00–17.15, So. 16.00–17.15 Uhr

Die Sixtinische Kapelle, von Papst Sixtus IV. als Grablege für seine Eltern errichtet (1483), wurde vom letzten Della Rovere, Doge von Genua, bis 1764 in **wunderbarem Rokoko** gestaltet – ein Muss für Kunstfreunde. Deckenfresko »Mariä Himmelfahrt« von G. B. Brusco, dem Bruder des Architekten; reich gestaltete Empore mit Orgel von T. Roccatagliata (1764); an der linken Wand das Grabmal für Leonardo della Rovere und Luchina Monleone, die Eltern des Papstes (1483).
❶ Sa., So. 16.00–18.00, März–Nov. auch 10.00–12.00 Uhr, oder n. V. bei der Dompfarrei, Tel. 019 82 59 60

**Cappella Sistina

Der Domschatz enthält wertvolle Reliquienschreine, feinste ligurische, florentinische und französische Goldschmiedearbeiten sowie Gemälde aus der Kathedrale: »Kreuzigung«, G. Mazone, ca. 1470; »Verklärung der hl. Katharina«, T. d'Andria, 1487; Polyptychon »Himmelfahrt«, L. Brea, 1495; »Heilige Drei Könige«, Meister von Hoogstraeten, ca. 1500; »Christus an der Säule«, L. Cambiaso, ca. 1565, und andere. Unter den liturgischen Gegenständen der Bischofsstab von Julius II. (13./14. Jh.) und das sogenannte Kreuz von Gara (13. Jh.). Besichtigung n. V. bei der Dompfarrei.

**Museo del Tesoro della Cattedrale

Nördlich des Domkomplexes öffnet sich in der rechtwinklig angelegten Neustadt die Piazza Sisto IV mit dem **Rathaus** von 1934. In der Südostecke des Platzes liegt, in die Häuserzeile gebaut, die Kirche **S. Maria di Castello** (1544/1755) mit einem großen Polyptychon »Madonna mit Heiligen« von Vincenzo Foppa, rechte Teile von Ludovico Brea (1490). Sehenswert auch die Skulturengruppen »Kreuzabnahme«, ein imposantes Werk von F. Martinengo (1795), »Kreuzestod Christi« (Mitte 17. Jh.) und »Pietà« von S. Murialdo (1833).
S. Maria di Castello: So./Fei. 8.00–10.00 Uhr und n. V. Tel. 019 82 56 79

Piazza Sisto IV

Auf dem eleganten Platz steht das Gefallenendenkmal von 1927. Wenn die Glocke um 18 Uhr 21-mal schlägt, um an die Gefallenen Savonas zu erinnern, halten Passanten und Fahrzeuge an.

Piazza Mameli

Die Provinzverwaltung (Via IV Novembre) wurde 1964 von Pier Luigi Nervi erbaut; ebenfalls von Nervi der Bahnhof im Viertel Mongrifone (1960). Der Palazzo di Giustizia (Gericht, im Süden des alten Bahnhofs) stammt von Leonardo Ricci (1981). Am Corso Vittorio Veneto, westlich des Letimbro, steht noch das Elektrizitätswerk im Art-déco. Ein bedeutender Jugendstilbau, die Villa Zanelli, liegt weiter westlich an der Via Nizza (Verlängerung des Corso Veneto).

Weitere interessante Bauten

* NOSTRA SIGNORA DELLA MISERICORDIA

Geschichte An der Straße von Savona zur Wallfahrtskirche N. S. della Misericordia lassen neun Kreuzwegkapellen von 1736, in 400 m Abstand, auf die große Bedeutung dieses Orts schließen. 1536 hatte ein Bauer im Tal des Letimbro eine Marienerscheinung, deren Ruf sich rasch ausbreitete. Kurz zuvor, 1528, war Savona von Genua unterworfen worden, und für die Savonesen bedeutete die Erscheinung nicht weniger als eine moralische Wiedergeburt, so dass hier in kurzer Zeit eine großartige Anlage entstand. Um den von einem Brunnen (1708) geschmückten Platz gruppieren sich der Palazzo Pallavicino und das alte Hospiz, die Basilika, das Hospiz und der Palazzetto Tursi.

Basilika Die Basilika wurde 1536 – 1540 nach Plänen des Lombarden A. P. Sormano erbaut, die spätmanieristische Fassade 1611 von T. Carlone nach dem Vorbild römischer Kirchen der Gegenreformation. Die Fresken über dem Hauptschiff (»Leben Marias«), an Eingangswand (»Krönung der Jungfrau«) und Kuppel (»Propheten«) stammen von B. Castello (1610). Der Hauptaltar von F. Schiaffino wird überragt von einem Kruzifix in der Art Maraglianos; dahinter das intarsierte Chorgestühl von 1644. Besonders hervorzuheben ist das Bild »Mariä Geburt« von O. Borgianni (Anfang 17. Jh., 1. Kapelle rechts). In der kryptaähnlichen Kapelle unter dem erhöhten Chor u. a. die Marmorskulptur »Madonna della Misericordia mit Antonio Botta« von P. Orsolino (1560) und ein volkstümlicher Holzkruzifixus (15. Jh.). Im Palazzetto del Duca rechts neben der Kirche das Museum (Tesoro del Santuario) mit liturgischem Gerät des 16. – 19. Jh.s, einem »Ecce Homo« eines unbekannten Lombarden (16. Jh.) und einem Kreuzreliquiar.

> **BAEDEKER TIPP**
>
> ! *Locanda del Santuario*
>
> Gegenüber dem Kirchenkomplex steht an der Straße die Locanda del Santuario, die 1536 errbaut wurde. Der einfache, familiäre Gasthof kann große Pilgerscharen beherbergen und verköstigen, ist aber auch für den »normalen« Touristen zu empfehlen. Restaurant tgl. mittags, Do.–So. auch abends geöffnet, Tel. 019 87 92 15.

① Museum: So./Fei. 9.30 – 12.30 Uhr, Eintritt 4 €

UMGEBUNG VON SAVONA

Vado Ligure An Savona schließt sich südwestlich die Industrie- und Hafenstadt Vado Ligure (8200 Einw.) an, deren Reede zum Hafen Savona-Vado gehört. An den Piers werden Massengüter gelöscht, v. a. Erdölprodukte, Chemikalien, Kohle, Getreide und Ölsaaten; hier beginnt die Pipeline nach Trecate (Novara), hier fahren die **Corsica Ferries** nach Korsika ab. Sehenswertes oder eine interessante Atmosphäre hat der

Ort, der von der Autobahn an den rot-weißen Schloten seines Kraftwerks zu erkennen ist, kaum aufzuweisen; an der Via Aurelia (Nr. 72) zeigt das Stadtmuseum in der **Villa Gropallo** Funde aus dem römischen Vada Sabatia, Werke genuesischer, lombardischer und spanischer Maler (16. – 18. Jh.) und zeitgenössische Kunst.

Ein Kontrastprogramm zur »Bade-Riviera« und zum Vado der Industrie: Vor Zinola in Richtung Quiliano abbiegen (Restaurant-Tipp in Quiliano: Agriturismo Turco, Via Betone 7 A, Tel. 019 88 71 20, Mo. geschl.), dann in das ursprünglich gebliebene Tal des Quazzola, das nur von den Autobahnviadukten entstellt ist. Zwei **römische Brücken** und die Reste von drei weiteren markieren hier den Verlauf der Via Julia Augusta (2. Jh. n. Chr.). Die Straße führt hinauf nach Cadibona zur SS 29 nach Altare (▶Valli Bormida).

Quazzola-Tal

** Sestri Levante

Provinz: Genua	**Einwohner:**
Höhe: 4 m ü. d. M.	18 500

Einer der schönsten Plätze der Riviera ist das atmosphärereiche Städtchen auf der schmalen Landzunge zwischen der »Märchenbucht« und der »Bucht der Stille«.

Im 12. Jh. errichtete Genua auf der **Isola**, dem kleinen Vorgebirge, eine Burg. Bis ins 14./15. Jh. war die Isola tatsächlich eine Insel, dann verlandete der Kanal zwischen ihr und dem Festland. Heute zählt der 8 km südöstlich von ▶Chiavari gelegene Badeort zu den beliebtesten Zielen Liguriens: Im Norden öffnet sich die **Baia delle Favole** (Märchenbucht) mit breitem Sandstrand und großen Badeanstalten sowie dem Fischer- und Jachthafen, im Süden die zauberhafte **Baia del Silenzio**. Moderne Stadtviertel und Industriegebiete dehnen sich auf dem Festland jenseits des Flusses Gromolo aus.

SEHENSWERTES IN SESTRI LEVANTE

Die Piazza Matteotti, der zentrale Platz auf der Landenge, wird von der banalen klassizistischen Fassade der Pfarrkirche **S. Maria di Nazareth** beherrscht (1616, Vorhalle 1840). Im prächtigen Inneren u. a. eine Pietà von A. M. Maragliano (5. Kapelle links), Gemälde von L. Tavarone, O. de Ferrari, D. Fiasella (»Pfingsten«, 4. Kapelle links), C. Castello; am Hauptaltar – aus polychromem Marmor in typisch ligurischer Form – die Marmorgruppe »Maria in Nazareth« von

Piazza Matteotti

F. Schiaffino (1762). Weiter interessant das Chorgestühl (1742) und die Kanzel (16. Jh.). Im Osten des Platzes das **Rathaus** (Municipio), ehemals Palazzo Durazzo Pallavicini (17. Jh.). Östlich schließt die palmenbestandene Promenade an der **Baia delle Favole** an; unter den Hotels fällt ein mächtiger Palazzo des 17. Jh.s auf, die **Villa Balbi**.

*Isola Die Straße links der Kirche S. Maria führt auf den Isola-Hügel. Hier steht *** S. Nicolò all'Isola**, die um 1151 errichtete erste Pfarrkirche, in der heute Konzerte etc. stattfinden. Auf dem Vorgebirge dehnt sich der große (nicht öffentliche) Park des **Grand Hotel dei Castelli** aus, das um 1925 als Privatvilla am Platz der Burg erbaut wurde und von dieser noch Teile enthält. Am höchsten Punkt des Parks der kleine Turm, in dem **Guglielmo Marconi** 1896 Experimente mit Radiowellen durchführte. Die Hotelgäste können mit einem Lift zum **Hafen** hinterfahren. Vor der Mole liegt das Naturschwimmbad Piscina dei Castelli, an der Via P. Queirolo laden gute Fischrestaurants ein.

Via XXV Aprile An der hübschen Haupt- und Ladenstraße Via XXV Aprile sind reliefierte Portale aus Schiefer (16. Jh.) zu sehen. Unweit südöstlich, in der Via Macelli, die Kirche *** San Pietro in Vincoli**, die mit dem Kon-

Essen
① Polpo Mario
② Fiaschetteria La Lanterna
③ Asseü
④ Hostaria Tranquillo

Übernachten
① Grand Hotel dei Castelli
② Villa Jolanda
③ San Pietro
④ Helvetia
⑤ Miramare
⑥ Monte Pù

Sestri Levante mit der herrlichen »Bucht der Stille«

vent – Letzterer wurde zu Wohnhäusern umgebaut – ab 1640 für die Kapuziner erbaut wurde. Die einschiffige Kirche enthält bedeutende Kunstwerke des 16. – 18. Jh.s, u. a. Gemälde von L. Cambiaso, G. Galeotti unf G. B. Merano, auch eine geschnitzte Gruppe von A. M. Maragliano. Im Rokoko-Chor (1750) ein Gestühl von 1752. Sicher zugänglich ist S. Pietro am Sonntag um 8.00 Uhr zur Messe. Der Viale XXV Aprile stößt auf den Viale Dante, hier (Nr. 2) sollten Sie sich in der wunderbaren alten Pasticceria Rossignotti verführen lassen.

Ein wunderbares Bild bietet die von dem heimischen Poeten Giovanni Descalzo »getaufte« Bucht, an der noble Palazzi den schmalen Sandstrand einfassen. Der Name besteht zu Recht: Es dürfte kaum einen anderen Strand an der Riviera geben, an dem man – in städtischer Umgebung und ohne Badeanstalt – so geruhsam faulenzen kann, selbst wenn es im Sommer eng wird. Im Westen wird die Bucht vom ehemaligen Konvent Santissima Annunziata (1467) abgeschlossen. Am Weg zur Kirche Immacolata Concezione ist die ***Galleria Rizzi** besuchenswert, die etwa 130 italienische und flämische Gemälde des 15. – 18. Jh.s umfasst, außerdem Plastiken und Mobiliar. Die nahe Kirche **Immacolata Concezione** datiert von 1688 und besitzt Gemälde von Domenico Fiasella.

**Baia del Silenzio

Galleria Rizzi: Mai – Okt. So. 10.00 – 13.00, Mai – Sept. Mi. 16.00 – 19.00, ca. 25. Juni – 10. Sept. auch Fr. 21.30 – 23.30 Uhr

UMGEBUNG VON SESTRI LEVANTE

Sehr lohnend ist die leichte Wanderung zur Punta Manara, der Spitze des 265 m hoch aufragenden Vorgebirges südlich von Sestri (Beginn in der Salita della Mandrella, mit zwei roten Quadraten markiert; Gehzeit ca. 1.30 Std.). Vom Telegrafo, dem südlichsten Punkt,

*Punta Manara

Sestri Levante erleben

AUSKUNFT (IAT)
Piazza S. Antonio 10
16039 Sestri Levante
Tel. 0185 45 70 11
www.sestri-levante.net

PARKEN
In den Außenbezirken gibt es im Sommer mehrere Parkplätze mit kostenloser Busverbindung in die Altstadt (»Parcheggia lo stress«).

FESTE & EVENTS
Sestri Levante: 1. Juni-Wochenende Festival Andersen mit großem, buntem Theater- und Literatur-Programm für Kinder und Junggebliebene. Um den 20. Juli: Fest N. S. del Carmine mit illuminierter Meeresprozession. Im Sommer Konzerte im Konvent SS. Annunziata. Überhaupt gibt es Juli/August immer etwas zu erleben, Theater, Musik und Tanz, aber auch kulinarische Events.
Riva Trigoso: Um den 20. Juli »Sagra del Bagnun«, das Fest der Fischsuppe (um die 10 000 Portionen werden gratis verteilt) mit Musik, Tanz und Feuerwerk.

ESSEN
❶ *Polpo Mario* €€–€€€
Sestri Levante, Via XXV Aprile 163
Tel. 0185 48 72 40
Außerhalb der Saison Mo. geschl.
Für seine teils exotischen Fischgerichte berühmtes Traditionslokal im einstigen Bischofspalast. Riesige Weinkarte.

❷ *Fiaschetteria La Lanterna* €–€€
Sestri Levante, Via Nazionale 119
Tel. 0185 45 94 44
Sehr angenehmes, familiäres Lokal, kleine Karte mit vorzüglicher Hausmannskost, auch Holzofen-Pizza. Große, gute Weinkarte (zum Betrieb gehört ein Weinladen), sehr freundlicher Service.

❸ *Asseü* €€–€€€
Riva Trigoso, Via G. B. da Ponzerone 2
Tel. 0185 4 23 42, Mi. geschl.
Fisch und Meeresfrüchte in bester Qualität und vielen Formen genießt man hier direkt am Meer, mit herrlichem Panorama (Sonnenuntergang!). Hinter dem ersten Tunnel in Richtung Moneglia.

❹ *Hostaria Tranquillo* €€
Casarza Ligure - Bargone, Via Reccio 6
Tel. 0185 46 71 46, Mo. geschl.
In den Hügeln hinter Sestri liegt diese sympathische Osteria, in der man auf einem Holzherd kocht. Küche »mare e monti« nach den Jahreszeiten. Hervorragendes Preis-Leistungs-Verhältnis.

ÜBERNACHTEN
❶ *Grand Hotel dei Castelli* €€€€
Sestri Levante, Via Penisola 26
Tel. 0185 48 70 20, www.hoteldeicastelli.it, Nov.–Mitte März geschl.
Exklusiv in 16 ha großem Park auf der Halbinsel gelegenes Hotel in mittelalterlichem Gemäuer. Nobel eingerichtete große Zimmer und Suiten, herrliche Sicht von den Terrassen. Ein Aufzug bringt hinunter zum Jachthafen und Naturbad.

❷ *Villa Jolanda* €–€€
Sestri Levante, Via Pozzetto 15
Tel. 0185 4 13 54, www.villaiolanda.com
Preiswertes, angenehmes Haus auf der Isola wenige Schritte oberhalb der Stadtkirche. Außer der zentrumsnahen, ruhigen Lage ist die eigene Garage ein großes Plus. Mit Pool.

❸ San Pietro €–€€
Sestri Levante, Via Palestro 13
Tel. 0185 4 12 79
Mitten in der Altstadt und dennoch preisgünstig wohnt man in diesem kleinen, freundlichen, akkurat geführten Haus. Mit ordentlichem Ristorante.

❹ Helvetia €€€€
Sestri Levante, Via Cappuccini 43
Tel. 0185 4 11 75, www.hotelhelvetia.it
Privilegiert mit schönem Blick auf die Baia del Silenzio liegt das stilvoll eingerichtete, familiäre Hotel mit eigenem Strand. Taxiservice.

❺ Miramare €€–€€€€
Sestri Levante, Via Cappellini 9
Tel. 0185 48 08 55
www.miramaresestrilevante.com
Gediegenes Haus an der Baia del Silenzio. Großzügige, komfortable Gastzimmer, im Stil modern bis retro, teil mit Balkon zum Meer. Mit Restaurant.

❻ Monte Pù (Agriturismo) €
Castiglione Chiavarese – Monte Pù
Tel. 0185 40 80 27, www.montepu.it
Ferienappartements für 2–6 Personen auf einem Landgut – einst Benediktinerkonvent – 12 km östlich von Sestri Levante, am Monte Alpe in 700 m Höhe gelegen. Hier hat man eine großartige Aussicht, viel Natur und viel Platz im und ums Haus, man kann ein MTB leihen und an einem Kochkurs teilnehmen.

---

kann man über Ginestra nach Riva oder S. Bartolomeo gehen (1.30 Std., zwei rote Kreise) und von dort mit dem Bus zurückfahren.

Riva Trigoso
Der Ortsteil Riva Trigoso liegt ca. 3 km südöstlich von Sestri jenseits des Monte Castello. Der ehemalige Fischerort mit großem Sand-Kies-Strand ist von der zu den Fincantieri gehörenden Werft geprägt. Früher wurden hier **»leudi«** gebaut, die Lastschiffe mit Lateinersegel, die das Meer zwischen Sardinien, Elba und Ligurien befuhren, heute sind es Kriegsschiffe. Von Riva erreicht man ▶Moneglia durch lange, schmale alte Eisenbahntunnels (Ampel, Wartezeit bis 15 Min.).

Casarza Ligure
Von Sestri führt das waldreiche Tal des Petronio nach Osten. Casarza (34 m, 6700 Einw.), 4 km östlich an der SS 523 gelegen, ist landwirtschaftlich geprägt (Wein, Oliven, Pfirsiche, Gemüse), bekommt aber mehr und mehr Industrie. Links der SS 523 die Pfarrkirche S. Michele (Ende 17. Jh., Fassade 1866), in der u. a. ein Kruzifix aus der Maragliano-Schule, ein Chorgestühl von 1849 und ein wertvolles **Triptychon von G. Barbagelata** (1498) zu sehen sind.

*Fahrt nach Varese Ligure
Sehr schön ist der Ausflug auf der Staatsstraße 523 ins Vara-Tal nach ▶Varese Ligure, erst durch Weinberge und Olivenhaine, dann durch mediterranen bis subalpinen Wald mit Pinien, Kastanien und Eichen. Unterwegs hat man bei der Wallfahrtskirche Nostra Signora della Guardia (1895) am 546 m hohen **Colle di Velva** einen herrlichen Ausblick.

★★ Taggia

C / D 8

Provinz: Imperia
Höhe: 39 m ü. d. M.
Einwohner: 14 000

Wenige Kilometer nordöstlich von ▶Sanremo wartet Taggia mit einer eindrucksvollen Altstadt auf, einer der größten in Ligurien, und der Konvent S. Domenico ist ein hervorragendes Museum der ligurisch-nizzardischen Malerei des 15./16. Jh.s.

Bei Taggia geht das schmale ▶Valle Argentina in eine breite Mündungsebene über, Talboden und Hänge sind mit Treibhäusern für Schnittblumen und Zierpflanzen bedeckt. Die modernen Stadtteile dehnen sich bis zur Küste zum unglamourösen, aber netten Badeort **Arma di Taggia** aus. Östlich über dem Tal thronen Castellaro und die Wallfahrtskirche Nostra Signora di Lampedusa.

Aus der Geschichte

Aus einer ligurischen Siedlung wurde in römischer Zeit der Militärstützpunkt »mansio costa balenae«; der Hafen an der Mündung des »Tabiae fluvius« wird im Itinerarium des Kaisers Antoninus Pius genannt. Von den Langobarden zerstört, verschwand der Ort im Jahr 690 unter dem Erdrutsch der Grangia; die Einwohner hatten jedoch schon mit dem Bau einer Ansiedlung weiter landeinwärts begonnen. 1153 wurden die Grafen Clavesana mit Tabia belehnt, die es 1228 an

Taggia erleben

AUSKUNFT (IAT)
Villa Boselli, Via Boselli
18011 Arma di Taggia
Tel. 0184 4 37 33, www.taggia.it

FESTE & EVENTS
Taggia: Am 3. So. des Monats Antiquitätenmarkt in der Via Soleri. Im Februar großes Fest des Stadtpatrons S. Benedetto Revelli: Am Abend vor dem 2. Febr.-Sonntag werden »fúrgari« entzündet, am 3. So. Festzug in historischen Kostümen. 11. Mai: Patronatsfest SS. Giacomo e Filippo. Mai: »Sagra delle ciliege« (Kirschenfest). 3. Juli-So.: Fest der Maddalena mit einem »Totentanz«.

ESSEN
Ostaria del Cavallo Bianco €-€€
Taggia, Via Rimembranza 4
Tel. 0184 47 55 00
Unprätentiöses, geschmackvoll modernes Lokal in der nördlichen Fortsetzung der Via Soleri, sehr gute ligurische Gerichte.

Conchiglia €€€-€€€€
Arma di Taggia, Lungomare 33
Tel. 0184 4 31 69
Mi. und 2. Juni-Hälfte geschl.
Elegantes Restaurant in den Gewölben eines alten Fischerhauses. Etwas plüschiges Ambiente, aber exzellente ligurisch-moderne Fischküche.

Laubengänge der Via Soleri in der Altstadt von Taggia

Genua verkauften. Zwei Söhne der Stadt, die Brüder Agostino und **Giovanni Ruffini**, waren am Risorgimento beteiligt, der Einigung Italiens; Letzterer schrieb im britischen Exil den Roman **»Il dottor Antonio«**, der dort das Riviera-Fieber auslöste.

SEHENSWERTES IN TAGGIA

Enge, von Schwibbögen überspannte Gassen, gotische Arkaden und stattliche Palazzi bestimmen das Bild. Viele reliefierte Hausportale sind beschädigt: 1797, zur Zeit der Napoleonischen Republik Ligurien, wurden die alten Adelswappen abgeschlagen. Den Rundgang beginnt man man besten beim Konvent S. Domenico (▶S. 356), von dem es nördlich in die Altstadt geht (Porta dell'Orso-Borgoratto, 1541). An der **Via Lercari** sind zahlreiche skulptierte Portale zu sehen, v. a. Nr. 10 mit einer »Geburt Christi« aus dem Umkreis von Gagini. An der Piazza Farini steht rechterhand der Palazzo Lercari (Historische Bibliothek), östlich anschließend der verfallende Palazzo Curlo-Spinola (an der Via Curlo Marmorportal von 1636, Bernini zugeschrieben). An der Westseite des Platzes der »Brakì«-Brunnen des Comasken Donato de Lancia (1462); weiter an der **Via Gastaldi** schließen sich die Palazzi Anfossi-Imperiale (Waisenhaus), Littardi-Fornara und Lombardi (schon an der Piazza Gastaldi) an.

*Altstadt

Der Entwurf der Basilika SS. Giacomo e Filippo (1681) am Gastaldi-Platz wird Bernini zugeschrieben. In ihren 14 Kapellen **wertvolle Kunstwerke**, u. a. von F. Brea, L. Cambiaso (»Auferstehung«, 1547), G. Assereto, G. B. Oggero, F. und C. Vivaldi. In der 4. Kapelle links die Marmorstatue »Madonna vom hl. Herzen« von Salvatore Revelli aus Taggia, die besonders verehrt wird. Die Kanzel stammt von 1575, die große Agati-Orgel mit 1229 Pfeifen von 1839.

*Santi Giacomo e Filippo

Das Herz der Altstadt ist die sich nördlich anschließende Via Soleri, »U Pantan« genannt (der Name findet sich schon in Dokumenten aus dem 13. Jh.); sie ist gesäumt von **gotischen Bogengängen** aus schwarzem Stein und Palazzi mit schönen Portalen: Curlo (Nr. 24; 1338); Asdente-Carrega (Nr. 17 und 15); Palazzo Municipale (Nr. 12), Spinola-Curlo (Nr. 5; Portal 16. Jh.). In Nr. 14 die gute Pizzeria »I Portici«. In der Kirche SS. Fabiano e Sebastiano (urspr. 10. Jh., 1454 umgestaltet, um 1700 barockisiert) sind Fresken von 1633 und über dem Altar ein tausendjähriges Kruzifix zu sehen.

*Via Soleri

Von der Piazza Cavour weiter in nördlicher Richtung gelangt man zur Piazza Santissima Trinità mit einem Brunnen (18. Jh.) und der gleichnamigen Kirche von 1684, die mit Marmorintarsien gestaltet ist; unter den Gemälden ein vermutlicher Domenichino und ein Altarbild von Lorenzo Donato. Benachbart das Oratorium S. Orsola von 1604 mit schönem Schieferportal.

Santissima Trinità

Von der Piazza SS. Trinità führt die Straße Campo Marzio hinauf in die älteren Teile Taggias. Der Via S. Dalmazzo folgt man jedoch zunächst nach rechts zur Porta del Colletto (1541), der Kirche S. Benedetto Revelli (1452) und schließlich zur Kirche S. Maria di Canneto des einstigen Benediktinerpriorats. Der **lombardisch-romanische Bau** entstand um 1150 auf den Resten einer Kirche des 7. Jh.s; im 16. Jh. wurde das Langhaus von Giovanni Cambiaso freskiert (1547) und das Portal nach Süden verlegt. Letzteres, von dem Tessiner Giorgio Lancia (1467), gehörte zur nicht mehr existierenden Kirche S. Anna.

*Santa Maria di Canneto

Etwas weiter nördlich steht die Villa Eleonora, ehemals Benediktinerkonvent und später Wohnsitz der Familien Curlo und Ruffini. Eleonora Curlo war die Mutter der berühmten Söhne **Agostino und Giovanni Ruffini**, die zeitweise hier lebten.

Villa Eleonora

Zurück an der Porta del Colletto folgt man der Via S. Dalmazzo weiter nach Süden; hier viele Adelshäuser mit schönen Schieferportalen (typisch die Wappen von 1797). An Haus Nr. 32 eine »Auferstehung« in der Manier Gaginis. Hinter der Porta Barbarasa nach rechts in die **Via Littardi**, die die ältesten Teile Taggias erschließt; hier zunächst ein Turmhaus der Clavesana (12. Jh.), weiter zu erwähnen die Portale aus schwarzem Stein (15./16. Jh.) und die Tore Porta Soprana und Sottana. Schließlich hinauf zur **Acropoli** mit Resten der alten Befestigungen. Folgt man der Via S. Dalmazzo weiter, gelangt man zur Porta Pretoria und in die Via Bastioni; hier sind von der Stadtbefestigung von 1540 ein Teil der Mauern und die Bastionen Ciazzo und Dell'Orso erhalten (guter Blick über das Tal).

Via San Dalmazzo

Der Kreuzgang des Konvents San Domenico

*Argentina-Brücke An der Durchgangsstraße nach Badalucco führt – vor der Kulisse eines Autobahnviadukts – eine 260 m lange Brücke über den Argentina, die wahrscheinlich Teil der römischen **Via Julia Augusta** war. Die letzten zwei ihrer 16 Bögen wurden im frühen Mittelalter auf römischen Fundamenten errichtet. Jenseits des Argentina (zu Fuß 10 Min.) die kleine romanische Kirche **S. Martino** (7. Jh.) mit Fresken aus dem 11. und 15. Jahrhundert.

** CONVENTO SAN DOMENICO

Am südlichen Ortsrand liegt der Konvent San Domenico, für drei Jahrhunderte das geistliche, kulturelle und künstlerische Zentrum der westlichen Riviera. Heute lebt hier eine Gemeinschaft der Fratelli della Sacra Famiglia. Die Kirche ist berühmt als größte »Galerie« der ligurisch-nizzardischen Schule um **Ludovico Brea**.
❶ Di.–So. 9.00–11.30, 15.30–17.30, Eintritt: Spende in Höhe von 5 €, www.conventosandomenicotaggia.org

Kirche Mailänder Dominikaner ließen sich den spätgotischen Bau bis 1479 (Weihe 1490) von den Comasken Gasperino Lancia und Filippo Carlone erbauen. Der ungewöhnliche Stuckdekor stammt von G. Donato da Montorfano. Der schöne romanisch-gotische Glockenturm ist ein Werk der Bergamasker Brüder Brunichi (1490–1525). Über dem Hauptportal ein Pietà-Relief, über dem linken Seitenportal eine Schutzmantelmadonna, beide um 1500. Der weite, helle Innenraum ist geprägt durch schwarzweißen Dekor (rekonstruiert). An der Eingangsfront Reste der 1565 zerstörten marmornen Orgelempore mit Gemälden von Francesco Brea.

Kunstwerke Jedes Werk ist mit Erläuterungen versehen. Bei der 1. Kapelle rechts beginnend sind entgegen dem Uhrzeigersinn zu sehen: Ludovico Brea, Triptychon »Mariä Verkündigung« (1494). L. Brea, »Rosenkranzmadonna« (1513). L. Brea, Triptychon »Hl. Katharina von Siena mit Agathe und Lucia« (1488). G. Canavesio, Triptychon »Hl. Dominikus und Kirchenlehrer« (unten) und »Madonna, dem Jesuskind Kirschen reichend [eine ganz wunderbare Szene], und vier Heilige« (oben; ca. 1478). Rechter Querarm: Rosenkranzaltar von G. Scala u. a. (1665) mit Madonna von G. A. Ponsonelli (vor 1709). Rechte Apsis: hinter schmiedeeisernem Gitter die Reliquien des Kirchengründers und ein katalanisches Holzkreuz. Hauptapsis: L. Brea, Polyptychon »Schutzmantelmadonna mit Heiligen« (1483). Linke Apsis (Cappella Curlo): L. und Antonio Brea, Polyptychon »Taufe Jesu« (1495; als einziges vollständig erhalten; links unten neben der Taufszene die Stifter L. und B. Curlo). Linke Seite: D. Bocciardo, »Apotheose des hl. Thomas«; R. De Rossi, »Kreuzigung« (1522), im unteren Teil von E. Macario 1523 übermalt, ferner Fresken aus dem Jahr 1520; G. De Ferrari, »Hll. Vinzenz Ferrer, Rosa da Lima und Ludwig Bertrand« aus dem Jahr 1720; G. B. Trotti gen. il Malosso, »Geburt Christi« (1599); Alessandro Turchi gen. Orbetto da Verona, »Himmelfahrt mit der hl. Katharina von Siena« (um 1620). Vor dem Hauptaltar ein schönes Gestühl der lombardischen Brüder Gagini.

In der Kirche von San Domenico

Kreuzgang

Der stimmungsvolle Kreuzgang entstand im 15. Jh. unter Verwendung der Säulen aus dem zerstörten Kloster Maria di Canneto (13. Jh.; ▶ S. 355). In den Gewölben Fresken mit Szenen aus dem Leben des hl. Dominikus (1613), Anfosso di Pietro und G. B. Merulo zugeschrieben. Im Kapitelsaal und im Refektorium je eine »Kreuzigung« von G. Canavesio (1482/83). In der nicht öffentlich zugänglichen Bibliothek Fresken von L. Brea (1495), die einzigen des Künstlers.

Pinacoteca-Museo

Das Museum enthält zahlreiche weitere Kunstwerke, u. a. von L. und Francesco Brea, Parmigianino (zugeschrieben), Girolamo da Treviso d. J., B. Campi und Nicolò Corso; ferner eine gotisch-provenzalische Madonna (15. Jh.), alte Möbel, Inkunabeln und illuminierte Codices (12. – 14. Jh.) aus der mehrmals geplünderten Klosterbibliothek.

UMGEBUNG VON TAGGIA

Castellaro

Von der Brücke über den Argentina kann man in etwa 1 Std. nach Castellaro und zur Wallfahrtskirche N. S. di Lampedusa hinaufgehen. Castellaro (275 m, 1300 Einw.) liegt auf dem Bergkamm und ist daher – für Ligurien ungewöhnlich – als Straßendorf angelegt. Die Burg wurde 1341 nach einer Verschwörung gegen Genua geschleift; an ihrer Stelle, am höchsten Punkt des Orts, erhebt sich die barocke Pfarrkirche S. Pietro in Vincoli (1619; Statue von A. M. Maragliano). Ein weiteres Werk von Maragliano im Oratorium Assunta nebenan. Unterhalb eine Piazza mit einem pseudomittelalterlichen Palast.

*Nostra Signora di Lampedusa

Vorbei an 15 Kapellen mit Darstellungen der Rosenkranzmysterien gelangt man zur hübschen Wallfahrtskirche N. S. di Lampedusa 1 km nördlich von Castellaro. Uralte Steineichen beschatten den Vorplatz, von dem man einen **herrlichen Blick über das Argentina-Tal** und Taggia hat. Der 1602–1619 errichtete Bau ist einem Gelübde eines

Bürgers von Castellaro zu verdanken, der 1561 von Sarazenenpiraten gefangengenommen wurde, aber von der süditalienischen Insel Lampedusa nach Ligurien fliehen konnte, wobei er eine Leinwand mit dem Bildnis der Muttergottes als Segel benützte (über dem Marmorhauptaltar zu sehen). Glockenturm und Portikus stammen aus dem 19. Jahrhundert. Beim Erdbeben am Aschermittwoch 1887 stürzte das Dach ein und begrub 47 Menschen unter sich.

Arma di Taggia

Arma di Taggia, westlich der Argentina-Mündung, besitzt einen Bootshafen, einen guten breiten Sandstrand mit Promenade und moderne Hotels. Vom alten Ort Arma sind im **Viertel San Giuseppe** typisch ligurische Häuser und die gleichnamige Kirche erhalten. An der Küste am westlichen Ortsrand liegt auf einem Felsen eine Bastion von 1565; unterhalb die 40 m tiefe Grotte »Madonna dell'Arma«, die dem Ort den Namen gab. Sie war seit der mittleren Altsteinzeit bewohnt und dient heute als Kirche Annunziata.

Riva Ligure

Der wenig aufregende, wenn auch nicht unangenehme Badeort Riva (3000 Einw.) geht im Osten nahtlos in Santo Stefano al Mare über (s. u.). Das alte ligurische Fischerdorf verschwindet fast in der Masse der unschönen Wohnblocks, dahinter steigen die Treibhausterrassen für die Blumenzucht an. Die Kirche S. Maurizio (Madonna del Buon Consiglio) hinter der Bahnlinie wurde 1206 erwähnt, vermutlich aber um 1050 errichtet; zu sehen sind hier Gemälde von Giovanni da Montorfano (15. Jh.) und ein Tafelbild von Francesco Brea (16. Jh.). Der Palazzo der Grafen Carrega ist heute Rathaus. Am Hafen ein Wehrturm (nach 1561), am westlichen Ortsrand das Gelände der römischen Mansio mit Resten der frühchristlichen Basilika S. Siro.

Santo Stefano al Mare

Santo Stefano al Mare (2200 Einw.) bildet einen schmalen Streifen zwischen Strand und den mit Treibhäusern bedeckten Hängen des Monte S. Stefano (163 m). Das ehemalige Dorf von Fischern und Seeleuten hat noch eine ansprechende Atmosphäre. Am Ostrand des Orts ein oktogonaler Festungsturm von 1624; die romanische Pfarrkirche wurde 1522 neu aufgebaut und im Barock umgestaltet.

Terzorio

In Panoramalage, 3 km nördlich von Santo Stefano, der Ort Terzorio (185 m, 220 Einw.), dessen Pfarrkirche Natività di S. Giovanni (1444, im Barock umgebaut) einen schönen Turm, ein Gemälde von L. Massabò und ein kunstvolles Holzkruzifix besitzt.

Cipressa

Schöne Ausblicke auf die Küste hat man von Cipressa (1200 Einw.) in 240 m Höhe und vom östlich benachbarten Costarainera. Die Pfarrkirche Visitazione an der großen Piazza wurde um 1645 errichtet; von 1777 stammt das Oratorium Annunziata neben ihr, dessen Fassade mit figürlichen und geometrischen Fresken verziert ist.

Das landwirtschaftlich geprägte Costarainera (218 m, 800 Einw.) liegt am Südosthang des Monte Costa (401 m). Oberhalb des Orts die markante Silhouette der schlichten, von Zypressen umgebenen Kirche **S. Antonio**, ein im 14. Jh. vergrößerter romanischer Bau aus dem 12./13. Jh.; von den Kunstwerken, die es hier einmal gab, ist noch ein Teil eines Polyptychons von E. Macario (16. Jh.) zu sehen. Der Glockenturm (15. Jh.) trägt ein Wappen der Grafen Lengueglia und bekam im Barock einen Zwiebelaufsatz. *Costarainera*

** Triora · Molini di Triora

✈ C 8

Provinz: Imperia
Höhe: 780 / 460 m ü. d. M.

Einwohner:
380 / 600

Die abgeschiedene, schöne Lage am Hang hoch über dem oberen Argentina-Tal und die infamen Hexenprozesse des 16. Jh.s haben dem pittoresken mittelalterlichen Städtchen Triora – das mit verfallenden, düsteren Gemäuern durchaus ein wenig unheimlich wirkt – neues Interesse verschafft.

Die alten Orte Triora und Molini di Triora liegen ca. 25 km von der Küste entfernt im ▶Argentina-Tal; Letzteres im engen Talgrund, Ersteres auf einem Bergsporn über Molini. Triora ist die flächenmäßig größte Gemeinde in der Provinz Imperia und reicht im Norden bis Monesi (▶Arroscia-Tal). Man lebt hauptsächlich vom Tourismus und vom Schieferabbau. Molini di Triora, das an der zur Po-Ebene führenden Salzstraße lag, ist seit 1903 selbständige Gemeinde.

Triora kam 1261 an Genua, das den Ort zum Sitz einer Podesteria machte und mit Burg und Mauer befestigte. Für den Tourismus und die Souvenirindustrie hemmungslos ausgenützt und verharmlost (Halloween!) – was nicht alle Einwohner für gut halten – werden die **Hexenprozesse** zwischen 1587 und 1589, in denen 13 Frauen und vier Mädchen unter den üblichen Beschuldigungen gefoltert und verbrannt wurden. In der Ligurischen Republik (1797) wurde Triora Hauptort des »Achten Gerichtsbezirks der Olivenbäume«. Molini wird zum ersten Mal 972 erwähnt; im 14. Jh. kam es zum genuesischen Triora, einst sollen hier 23 Mühlen gearbeitet haben. Am 5. Juli 1944 *Aus der Geschichte*

> **! BAEDEKER TIPP**
>
> *Pane di Triora*
>
> Berühmt ist das runde Sauerteigbrot, das im weiten Umkreis angeboten wird; es enthält außer Weizen- auch Buchweizenmehl sowie Kleie und wurde früher nur einmal in der Woche oder gar im Monat gebacken. Der einzige Hersteller heute ist das Panificio Asplanato (Corso Italia 37).

wurden beide Orte von deutschen Truppen in einer sogenannten Vergeltungsaktion teilweise zerstört.

TRIORA

Jahrhunderte bewegter Geschichte haben ein pittoreskes Stadtbild geschaffen: Loggien, dunkle enge Gassen und steile Treppen zwischen übereinandergeschachtelten Häusern und Mauern. Häufig zu sehen sind reich gestaltete Schieferportale mit religiösen Symbolen und Wappen. Von den fünf Festungsbauten sind noch die Ruinen des Castello, des sog. Fortino und der Festung San Dalmazzo erhalten. Und man sollte nicht versäumen, sich in einem Restaurant die »cucina bianca« schmecken zu lassen (▶S. 76). Die Möglichkeiten zum Nächtigen sind spärlich (das altbekannte Hotel Colomba d'Oro wurde geschlossen) und aufgrund der Nachfrage relativ teuer.

Museo Etnografico e della Stregoneria
Am Eingang zum Ortskern (Corso Italia 1) sind in einem befestigten Wohnhaus das Tourismusbüro und das Volkskundliche Museum untergebracht. Es führt das ländliche Leben vor Augen und zeigt – in den alten Kerkern – nicht nur Dokumente zu den Hexenprozessen von 1587, sondern auch (schaurig, schaurig) mit Puppen nachgestellte Szenen inklusive der Folterungen.
❶ Tgl., April–Juni 15.00–18.30, Sa., So. auch 10.30–12.00, Juli–Sept. 10.30–12.00, 15.00–18.30, Okt,–März 14.30–18.00, Sa., So. auch 10.30–12.00 Uhr, Eintritt 2 €

S. Giovanni
Am Hospital vorbei führt die Via Roma auf den von einer Loggia flankierten **Hauptplatz**; sein Pflaster zeigt das Wappen von Triora, einen Zerberus mit drei Köpfen (»Triora« bedeutet »drei Köpfe«). Rechts des Oratorium S. Giovanni Battista von 1694, das auf zwölf Säulen ruht; innen ein großartiger **Holzaltar** (1690, »Geburt des Täufers«) des einheimischen Lorenzo Gastaldi (1682) sowie eine A. M. Maragliano zugeschriebene Statue Johannes des Täufers (1725).

*S. Maria Assunta
Links neben S. Giovanni die klassizistische Fassade (1837) der Kollegiatkirche Assunta. Vom romanisch-gotischen Bau des 13./14. Jh.s sind noch der untere Teil des Turms und das Portal erhalten. Bemerkenswert sind das goldgrundige Tafelbild »Taufe Jesu« von **Taddeo di Bartolo** aus Siena (1397), zwei Gemälde von Luca oder Giovanni Cambiaso und ein Altarbild von L. Gastaldi.

Porta Sottana
Zwischen S. Giovanni und der Assunta hinuntersteigend gelangt man, in einem besonders altertümlichen Viertel, zum Brunnen Sottana (1480) und dem gleichnamigen Stadttor. Haus Nr. 16 in der Via Gianni ist die **Biblioteca Ferraironi**, benannt nach dem Heimatfor-

Abgeschiedene Bergdörfer vor dem Monte Saccarello: Andagna (im Vordergrund) und Triora, gesehen vom Passo di Teglia

scher Padre Francesco Ferraironi (1883–1963). In östlicher Richtung (Via Cima) erreicht man die aufgegebene Kirche **S. Dalmazzo** (ursprünglich 13. Jh.), daneben die Reste der gleichnamigen Bastion.

Nordöstlich der Piazza (Via Dietro la Colla) liegt die Porta Soprana; von hier führt ein hübscher Weg mit herrlicher Aussicht in 20 Min. zu den Ruinen der Kirche S. Caterina, errichtet 1390 von der aus Florenz geflohenen Familie Capponi. In der Nähe der Friedhof mit dem **Fortino**, den Ruinen der genuesischen Festung des 13. Jh.s. Am Nordwestende des Orts, am höchsten Punkt, ragen die Ruinen des **Castello** auf (12./13. Jh.). In der Nähe die Kirche S. Agostino von 1614 mit kuriosem, farbig gedecktem Zwiebelturm.

S. Caterina

Am Südhang unterhalb Triora steht die malerische Kapelle S. Bernardino (15. Jh.) mit dreibogigem Portikus; sie enthält Fresken eines unbekannten Malers aus der Toskana oder dem Piemont (»Passion«, Themen aus Altem und Neuem Testament; 1463).

San Bernardino

MOLINI DI TRIORA

Die Mühlen haben ihren Betrieb eingestellt, und Molini, tief unten im schmalen Tal gelegen, bietet ein etwas düsteres Bild. Die chaotisch-nette **Bottega di Angelamaria** hält neben allerlei Souvenirs und »Hexenprodukten« gute ländliche Produkte feil. Die Pfarrkirche **S. Lorenzo** von 1484 wurde im 18. Jh. barock umgebaut; vom alten

Triora erleben

AUSKUNFT (IAT)
Corso Italia 7, 18010 Triora
Tel. 0184 9 44 77
www.comune.triora.im.it

FESTE & EVENTS
Triora: Am Karfreitag Kreuzabnahme und Fackelzug. 2. Sonntag nach Ostern Prozession zum »Monte«. 24. Juni, in San Giovanni dei Prati (zwischen Colla Langan und Monte Ceppo): Fest des oberen Argentina-Tals. 1. Juli-So.: Fest der Madonna della Misericordia. 1. August-So.: Wallfahrt auf den Monte Saccarello. 15. Aug.: Patronatsfest Mariä Himmelfahrt, gleichzeitig Ferragosto mit Markt, Musik und Tanz. Letzter Sept.-So.: Festa del Fungo (Pilzfest). 30. Nov.: Halloween. **Molini di Triora:** 9./10. Aug. Patronatsfest S. Lorenzo. 2. Sept.-So.: Madonna dei Dolori. Letzter Sept.-So. großes Fest für die Spezialität des Orts: Schnecken.

ÜBERNACHTEN
B & B in Triora €–€€
La Stregatta: Via Camurata 24
Tel. 340 5 59 24 94, lastregatta.weebly.com
La Grande Foresta: Via Poggio 13
Tel. 0184 9 46 18
www.triorabedbreakfast.com
La Tana del Volpe: Largo Tamagni 5
Tel. 0184 9 46 86, www.latanadellevolpi.it

ESSEN
L'Erba Gatta €€
Triora, Via Roma 6
Tel. 0184 9 43 92, www.erbagatta.it
Gediegen rustikal ist das Ambiente, die Küche verwöhnt mit ebenso feinen wie herzhaften Aromen, auch bei der Pizza.

Restaurants in Molini €–€€
Giovanna, Via Nuova 54
Tel. 0184 9 40 26, Mo. geschl.
Santo Spirito, Piazza Roma 23
Tel. 0184 9 40 19, Mi. geschl.

Bau sind noch Turm und Portal erhalten. Innen u. a. ein Triptychon »Maria Magdalena mit Martha und Katharina« von E. Maccari (1540) und eine »Muttergottes mit Kind« (1605) aus dem **Sanktuarium della Montà**. Letzteres, oberhalb des Orts am Pfad nach Triora gelegen (13./15. Jh.), enthält einen prächtigen geschnitzten Altar von G. Borgognone aus Molini und Fresken von 1435.

UMGEBUNG VON TRIORA UND MOLINI DI TRIORA

Loreto Ca. 2 km westlich von Triora, hoch über dem Argentina, steht das Sanktuarium Madonna di Loreto (16. Jh., Altarbild von L. Gastaldi). Der Platz heißt auf alten Karten »Roca Salinarum«, da hier das ligurische Salz gegen Waren aus dem Piemont getauscht wurde. Eine elegante Betonbrücke von 1960 überspannt die Schlucht in 119 m Höhe; die Trattoria an der Brücke ist ok, nimmt aber Touristenpreise. Die Felswände sind ein berühmtes Revier für Extremkletterer.

Verdeggia (1092 m) wurde von Einwohnern von Briga gegründet, die als Halbpächter die Felder der Trioreser Adelsfamilie Borelli bestellten. Der Ort am Fuß des Monte Saccarello wurde nach einem Erdrutsch in sicherer Lage neu aufgebaut. Interessant sind die **piemontesisch-alpine Architektur** und der dreieckige Glockenturm. Von Verdeggia ist der höchste Gipfel Liguriens, der **✶✶Monte Saccarello** (2201 m), für gute Bergwanderer in ca. 3.30 Std. zu erreichen. Man steigt zuerst nördlich bis zu einem Fahrweg an, dem man in westlicher Richtung zum Passo di Collardente folgt. Von hier, mit 600 m Höhenunterschied, auf der Alta Via dei Monti Liguri zum Gipfel, der 1794 Schauplatz einer Schlacht mit dem französischen Revolutionsheer war. Die 14 m hohe Bronzestatue des »Redentore« (Erlöser) wurde 1901 errichtet. Der Abstieg nach Verdeggia (ca. 3 Std.) verläuft im Halbkreis über Cima Valletta, Passo Garlenda und Passo della Guardia sowie die Ruine Case Barbone und den Weiler Case di Quin.

Westlich gegenüber von Triora liegt Andagna auf einem Bergsporn (730 m). Die Kirche Natività di Maria Vergine besitzt ein prächtiges Schieferportal und ein Polyptychon »Verkündigung«, Giovanni Baleison zugeschrieben (15. Jh.). An der Straße von Molini herauf das Oratorium S. Rocco, auch dieses mit interessanten Fresken.

Andagna

Von Andagna steigt das wildromantisch-schmale, asphaltierte Sträßchen zum Passo di Teglia (1387 m) an, der Wasserscheide zum ▶ Valle Arroscia, für Radsportler eines der Highlights in Ligurien. Man passiert das Oratorium S. Bernardo mit Fresken von 1436, dann, in der Nähe des sagenumwobenen »Roca d'e bàgiue« (Hexenfels), die Wallfahrtskapelle S. Brigida. In 1080 m Höhe sind noch Reste der Rocca di Drego zu sehen, eines ligurischen »castellaro«.

✶Passo di Teglia

Val d'Aveto

Provinz: Genua

Im Nordosten der Riviera di Levante, im Hinterland von Chiavari, bildet der zum Po fließende Aveto mit seinem Nebenfluss Gramizza ein weites Amphitheater von Bergen, das viele Möglichkeiten naturnaher Betätigung bietet.

Die schöne, gemäßigt alpine Landschaft umfasst im Süden Monte degli Abeti (1542 m) und Monte Aiona (1701 m) mit dem Naturschutzgebiet Agoraie, im Norden Monte Maggiorasca (1804 m) und Monte Groppo Rosso (1593 m), im Westen den Monte Montarlone (1500 m). Im Sommer kann man in dem abgelegenen, ursprünglich gebliebenen Landstrich wandern, im Winter skilaufen. Auch Angler und Gleitschirmflieger kommen auf ihre Kosten.

Rezzoaglio Hat man auf der herrlichen Bergstraße von Borzonasca (▶Chiavari) her den Pass La Forcella (876 m) überschritten, befindet man sich auf dem mit 105 km² außergewöhnlich großen Gemeindegebiet von Rezzoáglio (700 m, 1000 Einw.). Im reizvollen, sanften oberen Aveto-Tal sind noch viele **Beispiele traditioneller Bauweise** zu sehen, etwa die »barchi«, Heuschober mit beweglichem Dach. Zwischen dem unteren und dem oberen Ortsteil überspannt eine mittelalterliche Brücke den Aveto. Den Hauptplatz beherrscht der interessante barocke Campanile (1769/1825) der Pfarrkirche S. Michele (1850/1929).

Santo Stefano d'Aveto S. Stefano d'Áveto (1017 m, 1200 Einw.) am Monte Maggiorasca ist »der«, allerdings sehr bescheidene **Wintersportort der Levante** mit Sesselbahn und Lift, Skischule und Loipen. Die interessantere Sommersaison – für Bergwanderer und Angler –, in der das Dorf gut besucht ist, dauert von Mitte Juli bis Ende August. Der Ort wird erstmals 1164 erwähnt, als Kaiser Friedrich Barbarossa die Malaspina mit Dorf und Tal belehnte. Ihre ins 13. Jh. zurückgehende **Burg** ist immer noch Kern des sich am Hang hinaufziehenden Dorfs; um das Bollwerk gruppiert sich der kleine Hauptplatz mit wenig ansprechenden Bauten (Hotels, Lokale, Geschäfte). Die neogotische Pfarrkirche SS. Stefano e Maria Maddalena entstand 1928 (wertvolles **Chorgestühl** und Orgel), der hohe, schlanke Glockenturm stammt noch von der älteren Kirche. Unterhalb der Kirche liegt der alte Ort.

Über S. Stefano d'Aveto geht der Blick hinüber zum Monte Aiona.

Bergwanderungen Von S. Stefano sind großartige Bergwanderungen zu unternehmen. Auf den **Monte Maggiorasca** (1804 m) gelangt man in 2.30 Std. über Rocca d'Aveto und den Monte Bue (1776 m); zurück mit dem Sessellift nach Rocca oder in weiteren 2.30 Std. über den Monte Cognetti nach Allegrezze an der Straße nach Santo Stefano. Die Besteigung des **Monte Groppo Rosso** auf leichten Wegen ist in 1 Std. zu bewerkstelligen; umrundet man seine Felsgipfel über den Passo della Roncalla nach Rocca d'Aveto, braucht man nochmals 1.30 Std.

Val d'Aveto • ZIELE

Ein sehr lohnendes Ziel für geübte, trittsichere Wanderer ist der **Monte Penna** (1735 m) südöstlich von Santo Stefano. Die Rundtour von den Casermette di Penna (an der Straße S. Stefano – Casale) über den Gipfel (kleine Felskletterei nötig, großartige Aussicht) und den Passo dell'Incisa dauert ca. 2 Std.; nimmt man noch den Monte Aiona mit (s. u.), an die 6 Stunden.

> **BAEDEKER TIPP**
>
> ### Canto di Maggio
>
> In S. Stefano d'Aveto ist noch die Tradition des Maigesangs lebendig, mit dem am 1. Mai jüngere Männer den Frühling ankündigen. Kurz nach Mitternacht schon beginnen sie auf der Piazza, dann singen sie in den Straßen und den anderen Teilen des Orts.

Den interessantesten Teil des **Parco Regionale dell'Aveto** stellt das Naturschutzgebiet Agoraie dar, das südlich von S. Stefano d'Aveto am Nordwesthang des Monte Aiona liegt. Hier hat die Würmeiszeit vor ca. 20 000 Jahren und die reichen Niederschläge (über 2000 mm) ein einzigartiges Feuchtgebiet mit Seen und Sümpfen entstehen lassen. Auch aufgrund der strengen Winter überlebten hier Arten, die sonst nur in nördlichen Breiten und in Gebirgslagen anzutreffen sind. Am Riondo-See kommen etwa Schlangenmoos und Rundblättriger Sonnentau vor. Im **Abeti-See** liegen über 2500 Jahre alte Baumstämme, die das kalte Wasser konserviert hat. Der Zugang zum Reservat ist nur auf markierten Wanderwegen – auch die Alta Via dei Monti Liguri führt hindurch – und Forststraßen gestattet. Eine schöne Tour führt von Gramizza über den **Monte Aiona**, vorbei an den Seen Agoraie und Lame, nach Magnasco (ca. 6 Std., Bus nach Gramizza).

*Riserva delle Agoraie

Val d'Aveto erleben

AUSKUNFT (IAT)
Piazza del Popolo 6
16049 Santo Stefano d'Aveto
Tel. 0185 8 80 46
www.comune.santostefanodaveto.ge.it
www.montebue.com, www.parcoaveto.it

FESTE
S. Stefano d'Aveto: 1. Mai: Canto del Maggio. So. nach dem 16. Aug.: Fest der Madonna di Guadelupe.

ESSEN
Luna Piena €–€€
S. Stefano d'Aveto, Via Ponte dei Bravi 7
Tel. 0185 8 83 82
Außer Juli/Aug. Mo. geschl.
Nettes, gepflegtes Lokal mit sehr guter ligurischer Küche; Fr. – So. gibt's abends Pizza aus dem Holzofen (Juli/Aug. tgl.). Sehr beliebt, v. a. für abends reservieren.

ÜBERNACHTEN/ESSEN
Albergo San Lorenzo €
S. Stefano d'Aveto, Via G. Marconi 26
Tel. 0185 8 80 08, albergosanlorenzo.org
Familiäres, persönlich geführtes Hotel von ordentlichem Standard, mit herrlicher Aussicht über das ganze Tal. Es ist auch für seine gute Küche bekannt.

Val Fontanabuona

— L–N 5

Provinz: Genua

Das freundliche Fontanabuona-Tal erstreckt sich im Hinterland des Monte di Portofino, und zwar – ungewöhnlich für Ligurien – parallel zur Küste. Berühmt sind die Schieferbrüche, aus denen das für Ligurien so typische Material stammt.

Das knapp 40 km lange Tal wird vom Fluss Lavagna gebildet, der am Passo della Scoffera entspringt und unter dem Namen Entella zwischen ▶Chiavari und Lavagna ins Meer mündet. Seine höchsten Teile sind von alpinem Charakter und von alter bäuerlicher Kultur geprägt; die tieferliegenden Hänge überziehen Kastanienwälder, unterbrochen von landwirtschaftlich genutzten Terrassen.

San Colombano San Colombano (45 m, 2700 Einw.) entstand, wie der Name signalisiert, im 8./9. Jh. um ein Kloster, das Benediktinermönche aus Bobbio (▶Val Trebbia) gegründet hatten. Die meisten mittelalterlichen Kirchen wurden im Barock umgestaltet.

*Léivi Léivi (274 m, 2350 Einw.), auf dem Berggrat 4 km südlich von S. Colombano, ist einen Abstecher wert: Man hat einen **herrlichen Blick** auf den Golfo di Tigullio vom Monte di Portofino bis Sestri Levante.

Lorsica Lórsica (370 m, 500 Einw.), im Nebental des Malvaro unterhalb des Monte Ramaceto (1345 m) gelegen, ist bekannt für seine 500-jährige Tradition der **Seidendamastweberei**, die das adlige Genua mit prachtvollen Stoffen versorgte; heute arbeitet noch die Familie DeMartini an ihren Webstühlen (Showroom). Die Pfarrkirche Annunziata (S. Caterina di Genova, 16. Jh.) enthält ein Kruzifix aus der Maragliano-Schule und wertvolle Gegenstände aus Damast.
DeMartini: Via Scaletta 78, Mo.–Sa. 9.00–12.00, 15.00–19.00 Uhr, Tel. 0185 97 73 02, www.tessiturademartini.it. **Damastmuseum:** Via Casali 109, Sa., So. April–Okt. 16.00–18.00, sonst 15.00–17.00 Uhr

Favale di Malvaro Favále di Málvaro (325 m, 480 Einw.) liegt 8 km nördlich der SS 225 im Tal des Rio di Malvaro, umgeben von Terrassen, Weiden und Wäldern. Die dominierende Kirche S. Vincenzo (17. Jh.) enthält ein Chorgestühl von 1788. Viele Bewohner wanderten im 19./20. Jh. nach Amerika aus, woran das Denkmal auf der Piazza erinnert. In **Acereto** – zu erreichen auf dem Fahrweg oder dem alten Eselspfad – ist im Haus der Eltern von Amedeo Pietro Giannini (1870 – 1949), dem Begründer der Bank of America, das **Museo dell'Emigrante** eingerichtet (Besichtigung n. V. Tel. 0185 97 51 95). Es ist nicht nur dem berühmten Auswanderer gewidmet, sondern auch dem ländlichen Leben im Ligurien des 19. Jahrhunderts. Über eine bemerkenswerte moderne Kirche verfügt das Dorf **Barbagelata**, das jenseits des Passo Scoglina in 1115 m Höhe liegt.

Cicagna (2500 Einw.), der Hauptort des Tals, zeigt in seinem um die Lavagna-Brücke gruppierten Ortskern noch einen gewissen Wohlstand. Hier hat das **Ecomuseo dell'Ardesia** seinen Sitz, das ein Museum in Cicagna, ein Schieferwerk in Chiapparino und einen unterirdischen Schieferbruch in Isolona umfasst. Vor der Villa Cavagnari, Sitz der Comunità Montana Fontanabuona, ein Kolumbus-Standbild. Die Wallfahrtskirche Madonna dei Miracoli wurde 1937 am Platz der mittelalterlichen Kirche errichtet, von der noch der Turm übrig ist.
Ecomuseo: Zur Zeit geschlossen

Cicagna

Der Palazzo De Ferrari in Ferrada besitzt die prächtigste Fassade des ganzen Fontanabuona-Tals. Kirche Sacro Cuore, ebenfalls im Ortskern, mit Jugendstil-Treppe und neobarocker Fassade von 1908.

Ferrada

Mocónesi (182 m, 2700 Einw.), genauer sein Ortsteil Gattorna, ist ein alter Ort an der Kreuzung der Saumpfade von der Küste ins Hinterland, hier wird traditionell der hl. Jakob verehrt. Die Kirche S. Giacomo Apostolo (19. Jh.) besitzt ein wertvolles Triptychon »Hl. Jakob mit Antonius und Bernhard« von 1578, Andrea Semino zugeschrie-

Moconesi

Ländliche Idylle im Fontanabuona-Tal: Soglio

Val Fontanabuona erleben

AUSKUNFT (IAT)
Piazza Cavagnari 4, 16044 Cicagna
Tel. 0185 9 71 81
www.fontanabuona.com
www.terrediportofino.eu

FESTE & EVENTS
Léivi: 1. Mai »Cantar maggio« (Maigesang). Ende Juli: Olivenölfest. Patronatsfeste in der 2. Augusthälfte. **Canevale:** 1. Aug.-So.: »Ritt des hl. Jakob«, ein waghalsiges Spektakel, bei dem eine schwere Figurengruppe mit dem Heiligen zu Pferd von acht Männern im Lauf treppauf und treppab getragen wird. **Moconesi-Gattorna:** 1. So. nach dem 29. Aug.: Patronatsfest der Wallfahrtskirche Madonna della Guardia. **Lumarzo:** 2. Sept.-So.: Fest der Madonna del Bosco mit prächtiger Prozession der Bruderschaften in Trachten.

ESSEN/ÜBERNACHTEN
San Rufino €
Leivi, Via San Rufino 18
Tel. 0185 31 96 00, Di. geschl.
Kleines Lokal mit spektakulärer Aussicht, ausgezeichnete Hausmacherküche – man bringe Hunger mit. Übernachten können Sie im **B & B Ca' Peo** (2 kleine Appartements; Via dei Caduti 82, Tel. 0185 31 97 38).

Osteria della Fonte Buona €
Favale di Malvaro, Via Piano 4
Tel. 0185 97 50 24, fontebuona.com
Ein verstecktes Juwel: Schöne Villa von 1895, geführt von einem holländisch-genuesischen Paar, mit wunderbar gestalteten Gästezimmern. Abends ausgezeichnete Küche in regionaler Tradition mit teils ungewöhnlichen Gerichten. Und es gibt einen schattigen Garten.

---

ben. Das kleine **Museo del Giocattolo** (Spielzeug- und volkskundliches Museum) ist nach Vereinbarung (Tel. 0185 93 10 32) zu besichtigen. Mit einfachem Spielzeug, das in Heimarbeit hergestellt wurde, besserte man einst das karge Einkommen auf.

Tribogna Von Gattorna führt eine Straße hinauf nach Tribogna (279 m, 630 Einw.), das erstmals 1261 erwähnt wird. Die Kastanienwälder bildeten die wirtschaftliche Grundlage des Dorfs, das am Martinstag (11. Nov.) die große »Sagra delle castagne« feiert. Die romanische Kirche S. Martino wurde im 18. Jh. umgebaut, gleichzeitig mit dem Bau des Glockenturms (Fresken aus dem 18. Jh.). Wenige Reste sind von der Burg auf dem Monte Tugio am Spinola-Pass erhalten. Von der Straße, die von Gattorna heraufführt, liegt umgeben von Zypressen die Kirche S. Francesco von Pian dei Preti.

Neirone Nördlich von Gattorna liegt Neirone (342 m, 950 Einw.) zwischen Monte Caucaso (1245 m) und Monte Lavagnola (1118 m). Die Pfarrkirche im Ortsteil Roccatagliata besitzt zwei Gemälde von P. G. Piola. Neirone und Corsiglia sind Ausgangspunkte für eine Wanderung (2 Std.) auf den **Monte Caucaso** mit prächtiger Aussicht.

Lumarzo (350 m, 1500 Einw.), letzter Ort im Fontanabuona-Tal am Fuß des **Passo della Scoffera**, war ein strategischer Punkt zwischen Genua und dem Hinterland; die Malaspina, die Österreicher und die Truppen Napoleons wussten das ebenso wie die deutsche Wehrmacht, die sich im Zweiten Weltkrieg hier verschanzte. In **Pànnesi** an der Straße zum Colle Caprile erinnert die Cappella di Berte an den Kampf der Resistenza.

Lumarzo

Valle Argentina

C/D 8

Provinz: Imperia

Das Tal des Flusses Argentina dominiert den Südwesten der Riviera. Von der Blumenriviera bis hinauf zum 2200 m hohen Monte Saccarello, dem höchsten Gipfel Liguriens, sind reizvolle Szenerien zu finden: Olivenhaine, die dank der geschützten Lage bis in 700 m Höhe reichen, tiefe Buchen- und Kastanienwälder, Nadelwälder mit Fichten und Lärchen bis zu den Wiesen der Gipfelregionen.

Die wichtigsten Orte des Tals sind, von der Küste her, ▶Taggia, Badalucco, Montalto Ligure und ▶Triora mit Molini di Triora.

An einem Hügel in einer Schleife des Flusses liegt das mittelalterliche Badalucco (1200 Einw.) mit engen Gassen, die mit **zeitgenössischen Keramiken und Wandbildern** geschmückt sind. Man produziert hier v. a. Oliven und Gemüse; besonders bekannt sind die vorzüglichen weiße Bohnenkerne »rundìn«. Südlich und nördlich des Orts wird der Argentina von eleganten Brücken aus dem 16. bzw. 17. Jh. überspannt. Auf der Anhöhe die Ruine der **Burg** der Grafen von Badalucco mit der Kirche San Nicolò (schöner Blick). Am Fluss entlang kommt man zur Pfarrkirche **Assunta e S. Giorgio** (1692), in der über dem Hauptaltar eine der Bernini-Schule zugeschriebene Marmorgruppe zu sehen ist, eine »Auferstehung« von Sodoma (17. Jh.) sowie eine A. M. Maragliano zu-

Badalucco

Badalucco: Brücke S. Lucia mit Kapelle

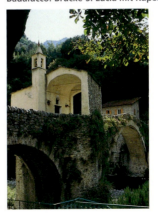

geschriebene »Assunta«. Gegenüber der Kirche der Palazzo Boeri (16. Jh.) mit interessanter Loggia.

*Madonna della Neve Auf dem Gipfel des **Monte Carmo** (784 m) westlich von Badalucco, mit schönem Panorama, steht das Sanktuarium Madonna della Neve (16. Jh., 1625 erweitert). Zufahrt vom Restaurant Vecchio Frantoio südlich von Badalucco; zu Fuß von Badalucco 1.30 – 2.00 Stunden.

Monte Ceppo Folgt man der Straße nach Vignai weiter, gelangt man über den **Colla Serro zum Monte Ceppo, auf dessen unbewaldeter Kuppe eine wunderbare alpine Flora zu Hause ist. Nicht minder grandios die Aussicht vom Gipfel (1627 m), an klaren Tagen ist Genua erkennbar.

*Montalto Ligure Weiden, Kastanienwälder und Olivenhaine prägen die Umgebung des mittelalterlichen Dorfs Montalto Ligure (315 m, 430 Einw.), das

Valle Argentina erleben

AUSKUNFT (IAT)
Via Marco Bianchi 1, 18010 Badalucco
Tel. 0184 40 70 07
www.comunedibadalucco.it
IAT Sanremo ▶ S. 322

FESTE & EVENTS
Badalucco: 23. April: Patronatsfest S. Giorgio. Ostersonntag: »scotezzo« (Eier-Duell). 3. Sept.-So.: Stockfisch-Fest. **Monte Carmo:** 5. Aug. Fest Madonna della Neve. **Montalto Ligure:** 24. Juni: Patronatsfest S. Giovanni Battista. Mitte Aug.: Fest der »frandurà« (Gratin aus Kartoffeln, Béchamel und Pecorino). **Carpasio:** 15. Aug. Drachenfest. 2. Sept. Patronatsfest S. Antonio Martire. Im Sommer Pallone-elastico-Turniere.

ESSEN
Cian de Bià €
Badalucco, Via Silvio Pellico 14
Tel. 320 6 62 20 79, nur abends geöffnet, Mo. und 10.–30. Juni geschl.
Im 1. Stock eines alten, schön restaurierten Hauses wird die herzhafte Küche des Hinterlands mit Fleisch, Wild, Pilzen etc. geboten. Nur ein Menü, zu einem feinen Preis. Große Auswahl italienischer Weine. Reservieren ist angezeigt.

ÜBERNACHTEN
Locanda Macine del Confluente €€
Badalucco, Località Oxentina
Tel. 0184 40 70 18, 2 km südlich von Badalucco nahe der SS 548
www.lemacinedelconfluente.com
Großzügiger, auf alt gemachter Agriturismo mit 6 hübschen »Junior Suites«. Im Restaurant isst man ausgezeichnet und nicht nur ligurisch (abends, So. auch mittags geöffnet; Mo., Di. geschl.).

Prati Piani €
Carpasio, Loc. Prati Piani, Via Prati Piani 1
Tel. +31 651 40 39 43
www.pratipiani.com
Ein Landvilla, ein Bauernhaus und eine Casa cantoniera wurden zur stilvollen, gemütlichen Bleibe für Gruppen von 2–20 Personen, Mindestaufenthalt 3 Tage. Mit »privatem« Restaurant.

Montalto zeigt heute noch ein archaisch-mittelalterliches Bild.

sich an den Hang des Monte Colletto schmiegt. Von hier stammt die **Malerfamilie Brea**; ihr berühmtester Spross war Ludovico Brea (*1443 in Nizza, † 1523), gefolgt von seinen Brüdern Antonio und Piero sowie seinem Neffen Francesco. Sie hinterließen in Montalto, an der Côte d'Azur, in Genua und weiteren Orten der Riviera hervorragende sakrale Bildwerke. Die Pfarrkirche *** San Giovanni Battista**, eine dreischiffige Basilika des 15. Jh.s, wurde im 18. Jh. zur Saalkirche mit Seitenkapellen umgestaltet und mit Glockenturm ausgestattet. Sie enthält qualitätvolle Kunstwerke, so das **Polyptychon »Hl. Georg« von L. Brea** (1516), »Muttergottes mit Kind« von E. Maccari (1546), »Martyrium des hl. Stephan« von A. da Casanova (16. Jh.), »Auferstehung Christi« von Luca Cambiaso (1563), »Geburt Johannes des Täufers« von einem unbekannten Künstler des 17. Jh.s. Im Friedhof unterhalb des Orts steht die schlichte spätromanisch-gotische Kirche *** San Giorgio**. Die dreischiffige Basilika des 12. Jh.s wurde im 14. Jh. umgebaut, wobei u. a. das romanische Portal erhalten blieb. Eine steinerne Schranke trennt den Chor vom Langhaus. Erhalten sind Fragmente mittelalterlicher Fresken (13./14. Jh.).

Ca. 2 km östlich von Montalto, an einem jahrhundertelang für den Viehtrieb benützten Weg, liegt das 1493 gegründete Sanktuarium Madonna dell'Aquasanta, wo ein Greis durch das Wasser einer Quelle von einem Augenleiden geheilt worden sein soll. Die über der Quelle errichtete Wallfahrtskirche wurde nach der Zerstörung durch das Erdbeben 1887 wieder aufgebaut. Innen eine Marmorgruppe der Jungfrau Maria und ein Brunnen, dessen Trog ein griechischer Sarkophag sein soll (datiert 1437). Fest am letzten Maisonntag.

Madonna dell'Acquasanta

Carpasio Noch 7 km weiter nördlich liegt über der Carpasina das Dörfchen Carpasio (715 m, 160 Einw.). Das abgelegene, von der Landflucht stark betroffene Tal ist von hohen Bergen umgeben: Monte Moro (1184 m), Monte Grande (1418 m); da und dort sind »caselli« zu sehen, Hütten aus Trockenmauerwerk. Auf den in jahrhundertelanger Arbeit angelegten Terrassen stehen Reben und Ölbäume. Der mittelalterliche Ort ist ein gutes Beispiel für **volkstümliche Architektur**; zu beachten sind reliefierte Portale. Die Pfarrkirche S. Antonio (1404) mit schiefem romanischem Glockenturm wurde im 17. Jh. neu aufgebaut. In der Fassade des anschließenden Oratoriums ein Schieferrelief (»Mariä Verkündigung«). Im Ortsteil Costa ist in einem Bauernhaus ein **Museum der Widerstandsbewegung** untergebracht; am nahen Monte Grande lieferte die Resistenza am 4./5. September 1944 den deutschen Truppen erfolgreich eine große Schlacht. Unterhalb des Passes **Colle d'Oggia** (1167 m), des Übergangs zum Impero-Tal (▶Imperia), liegt Prati Piani (▶ S. 370).
Museo della Resistenza : April – Okt. Sa., So. 9.00 – 18.00 Uhr, sonst nach Anm. Tel. 0184 40 90 08, Eintritt frei; ▶ Imperia, S. 253

Valle Arroscia

D/E 7

Provinz: Savona

Das Hinterland von ▶Albenga wird von den Tälern der Flüsse Arroscia, Neva, Pennavaira und Lerrone gebildet, die sich kurz vor Albenga zum Centa vereinen. Das gut 30 km lange Arroscia-Tal ist dabei das größte und bedeutendste.

Im weiten unteren Teil werden Wein, Obst und Gemüse angebaut, der mittlere ist von Olivenbäumen geprägt, der obere – der bis nach Monesi am Hang des Monte Saccarello reicht – von weiten Kastanienwäldern und Weiden. Großartig, aber kurvenreich und anstrengend ist die Fahrt am Nordhang des Tals entlang: kurz hinter Albenga-Bastia rechts nach Arnasco, dann über Vendone, Onzo, Aquila und Gazzo wieder ins Tal nach Borghetto d'Arroscia.

Ortoverow Ortovero (1600 Einw.), in römischer Zeit »Hortus vetus«, ist bekannt für die Produktion von Wein, Aprikosen, Pfirsichen und Rosen. Die Weine der Gegend kann man bei der **Cooperativa Viticoltori Ingauni** probieren (am östlichen Ortsrand an der Hauptstraße).
Cooperativa: Mo.–Sa. 8.00–12.30, 14.30–17.00 Uhr

Arnasco In Arnasco (280 m, 650 Einw.) ist das Museum für Oliven und bäuerliche Kultur einen Besuch wert (Piazza IV Novembre).

Vendone (378 m, 400 Einw.) gehörte als Lehen teils den Markgrafen von Clavesana, teils der ingaunischen Kirche; zwischen 1302 und 1311 wurde es der Gemeinde Albenga überlassen. In **Castellaro** die Ruine der mächtigen dreieckigen Burg der Clavesana mit dem gut erhaltenen sechseckigen Turm. Bei der Burgruine hatte der deutsche Bildhauer Rainer Kriester († 2002) ab 1982 seine Werkstatt. Seine rätselhaft-hieratischen Stelen aus dem hellen Kalkstein von Finale, die hier aufgestellt sind, muten wie ein modernes Stonehenge an.

Nicht auslassen sollte man einen Ausflug von Onzo zum Sanktuarium S. Calogero und zum 1094 m hohen Peso Grande, dem Hauptgipfel des Castell'Ermo: zunächst in ca. 1 Std. auf nicht befestigter Straße zur Passhöhe Colla d'Onzo (841 m), dann in 45 Min. zum Gipfel (Markierung rotes X). Die Eindrücke – Blick hinunter zum Meer und auf die Ligurischen Alpen mit dem Monte Saccarello, die pittoresken Felstürme des **Castell'Ermo** – sind großartig. Zum Fest des hl. Calogero am 18. Juni findet hier eine Wallfahrt statt.

Auch in Onzo (417 m, 220 Einw.) sind Ruinen einer Clavesana-Burg zu sehen. Hier wird die Landschaft bergiger, Olivenbäume mischen sich mit Kastanien und Kiefern; im Sommer blühen Ginster und Lavendel. Bei Menezzo, in 600 m Höhe unterhalb des **Monte Cucco**, wurde ein See als Reservoir für die künstliche Bewässerung angelegt, in dem man baden und angeln kann.

Mittelalterliche Brücke in Borghetto d'Arroscia

ZIELE • Valle Arroscia

Aquila d'Arroscia — Aquila (495 m, 170 Einw.) soll seinen Namen von der 827 m hoch wie ein Adlernest auf dem Grat liegenden Burg haben; von dort **herrlicher Rundblick**. Die Kirche S. Reparata (barocke Fassade 1625) besitzt einen schönen Hauptaltar mit farbigen Marmorintarsien und ein Chorgestühl aus der Augustinerkirche in Pieve di Teco.

Ranzo — Das mittelalterliche Ranzo (124 m, 550 Einw.) war Heimat der Malerfamilie »da Ranzo«. An der Straße im Tal steht die kleine Kirche S. Pantaleo frühmittelalterlichen Ursprungs (im 15./17. Jh. verändert). Außer der Apsis aus dem 11. Jh. und den Schieferportalen ist der Portikus des 15. Jh.s interessant, der mit **Fresken von Pietro Guidi da Ranzo** und dessen Sohn Giorgio geschmückt ist.

Borghetto d'Arroscia — Borghetto (155 m, 470 Einw.) war eine der Ortschaften des Arroscia-Tals, die sich 1233 zum Pfarrbezirk (»pieve«) Teco vereinten. Südwestlich außerhalb steht eine elegante mittelalterliche Eselsrückenbrücke. Im Dorf eine weitere alte Brücke mit zwei Bogen, die vermutlich auf einer romanischen Brücke errichtet wurde.

Gazzo — Von Borghetto d'Arroscia geht es sieben kurvige Kilometer hinauf nach Gazzo (700 m, 50 Einw.) mit der legendären, seit 1885 bestehenden Osteria »La Baita«. Bis 2015 ist sie wegen Umbau geschlossen; bis dahin (und auch sonst) lohnt sich der Besuch der Azienda Agricola wegen ihrer ausgezeichneten Produkte, u. a. eigenes Taggiasca-Olivenöl (Tel. 0183 3 10 83, www.labaitagazzo.com).

Vessalico — Der Name des Orts (197 m, 300 Einw.) soll um 1100 entstanden sein, als adlige Herren die freien Bauern zwangen, sich in einem Dorf anzusiedeln, und zu »Vasallen« machten. Zu erwähnen sind das Haus der Grimaldi mit Bogenfries, Biforien und datiertem Portal, die romanische Kirche S. Andrea (an der Straße nach Lenzari) und das Sanktuarium Mariä Heimsuchung an der Brücke Richtung Pieve di Teco. Berühmt ist der **Knoblauch von Vessalico**.

*Pieve di Teco — Das Stadtbild von Pieve di Teco (1400 Einw., 240 m) lässt früheren Wohlstand erkennen. Die Hauptstraße (Corso Ponzoni), einst der Durchgang zum Nava-Pass, ist von Bogengängen gesäumt, in denen am 3. Sonntag des Monats ein **Markt** mit lokalen Produkten (bekannt sind das Brot und der Pecorino von Pieve) und am letzten Sonntag ein Trödelmarkt stattfinden. Die mittelalterlichen Häuser wurden z. T. in der Renaissance aufgestockt und mit Schieferportalen geschmückt. Vom Corso Ponzoni führt die Via Madonna della Ripa westlich zur gleichnamigen Kirche (15. Jh.), heute **Museum für sakrale Kunst** (Altarbilder). Das benachbarte Oratorium S. Giovanni (15. Jh.) enthält ein Triptychon des 15. Jh.s und Skulpturengruppen von A. M. Maragliano. Östlich des Corso Ponzoni findet man das

Bogengänge säumen die Hauptstraße von Pieve di Teco.

***Teatro Salvini** von 1834, mit 99 Plätzen eines der kleinsten Theater der Welt. Wenige Schritte entfernt der **Augustinerinnenkonvent**, erbaut 1644 am Platz der 1625 zerstörten Burg, heute Kulturzentrum S.A.A.C.S. »S. Manfredi«. Hier sind die »Maschere di Ubaga« zu sehen, nach alten Vorbildern gestaltete Masken. Die prachtvolle klassizistische Pfarrkirche **S. Giovanni Battista** (G. Cantone, 1782 – 1806) besitzt einen Grundriss auf der Basis eines Dreiecks. Innen u. a. Gemälde von G. Benso, eine Skulpturengruppe von A. M. Maragliano und ein Holzkruzifixus von F. M. Schiaffino; die Fresken in Kuppel und Gewölbe stammen von dem Genueser Bühnenbildner M. Canzio (19. Jh.). Der Corso Ponzoni geht an der Piazza Carenzi in die Via Garibaldi über. Das Haus Nr. 36 dort ist das **Venerabile Ospitale di San Lazzaro**, ein 1402 gegründetes Hospiz. Das schöne Schieferportal unterrichtet über die Bestimmung des Gebäudes: »hospitium pauperum«, Obdach für Arme. Nordwestlich außerhalb steht das ehemalige **Augustinerkloster** von 1478 (Schule); der von 24 achteckigen Pfeilern getragene Kreuzgang ist der größte in der Ponente.
Museo di Arte Sacra & S.A.A.C.S.: Besuch nach Anm. Tel. 0183 3 63 13

Armo (578 m, 120 Einw.), 7 km nördlich von Pieve di Teco, liegt im weiten Talrund des oberen Arogna, umgeben von den grünen Wällen von Monte Bellarasco (1174 m), Rocca delle Penne (1501 m) und Monte Frascinello (1120 m). Die Pfarrkirche Natività di Maria (17. Jh.) verfügt über ein **Triptychon** aus dem 15. Jahrhundert. — Armo

Pornássio (630 m, 630 Einw.) war wegen seiner strategischen Lage am Nava-Pass oft umkämpft, heute ist es als **Weinbauort** bekannt, angebaut werden die Sorten Ormeasco und Dolcetto. In **Villa** ist die — Pornassio

Frühling im Hinterland: Cosio d'Arroscia vor dem Monte Saccarello

Pfarrkirche S. Dalmazzo sehenswert: Der Glockenturm ist romanisch (12. Jh.), aus dem 14. Jh. stammen Portal, Säulen und Kapitelle. Im Portal ein Fresko von **Canavesio**, dem auch das Polyptychon »San Biagio« zugeschrieben wird (umstritten). Außerdem interessant ein weiteres Polyptychon des 16. Jh.s und Fresken von Giorgio Guidi (1559). Im Grund des Arroscia-Tals, an der Straße nach Mendática, liegt **Ponti**, das seinen Charakter als mittelalterlicher Marktort bewahrt hat; zu sehen sind viele skulptierte Portale.

Colle di Nava

Am Nava-Pass (934 m) ist in der abgeschiedenen, sanften Wald-und-Wiesen-Landschaft eine kleine Sommerfrische entstanden. Hier ist wilder Lavendel verbreitet, auch wird Lavendel angebaut. Ein Abstecher ins nahe Piemont lohnt sich: Von Ponte di Nava schlängelt sich die Straße durch das teils enge, schluchtartige ***Tánaro-Tal** hinauf nach Viòzene (1245 m). Von hier lohnt sich der Weg (1 Std.) hinauf zum **Rifugio Mongioie** (1520 m) vor der beeindruckenden Kulisse des Mongioie (2630 m), das auch wegen der guten Küche beliebt ist (geöffnet Mai – Sept., 26. Dez. – 7. Jan., Anmeldung Tel. 0174 39 01 96). Über Úpega kann man in die ligurische Bergwelt von Mónesi und Mendática weiterfahren (s. u.).

*Cosio d'Arroscia

Vom Colle di Nava oder von Mendatica her erreichbar ist Cosio d'Arroscia (721 m, 240 Einw.). In der Umgebung wächst ausgezeichneter Dolcetto, doch gibt es strenge Winter, was zu einer kompakten **Bauweise mit überbauten Gassen** und Arkaden geführt hat. Der Ortskern ist um den romanischen Glockenturm gruppiert, der zum Oratorium Annunziata gehört; letzteres ist Teil des Rathauses.

Das Gebiet von Mendática (776 m, 190 Einw.) ist reich an Quellen, daher der Name: »manda aqua«, »bringt Wasser«. Der in einer bewaldeten Mulde nördlich des Monte Fronté (2153 m) und des Monte Monega (1882 m) gelegene Ort hat seit 1950 etwa 60 % der Einwohner verloren. Die Almwirtschaft geht zurück, viele Kartoffeläcker und Getreidefelder wurden aufgegeben; immer noch hervorragend ist Schafskäse wie »Brusso« und »Tuma«. Das **Museo della Civiltà delle Malghe** (Almen-Museum) hält die Erinnerung an das bäuerliche Leben wach, und Mitte Aug. wird die wiederentdeckte Cucina bianca gefeiert. Beeindruckend der Komplex der ovalen Pfarrkirche **Santi Nazario e Celso** (um 1760), deren romanischer Glockenturm von der alten Kirche stammt. An der Piazza Roma das exzellente Ristorante & Pizzeria U' Tecciu. Südlich außerhalb des Dorfs steht z. T. auf Felsen die Kapelle S. Margherita mit Fresken des 15. Jh.s und einem Portal von 1512 (Porträts der Stifter). Der Weg führt weiter zu den **Wasserfällen** des Quellsbachs; besonders schön im Sommer, wenn hier der Lavendel blüht. Über den Colla di San Bernardo (1263 m) erreicht man die Wintersportstation **Mónesi** (1310 m), deren Lifte Skipisten am Nordhang des Monte Saccarello (2201 m) erschließen.

Mendatica

Museo della Civiltà delle Malghe: Mo.–Do. 8.00–13.00, Fr. 15.00 bis 17.00 Uhr, Tel. 0183 32 87 13

> **BAEDEKER TIPP**
>
> ! *Cucina bianca*
>
> In den ligurischen Bergen hat die jahrhundertelange Kultur der Bauern und Hirten eine besondere Küche hervorgebracht, die »weiße Küche« (▶ S. 76). Mitte Aug. kann man in Mendatica beim Fest der Cucina bianca z. B. pan fritu, streppa e caccia là, turle, torta di patate, agliè und turta de patate kennenlernen. Originalgetreu gekocht wird im Agriturismo Cioi Longhi in Montegrosso Pian Latte (im Sommer tgl., im Winter nur Sa./So.; Reservierung Tel. 0183 3 84 70). Man kann hier auch angenehm nächtigen.

Südöstlich von Mendatica liegt Montegrosso Pian Latte (721 m, 120 Einw.) am Fuß des Monte Monega. Bis hier herauf reichen die **Weinberge**. An der Pfarrkirche S. Biagio ist das Seitenportal aus dem 14. Jh. zu beachten, dessen Reliefs (»Verkündigung«, »Lamm Gottes«) den Stil von Cènova zeigen (s. u.). Die Vorhalle mit Bänken aus Schiefer war früher das soziale Zentrum des Orts. In **Case Fascei**, das in 1200 m Höhe über Montegrosso liegt, wird am 2. Juli-Sonntag ein Hirtenfest mit großem Gelage gefeiert.

Montegrosso Pian Latte

Das Tal des Giara di Rezzo, das in das obere Arroscia-Tal mündet, ist Gemeindegebiet von Rezzo (563 m, 400 Einw.). Die Berge ringsum – Monte Prearba (1446 m), Monte Grande (1418 m), Monte Guardiabella (1218 m) – sind mit Kastanien- und Buchenwäldern überzogen. Westlich über dem Ort dehnt sich der pilzreiche Buchenwald »Bosco di Rezzo« aus, der mit über 400 ha Fläche Basis eines gewis-

Rezzo

sen Wohlstands war. Zentrum des Orts bilden die Pfarrkirche S. Martino (17. Jh.; Taufbecken aus Schiefer) und ein befestigter Palazzo von Ende des 17. Jh.s, ein bemerkenswertes **Beispiel herrschaftlicher Architektur** im Hinterland. Das Ortsbild ist geprägt von steingedeckten Dächern, überbauten Passagen und überraschend noblen Loggien und Portalen, z. B. an der **Casa degli Armigeri** an der Straße zur Burg der Clavesana (12. Jh., 1672 von den Savoyern zerstört). Im Ortsteil **Cènova** sind viele reliefierte Portale zu sehen, Zeugnis des hier im Spätmittelalter blühenden Kunsthandwerks.

Valle Arroscia erleben

AUSKUNFT
▶ Albenga

IAT Pieve di Teco
Piazza Brunengo 1, 18026 Pieve di Teco
Tel. 0183 3 64 53
www.comune.pievediteco.im.it

Comunità Montana dell'Olivo
e Alta Valle Arroscia
Via S. Giovanni, 18026 Pieve di Teco
Tel. 0183 3 62 78, www.comunita
montanaarroscia.imperia.it

FESTE & EVENTS
Ortovero: Karfreitag und Mariä Geburt (8. Sept.) werden von den Bruderschaften gestaltet. **Peso Grande:** 18. Juni: Wallfahrt am Fest des hl. Calogero. **Vessalico:** 2. Juli: Patronatsfest mit Knoblauchmesse. **Pieve di Teco:** Karfreitag, 21 Uhr: Prozession der Bruderschaften mit dem »Cristo morto«. 24. Juni: Patronatsfest S. Giovanni Battista. **Mendatica:** Mitte Aug. Fest der »Cucina bianca«.

ESSEN
Trattoria del Borgo Antico ©
Pieve di Teco, Corso Ponzoni 49
Tel. 0183 3 62 36
Eine gute Adresse an der Hauptstraße mit Lokalkolorit und gemütlichen Gewölben. Einfache, echte Küche der Region zu angenehmen Preisen.

Al Sole ©
Aquila di Arroscia, Via Salino 4
Tel. 0183 38 20 93, im Winter Di. geschl.
Mit herrlichem Blick an der wenig befahrenen Hauptstraße gelegenes Albergo, das für seine ausgezeichnete Küche bekannt ist (u. a. Schnecken und Pilze). Einfache, akkurate Zimmer. Service und Preis-Leistungs-Verhältnis sind bestens.

ÜBERNACHTEN/ESSEN
Albergo dell'Angelo ©-©©
Pieve di Teco, Piazza Carenzi 11
Tel. 0183 3 62 40
Eine Poststation aus Napoleonischen Zeiten, am Platz am oberen Ende des Corso Ponzoni. Liebevoll eingerichtete Zimmer. Im prachtvollen Speisesaal genießt man eine gute ligurische Küche (Fr. geschl.).

Hotel Ristorante Lorenzina ©-©©
Colle di Nava, Via Nazionale 65
Tel. 0183 32 50 44
Komfort und Ruhe in ansprechendem, familiengeführtem Haus auf der Passhöhe, ein beliebtes Ausflugsziel. Ausgezeichnete ligurisch-piemontesische Küche nach den Jahreszeiten; große Weinauswahl. Gepflegte Zimmer.

Die Wallfahrtskirche N. S. del Sepolcro (oder »della Madonna«; Fest am 8. Sept.), südwestlich von Rezzo in einem Kastanienwald gelegen, ist berühmt für ihre Fresken, 1515 gemalt von **Pietro Guidi da Ranzo**, der für 1499 – 1542 bezeugt ist (tgl. geöffnet). Der gotische Bau von 1444 – der Portikus wurde im 18. Jh. angefügt – ist innen durch eine steinerne Barriere zweigeteilt, um die Bruderschaften vom Volk zu trennen (reliefierte Steinbänke von Anfang 15. Jh.). Die Fresken von Pietro Guidi da Ranzo im rechten Seitenschiff und im Chor stellen die Erlösungsgeschichte dar. Ein zweiter, etwa gleich alter Freskenzyklus eines unbekannten Künstlers ist von naivem, nicht zeitgemäßem Charakter. Das Polyptychon »S. Bernardino« von Pietro Guidi befindet sich heute im Diözesanmuseum von Albenga. Die Marmorskulptur »Madonna mit Kind« über dem prächtigen Barockaltar stammt von Filippo Parodi (17. Jh.).

* **Nostra Signora del Sepolcro**

Durch eine beeindruckende Szenerie führt die schmale, kurvige Straße über den Passo di Teglia (1387 m), die Wasserscheide zum Argentina-Tal, nach Andagna (▶ Triora).

* **Passo di Teglia**

* Valle Roia

Provinz: Imperia

Im äußersten Westen der Riviera di Ponente führt das Tal des Roia von ▶ Ventimiglia hinauf zum Tenda-Pass, dem Übergang ins Piemont. Die Straße – SS 20 in Italien, D 6204 in Frankreich – und die berühmte Tenda-Bahn schlängeln sich durch eine eindrucksvolle Berglandschaft mit wilden Schluchten.

Seit 1947 liegen 60 km des Flusslaufs auf französischem Gebiet (Roya). Mit einem ca. 660 km² großen Einzugsbereich treibt er mehrere Wasserkraftwerke und liefert darüber hinaus Trinkwasser für die italienische und die französische Riviera.

Airole (149 m, 500 Einw.), ein mittelalterliches Dorf am Hang des Monte Abellio (1016 m) 13 km nördlich von Ventimiglia, ist bei Ausländern als Ferienort beliebt, die sich hier »eingekauft« und viel von der historischen Substanz restauriert haben. Die **konzentrischen Häuserreihen** werden von den Resten einer Burg überragt; die Pfarrkirche SS. Giacomo e Filippo an der zentralen Piazza entstand aus einem gotischen Bau im 18. Jh. neu. In der schön über dem Ort gelegenen Wallfahrtskirche Santuario delle Grazie (1801) eine alte Madonnenstatue aus Holz. Vor der Grenze passiert man den besonders pittoresken Weiler **Fanghetto**. Das Gebiet ist von Ölbäumen auf

Airole

terrassierten Hängen geprägt; auf der Fahrt bieten sich immer wieder schöne Ausblicke über das Roia-Tal.

Breil-sur-Roya Breil-sur-Roya (186 m, 2000 Einw.) nahm eine strategische Position an der Straße nach Nizza ein und war daher im Mittelalter lange umkämpft. Die Altstadt liegt schön zwischen Fluss und einem Sporn des 1610 m hohen Arpette; sehenswert an der Place de Brancion die Kirche S. Maria in Albis (17. Jh.; Altarbild von 1500, prachtvoller Orgelprospekt aus dem 17. Jh.), außerdem das Ecomusée du Haut-Pays et des Transports (Verkehrsmuseum) nördlich des Orts.
Ecomusée: Mai – Sept. tgl. 14.00 – 18.30 Uhr

Saorge Hinter den furchterregenden Gorges de Saorge sieht man Saorge (520 m) dramatisch am Berg kleben. Besonders schön ist der denkmalgeschützte Marktplatz. Die Kirche St-Sauveur wurde 1718 neu gestaltet; von 1092 datiert die Madonna del Poggio im Südteil des Orts (selten zugänglich), ein hervorragendes Beispiel der lombardischen Romanik. Hinter Fontan passiert man die Gorges de Bergue und du Paganin, deren Felswände mit ihrem Farbspiel faszinieren.

Saint-Dalmas-de-Tende Auch St-Dalmas-de-Tende (696 m) liegt spektakulär am Hang. Von hier ist westlich der Mesques-See im Vallon de la Minière zu erreichen (12 km), Ausgangspunkt für Ausflüge in das Massiv des **Mont**

Die ligurische Vergangenheit ist unverkennbar: Tende

Bego (2872 m, Parc National du Mercantour) mit den berühmten Felszeichnungen aus der frühen Bronzezeit (ca. 2800 – 1500 v. Chr.) im **Vallée des Merveilles**. Der Aufenthalt ist streng geregelt, bestimmte Bereiche sind nur mit Führern zugänglich. Das Tourismusbüro in Tende (www.tendemerveilles.com) gibt Informationen, in Tende und St-Dalmas werden Touren angeboten. Übernachtungsmöglichkeit in Hütten, Bergausrüstung ist erforderlich.

Bei St-Dalmas zweigt das Sträßchen nach La Brigue (600 Einw.) im reizvollen Tal der Levense ab. Die Kirche St-Martin vereint Elemente aus Romanik, Gotik und Renaissance und birgt **bedeutende Werke ligurisch-provenzalischer Maler** des 15./16. Jh.s (L. Brea, »Anbetung des Jesuskindes«, S. Fuseri, Triptychon »Maria Schnee mit den hll. Nikolaus von Bari und Ludwig von Toulouse«). Gut essen kann man in den Gasthöfen Fleur des Alpes und St-Martin.

La Brigue

Ein herausragender Kunstschatz ist 4 km östlich zu finden, die Wallfahrtskapelle ****Notre-Dame-des-Fontaines**, benannt nach den heilkräftigen Quellen in der Umgebung. Der schlichte Bau aus dem 12./14. Jh. ist vollständig – auf 320 m² – mit dramatischen Fresken (1492) von Giovanni Canavesio und Giovanni Baleison ausgemalt, das Hauptwerk der spätgotischen Malerei in den Seealpen (Jüngstes Gericht, Passion, Szenen aus dem Leben Marias).
N.-D.-des-Fontaines: Mai – Okt. tgl. 10.00 – 12.30, 14.00 – 17.30, Eintritt 3 €

> **BAEDEKER WISSEN**
>
> ❓ *Giovanni Canavesio*
>
> Canavesio gilt neben Ludovico Brea als bedeutendster Maler des späten Quattrocento im westligurisch-provenzalischen Raum. Sein Hauptwerk sind die Fresken von N.-D.-des-Fontaines, ein großes Polyptychon ist in Pigna zu sehen (▶ S. 300). Man weiß, dass er um 1450 im piemontesischen Pinerolo eine Werkstatt hatte und auch Priester war. In archaisch-mittelalterlicher, teils grotesk überzeichnender Art schildert er in seinen Passionen schreckliche Szenen der Niedertracht und Roheit.

Das an den Hang gebaute Städtchen (816 m, 2000 Einw.) war seit dem Mittelalter **savoyischer Grenzort** und wurde erst 1947 französisch. Über den Häusern (z. T. 15. Jh.) aus grünem und rötlichem Schiefer ragt die Ruine der Burg der Grafen Ventimiglia-Lascaris auf. Die lombardisch-gotische Kirche Notre-Dame-de-l'Assomption (1462/1506) war die Grablege der Grafen Lascaris; das ungewöhnliche Portal mit Jesus und den Aposteln (1562) gestalteten Meister aus Cenova, die knallbunte Fassade datiert aus den 1990er-Jahren, die ebenso spezielle Innengestaltung aus dem 19. Jahrhundert. Am nördlichen Ortsrand informiert das moderne **Musée des Merveilles** über die Felszeichnungen am Mont Bego.

Tende

Musée des Merveilles: Mai – Mitte Okt. Mi. – Mo. 10.00 – 18.30, sonst bis 17.00 Uhr, Eintritt frei

Valle Roia erleben

AUSKUNFT
IAT Ventimiglia ▶S. 406

TENDA-BAHN
Die kühne Streckenführung mit vielen Brücken, Kehrtunneln und einer maximalen Steigung von 2,6 % macht die Fahrt auf der 1928 eröffneten Tenda-Strecke zu einem Erlebnis. Für die 67 km von Ventimiglia bis Limone braucht man ca. 1 Stunde. Auch wenn man nicht durch den 8 km langen, 1040 m hoch gelegenen Scheiteltunnel bis Limone oder Cuneo fährt (durchaus zu empfehlen), lohnt es sich wegen der niedrigen italienischen Tarife, eine Rückfahrkarte von Ventimiglia dorthin zu lösen.

ÜBERNACHTEN/ESSEN
Auberge St-Martin ©
La Brigue, Place St- Martin 2
Tel. +33 (0)4 93 53 97 15
www.hotel-la-brigue.fr
Atmosphärereiches, gediegenes Haus im Zentrum. Von den Zimmern mit Balkon hat man einen hübschen Blick auf den Platz. Gutes Restaurant mit modern gestaltetem Gewölbesaal und Terrasse.

Colle di Tenda Den 1871 m hohen Tenda-Pass unterquert die D 6204 in ca. 1300 m Höhe in einem 1882 eröffneten, 3182 m langen Tunnel (Einbahnverkehr); die Eisenbahn benützt einen 8099 m langen Tunnel (1898). Die im oberen Teil nicht asphaltierte und äußerst schmale Südrampe des eigentlichen Passes zählt mit 48 Kehren zu den kühnsten Passstraßen der Alpen. Ab 1882 wurde die Passhöhe von den Italienern mit Festungsanlagen gesichert. Erster Ort im Piemont ist **Limone Piemonte**, ein beliebter, gemütlicher und schneesicherer Wintersportort. Die gotische Kirche S. Pietro in Vincoli (1363) besitzt einen Campanile von etwa 1100.

Valli Bormida

 E/F 5/6

Provinz: Savona

Im Hinterland von Savona, nördlich und südlich der Autobahn nach Turin, breitet sich eine dünn besiedelte, unspektakuläre Landschaft aus, in der man seit je eher schlecht als recht vom Vorhandenen lebt: große Wälder, Wiesen und Weiden.

Die Landschaft wird von einem System von Flüssen durchzogen, die alle »Bórmida di …« heißen, ergänzt durch den Namen der größten durchquerten Ortschaft. Im Piemont vereinigen sie sich zum Bormida, dessen Wasser über den Tanaro dem Po zufließt. Schon früh ließ der Holzreichtum der Gegend eine **»Industrie des Feuers«** entstehen (Glas, Eisen), die sich später auf die Hafenstadt Savona und das Industriedreieck Altare – Cairo – Cengio mit ihren Chemiewerken ausweitete. Bedeutend sind auch Holzverarbeitung und Landwirtschaft (Viehzucht, Milchwirtschaft), da und dort baut man Beerenobst an. In den schlichten Orten, an denen die Zeit vorbeizugehen scheint, sind »Sehenswürdigkeiten« Mangelware. Der Kontrast zur quirligen Riviera könnte also größer nicht sein, aber gerade darin liegt der Reiz dieses Landstrichs. Nicht viele, aber immer mehr Gäste kommen im Sommer hierher, um die Ruhe zu genießen.

Menhire und geometrische Ritzzeichnungen, die bei Millesimo gefunden wurden, belegen eine Besiedlung in prähistorischer Zeit. Cairo war Station an der römischen Via Aemilia Scauri zwischen Vado und Tortona, auf der Peutingerschen Tafel als »Canalicum« vermerkt. Mitte des 10. Jh.s gehörte das Gebiet zur großen Aleramischen Mark, im 12./13. Jh. den Markgrafen Del Carretto, die viele Orte befestigten und in Dego Münzen prägten. Es ging bunt weiter: 1263 kam das Gebiet an das piemontesische Asti, im 15. Jh. wurde es von den Mailänder Visconti besetzt, 1577 wurde es spanisch und danach österreichisch. Im Frieden von Wien 1735 kam es zum Königreich Sardinien. Für **Napoleon** waren die Bormida-Täler eine wichtige Etappe in der Eroberung Europas: In Schlachten bei Montenotte, Dego, Cosseria, Millesimo und Murialdo schlugen seine Truppen im April 1796 das piemontesisch-österreichische Heer. Im Zweiten Weltkrieg war die Resistenza aktiv, da die Straße von Savona über Altare und Millesimo ins Piemont für die deutsche Wehrmacht wichtig war.

Ein wenig Geschichte

> **BAEDEKER TIPP**
>
> *Trüffeln in Ligurien*
>
> Die Bormida-Täler sind die Fortsetzung der piemontesischen Langhe, auch hier findet man weiße und schwarze Trüffeln sowie Stein- und andere Pilze in rauen Mengen. Die Comunità Montana Alta Val Bormida ist Mitglied der Vereinigung »Città del Tartufo«, und am der letzten Sept.-Wochenende (Fr. – So.) wird in Millesimo die »Festa Nazionale del Tartufo« abgehalten, mit Trüffelmarkt jeweils am Vormittag.

BORMIDA DI MILLESIMO

Am weitesten südlich, am Colle Scravaion (Monte Rocca Barbena) im Hinterland von Borghetto S. Spirito, entspringt der 90 km lange Bormida di Millesimo. Hinter Millesimo verlässt er Ligurien, fließt durch die Langhe und mündet in den Bormida di Spigno.

Das kleine Bardineto (711 m, 700 Einw.) liegt in einer bewaldeten Hochebene, im Süden überragt von der Rocca Barbena (1142 m). Die barocke Pfarrkirche S. Giovanni Battista (Patronatsfest 24. Juni) wur-

Bardineto

Ponte Gaietta in Millesimo, ergänzt durch eine schmale Hängebrücke

de 1720 gebaut, das Oratorium Assunta neben ihr stammt aus dem 15./16. Jahrhundert. Von der im 13. Jh. errichteten Burg existieren nur noch Reste; ungewöhnlich ist ihr Grundriss mit 16 Seiten. Die **Kapelle S. Nicolò** (11. Jh.) auf dem gleichnamigen Hügel in Richtung Colle Scravaion besitzt bedeutende Fresken (15. Jh., mit byzantinischen Einflüssen). Nicht auslassen sollte man den Ausflug auf den **Monte Carmo** (1641 m), der eine stupende Aussicht auf die Küste bietet (Sträßchen von Strada, dann ca. 1 Std. zu Fuß).

Calizzano Calizzano (647 m, 1500 Einw.) ist Zentrum für die Landwirtschaft am oberen Bormida di Millesimo; der schlichte Ort wird von der Ruine der Del-Carretto-Burg beherrscht. In der Gegend entspringen viele Mineralquellen, die z. T. abgefüllt werden (z. B. Bauda). Bekannt ist Calizzano als **»Steinpilz-Ort«**. Der Turm der Pfarrkirche S. Maria e S. Lorenzo (1630) war Teil der Stadtbefestigung des 14. Jh.s In der Kirche einige interessante Bildwerke von G. Benso (»Fegefeuer«), D. Piola (»Heilige Familie«) und L. Morgari (Fresken im Chor). Im barocken Palazzo Franchelli residiert die Gemeinde. An der Straße zum Colle di Melogno liegt das Sanktuarium **Madonna delle Grazie**, das 1816 aus einem mittelalterlichen Bau entstand; der kleine Portikus besitzt ein schön freskiertes Gewölbe (15. Jh.).

Colle di Melogno Im Colle di Melogno (1028 m) überschreitet man die Wasserscheide zwischen Riviera und Piemont. Die Passhöhe wird von einem großen **Festungssystem** eingenommen, das Anfang des 19. Jh.s errichtet wurde. Zugänglich ist das Forte Tortagna.

Murialdo Murialdo (524 m, 850 Einw.) besitzt mit der spätgotischen Pfarrkirche S. Lorenzo im Ortsteil Ponte einen der bedeutendsten Sakralbauten des Bormida-Gebiets (um 1445, barock umgestaltet). Die originale Backsteinfassade verfügt über eine schöne Rosette sowie ein Spitzbogenportal mit Sandsteinrelief »Martyrium des hl. Laurentius« (vermutlich 14. Jh.) und Fresko (15. Jh.). Innen sind das mittelalterliche Taufbecken und Fresken des 15. Jh.s interessant. Unterhalb von Murialdo zweigt das Sträßchen zur **wichtigsten religiösen Stätte der Bormida-Täler** ab, dem Sanktuarium N. S. del Deserto. Der klassizistische Rundbau aus dem Jahr 1726 wurde 1867 umgestaltet. Das Gnadenbild, ein Fresko aus dem 14. Jh., wurde 1820 über dem Altar angebracht. Wallfahrten finden am 8. September sowie am 3. und 4. Sonntag des Septembers statt. Unterhalb der Kirche liegt das **Valle dei Tre Re** (Drei-Königs-Tal), ein Trockental, unter dem ein Fluss verläuft. Es ist mit dem Karstgebiet des Bric Tana (▶unten) verbunden und steht wie dieses unter Naturschutz.

Lago di Osiglia

Ein Abstecher in das Tal des Osiglietta, eines rechten Nebenflusses des Bormida di Millesimo. Hier wurde in den großen Buchenwäldern mit einer 190 m langen und 75 m hohen Staumauer ein 3,5 km langer See geschaffen, ein beliebtes Ziel für Kanuten und Angler; im Mai findet hier ein internationaler Schiffsmodellwettbewerb statt, im Juli die ligurische Kanumeisterschaft und Anfang August eine Jux-Regatta mit selbstgebauten Wassergefährten.

*Bric Tana

Etwa 3 km südlich von Millesimo erstreckt sich das Naturschutzgebiet Bric Tana, das wegen seiner für Ligurien ungewöhnlichen **Karsterscheinungen** – u. a. die 200 m lange Höhle Tana dell'Orpe – einen Abstecher lohnt (von der Straße kurzer Fußweg).

Millesimo

Millesimo (429 m, 3500 Einw.) ist nicht nur der größte Ort des oberen Bormida-Tals, sondern auch der attraktivste. Zum mittelalterlichen Bild gehört die imposante Ruine der **Burg**, 1206 von Enrico II. Del Carretto erbaut und 1553 von den Spaniern zerstört; heute dient sie als Kulturzentrum. An der im 16. Jh. angelegten Piazza Italia mit ihren Arkaden steht der **Palazzo Del Carretto** (15. Jh.), jetzt Rathaus (Saal mit alten Rüstungen und Waffen). Über die Via Ponte Vecchio kommt man zum **Ponte della Gaietta** (14. Jh.), von der noch ein Bogen mit einem Torturm erhalten ist. In der **Villa Scarzella** unterhalb der Burg dokumentiert ein Museum mit Karten etc. die Napoleonischen Schlachten von 1796. Die romanische Kirche **S. Maria extra Muros** an der Straße

> **BAEDEKER TIPP**
>
> ### Relais del Monastero
>
> Am Nordrand von Millesimo steht das Castello Centurione Scotto – im 19. Jh. vom berühmten Gino Coppedè »restauriert« – mit einem Kreuzgang, Rest der 1216 gegründeten Abtei S. Stefano. Hier kann man schön nächtigen (Tel. 019 5 60 00 50) und im renommierten Restaurant Msè Tutta in grandiosem Rahmen speisen (Tel. 019 56 42 26, abends geöffnet, So. auch mittags, Mi. geschl.).

nach Cengio, schon 967 erwähnt, wurde im 15. Jh. neu gestaltet; erhalten sind Fresken aus dem 16. Jh., interessant ist auch das antike Becken für die Immersionstaufe.

Cengio Cengio (409 m, 3700 Einw.) ging im 12. Jh. an die Grafen Carretto von Finale über, die eine große Burg errichteten. Die Nähe zum Hafen Savona und die vielen Wasserläufe förderten die Industrieansiedlung, vor allem zu nennen ist ein Chemiewerk, das Farben und Lacke produziert und den Bormida belastet. 530 m hoch liegt Cengio Alto mit der Burg, die 1648 von den Spaniern geschleift wurde. Ein charakteristisches Bild bieten die Häuser an den Felshängen des Salto.

BORMIDA DI PÀLLARE

Der Bormida di Pàllare entspringt als Rio Pisciarella im Hinterland von Finale Ligure am Colle di Melogno, fließt durch Bormida und Pàllare und vereinigt sich unterhalb von Carcare mit dem Bormida di Màllare zum Bormida di Spigno.

Valli Bormida erleben

AUSKUNFT (IAT)
Piazza S. Rocco, 17020 Calizzano
Tel. 019 7 91 93
www.comunedicalizzano.it
Piazza Italia 2, 17017 Millesimo
Tel. 019 56 40 07
www.comune.millesimo.sv.it
turismo.provincia.savona.it

FESTE & EVENTS
Bardineto: 3. Sept.-Wochenende: Zur Veranstaltung »Fungo d'Oro« kommen Pilzfreunde aus halb Italien. **Calizzano:** »Canto di Maggio« (Maigesang). 1. Juli: Fackelzug zur Wallfahrtskirche Madonna delle Grazie. 2. Juli: Patronatsfest N. S. della Visitazione. 2. Okt.-Wochenende: »Funghinpiazza«. 3. Okt.-Wochenende: Herbstfest. **Millesimo:** Anfang Mai: Rallye der Bormida-Täler. 16. Juli: Patronatsfest Madonna del Carmine. **Murialdo:** Ostern mit »Canto delle uove«.

ESSEN
Locanda dell'Angelo €€€
Millesimo, Via Roma 32, Tel. 019 56 56 57, Di. + 2 Wochen im Aug. geschl. In dem schön restaurierten Haus aus dem 17. Jh. wirkt ein Koch »mit Hintergrund«, das Ergebnis ist eine herrliche Kombination von Tradition und Neuem. Unter der Woche sehr preisgünstiges Mittagsmenü. Mit 3 kleinen Suiten.

ÜBERNACHTEN
Silenzio e Buio €
Calizzano, Regione Barbassiria 5
Tel. 019 7 92 02
Still ist es hier immer, und nachts wirklich finster. In dem B&B 4 km nordwestlich von Calizzano, in tiefen Buchen-und-Kastanien-Wäldern, wohnt man fast mit Familienanschluss. Kleine, schlichte, gemütliche Zimmer. Sehr gut isst man im nahen Agriturismo Ca di Voi.

Bormida (586 m, 400 Einw.), das von Napoleon fast vollständig zerstört wurde, ist eine Hochburg des **Pallone elastico** (▶ S. 118). Die Kirche S. Giorgio mit polygonalem Grundriss besitzt eine Maragliano zugeschriebene Madonna. Auf dem Ronco di Maglio nördlich von Bormida sind napoleonische Schützengräben zu sehen.

Pàllare (404 m, 950 Einw.) ist nach einer in der Gegend häufigen Eichenart benannt. Die Friedhofskirche Annunziata (14. Jh.) im Ortsteil Biestro besitzt Bilder von **Guido Reni** (1575–1642), der vor allem in Rom und Bologna arbeitete.

Der Industrieort (365 m, 5600 Einw.) liegt in einer Talmulde oberhalb des Zusammenflusses mit dem Bormida di Màllare. Von der Burg des 16. Jh.s sind noch Reste vorhanden. Die Pfarrkirche S. Giovanni Battista (1890) enthält ein Kruzifix von Maragliano, eine Madonnenstatue von A. Brilla und Gemälde von dem Genueser Tamar Luxoro (1825–1899), der zur Malergruppe der »Grigi« gehörte; die »Grauen« wurden sie aufgrund ihrer gedämpften, zurückhaltenden Farben genannt. Von Carcare ziehen sich riesige Industrieanlagen über San Giuseppe bis nach Cairo Montenotte (▶ S. 388).

BORMIDA DI MÀLLARE

Der Pass Colle di Cadibona (436 m) am wichtigsten Verkehrsweg zwischen dem Piemont und dem Hafen von Savona war eine Schlüsselstelle im Feldzug Napoleons; die damals errichtete Festung wird von der Nationalstraße in einem 140 m langen Tunnel unterquert.

Jenseits des Colle di Cadibona liegt Altare (398 m, 2150 Einw.), für Jahrhunderte Zentrum der Glasproduktion, ein bescheidener Ort, der heute vor allem für das hochklassige **Restaurant Quintilio** berühmt ist (Via Gramsci 23, Tel. 019 5 80 00, So.abend/Mo. geschl., mit Zimmern). An zweiter Stelle rangiert die Geschichte des Glases. Im 12. Jh. führten französische Familien in diesem waldreichen Gebiet die Kunst der **Glasherstellung** ein; im 12./13. Jh. kamen Meister aus Orléans und Nevers nach Altare. Die Genossenschaft der Handwerker, die »Università dell'Arte Vitrea«, gab sich 1495 eine Verfassung, die bis

Im Glasmuseum von Altare wird die hohe Kunst der Glasbläser vor Augen geführt.

1823 galt; 1856 schlossen sich die Handwerker zu einer großen Firma zusammen (Società Artistico Vetraria), die zweitälteste Industrie-Kooperative Italiens. Die industrielle Glasproduktion ist inzwischen eingestellt, doch arbeiten im alten Ortszentrum noch etliche Kunstglasbläser. Sehr sehenswert ist das *Glasmuseum in der Villa Rosa mit über 3000 Exponaten, besonders schön sind die aus dem Jugendstil. Die prächtige **Villa Rosa** – eine der Jugendstilvillen des Orts und selbst schon einen Besuch wert – ließ Monsignore Bertolotti, der Ortspfarrer, für seine Schwester Rosalia bis 1909 erbauen, im Zweiten Weltkrieg war sie Quartier der deutschen Wehrmacht.

Museo del Vetro: Piazza Consolato 4, Di.–So. 14.00–18.00 Uhr, Eintritt 3 €

BORMIDA DI SPIGNO

Cairo Montenotte Unterhalb des Zusammenflusses des Bormida di Pàllare und des Bormida di Màllare zum Bormida di Spigno liegt die Industriestadt Cairo Montenotte (338 m, 13 200 Einw.). Die Industrieanlagen, die sich nach Süden bis Carcare hinziehen, umfassen v. a. Kokereien und chemische Werke der **Italiana Coke**; ein großer Güterbahnhof befindet sich in S. Giuseppe di Cairo, das außerdem durch eine Kohlenseilbahn mit dem Hafen von ▶Savona verbunden ist. Die winzige, schachbrettartig angelegte Altstadt, die hinter den Wohnsilos fast verschwindet, besitzt in der **Via Roma** ihre Hauptstraße, auf der sich das städtische Leben abspielt; sie beginnt mit der **Porta Soprana**, einem Wehrturm des 11.–14. Jh.s. Die Via Roma erweitert sich zur Piazza Stallani mit dem mittelalterlichen Palazzo der Markgrafen; nach Osten geht die Via dei Portici mit pittoresken Arkaden ab. Sie führt zur Pfarrkirche S. Lorenzo (1640, 1816 vergrößert und mit einem Glockenturm versehen). Westlich über der Stadt thronen die Reste der Del-Carretto-Burg.

Dego Das von Land- und Holzwirtschaft geprägte Dego (317 m, 2000 Einw.) entwickelt sich zum Industriestandort (u. a. Glasfabrik Vetrerie Italiane). Von der mittelalterlichen Burg (13. Jh.) im Norden des Orts sind noch Reste erhalten.

*Langhe Die Langhe sind die charakteristische Hügellandschaft im Süden des Piemonts, deren tonig-mergeliger Untergrund Erosionsphänomene begünstigt. Das Gebiet nordwestlich von **Piana Crixia** gehört zu dieser Landschaft. Etwa 8 km² zwischen der SS 29 und der Regionsgrenze wurde als Naturschutzgebiet ausgewiesen. Von dem Örtchen Taglio kann man auf einem Spaziergang die pittoreske Landschaft erkunden. Hauptattraktion ist der **Fungo** (»Pilz«) unterhalb von Borgo: Ein 15 m hoher »Stiel« aus Konglomeratgestein trägt einen Ophiolith-Felsen mit 4 m Durchmesser und ca. 160 t Gewicht.

Val Polcevera

K 4 / 5

Provinz: Genua

Das Polcévera-Tal bildet den unmittelbaren Zugang nach Genua von Norden. Autobahn, Staatsstraße und Eisenbahn überwinden die Wasserscheide zwischen der Po-Ebene und dem Meer im ▶ Passo dei Giovi (470 m).

Aufgrund der verkehrsgünstigen Lage ist das Tal etwa von Campomorone bis zur Küste bei Sampierdarena eine **große Industriezone**; das Gelände oberhalb von Mignànego hingegen, wo das Klima angenehmer wird, ist mit Villen übersät, die sich die genuesische Bourgeoisie Ende des 19./Anfang des 20. Jh.s errichten ließ. Das Gebiet der Gemeinde Campomorone dehnt sich nordwestlich bis zu den Seen des oberen Gorzente-Tals aus (Lago Lungo, Lago Bruno), die zum Trinkwasserversorgungssystem Genuas gehören. Hier siedelten einst die Veiturii Langenses, die sich dem Vordringen der Römer widersetzten; ihr Streit wurde 117 v. Chr. von Abgesandten des römischen Senats geschlichtet, wie aus der berühmten **Tafel von Polcevera** hervorgeht, die im Rathaus von Genua aufbewahrt wird.

Die **berühmteste Wallfahrtskirche Liguriens** steht auf dem Monte Figogna (817 m) westlich von Pontedecimo, der einen herrlichen Ausblick bietet. Das ganze Jahr über, v. a. an den Marienfesten, kom- **Madonna della Guardia

Auch zu Fuß lohnt der Weg hinauf zur Madonna della Guardia.

> **BAEDEKER TIPP**
>
> ### Auf den Spuren der »Guidovia«
>
> Von 1929 bis 1967 brachte eine einmalige »Straßen-Bahn« die Pilger von Bolzaneto hinauf zur Madonna della Guardia. Die Gummireifen der Bahn liefen auf Betonstreifen, Gleise und Spurkränze sorgten für die Seitenführung. Auf der gut 10 km langen Trasse – im oberen Teil sind die Gleise erhalten – kann man gemütlich, zu Fuß oder mit dem Rad, den Berg erklimmen, oder kürzer von Ceranesi-Gaiazza aus (6 km), ein sehr beliebter Spaziergang.

men Scharen von Pilgern hierher, manche sogar barfuß; Hauptfesttag ist der 29. August, der Tag des Jahres 1490, an dem die Jungfrau einem Bauern erschien. Der heutige Bau stammt von 1869. Über dem Altar die Madonna von A. Canepa (Anfang 20. Jh.); sonst zu erwähnen sind eine Marmorädikula von A. Ricchino (1899), Exvoten und Fresken des 19./20. Jh.s. Zu erreichen ist der Wallfahrtsort von Bolzaneto, Pontedecimo und Pegli. Vom Bahnhof Bolzaneto fährt der ATP-Bus 2-mal tgl. (So. 4-mal); zu Fuß z. B. von Sestri Ponente in ca. 3.30 Stunden. Man kann im Santuario auch preisgünstig übernachten und essen (Tel. 010 7 23 58 10, www.santuarioguardia.it), dazu gibt es zwei weitere Ristoranti (Masnata, Tel. 010 71 80 25; Strixeu, Tel. 010 71 80 27).

*Villa Serra In Cómago bei Manesseno findet sich mit der Villa Serra ein herausragendes Beispiel für die **Villen nach englischer Art**, die im 19. Jh. hier Mode waren. Sie wurde um 1850 nach der »Encyclopedia of Cottage, Farm and Villa Architecture« von J. C. London für den Genueser Grafen Orso Serra im Tudor-Stil errichtet. Heute finden hier private Feiern sowie Konzerte und andere kulturelle Veranstaltungen statt. Im Zinnenturm neben der Villa bietet die **Locanda del Cigno Nero** schöne Zimmer und ein feines Restaurant (Tel. 010 7 26 21 32, www.locandadelcignonero.it). Hübscher großer Park – hier wachsen 250 Sorten Hortensien – mit einem Teich.
ⓘ Park tgl. ab 9.00/10.00 Uhr zugänglich, Mo. ab 14.00 Uhr, Eintritt 3 €

Campo-morone Campomorone (118 m, 7300 Einw.) 15 km nördlich von Genua gehört zur Industrieachse Polcevera-Tal/Scrivia-Tal: hier gibt es Steinbrüche, in denen »grüner Marmor« gewonnen wird, metallverarbeitende Betriebe und Papierfabriken. Gleich hinter der Brücke links die **Saliera** von 1583, das Salzlager der Spanier. Ebenfalls von Ende des 16. Jh.s stammt der **Palazzo Balbi** (Rathaus); hier gibt es ein mineralogisch-paläontologisches Museum und ein Marionettenmuseum. Aus dem 18. Jh. stammt die Villa Maria in einem großem Park.
Museo di Paleontologia: Mo.–Fr. 9.00 – 12.00, Di./Do. auch 14.30 – 17.30 Uhr, Eintritt frei. **Museo delle Marionette:** n. V. Tel. 010 7 22 43 12

Giovi-Pass Die Sehenswürdigkeiten nördlich jenseits der Passhöhe werden unter ▶ Passo dei Giovi beschrieben.

Val Trebbia

Provinz: Genua

Sanfte, bewaldete Berge prägen die Landschaft östlich des Scrivia-Tals im Hinterland von Genua. An Monte Antola und Lago di Brugneto lassen sich schöne Wanderungen unternehmen; der Trebbia, der teils von Felswänden gerahmt wird, ist ein Revier für Angler und Kajakfahrer. Das alte, terrassierte Kulturland der Gegend wird mehr und mehr aufgegeben.

Torriglia (769 m, 2400 Einw.) unterhalb des Monte Prelà (1406 m) ist ein beliebter Sommerurlaubsort in der **Ligurischen Schweiz**; neben sehr wenigen Hotels gibt es v. a. Ferienhäuser. Nach der berühmten Verschwörung des Gian Luigi Fieschi, der hier geboren wurde, gegen Genua (1547) hatten die Doria Torriglia bis 1797 in Besitz. Der Ort gruppiert sich traubenförmig um die Reste der Burg, die 1797 geschleift wurde. Die Kirche S. Onorato stammt von 1618, ihr Vorgängerbau wurde 1153 geweiht.

Torriglia

> **BAEDEKER TIPP**
>
> *Taverna dei Fieschi*
>
> Eine kulinarische Pause kann man in Torriglia unterhalb der Burg der Fieschi einlegen. Hier pflegt man eine feine, variantenreiche, piemontesisch-emilianisch geprägte Küche. Tel. 010 94 48 15, Di.mittag geschlossen, €

Der sanft gerundete Monte Antola (1597 m) empfiehlt sich als schönes Ausflugsziel, auch für Skitouren. Hier gibt es ein **fantastisches Panorama**, zwischen April und Juli blühen viele Wildblumen. Von Donetta führt ein Weg (Teil des Europa-Wanderwegs E 7) in 3 Std. über den Monte Prelà (1407 m) zum Gipfel. Auch von Bavastrelli und Caprile ist er leicht zu erreichen (ca. 2 Std.; Abstieg ca. 1.30 Std.), ebenso von der Casa del Romano (▶ S. 394).

*Monte Antola

Von Donetta aus ist das westlich gelegene Dörfchen Péntema zu erreichen, das schon zum Scrivia-Tal gehört und ein **ungewöhnliches Ortsbild** besitzt: Mit der Kirche S. Pietro als Zentrum steigen die Häuschen, die Giebel zum Tal, strahlenförmig den Berg hinunter. Gute Kost des ligurischen Hinterlandes serviert hier die Locanda al Pettirosso (Di. geschl., Tel. 010 94 48 02).

Pentema

Der 780 m hoch gelegene, ca. 3 km lange Brugneto-See, ein Stausee mit 80 m hohem Damm, ist sommers wie winters (!) ein beliebtes Angelrevier, bekannt v. a. für die riesigen Karpfen (Erlaubnisschein nötig); Baden ist leider verboten. Vom Staudamm an seinem östlichen Ende aus kann man ihn umrunden (14 km, 5 – 6 Std.).

Lago del Brugneto

Propata Propata (990 m, 150 Einw.) wurde im 10. Jh. von Küstenbewohnern gegründet, die vor den Sarazenen geflohen waren. Die barocke Pfarrkirche S. Lorenzo besitzt eine Holzstatue von A. M. Maragliano und ein Chorgestühl von Ende des 17. Jh.s. Nördlich des Orts ragt der **Monte Tre Croci** auf (1535 m), der Legende nach so benannt, da hier vor Jahrhunderten drei Männer auf dem Weg von der Po-Ebene herüber in einem Märzschneesturm umkamen.

Rondanina Die Landflucht, die die ganze Gegend verzeichnet, machte Rondanina (981 m, ca. 70 Seelen) zur einwohnermäßig **kleinsten Gemeinde Liguriens**. Die ehemals romanische Pfarrkirche S. Nicola di Bari ist für das 13. Jh. dokumentiert (Reste erhalten) und wurde Ende des 17. Jh.s neu aufgebaut. Im Pfarrhaus kann man sich in einem kleinen Museum über Pflanzen und Tiere der Gegend informieren. In der Umgebung, v. a. in Conio Aveno, sind noch typische strohgedeckte Schuppen aus Holz zu sehen, die talseitig eine Apsis aufweisen.

Montebruno Montebruno (660 m, 230 Einw.) war einst ein wichtiger Ort an der Straße ins Piacentino, was u. a. die vierbogige Brücke der Doria und die Wallfahrtskirche **N. S. di Montebruno** jenseits des Trebbia erkennenlassen. Mit einem Konvent wurde sie bis 1486 von den Augustinern errichtet, nachdem 1478 die Madonna einen Stummen geheilt hatte; im Barock prächtig gestaltet (Fassade 1897). Zu beachten sind die mittelalterliche Madonnenstatue im Hauptaltar, ein Marmortabernakel von 1530, das Chorgestühl sowie die Fresken von O. Semino (»Taufe des hl. Augustinus«, 1585) und G. Quinzio (19. Jh.). Das Kirchenfest wird am 8. Sept. mit Prozession und Kirmes gefeiert. Im Konvent dokumentiert das **Museo della Cultura Contadina Alta Val Trebbia** das bäuerliche Leben im Trebbia-Tal.

Museo: Mai – Sept. 9.00 – 12.00, 15.00 – 18.30 Uhr, So. nur nachmittags; sonst Sa. 9.00 – 12.00, 15.00 – 17.00, So. 15.00 – 17.00 Uhr, Eintritt frei

> **BAEDEKER TIPP**
>
> ### ! *Die Heimat der Ravioli*
>
> Ravioli sind weltweit in aller Munde – ihren Ursprung sollen sie in Fascia haben, wo man die Kunst, diverse Zutaten in dünnem Teig zu verstecken, seit dem Mittelalter pflegt. Testen Sie an Ort und Stelle in der Osteria Varni Dei Lilli (Via Centro 9, Tel. 010 9 58 43, mittags geöffnet). Andere lokale Spezialitäten sind der »castagnaccio«, ein Kuchen aus Kastanienmehl mit Rosinen und Pinienkernen, und der »pai«, ein aus den USA importierter Apfelkuchen.

Fascia Fascia, das höchstgelegene Dorf in Ligurien (1116 m), hatte 1950 noch etwa 350 Einwohner, heute sind es ca. 100, und die schrumpfen im Winter auf ein Dutzend. Es liegt ca. 10 km nordwestlich des »Bivio Due Ponti« (SS 45) an der Straße nach Casa del Romano. Fascia, dessen Name von den »fasce« (Terrassen) abgeleitet ist, soll Ur-

Abendstimmung am winterlichen Monte Antola

sprungsort der Ravioli sein. Die Pfarrkirche Assunta mit ihrem Zwiebelturm wurde Ende des 17. Jh.s erbaut. Auf dem Bergkamm des Monte Pio, in freundlicher Wiesenlandschaft, liegt die **Casa del Romano** (1406 m, ▶ S. 394), eine gute, beliebte Etappe. Daneben das moderne Observatorium, das von der Entvölkerung des ligurischen Hinterlands profitiert (»Lichtverschmutzung« gibts hier nicht); für die Beobachtung steht ein Cassegrain-Nasmyth-Teleskop mit 80 cm Öffnung zur Verfügung. Aufgrund der Wetterabhängigkeit ist Anmeldung notwendig (Tel. 333 9 35 55 39, www.osservatoriodifascia.it); bei jedem Wetter kann man im Planetarium über die Sternenwelt staunen. Im Mai sind die Wiesen mit Narzissen übersät. Von hier geht man in ca. 1.45 Std. gemütlich auf den Monte Antola.

Fontanigorda (819 m, 270 Einw.), am Hang des 1418 m hohen Rocca Bruna gelegen, ist eine traditionelle Sommerfrische, die Berge ringsum bieten viele Möglichkeiten zum Wandern. Oberhalb des Orts dehnt sich der malerische **Bosco delle Fate** (»Wald der Feen«) aus, ein Kastanien- und Buchenwald mit Sport- und Freizeitanlagen für Jung und Alt. Im Gemeindegebiet gibt es über ein Dutzend Brunnen, einige aus Gusseisen, die das Relief der Addolorata und die Jahreszahl 1893 zeigen: Damals wurden die Wasserleitungen angelegt. Die Pfarrkirche SS. Antonio e Giacomo mit dem Glockenturm aus dem 17. Jh. wurde im Barock neu errichtet. Fontanigorda

Rovegno (658 m, 600 Einw.) hat sich von einem kleinen Dorf zu einem Sommerferienort gewandelt, v. a. für einstige Auswanderer. Seit dem 11. Jh. bis Anfang des 20. Jh.s gab es hier ein Kupferbergwerk mit einer Hütte am unteren Ortsrand. Die Pfarrkirche entstand 1821 nach einem Erdrutsch neu (Bronzetür von 1962). Rovegno

Gorreto — Gorreto (533 m, 160 Einw.), an der Grenze zur Provinz Piacenza gelegen, war einst Teil eines Lehnsguts der Malaspina. Von ihrer Burg (13. Jh.), dem Mauergürtel und den Toren sind nur Reste erhalten. Im Zentrum steht noch der imposante **Palazzo Centurione** (17. Jh.) mit schwarzweißer Fassade.

Bobbio — Ein empfehlenswerter Ausflug (von Gorreto ca. 35 km) führt in die Emilia-Romagna zum Städtchen Bobbio, das ein schönes Stadtbild mit Palazzi aus dem 15. Jh. besitzt. Es gilt als **Montecassino des Nordens**, denn hier gründete der irische Mönch Kolumban – derjenige, der mit Gallus das Christentum an den Bodensee gebracht hat – im Jahr 614 ein Kloster, das sich zu einem wichtigen geistlichen und kulturellen Zentrum entwickelte; von hier gingen bedeutende Klostergründungen in Ligurien aus. Sehenswert sind die Abtei S. Colombano (1456 – 1522) mit Museum, der Dom Assunta, dessen Ursprung auf 1075 datiert, sowie die 280 m lange Brücke über den Trebbia; für 1196 dokumentiert, ist ihr heutiges Bild Ergebnis der Restaurierung von 1847. Eine »besondere«, sehr preiswerte Bleibe wäre das Ostello di Palazzo Tamburelli am Südrand der Abtei (Contrada dell'Ospedale 12, Tel. 340 5 57 81 62).
Museo dell'Abbazia: April – Okt. Sa./So. 16.30 – 18.30 (Juli – Aug. auch Mi. bis Fr.), So. auch 16.30 – 18.30, Nov. – März Sa./So. 15.00 – 17.00, So. auch 10.30 – 12.30 Uhr, Eintritt 3 €, mit Museo della Città 4 €

Val Trebbia erleben

AUSKUNFT (IAT)
Via N. S. della Provvidenza 3
16029 Torriglia, Tel. 010 94 41 75
www.altavaltrebbia.net w

Parco Naturale Regionale Antola
Adresse und Tel. wie IAT Torriglia
www.parcoantola.it

FESTE & EVENTS
Torriglia: Letzter Aug.-So.: Fest N. S. della Divina Provvidenza mit nächtlicher Illumination des Städtchens. Anf. Sept.: »Sagra del miele« (Honigfest). **Pentema:** Zwischen Weihnachten und Ende Januar ist das ganze Dorf eine nachts illuminierte Krippe, in der große Figuren das alte bäuerliche Leben darstellen.

ESSEN/ÜBERNACHTEN
Casa del Romano ⓖ
Tel. 010 9 59 46, ganzjährig tgl. geöffnet
Einfaches Albergo 10 km nördlich von Propata in 1400 m Höhe, am Wochenende frequentierter Stützpunkt für die beliebte leichte Tour zum Monte Antola. Auf der Terrasse genießt man die gute Küche bei herrlichem Ausblick.

Hotel Due Ponti ⓖ
Fontanigorda, Località Due Ponti
Tel. 010 9 58 12, www.hoteldueponti.it
An der wenig befahrenen SS 45 nördlich von Montebruno gelegenes Refugium im Grünen. Schöne romantische Zimmer, gepflegtes Restaurant (Mo. geschl.) mit Küche des Hinterlandes.

In Varazze dreht sich alles um den Strandurlaub.

Varazze

 H 5

Provinz: Savona
Höhe: 5 m ü. d. M.

Einwohner:
13 300

Der bekannte, angenehme Badeort zwischen Genua und Savona nimmt die langgezogene Bucht zwischen der Punta della Mola und der Punta dell'Aspera ein, mit dem Monte Beigua als Kulisse.

Seit den Zeiten des Nobeltourismus im 19. Jh. lebt man hier im Wesentlichen vom Fremdenverkehr. Bis in römische Zeiten reicht die Tradition des Schiffsbau (damals hieß der Ort »Ad Navalia«, »Bei den Schiffen«); heute werden Luxusjachten gebaut – u. a. von der renommierten Werft Baglietto –, die man im neuen Hafen bestaunen kann. Aus Varazze stammten **Jacopo da Varagine** (vor 1230 bis 1298), Autor der »Legenda Aurea« (▶Berühmte Persönlichkeiten), und Lanzarotto Malocello (14. Jh.), der bei der Entdeckung der Kanarischen Inseln dabei war und Lanzarote seinen Namen gab.

Aus der Geschichte

SEHENSWERTES IN VARAZZE

Den alten Borgo trennen die verkehrsreiche Via Aurelia und die Palmenpromenade vom Kies-Sand-Strand, an dem die Urlauber – meist italienische Stammgäste – in über 40 Stabilimenti balneari die Zeit angenehm verstreichen lassen. Im schwarzweißen Palazzo Jacopo da

Strand

ZIELE • **Varazze**

Varagine am Corso Matteotti ist die Tourismusinfo ansässig. Am Lungomare Europa (▶rechte Seite) findet man zwischen den Felsen schöne kleine Buchten, die meist frei zugänglich sind.

S. Ambrogio Das Nordwesteck der Altstadt markiert in stattlicher Backsteinturm aus dem 14. Jh., der nach lombardischer Art gestaltet ist. Er stammt

Varazze erleben

AUSKUNFT (IAT)
Corso Matteotti 58, 17019 Varazze
Tel. 019 93 50 43
www.varazze.com
http://turismo.provincia.savona.it

Via Boagno, Palazzo Comunale
17015 Celle Ligure, Tel. 019 99 00 21
www.comune.celle.sv.it

FESTE & EVENTS
Varazze: Letztes April-Wochenende: Patronatsfest S. Caterina da Siena (historischer Umzug). Im Juli gedenkt man des großen Sohnes Jacobus de Voragine: Am 1. So. Prozession, am 2. So. Konzert im Konvent S. Domenico, am 3. So. Fest in Montedou, seinem Geburtsort. Im Aug. Fischerfest. **Celle:** Am 2. So. des Monats Trödelmarkt. Fest S. Giovanni: In der Nacht vom 23. zum 24. Juni Feuer am Strand. Anf. Aug.: Busker's Festival

ESSEN
Terracqua €€
Varazze, Via S. Caterina 23
Tel. 019 9 70 15, Mo. geschl.
Am Ostteil des langen Sandstrands werden typisch ligurische (Fisch-)Gerichte auf hohem Niveau serviert, auch vorzügliche Desserts. Gemütliches, familiengeführtes Lokal, freundlicher Service.

Quattro A €€
Varazze, Corso Cristoforo Colombo 42
Tel. 019 93 25 51, tgl. geöffnet
In »teuerster« Lage und für junge Leute schick eingerichtet, dennoch isst man hier sehr gut (Fisch, Pasta, Pizza etc.) zu durchaus fairen Preisen.

Dau Giancu €-€€
Celle Ligure, Via Cassisi 179
Tel. 019 9 16 81, tgl. geöffnet
Wenige Minuten nordwestlich, Richtung Cassisi, findet man dieses kleine Juwel, eine familiengeführte Trattoria mit guter Regionalküche und besten Preisen.

ÜBERNACHTEN
Genovese Villa Elena €€-€€€
Varazze, Via Coda 16, Tel. 019 9 75 26
www.genovesevillaelena.it
Charmanter, eleganter Palazzo von Anfang des 20. Jh.s mit Stuck und Kandelabern, 50 m zum Strand.

El Chico €€€
Piani d'Invrea, Strada Romana 63
Tel. 019 93 13 88, www.elchico.eu
Angenehmes modernes Haus östlich von Varazze, mit herrlichem Ausblick im Park gelegen. Mit Pool und Restaurant.

Piccolo Hotel €-€€
Celle, Via Lagorio 25 (April–Sept.)
Tel. 019 99 00 15, www.piccolo-hotel.it
Gut 100 m vom Meer ruhig gelegen, komfortable, hübsche Zimmer mit Balkon zum Meer hin. Mit Garten.

vom Vorgängerbau der Kollegiatkirche S. Ambrogio am schön gepflasterten Platz (1759 angelegt). Die prächtige »Barock«-Fassade von 1916 ist dem nach Westen orientierten Bau von 1535 vorgeblendet. Unter der reichen Ausstattung bemerkenswert die Barockkanzel mit Marmorintarsien, ein **Polyptychon von G. Barbagelata** (1500), ein Gemälde von L. Cambiaso (»Maria mit Johannes dem Täufer und Franziskus«), eine »Maria Assunta« von F. Schiaffino (1740, auf dem Hauptaltar) sowie eine »Katharina von Siena« von A. M. Maragliano.

> **! BAEDEKER TIPP**
>
> *Rennräder von Olmo*
>
> Radfans wissen: Maschinen von Olmo gehören zu den edelsten. Giuseppe »Gepin« Olmo, der 1935 einen Stundenweltrekord fuhr, gründete in Celle (S. 399) 1939 seine Fahrradfabrik. Verkaufsraum Via Poggi 22 (an der Via Aurelia), www.olmo.it.

San Domenico

Die sterblichen Reste Jacopos da Varagine werden in einer Seitenkapelle der Kirche S. Domenico (1419, 17./19. Jh.) aufbewahrt. Ein **Polyptychon von Simone da Pavia** (1452) zeigt den seligen Jacopo mit anderen Heiligen; außerdem sind Fresken aus der Sieneser Schule zu sehen. In der Fassade steckt eine Kugel von der französischen Beschießung 1746. Interessant sind auch Kreuzgang und Kapitelsaal.

Weiteres Sehenswerte

In Resten der Stadtmauer eingeschlossen ist die erste Kirche S. Ambrogio (jetzt Oratorium N. S. Assunta) aus dem 11./12. Jh.; in den Mauern ist islamische Keramik eingebaut, innen ein großes Holzkreuz und eine Madonna von A. M. Maragliano. Die ursprünglich romanische Kirche SS. Nazario e Celso wurde im 16. Jh. neu errichtet (Fassade 1870). In einer Villa des 19. Jh.s am Meer (Lungomare Marconi 13) lebte von 1905 bis zu seinem Tod 1950 der bekannte Opernkomponist **Francesco Cilea**; hier finden heute Austellungen etc. statt.

UMGEBUNG VON VARAZZE

*Lungomare Europa

Die alte Bahntrasse zwischen Varazze und Cogoleto – 5 km entlang romantischer kleiner Badebuchten mit schwarzen und weißen Felsen – ist ein schöner Weg für Spaziergänger, Radfahrer und Inlineskater. Von S. Caterina sind es 3 km nach **Piani d'Invrea**. Von der ältesten Kirche (heute S. Cristo) ist noch ein Portal (12. Jh.) erhalten; innen eine große »Kreuzigung«, evtl. aus der Giotto-Schule. In **Piani di San Giacomo** wurde im Gutshof der Marchesi Invrea die Kirche San Giacomo in Latronorio (11. Jh.) entdeckt; Teile des alten Hospizes und des Konvents werden von Benediktinerinnen genützt.

S. Anna del Deserto

Einsam im Hinterland liegt das Kloster S. Anna del Deserto in schöner Umgebung. Der Karmeliter-Konvent Eremo del Deserto (1616)

Wale und Delfine in Ligurien

Er bläst!

Es ist schon ein wirklich besonderes Erlebnis, wenn man lange geduldig gewartet hat – und dann ein mächtiger, dunkler Buckel durch die Wasseroberfläche dringt und eine weiße Fontäne mehrere Meter hoch aufschießt.

Wer würde annehmen, dass das Ligurische Meer eines der wal- und delfinreichsten Gewässer der Welt ist? Und es sind nicht Tiere, die »mal zu Besuch kommen«: Genetische Untersuchungen haben gezeigt, dass es im Mittelmeer eigene Populationen gibt. Man schätzt, dass sich zwischen Toulon, Genua, Orbetello und Sardinien etwa 1000 Wale und 25 000 Delfine tummeln, die dreizehn Arten angehören!

Mit der »Gemini Lab« von Tethys auf Beobachtungsfahrt

Tethys

Deshalb wurde dieser Bereich 2001 von Italien, Frankreich und Monaco zum Schutzgebiet für Meeressäuger erklärt, und die Treibnetzfischerei, die eine große Gefahr für die Tiere darstellt, wurde von der EU verboten. Dies war ein Erfolg von Tethys, einer 1986 gegründeten privaten Forschungsorganisation. Ihre Wissenschaftler dokumentieren Zahl und Art der Tiere, ihre Verbreitung, Fress- und Lebensgewohnheiten, das Erbgut und nicht zuletzt die Belastung mit Schadstoffen. Erstaunliche Dinge hat man dabei herausgefunden, etwa dass die riesigen Finnwale fast 500 m tief tauchen und dass sich etwa 300 seltene Rundkopfdelfine gerne vor der Riviera di Ponente aufhalten.

Whale watching

Am interessantesten ist es sicherlich, eine Woche als »Volunteer« an **Forschungsfahrten von Tethys** teilzunehmen (man spricht dort Italienisch oder Englisch). Das ist zwar nicht ganz billig, dafür erfährt man viel über die Tiere, und die bunt gemischte Seemannschaft hat auch sonst viel Spaß (Tethys Research, www.tethys.org).
Auch normale Schifffahrtsunternehmen haben die Meeressäuger »entdeckt«. Von Wissenschaftlern begleitete Beobachtungsfahrten, die einen halben oder ganzen Tag dauern, führen das Consorzio Liguria Viamare (www.liguriaviamare.it), Sanremo Cetacei (www.sanremocetacei.it) und Whale Watch Imperia (www.whalewatchimperia.it) durch, u. a. von Genua, Varazze, Savona, Loano, Laigueglia, Andora, Imperia, Sanremo und Bordighera. Windjacke, Sunblocker, Fernglas und Kamera natürlich nicht vergessen!

ist zu Fuß von Varazze in 2.30 Std. zu erreichen; auf Straßen von Varazze und Cogoleto. Im Hauptaltar der Kirche ist ein Gemälde von D. Fiasella und ein Elfenbeinkruzifix (um 1600) zu sehen. Empfehlenswert ist der Rückweg über die Wallfahrtskirche **Madonna della Guardia** auf dem Monte Grosso (402 m) mit herrlichem Blick über die Küste (von S. Anna bis Varazze ca. 3.30 Std.).

An der Straße zum Monte Beigua liegt Alpicella (405 m), in dessen Umgebung Spuren jungsteinzeitlicher Besiedlung gefunden wurden. Das Museo Archeologico zeigt die Funde (Tel. 019 9 39 01). Von Alpicella geht man in 2.30 – 3 Std. auf den Monte Beigua.

Alpicella

Der Monte Beigua (1287 m) gewährt das wohl **imposanteste Panorama der Ponente**: Elba und Korsika, Langhe und Monferrato, die Alpen vom Monte Viso bis zum Monte Rosa. Er liegt auf der Kontaktzone zwischen dem alpinen und dem apenninischen Gebirgssystem; entsprechend vielfältig sind Mineralien, Fauna und Flora, Letztere auch wegen der unterschiedlichen Niederschlagsmengen: Die Südwestseite erhält Steigungsregen und ist oft in Wolken gehüllt. 87,15 km² Fläche sind als **Parco Naturale Regionale** geschützt (www.parcobeigua.it). Der Gipfel ist auf guten, teils holprigen Straßen erreichbar (von Varazze 19 km). Neben Antennenanlagen gibt es hier ein ordentliches Albergo-Ristorante (www.beigua.it, Tel. 019 93 13 04); 2 km entfernt das Rifugio Ristorante Pratorotondo (Tel. 010 913 35 78). Am 3. Juli-So. feiern in Casa della Miniera die Alpini von Cogoleto, Mitte August kann man wunderbar die Perseiden-Sternschnuppen beobachten. Weiteres ▶ S. 95 und 150.

**Monte Beigua

Das Varazze benachbarte Städtchen (5300 Einw.) ist zweigeteilt: im Osten **Piani**, der moderne Ferienort mit gutem Sandstrand und Hotels, im Westen das Centro mit der hübschen **Altstadt**, die den typischen Grundriss alter ligurischer Fischerorte und ebenfalls einen breiten Sandstrand besitzt. Das Zentrum der Altstadt nimmt der langgezogene Platz der Via S. Boagno ein (Rathaus, Tourismusbüro). Im Osten steht die Kirche N. S. della Consolazione (1468/1872), die u. a. Gemälde des Raffael-Schülers Perin del Vaga und Domenico Fiasella sowie einen Marmoraltar des 17. Jh.s enthält. Von der Via Boagno gelangt man nördlich zur Pfarrkirche ***San Michele Arcangelo** (13. Jh./um 1640). Reich ausgestatteter Innenraum: Statuen von A. M. Maragliano, im Chor Fresken von G. Brusco (1798) und ein Polyptychon von Perin del Vaga (1535). Im oberhalb gelegenen Oratorium der Flagellanten werden Kruzifixe von P. Navone (1767) und A. Brilla sowie eine Skulpturengruppe von Maragliano (»Erzengel Michael«, 1694) aufbewahrt; im Juli gibt es klassische Musik. Probieren Sie die *cannoncini* und *bigné* der altertümlichen Pasticceria Pino (Via Nicolò Aicardi, die Achse der westlichen Altstadt).

Celle Ligure

Varese Ligure

Provinz: La Spezia
Höhe: 353 m ü. d. M.
Einwohner: 2100

Im Hinterland der Cinque Terre bildet das obere Vara-Tal ein schönes Amphitheater mit über 1600 m hohen Bergen. Ein besonderes Ortsbild besitzt Varese Ligure, das Wirtschafts- und Verwaltungszentrum des Gebiets.

Varese hat in jüngerer Zeit kräftig von sich reden gemacht: Mit über 50 Mio. €, die Bürgermeister Caranza in den 1990er-Jahren aus dem EU-Strukturfonds lockergemacht hat, wurde der Ort (etwas zu glatt) herausgeputzt und seine Landwirtschaft auf ökologische Produktion umgestellt, so dass er nach dem Europäischen Öko-Standard EMAS zertifiziert wurde. Da auch in Italien biologisch produzierte Lebensmittel – Fleisch und Wurst, Gemüse, Milch und Käse – überzeugte Käufer finden, stieg die Zahl der Arbeitsplätze um 30 %, in einer Gegend, die unter Arbeitslosigkeit und Entvölkerung leidet. Nach dem Hinscheiden Caranzas 2006 spricht man allerdings kaum mehr davon, man wirtschaftet wie eh und je – was durchaus nicht schlecht war, weil das Geld für eine »industrielle« Produktion fehlte.

Proper herausgeputzt: Fieschi-Burg und S. Filippo Neri im Borgo Nuovo

SEHENSWERTES IN VARESE LIGURE UND UMGEBUNG

Am Hauptplatz – Markt ist dienstags – begrüßt die **Burg der Fieschi** (11./12. Jh.; halbrunder Piccinino-Turm 1434, runder Landi-Turm um 1480). Die Fieschi legten im 14. Jh. auch den dahinterliegenden **Borgo Rotondo** an, einen Ring von Arkadenhäusern, den die doppelte Häuserzeile durchmisst. Hier gibt es im Sommer Konzerte und Theater. Am Hauptplatz der im 16. Jh. angelegte **Borgo Nuovo**; in die Häuserzeile eingebaut ist die Kirche S. Filippo Neri (1674) mit Gemälden von G. De Ferrari (Altar links) und einem unbekannten Künstler nach Entwurf von Ferrari (Altar rechts). Vom Nordeck der Piazza geht die Via Colombo ab (noble Palazzi mit schönen Portalen). Die Via della Chiesa bringt zur barocken Pfarrkirche S. Giovanni Battista (1648, Fassade 1929). Hier sind neben Bildern von G. A. De Ferrari, G. De Ferrari (beide 17. Jh.) und F. Guascone (19. Jh.) eine gotische Alabasterstatue »Madonna mit Kind«, die 1551 aus England hierher kam, und eine A. M. Maragliano zugeschriebene Madonna zu sehen. Von der Brücke über den Crovana sieht man auf den **Ponte di Grexino** (1515), der zum gleichnamigen Dorf hinüberführt (ehemals Teil der Straße zum Bocco-Pass). Am rechten Brückenkopf ein Sandsteinrelief »Geburt, Tod und Auferstehung Christi« aus dem 12. Jahrhundert.

Varese Ligure

> **BAEDEKER TIPP**
>
> *Croxetti und anderes*
>
> Ein hübsches Souvenir aus Varese wäre ein Stempel für die Herstellung der »croxetti« (gesprochen »crosetti«), der typischen runden Pasta der Levante. Zu haben ist in der Werkstatt von Pietro Picetti an der Westseite des Ponte di Grexino. Hervorragenden Bio-Käse produziert die Cooperativa Casearia in Perazza (2 km südlich), auch die Fleisch- und Wurstwaren von Varese Ligure stammen aus ökologischer Aufzucht. Und handgearbeitete Taschen findet man bei Marenco am Hauptplatz.

Die Straße zum Passo di Bocco (956 m) führt westlich durch eine angenehme Landschaft und eröffnet ein herrliches Panorama mit der Küste zwischen Monte di Portofino und Sestri Levante. Man passiert kleine Dörfer wie **Scurtabò** (barocke Kirche mit kuriosem, »ligurisch gepflastertem« Turmhelm) und **Cassego** mit einem kleinen volkskundlichen Museum (Museo della Civiltà Contadina, Via Provinciale 150; Besuch nach Anmeldung Tel. 0187 84 30 05).

*Passo di Bocco

Unverzichtbar ist eine Fahrt von Varese hinauf zum Cento-Croci-Pass (1055 m), einst ein wichtiger Übergang zwischen La Spezia und der Emilia-Romagna. Die gute Straße führt durch eine zu allen Jahreszeiten beeindruckende, in jahrhundertelanger Arbeit geformte Landschaft. Benannt sein soll der Pass nach den einst zahlreichen Kreuzen für die Opfer der Wegelagerer. Von der Passhöhe ist der **Monte Zuccone** (1423 m) zu Fuß bequem in 1.15 Std. zu erreichen.

**Passo di Cento Croci

Varese Ligure erleben

AUSKUNFT (PRO LOCO)
Via Portici 19, 19028 Varese Ligure
Tel. 0187 84 20 94
www.comune.vareseligure.sp.it
www.val-di-vara.de

FESTE & EVENTS
Varese Ligure: 1. Mai: Cantamaggio.
1. Juli-So.: Patronatsfest N. S. della Visitazione (abends Prozession, Feuerwerk).
Mitte Okt.: Castagnata. **Scurtabò:** An den Wochenenden in Juli und Aug. kulinarische Feste. **Maissana:** Ende Aug. Sagra del Fungo (großes Steinpilzfest).

ÜBERNACHTEN/ESSEN
Della Posta ⊘–⊘⊘
Varese, Piazza Vittorio Emanuele 17
Tel. 0187 84 21 15
Seit 1885 gibt es den ordentlichen Gasthof am Hauptplatz neben der Kirche. Das Restaurant ist für gute heimische Küche bekannt. Zu empfehlen ist auch die benachbarte Vineria del Borgo.

Albergo Picetti ⊘
Scurtabò, Via della Chiesa 137
Tel. 0187 84 30 43
Akkurat geführtes Agriturismo-Hotel mit hübschem Ristorante (Mo. geschl.), serviert werden hier Köstlichkeiten der ligurischen Hausmacherküche mit Produkten aus biologischem Landbau.

Albergo Alpino ⊘
S.S. 523 Cento Croci, Località Taglieto
Tel. 0187 84 05 03, Di. geschl.
Rustikal speisen und nächtigen (ohne eigenes Bad) in 950 m Höhe am malerischen Cento-Croci-Pass.

San Pietro di Vara San Pietro di Vara an der Gabelung SS 523/566 hatte vor der Gründung von Varese große strategische und wirtschaftliche Bedeutung. In der prunkvollen Pfarrkirche sind ein **Triptychon von Luca Cambiaso** (»Petrus mit Johannes der Täufer und Paulus«) und ein Marmortriptychon (»Maria mit Rochus und Sebastian«, 1548) zu sehen.

Carrodano Südöstlich von San Pietro di Vara, nahe der Autobahn, liegt Carrodano (215 m, 500 Einw.). In Carrodano Superiore wird beim **Fest der hl. Felicitas** am 1. August-Sonntag eine 400 kg schwere Prozessionsgruppe durch den Ort getragen. Die Wallfahrtskirche **Madonna di Roverano**, südöstlich von Carrodano von der SS 1 aus zu erreichen, ist ein beliebtes Ausflugsziel, vor allem am Tag Mariä Geburt (8. Sept.) In der Kapelle (um 1515, im 19. Jh. vergrößert) ist über dem Hauptaltar das Gnadenbild aus dem 16. Jh. zu sehen.

Brugnato Das ca. 7 km weiter östlich gelegene Brugnato (115 m, 1200 Einw.) besitzt eine Altstadt mit ungewöhnlichem **birnenförmigen Grundriss**, mit der Kathedrale im Zentrum. Stadttor, Bischofspalast von 1659, Kreuzgang und mittelalterliche Häuser bilden charakteristische Winkel; bemerkenswert sind auch die Renaissance-Portale. In der zweischiffigen Kathedrale (11./12. Jh., heutiges Bild 18. Jh.) interes-

Landschaft am Passo di Bocco – Blick auf Cassego

sant ein Renaissance-Taufbecken und ein Fresko des hl. Columban (14. Jh.). Den Hunger stillt man angenehm in der Taverna dei Golosi (Via Borgo S. Bernardo 16, Tel. 0187 89 50 07, Mo. geschl.).

Ventimiglia

Provinz: Imperia
Höhe: 9–76 m ü. d. M.

Einwohner: 23 900

Die westlichste Stadt Liguriens besitzt eine sehenswerte Altstadt – die sich beim Corteo Storico besonders bunt zeigt – und einen der bedeutendsten romanischen Sakralbauten der Region. Gartenfreunde pilgern zu den Giardini Hanbury.

Ventimiglia ist durch den Roia zweigeteilt: im Westen die mittelalterliche, von einer Festung überragte Stadt auf 80 m hohem Hügel, im Osten die nur mäßig attraktive Neustadt in der Ebene. Wirtschaftlich bedeutend wurde Ventimiglia – dessen Name oft als »XXmiglia« abgekürzt wird (»venti« zu »20« umgedeutet) – durch seine Funktion als Grenzstadt und als Handelszentrum für das landwirtschaftlich geprägte Hinterland (Blumenzucht, Oliven, Wein). Ein großer Teil der Einwohner arbeitet in Frankreich.

Ventimiglia war Hauptort der Intemelier. Von den Römern im Jahr 180 v. Chr. erobert und »Albium Intemelium« benannt, erhielt es 45 v. Chr. das römische Bürgerrecht. Das mittelalterliche Vintimilium entstand als Sitz der mächtigen Grafen von Ventimiglia auf der Anhöhe rechts der Roia-Mündung. 1261 wurde es von Genua besiegt

Ein wenig Geschichte

Die Altstadt von Ventimiglia, hoch über dem Meer

und sein Gebiet zwischen Genua und der Provence geteilt (damals wurde das Roia-Tal, wie 1947 wieder, im Mittelteil provenzalisch). Mit dem Bau der Eisenbahn – der Bahnhof wurde 1871 eröffnet – entwickelte sich die Stadt zum Verkehrsknotenpunkt; im Zweiten Weltkrieg wurde sie durch Luftangriffe schwer beschädigt.

SEHENSWERTES IN VENTIMIGLIA

Man beginnt den Rundgang durch die Altstadt am besten an der Piazza della Constituente (hier geht der Tunnel zur Passeggiata Marconi ab) oder an der Fußgängerbrücke über die Mündung des Roia. Man geht hinauf zum Corso Verdi und zur Via al Capo. Von der Spianata del Capo hat man einen schönen **Blick über die Côte d'Azur**.

Kathedrale S. Maria Assunta Die Kathedrale geht auf eine karolingische Kirche des 9./10. Jh.s zurück, die noch ältere Fundamente hat (Krypta mit langobardischem Bauschmuck, 8./9. Jh.). Im 11. Jh. entstanden eine dreischiffige **Basilika im lombardischen Stil und das oktogonale Baptisterium; aus dieser Phase datieren die Fassade und die Südseite. Der Glockenturm von 1150 wurde im Barock und nochmals im 19. Jh. umgestaltet. Das tief gestaffelte gotische Pseudoprotyros-Portal (nach 1222) erscheint überdimensional vor der einfachen romanischen Fassade; das Triforium darüber wurde Ende des 19. Jh.s eingefügt. Das Innere mit fensterlosem, tonnengewölbtem Mittelschiff und kreuzgratgewölbten Seitenschiffen verweist auf die **provenzalische Zisterzienser-Architektur** (z. B. Le Thoronet). Ungewöhnlich die Chorkalotte mit Halbsäulen, die der Wölbung folgen. Die barocken Kapellen (16./17. Jh.)

Kathedrale

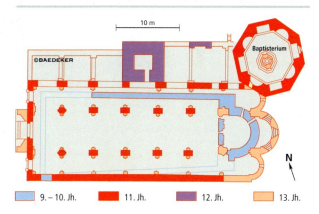

9. – 10. Jh.   11. Jh.   12. Jh.   13. Jh.

an der Nordseite blieben von der Restaurierung unberührt (1. Kapelle mit einer »Assunta« von G. Carlone). Rechts des Eingangs verweist eine römische Inschrift – eine Widmung an die Königin Juno – auf eine vorchristliche Vorgeschichte. Im **Baptisterium**, wie das Vorbild in ▶Albenga mit abwechselnd halbrunden und quadratischen Exedren, sind ein Taufbecken aus dem 12. Jh., Fresken des 15. Jh.s und in einer Nische ein älteres Becken (12. Jh.) erhalten.

Den Kathedralplatz flankiert das Kloster der Kanonissinnen des Laterans (1668) mit doppelter Freitreppe. An der Via Garibaldi, der Hauptachse der Altstadt, reihen sich wertvolle Bauten. Links, Ecke Via Porta Nuova, der **Bischofspalast**, in dem das Tafelbild »Madonna mit Kind« von Barnaba da Modena (1370) verwahrt wird. Rechts die **Loggia del Parlamento** (14./15. Jh.) mit frühgotischen Arkaden. Die anschließende **Biblioteca Aprosiana**, gegründet 1648 von dem Augustiner Angelico Aprosio, ist die älteste öffentliche Bibliothek Liguriens. Wenige Schritte weiter das mit Fresken und Gemälden von F. Carrega geschmückte barocke Oratorio dei Neri. Von der **Porta Nizza** in den erhaltenen Teilen der Stadtmauer (16. Jh.) kann man zum Forte S. Paolo und zum Castel d'Appio hinaufgehen (▶ S. 406).

Via Garibaldi

Im Nordwestteil der Altstadt steht die Kirche S. Michele, um 1100 als **Kapelle der Grafen von Ventimiglia** und Priorat der Mönche von Lérins errichtet. Von einem Bau des 9./10. Jh.s ist noch die Krypta erhalten (mit römischen Marmorsäulen, eine davon ein Meilenstein). Glockenturm, Apsis und Gewölbe des Mittelschiffs (13. Jh.) zeigen den Einfluss der provenzalischen Gotik. Nach partiellem Einsturz

San Michele

Ventimiglia erleben

AUSKUNFT (IAT)
Lungo Roja Rossi, 18039 Ventimiglia
Tel. 0184 35 11 83, 0184 23 59 34
www.comune.ventimiglia.it

FESTE & EVENTS
Fr.vormittag großer Markt am Stadtpark.
In den Monaten Aug.–Dez. am letzten
So. Antiquitätenmarkt in der Altstadt.
Mitte Juni: »Battaglia dei fiori« (Blumenkorso). Ende Juli: Festival für alte Musik.
Anfang August »Agosto Medievale«,
mit »Corteo Storico« am 1. August
(www.enteagostomedievale.it).
26. Aug.: Patronatsfest S. Secondo.

Kathedrale S. Maria Assunta

ESSEN
❶ *Marco Polo* €€
Ventimiglia, Passeggiata Cavallotti 2
Tel. 0184 35 26 78, außerhalb der Saison So.abend/Mo. geschl.
An der Uferpromenade liegt dieses angenehme Restaurant, das v. a. mit einer vorzüglichen Fischküche glänzt.

❷ *D'a Porta Marina* €€€
Ventimiglia, Via C. Colombo 9
Tel. 0184 35 16 50, Di./Mi. geschl.
Schick, elegant und dennoch gemütlich:
In alten Gewölben verwöhnt man den
Gast mit feiner französisch-italienischer
Küche. Exzellenter Weinkeller.

❸ *Balzi Rossi* €€€€
Ponte S. Ludovico, Via Balzi Rossi 2
Tel. 0184 3 81 32, Mo./Di.mittag geschl.
Berühmte Adresse an der französischen
Grenze. Auch französische Gäste wissen
die distinguierte Atmosphäre und die
elegante Küche von Giuseppina Beglia
zu schätzen. Terrasse mit prachtvollem
Blick auf die Riviera.

ÜBERNACHTEN
❶ *Sea Gull* €€
Ventimiglia, Passeggiata Marconi 24
Tel. 0184 35 17 26, www.seagullhotel.it
Durch den Scoglietti-Tunnel erreicht man
den Strand westlich der Roia-Mündung
und dieses angenehme Mittelklassehotel. Auch das Sole Mare nebenan ist
zu empfehlen; man sollte dort – wegen
des Tunnels – ein nach Osten liegendes
Zimmer nehmen. An der Strandpromenade isst man hervorragend im »Pasta e
basta« (Tel. 0184 23 08 78, Mo. geschl.)
und im hochklassigen »Margunaira«
(Tel. 0184 35 26 78).

❷ *Riserva di Castel d'Appio* €€€€
Ventimiglia, Via Peidaigo 71
Tel. 0184 22 95 33, www.lariserva.it
Hoch über der Stadt, 5 km nordwestlich
der Altstadt (steile, schmale Zufahrt),
liegt das hübsche kleine Hotel. Mit
atemberaubendem Blick speist man auf
der Terrasse. Schöner Garten mit Pool.

wurde die Fassade 1885 ersetzt. Innen zwei weitere römische Meilensteine; auf dem als Weihwasserbecken genützten Stein ist die Entfernung von Rom angegeben (590 Meilen). Neben S. Michele – hier hat man einen großartigen Ausblick auf das Roia-Tal – das Stadttor **Porta Piemonte**, außerhalb dessen größere Teile der Stadtmauer aus dem 16. Jh. zu sehen sind. Aus derselben Zeit stammt der »funtanin« genannte Brunnen bei der Porta Piemonte.

Westlich der Altstadt thront über dem Meer die um 1835 errichtete Festung Forte dell'Annunziata. Hier zeigt das **Museo Archeologico G. Rossi** Funde aus dem römischen Albintimilium. Besonders bemerkenswert sind eine gläserne Opferschale mit einem Triton (3. Jh. n. Chr.) und das silberne Reisebesteck, das wie ein Schweizer Armeemesser konstruiert ist.

*Forte dell' Annunziata

❶ Di.–Sa. 9.00–12.30, 15.00–17.00, So. 10.00–12.30 Uhr, Eintritt 3 €

Östlich des Roia ziehen sich bis zum Nervia die Viertel des 19./20. Jh.s. Typisch die historisierende Bebauung zwischen Bahnhof und Giardini Pubblici; einen hübschen »Winkel« bildet das westliche Ende der Via Cavour. In **S. Agostino** (1489, 1959 rekonstruiert) sind

Neustadt

Ventimiglia

essen
① Marco Polo
② D'a Porta Marina
③ Balzi Rossi

Übernachten
① Sea Gull
② Castel d'Appio

1 S. Giovanni Battista
2 Spianata del Capo
3 Kathedrale
4 Loggia del Parlamento

5 Biblioteca Aprosiana
6 Oratorio dei Neri
7 Porta Nizza
8 San Michele

ein Francesco Brea zugeschriebenes Gemälde »Hl. Augustinus« und ein hölzernes Kruzifix (15. Jh.) zu sehen. Vom Stadtpark – dort sollte man sich ein Eis von Voglia del Gelato gönnen – geht östlich die **Promenade** entlang des nicht sehr attraktiven Kiesstrands ab, an der sich Hotels, Restaurants und Badeanstalten reihen.

Römische Stadt

Die ligurisch-römische Stadt Albintimilium lag am Fuß des steilen Hangs im Osten der Stadt; ihre Reste sind links und rechts des Corso Genova vor der Brücke über die Bahnlinie zu sehen. Größtes Bauwerk war das Theater aus dem 2./3. Jh., das etwa 5000 Zuschauer fasste. Dahinter lag die Porta Praetoria, von der noch zwei Rundtürme stehen, vor dem Theater Thermen und Villen mit eleganten Mosaikfußböden. Ein Aquädukt versorgte die Anlagen mit Wasser, das vom Rio Seborrino bei Camporosso abgezweigt wurde.

UMGEBUNG VON VENTIMIGLIA

Festung S. Paolo

Von der Porta Nizza erreicht man in 30 Min. das 162 m hoch gelegene mächtige Fort S. Paolo, das nach 1222 von den Genuesen errichtet wurde und im 16.–18. Jh. das heutige Aussehen erhielt. Schöner Ausblick über die Stadt und ihre Umgebung.

Castel d'Appio

Weitere 45 Min. (Straße nach S. Lorenzo) dauert die Wanderung zum 345 m hoch gelegenen Castel d'Appio, das ein herrliches Panorama eröffnet. Benannt wurde es vermutlich nach dem römischen Konsul Appius Claudius, der sie 185 v. Chr. eroberte. Die heute zu sehenden Ruinen stammen von Bauten des 12. Jh.s.

Porta Canarda

Westlich von Ventimiglia (Corso Verdi, dann Straße nach Villa) steht die Porta Canarda, durch die die alte Straße in die Provence führte (14. Jh.; Relief mit dem hl. Georg, Zeichen Genuas, von 1514).

*Giardini Hanbury

Freunde exotischer Pflanzen und historischer Gärten finden 9 km westlich von Ventimiglia (an der SS 1) eine besondere Attraktion. **Sir Thomas Hanbury** (1832–1907), der in China mit dem Export von Seide und Gewürzen reich geworden war, kaufte 1867 den bis zum Meer reichenden Hang mit der Villa des Marchese Orengo, um sich dort niederzulassen. Er beauftragte den renommierten Gärtner **Ludwig Winter** (▶S. 67) mit der Anlage eines Botanischen Gartens. Bereits Ende der 1880er-Jahre war der damals 40 ha große Park mit 2500 Pflanzenarten international ein Begriff, 1912 verzeichnete der Katalog 5800 Arten. Lady Dorothy, die Witwe des Sohnes von Sir Thomas, widerstand den Angeboten von Spekulanten und überließ 1960 das Gelände dem italienischen Staat. Heute sind hier etwa **2000 mediterrane und tropisch-subtropische Pflanzenarten** zu bewundern, es gibt hübsche Winkel mit Pergolen, einen Papyrusteich mit bronzenem Drachenbrunnen aus Kyoto und die Statue einer Sklavin von A. Canova. Durch den Park führt die alte Via Aurelia; eine Tafel erinnert daran, dass Dante, Machiavelli und Kaiser Karl V. hier durchgekommen sind.

❶ Tgl. 16. Juni–15. Sept. 9.30–18.00, März–15. Juni, 16. Sept.–15. Okt. 9.30–17.00, 16. Okt.–28. Febr. 9.30–16.00 Uhr (Ausgang 1 Std. länger geöffnet); 8. Nov.–Febr. Mo. geschl., Eintritt 20. März–Juni 9 €, sonst 7,50 €

Die Balzi Rossi (»Rote Felsen«) nahe der Grenze sind einer der wichtigsten Fundorte prähistorischer Kultur in Europa. In den Höhlen, die sich in den 100 m hohen rötlichen Felswänden öffnen, entdeckte man Geräte aus Stein und Knochen, Reste von Tieren, Schmuck und Gräber aus einem Zeitraum von ca. 240 000 bis 10 000 Jahre vor unserer Zeit. Die Funde werden im **Museo Preistorico dei Balzi Rossi** präsentiert, das vom Grenzübergang nach Frankreich am Corso Francia wenige Schritte entfernt ist. Das bedeutendste Stück ist das Dreiergrab mit Skeletten von Cro-Magnon-Menschen und reicher Grabausstattung. Berühmt sind auch die kleinen weiblichen Figuren mit übertrieben ausgeprägten Brüsten, Gesäß und Oberschenkeln sowie die Darstellung eines Steppenwildpferds. Der Fundort markiert den östlichsten Punkt der Verbreitung der französisch-iberischen Kunst der Vorgeschichte.

Museo Preistorico: Di.–So. 9.00–12.30, 14.00–18.00 Uhr, Eintritt 2 €

*Balzi Rossi

Eine Pracht an Farben und Düften: die Hanbury-Gärten

PRAKTISCHE INFORMATIONEN

Wie schnell darf man auf Italiens Straßen fahren,
was muss man bei Ein- und Ausreise beachten?
Und wo bekommt man nähere Informationen?
Wissenswertes für eine angenehme Reise.

Anreise · Reiseplanung

Streiks — In Italien wird recht häufig gestreikt, weshalb man sich – will man nicht irgendwo festsitzen – kundig machen sollte, ob nicht bei Bahnen, Fluglinien etc. eine Aktion geplant ist. Es ist unter Umständen auch sinnvoll, am Tag vor der Rückfahrt vollzutanken.

AUF DER STRASSE

Aus Deutschland — Zentraler Verteiler für Ligurien ist Genua; für die Anreise aus den östlichen Teilen Deutschlands und Österreichs kann man auch La Spezia ansteuern. Für die rasche Anreise kommen folgende Routen in Frage: Basel bzw. Singen/Schaffhausen – Luzern – St. Gotthard – Mailand; Lindau – Chur – San Bernardino – Mailand; Kempten – Reutte i. T. – Fernpass – Innsbruck bzw. München – Kufstein – Innsbruck, dann Brenner – Brescia – Piacenza – Genua bzw. Verona – Mantua – Parma – La Spezia. In Deutschland und in Österreich muss nicht mit **Tagfahrlicht** bzw. Abblendlicht gefahren werden, wohl aber in der Schweiz und in Italien (▶ Verkehr, S. 431).

Aus Österreich — Aus dem westlichen Österreich empfiehlt sich der ganzjährig befahrbare Reschenpass. Aus der Mitte Österreichs fährt man über Innsbruck oder Lienz – Brixen – Mailand nach Genua bzw. über Parma nach La Spezia, aus dem östlichen Österreich über Klagenfurt – Villach – Udine – Venedig – Brescia nach Genua bzw. La Spezia.

Aus der Schweiz — Die Hauptrouten aus der Schweiz sind: Genf – Mont-Blanc-Tunnel – Aosta bzw. Lausanne – Großer-St.-Bernhard-Tunnel – Aosta – Turin, dann nach Savona oder Genua; Simplon (Bahnverladung) – Domodossola – Novara – Genua; St. Gotthard und San Bernardino.

Autobahngebühren — Die Benützung der österreichischen und schweizerischen Autobahnen ist gebührenpflichtig. Für Österreich muss eine 10 Tage, 2 Monate oder 1 Jahr gültige Vignette an der Windschutzscheibe angebracht werden, die Schweizer Vignette gilt 1 Jahr (inklusive Dezember des Vorjahres und Januar des Folgejahres). Die Maut für die Brennerautobahn Innsbruck – Brenner ist zusätzlich zu entrichten (am besten vorher eine Videomautkarte kaufen, auch via Internet möglich). Auch der Großer-St.-Bernhard-Tunnel kostet extra; für den St.-Gotthard-Tunnel genügt die Autobahnvignette. Beide Tunnels sind das ganze Jahr geöffnet. Für die Autobahngebühren in Italien ▶ Verkehr, S. 432.

> **Telefonnummern**
> Gebührenpflichtige Service-Telefonnummern sind in diesem Reiseführer mit einem Stern gekennzeichnet: *0180 …

Zwischen Mitte Juni und Mitte September ist auf den italienischen Autobahnen mit zähflüssigem Verkehr und an den Mautstellen mit Staus zu rechnen. Das gilt besonders für die Wochenenden; die Riviera ist für das westliche Oberitalien (Turin, Mailand) ein beliebtes Ausflugsziel. Absolut tabu ist das Wochenende Ende Juli / Anfang August, da dann ganz Italien in die Ferien fährt. Stauträchtig sind i. A. der Autobahnring um Mailand, die A 10 zwischen Genua und Savona, die A 6 von Turin bis Savona sowie die A 12 zwischen Genua und Sestri Levante. Info unter www.autostrade.it.

Empfehlung zur Reisezeit

MIT DER BAHN

Die Bahnreise von Deutschland, Österreich und der Schweiz nach Genua ist langwierig, Umsteigen immer nötig; Drehscheibe ist Mailand. Von München fahren Züge mit Umsteigen in Verona und Mailand nach Genua. Aus dem nördlichen Deutschland bringt die CityNightLine über Nacht nach Zürich oder Mailand. Die preisgünstigste Lösung ist ein Europa-Spezial-Ticket nach Mailand, die Fahrkarte für die Weiterfahrt löst man in Italien (auch online oder bei einer Agentur außerhalb Italiens möglich, ▶ S. 433).

Autoreisezüge fahren April – Okt. von Hamburg, Düsseldorf und Frankfurt/Neu-Isenburg nach Alessandria (ca. 90 km nördlich von Genua). Einen weiteren italienischen Terminal gibt es in Bozen. Für die Hauptreisezeit spätestens im Februar buchen!

Autoreisezüge

Die italienische Staatsbahn FS trenitalia bietet im internationalen Verkehr Sondertarife für Familien mit 2 – 5 Personen und Jugendliche bis 26 Jahre. Weiteres ▶ Verkehr, S. 433.

trenitalia

MIT DEM FLUGZEUG

Einziger Verkehrsflughafen Liguriens ist Genua Cristoforo Colombo (www.airport.genova.it). Der Flugplatz in Villanova d'Albenga dient dem privaten Verkehr. Genua wird von D/A/CH nur von München (Lufthansa) aus direkt angesteuert. In Betracht zu ziehen ist daher auch eine Anreise über die Flughäfen Mailand Linate/Malpensa, Pisa oder Nizza, die viel öfter sowie von Billiglinien angeflogen werden.

Verbindungen

Von den Flughäfen Mailand Malpensa und Nizza erreicht man Genua bequem mit den Schnellbuslinien der Firma Volpi, aussteigen kann man u. a. an der Stazione Principe und an der Piazza della Vittoria. Fahrtdauer von Mailand 3 Std., von Nizza 3.30 Std. Info: www.volpibus.com, Tel. Genua: 010 56 16 61.

Flughafenbusse von Mailand und Nizza

Flughafenbus in Genua — Der Volabus der AMT verbindet den Flughafen C. Colombo mit den Bahnhöfen Principe und Brignole in Genua. Abfahrt vom Flughafen zwischen 6.00 und 23.30 Uhr, von der Stazione Brignole zwischen 5.20 und 22.10 Uhr, in unregelmäßigen Abständen, Fahrzeit ca. 30 Minuten. Tickets bei den AMT-Stellen/Automaten und im Bus.

EIN- UND AUSREISE

Personalpapiere — Bürger aus der EU und der Schweiz weisen sich mit einem Personalausweis oder Reisepass aus. Kinder brauchen ein eigenes Parsonaldokument (Kinderreisepass bzw. Reisepass/Personalausweis).

Fahrzeugpapiere — Mitzuführen sind der Führerschein, der Kraftfahrzeugschein und die Internationale Grüne Versicherungskarte. Kraftfahrzeuge ohne Euro-Kennzeichen müssen das ovale Nationalitätskennzeichen tragen.

Haustiere — Wer ein Haustier einführen will, benötigt den Heimtierpass der EU, der von autorisierten Tierärzten ausgestellt wird. Zur Identifikation muss es einen Mikrochip tragen. Die letzte Tollwutimpfung muss mindestens 21 Tage und maximal 12 Monate vor dem Grenzübertritt durchgeführt worden sein. Maulkorb und Leine sind mitzuführen. Bedenken: Nicht alle Hotels nehmen Hunde auf, und an den meisten Stränden hat Bello, zumindest in der Hauptsaison, keinen Zutritt.

Verlust von Papieren — Bei Verlust der Papiere helfen die jeweiligen Vertretungen im Ausland. Erste Anlaufstelle ist jedoch die Polizei, denn ohne eine Kopie der Diebstahlsmeldung geht nichts. Ersatzpapiere bekommt man wesentlich leichter, wenn man Kopien von den Dokumenten vorweisen oder diese von einem elektronischen Postfach abrufen kann.

Krankenversicherung — Auch im EU-Ausland erstatten die gesetzlichen Krankenkassen die Kosten für ärztliche Leistungen (zum Teil), jedoch nur bei Notfällen und chronischen Krankheiten. Dem Arzt ist die **Europäische Krankenversicherungskarte** (EHIC) vorzulegen, in den meisten Fällen sind für Behandlung und Medikamente Zuzahlungen zu leisten. Gegen Vorlage der quittierten Arzt- und Apothekenrechnungen, die die erbrachten Leistungen genau bezeichnen müssen, erstattet die Krankenkasse im Heimatland ggf. die Kosten. Da die Kosten für Behandlung und Medikamente in der Regel teilweise vom Patienten zu tragen sind und die Kosten für einen evtl. notwendigen Rücktransport von den Krankenkassen nicht übernommen werden, empfiehlt sich der Abschluss einer **zusätzlichen Reisekrankenversicherung**. Schweizer Bürger müssen ihre Krankheitskosten selbst bezahlen. Privat Versicherte legen ihrer Krankenversicherung zur Kostenerstattung die Arzt- und Apothekenrechnungen vor.

Anreise · Reiseplanung • PRAKTISCHE INFOS

BAHNUNTERNEHMEN
Deutsche Bahn
Reiseservice / Autozug
Tel. *0180 6 99 66 33
www.bahn.de
www.citynightline.de
www.dbautozug.de

Österreichische Bundesbahnen
Callcenter Tel. *05 17 17
www.oebb.at

Schweizerische Bundesbahnen
Rail Service Tel. *0900 30 03 00
www.sbb.ch

FS trenitalia
In Italien: Tel. *89 20 21
www.trenitalia.com (auch auf Englisch. Unter »informazioni« sind die Agenturen im Ausland verzeichnet.)

FLUGLINIEN
Alitalia
Deutschland Tel. *0180 6 07 47 47
Österreich Tel. *0820 95 10 51
Schweiz Tel. *0900 486 486
Italien *89 20 10
www.alitalia.com
Flugauskunft Genua Tel. 010 6 01 51

Lufthansa
Deutschland Tel. *0180 5 80 58 05
Italien Tel. *199 40 00 44
www.lufthansa.com

Austrian Airlines
Österreich Tel. 05 17 66 10 00
www.austrian.com

Swiss
Schweiz Tel. 0848 70 07 00
www.swiss.com

Zoll

Innerhalb der EU ist der Warenverkehr für private Zwecke weitgehend zollfrei. Zur Abgrenzung zwischen privater und gewerblicher Verwendung gelten folgende Höchstmengen: 800 Zigaretten, 400 Zigarillos, 200 Zigarren, 1 kg Rauchtabak; 10 l Spirituosen, 20 l Zwischenerzeugnisse, 90 l Wein (davon max. 60 l Schaumwein) und 110 l Bier. Bei einer Kontrolle ist glaubhaft zu machen, dass die Waren nur für den privaten Verbrauch bestimmt sind.

Einreise aus der Schweiz

Für Bürger von Nicht-EU-Ländern liegen die Freigrenzen für Personen über 17 Jahre bei 200 Zigaretten oder 100 Zigarillos oder 50 Zigarren oder 250 g Rauchtabak, ferner bei 2 l Wein und 2 l Schaumwein oder 1 l Spirituosen mit mehr als 22 Vol.-% Alkoholgehalt oder 2 l Spirituosen mit weniger als 22 Vol.-% Alkoholgehalt, 500 g Kaffee oder 200 g Kaffeeauszüge, 100 g Tee oder 40 g Tee-Extrakt, 50 g Parfüm oder 0,25 l Eau de Toilette. Zollfrei sind außerdem Waren bis zu einem Wert von 300 €.

Wiedereinreise in die Schweiz

Abgabenfrei für Personen ab 17 Jahre sind 200 Zigaretten oder 50 Zigarren oder 250 g Rauchtabak, an alkoholischen Getränken 2 l mit bis zu 15 Vol.-% und 1 l mit mehr als 15 Vol.-% Alkoholgehalt. Übersteigt der Gesamtwert der eingeführten Waren 300 CHF, sind alle Waren abgabenpflichtig.

Transit Beim **Transit** durch die Schweiz sind Waren für den privaten Gebrauch anzumelden, wenn sie die für die Schweiz geltenden Freimengen überschreiten oder über 5000 CHF wert sind. In letzterem Fall muss eine Kaution in bar (auch in €) oder per Kreditkarte geleistet werden, die bei der Ausfuhr erstattet wird.

Auskunft

Als klassisches Reiseland verfügt Italien über ein gut ausgebautes Informationssystem: von der ENIT (Ente Nazionale per il Turismo) über regionale Büros (Assessorato Regionale) und Büros für größere touristische Bereiche (Azienda di Promozione Turistica, APT) bis zu den örtlichen Tourismusämtern (Ufficio Informazioni e di Accoglienza Turistica, IAT; in kleineren Orten Pro Loco).

ENIT – ITALIENISCHE ZENTRALE FÜR TOURISMUS
Barckhausstr. 10, 60325 Frankfurt a. M.
Tel. 069 23 74 34
www.enit.de, www.enit-italia.de
Auch für die Schweiz zuständig.

Mariahilferstr. 1 b/XVI, 1060 Wien
Tel. 01505 16 30 12, www.enit.at

LIGURIEN
Agenzia Regionale per la Promozione Turistica »In Liguria«
Via D'Annunzio 2/78, 16121 Genova
Tel. 010 53 08 21
www.turismoinliguria.it
www.regione.liguria.it

Provinz Genua
Provincia di Genova
Piazzale Mazzini 2, 16122 Genova
Tel. 010 549 91
Info-Tel. in Italien 800 50 94 20
http://turismo.provincia.genova.it

Sistema Turistico Locale Genovesato
Palazzo Ducale, Piazza Matteotti 9
16123 Genova
Tel. 010 5 57 40 95
www.stlgenovesato.it

Sistema Turistico Locale Terre di Portofino
Piazza Molfino 10, 16035 Rapallo
Tel. 0185 6 47 61
www.terrediportofino.eu

Provinz La Spezia
Servizio Turismo
Viale Mazzini 2, 19124 La Spezia
Tel. 0187 77 09 00
www.turismoprovincia.laspezia.it

Provinz Savona
Servizio Promozione Turistica
Via Sormano 12, 17100 Savona
Tel. 019 8 31 33 26
http://turismo.provincia.savona.it

Provinz Imperia
STL Riviera dei Fiori – Provincia di Imperia
Viale Matteotti 147, 18100 Imperia
Tel. 0184 59059
Info-Tel. in Italien 0800 81 30 12
www.visitrivieradeifiori.it

KONSULATE

Deutscher Honorarkonsul
Via Malta 2/1, 16121 Genova
Tel. 010 5 76 53 42

Österreichischer Honorarkonsul
Via Assarotti 5/2, 16122 Genova
Tel. 010 8 39 39 83

Schweizer Generalkonsulat
Via Palestro 2, 20121 Milano
Tel. 02 7 77 91 61

GOETHE-INSTITUT GENUA

Via Assarotti 19/12 A, 16122 Genova
Tel. 010 57 45 01
www.goethe.de/genua

INTERNET

www.italianita.de
www.ratgeber-italien.de
www.in-italy.de
Private Websites zu allen möglichen Themen, von der Reisevorbereitung über Museen, Mode, Sprachschulen bis zum Veranstaltungs- und Streikkalender.

www.webliguria.com
Portal für die Hotelsuche, enthält aber auch (unter »Liguria«) Info zu vielen Orten und (unter »Indirizzi«) viele wichtige oder interessante Links.

www.emmeti.it
www.myliguria.com
Portale mit allgemeinen Infos, Tipps zu Hotels, Restaurants, Museen etc.

www.beniculturali.it
www.museionline.it
www.culturainliguria.it
www.liguriaheritage.it
Info zu kulturell bzw. geschichtlich interessanten Orten, Museen, kulturellen Veranstaltungen und Ausstellungen.

www.parks.it
Portal der Naturparks (z. T. auch in Englisch und in nicht immer verständlichem Deutsch) mit vielen wichtigen Informationen und Links, vor allem zu den einzelnen Parks, zu Infobüros, Wanderwegen, Unterkunft und Veranstaltungen.

www.mentelocale.it
Alles, was in Genua und Ligurien aktuell passiert oder interessant ist: Veranstaltungstermine aller Art, Hintergrundinformationen und nicht zuletzt heiße Tipps zu Restaurants, Clubs etc.

Elektrizität

Geräte mit Schukostecker brauchen einen Adapter (ital. riduzione, adattatore), Europanorm-Gerätestecker mit dünnen Kontaktstiften sind ohne Adapter verwendbar.

Etikette

Mindestens zwei Ausdrücke, die man überall hört und gebrauchen kann, sollte man sich einprägen: »Permesso« (»Ist es gestattet?«) und

Höflichkeit

»Scusi« (»Verzeihen Sie«). Diese Formeln helfen z. B., wenn man sich den Weg durch belebte Straßen bahnen will.

Kleidung »Bella Figura«, das schöne Äußere, ist für die meisten Italiener und Italienerinnen ein Grundbedürfnis. Auch wenn man nur zur Post oder auf den Markt geht: Wer auf die Straße tritt, zieht sich »richtig« an. Umso verständnisloser schaut man auf Touristen, die mit Badeschlappen in Kirchen tappen, in Shorts Gemäldegalerien besichtigen oder mit nacktem Oberkörper durch die Altstadt wandeln. In Alassio und Lerici ist Badekleidung außerhalb des Strands offiziell verboten.

Rauchen Das Rauchverbot in öffentlichen Räumen – also auch in Restaurants und Cafés –, wird strikt beachtet. Es gibt sogar Strände, an denen Rauchen nicht gestattet ist. Nur in Lokalen, die eine abgeschlossene, gut belüftete Zone mit automatischen Türen einrichten, ist das Rauchen erlaubt.

Trinkgeld In den Hotelpreisen ist die Bedienung inbegriffen. Für das Verfahren in Restaurants ▶ S. 81. In Bars wird kein Trinkgeld erwartet, dennoch freut sich der »barista« über einen Obolus. Auch Taxifahrer (0,50 – 1 €), Gästeführer (1 – 2 €), Toilettenfrauen und den Zimmerservice lässt man nicht unbedacht.

Verkehr Die italienische Art, sich im Straßenverkehr zu bewegen, ist nicht jedermanns Sache. Am besten verfährt man nach scheinbar widersprüchlichen Prinzipien: freundliche Gelassenheit, zuvorkommende Rücksicht und defensive Vorsicht, kombiniert mit einer guten Portion Unerschrockenheit und »Ellenbogen« (»Wer zögert, hat verloren«), die allerdings auch gute Fahrpraxis und wenig Angst ums eigene Blech voraussetzt. Wichtiger als Rechthaben ist die Kommunikation und das gemeinsame Entwirren des Chaos.

Geld

Euro Italien gehört zur Euro-Zone. Beachten: Aufgrund der Ähnlichkeit von »Cent« und »cento (100)« heißt der Cent »centesimo (di euro)«. Zwischen EU-Ländern dürfen Euro in beliebiger Höhe ein-/ausgeführt werden. Bei Ein-/Ausreise aus der Schweiz müssen Barmittel von 10 000 € oder mehr angemeldet werden. Der Kurs des Schweizer Franken: 1 € = 1,25 CHF / 1 CHF = 0,80 €.

Banken Die Banken sind meist Mo.– Fr. 8.30 – 13.00 Uhr geöffnet; nachmittags sind sie etwa zwischen 15.00 und 16.00 Uhr geöffnet. An Tagen vor Feiertagen (prefestivi) schließen sie um 11.20 Uhr.

Gesundheit • PRAKTISCHE INFOS

An Geldautomaten (**bancomat**) kann man mit Kredit- und Bankkarten Geld abheben. Achtung; Manche Automaten besitzen eine »Spendenfunktion«, die in Italienisch (donazione) oder Englisch (donation) abfragt, ob man für eine Hilfsorganisation spenden will. Wer nicht achtgibt, verliert Geld, da die Transaktion korrekt mit Geheimnummer läuft. Die wichtigen internationalen **Kreditkarten** werden von Banken, Hotels, Restaurants, Autovermietern, den Autobahn-Mautstellen und vielen Läden akzeptiert. Einen **Verlust von Bank- oder Kreditkarte** melde man umgehend bei seinem Geldinstitut oder den Zentralen. Dafür unbedingt vor der Reise alle Daten der Karten notieren.

Geldautomaten

> **BAEDEKER WISSEN**
>
> ? *Karte verloren?*
>
> Sperr-Notruf: Tel. +49 116 116
> für Bank- und Kreditkarten, Handys und andere sperrbare Medien
> Visa: Italien Tel. 800 81 90 14
> International (R) 001 303 967 1096
> Mastercard:
> Italien Tel. 800 87 08 66
> International (R) 001 636 722 7111

Der Käufer bzw. Gast ist verpflichtet, den steuerlich gültigen Kassenbeleg (ricevuta fiscale, scontrino fiscale) zu verlangen und nach dem Verlassen des Lokals bei sich zu tragen, um Steuerbetrug zu erschweren. Es kann vorkommen, dass die Guardia di Finanza kontrolliert; im Fall des Falles ist jedoch das Geschäft/Hotel/Restaurant »dran«. Manches ist davon ausgenommen, etwa das Taxifahren; auf Verlangen muss der Fahrer jedoch eine Rechnung (fattura) ausstellen.

Quittungen

Gesundheit

In größeren Orten und touristischen Zentren ist die medizinische Versorgung gewährleistet. Vielerorts gibt es die Guardia Medica, die auch nachts, sonntags und feiertags zur Verfügung steht. Erste Hilfe (pronto soccorso) leisten außer Krankenhäusern (ospedali) u. a. das Weiße Kreuz (Croce Bianca), das Grüne Kreuz (Croce Verde) und das Rote Kreuz (Croce Rossa Italiana). Adressen und Telefonnummern sind auf den ersten Seiten des Telefonbuchs (Avantielenco) zu finden. Zahnärzte findet man im Telefonbuch unter dem Stichwort »medici dentisti«. Notrufe ▶ S. 421.

Medizinische Versorgung

Apotheken (farmacia) sind mit einem grünen Kreuz gekennzeichnet. Sie haben in der Regel Mo. – Fr. 9.00 – 12.30, 16.00 – 19.30 Uhr geöffnet, in Tourismusorten auch länger. Geschlossen haben sie mittwochs oder samstags. Die Apotheken mit Sonntags- bzw. Nachtdienst (farmacia di turno) sind an jeder Apotheke angezeigt. Tag und Nacht geöffnet hat die Farmacia Saettone in Savona, Via Paleocapa 147 r, Tel. 019 82 98 03.

Apotheken

Literaturempfehlungen

Land und Leute

K. Rother, F. Tichy: Italien. Geographie, Geschichte, Wirtschaft, Politik. Wissenschaftliche Buchgesellschaft, Darmstadt
W. Braunfels:: DuMont Geschichte der Kunst Italiens. DuMont Literatur und Kunst Verlag, Köln 2005 (1. Aufl. 1984)
Karl-Dietrich Bühler: Genua – Bilder einer Erzählung. Sagep, Genua 1995. Stimmungsvoller Bildband des renommierten deutsch-schwedischen Fotografen über seine Wahlheimat.
L. Bertonasco: La nonna, la cucina, la vita. Hildesheim 2005. Eine Liebeserklärung an ligurische Lebensart und italienische Küche.

Literarisches

Francesco Biamonti: Die Reinheit der Oliven. Klett-Cotta, Stuttgart 2000. Biamonti (1928 – 2001), der großenteils in seinem Geburtsort S. Biagio della Cima (Imperia) lebte, schildert voll melancholischer Bildkraft die langsam verschwindende Welt der Ponente.
Italo Calvino: Wo Spinnen ihre Nester bauen. dtv, München 1999. Die Welt der Erwachsenen, humorvoll-sarkastisch dargestellt aus der Perspektive eines Jungen in Ligurien gegen Ende des 2. Weltkriegs.
Eugenio Montale: Gedichte 1920 – 1954. Hanser, München 1987. Der Literatur-Nobelpreisträger (▶S. 65), der lange in Monterosso in den Cinque Terre lebte, widmete viele Gedichte Ligurien.
Bruno Morchio: Kalter Wind in Genua (it.: Bacci Pagano – Una storia dei carruggi), und weitere Romane. Wer einen unverstellten Blick hinter die Kulissen Genuas werfen will, kann sich von Privatdetektiv Bacci Pagano führen lassen. Der Autor ist gebürtiger Genuese und in seiner Heimatstadt als Psychotherapeut tätig.
Antonio Tabucchi: Der Rand des Horizonts. dtv, München. Ein sehr kurzer, sehr mystischer Roman um die rätselhafte Identität eines Toten, mit Genua als passendem Ort der Handlung.

Medien

Italienische Zeitungen

Große überregionale Zeitungen sind »La Repubblica«, »Corriere della Sera«, »La Stampa« und »Il Secolo XIX«. Für Ligurien besonders wichtig ist die in Genua ansässige »Il Secolo XIX«, deren Lokalteile – sie unterhält in Ligurien fünf Redaktionen – über aktuelle Veranstaltungen etc. informieren. Sie bringt auch informative Bücher über die Region heraus, und ihre Website www.ilsecoloxix.it ist immer einen Blick wert.

Deutsche Publikationen

Die Ferienorte und die größeren Städte in Ligurien werden mit aktuellen deutschen Zeitungen und Zeitschriften bestens versorgt.

Notrufe

Die örtlichen Notrufnummern sind auf den ersten Seiten des Telefonbuchs (»Avantielenco« bzw. Vorspann »Servizi di interesse pubblico«) angegeben.

IN ITALIEN

Allgemeiner Notruf
Carabinieri, Ambulanz
Tel. 112

Polizei
Polizia di Stato
Tel. 113

Feuerwehr
Vigili fuoco Tel. 115

Notarzt/Krankenwagen
Tel. 118

Guardia Medica
800 55 44 00

Pannendienst ACI
Tel. 803 116 (24 Std., kostenlos)
vom ausländischen Mobiltelefon:
Tel. 800 11 68 00 (kostenlos)

ZU HAUSE

ACE-Notruf (24 Std.)
Fahrzeug- und Krankenrückholdienst
Tel. +49 1802 34 35 36

ADAC-Notruf (24 Std.)
Medizinische Beratung, Rückholdienst
Tel. +49 89 76 76 76
Beratung bei Pannen, Unfällen, Verlust
von Dokumenten etc.
Tel. +49 89 22 22 22

Deutsche Rettungsflugwacht
Tel. +49 711 70 10 70

ÖAMTC
Tel. +43 1 251 20 00

TCS
Tel. +41 22 417 22 20

Schweizerische Rettungsflugwacht
Tel. +41 333 333 3 33

Post & Telekommunikation

Die italienischen Postämter sind in der Regel Mo. – Fr. 8.30 – 13.30, Sa. 8.00 –12.30 Uhr geöffnet, die Hauptpostämter in den größeren Städten 8.00 – 18.30, Sa. bis 13.00 Uhr. Sie sind nur für den Post- und Postbankdienst zuständig, telefonieren kann man dort nicht. — Postämter

Briefmarken (francobolli) kauft man in Postämtern oder besser (ohne Schlangestehen) in den Tabakläden, die mit einem »T«-Schild (tabacchi) gekennzeichnet sind. Das Porto für einen Standardbrief oder eine Postkarte kostet innerhalb Italiens 70 Cent, ins europäische Ausland 85 Cent (beides mit »posta prioritaria«, ist obligatorisch). — Porto

PRAKTISCHE INFOS • Preise und Vergünstigungen

VORWAHLEN
Von Italien
nach Deutschland 00 49
in die Schweiz 00 41
nach Österreich 00 43
Für Deutschland und Österreich die Ortsvorwahl ohne, für die Schweiz mit der führenden Null wählen.

Nach Italien
00 39
Danach die Ortsvorwahl mit der führenden Null wählen.

Telefonauskunft
Inland Tel. 12
Ausland Tel. 176

Telefonieren Öffentliche Telefone sind sehr selten geworden, am ehesten noch am Bahnhof und im Stadtzentrum zu finden. Sie funktionieren mit Telefonkarten (carta/scheda telefonica), die es in Bars, Zeitungskiosken und Tabakläden gibt. Die **Ortsvorwahl ist Bestandteil der Teilnehmer-Rufnummer**; sie muss daher auch bei Ortsgesprächen gewählt werden. Ausnahmen sind Notfall-, Gratis-, Service- und Handy-Nummern (sie beginnen nicht mit einer Null). Nummern mit der Vorwahl 80x (numero verde) sind kostenlos anzurufen.

CallingCard Mit der CallingCard der Deutschen Telekom (Guthaben 10/20 €) kann man überall bargeldlos telefonieren, beim R-Gespräch bezahlt der Angerufene. Weitere Informationen gibt die Telekom.

Mobiltelefon Mit dem immer noch teuren Roaming ist die Benützung des eigenen Mobiltelefons überall möglich. Mobilfunknetze unterhalten die Gesellschaften Telecom Italia Mobile (TIM), Wind und Vodafone-Omnitel. Wer viel telefoniert, kauft sich besser eine italienische Prepaid-SIM-Karte (beim Provider klären, ob möglich). Vorsicht bei **mobiler Internet-Nutzung**: Unbedingt vor der Reise die Tarife prüfen! Viele Hotels, Cafés etc. bieten kostenlosen Zugang zum WLAN (it. WiFi).

Preise und Vergünstigungen

Preisniveau Ein Urlaub in Italien, besonders an der Riviera, ist etwas teurer als in Deutschland oder Österreich. Nicht vergessen darf man die Kosten für Garage (10 – 20 €/Tag) und Badeanstalt – zwei Liegen mit Sonnenschirm, Umkleidekabine und Dusche kosten pro Tag 15 – 25 €, aber auch schon mal 50 €. Sehr billig sind hingegen Bahn und Busse.

Unterkunft Die meisten Hotels gewähren Nachlässe bei einem Aufenthalt von mindestens 3 Tagen, in Ferienorten und -zeiten wird oft nur Halb- oder Vollpension angeboten. Beträchtlich können die Preisunterschiede zwischen Haupt- und Nebensaison sein. Im Großraum Genua werden zu den großen Messen (v. a. beim Salone Nautico) höhere Preise verlangt. Wer ein besonders preisgünstiges Quartier sucht, sollte Privatzimmer bevorzugen (▶ Übernachten).

Das Tagesmenü (menù del giorno) ist meistens in Ordnung. Pizzerien, Dönerbuden und Fastfoodketten sind so verbreitet wie zu Hause, dazu kommen die Focaccerie. Im Hinterland bieten viele Trattorien vorzügliche, reichhaltige Menüs zu äußerst angenehmen Preisen (inkl. Wein und Caffè für 20 – 30 €). **Preiswert essen**

Ein Teil der ligurischen Museen ist gratis zugänglich. Sonst erhalten Besucher bis 18 Jahre bzw. über 65 Jahre meist freien Eintritt. Für 18- bis 25-Jährige lohnt sich die Frage nach einem Jugend- bzw. Studentenrabatt. In Genua wird die preiswerte Card Musei angeboten, die zum Besuch vieler Museen u. a. m. berechtigt. **Museen**

Reisezeit

Die idealen Reisemonate für Ligurien sind das späte Frühjahr (Mai, Juni) und der frühe Herbst (September, Oktober). Man entgeht den Urlaubermassen und der sommerlichen Hitze, muss aber auf ein Bad im Meer nicht verzichten; im Mai ist das Wasser allerdings noch sehr frisch. Im April erlebt man den Beginn des Frühlings, doch gibt es noch kühle Tage mit Regen und kaltem Wind. **Frühjahr und Herbst**

Für den Strandurlaub ist nach wie vor der Sommer die beliebteste Reisezeit. In Juli und August ist die Küste vor allem durch italienische Urlauber völlig überlastet, so dass man für die dann anzutreffende Atmosphäre schon ein Faible haben muss. Auch lässt die Gastfreundlichkeit in dieser Zeit manchmal zu wünschen übrig. Unterkunft (Hotel, Camping) für diese Zeit sollte man ein halbes Jahr im Voraus reservieren. Die Hitze an der Küste macht Touren schnell zur Strapaze. Dagegen ist der Sommer – wie der Herbst – für Wanderungen in den Bergen Liguriens gut geeignet, da selbst bei sommerlichen Temperaturen meist ein frischer Wind weht. **Sommer**

In Ligurien hat auch der Winter seinen eigenen Reiz; das milde Winterklima an der Küste war ja Grund für den Aufstieg der Riviera zur Urlaubslandschaft. In dieser Zeit (wie auch zum Teil in Frühjahr und Herbst) haben jedoch viele Hotels, Restaurants und abgelegene sehenswerte Stätten geschlossen. Ebenso ist das Wetter nicht beständig; Regenschauer und kühle Tage sind nicht selten. Das gebirgige Hinterland hingegen hat richtigen Winter, auf den Höhen hält sich der Schnee bis weit ins Frühjahr. **Winter**

Sprache

Verständigung Nur in größeren Hotels und Restaurants kann man sich auf Englisch, Französisch oder (seltener) Deutsch verständlich machen; die Kenntnis einiger wichtiger Wörter und Redewendungen ist unerlässlich. Was übrigens immer freudig vermerkt wird …

Aussprache Die Betonung liegt meist auf der vorletzten Silbe. Wird der Endvokal betont, wird er mit Akzent geschrieben: perchè, città. Bei Betonung auf der drittletzten Silbe steht außer in Zweifelsfällen (wie in diesem Führer) kein Akzent, oft wird er jedoch als Aussprachehilfe gesetzt (chilòmetro, sènape). Diphthonge spricht man fast getrennt: »causa« als »ka-usa«, »sei« als »ßä-i«.

c, cc vor e, i wie deutsches »tsch«. Bsp.: cinema
c, cc vor a, o, u und Konsonant wie »k«. Bsp.: canzone
ch, cch wie deutsches »k«. Bsp.: che, Chianti
ci vor dunklem Vokal wie »tsch« (ohne ein i!). Bsp.: ciao, cioccolata
g, gg vor e, i wie deutsches »dsch« in »Dschungel«. Bsp.: gente
gh vor e, i wie deutsches »g«. Bsp.: ghiaccio, spaghetti
gl zwischen Vokalen etwa wie »lj« in »Familie«. Bsp.: figlio
gn zwischen Vokalen etwa wie »nj« in »Cognac«. Bsp.: bagno
qu wie »ku« mit kurzem u. Bsp.: quattro (»ku-áttro«)
sc vor e, i wie deutsches »sch«. Bsp.: uscita
sc vor a, o, u wie »k«. Bsp.: scoglio, scuola
sch wie »sk« in »Skala«. Bsp.: Ischia
sci vor a, o, u wie deutsches »sch« (ohne ein i!). Bsp.: lasciare
z immer stimmhaft wie »ds«. Bsp.: zero

Kleiner Sprachführer Italienisch

Zahlen

zero	0	dodici	12
uno	1	tredici	13
due	2	quattordici	14
tre	3	quindici	15
quattro	4	sedici	16
cinque	5	diciassette	17
sei	6	diciotto	18
sette	7	diciannove	19
otto	8	venti	20
nove	9	ventuno	21
dieci	10	ventidue	22
undici	11	trenta	30

quaranta	40	centouno	101
cinquanta	50	mille	1000
sessanta	60	duemila	2000
settanta	70	diecimila	10 000
ottanta	80		
novanta	90	un quarto	1/4
cento	100	un mezzo	1/2

Das Wichtigste

Sì / No	Ja / Nein
Per favore / Grazie	Bitte / Danke
Non c'è di che / Prego	Gern geschehen / Bitte sehr
Scusi! / Scusa!	Entschuldigen Sie! / Entschuldige!
Come (dice)?	Wie bitte?
Non La / ti capisco	Ich verstehe Sie / dich nicht.
Parlo solo un po' di …	Ich spreche nur wenig …
Mi può aiutare, per favore?	Können Sie mir bitte helfen?
Vorrei …	Ich möchte …
(Non) mi piace	Das gefällt mir (nicht).
Ha …?	Haben Sie …?
Quanto costa?	Wie viel kostet das?
Che ore sono? / Che ora è?	Wie viel Uhr ist es?

Grüßen

Buon giorno!	Guten Morgen / Tag!
Buona sera / Buona notte!	Guten Abend! / Gute Nacht!
Ciao! / Salve!	Hallo! Grüß dich!
Come sta? / Come stai?	Wie geht es Ihnen / dir?
Bene, grazie. E Lei / tu?	Danke, gut. Und Ihnen / dir?
Arrivederci! / Ciao!	Auf Wiedersehen / Tschüs!
A presto! / A domani!	Bis bald! / Bis morgen!

Unterwegs

a sinistra / a destra / diritto, dritto	nach links / nach rechts / geradeaus
vicino / lontano	nah / fern
Quanti chilometri sono?	Wie viele Kilometer sind das?
Vorrei noleggiare …	Ich möchte … mieten.
… una macchina	… ein Auto
… uno scooter	… einen Motorroller
… una bicicletta	… ein Fahrrad
… una barca	… ein Boot

Scusi, dov'è …?	Bitte, wo ist …?
… la stazione	… der Bahnhof
… la metro(politana)	… die Metro
… il porto	… der Hafen
Dove parte il bus per …?	Wo fährt der Bus nach … ab?
All'albergo …, per favore.	Zum Hotel … bitte.
Ho un guasto	Ich habe eine Panne.
Mi potrebbe mandare un carro-attrezzi?	Könnten Sie mir einen Abschleppwagen schicken?
C'è un'officina qui?	Gibt es hier eine Werkstatt?
Dov'è la prossima stazione di servizio?	Wo ist die nächste Tankstelle?
Benzina normale / senza piombo (verde)	Normalbenzin / bleifreies Benzin
Super / gasolio	Super / Diesel
Pieno / venti litri, per favore	Volltanken / 20 Liter bitte
Deviazione	Umleitung
Senso unico	Einbahnstraße
Sbarrato / caduta sassi	gesperrt / Steinschlag
Rallentare	langsam fahren
Tutte le direzioni	alle Richtungen
Tenere la destra	rechts fahren
Zona di silenzio	Hupverbot
Zona tutelata inizio	Beginn der Parkverbotszone
Aiuto!	Hilfe!
Attenzione!	Achtung!
Chiami subito …	Rufen Sie schnell …
… un'autoambulanza	… einen Krankenwagen.
… la polizia	… die Polizei.

Ausgehen

Per favore, mi potrebbe indicare …	Bitte, wo gibt es …
… un buon ristorante?	… ein gutes Restaurant?
… un locale tipico?	… ein typisches Restaurant?
… una discoteca interessante?	… eine interessante Disco?
C'è una gelateria qui vicino?	Gibt es in der Nähe eine Eisdiele?
Vorrei riservarci per stasera un tavolo per quattro persone.	Ich möchte für heute Abend einen Tisch für vier Personen reservieren.
(Mia dia) la lista / il menù, per favore.	Ich hätte gerne die Speisekarte.
Salute! / Alla Sua (salute)!	Zum Wohl! / Auf Ihr Wohl!
Il conto, per favore.	Bezahlen, bitte.
Andava bene?	Hat es geschmeckt?
La cena era eccellente.	Das Essen war ausgezeichnet.
Ha un programma delle eventi?	Haben Sie einen Veranstaltungskalender?

Einkaufen

Dove si trova …?	Wo gibt es / Wo ist …?
… una farmacia	… eine Apotheke
… un panificio	… eine Bäckerei
… un negozio di articoli fotografici	… ein Fotogeschäft
… un grande magazzino	… ein Kaufhaus
… un negozio di alimentari	… ein Lebensmittelladen
… il mercato	… den Markt
… un supermercato	… einen Supermarkt
… un tabaccaio	… einen Tabakladen
… un giornalaio	… einen Zeitungshändler

Übernachten

Potrebbe consigliarmi …	Können Sie mir … empfehlen?
… un albergo non troppo caro?	… ein nicht zu teures Hotel
… una pensione?	… eine Pension
Ho prenotato una camera.	Ich habe ein Zimmer reserviert.
È libera …?	Haben Sie noch …?
… una camera singola / doppia.	… ein Einzel- / Doppelzimmer
… con doccia/bagno.	… mit Dusche/Bad
… per una notte	… für eine Nacht
… per una settimana	… für eine Woche
… con vista mare	… mit Blick aufs Meer
Quant'è la camera …?	Was kostet das Zimmer …?
… con la prima colazione?	… mit Frühstück?
… a mezza pensione?	… mit Halbpension?

Arzt und Apotheke

Mi può consigliare un buon medico?	Können Sie mir einen guten Arzt empfehlen?
Mi può dare una medicina per …	Geben Sie mir bitte ein Medikament gegen …
Soffro di diarrea.	Ich habe Durchfall.
Ho mal di pancia.	Ich habe Bauchschmerzen.
… mal di testa	… Kopfschmerzen
… mal di gola	… Halsschmerzen
… mal di denti	… Zahnschmerzen
… influenza	… Grippe
… tosse	… Husten
… la febbre	… Fieber
… scottatura solare	… Sonnenbrand
… costipazione	… Verstopfung

Speisekarte

Prima colazione — Frühstück

caffè (espresso)	Espresso ohne Milch
caffè macchiato	Espresso mit wenig Milch
caffe latte	Kaffee mit Milch
cappuccino	Kaffee mit aufgeschäumter Milch
tè al latte / al limone	Tee mit Milch / Zitrone
tisana	Kräutertee
cioccolata (calda)	(heiße) Schokolade
pane / panino / pane tostato	Brot / Brötchen / Toast
pane tostato	Toast
cornetto / brioche	Hörnchen, Croissant
burro / formaggio	Butter / Käse
salame / prosciutto (cotto, crudo)	Wurst / (gekochter, roher) Schinken
uovo alla coque	weiches Ei
uova al tegame	Spiegeleier
uova strapazzate	Rührei
frittata	Omelett
miele	Honig
marmellata	Marmelade
iogurt	Joghurt

Antipasti — Vorspeisen

acciughe	Sardellen
affettato misto	Aufschnittplatte
bigné / frittelle	kleine ausgebackene Krapfen
carciofi / funghi sott'olio	in Öl eingelegte Artischocken / Pilze
insalata russa	Russischer Salat (Gemüse in Mayonnaise)
melone prosciutto	Melone mit Schinken
salmone (affumicato)	(geräucherter) Lachs
vitello tonnato	Kalbfleisch mit Thunfischmayonnaise

Primi piatti — Erster Gang / Nudeln & Suppen

pasta	Nudeln
fettuccine / tagliatelle	schmale / breitere Bandnudeln
gnocchi	kleine Kartoffelklößchen
polenta (alla valdostana)	Maisbrei (mit Käse)
minestrone	dicke Gemüsesuppe
pastina in brodo	Fleischbrühe mit feinen Nudeln
ravioli / pansoti	Teigtaschen / auf ligurische Art
zuppa di ceci	Kichererbsensuppe
zuppa di pesce	Fischsuppe

Sprache • PRAKTISCHE INFOS

Carne e pesce — **Fleisch und Fisch**

agnello (al forno)	Lamm (aus dem Ofen)
ai ferri / alla griglia	vom Grill
aragosta	Languste
branzino	Wolfsbarsch
brasato	Braten
coniglio	Kaninchen
cozze / vongole	Miesmuscheln / Venusmuscheln
fégato	Leber
fritto di pesce	ausgebackene kleine Fische
gambero / granchio	Garnele / Krabbe
maiale	Schweinefleisch
manzo / bue	Rindfleisch / Ochsenfleisch
orata	Dorade, Goldbrasse
pesce spada	Schwertfisch
platessa	Scholle
pollo	Huhn
rognoni	Nieren
salmone	Lachs
scampi (fritti)	(frittierte) Langustinen
sogliola	Seezunge
spezzatino	Ragout, Art Gulasch
tonno	Thunfisch
vitello	Kalbfleisch

Verdura — **Gemüse**

asparagi	Spargel
carciofi	Artischocken
carote	Karotten
cavolfiore	Blumenkohl
cavolo	Weißkraut
cicoria belga	Chicorée
cipolle	Zwiebeln
fagioli	weiße Bohnen
fagiolini	grüne Bohnen
finocchi	Fenchel
funghi	Pilze
insalata verde / mista	grüner / gemischter Salat
lenticchie	Linsen
melanzane	Auberginen
patate	Kartoffeln
patatine (fritte)	Pommes frites
peperoni	Paprikaschoten

peperoncini	Chilischoten
pomodori	Tomaten
spinaci	Spinat
zucca	Kürbis

Formaggi — **Käse**

parmigiano / grana	»Parmesan«
pecorino	Schafskäse
ricotta	quarkähnlicher Frischkäse

Dolci — **Nachspeisen**

cassata	Eisschnitte mit kandierten Früchten
coppa assortita	gemischter Eisbecher
coppa con panna	Eisbecher mit Sahne
gelato	Speiseeis
macedonia	Obstsalat
tiramisu	Biskuit mit Espresso + Mascarponecreme
torta di mele	Apfelkuchen
zabaione	Eierschaumcreme
zuppa inglese	likörgetränkter Biskuit mit Vanillecreme

Bevande — **Getränke**

acqua minerale	Mineralwasser
gassata / con gas	mit Kohlensäure
liscia / senza gas	ohne Kohlensäure
amaro	Bitter (Magenbitter)
aranciata	Orangeade
bibita	Erfrischungsgetränk
bicchiere	Glas
birra scura/chiara	dunkles/helles Bier
birra alla spina	Bier vom Fass
birra senza alcool	alkoholfreies Bier
bottiglia	Flasche
con ghiaccio	mit Eis
digestivo	Digestif
frappé / frullato	Milchmixgetränk
secco	trocken
spremuta	frisch gepresster Fruchtsaft
spumante	Sekt
succo	Fruchtsaft
vino bianco / rosato / rosso	Weiß-/ Rosé-/ Rotwein
vino della casa / vino sfuso	Hauswein / offener Wein

Verkehr

STRASSENVERKEHR

Vorfahrt hat der auf den Verkehr auf den Hauptstraßen, wenn sie durch ein auf die Spitze gestelltes weißes oder gelbes Quadrat mit roter bzw. schwarz-weißer Umrahmung beschildert sind. Sonst gilt generell »rechts vor links« – auch am Kreisverkehr, wenn nicht durch Schilder anders geregelt! Auf Bergstraßen hat das bergauf fahrende Fahrzeug Vorfahrt, ein Linienbus jedoch immer. Motorradfahrer müssen einen **Helm** tragen. Die **Alkoholgrenze** ist 0,5 Promille. Telefonieren ist dem Fahrer nur mit Freisprecheinrichtung erlaubt. Außerhalb geschlossener Ortschaften müssen alle Kfz tagsüber mit **Abblendlicht** fahren. Auf der Autobahn darf man max. 130 km/h schnell sein, auf 3-spurigen – wenn durch Schilder ausdrücklich erlaubt – 150 km/h; bei Regen nur 110 km/h, auf Schnellstraßen 90 km/h. Sonst gelten folgende Tempogrenzen: Pkws, Motorräder und Wohnmobile bis 3,5 t innerorts 50 km/h, außerorts 90 km/h, auf Schnellstraßen (2 Richtungs-Fahrstreifen) 110 km/h; Pkws und Wohnmobile über 3,5 t außerorts und auf Schnellstraßen 80 km/h, auf Autobahnen 100 km/h. Wer zu schnell fährt und erwischt wird, muss mit hohen Geldstrafen rechnen. Im Winter kann im Hinterland Kettenpflicht bestehen! Zusatztexte an Verkehrsschildern ▶ S. 426.
Verkehrsvorschriften

Die Kanäle der RAI senden vor den Nachrichten Verkehrsmeldungen (Onda Verde). Aufgrund der bergigen Topografie Liguriens und der vielen Tunnels ist der Radioempfang im Auto eine mühsame Angelegenheit; der Verkehrssender Isoradio (UKW 103,3 MHz) ist zwischen Ventimiglia und Sestri Levante auch in den Autobahntunnels zu empfangen. Die aktuelle Situation auf den Autobahnen ist unter Tel. 840 04 21 21 (tgl. 24 Std.) und www.autostrade.it abfragbar.
Verkehrsinformationen

Warnwesten sind Pflicht! Es muss zwar nur eine Weste mitgeführt werden, aber jede Person, die bei einer Panne das Auto verlässt, muss eine tragen. Privates Abschleppen auf Autobahnen ist verboten. Bei einer Panne verständigen Sie den **Pannendienst des ACI**, der zur nächsten Werkstatt abschleppt (kostenpflichtig, Mitgliedern ausländischer Clubs werden die Kosten ersetzt). Bei Unfällen mit Personenschäden ist die Straßenpolizei hinzuzuziehen. Sehr hilfreich bei der Abwicklung eines Schadens ist der **Europäische Unfallbericht** (zu bekommen bei den Versicherungen und den Automobilclubs), da die italienischen Versicherungen dasselbe Formular in italienischer Sprache ausgeben. Bei Totalschaden ist die Zollbehörde zu unterrichten, da sonst u. U. Einfuhrzoll bezahlt werden muss.
Panne und Unfall

Autobahngebühren

Fast alle Autobahnen (autostrada) in Italien sind gebührenpflichtig (pedaggio); für 100 km muss man 6 – 10 € rechnen. Die Gebühr kann bar oder an den mit »Carte« bezeichneten Zahlstellen mit einer Kreditkarte entrichtet werden, aber **nicht mit einer Bankkarte** (die »Viacard« ist für Urlauber zu umständlich): Nach dem Einstecken des Autobahntickets die Kreditkarte in denselben Schlitz stecken, nach Aufforderung wieder herausnehmen. Für eine Quittung drückt man dann den entsprechenden Knopf. Vielfahrer können am Telepass-Verfahren teilnehmen; das Gerät dazu bekommt man u. a. in Raststätten (»Punto blu«), Abrechnung über die Kreditkarte möglich. Info: www.telepass.it.

Tanken

Einfuhr und Transport von Benzin in Kanistern sind verboten. Es gibt bleifreies Benzin (95 Oktan, benzina senza piombo / verde), Super (98 Oktan, auch E5 und E10) und Diesel (gasolio). Die Tankstellen sind meist 7.00 – 12.00 Uhr und 14.00 – 20.00 Uhr geöffnet, an den Autobahnen meist rund um die Uhr. An den Wochenenden, häufig auch mittags und nachts, kann man an vielen Tankstellen nur am Automaten tanken (mit Geldscheinen, Bank- oder Kreditkarte).

Parken

Die meisten Orte haben verkehrsberuhigte, nur für Anlieger zugängliche Zentren (ZTL, Zona a traffico limitato); aber auch sonst sind Parkplätze in den Ortszentren Mangelware. Am besten parkt man am Ortsrand oder am Rand der Innenstädte, in Genua auch in den Tiefgaragen am Porto Antico. Auf blau gekennzeichneten Parkplätzen kann man sein Fahrzeug nach Lösen eines Parkscheins (oder Parkkarte zum Freirubbeln) abstellen, weiß markierte Plätze können mit Parkscheibe gebührenfrei benutzt werden. Verbotsschilder (Zona tutelata, Parkverbotszone) unbedingt beachten! Auch an gelb gekennzeichneten (z. B. für Taxis und Busse reservierten) Parkflächen, entlang schwarz-gelb markierter Randsteine sowie in Landschaftsschutzgebieten ist Parken verboten. Geparkt wird in den Städten jedoch praktisch überall, auch in zweiter Reihe (mit Warnblinkern). Auf keinen Fall aber auf dem Gehsteig parken, hier ist die Polizei unerbittlich.

Autodiebstahl

Teure oder relativ neue Autos werden häufiger aufgebrochen bzw. gestohlen. Wichtigste Regel: Nichts im Auto liegen lassen, Handschuhfach leeren und offen lassen. Wer kann, sollte das Fahrzeug über Nacht auf einem abgeschlossenen Parkplatz oder in einer Garage parken. Ist das Malheur dennoch passiert, muss man den Schaden der Polizei melden. Das bringt das Verlorene zwar nicht zurück, ist aber nötig für die Meldung bei der Versicherung.

Mietwagen

Um in Italien ein Auto mieten zu können, muss man mindestens 21 Jahre alt sein, eine Kreditkarte und seit mindestens einem Jahr einen Führerschein besitzen. Bei den internationalen Autovermietern kann man bereits von zu Hause aus buchen; das ist in der Regel billiger und empfiehlt sich v. a. für die Hauptsaison. Interessante Angebote haben auch Car-Broker wie www.sunnycars.de, www.holidayautos.de, www.drivefti.de. Die Adressen der örtlichen Autovermietungen findet man im Telefonbuch unter »Noleggio«.

EISENBAHN

Durch die Topografie Liguriens bedingt verläuft die Hauptstrecke der Italienischen Staatsbahnen (Ferrovie dello Stato FS/trenitalia) entlang der Küste, von Genua nach Ventimiglia bzw. La Spezia. Vom Hinterland existieren folgende Transversalen zur Küste (von West nach Ost): Turin – Cuneo – Tenda-Pass – Ventimiglia; Turin – Mondovì – Savona; Alessandria – S. Giuseppe di Cairo – Savona, Acqui Terme – Ovada – Genua; Mailand – Novi Ligure – Arquata Scrivia – Genua; Parma – Pontremoli – La Spezia. — Strecken

Fahrkarten für inneritalienische Strecken sollte man wegen der niedrigen Tarife in Italien kaufen; in Ligurien lohnt sich ein Pauschalpass der trenitalia nicht, am einfachsten und billigsten löst man immer eine Fahrkarte für die jeweilige Fahrt. Die Zugtypen sind Frecciabianca (Hochgeschwindigkeitszug Mailand – Genua), InterCity, Regionale Veloce, Regionale; nur Letzterer hält überall. Trenitalia bietet Sondertarife für Gruppen ab 10 Personen, Jugendliche bis 26 Jahre (Carta Verde, 40 €), Senioren ab 60 Jahre (Carta Argento, 30 €), Behinderte (Carta Blu, gratis), diese Karten gelten 1 Jahr. Kinder bis vier Jahre reisen gratis, Kinder bis zwölf Jahre zum halben Preis. Internationaler Verkehr ▶Anreise. Nicht vergessen: **Fahrkarten müssen vor der Abfahrt am Bahnsteig abgestempelt werden!** — Tarife

An den Bahnhöfen ist der Regionalfahrplan »Orario Regionale« für eine geringe Gebühr zu haben (Download: www.trenitalia.com > Informazioni > Orario ferroviario). — Regionalfahrplan

Eine 25 km lange, schön angelegte Schmalspurbahn verbindet Genua (Bahnhof an der Piazza Manin) mit Casella im Scrivia-Tal (▶S. 241). — Genua – Casella

BUSVERKEHR

Der Omnibus ist in Italien ein wichtiges Verkehrsmittel. Regionale und private Gesellschaften unterhalten in Ligurien ein engmaschiges Netz, das auch entlegene Orte bedient (wenn auch mit dünnem Fahrplan). In den Zentren der größeren Orte gibt es Busbahnhöfe für den

AUTOMOBILCLUBS
Automobile Club d'Italia (ACI)
Tel. 010 5 39 41, www.aci.it

Touring Club Italiano (TCI)
Service-Tel. 840 88 88 02
www.touringclub.it

BAHN
FS trenitalia
In Italien: Tel. *89 20 21
www.trenitalia.com (auch auf Englisch)

AUTOBUS
AMT Genua
www.amt.genova.it
Informationen, Fahr- und Linienpläne u. a. bei den »Infopoints« vor der Stazione Brignole und der Stazione Principe.

Azienda Trasporti Provinciali (ATP)
ww.atp-spa.it
Genova, Piazza Verdi (Stazione Brignole)
Rapallo, Piazza delle Nazioni
 Tel. 0185 37 33 02
S. Margerita Ligure, Piazza Vitt. Veneto
 Tel. 0185 37 33 03
Sestri Levante, Piazza Italia 4
 Tel. 0185 37 33 04

Riviera Trasporti (RT)
www.rivieratrasporti.it
Imperia, Via Nazionale 365
 Tel. 0183 70 02 35
Sanremo, Corso Cavallotti 362
 Busbahnhof Tel. 0184 5 28 47 33
Ventimiglia, Corso Francia 15
 Tel. 0184 23 50 23

Trasporto Pubblico Locale nella Provincia di Savona (TPL)
www.tpllinea.it, Tel. 800 01 27 27
Savona, Piazza Aldo Moro
 Tel. 019 2 20 12 31

ATC La Spezia
www.atcesercizio.it
La Spezia, Via Chiodo + Piazza Chiodo
Tel. 800 32 23 22

SCHIFFSVERKEHR
Cooperativa Battellieri del Porto di Genova
Genova, Calata Zingari
Tel. 010 2 53 10 41
www.battellierigenova.it

Consorzio Liguria Viamare
Genova, Ponte dei Mille
Tel. 010.26 57 12, 010 25 67 75
www.liguriaviamare.it
www.whalewatchliguria.it
Das Consorzio Liguria Viamare (bestehend aus Cooperativa Battellieri & Alimar) führen in Genua tgl. Hafenrundfahrten durch, ausgehend vom Acquario. Mehrmals pro Woche Fahrten von mehreren Häfen Liguriens nach S. Fruttuoso/Portofino/Cinque Terre, Nacht-, Ausflugs- und Sonderfahrten, auch Walbeobachtungsfahrten.

Trasporti Marittimi Turistici Golfo Paradiso
Camogli, Via Scalo 2, Tel. 0185 77 20 91
www.golfoparadiso.it
Linienverkehr zwischen Camogli und San Fruttuoso (ganzjährig), außerdem Fahrten nach Portofino, den Cinque Terre und Portovenere.

Servizio Marittimo del Tigullio
S. Margherita Lig., Piazza Mazzini 32 A
Tel. 0185 28 46 70
www.traghettiportofino.it
Linienverkehr zwischen Portovenere und San Fruttuoso (Nov.–Febr. nur Gruppen n. V.), Ausflüge nach Portofino, Genua und zu den Cinque Terre.

Navigazione Golfo dei Poeti
La Spezia, Via Don Minzoni 13
Tel. 0187 73 29 87
Lerici, Imbarcadero Sud
Tel. 0187 96 76 76
www.navigazionegolfodeipoeti.it
Linienverkehr La Spezia – Lerici – Portovenere, in die Cinque Terrre und nach San Fruttuoso. Fahrten zwischen Levanto, Monterosso, Portofino, Portovenere sowie zu den Inseln vor Portovenere.

Consorzio Barcaioli Portovenere
Portovenere, Molo Doria
Tel. 347 8 02 48 17
www.barcaioliportovenere.com
Fähre zur Insel Palmaria, Taxifahrten von Portovenere und La Spezia (u. a. zu den Stränden im Golf von La Spezia), Fahrten in die Cinque Terre, nach Portofino und San Fruttuoso.

Sanremo Cetacei
Sanremo, Molo di Levante
Tel. 392 1 37 61 20
www.sanremocetacei.it
Wal-Exkursionen Mai – Sept.; Rundfahrten im Golfo Paradiso nach Bordighera, Ventimiglia etc. Fahrten zu den Feuerwerken in Ventimiglia und Sanremo.

Fernverkehr mit Informationsbüros und Fahrkartenschaltern. In größeren Städten und deren unmittelbarer Umgebung verkehren **Stadtbusse** (in Genua kommen die Metro, Bergbahnen und Personenaufzüge hinzu). Fahrkarten für den Stadtverkehr sind meistens nicht im Bus zu bekommen, sondern an den Schaltern und Automaten der Unternehmen, in Tabakläden und Zeitungskiosken; soweit sie auch im Bus verkauft werden (z. B. in Imperia oder nachts in Genua), sind sie teurer.

SCHIFFSVERKEHR

Zum Urlaub in Ligurien gehört unbedingt ein Schiffsausflug. Insbesondere in der Riviera di Levante inklusive den Cinque Terre beachten: Bei schlechtem Wetter und starkem Seegang – den es auch bei schönem Wetter geben kann ! – fahren die Schiffe nicht.

Fähren fahren von Savona nach Korsika, von Genua nach Barcelona, Korsika, Sardinien, Sizilien, Tunis und Marokko. Informationen und Links unter www.traghettionline.net, www.traghettiweb.it.

Fähren

Zeit

In Italien gilt die Mitteleuropäische Zeit (MEZ), in den Sommermonaten (Ende März bis Ende Oktober) die Mitteleuropäische Sommerzeit (MESZ = MEZ + 1 Std.).

Register

Abkürzung
F Frankreich

A
Abbazia di Borzone **177**
Abbazia di San Fruttuoso **306**
Abeti-See **365**
Abschleppen **431**
Accereto **366**
ACE-Notruf **421**
ACI-Pannenhilfe **421**
Acquarone, Lazzaro **256**
Acquasanta **116, 292**
ADAC-Notruf **421**
Agoraie (Riserva) **29, 365**
Agriturismo **104**
Airole **379**
Aktivurlaub **111**
Alassio **132**
Albenga **136**
Albisola Superiore **146**
Albissola Marina **146 f.**
Alessi, Galeazzo **53, 209**
Alpen **17**
Alpicella **399**
Altare **387**
Alta Via dei Monti Liguri **114**
Alto **145**
Ameglia **271**
Ammann, Jos (Giusto di Ravensburg) **52, 229**
Andagna **363**
Andora **167**
André, Fabrizio de **218 f.**
Anreise **412**
Ansaldo, Andrea **55**
Antonio da Noli **71, 283**
Apennin **17**
Apotheken **419**
Apricale **194**
APT **416**
Apuanische Alpen **267**
Aquila d'Arroscia **374**
Arcola **267**
Arenzano **151**
Argentina-Tal **369**
Arma di Nasino **145**
Arma di Taggia **352, 358**
Armo **375**
Arroscia-Tal **18, 372**
Arziglia **157**
Ärztliche Hilfe **419**
Aurigo **257**
Auskunft **416**
Autobahnen, -gebühren **412, 432**
Autobusse **433**
Automobilclubs **434**
Automobile Club d'Italia (ACI) **434**
Autoreisezüge **413**
Aveto-Tal **29, 363**
Azienda di Promozione Turistica (APT) **416**

B
Bacezza **174**
Badalucco **369**
Badestrände **111**
Badia della Cervara **331**
Badia di Tiglieto **295**
Baiardo **328**
Balestrino **279**
Balzi Rossi **409**
Banken **418**
Bankkarten **419**
Barbagelata **367**
Bardineto **383**
Basilica dei Fieschi **176**
Bàsura-Höhle **278**
Bed & Breakfast **104**
Bergeggi (Insel) **27, 287**
Bergeggi (Ort) **287**
Biassa **187, 266**
Bicknell, Clarence **155**
Bixio, Nino **71**
Blaue Flagge **112**
Blumenriviera **67**
Blumenzucht **34, 45, 67**
Boat & Breakfast **104**
Bobbio **177, 366, 394**
Boccanegra, Simone **207**
Boissano **279**
Bonassola **273**
Bonda-Tal **328**
Bordighera **153**
Borganzo **190**
Borghetto d'Arroscia **374**
Borghetto Santo Spirito **277**
Borgio Verezzi **297**
Borgo Fornari **289**
Borgomaro **257**
Bormida di Màllare **387**
Bormida di Millesimo **383**
Bormida di Pàllare **386**
Bormida di Spigno **388**
Bormida (Ort) **387**
Bormida-Täler **382**
Borzonasca **177**
Borzone (Abbazia) **177**
Botschaften **417**
Bräuche **91**
Brea, Ludovico **56, 356, 371**
Breil-sur-Roya (F) **380**
Bric Tana **27, 385**
Brugnato **402**
Buggio **302**
Busalla **289**
Bussana **327**
Bussana Vecchia **327**

C
Cairo Montenotte **388**
Calice Ligure **202**
Calizzano **384**
CallingCard **422**

Calvino, Italo 63
Calvisio 202
Cambiaso, Luca 54, 209
Camogli 161
Camping 105
Campo Ligure 293
Campomorone 390
Canavesio, Giovanni 300 f.
Capanne di Marcarolo 294
Caravaning 105
Carcare 387
Carlone, Giovanni Andrea 55
Carpasio 372
Carrodano 402
Casa del Romano 393
Casano 338
Casanova Lerrone 143
Casarza Ligure 351
Case Fascei 377
Casella 289
Cassego 401
Cassini, Gian Domenico 70, 195
Castel d'Appio (Ventimiglia) 408
Castellari 38
Castellaro 357
Castell'Ermo 145, 373
Castello della Pietra (Vobbia) 291
Castello, G. B. »il Bergamasco« 54
Castelnuovo Magra 337
Castelvecchio di Rocca Barbena 144
Castel Vittorio 302
Castiglione, Giovanni Benedetto 55 f., 209
Celle Ligure 399
Cengio 386
Ceriale 277
Ceriana 328
Certosa (Toirano) 278
Cervo 166
Chiavari 169
Chiusanico 256
Chiusavecchia 256
Cicagna 367
Cinque Terre 29, 178
Cipressa 358
Cisano sul Neva 143
Cogoleto 152
Cogorno 176
Coldirodi 327
Colla di S. Bernardo 377
Colla Langan 126
Colla Micheri 136
Colla Serro 370
Colle del Giovo 18, 124, 149
Colle di Cadibona 17, 18, 387
Colle di Caprauna 145
Colle di Melogno 125, 384
Colle di Nava 18, 255, 376
Colle di Tenda 382
Colle di Velva 351
Colle d'Oggia 255, 372
Colle la Mola 129
Colletta di Castelbianco 145
Colonia Arnaldi 116, 165
Cómago 390
Conscente 143
Coppedè, Gino 60, 242
Corniglia 180
Cosio d'Arroscia 376
Costa 281
Costarainera 359
Creto 127
Crocefieschi 291
Cucina bianca 76, 360

D

De Amicis, Edmondo 63
Deglio 168
Dego 388
Deiva Marina 281
Diano Arentino 189
Diano Borello 189
Diano Castello 188
Diano Evigno 189
Diano Marina 188
Diano San Pietro 190
Discovolo, Antonio 273
Dolceacqua 191
Dolcedo 260
Doria, Andrea 68, 207, 237
Dyck, Anthonis van 55 f., 209

E

Einkaufen 99
Eisenbahn 413, 433 f.
Elektrizität 417
ENIT 416
Entella 366
Erste Hilfe 419
Essen & Trinken 75
Essen gehen 80
Euro 418

F

Fähren 435
Fahrzeugpapiere 414
Fanghetto 379
Fascia 392
Favale di Malvaro 366
Feiertage 87
Ferien auf dem Land 104
Ferienwohnungen 105
Ferrada 367
Feste, Festivals 75, 87, 91
Festival della Canzone Italiana 322
Fiascherino 269
Fiasella, Domenico »il Sarzana« 333
Fieschi (Adelsgeschlecht) 174
Finalborgo 199

Finale Ligure **196**
Finalmarina **197**
Finalpia **199**
Fischerei **34**
FKK **112**
Flugsport **119**
Flugverkehr **413**
Fontanabuona-Tal **366**
Fontanigorda **393**
Fosdinovo **338**
Framura **281**
Fungo (Piana Crixia) **388**

G

Gallinara (Insel) **27, 141**
Gambatesa **177**
Gargassa-Tal **28, 295**
Garibaldi, Giuseppe **44, 63, 246**
Garlenda **143**
Garnier, Charles **44, 155**
Gaulli, G. B. »il Baciccio« **253**
Gazzelli **256**
Gazzo **374**
Geld **418**
Geldautomaten **419**

Genua 203
– Accademia Ligustica di Belle Arti **223**
– Acquario **215**
– Albaro **245**
– Albergo dei Poveri **242**
– Banco di San Giorgio **220**
– Boccadasse **246**
– Circonvallazione a monte **241**
– Festungen (Forti) **205, 242 f.**
– Flughafen Cristoforo Colombo **205, 413**
– Galleria Mazzini **223**
– Galleria Nazionale **219**
– Granarolo **238**
– Hafen **205, 215**
– Kleinbahn Genua–Casella **241, 290**
– Kolumbus-Haus **230**
– Lanterna **216**
– Loggia dei Mercanti **220**
– Matitone **61**
– Mercato Orientale **240**
– Molo Vecchio **216**
– Monte Moro **246**
– Museo Chiossone **240**
– Museo d'Arte Contemporanea di Villa Croce **238**
– Museo della Lanterna **217**
– Museo dell'Antartide **215**
– Museo delle Culture del Mondo **242**
– Museo del Mare **216**
– Museo del Risorgimento **236**
– Museo di Archeologia Ligure **245**
– Museo Diocesano **228**
– Museo di Scultura e Architettura Ligure **229**
– Museo di Storia Naturale G. Doria **238**
– Museo Luzzati **216**
– Museo Navale **245**
– Nervi **247**
– Palazzo Bianco **233**
– Palazzo dell'Università **237**
– Palazzo Doria Pamphilj **237**
– Palazzo Doria Tursi **232**
– Palazzo Ducale **223**
– Palazzo Reale **237**
– Palazzo Rosso **233**
– Palazzo San Giorgio **220**
– Palazzo Spinola **219**
– Pegli **244**
– Piazza Caricamento **220**
– Piazza Corvetto **240**
– Piazza De Ferrari **222**
– Piazza della Vittoria **61, 240**
– Piazza Fontane Marose **230**
– Piazza San Matteo **221**
– Porto Antico **215**
– Quarto dei Mille **246**
– Quinto al Mare **246**
– Righi **236, 243**
– San Donato **50, 229**
– San Giovanni di Prè **217**
– San Lorenzo **51, 224**
– San Luca **55, 219**
– San Siro **218**
– Santa Maria Assunta di Carignano **238**
– Santa Maria delle Vigne **221**
– Santa Maria di Castello **228**
– Santi Ambrogio e Andrea **223**
– Santissima Annunziata **236**
– Santo Stefano **239**
– Stadtmauer **205, 242**
– Staglieno (Friedhof) **59, 243**
– Stazione Brignole **60, 212, 240**
– Stazione Porta Principe **60, 212, 217**
– Strada delle Mura **242**
– Struppa **244**
– Teatro Carlo Felice **61, 223**
– Torre degli Embriaci **228**
– Via Balbi **237**
– Via Garibaldi **53, 231**

- Via Prè **218**
- Via Sottoripa **220**
- Via XX Settembre **239**
- Villa Doria Centurione **245**
- Villa Durazzo Pallavicini **244**

Geschäftszeiten **419**
Geschwindigkeitsbeschränkungen **431**
Gesundheit **419**
Giardini Hanbury **408**
Giogo di Toirano **279**
Giovanni da Bologna **54**
Giovine Italia **64**
Giustenice **298**
Giusvalla **150**
Gleitschirmfliegen **117**
Goethe-Institut Genua **417**
Golf, -plätze **117, 119**
Golfo dei Poeti **267**
Golfo di Genova **17, 203**
Golfo di Tigullio **169, 329, 366**
Golfo Paradiso **161**
Gorreto **394**
Grande Genova **203**
Graveglia-Tal **177**
Grotta della Bàsura **278**
Grotta di Valdemino **298**
Grotte di Toirano **278**
Guvano (Corniglia) **181**

H

Häfen **34, 45, 435**
Hanbury-Gärten **27, 408**
Hanbury, Sir Thomas **67**
Handy **422**
Haustiere **414**

I

IAT **416**
Imperia **248**
Impero-Tal **255**

Internetauskunft **417**
Isolabona **194**
Isola del Cantone **287**

J

Jacopo da Varagine **67, 395**
Jorn, Asger **149**
Jugendherbergen **105**
Julius II. (Papst) **340**
Justus von Ravensburg s. Ammann, Jos

K

Kajakfahren **117**
Kinder, Angebote für **95**
Kleinbahn Genua – Casella **35, 241, 290, 433**
Klettern **115**
Klima **20**
Kochkurse **118**
Kolumbus, Christoph **64**
Konsulate **417**
Krankenversicherung **414**
Kreditkarten **419**
Kriester, Rainer **143, 373**
Kunstgeschichte **49**
Kunsthandwerk **99**
Kuren **116**

L

La Brigue **381**
La Forcella (Pass) **364**
Lago del Brugneto **291, 391**
Lago di Giacopiane **177**
Lago di Osiglia **385**
Lago di Val Noci **292**
Lago Pigo **301**
Laigueglia **136**
Langhe **27, 388**
La Spezia **261**
Lavagna (Fluss) **18, 366**
Lavagna (Ort) **174**
Le Grazie (Portovenere) **266**

Léivi **366**
Lérici **267**
Levanto **272**
Ligurer **37**
Ligurische Buchmesse **276**
Ligurischen Apennin **17**
Ligurischer Höhenweg (Alta Via) **114**
Ligurische Schweiz **289, 391**
Limone Piemonte **382**
Literaturempfehlungen **420**
Loano **275**
Loreto **362**
Lorsica **366**
Lucinasco **256**
Lumarzo **369**
Luni **338**
Luxoro, Tamar **387**
Luzzati, Emanuele **195, 216**

M

Macchia **22**
Madonna dell'Acquasanta (Montalto) **371**
Madonna della Guardia (Alassio) **133**
Madonna della Guardia (Bolzaneto) **389**
Madonna delle Grazie (Chiavari) **174**
Madonna del Suffragio (Recco) **165**
Madonna di Montallegro (Rapallo) **317**
Madonna di Montenero (Riomaggiore) **187**
Madonna di Nozarego (S. Margherita) **331**
Madonna di Soviore (Monterosso) **179**
Magnasco, Alessandro **57, 209**

Magnifica Comunità 43, 154
Magra-Tal 267, 269, 271
Malocello, Lanzarotto 71, 395
Mameli, Goffredo 44, 71
Manarola 186
Mànie (Finale) 202
Maragliano, Anton Maria 58
Maraldi, G. D. 70
Maraldi, G. F. 70
Margherita von Savoyen 153
Märkte 100
Masone 293
Mazzini, Giuseppe 44, 64, 236
Medien 420
Meister Guglielmo 51, 334
Mele 292
Mendatica 377
Menezzo 373
Mezzanego 177
Mietwagen 432
Millesimo 385
Mobiltelefon 422
Moconesi 367
Molini di Triora 359, 361
Molini (Prelà) 261
Moneglia 280
Monesi 377
Montale, Eugenio 65
Montalto Ligure 370
Mont Bego (F) 381
Monte Agugiaia 177
Monte Aiona 17, 29, 363
Monte Alpe 142
Monte Alpicella 328
Monte Antola 28, 291, 391, 393
Monte Bano 292
Monte Bastione 338
Monte Beigua 28, 150, 295, 399

Monte Bignone 326
Monte Bocco 177
Montebruno 392
Monte Carmo 370, 384
Monte Caucaso 368
Monte Ceppo 328, 370
Monte Chiapozzo 177
Monte Cucco 145, 196
Monte degli Abeti 177, 363
Monte Fronté 377
Monte Grande 255, 257, 372, 377
Montegrazie 253
Monte Groppi 281
Monte Groppo Rosso 363 f.
Montegrosso Pian Latte 377
Monte Guardiabella 257, 377
Monte Lavagnola 368
Monte Maggio 289
Monte Maggiorasca 17, 29, 363, 364
Montemarcello 269
Monte Merlo 328
Monte Monega 377
Monte Montarlone 363
Monte Moro 372
Monte Penna 17, 29, 365
Monte Pietravecchia 27, 302
Monte Prearba 377
Monte Ramaceto 366
Monte Reale 288
Monterosso al Mare 179
Monte Saccarello 17, 363, 377
Monte Tirasso 133
Monte Toraggio 27, 302
Monte Tre Croci 392
Monte Veirera 150
Monte Zatta 29
Monte Zuccone 401

Montoggio 291
Montorsoli, G. A. 54
Murialdo 384
Mussolini, Benito 46, 248

N

Napoleon Bonaparte 43
Nasino 145
Naturschutzgebiete 27
Né 177
Neirone 368
Nervia-Tal 193, 194
Neva-Tal 143
Nicola 338
Noli 283
N. S. del Deserto (Murialdo) 385
N. S. della Guardia (Colle di Velva) 351
N. S. della Misericordia (Savona) 346
N. S. della Salute (Manarola) 186
N. S. delle Grazie (Imperia) 253
N. S. dell'Ulivo (Chiavari) 174
N. S. del Sepolcro (Rezzo) 379
N. S. di Lampedusa (Taggia) 357
N. S. di Loreto (Isola del Cantone) 288
N. S. di Reggio (Vernazza) 180
Notrufe 421

O

ÖAMTC 421
Olivenöl 258
Oneglia 248
Onzo 373
Orba (Fluss) 295 f.
Ortonovo 338
Ospedaletti 326

P

Paganini, Nicolò 65, 232
Paggi, G. B. 55, 209
Pallanca (Botanischer Garten) 157
Pallapugna 118
Pàllare 387
Palmaria (Insel) 313
Pancaldo, Leon 71
Pancalino 168, 189, 200, 256 f., 320
Panne 431
Pannenhilfe 421
Pànnesi 369
Paraggi 331
Parco dei Promontori e delle Isole del Levante 29
Parco Naturale
– Alpi Liguri 27
– Antola 28
– Bric Tana 27
– del Finalese 27
– dell'Aveto 29, 177, 365
– del Monte Beigua 28
– di Montemarcello Magra 29
– di Portofino 28, 305
– Piana Crixia 27
Parco Nazionale Cinque Terre 29
Parken 432
Parodi, Filippo 55
Pässe 17 f.
Passo dei Giovi 18, 287
Passo del Bocco 128
Passo della Crocetta 128
Passo della Foce 266
Passo della Scoffera 18, 366, 369
Passo del Turchino 18, 124, 292
Passo di Bocco 401
Passo di Bracco 281
Passo di Cento Croci 18, 129, 401
Passo di Forcella 177
Passo di Teglia 126, 363, 379
Passo Scoglina 128, 367
Peagna 277
Pennavaira-Tal 145
Pentema 391
Perasso, G. B. »il Balilla« 43, 291
Perinaldo 195
Perin del Vaga 53, 56, 177, 399
Perrando, Don Deogratias 150
Personalpapiere 414
Perti 201
Pertini, Sandro 149
Peso Grande 145, 373
Pesto 75
Piacentini, Marcello 61, 230, 240
Piaggio, Teramo 318
Piana Crixia 27, 388
Piani 257
Piani d'Invrea 397
Piani di Praglia 28
Piani di Vallecrosia 160
Pietra Ligure 296
Pieve di Teco 374
Pieve Ligure 88
Pigna 116, 299
Piola, Domenico 55, 57
Pisano, Giovanni 52
Polcevera-Tal 18, 389
Pontedassio 255
Ponte di Nava 376
Pontinvrea 149
Pornassio 375
Portofino 302
Porto Maurizio 248, 250
Portovenere 310
Post 421
Prati Piani 372
Prato Rondanino 28, 294
Preise 422

Prelà 261
Prino-Tal 257
Pro Loco 416
Promillegrenze 431
Promontorio di Portofino 20, 28, 305
Propata 291, 392
Puddingstein 20, 305
Puget, Pierre 58, 209
Punta Chiappa 309
Punta Manara 349
Punta Mesco 274

Q

Quazzola-Tal 347

R

Radfahren 117
Ranzo 374
Rapallo 314
Rauchverbot 418
Recco 163
Reisedokumente 414
Reisezeit 20, 111, 413, 423
Reiten 118
Reni, Guido 55
Reopasso 291
Rezzo 377
Rezzoaglio 364
Riomaggiore 186
Rio Torsero 27, 277
Riserva delle Agoraie 29, 365
Riserva Naturale Rio Torsero 27, 277
Risorgimento 44
Riva Ligure 358
Riva Trigoso 351
Riviera di Levante 17, 19
Riviera di Ponente 17, 19
Rocca di Perti 196, 201
Rocche dell'Adelasia 27
Rocchetta Nervina 194
Roia-Tal 18, 379
Ronco Scrivia 288

Rondanina **392**
Rossi, Aldo **61**
Rossiglione **295**
Rovegno **393**
Rubens, Peter Paul **53, 55 f., 209**
Ruffini, Giovanni **44, 66, 153, 353, 355**
Ruta **163**

S

Saint-Dalmas-de-Tende (F) **380 f.**
Salta del Lupo **279**
San Bartolomeo al Mare **168**
San Bernardino (Corniglia) **181**
San Biagio della Cima **160**
San Colombano **366**
San Fruttuoso **306**
San Lazzaro Reale **257**
San Lorenzo al Mare **255**
San Lorenzo della Costa **332**
San Michele di Pagana **318**
San Pietro di Vara **402**
San Pietro in Varatella **278**
Sanremo **318**
San Rocco di Camogli **163, 308**
San Romolo **326**
Santa Margherita Ligure **329**
Santa Maria di Valle Christi (Rapallo) **316**
Sant'Anna del Deserto (Varazze) **397**
San Terenzo **269**
Sant'Olcese **290, 291**
Santo Stefano al Mare **358**
Santo Stefano d'Aveto **364**
Saorge (F) **380**
Sarzana **333**
Sassello **150**
Savignone **290**
Savona **339**
Schiffsverkehr **434 f.**
Scrivia-Tal **287, 289**
Scurtabò **401**
Seborga **157**
Seealpen **17**
Segeln **114**
Sentiero Azzurro **179**
Sestri Levante **347**
Sestri-Voltaggio-Linie **17**
Shelley, Percy Bysshe **267, 269**
Signorini, Telemaco **186**
Sixtus IV. (Papst) **340, 345**
Soldano **160**
Sommerzeit **435**
Spotorno **285**
Sprachführer **424**
Sprachkurse **119**
Stabilimenti balneari **111**
Stella **149**
Stile Liberty **60, 341**
Strände **111**
Straßenverkehr **431**
Strozzi, Bernardo **55 f., 209**
Sturla-Tal **177**

T

Taggia **352**
Tánaro-Tal **376**
Tanken **432**
Tauchen **114**
Tavole **261**
Telefon **421**
Tellaro **269**
Tenda-Bahn **382**
Tenda-Pass **379, 382**
Tende (F) **381**
Terzorio **358**
Testana Chiesa **165**
Testico **167**
Tiepolo, Domenico **59**
Tiglieto **295**
Tinetto (Insel) **314**
Tino (Insel) **314**
Toirano **277**
Torria **256**
Torriglia **391**
Touring Club Italiano (TCI) **434**
Tourismus **35, 44**
Tourismusbüros **416**
Trebbia-Tal **391**
trenitalia **415, 433 f.**
Tribogna **368**
Trinkgeld **418**
Triora **359 f.**

U

Ufficio Informazioni e di Accoglienza Turistica (IAT) **416**
Unfall **431**
Uscio **165**

V

Vado Ligure **346**
Val d'Aveto **363**
Val di Noci **127**
Val di Vara **400**
Val Graveglia **177**
Valle Argentina **369**
Valle Arroscia **372**
Vallebona **157**
Vallecrosia **160**
Valle dei Tre Re **385**
Valle del Maro **255**
Valle di Fontanabuona **366**
Vallée des Merveilles (F) **37, 381**
Valle Impero **255**
Valle Nervia **193 f.**

Valle Neva 143
Valle Pennavaira 145
Valle Roia 379
Valle Scrivia 287
Valli Bormida 382
Valloria 261
Val Polcevera 389
Val Ponci 202
Val Trebbia 391
Vara-Tal 18, 400
Varatella-Tal 278
Varazze 395
Varese Ligure 400
Varigotti 201
Vasia 261
Vendone 373
Ventimiglia 403
Veravo 145
Verdeazzurro (Wanderweg) 115
Verdeggia 363
Vergünstigungen 422
Verhaltenstipps 417
Verkehr 35
Verkehrsinformationen, -vorschriften 431
Vernazza 180
Vesallo 145
Vessalico 374
Vezzano Ligure 267
Via Aurelia 38
Via dell'Amore 186
Via Julia Augusta 39, 133, 141, 202, 347, 356
Villa Faraldi 168
Villanova d'Albenga 141
Villatalla 261
Vobbia 291
Volastra 186
Vorwahlnummern 422

W
Wanderführer, -karten 115
Wandern 114
Wasserqualität, -temperaturen 111
Wechselkurs CHF 418
Wein 82
Windsurfen 114
Winter, Ludwig 67, 157
Wintersport 118

Z
Zeit 435
Zeitungen und Zeitschriften 420
Zelten, wildes 105
Zoagli 318
Zollbestimmungen 415
Zuccarello 144

Bildnachweis

Abend 3 oben rechts, 5 links 2. von unten, 5 unten rechts, 15, 20, 41, 72, 138, 141, 144, 147, 153, 169, 184, 185 links oben, 195, 227 links unten, 227 rechts unten, 244, 247, 260, 262, 268, 271, 272, 275, 279, 285, 294, 307, 323, 354, 357, 367, 369, 373, 400, 403
akg-images 45, 46, 62, 65, 67
akg-images/De Agostini Picture Library/Carrieri 36
Alta Via, Dolceacqua 109
avenue images/Mereghetti 98
avenue images/Santini 86
avenue images/Tomasinelli 243
avenue images/Verin 110
DuMont/Eid 2 unten rechts, 150, 160, 162, 185 rechts unten, 283, 319
DuMont/Riexinger 38, 50, 228, 313, 339
DuMont/Wackenhut 380
Firpo 4 unten links, 393
fotolia/maudanros 384
Comune di Genova 212
Getty Images/Lantzendörffer 33 oben
glowimages 26, 55, 79 Mitte, 194, 224, 406, 410
Golfo dei Poeti, La Spezia 107
Hartmann 221
huber-images/Huber 185 rechts oben, 315
huber-images/Bernhart 82
huber-images/Borchi 32 unten
huber-images/Carassale 79 unten, 83, 265
huber-images/Cogoli 78 oben, 78 unten, U 3 unten
huber-images/Fantuz 178
huber-images/Giampiccolo 12, U 7
huber-images/Gräfenhain 4 unten rechts, 11, 16, 74, 102, 130, 197, 303, U 2
huber-images/Ripani 35, 236
huber-images/Simeone 115
IAM/akg-images 70
Istituto Geografico De Agostini U 3 oben, 51, 175, 176, 204, 289, 327, 376
Kirchgeßner 3 oben links, 167, 222, 300
laif/Amme 5 oben links, 5 oben rechts, 5 rechts 2. von oben, 187, 248, 311, 349, 395
laif/Celentano 172, 219, 227 oben rechts, 229
laif/Kirchgeßner 409
laif/Blickle 7 unten
laif/hemis.fr/Gardel 96
laif/Paoni 281
laif/Standl 200
Massolo 7 Mitte, 14, 48, 77, 94, 97, 100, 112, 125, 132, 159, 202, 254, 259, 299, 340, 344, 371, 387, U 4 oben
mauritius images/Alamy 89, 120, 189, 295, 375
mauritius images/CuboImages 53, 58, 105, 151, 239, 293
mauritius images/Merten 228 Klappe
mauritius images/Photolibrary 185 links unten
mauritius images/Vidler 186 Klappe
Merlo 6 unten, 18/19, 59, 61, 78 Mitte, 79 unten, 91, 208, 230, 233, 241, 335, 343, 364, 389, 404
Pfeufer 8, 23, 361
Picture-Alliance/dpa 324, 325
Picture-Alliance/KEYSTONE 66
Rossi 1, 117, 330
Sampietro 2 unten links, 3 unten, 4 oben rechts, 7 oben, 161, 191, 217, 290, 309
SaveVernazza 32 oben
Scala Firenze 42, 57, 69, U4 unten
Stankiewicz 353
Tethys 398, U 4 2. von oben
Wagner 6 oben, 9, 181, 227 links oben
WWOOF Italia 33 unten
Zanettini 136

Titelbild: mauritius images/Alamy

Verzeichnis der Karten und Grafiken

Top-Reiseziele **2/4**
Alpen und Apennin (Infografik) **24/25**
Ligurien auf einen Blick (Infografik) **30/31**
Weinland Ligurien (Infografik) **84/85**
Touren Übersicht **122/123**
Tour 1 **124**
Tour 2 **126**
Tour 3 **127**
Tour 4 **129**
Alassio **135**
Albenga **140**
Bordighera **155**
Chiavari **171**
Cinque Terre (3 D) **185**
Finale Ligure **196**
Genua (Durchfahrtsplan) **206/207**
Genua **210/211**
Genua Kathedrale (Grunrdriss) **226**
Genua Kathedrale (3 D) **227**
Genua Via Nuova (Infografik) **234/235**
Genua-Nervi **246**
Imperia **250/251**
La Spezia **263**
Promontorio di Portofino **308**
Rapallo **316**
Sanremo **321**
Santa Margherita Ligure **331**
Sarzana **337**
Savona **341**
Sestri Levante **348**
Ventimiglia Kathedrale (Grundriss) **405**
Ventimiglia **407**
Übersichtskarte **Umschlag hinten innen**

BAEDEKER WISSEN

atmosfair

nachdenken • klimabewusst reisen

atmosfair

Reisen verbindet Menschen und Kulturen. Doch wer reist, erzeugt auch CO_2. Der Flugverkehr trägt mit bis zu 10 % zur globalen Erwärmung bei. Wer das Klima schützen will, sollte sich nach Möglichkeit für die schonendere Reiseform entscheiden (z. B. die Bahn). Gibt es keine Alternative zum Fliegen, kann man mit *atmosfair* klimafördernde Projekte unterstützen. *atmosfair* ist eine gemeinnützige Klimaschutzorganisation unter der Schirmherrschaft von Klaus Töpfer. Flugpassagiere spenden einen kilometerabhängigen Betrag und finanzieren damit Projekte in Entwicklungsländern, die den Ausstoß von Klimagasen verringern helfen. Dazu berechnet man mit dem Emissionsrechner auf **www.atmosfair.de**, wieviel CO_2 der Flug produziert und was es kostet, eine vergleichbare Menge Klimagase einzusparen (z. B. Berlin – London – Berlin 13 €). *atmosfair* garantiert die sorgfältige Verwendung Ihres Beitrags. Alle Informationen dazu auf www.atmosfair.de.

Impressum

Ausstattung:
214 Abbildungen, 33 Karten und grafische Darstellungen, eine große Reisekarte
Text:
Dr. Bernhard Abend
Mit Beiträgen von Dr. Eva-Maria Blattner, Susanne Kilimann, Dr. Daniele Messina, Thomas Migge, Gregor Papsch, Annegret Sader, Valentina und Andrea Sampietro
Bearbeitung:
Dr. Bernhard Abend
Kartografie:
Franz Huber, München;
MAIRDUMONT Ostfildern (Reisekarte)
3D-Illustrationen:
jangled nerves, Stuttgart
Infografiken:
Golden Section Graphics GmbH, Berlin
Gestalterisches Konzept:
independent Medien-Design, München
Chefredaktion:
Rainer Eisenschmid, Baedeker Ostfildern
10. Auflage 2014
Völlig überarbeitet und neu gestaltet

© KARL BAEDEKER GmbH, Ostfildern
für MAIRDUMONT GmbH & Co KG, Ostfildern

Der Name Baedeker ist als Warenzeichen geschützt. Alle Rechte im In- und Ausland sind vorbehalten. Jegliche – auch auszugsweise – Verwertung, Wiedergabe, Vervielfältigung, Übersetzung, Adaption, Mikroverfilmung, Einspeicherung oder Verarbeitung in EDV-Systemen ausnahmslos aller Teile des Werks bedarf der ausdrücklichen Genehmigung durch den Verlag.

Anzeigenvermarktung:
MAIRDUMONT MEDIA
Tel. 0049 711 4502 333
Fax 0049 711 4502 1012
media@mairdumont.com
http://media.mairdumont.com

Printed in China

Die Erfahrung zeigt, dass trotz aller Sorgfalt von Redaktion und Autoren Fehler und Änderungen nach der Drucklegung nicht ausgeschlossen werden können. Dafür kann der Verlag leider keine Haftung übernehmen. Kritik, Berichtigungen und Verbesserungsvorschläge sind jederzeit willkommen. Schreiben Sie uns, mailen Sie oder rufen Sie an:

Verlag Karl Baedeker / Redaktion
Postfach 3162
D-73751 Ostfildern
Tel. 0711 4502-262
info@baedeker.com
www.baedeker.com

Die Erfindung des Reiseführers

Als **Karl Baedeker** (1801 – 1859) am 1. Juli 1827 in Koblenz seine Verlagsbuchhandlung gründete, hatte er sich kaum träumen lassen, dass sein Name und seine roten Bücher einmal weltweit zum Synonym für Reiseführer werden sollten.

Das erste von ihm verlegte Reisebuch, die 1832 erschienene **Rheinreise,** hatte er noch nicht einmal selbst geschrieben. Aber er entwickelte es von Auflage zu Auflage weiter. Mit der Einteilung in die Kapitel »Allgemein Wissenswertes«, »Praktisches« und »Beschreibung der Merk-(Sehens-)würdigkeiten« fand er die klassische Gliederung des modernen Reiseführers, die bis heute ihre Gültigkeit hat. Der Erfolg war überwältigend: Bis zu seinem Tod erreichten die zwölf von ihm verfassten Titel 74 Auflagen! Seine Söhne und Enkel setzten bis zum Zweiten Weltkrieg sein Werk mit insgesamt 70 Titeln in 500 Auflagen fort.

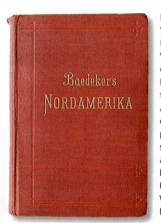

Bis heute versteht der Karl Baedeker Verlag seine große Tradition vor allem als eine Kette von Innovationen: Waren es in der frühen Zeit u. a. die Einführung von Stadtplänen in Lexikonqualität und die Verpflichtung namhafter Wissenschaftler als Autoren, folgte in den 1970ern der erste vierfarbige Reiseführer mit professioneller Extrakarte. Seit 2005 stattet Baedeker seine Bücher mit ausklappbaren 3D-Darstellungen aus. Die neue Generation enthält als erster Reiseführer Infografiken, die (Reise-) Wissen intelligent aufbereiten und Lust auf Entdeckungen machen.

In seiner Zeit, in der es an verlässlichem Wissen für unterwegs fehlte, war Karl Baedeker der Erste, der solche Informationen überhaupt lieferte. In der heutigen Zeit filtern unsere Reiseführer aus dem Überfluss an Informationen heraus, was man für eine Reise wissen muss, auf der man etwas erleben und an die man gerne zurückdenken will. Und damals wie heute gilt für Baedeker: Wissen öffnet Welten.

Baedeker Verlagsprogramm

- Ägypten
- Algarve
- Allgäu
- Amsterdam
- Andalusien
- Argentinien
- Athen

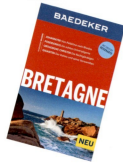

- Australien
- Australien • Osten
- Bali
- Barcelona
- Bayerischer Wald
- Belgien
- Berlin • Potsdam
- Bodensee
- Brasilien
- Bretagne
- Brüssel
- Budapest
- Burgund
- China
- Costa Brava
- Dänemark
- Deutsche Nordseeküste
- Deutschland
- Deutschland • Osten
- Dominik. Republik
- Dresden
- Dubai • VAE
- Elba
- Elsass • Vogesen
- Finnland
- Florenz
- Florida
- Franken
- Frankfurt am Main
- Frankreich
- Frankreich • Norden
- Fuerteventura
- Gardasee
- Golf von Neapel
- Gomera
- Gran Canaria
- Griechenland
- Großbritannien
- Hamburg
- Harz
- Hongkong • Macao
- Indien
- Irland
- Island
- Israel
- Istanbul
- Istrien • Kvarner Bucht
- Italien
- Italien • Norden
- Italien • Süden
- Italienische Adria
- Italienische Riviera
- Japan
- Jordanien
- Kalifornien
- Kanada • Osten
- Kanada • Westen
- Kanalinseln
- Kapstadt • Garden Route
- Kenia
- Köln
- Kopenhagen
- Korfu • Ionische Inseln
- Korsika
- Kos
- Kreta
- Kroatische Adriaküste • Dalmatien
- Kuba
- La Palma
- Lanzarote
- Leipzig • Halle
- Lissabon
- Loire
- London
- Madeira
- Madrid
- Malediven
- Mallorca
- Malta • Gozo • Comino

- Marokko
- Mecklenburg-Vorpommern
- Menorca
- Mexiko
- Moskau
- München
- Namibia
- Neuseeland

Verlagsprogramm • ANHANG

- New York
- Niederlande
- Norwegen
- Oberbayern
- Oberital. Seen • Lombardei • Mailand
- Österreich
- Paris
- Peking
- Polen
- Polnische Ostseeküste • Danzig • Masuren
- Portugal
- Prag

- Schweiz
- Sizilien
- Skandinavien
- Slowenien
- Spanien
- Spanien • Norden • Jakobsweg

- Weimar
- Wien
- Zürich
- Zypern

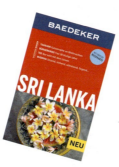

Viele Baedeker-Titel sind als E-Book erhältlich: shop.baedeker.com

- Provence • Côte d'Azur
- Rhodos
- Rom
- Rügen • Hiddensee
- Ruhrgebiet
- Rumänien
- Russland (Europäischer Teil)
- Sachsen
- Salzburger Land
- St. Petersburg
- Sardinien
- Schottland
- Schwarzwald
- Schweden

- Sri Lanka
- Stuttgart
- Südafrika
- Südengland
- Südschweden • Stockholm
- Südtirol
- Sylt
- Teneriffa
- Tessin
- Thailand
- Thüringen
- Toskana
- Tschechien
- Tunesien
- Türkei
- Türkische Mittelmeerküste
- USA
- USA • Nordosten
- USA • Nordwesten
- USA • Südwesten
- Usedom
- Venedig
- Vietnam

Kurioses Ligurien

Von der »anderen« Sixtinischen Kapelle über den Ligurier Frank Sinatra bis zum 300-Seelen-Fürstentum: Interessantes nebenbei.

▶ Mit der Saubohnenbahn

Aus einer anderen Zeit stammt noch die Bahn, die von Genua in einer guten Stunde ins Hinterland hinauf nach Casella schaukelt. Bei einigen der 17 Haltepunkte unterwegs – oft nur ein Unterstand – muss man einen Knopf drücken, wenn man aussteigen will. Und im Endbahnhof Casella montiert der Lokführer das Handrad für den Fahrschalter ab und geht damit zum anderen Ende des Zugs.

▶ Sparen fürs Nachleben

Ein Grabmal auf dem Genueser Friedhof Staglieno, das war ein echtes Statussymbol. Das war es auch für Caterina Campodonico, die ihr Dasein mit dem Verkauf von Brezeln und Nüssen bestritt und ihr Leben lang sparte – für eine lebensgroße Skulptur aus Marmor. So steht sie als Allegorie des Fleißes und der Ausdauer zwischen den Gräbern der Reichen und Aristokraten, mit Nussketten und Brezeln in den Händen.

▶ Liguriens Sixtinische Kapelle

Jeder kennt »die« Sixtinische Kapelle im Vatikan mit den berühmten Fresken von Michelangelo. Papst Sixtus IV., der aus Celle Ligure stammte, ließ nicht nur diese Kapelle errichten, sondern auch die »Sixtina« in Savona. Im 18. Jh. wurde sie vom letzten Spross der Familie in wunderbarem Rokoko umgestaltet – eine Stippvisite wert.

▶ Hello Frank!

Viele tausend Menschen emigrierten im 19. und 20. Jh. in die USA. Nicht nur Papst Franziskus hat Wurzeln in Ligurien, sondern auch »Frankie Boy« Sinatra: Seine Mutter Natalina »Dolly« Garaventa stammte aus Lumarzo-Rossi nördlich von Camogli. Alljährlich findet dort um den 20. August das Konzert »Hello Frank!« statt, um an den Sänger und alle ligurischen Auswanderer zu erinnern.

▶ Genueser Frühstück

Einen Caffè doppio, Cappuccino oder Caffè latte, versteht sich – und dazu gehört beim Frühstücksritus in den Genueser Bars ein Stück (»striscia«) ölige, salzige Focaccia. Wem das zu speziell ist, kombiniert die Focaccia mit einem Gläschen Weißwein, so wie es früher die »camalli« (»Kamele«, Hafenarbeiter) machten, weil sie sich damit länger satt fühlten.

▶ Fürstentum Seborga

Der alte Ort bei Bordighera mit seinen gut 300 Seelen wurde 1729 an die Savoyer verkauft, doch wurde das nie rechtskräftig registriert. Und so ließ sich 1963 ein Blumenhändler zum Fürsten Giorgio I. wählen. Es gibt eine Verfassung, 15 Minister, eigenes Geld – und viele Touristen, die sich das mal ansehen wollen. Aber auch die schöne Lage lohnt den Besuch.